BEITRÄGE
ZUR FRÜHGESCHICHTE
WESTFALENS

VERÖFFENTLICHUNGEN DER ALTERTUMSKOMMISSION
IM PROVINZIALINSTITUT
FÜR WESTFÄLISCHE LANDES- UND VOLKSFORSCHUNG
LANDSCHAFTSVERBAND WESTFALEN-LIPPE

HERAUSGEGEBEN VON WILHELM WINKELMANN

BAND VIII

WILHELM WINKELMANN

BEITRÄGE ZUR FRÜHGESCHICHTE WESTFALENS

ASCHENDORFFSCHE VERLAGSBUCHHANDLUNG

MÜNSTER WESTFALEN 1984

BEITRÄGE ZUR FRÜHGESCHICHTE WESTFALENS

GESAMMELTE AUFSÄTZE

VON

WILHELM WINKELMANN

ASCHENDORFFSCHE VERLAGSBUCHHANDLUNG
MÜNSTER WESTFALEN 1984

Redaktion: Anna Helena Heidinger, Philipp R. Hömberg

Gesamtherstellung: Aschendorff, Münster Westfalen, 1984

ISBN 3-402-05033-1

[redacted]

VORWORT

Im großen Freundes- und Kollegenkreis von Wilhelm Winkelmann ist in den vergangenen Jahren häufig beklagt worden, daß seine zahlreichen, nicht nur für die westfälische Frühgeschichte so wichtigen Publikationen häufig an entlegener oder kaum erreichbarer Stelle erschienen sind. Diese Anregung aufgreifend, beschloß die Altertumskommission für Westfalen, ihren Vorsitzenden zum siebzigsten Geburtstag am 30. September 1981 mit einem Sammelband wichtiger Arbeiten des Jubilars zu ehren.

Die Zusammenstellung der mehr als einhundert Titel seiner Bibliographie fiel nicht leicht. Die sich daher notwendigerweise ergebende Beschränkung bei einem Wiederabdruck konnte nur dadurch zu einem sinnvollen Ganzen geführt werden, weil der Jubilar sich trotz anfänglicher Skepsis bereit fand, die Entscheidung über die Auswahl selber zu treffen. Die jetzt hier vorliegende Zusammenstellung von 26 Aufsätzen der Jahre 1938 bis 1980/81 gibt einen guten Überblick über wichtige Fragenkomplexe der westfälischen Frühgeschichte des 5. bis 10. Jahrhunderts. Namen wie Beckum, Warendorf, Münster und Paderborn, um nur einige wenige zu nennen, kennzeichnen bedeutende archäologische Ausgrabungen der vergangenen drei Jahrzehnte, in denen Wilhelm Winkelmann für die Frühgeschichte Westfalens neue Akzente setzen konnte.

Die technische Wiedergabe der sehr unterschiedlichen Vorlagen, die zudem nicht immer mehr im Original erhalten waren, und die Angleichung auf ein vorher nicht gegebenes einheitliches Format, haben Kompromisse und redaktionelle Änderungen erforderlich gemacht. Dies trifft insbesondere auf den Tafelteil zu, da hier die in verschiedenen Erstveröffentlichungen mehrfach auftauchenden Abbildungen aus finanziellen und optischen Erwägungen zusammengefaßt werden mußten.

Ich möchte an dieser Stelle allen Beteiligten danken, die bei der teilweise nicht leichten Verwirklichung dieses Sammelbandes geholfen haben, insbesondere der Stadt Beckum für die Bereitstellung der Klischeevorlagen des „Fürstengrabes". Nicht zuletzt gilt mein Dank aber auch den Mitarbeitern der Außenstelle Olpe des Westfälischen Museums für Archäologie / Amt für Bodendenkmalpflege.

Olpe, im Dezember 1983 | Philipp R. Hömberg

INHALTSVERZEICHNIS

EINE SIEDLUNG DES 1.–5. JAHRHUNDERTS IN MILTE, KR. WARENDORF*

Zu Beginn des Jahres 1938 wurden auf „Holsters Knapp", hart südlich von Milte, auf der Nordterrasse der Hessel, bei Sandabtragungsarbeiten mehrere Urnen und Scherben gefunden. Die Urnen standen nach den Angaben der Arbeiter in 0,6 m tiefen und 0,5 m breiten Gruben mit dunkler Erdfüllung, und zwar zwischen 0,6 und 0,8 m unter der Oberfläche.

Wichtig für die zeitliche Festsetzung ist vor allem das Gefäß (Taf. 1, 5), das außer Leichenbrand geschmolzene Bronzestücke einer Fibel und von Segelohrringen enthielt. In seiner etwas gedrungenen Schalenform und dem eingezogenen Unterteil erkennen wir Vorstufen der Tonsitulen aus dem 1. Jahrh. n. d. Ztr. Das Gefäß selbst kann für Westfalen um die Wende des 2. und 1. Jahrh. v. d. Ztr. datiert werden, die Beigaben sprechen ebenfalls für diese frühe Festsetzung. Der oberständige, fast terrinenförmige Doppelkonus mit grobem Bewurf und eingezogenem Unterteil (Taf. 1, 6), in dem sich nur Leichenbrand fand, kann ebenfalls in diese Zeit eingeordnet werden.

Die auf die Fundmeldung des Hauptlehrers Witte, Milte, erfolgte Beobachtung der Abtragungsarbeiten führte zu einigen überraschenden Funden. In den Profilen der anstehenden Terrasse konnten drei etwa 3 m lange Gruben festgestellt werden – sie lagen unter einer jüngeren Überwehung und waren 0,4 bis 0,5 m in die alte Oberfläche eingetieft –, die sich bei der Freilegung als Reste von ungefähr 3:4 m großen rechteckigen Gruben herausstellten (Taf. 2, 1; 3, 1). Sie waren angefüllt mit dunkelbraunem, humosem Sand, der sich von dem umgebenden hellgelben Sand klar abhob. In dieser braunen Füllung lagen Scherben, Holzkohle, Reste von Tierzähnen (Pferd, Rind, Eber), Eisenschlacke und Stückchen von verbranntem Lehmbewurf. An der Innenseite der einzelnen Grubengrundrisse, ungefähr 10 cm vom Außenrande der Verfärbung entfernt, zeigten sich 3–4 cm breite dunkle Streifen, die die ganze Grubenwand umliefen. Es handelt sich wohl um die Verfärbung einer vergangenen Wand. Tragende Pfosten konnten in dem gleichmäßig dunkelbraunen Sand mit Ausnahme eines einzigen, und zwar in der Mitte der Ostwand von Grube 1, nicht festgestellt werden. Etwa 10 cm über der Hüttensohle lag in allen Gruben eine 8–12 cm starke Aschenschicht, sicher ein Zeichen dafür, daß die Hütten bzw. der hölzerne Bodenbelag durch Feuer zerstört worden sind.

Nahe der Südostecke von Grube 1 waren zudem drei Pfosten zu erkennen, die, wie sich später herausstellte, zu der Nordwand eines Hauses gehörten. Leider konnte dieses Haus nur noch in seinem Ost- und Westteil erfaßt werden (Taf. 2, 2). Die gesamte Mitte war bereits zerstört. Das Haus hatte eine Länge von 25 m und eine Breite von 6,5 m. Die Ständerverfärbungen hoben sich im Boden sehr klar ab, vor allem im Ostteil des Hauses. Sie waren viereckig und hatten eine durchschnittliche Stärke von 0,2:0,5 m. Als einziger, die Zeitstellung sicher bestimmender Scherbe konnte die Wand eines schwarzglänzenden kumpähnlichen Gefäßes, mit spätem breitem Kammstrich verziert, geborgen werden. Sie lag in einer flachen mit Holzkohlestückchen durchsetzten Grube. Bereits vor der Grabung wurden vom Hauptlehrer Witte wahrscheinlich in der zerstörten Hausfläche Gefäßreste geborgen, darunter der Teil eines kleinen doppelkonischen Gefäßes mit wenig einschwingendem Oberteil (Taf. 1, 1) und sieben z. T. verschmorte Scherben eines mit aufgelegten Buckelleisten und Kreuzstempeln verzierten kleinen doppelkonischen Gefäßes (Taf. 1, 2. 3).

Die Zeitstellung der Siedlung von Milte erfährt durch die schwarzglänzende, kammstrichverzierte Scherbe, die ins ausgehende 1. Jahrh. v. d. Ztr. gehört, ihre untere Abgrenzung. Die Grenze nach oben ist durch die mit Kreuzstempeln und Buckelleisten verzierten Scherben gegeben (Taf. 1, 2. 3), die ins ausgehende 4. Jahrh., spätestens ins beginnende 5. Jahrh. zu setzen sind. Es ist die älteste sächsische Ware, die in Westfalen auftritt.

Ein in der Hausgrube 2 gefundener kleiner Kump (Taf. 1, 7) gliedert sich durch seine gedrungene Form, die wenig einschwingende Mündung, den gewölbten Boden und die Gesamtverarbeitung in die gleiche späte Gefäßgruppe ein.

Albrecht hat bei der Veröffentlichung der germanischen Siedlung von Waltrop auf die Langlebig-

* Gedruckt in: Nachrichtenblatt für Deutsche Vorzeit 14, 1938, 298ff.

keit der westfälischen Gefäßformen hingewiesen. Seiner durch römische Beifunde dem 2.–4. Jahrh. zuzuweisenden Töpferware gleichen die Milter Gefäßreste besonders in ihrer Profilgestaltung. Albrecht weist auch auf germanische Funde aus Gruben des Lagers von Haltern hin, die erst nach der Zerstörung des römischen Kastells dort angelegt sein können. Die in den Mitteilungen der Altertumskommission von Westfalen, Bd. 3, Münster 1905, von Dragendorff abgebildeten Profile der Gefäße dieser Fundstelle haben in den Milter Scherben ihre Gegenstücke. Albrecht kommt zu der Annahme, daß einige Leitformen der germanischen Tonware sich mehrere Jahrhunderte, bis etwa ins 3. Jahrh. n. d. Ztr. erhalten; der Milter Fund scheint für die Fortdauer dieser Tonware bis ins 4. und beginnende 5. Jahrh. zu sprechen.

Besondere Bedeutung erhält die Milter Siedlung dadurch, daß es sich hier neben den im letzten Jahre in Mark bei Hamm gemachten Funden um die zweite Fundstelle südlich des Teutoburger Waldes handelt, die verhältnismäßig frühe sächsische Tonware geliefert hat. Auf die genauere Einordnung dieser Tonware in die gesamtsächsische wird Hucke an anderer Stelle näher eingehen.

Beide Fundplätze verlangen zusammen mit der erneuten, auf Westfalen bezogenen Bearbeitung der historischen Nachrichten über das Vordringen der Sachsen bis zum Rhein in der westfälischen frühgeschichtlichen Forschung besondere Beachtung. Sie zwingen, zusammen mit der Erforschung der Sagen und Flurnamen, für die Frühgeschichte dieses Landes neue und wichtige Folgerungen zu ziehen.

... DO TIMMERDE DIT SLOT HER HINRICH HERE ... VAN GHEMEN* ...

Vorbericht zu den Untersuchungen an der Vorburg des Schlosses Gemen

Im Sommer des Jahres 1939 wurden mit Unterstützung der Provinzial-, Kreis- und Gräfl. von Landsbergischen Fideikommißverwaltung im Vorgarten des Schlosses Gemen Untersuchungen zur ehemaligen Vorburg des Hauptschlosses durchgeführt. Von ihrem Ergebnis soll hier in einem zusammenfassenden Überblick – die Grabungen werden noch fortgesetzt – berichtet werden.

Zuvor zum besseren Verständnis einige historische Mitteilungen. Die älteste Anlage des Schlosses Gemen hat, wie viele andere westfälische Wasserburgen, einst in der Form des mit Wall und Graben geschützten Turmhügels und der vorgelagerten, wieder durch Wall und Graben befestigten Wirtschaftsgebäude bestanden. Anlagen dieser Art waren einst im Kreise Borken in großer Anzahl vorhanden. Ihre Lebensdauer reicht durchweg, wie schriftliche Urkunden und Bodenfunde beweisen, vom 9. bis ins 13. Jahrhundert. Es sind die „festen Plätze" im Lande, die es sichern und beherrschen.

Aus diesen einfachen Anlagen entstehen im Laufe des 13. bis 15. Jahrhunderts durch entsprechende Vergrößerung der Wohnplätze unsere Wasserburgen. Sie sind in dieser frühen Zeit nicht so sehr gewollter Ausdruck des Reichtums und der Herrlichkeit gräflichen und fürstlichen Lebens, sondern stehen in der Gesamtanlage und im Aufbau der Mauern und Türme ausschließlich unter der Notwendigkeit, Burg zu sein, von wo aus der Besitz des Landes erhalten, verteidigt oder vergrößert wurde. Darum das starke und feste, schmucklos nüchterne Mauerwerk, das uns heute in einzelnen älteren Teilen unserer Wasserburgen erhalten ist und den ganzen schützenden und abwehrenden Charakter dieser Anlagen aufzeigt; düster, aber stark, verschlossen, aber sicher, streng und furchteinflößend für den Fremden, aber sichere Heimat für den, der hier wirkte und lebte.

In einer im Jahre 1280 gefertigten Urkunde wird nun in Gemen zum erstenmal eine obere und untere Burg unterschieden, eine Tatsache, die zu der Folgerung zwingt, daß bereits damals die obere Burg eine über die landesüblichen Ausmaße eines Turmhügels hinausgehende Größe und Bedeutung erlangt haben mochte. Die Vorburg wird im wesentlichen die Wehr- und Wirtschaftsgebäude, in Fachwerk aufgeführt, getragen haben. Sie war geschützt von den Wällen und den die gesamte Anlage umgreifenden Wassergräben.

Dann erfahren wir wieder im Jahre 1411 von Umbauten und Neubauten am Schlosse Gemen. Eine nur zum Teil erhaltene Inschrift (Taf. 3, 2), aus der ein Stück in den Kopf dieses Berichtes gesetzt ist: In den yaren unses heren duz ... do timmerde dit slot her hinrich here van ghemen und katherinen von bruckhorst ... vrow ..., und die Angaben des Johann von Berschwort in seinem „Westfälisch-adeligen Stammbuch" vom Jahre 1624 geben den Bauherrn und die Jahreszahl der Erbauung bekannt. Es ist Herr „Heinrich III. von Gemen, der im Jahre 1411 das Schloß in vorzüglicher Weise befestigt und durch einen bedeutenden Pallas vergrößert" hat (siehe E. Kubisch: Schloß Gemen ..., in: Westf. Adelsbl. Jahrg. 4, 1927, Nr. 11–12).

Zu dieser „vorzüglichen" Befestigung gehörte auch der gerade in jenen Zeiten für die Gesamtverteidigung wichtige Aufbau der Vorburg. Wir sehen die Umwandlung vor uns: Aus dem einfachen Erdwall wird eine starke Mauerumwehrung. Aus der unteren Burg mit den Wirtschaftsgebäuden wird eine Vorburg mit Mauern und Türmen, die im Innern selbstverständlich die alten Anlagen der Wirtschaftsgebäude weiter behielt.

Der Eingang zu dieser Vorburg lag an der gleichen Stelle, an der heute die Brücke von der Freiheit Gemen auf den Vorplatz mündet. Die Ausgrabung legte den Grundriß des Torhauses in einer Breite von 14 und einer Tiefe von 8 m frei (Taf. 4, 1). Das auf dem gewachsenen Sandboden aufliegende Fundament bestand in seinen unteren Schichten aus zerschlagenen Findlingen, also Granit, und Ausgleichschichten von Ziegeln. Das aufgehende Mauerwerk bestand in einer Stärke von 1,10 m aus Ziegeln. Die Außenseite war zudem in schmalen Bändern mit Bruchstücken roter

* Gedruckt in: Münsterländer Heimatkalender 3, 1940 (Ausgabe Borken) 132ff.

Flachziegel bedeckt. In der linken (von der Freiheit aus gesehen), der Hauptburg zugewandten Seite wurde das Bodenpflaster eines Raumes freigelegt und dabei an einer Aussparung in der Mauer, wiederum der Hauptburg zugekehrt, der Aufgang einer Schießscharte beobachtet, von wo aus der das Schloß angreifende Feind mühelos beschossen werden konnte. Der Eingang zur Kammer lag auf der linken hinteren Seite, wie zwei erhaltene Stufen zeigten. Die Kammer selbst hatte eine Größe von 6 x 3,5 m. Auf der anderen Seite, d. i. auf der rechten Seite des Torhauses, fehlten Kammer, Bodenpflaster und Anlage der Schießscharte. Die Breite des Einfahrtstores konnte auf etwa 3,50 m ermittelt werden.
An der hinteren rechten Wand des Torturmes ist die anschließende Umfassungsmauer der Vorburg zu denken. Ihr größter Teil ist bei Errichtung der jüngeren Umfassungsmauern aus dem ausgehenden 16. Jahrhundert abgebrochen worden. Nur in zwei richtungweisenden Stücken lag sie noch erhalten da, und zwar in der Nähe der – von der Freiheit aus gesehen – rechten Seite der Vorburgfront, die mit einem runden starken Turm bewehrt war (Taf. 4, 2).
Das aus reinen Ziegeln gemauerte Fundament der Umfassungsmauer lag wieder auf dem gewachsenen Sandboden auf. Das Fundament des runden Eckturmes bestand an der Außenseite aus zerschlagenen Findlingen und war erst im Aufgehenden in reinem Ziegelmauerwerk aufgeführt. Die Stärke der Turmmauer betrug 2,5 – 2,8 m, der eingeschlossene Innenraum 2,6 – 2,8 m, so daß der Turm einstens eine Gesamtstärke von 7,5 – 7,8 m zeigte. Fügt man diese erhaltenen Stücke ineinander, so ergibt sich das in der Zeichnung wiedergegebene Bild. Es ist das Aussehen, das in jenen kriegerischen und wehrhaften Zeiten alle Wasserburgen in ihren Vorburgen boten, sofern ihre Herren mächtig genug waren, solche Bauwerke aufzuführen: „Eine prachtvoll geschlossene Vorburgfront mit ihrem alles ablehnenden Gesicht“ (Wildemann, Rhein. Wasserburgen . . ., Heidelberg 1937).
Neben diesem Ergebnis der Festlegung der Konturen der Vorburg auf einer Seite ist während der Grabungen eine Fülle kulturgeschichtlich wertvoller Gegenstände gehoben worden. Vor allem war es die Ausleerung des runden Eckturmes, die eine Anzahl wertvoller Einzelteile lieferte. Da sind einmal handgemachte dunkelgraue Henkelgefäße, dazu die Bruchstücke von sogenannter Siegburger Tonware, große Krüge und Kannen, außer dem Eisenzeug in vielen Stücken: Steigbügel, Schlüssel, Schloß, Riegel, Angeln, Nägel, Beschläge, Gabeln, dazu Stoffreste und eine Menge von Knochen von Schwein, Rind und Huhn, vor allem aber zwei Münzen, die Beginn und Ende des Bestehens der Vorburg angeben. Die Darlegung und Auswertung dieser Funde soll in einer anderen Arbeit vorgenommen werden.
Soweit der erste Bericht über die Vorburg; das weitere Bild muß die Fortführungsarbeit der Grabung ergeben.
War es uns möglich, Schaufel und Spaten einmal zur Unterstützung einer westfälischen Wasserburg anzusetzen, so sind wir sehr erfreut über das bisherige Ergebnis. Vermittelt es uns doch ein Bild von Gemen, das uns zwingt, in dieser Burg unserer Heimat den Ausdruck starker, ritterlicher Zeiten und Geschlechter zu sehen.

VORGESCHICHTE UND ÜBERLIEFERUNG*

Die vorgeschichtlichen Denkmäler, Großsteingräber, Grabhügel und Burgwälle umrankt seit alter Zeit ein reicher Kranz von Sagen und Geschichten. Bedeutungsvolle Flurnamen wie Hilgenfeld, Heidenkerkhoff, Hexenbülten, Osterkamp und Rosengarten reihen sich dazu, die auch heute noch an die einstmals besondere Stellung dieser Plätze erinnern.

Die Frage nach dem Alter dieser Sagen und Flurnamen muß sachgemäß die Volkskunde, aber auch die Vorgeschichte interessieren. Denn die Möglichkeit einer langen, Jahrhunderte, vielleicht Jahrtausende übergreifenden Überlieferung eröffnet in ihnen eine reiche Quelle nicht nur zum Aufspüren vorgeschichtlicher Fundplätze, sondern zum gesamten vorgeschichtlichen Glaubensbereich überhaupt.

Da die westfälische Forschung für sehr viele Merkmale z. B. des vor- und frühgeschichtlichen Grabbaues eine gut überschaubare Tradition von der jungen Steinzeit bis zur merowingisch-fränkischen Zeit hat feststellen können, muß sich bei aller Berücksichtigung äußerer Einflüsse und Einwanderungen in den westfälischen Raum doch ein namhafter Kern dieses Volkstums durch eine dreitausendjährige Vergangenheit erhalten haben. Entsprechend dieser Feststellung können wir mit einer ebenso langlebigen Tradition in den Äußerungen des Volkstums rechnen und in Brauch, Sage und Flurnamen Spuren vor- und frühgeschichtlichen Lebens vermuten.

Eine vieljährige Erfahrung zeigt, daß wir in den jetzigen Trägern der Überlieferung, insbesondere der ländlichen Bevölkerung, zwar nicht den vollen Bedeutungsinhalt von Sage, Brauch oder Flurnamen als bewußte Tatsache vorfinden, sondern daß es sich in der Regel um einfache Überlieferung und Weitergabe von Gehörtem und Erzähltem handelt. Aber diese anscheinend negative Tatsache ist nicht von großer Bedeutung. Wichtig ist die Überlieferung selbst und damit die Feststellung jener unbewußt wirksamen Kraft, die auch in den Menschen der Gegenwart noch so lebendig sein muß, daß sie sich an den jahrtausendealten, vom Geheimnis umwitterten Denkmälern der Vorzeit immer wieder aufs neue entzündet.

Es gibt nun einige sichere Beispiele einer jahrtausendealten Tradition, die zwar nicht aus dem westfälischen Raum, aber doch aus dem verwandten niederdeutschen stammen und jenen Fluß der Überlieferung in imposanter Art erweisen.

Von einem großen Grabhügel der Bronzezeit in Grünhof-Tesperhude, Kr. Herzogtum Lauenburg, wurde erzählt, daß in dem Hügel in alten Zeiten große Feuer gebrannt hätten und in dem Berg ein Scheiterhaufen liege. Die bei der Aufdeckung des Grabes ermittelten Beobachtungen stimmten mit dem Inhalt der Sage völlig überein. Die hier bestatteten Toten waren in einem regelrechten Totenhaus beigesetzt, mit diesem Haus verbrannt und anschließend mit einem Grabhügel überschüttet.

Von dem „Drönninghöj“ in Schuby, Kreis Schleswig, berichtet die Überlieferung, daß in ihm ein enthaupteter Krieger bestattet sei, dem eine Königin im Kampf den Kopf abgeschlagen habe. Bei der Untersuchung des Hügels fand sich ein Grab, in dem eine männliche Leiche mit dem vom Rumpf getrennten Kopf zu Füßen lag. Von dem „großen Hambarg“ in Wangersen, Kr. Stade, wurde vor der Abtragung erzählt, daß in dem Hügel ein König mit einem goldenen Fingerring liege. Bei der Einebnung entdeckte man nebst einigen Bronzenadeln einen goldenen Fingerring an der Hand der Leiche.

Von dem „Rummelsberg“ in Peckatel bei Schwerin wußte der Volksmund zu berichten, daß auf dem Hügel die Unterirdischen ihre Tafel abhielten und hierzu Kessel und andere Geräte benutzten, die sie aus einem Nachbarhügel entliehen. Bei der Ausgrabung des Hügels kam in einer podestartigen Erhöhung aus Steinen ein von Lehm gefertigter tiefer Kessel ohne Inhalt zutage, der offenbar den Anlaß zur Sage gegeben hatte.

In dem „Hinzerberg“ von Seddin, Kr. Ostpriegnitz, sollte nach der Sage ein König in einem dreifachen Sarg begraben sein. Die Untersuchung ergab eine Bestätigung der Sage, indem der Grabhügel ein aus Steinplatten errichtetes Grab mit einem kuppelartigen Gewölbe und darin ein

* Gedruckt in: Westfälischer Heimatkalender 4, 1950, 161ff.

rundes Tongefäß umschloß, in welchem ein Bronzekessel mit den verbrannten Knochen einer Männerleiche und reichen Beigaben stand.
Da diese fünf Gräber vor ihrer wissenschaftlichen Untersuchnung unberührt waren, ergab sich hieraus der eindeutige Beweis dafür, daß sich die an sie geknüpften Sagen von der Zeit der Errichtung der Gräber bis in die Gegenwart im Volksmund gehalten haben müssen und somit Zeugen einer mehrtausendjährigen Überlieferung darstellen." (K. Kersten, Offa I. 1936, S. 86).
Gewiß liegen so klare Beweise wirklich alter Überlieferung für den westfälischen Bereich bislang nicht vor. Viele Überlieferungen sind zerrissen und gehen täglich zugrunde. „De Jungen lacht do bloß üöver, un dann bünt wi Aollen mangs still", ist ein immer wieder gehörtes Wort im Lande – doch treffen wir auch gerade bei uns viele Dinge an, die, wenn auch hie und da verändert, in ihrem Kern doch das Wesentliche bewahren und in Verbindung mit dem Volkstum dieser Landschaft, dem Brauch, den Sagen und den Denkmälern uns wirklich lebendige Vorzeit übermitteln. Eine Umfrage der Fachstelle Volkskunde und Vorgeschichte des Westfälischen Heimatbundes im Jahre 1937 erbrachte zu diesem Thema so viel lebendige Überlieferung, daß es wünschenswert ist, diesen Fragen auch weiterhin nachzugehen. Aus der Fülle des damals gesammelten Stoffes lassen sich neben jüngeren Schichten, die von verborgenen Schätzen, Burggeistern usw. berichten, jene herausgreifen, die vorgeschichtlichen Geist atmen.
Da ist einmal der ganze Kreis des Brauchtums, der sich um das Steinbeil rankt. Die kultische Bedeutung des Beiles als Heil- und Segenspender ist aus der Jungsteinzeit, in den Felsbildern der Bronzezeit, aber auch aus Wikingerzeiten gut bekannt, vor allem aus den späten Berichten über altnordisches Leben, die uns in der Edda überliefert sind, z. B. Thors Hammer. Daß auch in den vergangenen Jahrhunderten diese Bedeutung nicht ganz verloren war, ist uns literarisch bezeugt. Gegen Feuer und Blitz, gegen Krankheit und Wunden sehen wir immer, bis fast zur Gegenwart, das Steinbeil als Schutz- und Heilmittel im Brauch. Es fand sich auch jetzt beim Abbruch von Häusern wiederholt in Kaminen eingemauert. Und wenn uns aus dem nördlichen Westfalen berichtet wird von einem Beil, das gewöhnlich im Brotschrank eines Bauern aufbewahrt wurde: „wenn der Knecht Weihnachten von der Uchte, der Mitternachtsmesse heimkehrte, ging er an den Brotschrank, legte das Steinbeil auf den Tisch, schnitt das Schwarzbrot, nahm einen Knust mit auf die Diele, fütterte die Pferde und setzte sich dann erst an den Tisch, um zu frühstücken", so vermeinen wir in diesem Tun den ganzen Zauber alter Zeit zu spüren.
Ein sicher auf vorgeschichtliche Überlieferung zurückgehender Sageninhalt ist die an den großen Grabhügeln der Bronzezeit haftende Überlieferung der „Witten Wiefkes", die als weibliche Schutzwesen dem Menschen, der ihnen mit Ehrfurcht und mit Opfern naht und dankt, Schutz und Hilfe gewähren. Auffällig ist ihre Verbreitung im Münsterland, in Holland und Schleswig, offenbar eine ältere Volkstumsgemeinschaft dieser Landschaften aufzeigend.
Der Sagenkranz und die Namen der Großsteingräber als Teufelskammern oder Teufelssteine erweisen, wenn auch in entstellter Form, die einstmalige besondere kultische Bedeutung für vorchristliche Zeit. Der Kampf der frühmittelalterlichen Kirche in Nordwesteuropa gegen sie ist wiederholt urkundlich vor allem aus den Synodalbeschlüssen faßbar und die kultische Bedeutung dieser Grab- und Steinbauten einwandfrei gesichert.
Die Flurnamen Hilgenfeld und Rosengarten bewahren ihren Bedeutungsinhalt unverändert aus vorchristlicher Zeit bis in die Gegenwart; sie haften meist an bronze- und eisenzeitlichen Grabfeldern.
Daneben steht die ganze Fülle der Heidenfriedhöfe, der Hünenburgen und Spukgeschichten, der Erzählungen vom Mann ohne Kopf, vom schwarzen Hund und weißen Pferd, nicht zuletzt die Sagen vom wilden Jäger, für die aber ein sicherer zeitlicher Ansatz sich nach dem bisher vorliegenden Stoff nicht gewinnen läßt.
Aus den oben angeführten Gruppen der älteren Bedeutungsträger lassen sich bestimmte Bindungen und ununterbrochene Überlieferungen erschließen. Daß diese Kraft auch Ereignisse der Frühgeschichte und Geschichte einbezieht, ist aus dem ganzen Kranz der Sagen um historische Persönlichkeiten und Geschehnisse zu erkennen.

Aus der Fülle der einzelnen Beispiele werden hier zwei Zeugnisse echter Überlieferung mitgeteilt, für die auch ein zeitlicher Festpunkt angegeben werden kann. Der Verfasser hat sie im Herbst 1948 und Frühjahr 1949 im westlichen Münsterland selbst erlebt.

Nordwestlich von Raesfeld im Kreise Borken liegen auf der östlichen Isselterrasse Reste einer alten Befestigungsanlage, Kretier genannt, die im 9. u. 10. Jahrhundert bewohnt war und vermutlich im 11. Jahrhundert niedergebrannt ist. Von dieser Burg und einer weiter südlich gelegenen, längst nicht mehr erhaltenen Anlage, erzählt der Volksmund folgende Sage: Auf beiden Burgen wohnten in alter Zeit zwei Riesen. Sie besaßen aber nur eine Axt und einen Backtrog. Wenn nun der Riese in der südlich gelegenen Burg die Axt gebrauchte, um Holz zu schlagen, so rief er seinem Nachbarn im Kretier zu: „Naobermann, Naobermann vom Kretier, schmiet mi äs de Äxe hier!" Daraufhin warf der Riese vom Kretier die Axt über den Lanzenhagen, einen weiten Waldstreifen zwischen beiden Burgen, seinem Nachbarn zu.

Im Herbst des Jahres 1948 kam ich mit unseren Mitarbeitern M. Drescher und J. Löchteken in Raesfeld ins Gespräch über diese Erzählung, die ich selbst seit Jahren kannte. Zum Ende bat ich sie, sich doch einmal in den Waldstücken, Heiden und Weiden südlich des Kretier nach alten Wallresten oder Gräben umzusehen und mit den Umwohnern bei Gelegenheit über diese Sage zu sprechen, um zu erfahren, ob und wo dort eine zweite Burganlage bestanden habe. Nach etwa 14 Tagen bekam ich Nachricht, daß sich in einem Wald in dem in Frage kommenden Gelände ein kurzes Wall- und Grabenstück erhalten habe. Ich fuhr hinaus, kam aber am selben Tag, da ich noch andere Fundstellen besichtigt hatte, erst am Nachmittag in das Gelände. J. Löchteken zeigte mir den Rest eines Walles mit davorliegendem Graben, der keinerlei Landwehr oder Knickcharakter trug, sondern flach gewölbt als Wall und muldenförmig als Graben in etwa 25 m Länge von Nord nach Süd erhalten war. Wir besuchten nun die in der Nähe liegenden alten Höfe Hinzelmann und Seier, um mit den Bauern und Besitzern dieser Flächen ins Gespräch zu kommen. Sie erzählten uns in der langsam hereinbrechenden Dämmerung vom Verlauf alter Wälle, die aber nach ihrer Beschreibung unmöglich zu einer mit Wall und Graben befestigten Anlage ähnlich dem Kretier gehört haben konnten. Inzwischen hatten Löchteken und ich beim Erzählen, während wir die Ackerflur hin- und hergingen, zwei kleine Randstücke eines karolingisch-ottonischen Kugeltopfrandes aufgelesen. Das schien mir sehr viel. Ich beharrte vor dem Bauern darauf, hier oder in nächster Nähe müsse eine Burg gestanden haben. Er erzählte noch einiges von einer früher beobachteten gepflasterten Senke in einer benachbarten Wiese, wo die Raesfelder Grafen in alter Zeit ihre Kutschen gespült haben sollten. Dann sagte er doch schließlich auf platt: „Ja, Se mögt recht hebben. Min Vadder selig hätt in jungen Johren enmal seggt, do up'n Kamp" – die Fläche stieg nach Norden etwas an – „hä in ollen Tieten ne Borg stohn", fügte aber halb erstaunt, z. T. abwesend hinzu: „aber, dat Se dat ok weet!" Es war dunkel geworden inzwischen, die Bauern mußten ins Haus, wir zu unseren Rädern, die wir an einem Knick abgestellt hatten. Froh und gespannt, was der nächste Tag bringen mochte, fuhren wir in den Abend zurück.

Jeder Ausgräber kann von den Wundern des Lichts im frischen Erdreich berichten. Es gibt Verfärbungen, die sprechen am deutlichsten im frischen Anschnitt; andere Spuren erscheinen erst nach ganz geraumer Zeit, wieder andere offenbaren ihr Geheimnis nur, wenn man sie mit vieler Geduld betrachtet und ihre Verfärbungen im Widerschein des Lichts eines ganzen Tages auf sich wirken läßt.

Um die Spielbreite der Lichtverhältnisse eines vollen Tages vor mir zu haben, fuhr ich am nächsten Morgen zwischen Nacht und Tag hinaus an diesen Platz, um mit dem ersten klaren Tageslicht, wenn die Herbstnebel verzogen waren, am Fundplatz zu sein. Vollgesogen mit der Feuchtigkeit der Nacht lagen die Spuren eines alten Wallsystems vor uns, das sich gelb leuchtend von der umgebenden, dunkler gefärbten Humusschicht abhob. Wir steckten es ab, um es später einzumessen. Dann zog uns vor allem der Acker selbst an, auf dem nach des Bauern Angaben die Burg gestanden haben sollte. Wir suchten die Flur auf und ab – ohne Ergebnis. Bis wir an einer Stelle, etwa 60 m östlich der vom Bauern angegebenen, das Feld besät mit Gefäßbruchstücken fanden, die mit einigen zeitlich früheren Stücken doch im wesentlichen der Anlage im Kretier entsprachen.

Das schien uns vorerst genug, um die Existenz des „Naobermannes", d. h. der zweiten Burg, zu beweisen. Überlieferung und tatsächlicher Befund hatten sich, wie erhofft, ergänzt. Einzelheiten mußten einer späteren eingehenderen Untersuchung überlassen bleiben.
Das zweite Beispiel kommt ebenfalls aus Raesfeld im Kreise Borken. Am 3. Mai 1949 berichtete unser Mitarbeiter Löchteken: „Mit großer Freude kann ich Ihnen mitteilen, daß ich hier auf Grund der Überlieferung wieder eine befestigte Siedlung gefunden habe." Eine nach wenigen Tagen durchgeführte Ortsbesichtigung ergab folgendes: Die mündliche Überlieferung erzählte von den Höfen Meiering und Göring-Epping in der Gemeinde Raesfeld, daß beide Höfe in alter Zeit aus der Aufteilung eines Hofes entstanden seien. Dieser alte Hof sollte östlich des Hofes Göring-Epping gelegen haben an einer Stelle, die noch heute „de olle Goarden" heißt. Beim Abschreiten dieses Platzes fanden wir als Lesescherben Bruchstücke von Reliefbandamphoren, Kugeltopfreste mit rund umgelegtem Rand aus rötlichbraunem Ton und weichem Brand, mehrere Kugeltopfscherben mit stärker umgelegtem Rand und härterem Brand und Wand- und Fußbruchstücke von sogenannten Siegburger hartgebrannten, gelbbraun glasierten Gefäßen.
Dieser Platz war bis vor 30–40 Jahren noch von einer kreisrunden Wall- und Grabenanlage umgeben, die aber später eingeebnet wurde. Der umschlossene Raum besaß, nach den Angaben des Bauern Göring-Epping einen Durchmesser von etwa 70 m, war also ein karolingischer Hofplatz, wie er in der Art der Anlage für karolingische und nachkarolingische Zeit mehrfach bezeugt ist. Die Reliefbandamphoren und die brüchige, rotbraune Kugeltopfware weisen die Fundstelle in diese frühe Zeit.
Der Hofplatz ist, wie die jüngsten Scherben ausweisen, etwa um 1400 aufgegeben worden. Zu Beginn des 16. Jahrhunderts war die Teilung der beiden Höfe bereits vollzogen, wie eine Urkunde im Besitz des Bauern Meiering beweist.
An diesen beiden Überlieferungen, die zwar jünger sind als der um Steinbeil, Witte Wiefkes, Hilligenfelder, Teufels- und Opferstein rankende Sagenkranz, zeigt sich die Zuverlässigkeit alter mündlicher Tradition, vor allem, wenn Überlieferung und tatsächlicher Befund sich durch die Ausgrabung bestätigen. Es eröffnet sich hier eine Fülle bedeutender Quellen, die bislang kaum berücksichtigt wurden, deren besonderer Wert für die Frühzeit westfälischen Volkstums aber offenbar ist.

Denn wenn es aus ist, und der Tag erloschen,
Wohl triffts's den Priester erst, doch liebend folgt
Der Tempel und das Bild ihm auch und seine Sitte
Zum dunkeln Land, und keines mag noch scheinen.
Nur als von Grabesflammen, ziehet dann
Ein goldener Rauch, die Sage drob hinüber,
Und dämmert jetzt uns Zweifelnden um das Haupt,
Und keiner weiß, wie ihm geschieht.

(Hölderlin)

EIN SPÄTKAROLINGISCHER BEFESTIGTER HOF BEI RAESFELD, KR. BORKEN*

Neue Urkunden zur Geschichte unserer westfälischen Bauernhöfe

Im Sommer 1949 gelang es uns, auf Grund eines alten Flurnamens und einer daran haftenden besonderen mündlichen Überlieferung in der Gemeinde Raesfeld, Kr. Borken einen alten Hofplatz des 9.–12. Jahrhunderts festzulegen, der einmal durch die Art seiner Auffindung merkwürdig, zum zweiten aber durch die Ergebnisse einer im Frühjahr 1950 begonnenen Ausgrabung von besonderer Wichtigkeit ist. Diese Ergebnisse dürften im Lande weitestes Interesse finden, weil sie für die Geschichte unserer westfälischen Gräftenhöfe ein neues, bislang nicht gekanntes Urkundenmaterial erschließen: nämlich die vor- und frühgeschichtlichen Bodenfunde als historische Quellen.

Der große Kummer aller in der Landes- und Heimatforschung tätigen Menschen ist es, daß die Zufälligkeit aller schriftlichen Überlieferung und ihr später Beginn nur einen kleinen Ausschnitt der wirklich einmal vorhanden gewesenen Höfe und Siedlungen mit ihrer Geschichte erfassen läßt. Das Ergebnis von Raesfeld zeigt, daß es möglich ist, die Geschichte unserer Bauernhöfe und Siedlungen nicht mit dem 12. und 13. Jahrhundert beginnen zu lassen, sondern sie um mehrere Jahrhunderte weiter zurück zu verfolgen. Die Quellen und Urkunden dafür liegen nicht in den Archiven, sie liegen im Urkundenbuch der Erde selbst beschlossen und werden darum auch heute noch sehr häufig durch Unkenntnis für immer vernichtet. Die Bruchstücke von alten Gefäßen, die Reste von Schmuck und Waffen, dazu Hausgeräte, Spuren von Häusern und Gräbern, all diese Hinterlassenschaften der Generationen, die vor tausend und mehr Jahren lebten, bewahrt die Erde in ihrem dunklen Grund und gibt sie nur nach ehrfürchtigem Bemühen wieder frei.

Über die Entdeckungsgeschichte dieses alten Hofplatzes in Raesfeld habe ich im Westfälischen Heimatkalender 1950, Ausgabe Münsterland, berichtet und will hier nur das Wichtigste noch einmal darlegen.

Die mündliche Überlieferung berichtete von den Höfen Meiering und Göring-Epping in der Gemeinde Raesfeld, daß beide Höfe in alter Zeit aus der Aufteilung eines Hofes entstanden seien. Dieser alte Hof sollte östlich des Hofes Göring-Epping an einer Stelle gelegen haben, die noch heute „de olle Goarden" heißt. Beim Abschreiten dieses Platzes fanden wir als Lesescherben Bruchstücke von Tongefäßen, die dem 9.–12. Jahrhundert angehörten, u. a. Reste von Reliefband-Amphoren. Dieser Platz sollte bis vor 30–40 Jahren auf der Nordseite noch von einem Wall und Graben umgeben gewesen sein, während die anderen Teile seit Generationen eingeebnet waren. Wir waren auf Grund dieser Angaben des Bauern Göring-Epping und der ersten Lesescherben wohl berechtigt anzunehmen, daß es sich hier um einen alten, mit Wall und Graben befestigten Hofplatz der spätkarolingischen Zeit handelte, der vermutlich bis ins 12. Jahrhundert belegt war. Sein Grundbesitz wurde dann wohl durch Erbteilung aufgeteilt, während der Hofplatz selbst wüst wurde.

Im Frühjahr 1950 warf der Eigentümer durch den Südteil dieser ganzen Fläche, die bereits seit Generationen unter dem Pflug lag, einen neuen Entwässerungsgraben und schnitt bei der Gelegenheit den alten Graben an zwei Stellen. Lehrer Martin Drescher und Johann Löchteken, unsere Mitarbeiter für den Raum Raesfeld, konnten die angedeuteten Schnitte vertiefen und verbreitern und für den Graben eine Breite von 6 m und eine Tiefe von 1,50 m beobachten. Aus diesen Grabenschnitten wurden sehr viele Gefäßbruchstücke geborgen. Durch eine ganze Anzahl von Stichen konnte der Verlauf des Grabens in großen Zügen erfaßt werden. Er umschloß danach einen rundovalen Hofraum von 60 x 80 m Durchmesser.

Ein anschließend angesetzter Stichgraben an einer Stelle, wo nach Angaben des Bauern Göring-Epping der Pflug immer wieder Steine aufriß, erbrachte dicht unter der Pflugzone eine verrissene Steinlagerung in etwa 5 x 10 m.

Die jetzt einsetzende Grabung des Landesmuseums für Vor- und Frühgeschichte konnte unter der

* Gedruckt in: Westfälischer Heimatkalender 5, 1951 (Ausgabe Münsterland) 167ff.

zerwühlten Steinschicht Wände eines Hauses von 4 x 8 m freilegen. Sie waren in Trockenmauerwerk aufgeführt, die Hausfläche selbst in der Mitte durch eine Trockenmauer quer geteilt. Das Mauerwerk bestand aus Sandsteinplatten und Tuffsteinen. Die südliche Hälfte des Hauses war mit einem Estrich von großen Sandsteinplatten ausgelegt. Da, wo die Trockenmauer bereits früher ausgegraben war, um Bausteine zu gewinnen, zeigte ein Fundamentgraben den Verlauf des ehemaligen Mauerzuges an.

Die sehr zahlreichen Funde aus dieser Hausfläche bestanden aus Eisenteilen, nämlich Schnallen, Messern, Sporen und Armreifen und aus Resten von Tongefäßen. Diese lassen sich gliedern in die beiden großen Gruppen der rheinischen Ware (weiße, weißgraue und gelbe Keramik, zum Teil mit Pingsdorfer Bemalung, sowie Bruchstücke von Reliefband-Amphoren) und die der einheimischen Kugeltöpfe.

Die einheimische Kugeltopfkeramik zeigt einmal eine Gruppe gelbroter und brauner Ware mit schwach umgelegten Rändern, die im wesentlichen dem 9. und 10. Jahrhundert angehört, zum anderen eine Gruppe grauer, sehr hart gebrannter Ware mit profilierten Rändern, Innenkehlung, Deckelfalz und beginnenden dachförmigen Profilen. Diese zweite Gruppe beginnt im 10. Jahrhundert und reicht durch das 11. bis ins 12. Jahrhundert hinein.

Ein erster Versuch, an Hand der Tonware das Alter der ganzen Gräftenanlage bzw. des Hauses festzulegen, führte zu dem Ergebnis, daß die Anlage des Grabens in die Mitte des 9. Jahrhunderts zu setzen ist, während das Haus aus einer jüngeren Zeit, dem ausgehenden 10. Jahrhundert stammt und bis ins 12. Jahrhundert bewohnt war.

Die Hoffnung, wenigstens für diese späte Zeit im Urkundenbestand der Abteien Werden und Xanten – das Quellenmaterial des Stiftes Vreden ist leider vernichtet – Hinweise auf diesen Hof zu finden, der auf Grund seiner besonderen Anlage gewiß zu den bedeutenden dieses Raumes gehört, ließ sich bislang nicht erfüllen. Auch in der Aufzählung der im 14. Jahrhundert zum Stift Xanten gehörenden Güter aus der Gemeinde Raesfeld, die vermutlich durch eine Schenkung der Gräfin Emezza, der Gemahlin des Grafen Wichmann III. von Vreden, im 11. Jahrhundert an das Stift Xanten kamen, hat sich bislang nichts feststellen lassen. Erst zum 3. Februar 1363 berichtet eine Urkunde im Archiv des Grafen von Merveldt, daß der Ritter Bitter von Raesfeld von einem Wilhelm van den Korn den Meyeringhof erwirbt. Damals war also die Erbteilung des alten Hofes in die heute noch bestehenden Höfe Meiering und Göring-Epping bereits vollzogen.

Da die keramischen Funde der alten Hofstelle, wenn unsere Ansätze richtig sind, bis ins 12. Jahrhundert reichen, bleibt zwischen ihm und der ersten urkundlichen Erwähnung noch eine Lücke von über 100 Jahren zu schließen.

Das ist aber zunächst eine reine Forschungslücke. Das Gewicht der mündlichen Überlieferung, der Entdeckung und der Beständigkeit des Platzes lassen sie nicht allzu sehr ins Gewicht fallen.

Ein wichtiges Ergebnis ist aber schon jetzt aus der Raesfelder Grabung zu gewinnen: Sie eröffnet der Geschichte unserer Bauernhöfe neue Jahrhunderte, über die uns die schriftlichen Quellen nichts berichten.

Außerdem ergibt sich hier ein erster Hinweis auf das karolingische Alter unserer westfälischen Gräftenhöfe, wobei die Frage, ob diese Art der Hofesbefestigung vielleicht noch früher auftreten kann, wofür es einige urkundliche und archäologische Anhaltspunkte gibt, vorerst offenbleiben muß.

Auch auf die Frage nach dem Ursprung der sogenannten sächsischen Heinrichsburgen wirft das Raesfelder Ergebnis neues Licht, indem hier erwiesen werden kann, daß diese Art der Befestigungen – Rundlinge von 60–100 m Durchmesser mit Wall und Graben – offenbar auf ältere Traditionen zurückgeht.

Da aus dem Raum Raesfeld bereits zwei Anlagen dieser Art für das 9. Jahrhundert festgestellt sind, könnte man in ihnen erste Anhaltspunkte für einen karolingischen Siedlungsausbau erblicken und damit wertvolle Hinweise für die Siedlungsgeschichte unserer Heimat gewinnen.

Die Bodenfunde von Raesfeld bestätigen in ungewöhnlicher Weise den Wert der mündlichen Überlieferung und die Bedeutung der Flurnamen für die Erhellung dunkler Jahrhunderte der Frühgeschichte.

Sie wenden sich vor allem an unsere Bauern und Mitarbeiter im Lande, stärker als bisher in der Nähe unserer Siedlungen, auch einzelner alter Bauernhöfe, auf Bodenfunde zu achten. Die Quellen der Geschichte unseres Landes, unserer Siedlungen und unserer Höfe liegen im wahrsten Sinne des Wortes vor der Haustüre jedes einzelnen im Grunde der Erde. Wer darauf achtet und Beobachtungen den verantwortlichen Stellen anzeigt, bereichert sich selbst und die Geschichte der Heimat.

FRETHENNA PRAECLARA – BERÜHMTES VREDEN*

Vorbericht über die Ausgrabungen unter der Pfarrkirche in Vreden (Kr. Ahaus) – 1949–1951

In den Märztagen des Jahres 1945 wurde die Innenstadt Vreden und mit ihr die Pfarrkirche unter dem hundertjährigen Lindendom durch schwerste Bomben zerstört. Trümmer und Opfer reihen Vreden in die große Zahl derjenigen Städte unseres Vaterlandes, die das gleiche Schicksal erlitten. Aber wie in den ältesten Kulturstätten die durch den Krieg aufgerissene Erde bald an vielen Plätzen ihre Geheimnisse kundtat und vielerorts eine lebendige, oft zweitausendjährige Tradition geweihten Bodens offenbarte, so öffnete auch in Vreden ein längst vergessener unterirdischer Dom seine seit über 1000 Jahren verschütteten Gänge und zeigte in feuerverglühten Konturen Gestalt und Umriß reichgegliederter Bauwerke aus der ersten Zeit christlich-westfälischer Geschichte. Es erwies sich damit einmal wieder, „daß die Welt doch tiefer als der Tag gedacht" und „der goldene Rauch der Sage" auch hier kein sprühendes Irrlicht war, sondern „wie eine Grabesflamme" über dem verschütteten Heiligtum glühte bis in unsere Tage.

Heute schon, nachdem seit den ersten Spatenstichen auf dem Stiftsplatz in Vreden drei Jahre vergangen sind, will es fast scheinen, als sei alles, was wir fanden und sehen durften, ein Traum gewesen, so groß waren die Überraschungen, die wir im Frühsommer des Jahres 1949 angraben und in den Sommern der Jahre 1950 und 1951 in mühsamer, aber auch beglückender Arbeit aufklappen und lesbar machen konnten, wie ein geheimnisvolles Buch alter Mär und Sage.

Schon sein Titel: „Frethenna praeclara" – „Berühmtes Vreden" – war merkwürdig genug.

Was die schriftliche historische Überlieferung zur frühen Geschichte dieses Raumes aussagte, war zunächst wenig und bot nicht die Möglichkeit, mit ihr feste historische Situationen zu umreißen und zu begründen, sondern deutete sie vielmehr an und erzeugte damit jenes Fluidum historischer Spannung, dessen Klärung so besonders anziehend ist.

Wie in einer gewitterdunklen Landschaft ein greller Blitz für Bruchteile von Sekunden nicht nur die vordergründigen Umrisse einer gestalteten Welt sichtbar werden läßt, sondern den Raum auch in der Tiefe erleuchtet, ohne daß es aber dem Auge möglich wird, den vollen Inhalt dieses Raumes zu erkennen, so leuchteten über dem Dunkel der frühen Geschichte Vredens die knappen historischen Nachrichten und ließen die zu ihnen gehörige historische Landschaft zwar aufblitzen, aber nicht mehr in vollem Gestaltenspiel wahrnehmen.

Erstmalig zum Jahre 839 meldeten die Xantener Annalen die Reliquienübertragung der hl. Felizitas, Felizissimus und Agapitus nach Vreden. Mit guten Gründen können wir annehmen, daß sie für das vom Enkel Widukinds, dem Grafen Walbert, in Vreden errichtete adelige Damenstift bestimmt waren.

Daß der Raum Vreden aber bereits für die erste Christianisierung des westlichen Münsterlandes, für das ausgehende 8. Jahrhundert, eine besondere, zentrale Bedeutung besessen haben mußte, hatte J. Prinz auf Grund der historischen Hinweise erneut dargelegt. Ihm folgend hatte bereits Abt Bernrad (v. Echternach) hier in vorliudgerianischer Zeit gewirkt. Dazu kam jene merkwürdige Nachricht vom Jahre 1485, wonach Vredener Bürger erklärten, daß es in Vreden alte, aber gewisse Tradition sei, daß die Vredener Kirche älter als der Dom in Münster war.

Für die nächsten 1½ Jahrhunderte schwiegen die Quellen.

Erst zum Jahre 1016 berichtete die Chronik des Thietmar von Merseburg, daß der Billunger Wichmann III., Graf im „westlichen Sachsen", erschlagen und in Vreden bei seinen Vätern beigesetzt wurde.

Zum Jahre 1024 endlich wurde der Besuch des eben erwähnten Königs Konrad II. in Vreden erwähnt. Damals regierte als Äbtissin im Stift Vreden Adelheid, die Tochter Kaiser Ottos II. und seiner Gemahlin Theophano aus Byzanz. Sie verwaltete gleichzeitig die Stifte Quedlinburg,

* Gedruckt in: Vredener Festbuch. Zur Feier des dreifachen Jubiläums von Kirche, Stadt und Feste im Jahre 1952, hrsg. von der Stadt Vreden (1952) 20ff.

Gernrode und Gandersheim. Zusammen mit ihrer Schwester Sophie, der Äbtissin von Essen-Werden, empfing sie Konrad II. auf seinem Königsritt ins sächsische Land, dessen erste Station – er kam von Nymwegen – Vreden war.
„Er zog" – so berichteten die Quellen – „in das berühmte Vreden ein, wo ihn die Kaisertöchter Adelheid und Sophie aufs festlichste empfingen, wie es das Gesetz der Blutsverwandtschaft erforderte."
Damit aber waren die ältesten schriftlichen Quellen schon genannt. Hierzu kam die einzige sichtbare steinerne Urkunde aus der Mitte des 11. Jahrhunderts, jene Krypta in der Stiftskirche Vreden, deren reiche Architektur wenigstens baugeschichtlich größere Zusammenhänge erkennen ließ.
Der Anfang dieses „Frethenna praeclara" blieb jedoch unplastisch und kaum greifbar.
Um hier neue, historisch gültige Zeugnisse zu gewinnen, begannen wir das in Stein und Erde geschriebene Urkundenbuch des Vredener Stiftsplatzes aufzuschlagen und in ihm zu lesen (Taf. 5, 1).
Da stand auf der ersten Seite der Grundriß der durch Bomben zerstörten Pfarrkirche, einer weiträumigen, spätgotischen Hallenkirche aus der Zeit um 1500, deren Raum den Lebenden noch bekannt ist. Schon in ihren Trümmern erschienen so viele Teile von Architekturstücken eines älteren Bauwerkes, von Kapitellen und Konsolen, das reichgegliederte spätromanische Portal auf der Nordseite nicht zu vergessen, daß ein älterer Bau auf den nächsten Seiten erwartet werden konnte.
Auf dem folgenden Blatte erschien mit stellenweise feuergeröteten Mauern diese erwartete spätromanische Kirche von etwa 1220. Der Zug ihrer starken Außenmauern, ihre Wandvorlagen und die Gliederung ihrer Stützen, der gerade geschlossene Abschluß des quadratischen Chores und die beiden halbrunden Apsiden an der Ostseite der Seitenschiffe bestimmten schon im Grundriß Ordnung und Alter des sich hier anzeigenden Schemas einer spätromanischen Stufenhalle, wie es aus einer ganzen Baugruppe im westfälischen Raum (u. a. Billerbeck, Coesfeld, Legden, Münster) bekannt ist.
Im Westen erschien ein massiger, quadratischer Turm mit westlichem Eingang, in dem die erhaltenen Eckkonsolen noch die ursprüngliche Wölbung anzeigten.
Dieser Turm gehörte aber schon, wie die folgende Seite zeigte, einer älteren Bauperiode, nämlich der Mitte des 12. Jahrhunderts an. Auf der nächsten Seite, die mit dicken Brandspuren bedeckt war, kamen die Umrisse eines Bauwerkes aus der Zeit um 1100 zum Vorschein, dessen starke Außenwände und vorkragende Wandvorlagen ebenfalls auf einen gewölbten Bau hinwiesen. Sein Ostabschluß blieb zunächst unklar.
Die nächsten Blätter waren durch Feuer und Zerstörung so sehr beschädigt, daß es schwer wurde, sie voneinander zu lösen. Aber es gelang.
Aus dem Brandstaub schimmerten die Umrisse eines noch älteren Bauwerkes aus der Zeit um 1000, einer dreischiffigen kreuzförmigen Basilika, deren reiche Gestaltung des Chorteiles mit einer großen Hallenkrypta und der einzigen Grabanlage des Wichmann III. von besonderer Bedeutung war.
Fast wollte es scheinen, als sollte dies schon das letzte Ergebnis bedeuten. Wir versuchten, die nächste Seite unseres Buches aus einer fast unlösbaren, durch Feuer aneinandergebackenen Brandmasse zu lösen. Langsam, Stück um Stück, hoben wir die Brandschicht ab. Vor unseren Augen erschienen feuerverglühte Konturen einer reichgegliederten, dreischiffigen und kreuzförmigen Basilika, deren Ostteile mit der Ringkrypta und dem breiten Mittelstollen die größte Überraschung bedeuteten.
Ein Feuersturm war über diese Kirche gebraust und hatte sie in vollster Pracht vernichtet: die hochragenden Pfeiler zerstört, den Triumphbogen gestürzt, die Altäre, die Fenster, das Bleidach, die bronzenen Gitter mitsamt den Büchern und Beschlägen verbrannt. Ein dicker, breiter Fluß aus geschmolzenen Metallen, Gold, Silber, Blei, Kupfer und Zinn bedeckte den Vorraum des Chores und war die schweren Sandsteinstufen zur Krypta hinuntergeflossen, glühend, daß die Kanten der Treppensteine noch rot gefärbt waren.
Eine dicke Brandschicht, vermengt mit den Putzresten der bemalten Wände, lag auf dem Boden der Kirche. Wir hoben sie ab, um an den Estrich dieses Bauwerks zu gelangen, den die Erbauer

betreten hatten. Es erschien ein weites Feld von über 600 qm rot- und schwarzgebrannten Tonestrichs, begrenzt von den alten Mauerresten, hier in ihren untersten Lagen erhalten, dort ausgerissen. Das Ganze war eine einzigartige und einmalige Urkunde dieser Zeit, die nicht ihresgleichen hatte.
Auf diesem Tonestrich lagen neben den bemalten Wandresten die kleinen Gläser aus den zersprungenen Fenstern, sorgfältig zugeschlagen, zahlreiche Stücke von dünnen, verzierten Bronzeblechen, z. T. mit Goldfolien überzogen, wahrscheinlich Reste von Buchbeschlägen, Bruchstücke von verzierten Knochenkämmen, Gefäßreste, Teile von zersprungenen oder zerschlagenen Glocken und eine kleine, vollständig erhaltene Bronzescheibe mit Emaileinlage. Das alles eingebacken in eine schwarzgrüne Brandmasse von Holzkohle und geschmolzenen, inzwischen oxydierten Kupferresten.
Vor dem Seitenaltar des südlichen Querschiffes lag das einzige, sorgfältig gemauerte Grab in dieser Kirche. Aber es war leer; der Tote in alter Zeit schon umgebettet worden.
War dies die Grabanlage des Stifters Walbert, von dem die jüngere Tafel in der Stiftskirche noch kündete?
In der nach der Zerstörung der Kirche verfallenen und allmählich zugeschwemmten Ringkrypta fanden wir jenen silbernen Schmuckbrakteaten aus der Zeit um 900.
Unter dem aus Kieselsteinen gebildeten Estrich vor dem Chor der Kirche lag ein bronzener Schreibgriffel, wie er ähnlich aus anderen karolingischen Kirchen bekannt geworden war. Damit hatten wir einen ersten zeitlichen Ansatz gefunden, der aber auch durch den Grundriß des gesamten Baues, vor allem der Ringkrypta und durch das reiche archäologische Fundmaterial aufs beste bestätigt wurde:
Bei dem ausgegrabenen Bauwerk handelte es sich um die von Walbert in der 1. Hälfte des 9. Jahrhunderts hier auf den Fundamenten einer älteren Kirche errichtete Stiftskirche, zu der die Xantener Annalen die Übertragung der Reliquien zum Jahre 839 berichteten.
Aber dieses Bauwerk war nicht das älteste. Wir blätterten weiter: auf der nächsten Seite zeigten sich Teile eines noch älteren Steinbaues und auf der weiteren wenige erhaltene Pfostengruben, daß hier der Beginn vielleicht ein schlichter Holzbau war.
Auf dem vorletzten Blatt erkannten wir vor dem Westende der Kirche nur noch eine Anzahl von Gruben und Pfostenlöchern, die zu einer hier liegenden Siedlung gehörten.
War dies der Hofraum des Widukind'schen Hofes? Hier versagten die Quellen. Das geborgene Fundmaterial gehörte aber seiner Zeit an.
Damit war der an diesem Platz greifbare älteste Kulturhorizont erreicht. Wir hatten den historischen, durch Urkunde, Überlieferung und Bodenfunde umrissenen Raum des ausgehenden 8. Jahrhunderts betreten, in dem die sicher faßbare Kontinuität von fast 1200jähriger Geschichte einmal begann.
Wenn wir nun versuchen, einige in der Grabung gewonnene Beobachtungen für die älteren Bauwerke wenigstens andeutend zu beschreiben und historisch einzuordnen, so muß gleich zu Anfang betont werden: in Vreden wurde nicht ausgegraben, um die Mauern einer Kirche zu finden, deren Datierung dann nachträglich am Schreibtisch nach an anderen Plätzen gewonnenen Kriterien vorgenommen werden mußte, sondern hier wurde von Anfang an die vollgültige historische Bodenurkunde gesucht und geschaffen. Die meist nur in Fundamenten faßbare Gestalt ausgegrabener frühmittelalterlicher Bauwerke des nordwestdeutschen-rechtsrheinischen Raumes ist wie alle Steine zunächst „sprachlos und kalt“ und bietet allein genommen nicht die Möglichkeit scharfer chronologischer Einordnung und historischer Aussage.
Aber ein Grabungsfeld ist nicht so tot und leblos, wie viele meinen, und besteht nicht nur aus einem Haufen von Dreck und Steinen, vermengt mit den Resten des täglichen Lebens der einmal hier Wohnenden. Die Stätten der Vergangenheit, die Gräber der Toten und Häuser der Lebenden sind auch in Stein und Erde ganz lebendige Wesen aus Knochen, Fleisch und Blut, aber alle diese Funktionen bestehen in gleicher Weise aus Erde und Stein. Seine Hauptschlagadern aber sind für uns die stratigraphischen Leitlinien einer Grabung. Sie liefern uns zunächst das erste Gerüst einer

relativen Chronologie, d. h. einer zeitlichen Abfolge für die Ausdeutung der Geschichte eines Grabungsplatzes, dann aber mit der zuverlässigen Beobachtung der in den einzelnen Schichten geborgenen Funde, Münzen, Schmuckstücke und Gefäßreste auch sichere Anhaltspunkte zur genaueren Datierung, die in Verbindung mit urkundlichen Daten auch absolutchronologisch gültig sein kann.
Werden diese Schichten übersehen und zerschnitten, so verblutet dem Ausgräber dieses lebendige Wesen unter der Hand – und was schlimmer ist – unbemerkt. Es bleiben tote Skeletteile von Mauern, Pfosten und – wenn überhaupt – einige Funde. Dieser unbeachtete und verpaßte Augenblick läßt sich nie zurückholen, die Urkunde ist für alle Zeiten zerstört.
Wer hier ohne Ehrfurcht gräbt und sich mit dem nachträglichen Zusammenkomponieren von beobachteten und gefundenen Einzelstücken begnügt, arbeitet wie jemand, der aus einer schwer lesbaren Kaiserurkunde des frühen Mittelalters einige entzifferte Buchstaben herausschneidet und nach Gutdünken zu neuem Text verarbeitet. Daß auch bei dieser Tätigkeit Worte herauskommen, ist möglich; aber es ist nicht mehr der originale Text. Er ist inzwischen zerschnitten und nie mehr zu rekonstruieren. Und das Ergebnis spricht dann immer mehr für die „Klugheit" des Bearbeiters als für die Sache selbst. Außerdem aber kann es bei der Ausgrabung eines Fundplatzes alter Zeit auch gar nicht darum gehen, hier unter Vernachlässigung des Gesamtinhalts der Bodenurkunde nur die Geschichte einiger Mauerzüge herauszugreifen und zu bearbeiten. Denn es wird gleichzeitig, und zwar einmalig eine Fülle allgemeiner, nicht weniger wichtiger historischer Fragen angeschnitten, deren Beantwortung gerade an den Zentren frühmittelalterlichen Lebens, wie sie alte Kirchplätze in unseren Alt-Städten nun einmal darstellen, gewonnen werden muß.
Wer soll aber noch diese Fragen beantworten: auf welchem historischen Boden stehen die ältesten karolingischen Kirchengründungen, auf älteren Siedlungen oder nicht? In älteren heidnischen Heiligtümern oder nicht? Sind die ältesten Kirchbauten siedlungshistorisch und lokalgeschichtlich Zeugnisse echter Kontinuität oder Neubeginn?
Was liegt unter den Kirchen: Gräber, Ackerfluren? Wie ist das ganz persönliche Schicksal dieser Erde unter den Kirchen? Wer soll hierauf noch antworten, wenn die Bodenurkunden in ihrem klaren Schichtenaufbau und allen Anschlüssen an Kulturschichten zerschnitten und nicht beobachtet sind?
Um den Reichtum westfälischer Erde einmal an einem Platz aufzuzeigen, übernahmen wir im Herbst 1949 die Ausgrabungen in Vreden.
Bereits in den ersten Tagen schufen wir ein das gesamte Objekt inhaltlich andeutendes Bodenprofil, das wir in der Ausdeutung im Hinblick auf das zu erwartende Ergebnis bis aufs äußerste belasteten. Von den in diesem Profil erkennbaren Schichten aus erweiterten wir das Grabungsfeld durch eine möglichst scharfe stratigraphische Grabung, nämlich durch die horizontale Abtragung der auf den Kirchenböden der verschiedenen Jahrhunderte lagernden Brand- und Schuttschichten. Hierbei kamen zu den einzelnen durch Funde datierten Schichten „ganz von selbst" auch die zugehörigen Mauerzüge und damit die Grundrisse der einzelnen Kirchen zutage (Taf. 5, 2).
Von der mühsamen Arbeit einer stratigraphischen Grabung haben alle die, die nur zur Besichtigung der ausgegrabenen Mauern nach Vreden kamen, wenig gesehen. Ihr sicherer Erfolg steckt aber in der Fülle des gewonnenen, reichhaltigen und bedeutungsvollen Fundmaterials, das sowohl in seinem Reichtum als in seiner Gesamtzusammensetzung, vor allem aber durch die gesicherte, datierbare stratigraphische Lage im westfälischen Raum bislang keine Parallele hat.
Aus der Fülle der Ergebnisse können hier vorerst nur einige Beobachtungen herausgestellt werden, deren historische Einordnung etwa folgendermaßen skizziert werden kann:
Zum Ende des 7. Jahrhunderts berichten die schriftlichen Quellen über jenen großen Vorstoß der Sachsen nach Süden, der die Brukterer im mittleren Westfalen unterwirft, und damit die sächsische Herrschaft bis zu jenen Grenzen erweitert, die uns in der späteren sächsisch-karolingischen Auseinandersetzung angezeigt werden. Wie sich dieser Vorgang im einzelnen vollzogen hat, ob nämlich diese erneute sächsische Expansion eine ethnische Überschichtung der alteingesessenen Bevölkerung darstellt oder ob es sich um eine rein machtpolitisch wirksame Ausdehnung der

sächsischen Herrschaft handelt, kann noch nicht klar beantwortet werden. Wahrscheinlich wird beides wirksam gewesen sein.
Das Zeugnis der archäologischen Quellen für diese Zeit ist ebenfalls derart, daß wir in den Grabfeldern des 7. und 8. Jahrhunderts einen ganz auffälligen Wechsel der kulturellen Hinterlassenschaften feststellen können. Während die Beigaben, die Gefäß- und Schmuckformen, in den Gräbern des 7. Jahrhunderts ganz eindeutig das Bild einer „fränkischen Reichskultur" anzeigen, deuten die Grabinventare des 8. Jahrhunderts ebenso eindeutig auf ein neues, im nordwestdeutschen Raum erstarkendes einheimisch-„sächsisches" Kraftfeld.
Daß auch die schriftlichen Quellen dieser Zeit diesen größeren, historisch wirksamen Raum immer wieder anzeigen, sei hier nur erwähnt.
Dem sächsischen Vorstoß am Ende des 7. Jahrhunderts nach Süden folgt kaum 20 Jahre später ein gleiches Unternehmen der benachbarten Friesen unter ihrem König Radbod. Er erobert einen großen Teil des bis dahin von den Franken unterworfenen Friesland zurück und stößt bis nach Köln vor (716). Wie weit hier auch westfälisch-sächsische Landesteile mit ergriffen werden, bleibt zunächst unklar. Es sei jedoch auf die merkwürdige Verbreitung der König-Radbod-Sagen auch im westfälischen Raum bis an die Lippe verwiesen. Im nächsten Jahre (717) sehen wir die Sachsen wieder aktiv gegen die bis dahin von den Franken unterworfenen Thüringer. Sie unterwerfen sie und vertreiben den dort bestellten fränkischen Grafen. Diese sächsisch-friesischen Einbrüche in bereits fränkische Hoheitsgebiete lösen aber schon im nächsten Jahr die fränkischen Gegenstöße aus, mit dem Ziel, diese Länder nicht nur zu unterwerfen, sondern auch zu christianisieren.
Friesland wird nach dem Tode Radbods schnell zurückgewonnen. Die Missionierung kann unter dem Schutz des fränkischen Königs Karl Martell erneut begonnen werden. Der Bischofssitz Utrecht wird wieder besetzt, und es beginnt hier jene Unterweisung von Söhnen aus edlen friesischen Geschlechtern, die wir kurze Zeit später auch im sächsischen Raum wirken sehen.
Ein Name muß hier bereits für die Mitte des 8. Jahrhunderts genannt werden: der hl. Lebuin. Er versucht, von Deventer aus im sächsischen Raum zu missionieren. Wenn er auch zeitweise vor den aufständischen Sachsen sogar aus Deventer fliehen und nach Utrecht zurückkehren muß, so deutet sich doch hier bereits ein für das westliche Münsterland wichtiges frühes Missionszentrum an, dessen Wirken wir auch später noch erkennen können – kam doch der hl. Liudger ebenfalls aus der Utrechter Schule – und damit auf eine natürlich-räumliche Verbindung verweist, die uns in einzelnen historischen Vorgängen des 9.–11. Jahrhunderts immer wieder begegnet.
Die Unterwerfung der Sachsen zeigt sich als etwas mühsameres und zeitraubenderes Unternehmen. So sehen wir die fränkischen Heere fast das ganze 8. Jahrhundert hindurch in die westfälischen Gebiete bis zur Weser vorstoßen, mit dem Ziel, das Land zu unterwerfen, den sächsischen Widerstand zu zerschlagen und gleichzeitig die Christianisierung zu ermöglichen.
Wiederholt werden die Sachsen auch gezwungen, sie zu gestatten, aber immer wieder brechen neue Aufstände aus, bis endlich in jenen, mit Karl dem Großen begonnenen Kriegszügen auch diese Auseinandersetzung in ihre letzte Phase eintritt, die schließlich mit ihrer Unterwerfung und Christianisierung endet.
Zur Frage einer vorkarolingischen Missionierung und ihrer tatsächlichen Erfolge sei hier ein kurzer Hinweis erlaubt. Bis zum heutigen Tage sind im gesamten westfälischen Raum trotz aller Ausgrabungen in den alten Kirchen zu Soest, Dortmund, Münster, Paderborn und Minden keinerlei Beweise dafür gefunden worden, daß die älteste Gründung einer Kirche in einem fränkischen Grabfeld eine natürliche, mit den Gräbern der Ahnen verknüpfte Kontinuität anzeigen könnte. Diese Feststellung kennzeichnet die besondere Situation des Übergangs vom Heidentum zum Christentum für den westfälischen Raum und setzt sie klar ab von den für den rheinischen Raum vorliegenden Beobachtungen, „wo die Kirchen weitgehend inmitten der bereits bestehenden Friedhöfe über den Gräbern der Ahnen errichtet wurden." (K. Böhner).
Auch für die westfälischen Grabfelder zeigt sich zwar zunächst in der Bestattung der schon christlichen Toten auf den alten heidnischen Plätzen diese natürliche Beharrung, doch wird durch die Kapitularien Karls des Großen ein ganz klarer und entscheidender Bruch dieser tief im menschlichen Wesen begründeten natürlichen Verbindung zum Begräbnisplatz der Ahnen ausgelöst.

Solange aber keine Anzeichen dafür vorliegen, daß eine Kirchengründung auf einem älteren Grabfeld stattgefunden hat, ist eine Aussage über vorkarolingische Erfolge der Missionierung und vor allem über eine Bildung christlicher Gemeinden mit eigenen Kultbauten nicht zu belegen.
Damit wird nicht bestritten, daß es auch im westfälischen Raum auch in vorkarolingischer Zeit einzelne Christen gegeben hat. Ein Beweis dafür kann sicher in den Bronzekreuzen des fränkischen Grabfeldes in Erle (Kr. Recklinghausen) gesehen werden.
Aber desungeachtet sei auch nicht verschwiegen, daß die Behandlung dieses Problems des Übergangs vom Heidentum zum Christentum für den westfälisch-sächsischen Raum mit diesen an zunächst naheliegenden rheinischen Feststellungen anknüpfenden Kriterien auch gar nicht zu lösen ist. Die historische Situation ist eine völlig andere als in den Rheinlanden.
Das Besondere zeigt sich hier vermutlich – Vorarbeiten sind kaum geleistet – mehr in der Tradition des „sakralen Raumes" als in der Verbindung zum Grabfeld der Ahnen.
Vielleicht ist es möglich, diese Fragen im Rahmen der späteren, offiziellen Veröffentlichung über Vreden einmal ausführlicher darzulegen und jene hier und da – vor allem im westlichen Westfalen – spürbaren Verbindungen anzudeuten, soweit sie an Grabungsplätzen beobachtet und in den schriftlichen Quellen angezeigt sind.
In dem von Karl dem Großen i. J. 772 begonnenen Krieg, der sich zunächst gegen die sächsischen Befestigungen im mittleren Westfalen richtet, sehen wir i. J. 779 auch das westliche Westfalen angegriffen, jene Landschaft, die wir mit guten Gründen als den Gau „Sächsisches Hamaland" ansprechen dürfen, der den westlichsten Gau der Herrschaft Westfalen bildet.
Seine Entstehung ist zunächst dunkel. Auch die historische Überlieferung berichtet nichts darüber, sondern erwähnt diesen Gau nur im 11. Jahrhundert. Am ehesten möchte man daran denken, daß mit dem kurz vor 700 faßbaren sächsischen Vorstoß nach Süden hier ein Teil des ursprünglich größeren, noch aus älteren Zeiten überlieferten fränkischen Großgaues, der „arva Chamavorum", abgetrennt und der sächsischen Herrschaft eingegliedert wird. Diese „Landschaft" aber ist für das 4. Jahrhundert durch historische, für das 7. Jahrhundert durch archäologische Quellen als fränkisch ausgewiesen.
Ab 700 kann vermutlich der Nordwestteil mit Deventer und Elten als altes fränkisches, sein Südwestteil mit Vreden als neues sächsisches Hamaland gelten.
Daß sein Name für die frühe Zeit so schwer zu fassen ist, kann vielleicht damit begründet werden, daß das Stiftsarchiv Vreden mit seinen älteren Urkunden im 14. Jahrhundert verbrannt ist. Auf der anderen Seite zeugen die urkundlich besseren Nachrichten für die Existenz des fränkischen Hamalandes, aber vor allem die Tatsache, daß für die Gründung Liudgers in Essen-Werden in diesem ganzen sächsischen Hamaland keine Erstdotierungen erwähnt werden, somit dieser Gau bei einer Eintragung der für das 9. Jahrhundert urkundlich erwähnten Orte freibleiben muß, eben doch – wenn auch im Negativ – diesen besonderen Raum.
Dieser Gau „Sächsisches Hamaland" zeigt sich nach den jüngsten Ausführungen von J. Prinz (Westfalia sacra I) als ein Gau fast in „optima forma", nämlich als eine „von natürlichen Grenzen bestimmte politische Siedlungsgemeinschaft", für dessen Einheit viele Faktoren historischer, bevölkerungsmäßiger und politischer Art bereitgestellt sind.
Seine natürlichen Grenzen aber sind diese: im Osten der breite Moorstreifen von Haltern nach Gescher, der sich nach Norden fortsetzt in der großen Heide östlich von Ahaus, dem Laster- und großen Amtsvenn; im Süden die Lippe; im Südwesten die Schierenbecke und Alte Yssel und im Norden der breite Heide- und Moorstreifen zwischen Alstätte, Ammeloe, Eibergen und Geesteren. Nur die Nordwest-Grenze zum fränkischen Hamaland ist nicht durch natürliche Grenzen, sondern durch politische Entscheidung in dem durch kleinere Wälder, Heiden und Moore gebildeten Grenzsaum südlich Enschede, nördlich Borkuloe und Alte Yssel festgelegt. Sein altes Zentrum aber ist der Raum Vreden, in dem wir auf Grund der für Walbert, einem Enkel Widukinds, überlieferten Stiftsgründung und anderer Hinweise Besitzungen des Widukindgeschlechtes annehmen können. Außerdem dokumentiert sich in der naheliegenden Wallburg, dem „Hünenring" bei Bockwinkel, auch heute noch sichtbar jener weiteste gegen das fränkische Gebiet vorgeschobene Stützpunkt und verweist damit auch auf die politische Bedeutung dieses Raumes.

Wie bekannt, überschreitet Karl der Große mit dem fränkischen Heere im Jahre 779 den Rhein bei Lippe-Hamm an der Lippemündung und wählt jene nach Nordosten ins westfälische Gebiet führende Heerstraße, die über Bocholt–Vreden–Rheine–Osnabrück bis zur Weser führt, jenen alten Heerweg „Hellweg vor dem Sandforde". Bereits bei Bocholt rollt er, wie die Quellen berichten, sächsische Feldbefestigungen auf und öffnet sich damit den Weg ins Land der Westfalen.
In diese Auseinandersetzung gehört aber die zwischen Vreden und Stadtlohn liegende alte Wallburg, der sogenannte „Hünenring" im Bockwinkel. Die Möglichkeit, ihre historische Einordnung sicher zu klären, haben wir in einer gleichzeitig mit der Kirchengrabung in Vreden durchgeführten Untersuchung im Jahre 1950 aufgegriffen.
Es gelang A. Kersting in einem besonderen Grabungsauftrag des Landesmuseums für Vor- und Frühgeschichte, Münster, zur Untersuchung der Toranlage nicht nur diese, trotz der überaus schwierigen Bodenverhältnisse zu klären, sondern auch ein archäologisches Fundmaterial zu gewinnen, das dem bei der Vredener Kirchengrabung gewonnenen Siedlungsmaterial aufs beste entspricht.
Zwischen den nach innen eingezogenen, aus Plaggen aufgebauten Wallflanken kam hierbei ein durch Pfostengruben angezeigter Grundriß eines hölzernen Torhauses mit zweispuriger Durchfahrt zum Vorschein. Das Fundmaterial bestand aus zahlreichen Gefäßbruchstücken einheimischer Ware von Kugeltöpfen mit rundausladenden Rändern, Scherben mit Radkreuzstempel und einigen Stücken feintoniger gelber Ware aus rheinischen Töpfereien.
Da diese Burg aber bislang die einzige große Befestigung im sächsischen Gau Hamaland darstellt, sind die hier gewonnenen Ergebnisse nicht nur lokal, sondern allgemein landeskundlich von größter Bedeutung: denn erstmalig kann damit auch das politische Zentrum eines Gaues bestimmt werden.
Ob die Burg bei Bockwinkel nach der Unterwerfung des Landes noch für kurze Zeit eine karolingische Besatzung geborgen hat, wie man zunächst aus der Art der Torbildung schließen könnte, ist aus dem archäologischen Material nicht sicher zu beantworten. Wenn aber, dann kann es nur für kurze Zeit gewesen sein, denn nach der sächsischen Kapitulation in den 80er Jahren des 8. Jahrhunderts hatte es die karolingische Besatzungsmacht kaum noch notwendig, im neueroberten Gebiet unmittelbar vor den eigenen alten Grenzen nur zur Befriedung des Landes eigene Befestigungen zu unterhalten.
Bereits im Jahre 780 ist der sächsische Widerstand soweit gebrochen, daß Karl der Große den eroberten Raum in Missionsbezirke aufteilen kann, von denen Vreden als Zentrum der westmünsterländischen Missionierung für den Abt Bernrad gelten kann.
Im Jahre 785 erläßt Karl der Große in Paderborn jene Gesetzessammlung, die berühmten Kapitularien, die fortan das gesamte Leben und Handeln der Unterworfenen bestimmen. Sie enthalten u. a. folgende Anordnungen:

1. Die Anlage von Kirchen und ihre Ausstattung mit einem Haupthof (Curtis) und 2 Nebenhöfen (Manses).
2. Daß alle gestorbenen christlichen Sachsen nicht mehr auf den Grabfeldern der Heiden, sondern bei den neugegründeten Kirchen zu bestatten sind.

Nach allgemeiner Ansicht erfolgt nun die Gründung der Kirchen so, daß sie in der Regel auf dem zu ihrer Gründung abgetretenen oder gestifteten Haupthof erbaut sein sollen, wobei die Stifter auch in späteren Zeiten noch greifbare besondere Rechte, die sog. Patronatsrechte ausüben. Von hier aus kann also auch von der Überlieferung der Patronatsrechte her auf die Stifter der Kirche und damit die ursprünglichen Besitzer des Grund und Bodens, auf dem die Kirche erbaut ist, geschlossen werden. Da nun die älteste Vredener Kirche durch Walbert zu jener großen Stiftskirche erweitert ist, können wir folgern, daß diese Rechte seinem Geschlecht, das die erste Kirchgründung ermöglichte, zugehören. Und erklären damit die vielbesprochene These, daß schon sein Ahnherr Widukind hier auf eigenem Grund und Boden eine Kirche erbaute.
Damit betreten wir aber den engeren, durch die Grabung freigelegten Siedlungsraum auf dem Stiftsplatz Vreden.

Hier erschienen in der Tat, vor allem neben dem Westteil der Kirche, zahlreiche Siedlungsspuren dieser Zeit, in Gestalt von Gruben und Kulturschichten, mit Holzkohle, zerschlagenen und angebrannten Graniten und Gefäßresten. Leider war aber der alte Kulturhorizont durch die ältesten, in die Erbauungszeit der ersten Kirche zurückreichenden Gräber so gestört und die darüberliegende Deckschicht von über zwei Meter zu stark, als daß man ein großes Planum hätte anlegen können, wie es zur Klärung von Siedlungskomplexen nun einmal notwendig ist.
Wir müssen uns daher hier auf die Auswertung des Fundmaterials aus den ältesten Schichten und Gräbern beschränken.
Dieses Fundmaterial besteht aus Gefäßresten einheimischer Ware und aus rheinischen Töpfereien importierter Keramik, wie wir sie seit Jahren im westfälischen Raum aus den karolingischen Grabfeldern und aus einer ganzen Reihe von Siedlungsplätzen dieser Zeit kennen. Die einheimische Ware zeigt Kümpfe und frühe Kugeltopfformen aus schwarzbraunem und schwarzgrauem, grobgemagertem Ton, die zum Teil unter dem Rand eingestochene Verzierungen tragen (Taf. 6 oben).
Die sogenannte Importkeramik aus rheinischen Töpfereien besteht aus feinem, gelbem Ton und zeigt zum Teil jene kleinen, viereckigen Rädchenmuster, aber auch jene mit Rädchen verzierten aufgesetzten Wulste, wie wir sie aus der sog. Badorfer Ware und den Reliefbandamphoren kennen. Ihre Festlegung für die Zeit um 800 nach Chr. und die erste Hälfte des 9. Jahrhunderts ist gut gesichert (Taf. 6 unten).
Außerdem kommen wenige gelbtonige Gefäßreste mit roter Bemalung vor, von denen im Kirchenraum selbst unter dem Tonestrich zwei kleine Stücke gefunden wurden, die offenbar den Anfängen dieser Gattung zugeordnet werden müssen. Die anderen Stücke dieser bemalten eigentlichen Pingsdorfer Ware stammen entweder aus den Zerstörungsschichten des ältesten Baues oder aus den Gruben südwestlich der Kirche. Sie erscheint zuerst im 2. Viertel des 9. Jahrhunderts (Taf. 6).
Der aus dem geborgenen Fundmaterial gewonnene zeitliche Ansatz für die Erbauung der ausgegrabenen Kirche wird aufs beste ergänzt durch die vermutlich für dieses Bauwerk überlieferte Reliquienübertragung für das Jahr 839.
Diese Kirche ist in ihren Hauptteilen entweder durch die bestehenden Mauerzüge oder die sicher erkennbaren ausgerissenen Mauerfluchten so klar erkannt, daß ihr Grundriß festgelegt werden kann (Abb. 1).

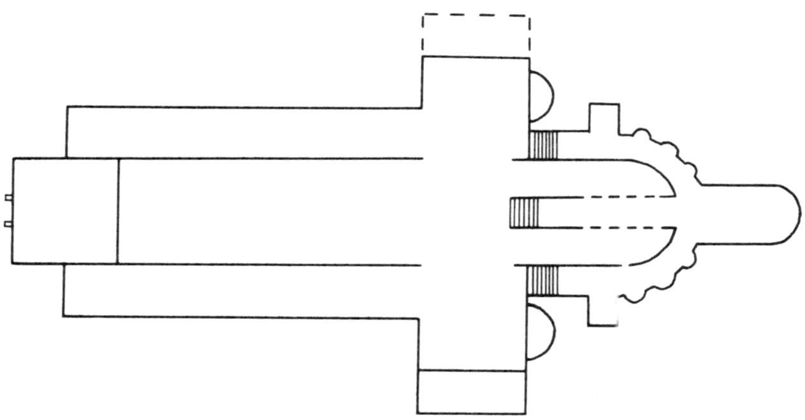

Abb. 1 Grundrißskizze der Walbert-Basilika, M. ca. 1:500.

Es ist eine dreischiffige, kreuzförmige Basilika mit einer Ringkrypta, Mittelstollen und Außenkrypta im Osten und einem quadratischen Turm im Westen. Die Gesamtlänge beträgt fast 55 m, die Langhausbreite über 16 m, die Querhausbreite über 22 m.
Die besonders reiche Gliederung des gesamten Ostteiles zeigte an den Ostseiten der beiden Querhausarme zwei halbrunde Seitenapsiden. Zwischen ihnen und der Chormauer führten auf der

Nord- und Südseite je sechs Stufen in eine an die Chormauer außen angelehnte Ringkrypta. Der Umgang erweiterte sich bereits bei 1,20 m von der untersten Treppenstufe nach Osten zu je einer nach Norden und Süden angelegten rechteckigen Nische, in der auf einem flachen Podest vor der Ostwand wohl ein kleiner Nebenaltar gestanden haben mag.
In der anschließenden nach Norden bzw. Süden umbiegenden Rundung waren innerhalb der Außenmauern je drei flache Rundnischen angebracht (Taf. 7, 1). Im Scheitel der Ostseite öffnete sich der Umgang zu einer etwa 4 x 6 m großen Außenkrypta mit halbrundem Abschluß. Aus der Mitte der Vierungsfläche vor dem Chor führte eine breite Treppe mit sieben Stufen in einen nach Osten unter dem Chor befindlichen Stollen und mündete dort in den Scheitel des Umganges (Taf. 8). Damit ist aber schon im Grundriß eine jener Ringkrypten angezeigt, die wir, übernommen von älteren römischen Traditionen, gerade im karolingischen Reich als Verehrungsstätten von Heiligen, bzw. ihrer Reliquien kennen.
Ein Vergleich dieses Bauwerks mit ähnlichen, bereits bekannten, im Raum nördlich der Alpen führt zu einer Reihe bedeutendster karolingischer Anlagen. Es sind zu nennen: St. Gallen, Seligenstadt, Essen-Werden und im Hinblick auf die reiche Kryptengestaltung u. a. auf zwei bedeutende Anlagen im westfränkischen Bereich: St. Denis und Grand-Lieu, die in der ersten Hälfte des 9. Jahrhunderts erbaut wurden. Damit erweist sich klar jene große, oft gerühmte kulturelle Einheit karolingischen Bauschaffens, als deren neues, wichtiges Zeugnis nun auch Vreden zu gelten hat. Damit rückt Vreden aber in eine Reihe für die karolingische Zeit bedeutendster Namen, und für den Raum Westfalen ist ein neues, wichtiges Denkmal früher, christlich-westfälischer Geschichte erschlossen, dessen Errichtung nur in der Initiative des für jene Zeit besten westfälischen Namens, nämlich Widukinds, erblickt werden kann. Auf den Fundamenten einer schon in der Raumkonzeption ähnlichen Anlage errichtete sein Enkel Walbert dieses Bauwerk abendländischer Bedeutung und dokumentierte damit noch einmal den besonderen Rang seiner Stifter und dieses Raumes, der uns noch in den mittelalterlichen Quellen in dem „Frethenna praeclara", dem „berühmten Vreden" in sonst kaum deutbarem, fast mythischem Morgenglanz überliefert ist.
Die Fundamente dieser Kirche bestanden aus in Sand gelegten Lagen von großen, zum Teil zerschlagenen Findlingen und Sandsteinen. Etwa in Fußbodenhöhe waren sie in eine Tonschicht eingebettet, und erst das Aufgehende bestand aus mit Kalk gemörteltem Mauerwerk. Die Wände waren ursprünglich mit einem weißen Kalkputz bedeckt, der wiederholt mit einer breiigen Kalkmilch überstrichen und mit bunten Erdfarben in rot, gelb, grau, blau und schwarz bemalt war. Leider war es bisher nicht möglich, aus den zahlreichen bemalten Putzstücken bestimmte Ornamente oder figürliche Zeichnungen zu erkennen.
Der Fußboden der Kirche bestand im Mittelschiff aus einem etwa 12 cm dicken Tonestrich, der durch den scharfen Brand bei der Zerstörung fast durchweg verziegelt war.
Die Seitenschiffe trugen ursprünglich eine einfache Bretterdielung, ebenso die beiden Querhausarme. Nur die Vierungsfläche vor dem Chor bestand aus einem kleinen, in Sand und Bauschutt gebetteten Steinpflaster.
Auf dem Kirchenboden und in der darüberliegenden Brandschicht eingebacken, fanden wir eine ganze Reihe von Fundstücken. Es sind jene dünnen, zum Teil verzierten und mit Goldfolien überzogenen Bronzebleche, die entweder Reste von Buchbeschlägen oder einer Altarbekleidung darstellen, vor allem aber eine kleine, gut erhaltene bronzene Schmuckscheibe mit Emaileinlage (Taf. 9). Hinzu kommen einige Gefäßreste und Bruchstücke von verzierten Knochenkämmen.
Aus der Sandbettung unter dem kleinen Steinpflaster vor dem Chor stammt jener bronzene Schreibgriffel, der ähnlich auch aus den karolingischen Kirchen von Fulda und Hersfeld bekannt geworden ist (Taf. 9).
Von besonderer Bedeutung sind aber die wenigen in dieser ältesten Kirche gefundenen Gräber.
Da lag zunächst in der Südwestecke der Ringkrypta eine Bestattung in einem schlichten Brettersarg, deren besondere Lage in der Krypta auf eine dem Geschlecht der Stifter angehörende Persönlichkeit hinwies.
Vor der Südmauer der Außenkrypta kam ebenfalls am bevorzugten Platz, „ad pedes sanctorum",

ein Steinplattengrab zum Vorschein, dessen Lage ebenfalls eine enge Verbindung des hier Bestatteten zur Stifterfamilie anzeigte (Taf. 7, 2).
Die wichtigste Grabgruft wurde aber vor dem Seitenaltar des südlichen Querhauses entdeckt. Sie war sorgfältig aufgemauert und der Innenraum glatt verputzt.
Aber das Grab war leer, der Tote offenbar umgebettet worden. Die Füllung bestand aus reinem Sand. Nur wenige Brandspuren waren auf dem Boden zu erkennen, und am Fußende lag ein bei der Umbettung wohl nicht beachteter Mittelfußknochen.
Wahrscheinlich – soweit bei solchen namen- und schriftlosen Befunden überhaupt sichere Aussagen zu machen sind – können wir dieses einzige Grab als das des Stifters der Kirche ansehen, jenes Grafen Walbert, von dem die spätere Gedenktafel noch in der heutigen Stiftskirche kündet:

Hic Walberte comes servatus protegis edes
custos ipse loci sacra per ossa tui –

und können das Wort „servatus" wohl auf die Feuersbrunst beziehen, die zwar in Spuren in den Grabschacht eindringen konnte, ohne aber den ehrwürdigen Toten selbst zu beschädigen.
Die Umbettung erfolgte jedoch erst mit dem Neubau der Kirche von 1100, deren Südmauer das alte Querhaus überlagerte und genau über die Grabgruft geführt werden mußte.
Damit sind die einzigen, in der Kirche liegenden Gräber schon genannt.
Spuren älterer Gräber wurden auch hier nicht gefunden, und damit ist die bereits oben gemachte Feststellung auch für diesen Platz gültig, daß es für den westfälischen Raum in allen bisher ausgegrabenen sicher karolingischen Kirchen keine älteren, vorkarolingischen Bestattungen gibt, die eine alte kontinuierliche Verbindung von dem, durch die Gräber der Ahnen geweihten, heidnischen Grabfeld zum christlichen Kultgebäude anzeigen.
Erwähnenswert sind in diesem Zusammenhang noch jene durch ihre Lage und sorgfältig gemauerten Grabgrüfte ausgezeichneten Gräber auf der Südseite der Kirche (Taf. 10, 1). Es dürfte sich – entsprechend allen Beobachtungen und Parallelen aus anderen karolingischen Stiften und Klöstern – um die hier im Kreuzgang bestatteten Äbtissinnen und Stiftsangehörigen handeln.
Sichere Spuren der weiteren Stiftsgebäude auf der Südseite der Kirche wurden bei den Ausschachtungsarbeiten zum Kirchenneubau im Winter 1951/52 angetroffen, ohne daß es möglich war, sie in ihren vollen Umrissen durch Abtragung der nach Süden anschließenden zwei Meter starken Deckschichten zu klären. *Hier bleibt der Stiftsplatz Vreden nach wie vor als Möglichkeit und Aufgabe weiterer Forschung durch die auch außerhalb der Kirche klare Stratigraphie mit chronologischen Festpunkten: 839 – 1000 – 1100 besonders wichtig.*
Vor dem Westende der Kirche wurde ein schmaler Suchgraben nach Westen ausgehoben. Hier lagen in zwei Meter Tiefe, ostwestlich ausgerichtet und in Reihen nebeneinander gebettet, die Gebeine derjenigen, die die Kirchbauten noch erlebt hatten und Zeugen jenes fränkisch-sächsischen Krieges waren. Sie wurden – so wie es die Capitularien befohlen hatten – nicht mehr auf dem Grabfeld der Heiden, sondern auf dem Friedhof des neuen Heiligtums bestattet. Ihre Skelette lagen, zum großen Teil gut erhalten, in den längst vergangenen Brettersärgen, und nur vereinzelt zeigte eine gläserne Spinnwirtel in der Hand einer Toten eine eben noch spürbare Verbindung zu alten heidnischen Grabbräuchen. Sie selbst lebten aber in einer bereits neuen Welt, die mit der begonnenen Christianisierung die Fundamente ihrer Kirchen in dem eben geweihten Boden errichtet hatte.
Diese Kirche wurde durch Feuer zerstört. Über einen sicheren Zeitpunkt dieses Brandes können hier noch keine klaren Angaben gemacht werden. Die schriftlichen Quellen berichten dazu nichts. Vielleicht fiel sie einem der normannischen Streifzüge zum Opfer, die uns zum Ende des 9. Jahrhunderts auch urkundlich für das Land am Niederrhein bezeugt sind. Diesem Brand folgte dann offenbar ein langsamer Verfall der Baureste. Dieser Schluß war vor allem aus dem Bereich der Ringkrypta zu gewinnen, deren tiefliegende Teile mit einer über 40 cm starken Sandschicht allmählich zugeschwemmt wurden, in der sich stellen- und lagenweise immer wieder der inzwischen von den Wänden abgebröckelte Wandputz zeigte. In den obersten Lagen der

Schwemmschicht kam auch jener kleine silberne Schmuckbrakteat zum Vorschein, der ins ausgehende 9. oder beginnende 10. Jahrhundert datiert werden muß.
Für die von Vreden ausgehende Wirkung ins Hamaland hinein, die Gründung weiterer Pfarrkirchen durch den Abt Bernrad oder seinen Nachfolger, den hl. Liudger, in den Orten Bocholt, Borken, Winterswyk, vielleicht auch Stadtlohn, muß ich hier auf die ausführliche Darstellung von J. Prinz in der Westfalia sacra I verweisen. Auch die Einordnung des in reichem Maße vorliegenden archäologischen Materials, das für diesen Raum durch die Vernichtung der älteren schriftlichen Quellen eine so besonders wichtige Zeugniskraft birgt, muß ich einer späteren Darstellung überlassen.
In den historischen Quellen bleiben die Jahrzehnte nach der Zerstörung der alten Stiftskirche zunächst dunkel, und nur vereinzelt tauchen Namen und Nachrichten auf, die durch ihre besondere politische Bedeutung und ihre Verbindung zum sächsischen Königshaus immer wieder eine andauernde und lebendige Bedeutung dieses Raumes anzeigen und jenen „Glanz der Frühe" begründen, der uns zum Jahre 1024 auch urkundlich wieder greifbar wird in jenem „Frethenna praeclara" – „dem berühmten Vreden." Vreden bleibt offenbar bis in diese Zeit das Herz des westfälischen Hamalandes. Noch im Jahre 1016 wohnt hier jener Wichmann III., der im gleichen Jahre auf Anstiften „jener entsetzlichen Frau, der Gräfin Adela, Mutter des hl. Meinwerk von Paderborn" (so Wilmanns, Kaiserurkunden I. S. 420) ermordet und vom Bischof Dietrich von Münster in Vreden „bei seinen Vätern" beigesetzt wurde.
Zum Jahre 1024 wird dann jener Königsbesuch Konrads II. in Vreden erwähnt, wo ihn die Kaisertöchter Adelheid und Sophie „auf's festlichste" empfingen.
Den sakralen Raum dieses königlichen Empfanges, aber auch den durch die Gruft der Väter angezeigten Bestattungsplatz des Grafen Wichmann III. haben wir in jenem Bauwerk ausgegraben, das z. T. auf den Fundamenten der alten karolingischen Stiftskirche errichtet war und nur in seinem Ostteil eine vollständig neue Gestaltung zeigte.
Die erhaltenen oder ausgerissenen Fundamente deuteten wieder eine dreischiffige kreuzförmige Basilika an, deren Mittel- und Seitenschiffe gegenüber dem älteren Bauwerk um weniges verbreitert waren. Die im Ostteil ergrabene Hallenkrypta zeigte die Maße von 8 x 11 Meter. Durch die erhaltenen flachen Pilaster, Eckkonsolen und die auf den den Innenraum durchziehenden Fundamenten erhaltenen Sockelplatten ließ sich seine Gliederung als dreischiffige und vierjochige Halle sicher bestimmen (Taf. 10, 2). Aus den Querhausarmen führten im Viertelbogen zwei Treppen in den Kryptenraum hinab. Seine Wände waren glatt verputzt, wie die erhaltenen Mauerreste im Westteil noch heute anzeigen. Ihre Ostbegrenzung hatte die Außenmauer der karolingischen Ringkrypta übernommen und deren östlichste Nischen auch in den neuen Raum einbezogen. Auch die nach Osten anschließende ältere Außenkrypta wurde weiter benutzt, nachdem man den alten karolingischen Boden erhöht und mit neuen und roten Tonfliesen ausgelegt hatte (Taf. 11, 1). Der Boden der Hallenkrypta selbst bestand aus einem kleinen, in Sand gebetteten Kieselsteinpflaster.
In diesem Raum wurde nur eine Grabanlage beobachtet, der darum von vornherein besondere Bedeutung beigemessen werden konnte. Sie lag vor der Einmündung der nördlichen Treppe. Hier zeigte sich bei der Freilegung des Kryptenbodens eine deutliche Störung des ursprünglichen Kieselsteinpflasters. Beim weiteren Abtragen erschien bald die Bestattung eines 40–50jährigen Mannes, an dessen recht gut erhaltenen Skeletteilen jedoch einige Besonderheiten es wahrscheinlich machten, in ihr die für das Jahr 1016 überlieferte Beisetzung des Grafen Wichmann zu sehen.
Einige andere, zum Teil großflächige, tiefreichende Störungen im Boden des Kryptenraumes waren nicht mehr näher zu deuten. Am ehesten dürfte es sich um einfache Sandentnahmegruben zur Mörtelbereitung des Baues von 1100 bzw. 1200 handeln, denen vielleicht weitere Gräber zum Opfer gefallen sind.
Ein baugeschichtlicher Vergleich der hier ausgegrabenen Krypta, deren Erbauung um das Jahr 1000 nicht nur durch die historischen Hinweise, sondern auch durch die formenkundliche zeitliche Einordnung der „zarten" Pilaster und schlichten Schrägen bestätigt wird, führt vor allem auf jene

kaum 100 m entfernt liegende und erhaltene Krypta in der „Stiftskirche" mit einer ähnlichen Raumordnung. Ihr reicher architektonischer Schmuck an Kapitellen und Säulen ist allerdings etwas später, etwa in die Mitte des 11. Jahrhunderts zu datieren.

Lokalgeschichtlich ist damit aber ein für den in der späteren Vredener Geschichte langandauernden Streit zwischen der Pfarre und dem Stift Vreden wichtiges Ergebnis gewonnen: Erst nach der durch einen Brand erfolgten Zerstörung der älteren von uns ausgegrabenen Krypta begann das Stift auf jenem neuen, etwas abseits gelegenen Platz der *heutigen* Stiftskirche mit dem Neubau einer eigenen Krypta, die mit einigen späteren Umbauten in ihren wesentlichen Teilen bis heute erhalten ist. Behelfsmäßig mag sich die Pfarre inzwischen in den Trümmern der alten Kirche eingerichtet haben, dadurch, daß sie das Langhaus erneuerte und den Kirchenboden erhöhte. Auf ihm fanden wir bei der Ausgrabung jene wichtigen Silbermünzen aus dem Ende des 11. Jahrhunderts, über die P. Berghaus im gleichen Buch berichtet.

Nach 1100 aber konnte dann jener Neubau beginnen, der schon in der Anlage der Fundamente und der neuen Raumkonzeption, unter weitgehender Zerstörung des alten Schemas, eine neue Bauepoche anzeigt. Damit aber schuf sich das erstarkende Bürgertum Vredens erstmalig eine eigene Pfarrkirche.

Eine weitere auch nur andeutende Erörterung der durch die Grabungsergebnisse angeschnittenen Probleme ist für die Geschichte Vredens nun nicht mehr von zentraler Bedeutung. Sowohl allgemein historisch, als baugeschichtlich liegt für die nächsten Jahrhunderte ein reiches Urkundenmaterial vor, dessen Ausdeutung dem Historiker und Bauforscher überlassen werden muß. Uns ging es hier nur darum, wenigstens hinweisend einige der für die Frühzeit Vredens neuen und besonderen Grabungsergebnisse zu skizzieren und jenen „Morgenglanz" früher Vredener Geschichte anzudeuten, dessen Leuchten nicht nur das *Wissen* des Tages bereichern kann, sondern auch die Herzen der Lebenden mit Stolz zu erfüllen vermag.

Was wir in den Jahren 1949–51 im Urkundenbuch des Vredener Stiftsplatzes lesbar machen konnten, ruht inzwischen zum größten Teil unter schützender Erde. Nach uns nahm das Recht der Lebenden auf stolze Weise wieder vollen Besitz von diesem Platz; im Winter 1951/52 wurden in die durch fast 1200jährige Geschichte geweihte Erde die Fundamente der neuen Kirche gelagert (Taf. 11, 2). Und damit wiederholte sich zum siebten Male das heilige Werk, das einst in den Tagen Widukinds und Karls des Großen begonnen wurde, diesmal unter dem Dröhnen der Preßlufthämmer und Kreischen der Betonmischmaschinen:

Ad maiorem Dei gloriam!

AUF DEN SPUREN DER RÖMER IN WESTFALEN*

Es war am Samstag, dem 13. September des Jahres 1952, in der Mittagszeit; da fand ich auf meinem Schreibtisch im Landesmuseum für Vor- und Frühgeschichte in Münster die Postkarte eines guten Bekannten, Dr. Franz Schuknecht aus Dorsten, auf der er mir mitteilte, daß in Holsterhausen bei den Baggerarbeiten zum neuen Hambachbett schon vor Tagen eine römische Amphora gefunden worden sei. In einer Ecke der Postkarte hatte er eine Faustskizze mit Maßangaben eingezeichnet, außerdem aber die genauen Koordinaten der Fundstelle angegeben. Gleichzeitig wies er darauf hin, daß der neue Fundplatz in nächster Nachbarschaft zu den alten Fundstellen zweier schon seit Jahren bekannter römischer augustischer Goldmünzen liege. Er erwarte mich sofort, um gemeinsam mit ihm die neue Fundstelle anzusehen.
Ich las den Text wieder und wieder; denn er weckte sofort kühnste Erwartungen, die ich zwar immer wieder in die knappe Aussage dieser zunächst schlichten Fundmeldung einzudämmen suchte, aber sie ließen sich nicht einzwängen.
Sollte es möglich sein, daß sich hier ein Hinweis für ein neues römisches Lager im Raum Westfalen bot? Sollte es doch noch wahr werden – wie oft hatten wir darüber gesprochen in den letzten Jahren –, eine der zentralsten Forschungsaufgaben der einheimischen Archäologie im Lande der Westfalen nach fast über 50jähriger Ruhe – so lange lagen die Entdeckungen der römischen Lager bei Haltern, Oberaden und Kneblinghausen schon zurück – erneut anzugreifen, nämlich die nach dem Verlauf der germanisch-römischen Auseinandersetzung und seinem Höhepunkt, den Siegeszeichen der Varusschlacht im befreiten Germanien?
Denn: Ein evtl. römisches Lager bei Holsterhausen mußte uns in Verbindung mit Haltern endlich ein gültiges Maß für einen Marschtag römischer Legionäre in die Hände spielen! Das bedeutete aber, daß für die Zukunft nicht mehr nur die klügelnde Überlegung am Schreibtisch, sondern vielmehr ein mit aller Energie betriebener tatkräftiger Geländeeinsatz, unter Bereitstellung einer maximalen Summe kritischer Geländeerfahrung, eine Lösung erzwingen konnte, zu der die schriftlichen Angaben der Antike vorerst nur gute Hilfen hinzuzufügen vermochten. Gewiß, was bis jetzt in Holsterhausen vorhanden war, war nur ein Hinweis: der Fund einer Amphora. Aber es war gleichzeitig angegeben, daß hier ein neues Bachbett ausgehoben wurde. Das aber bedeutete: Profile und damit gültige Urkunden der „Mutter Erde“ selbst. Wenn sie offenlagen, stand uns eine neue Schatzkammer mit historischen Zeugnissen westfälischer Geschichte bereit. Die neue Fundstelle lag auf einer flachen Erhebung auf der nördlichen Lippeterrasse, nordwestlich Dorsten. Die Geländesituation war so, daß ein römisches Lager durchaus möglich war.
Ich blätterte und las die guten, alten Bände der „Mitteilungen der Altertumskommission für Westfalen“ mit den ersten Berichten über die Lager in Haltern, um einmal wieder zu sehen, auf welche Art und mit welchen Gedanken die „Alten“ nicht nur solche Objekte angegangen, sondern auch, wie sie sie beschrieben hatten. Der Band V der „Mitteilungen“ enthielt zudem eine gute Tafel mit den gängigen Typen der in Haltern gefundenen Amphoren.
In den Nachtstunden noch versuchte ich zum erstenmal jenes – seitdem von vielen geübte – Spiel, auf einer Übersichtskarte von Westermann im Maßstab 1:750 000 die Lager bei Haltern, Oberaden und das vermutete neue bei Holsterhausen einzutragen, nahm die Entfernung in den Zirkel und gelangte – ein Zirkelmaß Holsterhausen–Haltern für einen Tagemarsch von rund 20 km gerechnet – in zwei Tagemärschen zu dem bekannten römischen Lager *Castra Vetera bei Xanten,* der wichtigsten Ausgangsbasis für die meisten römischen Heerzüge ins rechtsrheinische Germanien. Zwischen Holsterhausen und Xanten mußte also noch – entgegen allen bisherigen Vermutungen – ein römisches Lager liegen (Abb. 2).
Ein Tagemarsch von Haltern nach Osten führte in den Raum *Olfen–Seppenrade,* von dort gab es römische Funde; ein Tagemarsch weiter traf auf das bekannte Lager bei *Oberaden,* der nächste in den Raum *Hilbeck,* von dort gab es alte römische Schatzfunde, der nächste weiter in den Raum *Soest* – von dort gab es seit Jahren einen schweren römischen Bleibarren dieser Zeit . . .

* Gedruckt in: Westfalenspiegel 2, Nr. 8, 1953, 15ff.

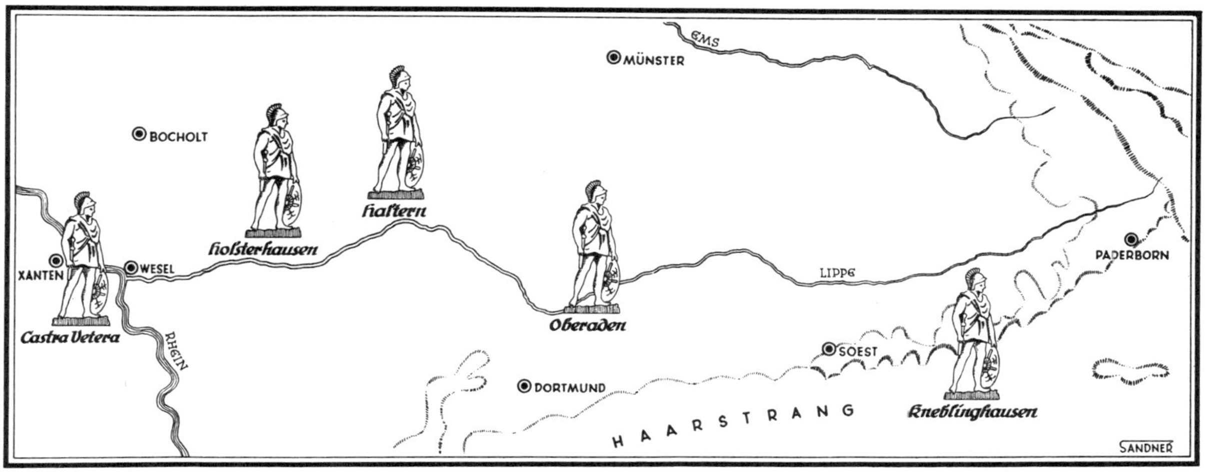

Abb. 2 Karte der Römerlager zwischen Rhein und Teutoburger Wald (Stand: 1953)

Alles paßte so gut und versprach in dieser fast selbstverständlichen Feststellung vielleicht doch einen Funken richtiger Überlegung. – – –

Am frühen Nachmittag des nächsten Tages war ich an der Fundstelle. Wir – Dr. Meynken (Leiter des Dorstener Heimatvereins), Dr. Schuknecht und ich – verließen die Stadt nach Norden, überschritten die Brücken der Lippe und des Lippeseitenkanals und bogen dahinter gleich nach Westen ab, überschritten den alten Hambach kurz vor seiner Einmündung in die Lippe und standen bald vor dem südlichsten, bereits fertiggestellten Bauabschnitt des neuen Hambachbettes, südlich der Halden der ehemaligen Zeche Baldur.

Durch die vor der alten Lippeterrasse liegenden Schutthalden war ein 20 m breiter und über 10 m tiefer Graben gezogen, in dessen Sohle, eingefaßt von großen Zementplatten, einmal der Hambach fließen sollte. Die hohen Böschungen waren schon wieder mit Plaggen ausgelegt oder eingesät.

Wir gingen dem neuen Bachbett nach. Nach etwa 100 Metern, in Höhe der Bahnstrecke Dorsten–Wesel, bot sich uns folgendes Bild: Auf mehrere Hunderte von Metern lagen die Böschungen des neuen Hambachbettes offen, in der Ferne sah man den Baggerarm in die Luft ragen, dessen Greifer vor Tagen die Amphora gegriffen hatten.

Der Betreuer der Amphora, Lehrer Franz, führte uns zu der Stelle, wo die Amphora gefunden sein sollte; er berichtete, daß sie der Bagger etwa in 2 m Tiefe ergriffen hatte, dann aber einer der Arbeiter das Stück sah, dem Baggerführer ein Zeichen gab zu stoppen, und wie sie dann gemeinsam die Amphora freigelegt und im Keller seiner Schule abgelegt hätten.

An den Profilen der Hambachböschungen war in der Nähe der Fundstelle zunächst nichts Besonderes festzustellen; aber sie lagen ja auch seit Wochen offen, waren verregnet und wieder abgetrocknet. Hier half nur ein Kratzer oder eine Kelle! Ich packte sie aus, sprang die Böschung hinunter und begann nun im langsamen Weitergehen jene Grenzzone zwischen junger Kulturschicht und unberührtem, gewachsenem Boden freizulegen, um evtl. Bodenspuren wenigstens in Ansätzen zu erkennen. Es war zunächst nicht viel, was das Gelände anbot.

Aber je weiter wir nach Westen gingen, um so dichter wurden die Spuren von alten Eingrabungen, von Fundamentgräben und Abfallgruben; erste kaum ansprechbare, aber alte Tonscherben kamen zutage; vor allem aber jene Reihe von kleinen, mit Holzkohle gefüllten Gruben, von rot leuchtendem Sand bekränzt, vermutlich alten Kochgruben, aber gleich daneben auch größere von offenbar heruntergebrannten, eingetieften Hütten – das alles aber in einer Art, wie ich sie von keiner normalen Siedlung und auch keinem Friedhof vor- und frühgeschichtlicher Zeit kannte: das kannte ich nur von der vorletzten Grabung im römischen Lager bei Haltern.

Also doch: hier war der Platz, an dem in den nächsten Tagen ein neues römisches Lager festgelegt werden mußte.

Ich verließ den Graben, ging zu meinen Begleitern und packte wieder Westermanns Karte aus – und wieder ließ ich die Legionen von Vetera-Xanten aus nach Osten marschieren; hier mußte das erste Lager sein, hier war Holsterhausen, das nächste bei Haltern, dann Olfen-Seppenrade, dann Oberaden usf.

Wir sprachen an diesem sonnendurchglühten Nachmittag vom Glück dieser Stunde, deren nüchterne Schönheit darin bestand, daß wir das erste Erwachen dieses Lagers aus fast 2000jährigem Schlaf erlebten. War nicht erst im letzten Jahr die Ausgrabung der reichen karolingischen Kirche in Vreden ein archäologisches Fest gewesen, mit dem wir den Raum Westfalen beschenkt hatten wie mit einem kostbaren Diadem, mit abendländischer Leuchtkraft? Und war nicht unsere eben begonnene Ausgrabung der karolingischen Siedlung bei Warendorf ein weiteres Geschenk an dieses Land?

Sollte Holsterhausen ein neues Geschenk werden, mit dem dem Raum Westfalen neuer Reichtum erwuchs?

In dieser Stunde über den Profilen des neuen Hambachbettes fielen als Abschluß und als lösende Ironie die herzhaften Worte von der Druckerschwärze der nächsten Wochen und Monate, von den geschriebenen Briefen und Aufsätzen in Ost und West und der ganzen Klugheit, die sich über diesen Platz ergießen würde. Was war dies papierne Zukünftige gegenüber dem großen Glück dieser Stunde!

Der Glanz des Nachmittags erfüllte auch die späte Abendstunde dieses Tages, als ich Professor Stieren in seinem Heim aufsuchte; Freude und Spannung ergriffen auch ihn, der seit über 20 Jahren diesen Augenblick herbeigesehnt hatte.

Und am anderen Morgen war ich mit ihm in Dorsten-Holsterhausen. Unser erster Gang galt der Amphora. Sie war echt und bestand ihre Prüfung auch vor den durch die jahrzehntelange Ausgrabungstätigkeit in Haltern kritisch scharfen Erfahrungen; Prof. Stieren erklärte: „Eine solche Amphora trägt man nicht im Rucksack, dazu gehört ein Karren, also ein Troß, und zu einem Troß gehört ein Lager!“

Wir gingen hinüber zum neuen Hambachbett und ließen uns von den Arbeitern über den Fund der Amphora berichten. Anschließend begann dann wieder jener unvergeßliche Gang, Schritt um Schritt, entlang den Profilen des neuen Bachlaufes. Ich reinigte hier und da einige Spuren, die zum Teil von der gestrigen Reinigung noch eben durchschimmerten. Bis wir an jene merkwürdige Stelle kamen, die eine etwas tiefere Verfärbung zeigte, leider aber in ihrer seitlichen Begrenzung durch Baggereingriffe an beiden Seiten gestört war. Ich reinigte sie, sah mich anschließend um nach dem Profil der gegenüberliegenden Grabenwand. Auch hier zeigte sich im gewachsenen Boden – die ursprünglich darüberliegende Humusdeckschicht von etwa 0,80 m hatte der Bagger schon abgeräumt – eine nach unten führende Spur, die aber ebenfalls auf einer Seite durch Eingriffe gestört war. Wir entschlossen uns, einen schmalen Streifen in der anschließenden, schon vom Humus abgeräumten Fläche freizulegen.

Schon nach wenigen Minuten zeigte sich ein etwa 1,40 m breiter, rostbrauner Streifen im hellen Sand, und zwar in der Flucht der beiden oben erwähnten schon gestörten Profile. Diese „Spur“ wurde aufgeschnitten, d. h. dieser rostbraune Streifen bis zu seinem untersten Ende ausgehoben. Was sich uns bot, war mehr, als wir nach diesen wenigen Augenblicken erwarten konnten: ein klarer Rest eines Spitzgrabens, der noch etwa 1,20 m Tiefe zeigte (Taf. 19).

Das Weitere, erneuter kurzer Suchgraben, erneuter Schnitt, erneuter Spitzgraben als Ergebnis, lief so schnell ab, daß uns vor Freude und Spannung die Worte fehlten. Nur Dr. Schuknecht, der inzwischen hinzugekommen war, fand noch die köstliche Bemerkung über die wissenschaftliche Hochzeit, die hier gefeiert wurde. Es war auch eine: denn mit dieser Grabenspur war der erste Ansatz für eine Lagerseite gefunden. Diese Spur mußte in den nächsten Tagen weiterverfolgt werden, und so – wenn uns nicht eine Unbekannte narrte – Umriß und Größe des neuen römischen Lagers Holsterhausen festgelegt werden.

Der nächste Arbeitstag brachte dann, nachdem Prof. Stieren auf Grund der Schnitte vom Vortage die erste vermeintliche Flucht abgesteckt hatte, in 20 m Sprüngen über eine Entfernung von über 100 Meter eine sichere Fortsetzung der Grabenspur nach Norden.

Und damit begann für einige Wochen eine archäologische Arbeit, die mit zu den schönsten und spannendsten im Raum Westfalen gehört, die je durchgeführt wurden. In einem bislang undenkbaren Minimum an Zeit, nämlich in 20 Arbeitstagen, wurde hier der Verlauf eines römischen Lagergrabens festgelegt, der einen rechteckigen Lagerbezirk von 650 x 900 m umschloß und damit bereits Größe und Truppenstärke anzeigte, nämlich ein Zweilegionslager für etwa 10 000-12 000 Mann.

Es waren wirklich Wochen einer „fröhlichen Wissenschaft". Dazu gehörte nicht nur der tägliche Kampf mit „einem Großen, Unbekannten", ein oft mühsames Ringen um wenige Meter mit schwierigster Profilansprache und Ausdeutung, sondern auch der archäologische Tanz zwischen Blumenbeeten mit Rosen und Astern, unter jungen Obstbäumen „voll mit gelben Birnen", wo uns oft nur ein schmaler Streifen von 0,5 m zur Untersuchung freiblieb, oft auch kühn weite Saatflächen überspringend, um die aufgehende Wintersaat nicht zu zerstören.

Dazu kam das dauernde Einholen der Grabungserlaubnis bei den Besitzern der Grundstücke, in deren Gärten und Beeten, ja vor deren Türen wir unsere günstigsten Schnitte anlegen mußten.

Und alle haben schließlich – das sei den Bürgern von Holsterhausen bestätigt – gern ihre Erlaubnis gegeben.

Vor allem die Gewinnung der Eckführungen und des verschlungenen Grabenverlaufes im Südosten des Lagers haben manche Mühe, aber nach glückhafter Wendung auch besondere Freude bereitet.

Am 17. Oktober 1952 war es dann endlich soweit: Mit insgesamt 114 Schnitten hatten wir rund 2000 m Spitzgraben eines neuen römischen Lagers festgelegt. An diesem Tag – nach Abschluß der letzten Planarbeiten – konnten wir Prof. Stieren bei einem Besuch in Holsterhausen einen Umrißplan des neuen Lagers im Maßstab 1:5000 als Geburtstagsgeschenk überreichen.

Damit war die erste Grabungskampagne des Jahres 1952 in Holsterhausen beendet. Wenn ich heute, nach Monaten, diese Zeilen niederschreibe, so wird die Arbeit in Holsterhausen und ihr klares Ergebnis immer wunderbarer: Zu den vor 50 Jahren entdeckten und seitdem ausgegrabenen römischen Lagern Haltern, Oberaden und Kneblinghausen hatten wir dem Raum Westfalen ein neues Lager in Holsterhausen geschenkt.

Abb. 3 Lageplan des neuen Lagers Holsterhausen.

Durch seine Größe von 650 x 900 m zeichnete sich schon jetzt ein klares Zweilegionslager ab, das etwa für 10 000 bis 12 000 Mann bestimmt war. Sein rechteckiger Grundriß deckte sich im wesentlichen mit den bekannten in Xanten, Haltern und Oberaden. Daß Teile seiner Südseite fehlten, war sicher kein Ergebnis einer zufällig anderen als normalen Lagerplanung, sondern durch die spätere Zerstörung der Lippe verursacht (Abb. 3).
Aus den Profilen der Grabenspur ließ sich für den ursprünglichen Graben eine obere Breite von 4 m und eine Tiefe von 2 m feststellen, ein Maß, das auch aus den Grabenprofilen des Hauptlagers Haltern bekannt war.
Spuren von Holzkonstruktionen besonderer Art hinter dem Graben waren nicht festzustellen.
Daß das Lager Holsterhausen auf der Nordterrasse der Lippe angelegt war und ursprünglich sicher bis unmittelbar an den Fluß herangereicht hatte, machte wahrscheinlich, daß, unter Hinweis auf die besonderen Uferkastelle bei den Lagern Haltern und Oberaden, die Lippe als Nachschub- und Transportweg mitbenutzt wurde.
Außerdem aber bestätigte diese Lage auf dem Nordufer der Lippe, daß der römische Anmarschweg von Vetera-Xanten her auf der Nordterrasse der Lippe geführt hatte.
Gegenüber der Festung des Hauptlagers Haltern war, wenn wir den Bodenspuren vertrauen wollen, Holsterhausen zunächst nur als Marschlager zu bezeichnen, das vielleicht auch für einen Sommer eine dauernde Besatzung gesehen haben mochte. Spuren der Tore wurden in dieser ersten Grabung weder gesucht noch gefunden. Ihre Lage muß in einer nächsten Untersuchung festgelegt werden.
Zur zeitlichen Festlegung und damit zur historischen Einordnung lassen sich aus den bislang vorliegenden, ansprechbaren Funden ebenfalls schon einige sichere Angaben machen.
Da ist zunächst die große Amphora aus rotem Ton, die der Bagger mit seinen „behutsamen" Greifern ausgegraben hatte. Es ist eine sogenannte Spitzamphora von 0,95 m Höhe (Taf. 20, 2), eine „klassisch augustische" Form, die auch aus Haltern und Oberaden wiederholt bekannt geworden ist. Ein Bruchstück der gleichen Art wurde in einer Grabenfüllung auf der Ostseite des Lagers gefunden.
Ein Oberteil einer ebenfalls größeren Amphora, aber einer plumperen, weitbauchigeren Form, wurde noch nach Abschluß unserer Grabungen beim Setzen eines Katastersteines innerhalb des Lagers gefunden; größere Scherben der gleichen Art aus einer Grabenfüllung auf der Nordseite des Lagers geborgen (Taf. 20, 3).
Auch diese Amphorenart ist aus den Lagern in Haltern und Oberaden bekannt.
Als Besonderheit muß noch erwähnt werden, daß diese zweite Amphora auf ihrer Wandung die Maßzahl eingeritzt zeigt: L IIII, 54, die uns angibt, wie schwer das ganze Stück war oder wieviel Liter Wein oder Essig sie fassen konnte.
Wenn auch dieser Amphorentyp an sich als langlebiger bekannt ist, so kann doch vielleicht der Hinweis auf ein von S. Loeschcke im römischen Tempelbezirk bei Trier gefundenes Stück, das in die Zeit des Tiberius datiert ist, auch für unsere zeitliche Bestimmung herangezogen werden. Die unmittelbar vor der Nord- und Westseite des Lagers bereits vor 20 Jahren gefundenen Goldmünzen können vielleicht einen weiteren zeitlichen Hinweis bereitstellen.
Vor allem die heute im Besitz des Landesmuseums für Vor- und Frühgeschichte in Münster aufbewahrte Goldmünze des Kaisers Augustus (Taf. 20, 1) erlaubt eine schärfere zeitliche Bestimmung, denn sie ist frühestens 2 v. Chr. geprägt. Bei der anderen – im Besitz des Dorstener Museums – handelt es sich ebenfalls um eine Goldmünze des Augustus; es ist ein sog. „aureus", in Lugdunum (Lyon) zwischen 15 und 12 v. Chr. geprägt.
Damit aber ergibt sich aus der zeitlichen Einordnung der Amphoren und der Caesares-Münze, daß das Lager Holsterhausen wahrscheinlich in der Zeit nach 2 v. Chr., auf einem der Kriegszüge unter Tiberius in den Jahren um Christi Geburt oder einige Jahre danach, angelegt und als Marschlager benutzt worden ist.
Das wichtigste Ergebnis des neuen Lagers für die gesamte germanisch-römische Forschung im rechtsrheinischen Germanien ist aber m. E. die bereits oben erwähnte Tatsache, daß wir mit der

Entfernung Haltern–Holsterhausen endlich ein gültiges Maß für einen Tagesmarsch römischer Legionen gewonnen haben.
Dieses Maß aber bietet der gesamten Erforschung germanisch-römischer Geschichte im nordwestdeutschen Raum eine in ihren Folgen kaum zu überschätzende Grundlage zu neuem Arbeitsansatz: Am Schreibtisch ist hier wenig, im Gelände alles zu gewinnen.
Die Perspektiven, die sich hier öffnen, sind so groß, daß sich jeder Einsatz lohnt.
So gesehen, war Holsterhausen nicht nur ein archäologisches Fest, sondern eine neue und inhaltsreiche Seite im großen Buch westfälischer Geschichte.

EINE WESTFÄLISCHE SIEDLUNG DES 8. JAHRHUNDERTS BEI WARENDORF, KR. WARENDORF*

In den Herbst- und Wintermonaten der Jahre 1951–1952, 1952–1953 und im Frühsommer 1954 wurden etwa 3 km westlich der Stadt Warendorf, Reg.-Bez. Münster (Taf. 109) an der Ems Teile einer Siedlung des 8. Jahrhunderts n. Chr. freigelegt. Anlaß zur Grabung gaben Scherbenfunde und Beobachtungen, die von den Arbeitern des Hartsteinwerkes Warendorf in einer Sandgrube an der Ems gesammelt und uns durch den zuständigen Pfleger Dr. Rohleder übermittelt waren.
In sieben mehrwöchigen Grabungskampagnen wurde bisher eine Fläche von etwa 10 000 qm untersucht. Darin kamen sehr viele Pfostenspuren zutage, die frühzeitig in ihrer Ordnung und Bedeutung erkannt wurden, ein Ergebnis, das den Gang der Arbeiten wesentlich begünstigt hat. Insgesamt wurden bisher die Bodenspuren von 75 Bauten erfaßt und 8 weitere angegraben oder in Teilen beobachtet. Von ihnen gehören 11 zu großen, ebenerdigen Wohnbauten von 14–29 m Länge und 4,50–7 m Breite, 16 zu kleineren Gebäuden von 4–11 m Länge und 3–3,50 m Breite, 32 zu Grubenhäusern und 13 haben sechseckige Grundrisse mit einem mittleren Durchmesser von 6 m.
Das Ergebnis en bloc hat über die archäologischen Fakten hinaus um so größere Bedeutung, als hier nach all den vereinzelten Feststellungen von kleineren und größeren Hausgrundrissen der Frühgeschichte im Raum Westfalen[1] endlich ein geschlossener Siedlungskomplex nicht nur erkannt, sondern auch in wesentlichen Teilen ausgegraben, ansprechbar und überschaubar ist. Dabei ist die vollständige Ausdehnung der Siedlung bisher noch nicht bekannt.

1. Lage, Bodenverhältnisse, Methode

Das Grabungsfeld liegt auf einer Südterrasse der Ems (Taf. 21, 1.2), die hier 6–8 m über die Talaue aufsteigt. Diese Lage fügt sich den vorliegenden Beobachtungen über frühgeschichtliche Siedlungen an, die A. Stieren schon im Bericht über die Ausgrabung von Westick so formulierte, „daß frühgeschichtliche Siedlungen sich mit Vorliebe die Terrassen von Bach- und Flußläufen aussuchen; Hochwasserfreiheit und Wassernähe sind dabei scheinbar ausschlaggebend für die Auswahl gewesen."[2]
Der Boden besteht aus feinen bis feinstkörnigen Sanden. In der Terminologie der Bodenkunde haben wir an mehreren Stellen ein normales Ortsteinprofil der Calluna-Heide mit intakten A_2- und B-Horizonten, während A_0 und A_1 durch alten Ackerbau bereits zerstört waren. Unter dem Ortstein folgt ein gebändertes, typisches Eichen-Birkenwaldprofil. Im Nordwestteil der Grabungsfläche war dieses normale Profil nach Aufgabe der Siedlung durch Auswehung der A-B_1-Horizonte so weit zerstört, daß die Spuren der Siedlung erst im B_2-Horizont zutage kamen, nur bedeckt von einer 20 cm starken Humusschicht. Im Nordwesten dagegen lag das alte Siedlungsniveau unter Dünen bis zu 1,50 m Höhe, die sich in der nördlich und nordwestlich anschließenden Fläche noch etwa auf 4 m erhöhten. Eine intakte Kulturschicht als begangene Strate (Wohnniveau) war im allgemeinen nicht erhalten; sie war durch alten, vermutlich sofort nach der Zerstörung der Siedlung begonnenen Ackerbau durchweg zerrissen. Der Bodenbefund lehrt uns, daß die Siedlung offenbar planmäßig ausgeräumt, durch Brand zerstört und nicht wieder aufgebaut wurde. Über den Siedlungsplatz wurde der Pflug geführt, später im 14. und 15. Jahrhundert wehte der Wind stellenweise 4–5 m hohe Dünen darüber. Etwa 3 km weiter östlich entstand mit der Gründung einer Kirche durch den ersten Bischof von Münster Liudger im ausgehenden 8. Jahrhundert ein neues Siedlungszentrum,[3] das heutige Warendorf.

* Gedruckt in: Germania 32, 1954, 189ff.

[1] A. Stieren, Vorgeschichtliche Bauten in Westfalen. Bodenaltertümer Westfalens 3, 1934, bes. 107ff. – A. Stieren, L. Bänfer, A. Klein, Eine germanische Siedlung in Westick b. Kamen, Kr. Unna. Bodenaltertümer Westfalens 5, 1936, 410ff. – H. Hoffmann, Neue Hausgrundrisse aus der Vor- und Frühgeschichte Westfalens. Westf. Forsch. 3, 1940, 1ff.

[2] Stieren im: Bericht Westick (s. Anm. 1) S. 413–414.

[3] J. Prinz, Die Parochia des Hl. Liudger. Westfalia Sacra (1948) u. A. K. Hömberg, Studien zur Feststellung der mittelalterlichen Kirchenorganisation in Westfalen. Westf. Forsch. 6, 1943–1952, 81.

Die durch Ausblasung bzw. Überwehung sehr unterschiedliche Tiefenlage der einzelnen Pfostenspuren hat uns zu Beginn der Grabung große Sorgen bereitet; denn eine große Menge der durch Ausblasung der alten Deckschichten unmittelbar mit der heutigen Ackerfläche in Verbindung stehenden Pfostenspuren hatte sich – anscheinend durch Wiederaufleben der Humusbakterien – in den Pfostengrubenfüllungen in einer Intensität regeneriert, die eine sichere Unterscheidung alter Spuren von jüngeren Eingriffen nach hellerer oder dunklerer Farbe der Füllung (Taf. 22, 1. 2) fast unmöglich machte. Diese Feststellung gibt auch die Begründung für das im einzelnen noch nicht aufgelöste Pfostengewirr um Haus 1 in der NO-Ecke der Grabungsfläche, mit dessen Freilegung die Grabung eingeleitet wurde (Beilage 1, Planquadrat A 7). Nur in verhältnismäßig wenigen Fällen (Taf. 23, 2) waren die Querschnitte des in den Pfostengruben (sämtlich mit flachem Boden) einst stehenden Holzes noch feststellbar.

Nach Norden, zur Ems hin, waren weite Teile der unmittelbar am Fluß gelegenen alten Siedlungsstellen durch den Sandgrubenbetrieb bereits zerstört (Taf. 21, 2). Nur einige heute in der Talaue gelegene stehengebliebene Sandhügel deuten mit ihren Brandschichten und Gefäßresten an, daß die Bebauung des Uferstreifens ursprünglich unmittelbar am äußersten Rande der in die Talaue hineinragenden Terrassen begonnen hatte.

Nachdem wenige, kaum schaufelbreite Suchgräben die Ergiebigkeit dieses Platzes angezeigt hatten, wurde mit großzügiger flächenhafter Abdeckung begonnen. Sie wurde ermöglicht dank der entschlossenen Initiative, die Prof. Stieren diesem Objekt schenkte. Noch im Frühjahr 1951 hatte er auf der Tagung des Nordwestdeutschen Verbandes in Trier seine grundsätzliche Auffassung der archäologischen Feldforschung dargelegt und gegenüber dem vielerseits zu beobachtenden Bestreben, mit seiner „Majestät, dem Einzelscherben" vorgeschichtliche Forschung zu betreiben, vor allem die vollständige Ausgrabung von Siedlungen gefordert.

Dank der Unterstützung durch die Stadt- und Kreisverwaltung Warendorf, den Landschaftsverband Westfalen-Lippe und die bereitwillige Zustimmung des Hartsteinwerkes Warendorf (Kottrup) und des Grundbesitzers Altenau konnte diese Forderung schon ein halbes Jahr später in Warendorf in die Tat umgesetzt werden.

2. Zum Übersichtsplan (Beilage 1)[3a]

Der beigefügte Plan gibt eine Übersicht über die bisher ergrabenen Bauten. Er zeigt mehrere von doppelten Pfostenreihen gebildete große Anlagen (Haus 2, 3, 6, 7, 10, 18 und 43) (Taf. 24, I. II), die durchweg in Ostwestrichtung angelegt sind, eine Tatsache, die für nahezu alle bekannten Großbauten der Frühgeschichte zutrifft. Man versuchte damit wohl – wie allgemein angenommen – den vorherrschenden Westwinden eine möglichst geringe Angriffsfläche zu bieten.

Außerdem erscheinen kleinere Bauten mit ähnlichem Grundriß (Haus 8, 13, 35, 36, 37), ebenfalls in Ostwestrichtung, vereinzelt aber auch in Nordsüdrichtung liegend (Haus 4, 5, 14) (Taf. 24, III. IV).

Auffällig sind Grundrisse mit einreihiger, rechteckiger Pfostensetzung (z. B. Haus 9, 24, 34) (Taf. 24,VI), mehrere aus sechs Pfosten bestehende, ein Sechseck bildende Anlagen mit einem Mittelpfosten (z. B. 20, 21 und 38) (Taf. 24, VII) und solche, die sich im Grundriß nicht durch einzelne Pfostengruben, sondern durch fortlaufende Wandspuren zu erkennen geben (Taf. 24, VIII. IX) (Haus 16, 17, 19, 24 und 40). Hinzu kommt schließlich die Menge der kleinen Grubenhäuser (Haus B-V, A1–G1) (Taf. 24,V) und einzelner Pfostengruben, die sich zu keinem Grundriß ordnen, wenn auch Reihen hier und da zu erkennen sind.

Aus der Menge der ergrabenen Pfostenspuren sind alle diejenigen voll schwarz ausgezeichnet, die tragende Funktion besitzen und das eigentliche Hausgerüst bilden. Innenpfosten, Herd- oder Bankpfosten, solche, die zu Um- oder Nachbauten gehören oder sich zu keinem Grundriß ordnen, sind weiß gelassen.

Die Unterscheidung darüber, welche Pfosten zu dieser konstruktiven Ordnung gehörten, wurde zuerst gewonnen im Haus 2 *(B–8)* und Haus 3 *(A/B–5/6)*, bestätigte sich in Haus 7 *(C/D–6/7)* und

[3a] Zur schnelleren Orientierung ist im Übersichtsplan (Beilage 1) an den Blattkanten ein Gitternetz angegeben; der jeweilige Bezug ist im folgenden Text kursiv gedruckt.

blieb gültig für alle weiteren Bauten dieses Schemas. Aus der Pfostenanhäufung in den Feldern *B/C–3/4, B/C–1/2* und *D–4* sind im Plan nicht alle konstruktiven Pfosten schwarz angelegt, sondern jeweils nur die Pfosten *eines* Hauses ausgezeichnet, um die Übersicht nicht zu stören. Wie sich bei erkanntem Schema (im einzelnen s. darüber unten) ein solches Pfostengewirr auflösen läßt, wird auf Tafel 25 gezeigt. Dargestellt ist die Pfostenanhäufung in *B/C–3/4.* In dieser Fläche liegen insgesamt vier größere Bauten (Haus 10, 11, 12 und 32) und eine kleinere Anlage (Haus 25) mit 6 Pfosten und 1 Grubenhaus (Haus S). Ihre auf Grund der durchgeführten Schnitte festgestellte relative Abfolge ergibt, daß zunächst Haus 12 angelegt wurde, von dem nur eine westliche Wandspur und einzelne Wandpfosten noch zu erkennen waren. Darüber wurde Haus 11 erbaut mit üblichem Bauschema, dann Haus 32 und als jüngstes Haus 10, das im westlichen Teil, wie die Maßverhältnisse zeigen, einen Umbau mit neuen Pfostensetzungen erfahren hat. In diese Abfolge läßt sich, da keinerlei Überschneidungen vorliegen, Haus 25 nicht einordnen, während das Grubenhaus S älter als Haus 10 ist, denn in der Grubenfüllung war die Herdstelle zu Haus 10 erkennbar.

Ähnlich sind aus den Pfostenanhäufungen bei Haus 43, in *B/C–1/3* insgesamt fünf Anlagen (davon zwei nur angegraben) und in *D–4* zwei größere Anlagen zu erkennen.

Schon in dieser erläuternden Darlegung zum Entwirren der in- und übereinanderliegenden Pfostenspuren ist ersichtlich, daß die Besiedlung dieses Platzes nicht einschichtig war, sondern auf gleicher Fläche stellenweise drei- bis viermal übereinandergebaut worden ist. Die Bauten aller Phasen wurden durch Feuer zerstört und anschließend am gleichen oder benachbarten Platz neu errichtet.

3. Die Großbauten (Wohnhäuser)

Der Grundriß der großen Bauten (Haus 2, 3, 6, 7, 10, 11, 15, 18, 32, 36 und 43) zeigt eine von einer doppelten Pfostenreihe umgebene rechteckige Fläche von 14–29 m Länge und 4,50–7 m Breite. Dabei ist auffällig, daß sich während der Belegungsdauer der Siedlung bei den einzelnen Grundrissen bei gleichbleibendem Konstruktionsgefüge eine Wandlung feststellen läßt, derart, daß die durch Überschneidung als älter ausgewiesenen Bauten rechteckige Grundflächen mit geraden Längs- und Schmalseiten zeigen, während bei den jüngeren Anlagen die Längsseiten mehr oder weniger nach außen gebogen sind. Dadurch vergrößert sich die mittlere Breite um 0,60 m bis auf 1,20 m bei Haus 6 und um 2,50 m bei Haus 43 über die Maße der Giebelseiten. So entsteht, zusammen mit der gleichmäßig nach außen geschwungenen Wandung der Längsseiten, ein Haustyp, der als schiffsförmig bezeichnet werden kann (Haus 6, *A/B–3/4* Taf. 22,1 und besonders Haus 43, *B/C–1/3)* (Taf. 26, 1a; 22, 2).

Die Gestaltung der Giebelseiten ist bei sonst gleichbleibenden Grundrissen nicht einheitlich, sondern zeigt neben Bauten mit 4 Pfosten an den Schmalseiten (Haus 6, 7, 10, 18) auch solche mit 3 Pfosten (Haus 2, 3, 36 und 43).

In der Mitte der Längsseiten liegen nach Nord und Süd zwei vorstehende Ausbauten.

Der Herd liegt im Ostteil des Hauses, er war durch die Menge der angetroffenen Steine, Lehmbrocken der Herdpackung und an der Rotfärbung des Untergrundes der Herdmulde zu erkennen. Dicht neben dem Herd erscheinen in Haus 6, 7, 13 und 18 besondere Pfosten.

Auffällig im Innern ist eine im allgemeinen in der Nordostecke zu beobachtende Pfostengruppierung.

Im Westteil ist durch eine Reihe von 3, 4 oder mehr Pfosten ein besonderer Wandriegel angedeutet.

Nur vereinzelt (Haus 10 und 18) sind Um- und Nachbauten zu erkennen, die während des Bestehens der Anlagen entstanden sein müssen. Der völlig ungestörte Grundriß von Haus 7 *(C/D–6/7* Taf. 24, I) läßt den Haustypus besonders klar erkennen. Er zeigt im Lichten gemessen eine rechteckige, von doppelten Pfostenreihen umgebene Fläche von 5,20:24 m. Der Abstand von Pfostenpaar zu Pfostenpaar beträgt 2 m, der Zwischenraum zwischen äußerem und innerem Pfosten 1–1,25 m. Die Giebelseite wird von 4 Pfosten gebildet. Im Ostteil erscheint der Herdplatz, in der Nordostecke die übliche Pfostensetzung. Zwischen dem vierten und fünften Pfostenpaar von

West deuten 4 Pfosten einen Querriegel an. Im Schnitt zeigt die innere Pfostenreihe senkrecht stehende Pfostenspuren; der auf und in ihnen liegende gebrannte Staklehm belegt, daß diese Pfostenreihe eine Wandflucht darstellt. Teile der durchlaufenden Wandspur (Gräbchen) sind zudem im Grundriß des Hauses 3 beobachtet. Die äußere Pfostenreihe, auch die der Schmalseiten, zeigt im Schnitt schräg zu den Wandpfosten geneigte Streben, die nach dem Neigungswinkel etwa in 1,80–2 m Höhe an die Wandpfosten anstoßen müssen (Taf.23,1). Auf der Nordseite liegt ein Ausbau mit 4 Pfosten, gegenüber auf der Südseite mit 3 Pfosten. Ihre Schnitte zeigen senkrecht aufgehende Pfosten (vgl. auch Taf. 22,2).

Grundriß und gewonnene Schnittbilder der Pfostenspuren ermöglichen eine Rekonstruktion wie Tafel 27, 1: Eine große, durch ein Zwei-Säulen-Gerüst gebildete Halle, frei von störenden Pfosten im Innern, deren dachtragende Wandpfosten von außen durch Streben unterstützt werden. Die Wand zwischen den Pfosten war lehmbestrichen wie die zahlreichen Bruchstücke von Staklehm anzeigen (Taf. 26, 2). Wandpfosten und Strebe stehen sich auf beiden Seiten paarig gegenüber. Auf den Köpfen der Wandpfosten ist ein Längsbalken, ein Rähm, aufgezimmert (Taf. 27, 2) zu denken, das die Reihe der Längspfosten zusammenhält und auf dem die Sparren aufgeklaut sind; Spannbalken oder Querriegel zwischen den Wandpfosten sind statisch nicht notwendig, da der gesamte Druck der Sparren und die Last des Daches 1. von den eingegrabenen Pfosten und 2. von den gegen sie oder das Rähm angesetzten Streben aufgefangen werden. Damit bleibt die Halle im Innern offen bis zur Dachhaut. Sie war auf der Unterseite vermutlich verschalt[3b] und oben mit Stroh oder Heide abgedeckt. Für die Schmalseiten ist auf Grund der dort ebenfalls vorhandenen Streben ein beidseitig abgewalmtes Dach anzunehmen (Taf. 27, 1; 28, 1). Eine feste Verzimmerung dieses Gefüges mit Dübeln ist auf Grund zweier gefundener Löffelbohrer (Taf. 31, 2) wahrscheinlich.

Der auf der Nordseite liegende Ausbau mit 4 Pfosten ist am ehesten als vorgezogener Eingang (Windfang) anzusprechen, mit einem schmalen Durchgang von etwa 1 m Breite zwischen den mittleren Pfosten. Der gegenüberliegende Ausbau auf der Südseite bietet sich zunächst ebenfalls als Eingang an, doch läßt der verschiedene Grundriß (nur 3 Pfosten gegenüber 4 auf der Nordseite) hier auch eine andere Funktion dieses südlichen Ausbaues vermuten, am ehesten den eines besonderen Ehrenplatzes.

Seine Lage auf einer Längswand der Halle wird in der baugeschichtlichen Literatur immer wieder erwähnt.[4] Der Hinweis auf die Parallelen in Steinbauten, im Theoderichs-Palast bei Galatea (um 450),[5] in der Königshalle von Naranco (um 750),[6] der Pfalz von Quierzy (741)[7] und dem Palast zu Aachen (um 800),[8] um nur einige zu nennen, kann diese Möglichkeit andeuten. Hinzu kommen noch einige schriftliche Zeugnisse, so der Fagrskinna: „aber des Königs Ehrensitz war in der Mitte der Längswand gegen die Sonnenseite“[9] und noch eindringlicher die von W. Grönbech[10] erwähnte Schilderung aus der Saga von den Siedlern an der Breidaförde: „Das Hof war ein großes Haus mit einer Tür an der einen Seitenwand nach dem einen Ende des Hauses zu. Wenn man durch die Tür trat, sah man an der langen Wand gegenüber den Hochsitz mit den Pfeilern auf jeder Seite, die als Zeichen der Macht mit Nägeln beschlagen waren. Am anderen Ende war ein kleiner Raum.“

[3b] M. Heyne, Das Deutsche Wohnungswesen (1899) zitiert auf S. 75 eine vom angelsächsischen Schriftsteller Byrhtferth (10. Jahrh.) gegebene Bauvorschrift: zuerst die Hausfläche wohl auszuwählen, dann das Zimmerholz zu behauen, die Schwellen sorgfältig zusammenzufügen, die Bauhölzer zu legen und die Sparren bis zum First zu befestigen und mit Schalholz zu unterführen; dann solle das Haus angenehm geziert werden.

[4] A. Haupt, Die Baukunst der Germanen (1909) 69; s. a. G. Bandmann, Mittelalterliche Architektur als Bedeutungsträger (1951) 178.

[5] F. Krischen, Arch. Anz. 1943, 46ff.

[6] Haupt a.a.O. 209 u. H. Schlunk, Arte Asturiano in: Ars Hispaniae 2 (1947) 346ff.

[7] G. Weise, Zwei fränkische Königspfalzen (1923) 12ff.

[8] Haupt a.a.O. 213.

[9] Zit. nach W. Mohr in: A. Schneider, Germ. Altkde. (1938) 78.

[10] Kultur und Religion der Germanen 2 (1939).

Im Westteil des Hauses ist durch 4 Pfosten ein besonders abgeteilter Raum angezeigt. Im Ostteil liegen Herdstelle und Bank, denn so ist die Pfostenanhäufung in der Nordostecke wohl zu deuten.

Soweit der Versuch, aus den Pfostenspuren Aufgehendes zu rekonstruieren und sie als Träger konstruktiver Bedeutung anzusprechen. Daß hierbei nur grobe Andeutungen gegeben, nicht alle erkennbaren Spuren angesprochen und im einzelnen Varianten möglich sind, ist mir durchaus bewußt.[11]

Dieser Rekonstruktionsversuch (Taf. 27, 1)[12] gilt im wesentlichen für alle großen Bauten. Nur der Grundriß von Haus 43 mit seinen ungewöhnlich starken Firstsäulen (Taf. 26, 1; 23,2), die etwa 1,10 m tief eingegraben waren, erfordert gegenüber der oben angezeigten Lösung die Rekonstruktion eines Firstsäulengerüstes mit einem Steilgiebel und durchlaufenden Firstbalken, die auf der Gesamtlänge von 24 m durch abgefangene Firstsäulen hier und da unterstützt gewesen sein müssen.

Während diese großen Bauten mit Herd und seitlichen Ausbauten an den Längswänden sicher als Wohnbauten anzusprechen sind, müssen die großen Bauten ohne Herd und seitliche Ausbauten (z. B. Haus 2 und 3) (Taf. 24, II) zu Wirtschaftsgebäuden gerechnet werden.

4. Die kleineren Anlagen (vgl. Taf. 24, III–VII)

Die kleineren Gebäude von 4–11 m Länge zeigen zum größten Teil (Bau 4, 5, 8, 13, 14, 35) das gleiche Bauschema, jedoch wie erwähnt ohne Ausbauten an den Längsseiten. Soweit in ihnen Herde vorhanden, sind sie als Wohngebäude, sonst als Wirtschaftsgebäude zu bezeichnen. Ihre Rekonstruktion ist entsprechend der oben für die Großbauten gegebenen zu denken.

Einige Pfostensetzungen bilden einfache einzeilige Pfostenreihen (Bau 9, 24, 25, 29, 31, 34 und 44), die eine rechteckige Fläche von 3–6,50 m Länge und 2,50–3,80 m Breite umgrenzen. Sie enthalten niemals Herde, gehören also zu den Wirtschaftsgebäuden. Auf Grund der auf den Schmalseiten angezeigten 3 Pfosten ist hier am ehesten an einfache Firstsäulengerüste zu denken, die ein Firstdach tragen und als Schuppen oder Scheunen zu rekonstruieren sind.

Als besonders auffällig erscheinen mit ihren großen Pfostengruben sechseckige Grundrisse, mit je einem Pfosten in den Ecken und einem Mittelpfosten (Bau 20, 21, 22, 23, 28, 30, 38, 39, 41 und 42). Sie sind am ehesten als Speicher anzusehen.

Die kleinsten Grundrisse sind die eingetieften Gruben von 2,50:3 m Größe, z. T. mit 6 Pfosten, d. h. je 3 auf den Schmalseiten, z. T. mit 8 oder 10 Pfosten, z. T. mit Herd oder besonderen Pfostensetzungen im Innnern oder ohne solche. Sie sind etwa 0,70–1,10 m eingetieft. Wie solche Gruben im Gelände aussehen zeigt Tafel 33,1.2.

[11] Neben der hier aufgezeigten möglichen Rekonstruktion ist hier und da erwogen worden, daß sich in den Spuren des Grundrisses auch ein normales Dachhaus verbergen könnte. Dabei würden die in die Erde eingegrabenen Dachhölzer gleichzeitig das Hausgerüst bilden, das zu einem Teil durch die inneren Wandpfosten abgestützt wird. Gegenüber dieser Lösung ist m. E. darauf zu verweisen, daß 1. die Wandflucht – sichtbar in Haus 3 – auch bei der Menge der anderen großen Bauten immer wieder in den Staklehmbrocken der inneren Pfostenreihe angezeigt ist; 2. die Stärke der Innenpfosten gegenüber den äußeren zu groß ist, um sie mit dieser zweitrangigen Funktion genügend ausgelastet zu wissen; 3. die Unterstützung der Dachbalken im unteren ersten Viertel statisch so gut wie überflüssig und 4. die Gestaltung der Schmalseiten einschließlich der Eckverstrebungen mit durchlaufenden Dachhölzern nach dem ergrabenen Grundriß nicht möglich ist. Auf die Mitteilung weiterer Möglichkeiten, und nur um solche kann es sich bei der gerüstlichen Belastung von Bodenverfärbungen handeln, sei hier verzichtet. Die Fachhauskunde hat genügend Material bereit, um Varianten aller Arten zu entwickeln, entsprechend der sehr unterschiedlichen Beurteilung über den Leistungsstand des Hausbaues im frühen Mittelalter. Von der Auswertung der dichterischen Beschreibung der Halle Heorots im Beowulflied:

„doch fest war er
von innen und von außen mit Eisenbanden
umschmiedet kunstvoll."

(zit. nach K. Stephani, Der älteste deutsche Wohnbau 1 [1902] 403) bis zum einfachsten, durch Weidenruten zusammengebundenen Holzwerk, ist hier ein weiterer Raum von Möglichkeiten.

[12] Ob mit wenigen auf die Gesamtlänge des Hauses verteilten Jochbalken als Lager abgefangener Firstsäulen gerechnet werden muß, muß offen bleiben.

5. Bauten mit Wandspuren

Außer diesen klaren Pfostenbauten sind an mehreren Stellen in den Grabungsflächen schmale Wandspuren von Stab- und Flechtwänden festgestellt, die z. T. rechteckige Grundrisse von 5:14 m bilden (z. B. Haus 16, Taf. 24, VIII; 34, 2) oder sechseckige Grundrisse mit einer Seitenlänge von 2,20 m anzeigen (Haus 17, 27 und 40, Taf. 24, IX; 34, 1). Die bei den bisher behandelten Bauten so ausgesprochen betonten einzelnen Pfosten, die das Hausgerüst bilden, fehlen. Sehr bemerkenswert ist, daß auch ein Wohnhaus dieser Bauweise (Haus 16) erkannt werden konnte (Taf. 24, VIII; 34, 2). Auf ihre Rekonstruktion kann hier unter Hinweis auf die ähnlichen Grundrisse in Haithabu und in der Stellerburg verzichtet werden.[13] Diese Spuren gehören nach dem Zeugnis klarer Überschneidungen zusammen mit einigen Grubenhäusern und Pfostenbauten zur ältesten Siedlungsschicht.

6. Funde und Datierung

Zur Datierung wurden aus der Kulturschicht, vor allem aber aus den Grubenhäusern, reichliche keramische Funde geborgen (Taf. 30; 31). Es sind schlichte Schalen und Kümpfe, ei- und topfförmige Gefäße, beginnende Kugeltöpfe und einige Stücke rollstempelverzierter rheinischer Importware vom Typ Badorf. Außerdem liegen vor (Taf. 31, 1–7) eiserne Messer und Pfeilspitzen, eiserne Löffelbohrer, eine eiserne Riemenzunge, eine eiserne Bügelschere, eiserne Nägel, Stücke von Glasgefäßen, Eisenschlacke, einige Webgewichte und Spinnwirtel. Knochen von Haustieren, z. B. Pferd, Rind und Schwein, wurden nur in wenigen Stücken aus den Grubenfüllungen geborgen, ebenfalls Getreidereste nur in geringer Anzahl gefunden, so daß sichere Angaben über Viehhaltung und Ackerbau nur andeutend möglich sind.

Die einheimische Ware zeigt in Form und Machart folgende Merkmale:

1. dünnwandige Kümpfe aus feinsandig gemagertem Ton, mit gut geglätteter hellbrauner Wandung.
2. dickwandige, weitmündige Kumpfformen aus schwarzgrauem grob gemagertem Ton, aber gut geglätteter schwarz glänzender Wandung, z. T. mit 3 oder 4 plumpen Henkeln.
3. kleinere Kümpfe mit grober Granitgrusmagerung, rauher Oberfläche, schlechtem Brand und brauner oder grauer Farbe.
4. ei- oder topfförmige Gefäße aus grobem mit Quarz gemagertem Ton, von schlechtem Brand und brauner bis schwarzgrauer Farbe.
5. Kugeltöpfe mit rund umgelegtem Rand, mit gut geglätteter glänzender rötlicher Oberfläche.
6. größere Kugeltöpfe von sorgfältiger Machart mit Kalkmagerung, mit grau-brauner Oberfläche.[14]

An Verzierungen treten auf: Radstempel und Fingereindrücke unter dem Rand.

Die unter 1, 2, 3 und 4 genannten Formen sind aus den späten Gräbern der westfälischen Friedhöfe des 7. und 8. Jahrhunderts seit Jahren bekannt, so von Soest, Kr. Soest,[15] Dingden (Lankern), Kr. Borken,[16] Leer, Kr. Steinfurt,[17] Ostbevern, Kr. Warendorf[18] und Greffen, Kr. Warendorf,[19] um nur einige zu nennen. Sie erscheinen in ähnlicher Weise in den späten Gräbern am Niederrhein, u. a. in Walsum, Kr. Dinslaken,[20] und Rill bei Xanten,[21] auf den niederländischen

[13] H. Jankuhn, Die Ausgrabungen in Haithabu (1943) 28ff.; Haithabu (1938) 97ff.; M. R. Rudolph, Germanischer Holzbau der Wikingerzeit (1942).

[14] Ich muß mich auf eine grobe Ansprache der keramischen Funde beschränken; ihre detaillierte Ordnung einschließlich der durch Überschneidungen gesicherten relativen Abfolge und ihr Vergleich mit dem bereits von anderen Plätzen veröffentlichten Material wird später gegeben.

[15] Stieren, Ein neuer Friedhof der fränkischen Zeit in Soest. Germania 14, 1930, 166ff., Abb. 5, 4.

[16] Stieren, Bodenaltertümer Westfalens 1, 1929, 8ff.; A. Schmeddinghoff, Das merowingisch-fränkische Gräberfeld in Lankern bei Dingden (1930) 23ff.

[17] W. Meyer, Röm.-Germ. Korrespondenzbl. 8, 1915, 88ff.

[18] K. Hucke, Zur Vorgeschichte des oberen Emsgebietes, in: P. Engelmeier, Heimatbuch Telgte (1938) 161 Taf. 3, 7.

[19] Hucke a.a.O. Taf. 3, 1. 2 u. 8.

[20] R. Stampfuss, Der fränkische Sippenfriedhof von Walsum (1939) Taf. 4, 12; Taf. 11, 1.

[21] A. Steeger, Der fränkische Friedhof in Rill b. Xanten. Bonn. Jahrb. 148, 1948, 249ff. Abb. 10.

Friedhöfen Putten,[22] Ferwerd,[23] Rijnsburg[24] und Godlinze,[25] den friesischen Grabfeldern Dornum, Grimersum, Woquard, auf Föhr, Amrum und Sylt.[26] Sie kennzeichnen schon in dieser Verbreitung einen nordwesteuropäischen Raum, der in gleicher Weise mit den Materialien aus den Siedlungskomplexen dieser Zeit zu umreißen ist. Sie bilden für Westfalen einen in sich geschlossenen archäologischen Horizont des ausgehenden 7. und vollen 8. Jahrhunderts, der in den nördlich anschließenden Räumen noch in die erste Hälfte des 9. Jahrhunderts hineinreicht. Mit gleicharmigen und rechteckigen Fibeln, Schwertern, Münzen und stratigrafischen Befunden ist seine Dauer gut gesichert. Er löst im Hinblick auf die westfälische Situation den fränkischen Knicktopfhorizont des 7. Jahrhunderts ab und erhält durch die Verbindung zur historischen Überlieferung über das Vordringen der Sachsen im ausgehenden 7. Jahrhundert eine bedeutende historische Zeugniskraft.[27] Vor allem die Tatsache, daß die Masse der westfälischen Siedlungen dieser Zeit mit diesen „sächsisch-friesischen Materialien" an neuen Plätzen beginnt, vermag das tatsächliche historische Geschehen besser zu beleuchten als es die dürftige schriftliche Überlieferung anzuzeigen vermag, und jene Folgerung anzudeuten, daß dieser sächsische Vorstoß nicht nur die Ausweitung eines politischen Machtbereichs darstellt, sondern zusammengeht mit einer echten Landnahme mit neuem Siedlungsansatz und neuem Bevölkerungszustrom und durchaus eigenem archäologischem Profil. Dabei sei nicht verschwiegen, daß die Verhältnisse im Raum Westfalen zur Datierung von Fundkomplexen dieser Zeit besonders günstig liegen, da hier nicht nur die Beigabensitte fortdauert, sondern auch die historischen Ereignisse mit all ihren kulturräumlichen Hintergründen so extrem gelagert sind:

1. Der sächsische Vorstoß in den bis dahin von fränkischer Kultur beherrschten Raum zu Ende des 7. Jahrhunderts.
2. der karolingische Gegenstoß mit seinem Sieg kurz vor 800 und der karolingische Neubeginn um 800.

Jede dieser Epochen aber hat, immer den geschlossenen Fundkomplex betrachtet, ihr eigenes archäologisches Antlitz. Das des 7. Jahrhunderts zeigt mit Knicktöpfen und Schmuck das übliche reichsfränkische Gepräge, das des 8. Jahrhunderts mit eiförmigen Gefäßen und Kümpfen eigene sächsisch-friesische, im nordwesteuropäischen Raum gültige Formen,[28] das des ausgehenden 8. und 9. Jahrhunderts erhält mit dem Kugeltopf einschließlich der Importe von Badorf und beginnendem Pingsdorf wiederum eine eigene archäologische Note. Durch die Methode der vergleichenden Horizontierung von Fundplätzen, die festdatierte Stücke enthalten oder durch schriftliche Überlieferung chronologisch festgelegt sind, ist zusätzlich ein sicherer Überblick erarbeitet.[29]

Das Warendorfer Fundmaterial beginnt in Übereinstimmung mit dem benachbarten Grabfund von Greffen, Kr. Warendorf,[30] mit dünnwandiger, gut geglätteter Schale und silbertauschierter Schnalle in der 2. Hälfte des 7. Jahrhunderts, zeigt in der Menge der kumpf- und eiförmigen Gefäße zusammen mit Soest,[31] Leer[32] und Lankern[33] Materialien des 8. Jahrhunderts und endet mit

[22] I. H. Holwerda, Een Grafveld bij Putten. Oudheidk. Mededeel. N. R. 7, 1926, CXff.

[23] P. C. I. A. Boeles (1951) Abb. 45, 1. u. 4.

[24] Holwerda, Nederlands vroegste Geschiedenes^2 (1925).

[25] A. E. van Giffen, Een karolingisch Grafveld bij Godlinze. Jaarsverslag 1919/20. Pl. IV.

[26] P. La Baume, Die Wikingerzeit auf den nordfriesischen Inseln in: Jahrb. d. Nordfries. Ver. 29, 1952/53, 1ff. mit ausführlicher Literaturangabe.

[27] Beda, Hist. eccl. 5, 11. Dazu J. Bauermann, Das Land der Westfalen. Westf. Heimatkalender 1949, 44 mit Karten.

[28] Hucke, Zur Ausbreitung der Sachsen vom 6. bis 8. Jahrh. in Nordwestdeutschland auf Grund der Grabfunde. Jahrestagung Ahnenerbe, Kiel 1939 (1944) 195ff.; s. auch K. Böhner, Archäologische Beiträge zur Erforschung der Frankenzeit am Niederrhein. Rhein. Vierteljahrsbl. 15/16, 1950/51, 19ff.

[29] Zu den seit Jahren bekannten großen Friedhöfen und Siedlungsplätzen des 8. Jahrh. sind im Raum Westfalen durch die Grabungstätigkeit der letzten Jahre zusätzlich sichere stratigraphische Aufschlüsse gewonnen worden, u. a. in Vreden, Kr. Ahaus, s. W. Winkelmann, Frethenna praeclara in: Festbuch Vreden (1952) 16 mit Abb. und Westfalen 31, 1953 H. 2/3, ebenso Münster, Domplatz (noch unveröffentl.) und Soest (noch unveröffentl.).

[30] Hucke s. Anm. 19.

[31] Stieren s. Anm. 15.

[32] s. Anm. 17 und Hucke, Nachrichtenbl. f. Deutsch. Vorz. 14, 1938.

[33] s. Anm. 16.

einer geglätteten, roten Kugeltopfware und einer sehr weichen Badorf-Ware mit Rollstempel im ausgehenden 8. Jahrhundert.[34] So ist also die erste Anlage der Warendorfer Siedlung eine unmittelbare Bestätigung der schriftlichen Nachrichten über den Vorstoß der Sachsen (aus dem nördlichen Raum an Hase und Hunte ins Münsterland und) über die Lippe nach Süden im ausgehenden 7. Jahrhundert. Auch das Ende der Siedlung muß aufs engste mit dem Ausgang der Sachsenkriege verbunden werden, nämlich den für das Jahr 796 überlieferten Deportationen durch Karl den Großen aus dem sächsischen Dreingau, zu dem der Warendorfer Siedlungsbereich gehörte.

Mit den oben angeführten Fundplätzen mit ähnlicher Keramik ist auch gleichzeitig der Kulturraum angedeutet, dem Warendorf angehört: Es ist jener nordwesteuropäische Raum der Sachsen und Friesen, der seit dem ausgehenden 7. und beginnenden 8. Jahrhundert als gemeinsames politisches Kraftfeld mit klarer Front nach Süden und Südwesten im Angriff gegen den fränkischen Machtbereich erscheint und sich gegenüber dem fränkischen Kulturraum mit eigenem archäologischem Profil dokumentiert.[35]

7. Versuch einer hauskundlichen Einordnung

Der Beitrag der Warendorfer Grabungsergebnisse zur hauskundlichen Diskussion des frühen Mittelalters ist zu umfangreich, als daß er hier ausgebreitet werden könnte. Darum sollen hier nur einige Hinweise gegeben werden.

Im westfälischen Raum haben Ausgrabungen in Künsebeck, Kr. Halle,[36] unter anderem Grundrisse und Bauschemen des Warendorfer Typs der großen Wohnbauten zutage gebracht, die mit ähnlicher Keramik ebenfalls dem 8. Jahrhundert angehören. Einige Beobachtungen ähnlicher Erscheinungen liegen von weiteren Plätzen im Münsterland vor. Aus der nordniederländischen Provinz Drenthe berichtet A. E. van Giffen über einen entsprechenden Grundriß des 2. bis 3. Jahrhunderts bei Fochteloo.[37] E. Grohne, Bremen, erwähnt mündlich ein Haus ähnlicher Bauart von Mahndorf, jedoch zeigt der inzwischen vorliegende Bericht nicht die Übereinstimmung.[38]

Der bedeutsamste Ausblick eröffnet sich mit dem Hinweis auf die Bauten der großen Wikingerburgen Trelleborg und Aggersborg in Dänemark, auf die Schiffshäuser in optima forma. Sie sind zwar rund 150 Jahre jünger als die Warendorfer Siedlung, aber ihr einheitliches Bauschema: Große Halle und die Reihe der Wandpfosten mit seitlichen Streben ist gegenüber allem sonst Bekanntem so ähnlich dem Warendorfer Typ, daß sie hier herangezogen werden müssen.

Die von P. Nørlund gegebene Beschreibung:[39] „Most of the houses, 32 in all, belong to the same elongated type with elliptically curved sides and straight-cut gable-ends. The outline of the sites is formed by a double row of holes, on the outside round postholes, on the inside oblong plank-hole . . . As a general rule, each plank-hole has a corresponding round post-hole". Und: „All the circumstances indicate that the oblong plank-holes give the position of the actual wall, while the round outer holes have a subordinate function" gilt unter Hervorhebung der in diesem Grundriß ansprechbaren konstruktiven Elemente von Wandpfosten und Außenpfosten (letztere in „subordinate function") und bei Berücksichtigung der für Warendorf feststellbaren Tatsache, daß hier bei sonst gleichbleibendem Konstruktionsgefüge die „elliptically curved sides" nicht in jedem Falle so ausgeprägt vorhanden sind, auch für die großen Warendorfer Bauten.

Ein Vergleich von Warendorf Haus 43 mit Trelleborg Haus Ost im Nordwestkarree (Gard 2) kann diese Ähnlichkeit aufzeigen (Taf. 26, 1). Ein sichtbarer Unterschied liegt nicht im Konstruktiven,

[34] Zur Diskussion um die Badorfer Keramik s. F. Tischler, Germania 28, 1944/51, 30 u. Böhner, Bonn. Jahrb. 150, 1950, bes. 214 u. 215.

[35] Über landschaftliche Besonderheiten s. Hucke Anm. 28.

[36] Ausgrabungen des Landesmuseums für Vor- und Frühgeschichte Münster (W. R. Lange).

[37] van Giffen, Das Bauernhaus der Vor- und Frühgeschichte Nordeuropas in: Niederschrift über die Tagung des Arbeitskreises für deutsche Hausforschung in Cloppenburg vom 22.–24. 8. 1952.

[38] Mahndorf (1953) Abb. 87.

[39] Trelleborg (1948) 275 u. 278; C. G. Schultz, Vikingetids huset paa Trelleborg. Fra Nationalmuseets Arbejdsmark 1942, 17ff.

sondern nur in dem in Warendorf größeren seitlichen Abstand der einzelnen Wandpfosten und in dem durch den verschiedenen Zweck der Anlage – in Trelleborg Kaserne, in Warendorf bäuerliches Wohnhaus – bedingten seitlichen Ausbauten. Diese Ähnlichkeit legt m. E. die Möglichkeit nahe, die in den Schnittbildern der äußeren Pfostenreihe der Warendorfer Bauten sichtbare Funktion, nämlich als strebende Stützen zu dienen, auch den, durch die jüngste Diskussion (s. u.) wieder umstrittenen Außenpfosten der Trelleborg-Bauten zuzuerkennen.
Dazu liefert auch die auf der Birka-Münze aus Grab 646[40] erscheinende Seitenansicht eines Hauses, auf die seinerzeit schon Schultz hingewiesen hat,[41] eine wichtige Ergänzung.
Die seinerzeit von Nørlund und C. G. Schultz in Anlehnung an die Stabkirchen versuchte Rekonstruktion eines Schwalbenganges rund um die Bauten[42] stellt eine vielleicht mögliche, aber konstruktiv keine befriedigende Lösung dar. Noch weniger aber vermag man die jüngst vorgeschlagene Korrektur für die Funktion dieser Außenpfosten anzuerkennen, die P. Lauring und A. Hoff-Møller in Anlehnung an die von A. Roussell veröffentlichten isländischen Bauten vorgenommen haben.[43] Sie schlagen nämlich vor, außen vor die eigentliche Hauswand einen Plaggenwall aufzuschichten, der das Haus auf allen Seiten umgibt – nur von schmalen Eingängen unterbrochen – und am Fuß von Brettern gehalten wird, die durch die kurzen Stümpfe der Außenpfosten abgestützt sein sollen. Gegenüber dieser Lösung muß doch auf die Tatsache hingewiesen werden, daß es zwar Plaggen- oder Steinwände an frühmittelalterlichen Hausanlagen sowohl im nordischen, nordwestinsularen als auch im benachbarten niederländischen Raum gibt, aber stützende Pfostenreihen davor weder notwendig noch bekannt sind. Abgesehen davon, daß die Stärke der Außenpfosten m. E. keineswegs mit dieser Funktion als Halt für ein Fußbrett zu dienen ausgelastet ist, scheint mir auch die Plaggen- oder Steinwand an frühmittelalterlichen Bauten im Grunde die gleiche Funktion zu besitzen, nämlich durch die dort aufliegenden Sparren einen Teil der Dachlast mit abzunehmen, die in Warendorf noch von den hölzernen Streben übernommen wird.
Trifft dies zu, so könnte die vorsichtig formulierte Vermutung Nørlunds[44] „It seems probable that the peculiar shape of the Trelleborg house is the fruit of the experiences and observations of the Vikings in the British Isles in the 9th and 10th centuries" und seine Feststellung „On the whole it will not be possible to clear up the circumstances of Trelleborg's origination in a convincing manner before excavations in the East and the West can shed light upon it" mit dem Hinweis auf die Bauten von Warendorf doch vorsichtig dahingehend korrigiert und ergänzt werden, daß diese besondere Hausform nicht erst von den Britischen Inseln übernommen ist, sondern bereits bei den Altsachsen des 8. Jahrhunderts – in der Bedeutung Beda'scher Terminologie – bekannt war.[45]
Damit würde der bis jetzt so vereinzelt dastehende Typ des Trelleborg-Hauses durch das in Warendorf übersehbare Entstehen dieses schiffsförmigen Hauses auch in eine räumlich und zeitlich ansprechbare Einheit zurückgeführt, oder anders ausgedrückt, zu einem fast verlorenen, aber sonst tüchtigen und bemerkenswert kräftigen Sohn erkennt man wieder die größere Familie, der er angehört.
Baugeschichtlich gesehen ist dieses Gefüge keinerlei Errungenschaft frühmittelalterlichen Hausbaues, sondern schon seit den Jahrhunderten v. Chr. Geb. aus den Ausgrabungsbefunden bekannt.[46] Seit der Veröffentlichung van Giffens über die Bauten von Ezinge[47] bis zu den Ausgrabungsergeb-

[40] H. Arbman, Birka 1: Die Gräber (1940) Taf. 142, 4.
[41] Schultz a.a.O. 37 Abb. 5a.
[42] s. Anm. 39 S. 285. [s. neuestens auch J. Walton in: Antiquity 28, 1954, 68ff.].
[43] P. Lauring u. A. Hoff-Møller, Trelleborg husets rekonstruktion. Aarbøger 1952, 108ff.
[44] Nørlund, Trelleborg 278.
[45] Beda, Hist. eccl. 5, 11. – Unter der inzwischen von Schultz angegrabenen Wikingerfestung von Aggersborg ist eine vorhergehende bäuerliche Siedlungsschicht festgestellt worden. Auch hier ist m. E. die Kurvenform der Bauten schon angedeutet; s. Schultz, Fra Nationalmuseets Arbejdsmark 1949, 104 Abb. 10.
[46] A. T. Zippelius, Stand und Probleme der urgeschichtlichen Hausforschung in Mitteleuropa in: Niederschrift über die Tagung des Arbeitskreises für deutsche Hausforschung in Büdingen vom 23.–24. 9. 1950.
[47] Der Warf in Ezinge und seine westgermanischen Häuser. Germania 20, 1936, 44ff.

nissen Haarnagels in Einswarden und Hodorf[48] ist dieses Zweipfostengerüst, denn darum handelt es sich im wesentlichen, bekannt. Überall erscheinen hier neben den dachtragenden Innenpfosten die außenstehenden seitlichen Streben; sie sind schwächer oder stärker, je nach dem Abstand der zwei Säulenreihen voneinander, d. h. je nach der Verteilung der Dachlast, die bei einem verhältnismäßig eng gesetzten Zweipfostengerüst in der Hauptsache in ihrem vertikalen Druck mit möglichen schwächeren Außenstützen, so in Ezinge, Einswarden und Wichen, bei erweitertem Abstand aber unter dem hinzukommenden seitlichen Schub der Sparren auch von stärkeren Außenpfosten abgefangen werden muß. Dabei ist die innere Aufteilung des unter dieser Dachhaut liegenden Raumes, z. B. durch Vergrößerung des Innenraumes, durch Verlegen der Wand in den Raum zwischen Innen- und Außenpfosten, Einrichtung von Boxen, eine Frage zweitrangiger Bedeutung und weitgehend abhängig von den Lebensnotwendigkeiten und wirtschaftlichen Bedingtheiten der jeweiligen Zeit und Landschaft.
Von hier aus ergeben sich Verbindungen zu den aus dem nordischen Raum bekannten Ausgrabungsergebnissen, nämlich den großen Hallen vom Typ Lojsta,[49] die ebenfalls innerhalb des von Steinmauern umgebenen Rechtecks der Hausfläche ein Zweipfostengerüst aufzeigen, die die Dachlast tragen. Dabei dienen die hochgezogenen Plaggen- oder Steinwände als Lager für die Dachsparren.
Diese Konstruktion hat ihre Entsprechung ferner in den Wurtengrabungen van Giffen's in Leens[50] und Peize,[51] wo ebenfalls dachtragende Zweiständergerüste an den Außenwänden von einer Plaggenwand umgeben sind.
Wichtig bleibt hier gegenüber den Ergebnissen der Wurtengrabungen in den Niederlanden und Deutschland (Ezinge, Einswarden, Hodorf, Hessens), wo nach üblicher Terminologie die Feststellung dreischiffiger Hallenhäuser eine Tradition des sog. Niedersachsenhauses durch das 1. Jahrtausend zu belegen scheint, besonders das Ergebnis, daß mit den Warendorfer Bauten im sächsischen Raum die einräumige große Halle gefunden ist. Da sie im westfälischen Raum bereits zur Kaiserzeit in Westick erscheint,[52] kann unter Hinweis auf Bucholt-Welmen[53] und Haldern[54] jetzt schon gefolgert werden, daß die Hausgeschichte im nordwesteuropäischen Raum nicht so eingleisig verlaufen ist, wie man auf Grund der bisherigen Diskussion annehmen könnte, sondern uns in den einräumigen Hallenbauten eine durchaus alte und bedeutsame Gestaltung greifbar wird. Hier mag vor allem der Hinweis auf Westick anzeigen, zu welch großartiger Lösung bereits im 3. Jahrhundert gegriffen wurde, um mit Hilfe der raumschaffenden Kruckkonstruktion diese freie Halle zu ermöglichen.[55] Noch für die Karolingerzeit kann Warendorf mit aller Deutlichkeit aufzeigen, daß hier eine andere Raumgestaltung greifbar wird, d. h. daß die Verbreitung des sog. Niedersachsenhauses erst ein Ergebnis jüngerer hausgeschichtlicher Entwicklung darstellt und in der weithin üblichen kulturhistorischen Belastung in der Diskussion frühmittelalterlicher Zustände noch keinen Platz hat.[56]
Hinzu kommt eine weitere Tatsache, die mit den Ergebnissen Warendorf sehr deutlich aufgezeigt wird, nämlich die Feststellung einer ganzen Reihe verschiedenster Bauformen. Sie sind mit dem durchweg angewandten Zweipfostengerüst zwar zum großen Teil von ähnlichem Gepräge, zeigen aber außerdem doch auch einzelne wesentliche Unterschiede und bedeuten damit von vornherein eine Warnung, einzelne hier und da gefundene Hausgrundrisse als Glieder baugeschichtlicher Entwicklungsreihen zu belasten. Das hier übersehbare 8. Jahrhundert zeigt sich in allen Gestaltun-

[48] W. Haarnagel, Das nordwesteuropäische dreischiffige Hallenhaus und seine Entwicklung im Küstengebiet der Nordsee. Neues Archiv f. Niedersachsen 1950 H. 15 mit weiterer Lit.

[49] H. Arbman, Germanischer Wohnbau in Schweden in: Haus und Hof im nordischen Raum 1 (1937) 93ff.

[50] Leens, Jaarsverslag 1936–1940, 26ff.

[51] Peize, Jaarsverslag 1929–1931, 44.

[52] s. Anm. 1, Stieren, Westick.

[53] F. Tischler, Das früheisenzeitliche Haus von Bucholtwelmen, Kr. Dinslaken. Bonn. Jahrb. 145, 1940, 10.

[54] R. v. Uslar, Die germanische Siedlung in Haldern b. Wesel. Bonn. Jahrb. 149, 1949, 105ff.

[55] s. oben Anm. 1, Westick.

[56] J. Schepers, Stand und Aufgaben der Bauernhausforschung in Nordwestdeutschland. Westf. Forsch. 7, 1953–54, 202ff. bes. 205–206; G. Eitzen, Alte Bauernhäuser im südlichen Fürstentum Lüneburg. Lüneburger Bl. 4, 1953, 43ff.

gen schon viel zu differenziert und zu reich, als daß Überlegungen, die in alten Vorstellungen über primitive germanische Grundschichten wurzeln, noch fruchtbar sein könnten.[57] Denn, wenn wir Warendorf richtig ansprechen, so ist doch jede Hausform unlösbar verbunden mit der Funktion, die sie erfüllen muß, und im einzelnen abhängig von ganz persönlichen, in der jeweiligen Situation des Erbauers begründeten Entscheidungen. Dabei sind uns diese persönlichen Beweggründe, warum der Erbauer eine Firstsäule setzte oder ein Zweipfostengerüst mit abgefangenen Firstsäulen oder aufgesetzten Sparren errichtete, in jedem Falle unergründlich. Die Warendorfer Bauten bezeugen nur, daß während eines Jahrhunderts im gleichen Hofraum alle diese Formen bekannt und angewandt sind.

8. Zweck der verschiedenen Bautypen

Zugang haben wir dagegen zur Antwort auf die Frage, zu welchem Zweck die einzelnen Bauten angelegt wurden und welche Funktion sie innerhalb ihres Lebensbereiches von „Haus und Hof" erfüllen mußten. Hier gibt sich uns die erste Antwort aus dem Ausgrabungsbefund nur annähernd, dagegen sicher aus den schriftlichen Angaben zu Haus und Hof, soweit sie in den germanischen Volksrechten überliefert sind.

Das Bild, das uns die Gesetze der Sachsen, Franken, Bayern, Alamannen, Burgunder, Langobarden ebenso wie die der Angelsachsen und die Sagas bieten, ist reich genug, um schon in einer überschlägigen, groben Zusammenfassung wesentliche Hinweise zur Ausdeutung des Warendorfer Befundes zu geben.[58] Denn, was uns aus den Volksgesetzen entgegen schimmert und in den Warendorfer Bauten nun für unseren westfälisch-sächsischen Raum Gestalt gewinnt, ist, wenn wir recht sehen, eine gemeingermanische Art, Haus und Hof[59] anzulegen. Da steht nicht nur das Wohnhaus, die große Halle, innen offen bis zum First, sondern daneben gibt es die Ställe und die Scheunen, Speicher und Schuppen, Webkammern, Koch- und Backhäuser (vielleicht auch Brau- und Rauchhäuser), und die kleineren Wohnbauten der Unfreien, Knechte und Mägde. Wir gewinnen also das Bild einer vielhäusigen Gehöftanlage, in der die einzelnen zu einem Hof gehörenden Funktionen noch nicht unter einem Dach vereinigt sind, sondern in der für Mensch, Vieh, Ernte und Handwerk getrennte Gebäude errichtet werden. Der Versuch, in den vor allem in den bayrischen und alamannischen Gesetzen angegebenen verschiedenen Strafen über die Zerstörung einzelner Bauten (z. B. des Wohnhauses des Freien, der Scheune des Freien, Wohnhaus und Scheune des Knechtes, Speicher, Schuppen und Arbeitsraum) auch eine unterschiedliche Größe der Häuser und verschiedene Bauart zu vermuten,[60] diese Reihenfolge der Bauten mit den Angaben anderer Volksgesetze[61] zu vergleichen und mit dem Ausgrabungsergebnis zu verbinden, führt zu dem bemerkenswerten Ergebnis, daß sich die Menge der Warendorfer Hausgrundrisse schon jetzt, nach Größe und Bauart verschieden, sinnvoll ordnen und für die einzelnen Bauten verschiedene Funktionen angeben lassen (Taf. 29). Denn in Warendorf haben wir nun nicht nur die

[57] Als Beispiel mag hier nur ein Vergleich der Warendorfer kleineren Wirtschaftsgebäude, von denen ein Teil als Scheunen anzusprechen ist, mit der Tafel 10 bei H. Phleps, Ost- und westgermanische Baukultur (1936) aufgezeigt sein. Dabei wird ersichtlich, daß die Menge der von Phleps von Finnland bis zu den Niederlanden aufgezeichneten Grundrisse verschiedener Scheunenformen in der Grabungsfläche von 100:100 Metern in Warendorf friedlich nebeneinander erscheinen. Und Warendorf war kein karolingisches Freilichtmuseum nordwesteuropäischer bäuerlicher Wohnweise, sondern eine schlichte bäuerliche Siedlung der Westfalen im 8. Jahrh.

[58] Eine historisch-kritische Bearbeitung der Volksrechte wird in Kürze von H. Dölling, Haus und Hof in fränkischer Zeit auf Grund der Volksrechte, vorgelegt.

[59] Eine gewisse Ausnahme auf Grund der natürlichen Begrenzung des Wirtschafts- und Lebensraumes stellt hier das friesische Wurtengebiet dar. So das Ergebnis der mündlichen Aussprache mit W. Haarnagel.

[60] T. Gebhard gab in der Germania 29, 1951, 230ff. einen sehr beachtenswerten Versuch, die bayerischen Volksgesetze erneut auf ihre Aussagen über Haus und Hof auszuwerten und mit den ersten Grabungsergebnissen der Siedlung Burgheim zu verbinden. Daß seine Ausführungen uns mit den Mut gaben, das hier gezeichnete Bild der Warendorfer Siedlung zu wagen, sei dankend ausgesprochen. Zwar mußte in Verbindung mit Burgheim seine Ausdeutung noch theoretisch bleiben, und auch die Rekonstruktion des bayerischen Hauses konnte noch nicht ex fundamentis gesichert werden. Das Bemühen um die reichen Möglichkeiten der Volksrechte bleibt doch eine sehr verdienstvolle Tat.

[61] Eine Einarbeitung der burgundischen und langobardischen Gesetze und der Aussagen der Sagas war nicht mehr möglich. Ein vorläufiger Überblick bestätigt aber die auch sonst feststellbare vielhäusige Hofanlage.

hohe Halle, das Wohnhaus mit Herd und Bank, sondern auch Scheune und Ställe, Speicher, Wohnhaus und Scheune der Knechte, die einfachen Schuppen, Getreide- und Heuberge bis zu den kleinen Grubenhäusern (Taf. 28).

9. Warendorf als Siedlungstypus

Die Frage, was unser Ausgrabungsbefund (Beilage 1) darstellt, eine curtis oder villa, d. h. einen oder mehrere zusammenliegende Höfe oder eine dorfartige Siedlung, muß in diesem Augenblick leider noch ebenso offen bleiben wie die Frage, ob er das Bild einer normalen Altsiedlung des 8. Jahrhunderts im westfälisch-sächsischen Bereich schon widerspiegelt. Diese Fragen können nicht vor der Freilegung der in einem 100 m langen, nach Westen geführten Suchgraben angeschnittenen weiteren Gebäudespuren, vor der Durcharbeitung der Überschneidungen und Fundmaterialien beantwortet werden. Wichtig ist aber, um hier wenigstens eine Vorstellung über die Besiedlung am Südufer der Ems anzudeuten, die Beobachtung, daß etwa 200 m weiter nach Osten sich bereits der nächste Siedlungsplatz der gleichen Zeit abzeichnet und sich diese Lage und dieser Befund, wenn wir dem Ergebnis unserer Geländebegehungen vertrauen können, sich derart stromaufwärts bis vor den Bereich der Stadt Warendorf wiederholt, als hingen die Siedlungskomplexe wie Trauben in den Emsschleifen. Doch nimmt die von uns angegrabene Siedlung vielleicht eine Sonderstellung ein, als wahrscheinlich wesentlich für ihre Lage eine alte Emsfurt ist, die durch urkundliche Quellen des 15. bis 18. Jahrhunderts unter Hinzuziehung der Flurnamen gesichert ist.[61a] Dieser Emsübergang gehört vermutlich zu einer alten bedeutenden Fernstraße, die uns durch die anläßlich der Übertragung der Reliquien des Hl. Alexander nach Wildeshausen angegebenen Rastorte angezeigt ist.[62]

10. Zusammenfassung

Mit der Feststellung einer ausgedehnten Siedlung auf dem Südufer der Ems bei Warendorf, deren Lebensdauer durch keramische Funde für die Zeit von der zweiten Hälfte des 7. Jahrhunderts bis um 800 festgelegt wird, ist zur kulturräumlichen und historischen Diskussion des 8. Jahrhunderts im nordwesteuropäischen Raum neues Urkundenmaterial besonderer Bedeutung gewonnen worden. Zusammen mit der Auswertung der aus den späten westfälischen Friedhöfen und Siedlungen vorliegenden Funde kann als Ergebnis gefolgert werden, daß es sich hier um einen neuen Siedlungsansatz handelt, der zusammen mit der Aussage der spärlichen Schriftquellen als sächsische Landnahmesiedlung anzusprechen ist.

Die hier festgestellte Art „Haus und Hof" als vielhäusige Gehöftanlage anzulegen, kann zusammen mit den Angaben der germanischen Volksrechte und den jüngst veröffentlichten Grabungsergebnissen der bajuvarischen Siedlung von Burgheim[63] und der alamannischen von Merdingen[64] als großräumig gültig und mindestens als gemein westgermanisch angesprochen werden. Unter Hinzufügung der ausgegrabenen größeren kaiserzeitlichen Siedlungen im mitteleuropäischen Raum, der elbgermanischen von Kablow[65] bei Königswusterhausen und von Nauen-Bärhorst,[66] der Brukterer in Westick,[67] der Friesen von Fochteloo[68] und der Franken in Gladbach bei Neuwied[69] wird diese Gemeinsamkeit durch ein Jahrtausend bis ins hohe Mittelalter sichtbar.[70] Sie berechtigt

[61a] Herrn Oberstadtdirektor a. D. Dr. Zuhorn habe ich für die Mitteilung der entsprechenden historischen Belege sehr zu danken.

[62] H. A. Erhard, Regesta Historiae Westfaliae 1 (1847) 104.

[63] W. Krämer, Frühmittelalterliche Siedlung bei Burgheim, Landkreis Neuburg a. d. Donau. Germania 29, 1951, 139ff.; ders., Die frühmittelalterliche Siedlung von Burgheim in Schwaben. Bayer. Vorgeschichtsbl. 18/19, 1951/52, 200ff.

[64] F. Garscha, K. Hammel, W. Kimmig, E. Schmid, Eine Dorfanlage des frühen Mittelalters bei Merdingen, Landkreis Freiburg, Bad. Fundber. 18, 1948–1950, 137ff.

[65] F. O. Gandert, Vortragsbericht über die Siedlung Kablow b. Königswusterhausen in: Arch. Anz. 1943.

[66] O. Doppelfeld u. G. Behn, Das germanische Dorf auf dem Bärhorst b. Nauen. Prähist. Zeitschr. 28/29, 1937/38, 284ff.

[67] s. oben Anm. 1.

[68] s. Anm. 37.

[69] F. Hussong, Fränkische Siedlung bei Gladbach, Kr. Neuwied. Germania 22, 1938, 180ff.

[70] Ähnlich äußert sich auch Garscha im Bericht Merdingen s. Anm. 64.

zu der Folgerung, daß der sonst weithin spürbare „Filter der merowingisch-karolingischen Zeit“[71] in dieser Gestaltung der Siedlung nicht wirksam geworden ist, weder Veränderungen geschaffen noch Neuerungen eingeleitet hat.
Unter den einzelnen Hausformen zeigen die großen Wohnbauten zusammen mit der Keramik und den Quellen sicher nordwesteuropäische Verbindungen, wobei vor allem die Ähnlichkeit mit dem Grundriß der Trelleborg-Bauten festzuhalten ist. Demgegenüber zeigen die kleineren Anlagen, vor allem die Firstsäulengerüste der Nebengebäude, die Rutenberge und Grubenhäuser keinerlei räumliche und zeitliche Bindung. Vor allem die alte Vorstellung, daß das Grubenhaus als sächsisch[72] oder als mögliche „merowingisch-karolingisch zeitbedingte Neubildung“[73] gelten könnte, ist nach den Ausführungen Tischlers,[74] v. Uslars[75] und der durch W. Guyan[76] gegebenen Zusammenstellung der einzelnen Vorkommen ganz und gar aufzugeben. Ebenso wird mit aller Deutlichkeit klar, daß es sich bei diesen kleinen Bauten nicht um Wohnhäuser handeln kann, sondern nur um Anlagen besonderer Funktion, die zu dem wirtschaftlichen Bereich von „Haus und Hof“ gehören.
Zur Siedlungskunde ergeben sich aus der Grabung Warendorf durch die kulturräumliche Zuordnung und die festgestellte Dauer der Besiedlung, durch Flurnamen und die eingeleiteten Bemühungen zur Feststellung der zugehörigen Ackerfläche[77] neue Perspektiven, die geeignet sind, die Siedlungskunde des nordwesteuropäischen Raumes wieder aus dem Bereich der Vermutungen zu befreien und zu neuen Ergebnissen vorzustoßen.[78]
Die Grabungen in Warendorf werden fortgesetzt.[79]

[71] J. Werner, Besprechung von F. Maurer, Nordgermanen und Alamannen in: Deutsche Literaturzeitung 1943, 260ff.

[72] Lit. bei A. Genrich, Das altsächsische Haus in: Neues Archiv für Niedersachsen 1950 H. 15, S. 95 u. 96; s. auch P. Sipma, Een Angelsaksische invasie in Friesland? (1953).

[73] s. Anm. 71.

[74] Tischler, Kritische Betrachtungen zu neuentdeckten Hüttenböden der jüngeren Hunsrück-Eifel-Kultur von Ochtendung, Kr. Mayen. Forsch. u. Fortschr. 1948, 232ff.

[75] s. Anm. 54.

[76] W. U. Guyan, Die frühmittelalterliche Siedlung von Osterfingen, Kanton Schaffhausen. Zeitschr. f. Schweiz. Arch. u. Kunstgesch. 11, 1950, 193ff.

[77] Untersuchungen durch Prof. Müller-Wille, Münster.

[78] Kurze Hinweise zur siedlungskundlichen Diskussion in: W. Winkelmann, Westf. Heimatkalender 1954, 161 u. Westf. Forsch. 7, 1953/54, 283.

[79] R. Gensen habe ich für die jahrelange gute Mitarbeit auf dem Grabungsfeld und F. Teufel für die Anfertigung der Pläne und Zeichnungen sehr zu danken.

DIE AUSGRABUNGEN IN DER FRÜHMITTELALTERLICHEN SIEDLUNG BEI WARENDORF (WESTFALEN)*

Seit dem Herbst des Jahres 1951 hat das Landesmuseum für Vor- und Frühgeschichte Münster in der Nähe der Stadt Warendorf, Reg.-Bez. Münster, große Teile einer frühmittelalterlichen Siedlung des 7. und 8. Jahrhunderts n. Chr. ausgegraben (Taf. 21, 1. 2; 109). Sie liegt auf der Südseite der Ems. Anlaß zur Untersuchung gaben Beobachtungen und Scherbenfunde, die von Arbeitern eines Hartsteinwerkes in einer Sandgrube an der Emsterrasse gemacht wurden.

In 14 mehrwöchigen Grabungskampagnen wurden bisher über 26 000 qm freigelegt. Günstige Bodenverhältnisse und ein glücklicher erster Grabungsansatz in einem Teil der Siedlungsfläche, die durch jüngere Entwicklung ungestört und von Überbauungen frei war, ließen schon in den ersten Grabungswochen Ordnung und Bedeutung der charakteristischen Grundrisse dieser Siedlung erkennen. Dieses frühzeitig gewonnene Ergebnis hat den Fortgang der Arbeiten und die richtige Interpretation auch vielfach sich überschneidender Bauten wesentlich gefördert. Hinzu kommt, daß sich schon von den ersten Grabungswochen an eine ganz vorzügliche Grabungsmannschaft zusammenfand, die bei Sonne, wochenlangem Regen, Sandverwehungen, Schnee und Frost in immer gleicher Bereitschaft ihr Bestes zum Gelingen der Ausgrabung beitrug.

Insgesamt wurden bisher die Bodenspuren von 186 Bauten vollständig erfaßt oder in Teilen ergraben. Von ihnen gehören 25 zu großen ebenerdigen Pfostenbauten, z. T. großen Wohnbauten mit Herden, von 14–29 m Länge und 4,5–7 m Breite, 40 zu kleineren ebenerdigen Gebäuden von 4–11 m Länge und 3–3,5 m Breite, 70 zu Grubenhäusern, 20 zu leichteren Bauten mit Reiswerk und Spundbohlenwänden, 25 zeigen sechseckige und 3 achteckige Grundrisse mit einem mittleren Durchmeser von 6 m, 3 bilden runde oder halbrunde Gehege aus einzelnen Pfosten. Die Menge dieser an einem Platz ergrabenen Grundrisse und das reiche keramische Fundmaterial bedeuten für die frühmittelalterliche Geschichte dieses Raumes neue wertvolle Quellen.

Die bis dahin in Nordwestdeutschland ergrabenen kleineren und größeren Hausgrundrisse[1] mit ihrem Fundmaterial sind meist nur Ausschnitte aus größeren Siedlungskomplexen, die zwar ihren Wert besitzen, sich einer historischen, kulturhistorischen und siedlungsgeschichtlichen Interpretation jedoch noch weitgehend entziehen, weil sie vergleichsweise nur eine oder zwei Zeilen einer Urkunde bedeuten, deren vollständiger Text weithin unerkannt und unbekannt bleibt.[2]

Die Warendorfer Grabung gewährte nun einen Einblick in große Teile einer alten Siedlung. Ihre zeitliche Stellung im frühen Mittelalter und ihre Lage im rechtsrheinischen Raum zwischen Rhein und Weser bieten außerdem den Vorteil, daß das in der Siedlung sich andeutende historische Geschehen schon im Frühlicht der geschriebenen Quellen erscheint, d. h. archäologischer Befund und schriftliche Überlieferung können sich gegenseitig ergänzen und korrigieren.

Lage

Das Grabungsfeld liegt auf einer Südterrasse der Ems, die hier etwa 6–8 m über die breite Talaue aufsteigt. Die Ems wurde in diesem Teil vor etwa 20 Jahren begradigt; sie floß ehedem, wie alte Karten zeigen und einige Altwasser noch im Gelände erkennen lassen, in breiten Windungen und Schleifen durch die 400–500 m breite Talaue. Teile dieser alten Emsterrasse und damit der alten Siedlungsfläche werden schon seit Jahrzehnten abgebaut, zuerst im Handbetrieb, seit 1945 mit großen Baggern. Leider blieben alte Funde, die schon 1900 gemacht wurden, unbeachtet.

* Gedruckt in: Neue Ausgrabungen in Deutschland, hrsg. von W. Krämer (1958) 492ff.

[1] Über bisherige Hausgrundrisse und Siedlungsgrabungen dieses Raumes s. Germania 32, 1954, 189 Amm. 1; 35. Ber. RGK. 1954 (1956) 124ff.

[2] Die besondere Bedeutung großflächiger Siedlungsgrabungen für die einheimische Archäologie wird seit Jahren immer wieder betont. Noch im Frühjahr 1951 hatte auch A. Stieren auf der Jahrestagung des Nord- und Südwestdeutschen Verbandes in Trier ihren Wert hervorgehoben und ihre planmäßige Inangriffnahme erneut gefordert. Schon ein halbes Jahr später bot die Grabung in Warendorf eine Möglichkeit, diese Forderung durchzuführen.

Bodenverhältnisse

Der Boden besteht aus feinen bis feinstkörnigen Sanden, die hier durch Schmelzwasser der Saale-Würm-Eiszeit in einer durchschnittlichen Mächtigkeit von 10 m abgelagert wurden.
Schon die Profile der ersten Suchgräben in der Westfläche zeigten, daß die zur Siedlung gehörige alte Kulturschicht in weiten Teilen in jüngerer Zeit von einer 0,25–0,8 m hohen sandigen Überwehung bedeckt war. An einigen Stellen war sie vollständig abgeblasen, und die Pfostenspuren erschienen, soweit überhaupt noch vorhanden, direkt unter der modernen Pflugzone. An der Nordseite hatte eine 20–30 m breite und 4–5 m tiefe Auswehung geringe Teile der Siedlung zerstört. Die durch späteren Ackerbau zerpflügte alte Kulturschicht der Siedlung ließ begangene Wohnstraten nicht mehr erkennen.
Der Boden zeigte ein normales Ortsteinprofil der Calluna-Heide, dessen obere Schichten durch den Ackerbau zerstört waren. In dieser Ortsteinschicht erschienen die Pfostengruben sehr deutlich, dagegen waren sie an all den Stellen, wo der Ortstein ausgeblasen oder durch jüngeren Bewuchs (Birkenwurzeln) zerstört war, weniger klar. Im Ostteil (Fläche B) war der alte Kulturboden nicht so intensiv durchgepflügt worden, leider hatte sich aber in weiten Teilen auch keine schützende Sandaufwehung über die alte Siedlungsschicht gelegt. Hier hatte der Wind in 10–15 m breiten, flachen Wannen die Siedlungsschicht z. T. vollständig zerstört. Nur vereinzelt waren noch vollständige Grundrisse zu erkennen.

Methode

Die Grabung begann nach der Freilegung der zuerst gemeldeten Grubenhäuser B und C mit einigen schmalen Suchgräben in der Westfläche A. Sie ergaben reichliche Bodenspuren und zugehörige Funde, so daß flächige Abdeckungen eingeleitet wurden. Die Größe dieser einzelnen Grabungsflächen schwankte je nach Jahreszeit, Fortgang des Sandgrubenbetriebes und der zur Verfügung stehenden finanziellen Mittel zwischen 300 und 5 000 qm.
Bis zum Jahre 1954 wurden die Grabungsflächen im Handbetrieb mit Schaufeln abgeräumt. Danach, inzwischen waren die immer wiederkehrenden besonderen Merkmale der alten Kulturschicht bekannt, wurden Räummaschinen (Planierraupen) eingesetzt, die den aufgewehten Deckboden beiseite schoben; nur die eigentliche Kulturschicht wurde, soweit vorhanden, mit Schaufeln auf das Niveau heruntergebracht, das die maximal günstigsten Erscheinungsbilder der Bodenspuren zeigte. Diese Bodenspuren wurden im Maßstab 1:50 in Feldpläne farbig eingetragen.
Grundsätzlich wurde beim Aufschneiden der einzelnen Spuren soweit wie möglich an der Forderung festgehalten, Schnitte erst dann anzulegen, wenn die Funktion der einzelnen Pfosten im Grundrißverband klar war. Falsche Schnitte lieferten, das zeigte sich sehr schnell, schlechtes Urkundenmaterial und mußten zu falschen Interpretationen führen. Auch die Schnittbilder der einzelnen Pfostengruben wurden farbig im Maßstab 1:10 oder 1:20 gezeichnet, die Pfosten selbst anschließend ausgehoben und das hierbei geborgene Fundmaterial nach seiner Lage im Plan festgehalten. Gerade dieses Material lieferte zur späteren Gliederung der Gesamtsiedlung wertvolle Unterlagen.

Zum Übersichtsplan

Westfläche A. Der beigefügte Plan (Beilage1) zeigt die bisher ergrabenen Bauten. In ihm sind die Pfostenspuren einzeln liegender Gebäude schwarz ausgezeichnet. An anderen Stellen, wo mehrere Bauten sich überschneiden, ist jeweils nur ein Grundriß schwarz angelegt, während die Pfostenspuren anderer Grundrisse und einzeln auftretende Pfostengruben weiß gelassen sind, um die Grundrisse in ihrem charakteristischen Schema überschaubar zu halten.
Eine Menge einander ähnlicher, aber auch verschiedenartiger Grundrisse unterschiedlicher Größe sind zu erkennen. Sie liegen durchweg in Ost-West-Richtung, von einigen Ausnahmen abgesehen, eine Tatsache, die von vielen Bauten der Frühgeschichte in unseren geographischen Breiten bekannt ist. Sie ist wohl bedingt durch die vorherrschenden Westwinde und das Bestreben des Menschen, ihnen möglichst wenig Angriffsfläche an den Häusern zu bieten.

Auffällig sind die von 6 bzw. 8 Pfosten im Sechs- bzw. Achteck gebildeten Anlagen mit einem Mittelpfosten und solche, die sich nicht durch einzelne Pfostengruben, sondern durch fortlaufende Wandspuren abzeichnen. Hinzu kommt die Menge der kleinen Grubenhäuser mit 6, 8 oder 10 Pfosten im Grundriß.

Daß die Besiedlung dieses Platzes nicht einschichtig war, sondern auf gleichen Flächen vier- bis fünfmal nacheinander gebaut worden ist, läßt der Plan z. T. schon erkennen. Die Bauten wurden, wie der Bodenbefund mit Holzkohlen und verziegelten Staklehmresten in den Pfostengruben zeigte, wiederholt durch Feuer zerstört und am gleichen oder benachbarten Platz wieder aufgebaut.

An der Westseite wird die Siedlung von einem Zaun begrenzt, der inzwischen in einer Gesamtlänge von 130 m festgestellt worden ist. Er endet im Süden (im Plan nicht mehr enthalten) an einer abfallenden Böschung der alten Straße, die in den Siedlungsbereich hineinführte. Sein weiterer Verlauf muß noch ergraben werden. Außerhalb ist nach Westen hin nur ein kleines Gebäude festgestellt worden. Die großen freigelegten Flächen in diesem Bereich enthielten sonst keine Bebauungsspuren mehr, so daß der Zaun wohl als Begrenzung der Siedlung angesprochen werden darf.

Während im Westen und Südwesten die Grenzen der Siedlung erfaßt sind, müssen nach Nordosten, Osten und Südosten Spuren ergänzt werden. Diese Geländeteile waren schon vor der Grabung abgebaggert oder von dem Sandgrubenbetrieb als Lagerplatz genutzt, so daß sie nicht mehr untersucht werden konnten. Nur einige Spuren hier liegender Gebäude wurden an der Sandgrubenkante noch beobachtet.

Jenseits der im Norden gelegenen Ausblasungszone wurden keine Besiedlungsspuren mehr festgestellt. Im Nordosten reichte die Siedlung bis zur Ems, letzte Spuren sind in einem noch bestehenden Terrassenrest erhalten.

Die Verteilung der Grundrisse im Plan könnte die Vermutung aufkommen lassen, als wären die Bauten ursprünglich ringförmig um einen großen freien Platz im Kern der Siedlung angelegt. Dies trifft jedoch nicht zu, wie ein langer Suchgraben erwiesen hat, der im Südteil der Grabungsfläche von der West- zur Ostseite geführt wurde; er brachte keine Bodenspuren.

Im Hinblick auf die Gesamtlage der Siedlung ist also zu folgern, daß die Bauten auf der Terrassenkante entlang der Ems angelegt waren, wahrscheinlich umgeben von einem Zaun, der einen großen unbebauten Raum mit in den Siedlungsbereich einbezog, soweit dies beim jetzigen Stand der Ausgrabungen schon zu sagen ist. Einige Bodenspuren auf der Westseite des Zaunes deuten außerdem die Möglichkeit an, daß in etwa 16 m Abstand ein einfacher Erdwall von 4 m Breite dem Zaun vorgelagert war.

Ostfläche B (Taf. 35). Seit dem Jahre 1956 mußte 200 m weiter östlich ein Siedlungsrest der gleichen Zeit angegraben werden. Die Frage, ob beide Siedlungsflächen ursprünglich zusammengehörten, ist mit Sicherheit heute nicht mehr zu beantworten, da durch den Sandabbau die unmittelbare Kontaktzone zwischen beiden weitgehend zerstört war. Nach allen noch möglichen Beobachtungen während der Baggerarbeiten in dem noch zur Verfügung stehenden Raum zwischen den Flächen A und B waren jedoch keine Bodenspuren vorhanden. Es darf also angenommen werden, daß es sich in der Ostfläche B um einen besonderen Siedlungsplatz handelt.

Der Übersichtsplan dieser Fläche zeigt neben schon aus der Westfläche bekannten Grundrissen (vor allem im Nordteil) auch einige Besonderheiten. Es treten hier die Bodenspuren leichterer Bauten auf, die sich mit verhältnismäßig schwachen Pfosten oder schmalen Wandspuren mit darin stehenden senkrechten Bohlen und Brettern abzeichnen.

Die Grundrisse

Die Großbauten (mit Herd). Tafel 36 gibt einen Überblick über die bisher ergrabenen verschiedenartigen Grundrisse. Der Grundriß der großen Bauten zeigt eine von einer doppelten Pfostenreihe umgebene rechteckige Fläche von 14 bis 29 m Länge und 4,5–7 m Breite. Die Schmalseiten (Giebelseiten) zeigen unterschiedlich 3 oder 4 Doppelpfosten oder 3 einzelne Pfosten. In der Mitte der Längsseiten liegen nach Nord und Süd zwei vorstehende Ausbauten mit 3 oder 4 Pfosten, die

Herdstelle liegt im Ostteil des Hauses. Der Herd bestand ursprünglich aus einer lehmverstrichenen Steinpackung, die jedoch meist durch jüngeren Ackerbau so sehr zerrissen war, daß nur noch die Rotfärbung des Untergrundes seine Lage kennzeichnete. Auffällig im Innern sind Pfostensetzungen in der Nordost-Ecke. Im Westteil ist durch eine Reihe von 3 oder 4 Pfosten meist ein besonderer Raum abgegrenzt. An einer Reihe von Grundrissen sind im Westteil Spuren von Um- und Neubauten festzustellen. Haus 7 und 43 zeigen bei gleicher Größe die beiden extremen Varianten dieses Grundrißschemas (Taf. 36, 1). Während bei Haus 7 gerade Längs- und Schmalseiten eine rechteckige Grundfläche bilden, bietet Haus 43 einen schiffsförmigen Typ, dessen Langseiten gleichmäßig nach außen gewölbt sind. Die mittlere Breite dieses Hauses ist gegenüber den Schmalseiten um 2,5 m vergrößert. Es ist bei den Warendorfer Grundrissen zu beobachten, daß dieser Wandel von rechteckigen zu schiffsförmigen Grundrissen sich während der Lebensdauer der Siedlung allmählich vollzogen hat.
Der von Überbauungen, Nach- und Umbauten völlig freie Grundriß von Haus 7 gibt diesen Haustyp besonders klar wieder. Er zeigt im Lichten gemessen eine rechteckige, von doppelten Pfostenreihen umgebene Fläche von 5,20:24 m. Der Abstand von Pfostenpaar zu Pfostenpaar beträgt 2 m, der Zwischenraum zwischen äußerem und innerem Pfosten 1–1,25 m. Auf den Schmalseiten stehen je 4 Doppelpfosten. Im Ostteil erscheint der Herdplatz, in der Nordostecke die übliche Pfostensetzung. Zwischen dem vierten und fünften Pfostenpaar von Westen deuten 4 Pfosten einen Querriegel an. Im Schnitt zeigt die innere Pfostenreihe senkrecht stehende Pfostenspuren; der auf und in ihnen liegende gebrannte Staklehm belegt, daß diese Pfostenreihe eine Wandflucht darstellt. Teile der durchlaufenden Wandspur (Gräbchen) sind zudem im Grundriß des Hauses 3 beobachtet. Die äußere Pfostenreihe, auch die der Schmalseiten, zeigt im Schnitt schräg zu den Wandpfosten geneigte Streben, die nach dem Neigungswinkel etwa in 1,8–2 m Höhe an die Wandpfosten anstoßen müssen (Taf. 23, 1). Auf der Nordseite liegt ein Ausbau mit 4 Pfosten, gegenüber auf der Südseite einer mit 3 Pfosten. Ihre Schnitte zeigen senkrecht aufgehende Pfosten.
Grundriß und gewonnene Schnittbilder der Pfostenspuren ermöglichen folgende Rekonstruktion (Taf. 27, 2): Eine große, durch ein Zwei-Säulen-Gerüst gebildete Halle, frei von störenden Pfosten im Innern, deren dachtragende Wandpfosten von außen durch Streben unterstützt werden. Die Wand zwischen den Pfosten war lehmbestrichen, wie die zahlreichen Bruchstücke von Staklehm anzeigen. Wandpfosten und Streben stehen sich auf beiden Seiten paarig gegenüber. Auf den Köpfen der Wandpfosten ist ein Längsbalken, ein Rähm, aufgezimmert zu denken, der die Reihe der Längspfosten zusammenhält und auf dem die Sparren aufgeklaut sind; Spannbalken oder Querriegel zwischen den Wandpfosten sind statisch nicht notwendig, da der gesamte Druck der Sparren und die Last des Daches 1. von den eingegrabenen Pfosten und 2. von den gegen sie oder das Rähm angesetzten Streben aufgefangen werden. Damit bleibt die Halle im Innern offen bis zum Dach. Es war auf der Unterseite vermutlich verschalt und oben mit Stroh, Heide oder Schindeln abgedeckt; für die Schmalseiten ist auf Grund der dort ebenfalls vorhandenen Streben ein beidseitig abgewalmtes Dach anzunehmen. Eine feste Verzimmerung dieses Gefüges mit Dübeln ist auf Grund zweier gefundener Löffelbohrer wahrscheinlich.
Der auf der Nordseite liegende Ausbau mit 4 Pfosten ist am ehesten als vorgezogener Eingang (Windfang) anzusprechen, mit einem schmalen Durchgang von etwa 1 m Breite zwischen den mittleren Pfosten. Der gegenüberliegende Ausbau auf der Südseite bietet sich zunächst ebenfalls als Eingang an, doch läßt der verschiedene Grundriß (nur 3 Pfosten gegenüber 4 auf der Nordseite) hier auch eine andere Funktion dieses südlichen Ausbaues vermuten, am ehesten den eines besonderen Ehrenplatzes.[3]
Im Westteil des Hauses ist durch 4 Pfosten ein besonders abgeteilter Raum angezeigt. Im Ostteil liegen Herdstelle und Bank, denn so ist die Pfostenanhäufung in der Nordostecke wohl zu deuten. Um Größe und charakteristische Raumgliederung dieser hohen Hallen mit historischem Leben zu

[3] Baugeschichtliche Belege und Einzelhinweise s. Germania 32, 1954, 198.

erfüllen, werden hier an Stelle vieler möglicher Belege aus schriftlichen Quellen und Hinweisen auf frühmittelalterliche Bauten zwei Saga-Texte angeführt.
Es ist das Zeugnis der Fagrskinna zur Lage des Ehrenplatzes: „Aber des Königs Ehrensitz war in der Mitte der Längswand gegen die Sonnenseite." Noch eindringlicher aber wirkt die von W. Grönbech erwähnte Schilderung aus der Saga von den Siedlern an der Breidaförde: „Das ‚Hof' war ein großes Haus mit einer Tür an der einen Seitenwand nach dem einen Ende des Hauses zu. Wenn man durch die Tür trat, sah man an der langen Wand gegenüber den Hochsitz mit den Pfeilern auf jeder Seite, die als Zeichen der Macht mit Nägeln beschlagen waren. Am anderen Ende war ein kleiner Raum... und dort stand ein ‚stallr', ein Stein oder Block, mitten auf dem Fußboden, wie ein Hochaltar..." Diese Hinweise müssen genügen. Sie können den noch offenen Fragen nach den inneren Gründen der so auffälligen Gliederung dieser Wohnbauten doch wenigstens eine allgemeine Richtung angeben, in der sich vielleicht Antworten finden lassen.[4]
Der oben angegebene Versuch, aus den Pfostenspuren Aufgehendes zu rekonstruieren und sie als Träger konstruktiver Bedeutung anzusprechen, gilt im wesentlichen für alle großen Bauten. Daß solche Überlegungen die Möglichkeiten von Varianten offenlassen müssen, ist selbstverständlich. Nur der Grundriß von Haus 43 mit seinen ungewöhnlich starken Firstpfosten, die 1,10 m tief eingegraben waren, erfordert gegenüber der oben angezeigten Lösung die Rekonstruktion eines Firstsäulengerüstes mit einem Steilgiebel und durchlaufenden Firstbalken, die auf der Gesamtlänge von 24 m durch abgefangene Firstsäulen hier und da unterstützt gewesen sein müssen (Taf. 37, I).
Großbauten ohne Herd. Ein ähnliches Grundrißschema, bei etwas geringeren Längenmaßen, zeigen mehrere Großbauten von 14–20 m Länge (Taf. 36, II). Jedoch enthalten sie keine Herde, keine besonderen Pfosten in der Nordostecke, keinen abgetrennten Raum im Westteil, keine seitlichen Ausbauten und behalten während der ganzen Lebensdauer der Siedlung im Grundriß auch gerade Längsseiten, von einigen wenigen Ausnahmen abgesehen, wo sich der Mittelteil um etwa 0,5 m gegenüber den Schmalseiten verbreitert. Die gewonnenen Schnittbilder gleichen denen der großen Wohnbauten, ihre Rekonstruktion ist entsprechend zu denken. Es sind also keine Wohnbauten, sondern sie müssen zu Wirtschaftsgebäuden, Scheunen oder Ställen gerechnet werden.
Kleinere Anlagen. 1. Grundrisse mit Herd, 2. Grundrisse ohne Herd. Das gleiche Grundrißschema der von Doppelpfostenreihen umgebenen Grundfläche zeigt auch eine Reihe kleinerer Bauten, jedoch ohne seitliche Ausbauten (Taf. 36, III. IV). Soweit in ihnen Herde vorhanden waren, sind sie zu den Wohngebäuden zu zählen, sonst aber als Wirtschaftsgebäude anzusprechen. Ihre Rekonstruktion ist entsprechend der oben für die Großbauten gegebenen zu denken (Taf. 37, III).
Grubenhäuser. Die Grubenhäuser, etwa 0,7–1,2 m tief in der Erde stehend, bieten Grundrisse von etwa 2,5:3 m oder 3:4 m Größe (Taf. 36, V). Sie zeigen je 3 Pfosten auf den Schmalseiten oder aber insgesamt 8 oder 10 Pfosten und enthalten nur vereinzelt Herde mit besonderen Pfostengruben im Innern. Ein großer Teil von ihnen lieferte am Grunde Webgewichte oder Spinnwirtel, d. h. sie sind außer zu anderen Funktionen zeitweilig als Spinn- oder Webkammern benutzt worden (Taf. 37, V).[5]
Kleinere Bauten mit einzeiligen Pfostenreihen. Einige rechteckige Grundrisse von 3–14 m Länge und 2,5–4 m Breite werden von einzeiligen Pfostenreihen gebildet (Taf. 36, VI). Sie enthalten außer einem Typ bestimmter Größe und Lage niemals Herde, gehören also zu den Wirtschaftsgebäuden. Bei der Rekonstruktion ist an ein einfaches Firstsäulengerüst zu denken; sie dürften als offene Schuppen und offene Scheunen gedient haben (Taf. 37, VI).
Die erwähnte eine Ausnahme dieser Gruppe enthielt eine etwa 1 qm große Herdplatte; sie gehört zusammen mit dem Typ Haus 9 auf Grund der bei ihnen sich konzentrierenden eisernen Schmiedeschlacken zu den Bauten der Schmiede.
Sechs- und achteckige Grundrisse. Besonders auffällig erscheinen im Plan mit ihren großen Pfostengruppen in der Regel sechseckige, in drei Fällen aber auch achteckige Grundrisse mit einem

[4] Germania 33, 1955, 100 (F. Oelmann).
[5] Zur Diskussion über die Grubenhäuser s. 35. Ber. RGK. 1954 (1956) 136.

starken Mittelpfosten (Taf. 36, VII). Sie sind wohl am ehesten als Speicherroste für Getreide- oder Heuberge anzusehen (Taf. 37, VII).

Bauten mit Wandspuren. Außer diesen klaren Pfostenbauten sind wiederholt schmale Wandspuren von Stab- und Flechtwänden festgestellt, die z. T. rechteckige Grundrisse von 3:3 m (Taf. 38, 1. 2) bis 5:14 m Größe bilden (Taf. 36, VIII. IX) oder sechseckige Grundrisse mit Seitenlängen von 2,2 m anzeigen (Taf. 36, IX). Die bei den bisher behandelten Bauten so ausgesprochen betonten einzelnen Pfosten, die das Hausgerüst bilden, fehlen äußerlich, sind jedoch als dünnere Stützen auch in den Ecken und Fluchten der Wandfronten vorhanden. Ihr Bauprinzip gleicht, wie die Grabungen der letzten Jahre mehrfach erwiesen haben, dem der großen Pfostenbauten, denn außenstehende Stützen begleiten auch hier die Wand in etwas weiteren, aber regelmäßigen Abständen. Diese Spuren werden im allgemeinen von Pfostenbauten überschnitten; sie gehören mit einigen Grubenhäusern und Pfostenbauten mit zur ältesten Siedlungsschicht. Sie erscheinen in größerer Anzahl und mit einer Reihe einfacher Varianten in der Ostfläche B.

Die Funde

Aus der Kulturschicht der bewohnten Bauten, besonders aber aus den Grubenhäusern wurden reichlich keramische Funde geborgen. Wirtschafts- und Nebengebäude lieferten im allgemeinen weniger, häufig gar kein Fundmaterial. Vereinzelte Stücke traten – durch den späteren Ackerbau verzogen – auch an Stellen auf, wo Grundrißspuren sonst nicht beobachtet wurden. Die Menge des Fundmaterials in den Grubenhäusern erklärt sich folgendermaßen: Auf dem alten Benutzungsniveau der Grubenhäuser lagen nur verhältnismäßig wenig Funde. Die Masse stammt aus den Einfüllschichten der bereits aufgegebenen Hütten. Man hat offenbar, wenn Wohn- oder Wirtschaftsgebäude durch Brand zerstört waren und der Platz für Neubauten hergerichtet wurde, den Schutt in die ebenfalls zerstörten Grubenhäuser verfüllt. Diese Gruben wurden auch während der neuen Besiedlungsphase als Abfallgruben benutzt. Denn besonders angelegte Abfallgruben wurden in der Westfläche in keinem Falle, in der Ostfläche nur vereinzelt beobachtet. So entstand eine vertikale Stratigraphie. Sie liefert zusammen mit der horizontalen, die sich aus Überbauungen bereits verfüllter Grubenhäuser durch neue Wohnbauten ergibt, das Gerüst für eine relative Ordnung des gesamten Fundmaterials.

Formenvorrat und Wandel der einzelnen Gefäße während der Siedlungsdauer zeigt von unten nach oben die beigegebene Tafel 32. Schlichte Schalen und Kümpfe, ei- und topfförmige Gefäße und beginnende Kugeltöpfe bilden das tägliche Geschirr.

Die Gefäße sind in der Mehrzahl grob gearbeitet und zeigen meist körnige Oberfächen, in der häufig die grobe Granitgrusmagerung des Tones sichtbar ist. Aber es erscheinen auch Stücke feintoniger Keramik und solche mit dünnen und außen gut geglätteten Wandungen. Waagerecht angebrachte breite Grifflösenhenkel, drei oder vier an der Zahl, und gegenständig einzeln oder paarweise angebrachte Löcher unter dem Rand zum Aufhängen der Gefäße sind besondere Merkmale. An Verzierungen treten auf: Radstempel, Fingereindrücke unter dem Rand und vereinzelt flächendeckende Fingereinkerbungen.

Wichtig ist eine Gruppe unverzierter oder mit Wellenlinien oder Rollstempeln verzierter Importware aus rheinischen Töpfereien, z. T. aus feinem, gelbem, kreidigem Ton.

Die eisernen Fundstücke sind Messer und Pfeilspitzen, Bügelscheren, Löffelbohrer, Beschlagstücke, Schnallen, Sporen, z. T. silbertauschiert, Riemenzungen und Nägel. Große Mengen von eisernen Schmiedeschlacken beweisen die Verarbeitung von Rohmaterialien, d. h. die Fertigung von Waffen und Geräten in der Siedlung selbst. Ein Stück vergoldetes Bronzeblech und ein durchbrochenes Beschlagstück sind bislang die einzigen Bronzefunde. Webgewichte und Spinnwirtel aus den Grubenhäusern vervollständigen das Fundbild. Zu erwähnen sind auch Bruchstücke vom Rand und Boden eines gläsernen schalenförmigen Tummlers und einige Glasperlen. Knochen von Haustieren, vor allem von Pferd, Rind und Schwein, wurden aus den Grubenfüllungen wiederholt geborgen, Getreidereste jedoch nur in geringen Mengen. Hinzu kommen noch Bruchstücke von Mahlsteinen aus rheinischer Basaltlava und viele längliche Wetzsteine.

Kulturräumliche Einordnung, Datierung und historische Ergebnisse

Die Warendorfer Keramik zeigt, wie im Siedlungsmaterial zu erwarten, eine reiche Variationsbreite gewisser Grundtypen. Es sind:

1. Ein kleinerer oder größerer schalenförmiger oder engmündiger Kumpf mit flachem oder schwach gerundetem bis kugeligem Boden,
2. ein hoher eiförmiger Topf mit flachem oder gerundetem Boden,
3. eine kugelige Gefäßform, der Kugeltopf.

Einige Gefäße der hier erscheinenden Formengruppe sind im engeren westfälischen Raum seit Jahren aus den späteren Gräbern der Reihengräberfriedhöfe bekannt, die der Zeit zwischen dem ausgehenden 7. Jahrhundert und 800 n. Chr. angehören.[6] Darüber hinaus bestimmen ähnliche Formen auch das archäologische Bild der Friedhöfe und Siedlungen des größeren nordwesteuropäischen Raumes dieser Zeit, dessen völkisch-historische Kennzeichnung am besten mit dem Namen der Sachsen, Friesen, Dänen und späten Angelsachsen angegeben wird, von vereinzelten verwandten Erscheinungen an den Grenzzonen dieses Raumes abgesehen.[7] Ihre Datierung ist durch eine Reihe geschlossener Grabfunde des westfälischen Raumes gut gesichert und wird durch entsprechende Materialien des größeren Raumes bestätigt.

Silbertauschierte eiserne Garnituren aus der zweiten Hälfte des 7. Jahrhunderts, späte gleicharmige und rechteckige silberne und bronzene Fibeln aus dem ausgehenden 7. und dem 8. Jahrhundert, Riemenzungen des 8. Jahrhunderts, große bronzevergoldete und silberne Preßblechfibeln mit figürlichen und ornamentalen Darstellungen, späte bronzene Beschläge nordeuropäischer Art des 8. Jahrhunderts und münzdatierte Funde aus der Zeit um 800 bieten ein gutes chronologisches Fundament.[8]

Das Ergebnis für den Zeitansatz der Warendorfer Siedlung lautet: Das Fundmaterial beginnt in der zweiten Hälfte des 7. Jahrhunderts, zeigt in der Menge der kumpf- und eiförmigen Gefäße Materialien des 8. Jahrhunderts und endet mit einer beginnenden Kugeltopfware um 800 n. Chr., in deren Gruppe rote, sorgfältig geglättete Gefäße und solche mit kalkgrusgemagertem Ton auffallen.

Dieser zeitliche Ansatz wird auch durch das vereinzelt auftretende Importmaterial aus rheinischen Töpfereien bestätigt. Es reicht vom ausgehenden 7. Jahrhundert bis in die Zeit um 800 und ist in seinen jüngsten Stücken belegt durch die gelbtonig kreidige Ware der Badorfgruppe, deren rollstempelverzierte Gefäße diesen Raum nach der Eroberung durch Karl d. Gr. am Ende der Sachsenkriege, d. h. um 800 n. Chr., in verstärktem Maße erreichen.[9] Auch die Metallfunde, das durchbrochene bronzene Beschlagstück, ein eiserner Schilddorn, Sporen und der gläserne schalenförmige Tummler gehören dieser Zeit an.

Aus dieser Datierung und der kulturräumlichen Zuordnung der Keramik ergeben sich zur Diskussion historischer Vorgänge dieses Raumes in dieser Zeit bedeutsame Folgerungen.

In dem oben angezeigten größeren Kulturraum erscheint der kontinentale nordwesteuropäische Bereich historisch und politisch im ausgehenden 7. Jahrhundert n. Chr. als gemeinsames Kraftfeld der Sachsen und Friesen mit klarer Front nach Süden und Südwesten im Angriff gegen das fränkische Reich. Die schriftlichen Quellen überliefern für das Jahr 693 – von Belegen für vereinzelte frühere Vorstöße abgesehen – einen südlichen Vorstoß der Sachsen, der im mittleren Westfalen die Brukterer im Raum südlich der Lippe unterwirft und nach erneutem Vordringen an der unteren Ruhr (715) die sächsische Herrschaft bis fast zum Rhein hin ausdehnt.[10]

[6] Germania 32, 1954, 202f. m. weit. Lit.

[7] Germania 32, 1954, 202; 35. Ber. RGK. 1954 (1956) 76ff.; Acta Arch. 21, 1950, 137ff.

[8] Bei dem hier angezeigten großen Verbreitungsraum ähnlicher Formen, deren Grundtypen schon vereinzelt im völkerwanderungszeitlichen Material des sächsisch-friesischen Raumes an der Küste (s. A. Bantelmann, Tofting [1955]) und im sächsischen Binnenland erscheinen, darf nicht übersehen werden, daß diese formenmäßig einander ähnliche Keramik bisher meist aus Grabfeldern oder einzelnen Grabfunden vorgelegt ist. Die Bearbeitung von zeitgleichen Siedlungsmaterialien wird durch schärfere Fixierung der Grundtypen und Feststellung ihrer Verbreitung auch eine Untergliederung des Gesamtraumes ermöglichen.

[9] Bonn. Jahrb. 150, 1950, 214f.

[10] Der Raum Westfalen II 1, 1955, 3ff.

Wie sich dieser Vorgang im einzelnen vollzogen hat, ob es sich nur um die Erweiterung des sächsischen Herrschaftsbereichs handelt, d. h. im unterworfenen Gebiet fortan eine dünne sächsische Adelsschicht regiert, oder ob er verbunden ist mit einem Zustrom neuer sächsischer Bevölkerungselemente, berichten die Schriftquellen nicht. Diese Lücke der schriftlichen Überlieferung kann das archäologische Material füllen.

Schon seit dem 5. Jahrhundert ist dieser Raum das Aufmarschgebiet der beiden bedeutendsten Gegenspieler der frühmittelalterlichen Geschichte, der Franken und Sachsen, die sich hier in Angriff, Behauptung und Abwehr begegnen. Beide formen historische Kraftfelder eigener Art, die sich kulturräumlich in scharf begrenzten archäologischen Gruppierungen durch Jahrhunderte hin abzeichnen.

Es ist bekannt, daß die Grabfelder und Siedlungen des 6. und 7. Jahrhunderts im mittleren und westlichen Westfalen in den archäologischen Funden eindeutig das Bild der fränkischen Reichskultur spiegeln. Diese Verbreitung ist nicht zufällig, sondern sie bezeugt die Fortdauer intakter alter Völkerschaftsgaue (der Chamaver, Brukterer und Chattuarier), die als historische Teilgebiete der älteren Francia schon in den Quellen und Karten des 4. Jahrhunderts erscheinen. Auf sie fällt zwar in der Folgezeit nicht das helle historische Licht wie auf das politisch zu großer Macht aufsteigende fränkische Reich, jedoch die alten Verbindungen bleiben bestehen: Die rechtsrheinischen Civitates gehören als selbständige Teile zum fränkischen Reich[11] und nehmen an der im Westen aufblühenden Zivilisation vollen Anteil. Ihre östlichen Grenzen werden im ausgehenden 7. Jahrhundert von den Sachsen überrannt.

Dieses Ereignis läßt sich archäologisch gut verfolgen. Es beginnt in diesen Jahren trotz aller fortdauernden Verkehrs- und Handelsbeziehungen zum Westen, die in einer Reihe keramischer und metallener Güter westlicher Herkunft zu erkennen sind, etwas vollkommen Neues, das sich vor allem in den Gräberfeldern und Siedlungen mit neuen keramischen Formen, nämlich jenen kumpf- und eiförmigen Gefäßen, anzeigt. Dieser Vorgang beginnt – von bisher noch vereinzelten Belegen für bereits früher durchgeführte neue Siedlungsansätze am Südufer der Ems abgesehen – in verstärktem Maße kurz nach der Mitte des 7. Jahrhunderts, angezeigt durch Keramik und silbertauschierte Garnituren. Er erobert zunächst den Raum nördlich der Lippe einschließlich alter fränkischer Teile im Südwesten und erreicht die mittlere und westliche Lippe mit späten gleicharmigen und rechteckigen silbernen und bronzenen Fibeln im letzten Drittel des 7. Jahrhunderts. Nach kurzem Stillstand beginnt dann mit dem in den Schriftquellen angezeigten Datum 693 der weitere Vorstoß in das mittlere Westfalen südlich der Lippe, mit dem der bis dahin fränkische Bereich der Brukterer erobert wird.

Für eine Phase dieser Bewegung bietet nun die Warendorfer Siedlung mit allen ihren Erscheinungen neues Quellenmaterial. Es bestätigt die Ausbreitung der Sachsen nach Süden. Darüber hinaus zeigen die Grabungsergebnisse an, daß diese historische Bewegung nicht nur die Erweiterung eines Herrschaftsbereiches bedeutet, sondern mit einer echten Eroberung verbunden ist, die an diesem Platz zum Siedlungsansatz neuer Bevölkerungselemente führt, d. h. zu einer echten Landnahme. Sie wird im Raum nördlich der Lippe durch eine Reihe weiterer neuer Siedlungsansätze mit ähnlichen Materialien bestätigt. Sie zeigt sich aber auch im Aufhören einiger fränkischer Grabfelder im westlichen und mittleren Westfalen und durch den Neubeginn von Friedhöfen an anderen Plätzen mit den neuen archäologischen Formen.

Es folgt für dieses Land ein Jahrhundert, das erfüllt ist von fränkischen Angriffen und der Behauptung des eroberten Gebietes durch die Sachsen. Im Jahre 772 beginnt mit den Sachsenkriegen unter Karl d. Gr. jene letzte Auseinandersetzung, die mit der Eroberung des gesamten sächsischen Raumes bis in seine nördlichsten Gaue endet. In den letzten Jahren dieses großen Krieges, um 800, endet auch die Warendorfer Siedlung. Über die alten Hausflächen wird der Pflug geführt, später, im 14./15. Jahrhundert, weht der Wind stellenweise meterhohe Dünen darüber. Etwa 3 km weiter östlich entsteht mit der Gründung einer Kirche um 800 n. Chr. ein neues Zentrum, aus dem das heutige Warendorf erwachsen ist.

[11] Rhein. Vierteljahrsbl. 19, 1954, 1ff.

Man kann daran denken, daß die alten Bewohner dieser Siedlung in den neu entstandenen Kirchort abgewandert oder daß die zerstörten Höfe an benachbarten Plätzen wieder aufgebaut worden sind. Allerdings deuten Analyse der Flurformen und historische Daten über die wenigen ins Mittelalter zurückreichenden Hofstellen dieses Raumes an, daß der Ausgang der Sachsenkriege im Grundbesitz auch hier einschneidende Veränderungen ausgelöst hat. Eine solche Menge der in der Grabung freigelegten oder angeschnittenen Höfe ist in der Folgezeit in der näheren Umgebung nicht mehr zu beobachten.[12]
Diese Feststellungen machen es wahrscheinlich, daß das Ende der Warendorfer Siedlung mit einigen der aus dem Ausgang der Sachsenkriege überlieferten politischen Maßnahmen verbunden werden muß. Gemeint sind jene Deportationen des Jahres 796 aus dem sächsischen Dreingau, zu dem der Warendorfer Siedlungsbereich gehörte. Diese letztere Vermutung bezieht sich nur auf die ergrabene Siedlung. Wie sich der Übergang in die neue karolingische Welt des 9. Jahrhunderts im allgemeinen in dem größeren Siedlungsraum an der Ems vollzogen hat, kann noch nicht gesagt werden, ist aber keinesfalls aus den Warendorfer Gegebenheiten zu verallgemeinern.

Hauskundliche Bemerkungen

Übersichtsplan (Taf. 35; Beilage 1) und Zusammenstellung der Grundrißtypen (Taf. 36) lassen einander ähnliche, aber auch unterschiedliche Formen erkennen. Ihre Rekonstruktion kann auf Grund der Pfostenschnitte mit einem hohen Grad von Wahrscheinlichkeit vorgenommen werden. Die Bodenspuren zeigten wiederholt auch die Formen der einzelnen Bauhölzer, kantig zugeschlagene Rechteckhölzer, halbrunde, aus vollem Stamm geschlagene Pfosten, flache, dreikantige Bohlen und einfache Rundhölzer. Für eine feste Verzimmerung der Hausgerüste sprechen die gefundenen Löffelbohrer.
Wichtig ist die Feststellung, daß die Bauten in bestimmten Maßverhältnissen angelegt sind. Dies zeigt sich wiederholt in der völligen Übereinstimmung von Grundrissen gleicher Funktion. Sie geht so weit, daß nicht nur die Grundrisse selbst ihrer Länge und Breite nach, sondern auch die Anordnung der einzelnen Pfosten ihrer Zahl, ihren Abständen und Zwischenräumen nach sich völlig miteinander decken.
Diese Tatsache soll in diesem Bericht wenigstens ausgesprochen werden, auch wenn es nicht möglich ist, näher darauf einzugehen. Denn sie zeigt doch deutlich, daß hier Gesetze lebendig sind, die schon vor Beginn aller Einflüsse karolingischer Baukunst auf die rechtsrheinischen Gebiete in maßvollen Gestaltungen wirksam werden und die sicher auch, mehr als bisher bekannt und ausgesprochen, an dem schnellen Aufblühen frühmittelalterlicher Baukunst dieses Raumes durch die Fortdauer alter Traditionen wesentlich beteiligt gewesen sind.
Die Menge der unterschiedlichen Hausgrundrisse zeigt aber auch, wie reich und differenziert das 7. und 8. Jahrhundert n. Chr. sich schon an einem Platz in den Holzbauten darbietet, und daß gewisse alte Vorstellungen über primitive Bauweisen und Theorien über baugeschichtliche Entwicklungsreihen auf Grund einzelner hier und da gefundener Hausgrundrisse der Sache nach nicht mehr fruchtbar sein können. Denn, wie Warendorf zeigt, ist jede Bauform schon dieser Frühzeit abhängig von der Funktion, die sie erfüllen muß, und in der Gestaltung von konstruktiven Einzelheiten durch persönliche und einmalige Entscheidungen der Erbauer selbst bedingt.
Baugeschichtlich gesehen, ist das hier erscheinende Gefüge, ein Zweipfostengerüst, seit langem aus den Grabungsbefunden des nordwest- und mitteleuropäischen Raumes bekannt. Es erscheint schon in vorchristlichen Jahrhunderten und ist seitdem in Gebrauch geblieben.[13] Dabei können in einzelnen Landschaften in der Lage der Außenwände Unterschiede beobachtet werden, aus denen sich auch eine unterschiedliche Gliederung des Innenraumes, dreischiffige oder einschiffige Hallen, ergibt. Elemente nordwesteuropäischer Tradition sind dabei die seitlich angesetzten Streben, die aus niederländischen und deutschen Wurtengrabungen seit langem bekannt sind. Sie werden im

[12] G. Rosenbohm, Siedlung und Wirtschaft auf Sand und Klei (1975).
[13] Germania 32, 1954, 206ff.; 35. Ber. RGK. 1954 (1956) 124ff. Für die nordischen Länder s. bes. M. Stenberger, Vallhagar 2 (1955) 863ff.

nordeuropäischen und nordwestinsularen Bereich weitgehend durch Plaggen oder Steinmauern ersetzt: Sie nehmen wie die Streben den Schub der Dachlast auf.

Den bedeutsamsten Ausblick eröffnen aber die schiffsförmigen Grundrisse der Wohnbauten (Taf. 36, I [43]); denn in ihnen werden gleiche Verbindungen sichtbar, wie sie schon im keramischen Material erkannt wurden. Daß diesem Typ vergleichbare Grundrisse bisher nur im nordeuropäischen Bereich erscheinen, und zwar nicht nur mit den etwa 200 Jahre jüngeren klassischen Beispielen der Wikingerburgen von Trelleborg und Aggersborg im dänischen Raum, sondern auch aus bäuerlichen Siedlungen des 8. Jahrhunderts in Aggersborg und neueren Fundplätzen, kann noch einmal Anlaß geben, die auch in den Schriftquellen bezeugte enge Verbindung zwischen Dänen und Sachsen im 8. Jahrhundert mit dem Hinweis auf die charakteristischen schiffsförmigen Grundrisse in diesen Gebieten besonders zu betonen.[14]

Im nordwestinsularen – angelsächsischen Bereich sind bisher nur wenige Grundrisse dieser Form aus dem 9. und 10. Jahrhundert bekannt geworden, die mit den dänischen Unternehmungen des 9. Jahrhunderts in Verbindung gebracht werden. Aber die hier schon länger und zahlreicher bekannten „hogbacks", steinerne Särge mit schiffsförmigem Grundriß, die nach dem Zeugnis Bedas in der Art eines Hauses gebildet waren, machen auch für das 7. und 8. Jahrhundert in diesem Raum Grundrisse dieser Art wahrscheinlich.[15] Für Nordwestdeutschland bereichern die Warendorfer Grundrisse die bisher bekannten Typen und ergänzen und korrigieren die bisherigen hauskundlichen und kulturhistorischen Lehrmeinungen.[16]

Gegenüber den Ergebnissen der Wurtengrabungen in den Niederlanden und Deutschland, wo wiederholt festgestellte dreischiffige Hallenhäuser eine alte Tradition des sogenannten Niedersachsenhauses durch das 1. Jahrtausend zu belegen scheinen, zeigen die Warendorfer Grundrisse für das 8. Jahrhundert einräumige große Hallen. Das bedeutet aber, daß die im hohen Mittelalter und im Beginn der Neuzeit in diesem ganzen Raum zu beobachtende Verbreitung des dreischiffigen Hallenhauses sicher erst ein Ergebnis jüngerer hausgeschichtlicher Entwicklung ist und nicht ohne weiteres in die Frühzeit zurückprojiziert werden darf.

Zweck der verschiedenen Bauten

Die Frage nach dem Zweck der verschiedenen Bauten läßt sich aus dem Grabungsbefund nur dahingehend beantworten, daß die großen und kleinen Bauten mit Herdstellen im Innern sicher Wohnbauten darstellen, während es sich bei der Menge der kleineren Grundrisse ohne Herd um solche von Wirtschaftsgebäuden handelt. Aber hier liefern die schriftlichen Angaben der etwa zeitgleichen Leges barbarorum, der überlieferten Volksrechte germanischer Stämme, der Alamannen, Angelsachsen, Baiern, Franken, Friesen, Sachsen und Thüringer, wertvolle Hilfe.[17]

Eine systematische Ordnung der vielen in diesen Gesetzen erscheinenden Angaben zu Haus und Hof dieser Frühzeit und ihre Verbindung mit den Ausgrabungsergebnissen ermöglicht auch eine sinnvolle Ordnung und Angabe der Funktion der einzelnen ergrabenen Bauten. Es erwächst aus den Angaben der Volksrechte noch das Bild einer gemein-germanischen Art, Haus und Hof als vielhäusige Gehöftanlage zu erbauen, in der für die einzelnen zu einem bäuerlichen Hof gehörenden Funktionen noch getrennte Gebäude errichtet werden. Diesem Bild fügen sich auch die Warendorfer Grundrisse ein, und die aufgezeichneten Bodenspuren lassen Wohnhäuser, Scheunen, Ställe und Speicher, Wohnbauten und Speicher der Knechte, die einfachen Schuppen für Wagen und Geräte, Getreide- und Heuberge bis zu den kleinen Grubenhäusern erkennen, den Webkammern und Arbeitsräumen der Mägde.

[14] P. Nørlund, Trelleborg, Nordiske Fortidsminder 4, 1 (1948); Fra Nationalmus. Arbejdsmarket 1942, 17ff.; 1949, 91ff.; 1954, 46ff.; Aarbøger 1952, 108ff.; Arbok Stavanger 65, 1955, 101ff. Zur Rekonstruktion der Trelleborgbauten s. Germania 32, 1954, 205ff.

[15] J. Walton, Antiquity 28, 1954, 68ff. m. Lit.

[16] Ähnliche Grundrisse wurden inzwischen auch von Künsebeck, Ldkr. Halle (Westfalen), bekannt. Grabung Landesmus. Münster (W. R. Lange); noch unveröffentlicht.

[17] H. Dölling, Haus und Hof in westgerman. Volksrechten (1958).

Warendorf als Siedlungstypus

Als die Ausgrabungen im Herbst 1951 begannen, waren bereits, wie oben erwähnt, durch die Sandentnahme einige Teile der Siedlung zerstört. Zum Zeitpunkt der Niederschrift dieses Berichtes sind die Ausgrabungen und ihre Auswertung noch nicht abgeschlossen. Trotzdem lassen die bisherigen Ergebnisse die Konturen der ursprünglichen Gesamtanlage und ihr Werden erkennen.

Die beiden Grabungsbezirke (Westfläche A und Ostfläche B) zeigen zwei voneinander getrennte etwa gleichzeitige Siedlungen an. Beobachtungen stromaufwärts in Richtung Warendorf machen wahrscheinlich, daß in diesem Bereich an der Ems zur gleichen Zeit mehrere frühmittelalterliche Siedlungsplätze lagen, deren Bauten an den alten Emsschleifen standen. Unter ihnen ist die Siedlung in der Westfläche A durch ihre Lage an einer alten Emsfurt gekennzeichnet, die durch die Angaben mittelalterlicher Quellen und Flurnamen in diesem Bereich lokalisiert werden kann. Sie gehörte wahrscheinlich zu einer alten Fernstraße, die schon im frühen Mittelalter als Heer- und Handelsweg bedeutsam war und von der Lippe herkommend über diese Emsfurt nach Norden geführt hat. Ihr grober Verlauf wird durch Berichte des 9. Jahrhunderts angezeigt.

An dieser Emsfurt in der Westfläche A lagen – zerstörte Flächen mit berücksichtigt – ursprünglich etwa 4–5 selbständige Höfe nahe beieinander; jeder verfügte etwa über eine Hoffläche von 100:100 m Größe, auf der 8–10 ebenerdige Gebäude, 2 Sechseckspeicher und 3–4 Grubenhäuser gleichzeitig bestanden. Für die großen Wohnbauten waren in dem relativ flachen Gelände, soweit vorhanden, leichte Erhebungen ausgesucht.

Bodenspuren für eventuelle Zäune zwischen den einzelnen Hofkomplexen wurden nicht beobachtet. Der Verlauf des auf der Westseite freigelegten Zaunes macht vielmehr wahrscheinlich, daß die gesamte Gruppe von vier Höfen eingefriedigt war und einen freien, unbebauten Raum einbezog. Der Zaun hatte, so ist die Aussage der Volksrechte, keine wehrhafte Bedeutung, sondern sollte nur das Ein- und Auslaufen von Wild und Vieh verhindern und hatte im übrigen vor allem rechtliche Funktionen. Nach moderner siedlungskundlicher Terminologie haben wir hier also einen kleinen Drubbel mit 4–5 Höfen vor uns. Dies Bild trifft vermutlich auch für die benachbarten Siedlungskomplexe zu.

Ein solcher Hofraum ist in der westlichen Hälfte der Fläche A mit den Spuren fast aller Gebäude ausgegraben, die hier während der Lebensdauer der Siedlung bestanden haben (Beilage 1). Nur nach Norden hin sind vielleicht wenige kleinere Gebäude durch die hier entlang ziehende Auswehungszone zerstört. Die Fülle der Überschneidungen im Bereich des großen Wohngebäudes läßt erkennen, daß es fünfmal neu errichtet ist, von Umbauten der einzelnen Gebäude abgesehen. Überschneidungen, keramische Funde in den Pfostengruben und den hier liegenden älteren oder jüngeren Grubenhäusern eröffnen einen Weg, um ihre Abfolge zu erkennen.

Schwieriger ist in diesem Hofbezirk die Zuordnung der drei- oder viermal neu errichteten Nebengebäude, deren relatives Alter nur vereinzelt durch Überschneidungen aus den Bodenbefunden zu entnehmen ist. Hier muß im Einzelfall eine wahrscheinliche Einordnung für eine gesicherte hingenommen werden, die aber das Gesamtergebnis nicht wesentlich stören kann. Als Ergebnis dieser Bemühungen ist der Plan (Beilage 2) anzusehen, in dem die einzelnen Phasen dieses Hofbezirkes, nämlich das große Wohnhaus mit den jeweils dazugehörigen Nebengebäuden, in der gleichen Farbe angegeben sind.

Das Gesamtbild dieses Hofbezirkes ist in doppelter Hinsicht bedeutsam. Es zeigt einmal, wie sehr der hier gewonnene Aufbau eines Hofes schon alle jene wesentlichen Merkmale enthält, die uns noch heute in Tausenden von Beispielen niederdeutscher Bauernhöfe lebendig entgegentreten. Mögen sich auch technische Einzelheiten gerüstlicher Verzimmerung und funktionelle Bedeutung einzelner Gebäude oder deren Teile gewandelt haben, die freie Weiträumigkeit der Hofplätze mit dem großen Wohngebäude und der ganzen Reihe zugehöriger Kötter- und Wirtschaftsgebäude, wie sie hier erscheinen, sind z. T. bis heute erhalten geblieben.

In gleicher Weise bedeutet aber auch die Gesamtanlage von 4–5 zusammenliegenden Höfen historisches Zeugnis für siedlungskundliche Überlegungen. Denn auch dieses „Beieinander mehrerer Hofstätten“ bestimmt in weiten Teilen das alte Siedlungsbild dieses Landes bis in die Gegenwart.

Außerdem zeigt aber auch die Weiträumigkeit einer einzelnen Hofstelle dem ausgrabenden Archäologen, wie wenig im Grunde mit der Ausgrabung eines einzelnen Grundrisses irgendeiner Form gewonnen ist, und daß nur die großflächige Abdeckung von Siedlungen ein Urkundenmaterial liefern kann, das chronologisch und historisch auszuwerten ist.

Die Frage nach der sozialen Schichtung der Bewohner der Warendorfer Siedlung ist vorerst schwer zu beantworten. Man kann annehmen, daß in den großen Bauten freie Sachsen gewohnt haben, während die kleineren Gebäude Unfreien zur Verfügung standen. Eine Sonderstellung nimmt in dieser Höfegruppe der Schmied ein. Die Spuren seiner Tätigkeit wurden in beiden Grabungsflächen festgestellt. Es gehört also zu jeder Höfegruppe ein eigener Schmied. Aber die Verteilung der eisernen Schmiedeschlacken, typischer zugehöriger Grundrisse und das keramische Fundmaterial lassen für die westliche Siedlungsfläche A erkennen, daß der Schmied während der gesamten Siedlungsdauer nicht an einen bestimmten Hofraum gebunden ist, sondern wiederholt seinen Platz wechselt. Damit wird das Bild eines relativ selbständigen Handwerkers angezeigt, das auch die Volksrechte überliefern.[18] Auch hier bleibt zwar die soziale Stellung, ob Freier oder Höriger, weithin unklar. Es gibt Schmiede in Gutsgemeinschaften, sie gehören also zu Haus und Hof eines Grundherrn; andererseits sind Mühle und Schmiede – nach den Aussagen einiger Volksrechte – casae publicae und stehen unter dem besonderen Schutz der Gesetze.

Zusammenfassung

Auf dem Südufer der Ems bei Warendorf wurden seit 1951 große Teile einer frühmittelalterlichen Siedlung ausgegraben, die von der 2. Hälfte des 7. Jahrhunderts n. Chr. bis um 800 n. Chr. bestanden hat. In den bisher freigelegten Grabungsflächen von über 26 000 qm kamen die Grundrisse von 186 Gebäuden vollständig oder in Resten zum Vorschein.

Die Auswertung des keramischen Fundmaterials läßt erkennen, daß es sich hier um eine Landnahmesiedlung der Sachsen handelt, deren Vordringen nach Süden kurz vor 700 auch durch schriftliche Quellen überliefert ist. Auch die Bodenspuren der großen Wohnbauten weisen mit ihren schiffsförmigen Grundrissen auf nordwesteuropäische Verbindungen.

Die Gesamtanlage der Siedlung zeigt bis jetzt eine zusammenliegende Gehöftgruppe von 4–5 Höfen, von denen jeder Hof aus einem großen Wohngebäude und 14–15 Nebengebäuden, Scheunen, Ställen, Schuppen und Webkammern bestand. Eine Hoffläche war etwa 100:100 m groß.

Die hier festgestellte Art, Haus und Hof als vielhäusige Gehöftanlage zu errichten, kann zusammen mit anderen süd-, mittel- und nordwesteuropäischen Grabungsergebnissen[19] und den schriftlichen Angaben der germanischen Volksrechte als gemeingermanisch angesprochen werden.

Die Grabungsergebnisse eröffnen für die Haus- und Siedlungskunde des nordwesteuropäischen Raumes neue Perspektiven, liefern mit ihrem reichhaltigen, stratigraphisch gesicherten archäologischen Fundmaterial besonders für die Gliederung der Keramik jener Zeit neue Unterlagen und bringen zur historischen Diskussion der dark ages neues archäologisches Quellenmaterial, das die Erkenntnis bedeutungsvoller historischer Vorgänge wesentlich fördert.

[18] Dölling a. a. O. 63 Anm. 31.

[19] Bärhorst-Nauen: Prähist. Zeitschr. 28/29, 1937/38, 284ff.; Burgheim a. d. Donau: Bayer. Vorgeschichtsbl. 18/19, 1951/52, 200ff.; Feddersen-Wierde: Germania 34, 1956, 125ff.; Gladbach: Germania 22, 1938, 180ff.; Hamburg-Farmsen: Hammaburg 4, 1953/55, 173ff.; Kablow: Arch. Anz. 1943, 450ff.; Merdingen: Bad. Fundber. 18, 1948/50, 137ff.; Westick: Westfalen 21, 1936, 410ff.; Ezinge (Niederlande): Germania 20, 1936, 44ff.; Fochteloo (Niederlande): Nederlands Kunsthist. Jaarb. 1954, 11ff.; Zeijen (Niederlande): Opgravingen in Drente 1943, 513ff.; Nieuwe Drentsche Volksalmanak 68, 1950, 89ff.

EIN MÜNZDATIERTES GRAB DES 7. JAHRHUNDERTS N. CHR. AUS HEMER KR. ISERLOHN*

Bei Ausschachtungsarbeiten für Wohnbauten wurde am 31. Okt. 1951 ein fränkisches Grab angeschnitten.

Die Fundstelle liegt am Nordrand des Mittelgebirges an der Trasse des alten von Iserlohn nach Deilinghofen führenden Königsweges auf einer plateauartigen nach WNW ins Oesetal vorspringenden Geländenase, unmittelbar am Rand des Abfalles zum Tal.

Trotz der schon erfolgten Beschädigung des Grabes durch die Bauarbeiter konnten die meisten Funde durch Dr. F. Treude, Hemer, und Dr. E. Hartmann, Iserlohn, geborgen und noch einige Beobachtungen zur Fundlage gemacht werden.

Befund: NS-Grab (SSO nach NNW) 0,9 m tief in den anstehenden Kulmplattenkalk eingehauen. Gesamtlänge: 2,8 m; Breite an der Südseite 1,3 m, an der Nordseite 0,9 m. Die Grabgrube war ursprünglich mit senkrecht stehenden Steinplatten umstellt, einige standen während der Freilegung noch in situ. Spuren eines Holzsarges wurden nicht beobachtet. Die Decksteine waren eingefallen und lagen in der Grabfüllung.

Die Bestimmung des noch geborgenen Knochenmaterials durch Prof. Dr. Gerhardt, Münster, ergab die Beisetzung einer 20–25 Jahre alten Frau. Einige Schafknochen. Beigaben (Taf. 40):

1. Bronzene gleicharmige Fibel, gegossen, Verzierung nachgeschnitten; auf den Platten zwei gegenständige, abwärts gerichtete Tierköpfe im Stil II, auf dem gewölbten Bügel zwei Längs- und vier Querstriche. Nadel aus Eisen. Gesamtlänge 5,9 cm.
2. Denar Elagabal (219 n. Chr.) durchlocht (Bestimmung Dr. Berghaus, Münster).
3. Tremissis einer mittelrheinischen unbekannten Münzstätte, Vs. mit Punktkranz und Kreuz mit verbreiterten Enden auf Quersteg und Kugel; Rs. uneben.
4. Drei kleine bronzene Riemenzungen mit je einem Bronzeniet, mit flüchtigen Querstrichen. Länge: 4,1–4,2 cm.
5. Bruchtstück eines silbernen länglichen Beschlagstückes mit zwei Bronzenieten. Erh. L. 2,7 cm.
6. Zwei bronzene Buckel mit mittlerem, viereckigem Loch und flacher abgesetzter Randzone mit radialen Kerben. Gr. Dm. 2,1 cm.
7. Kleiner bronzener Nietring mit radialen Randkerben. Dm. 1,4 cm.
8. Flache bronzene Nietkappe mit Eisenrost gefüllt. Dm. 2,3 cm.
9. Im Eisenrost erhaltener Abdruck einer Nietkappe. Dm. 2,3 cm (nicht abgebildet).
10. Einfacher, bronzener Fingerring mit D-förmigem Querschnitt. Dm. 2,3 cm.
11. Bandförmiger Fingerring aus Bronzeblech; Kanten umgelegt und von je zwei Längsstrichen begleitet; auf der Fläche eine Art Treppenmuster eingerissen.
12. Bruchstück einer Bronzenadel mit rundem Schaft und viereckigem, mit Kerbschnitt verziertem Oberteil, darauf eingerissene Diagonalkreuze. Erh. L. 7,02 cm.
13. Kleine Eisenschnalle.
14. Kette mit 104 Perlen, dabei kleine scheibenförmige Bernsteinperlen.
15. Kleines Bruchstück aus dem Mittelfeld eines doppelseitigen Knochenkammes.
16. Eiserner Bratspieß mit gegenständig tordiertem Schaft und flach rechteckigem Blatt. Auf dem tordierten Schaft Holzteile des Griffes erhalten. Das dünnrechteckig ausgehämmerte Ende ist umgebogen und hält einen eisernen Ring. Gesamtlänge 1,32 m.
17. Einige kleine Eisenstücke, zum Bratspieß gehörend.
18. Kleiner, schlanker Becher aus gelbem Ton mit S-förmigem Profil, auf der Wandung leichte Drehstreifen. H. 10,3 cm.
19. Kleiner Knicktopf aus dunkelgrauem Ton, gut geglättet, mit etwas bauchigem Unterteil. Auf dem Oberteil umlaufende Reihen eines Rechteckrädchens (aus Scherben zusammengesetzt, H. d. Oberteils nicht gesichert).

* Gedruckt in: Germania 37, 1959, 303ff.

Datierung: Die Tremissis gehört zu einer Münzgruppe mittelrheinischer Prägungen aus noch unbekannter Münzstätte. Das Stück ist auf der Vorderseite fast stempelfrisch und nicht lange im Umlauf gewesen. Die Datierung ins 3. Viertel bzw. beginnende 4. Viertel des 7. Jahrhunderts wird durch ähnliche Stücke im Münzfund Nietap I u. II nahegelegt (Festschr. A. E. van Giffen [1947] 369ff. Taf. 52, 22).

Die gleicharmige Fibel zeigt in Darstellung der gegenständigen, abwärts gerichteten Tierköpfe an den beiden Fibelplatten noch bezeichnende Merkmale des Stiles II der 1. Hälfte des 7. Jahrhunderts. Kontur der Köpfe, Augenumrahmung, Kinnspitze und Schnabelbogen sind meisterhaft geschnitten. Ähnliches findet sich bei einer – nach J. Werner – im Rheinland und Nordfrankreich verbreiteten Gruppe fränkischer Schnallenbeschläge mit zwei seitlichen Tierköpfen der 1. Hälfte des 7. Jahrhunderts (besonders Soest, Prähist. Zeitschr. 6, 1914, 193 und Sammlung Diergardt [wohl Nordfrankreich] Inv. 1244 im Mus. Köln, beide Stücke abgebildet bei Werner, Das alamannische Fürstengrab von Wittislingen. Münchner Beitr. z. Vor- u. Frühgesch. 2 [1950] Taf. 3, 4 u. Taf. 5, 4). Eine Einordnung der Fibel von Hemer in die Mitte und beginnende 2. Hälfte des 7. Jahrhunderts dürfte gerechtfertigt sein.

Vom übrigen Grabinventar erlauben nur die Bronzebuckel mit radialer Kerbleiste und die kleinen Riemenzugen eine Zuweisung in die Mitte des 7. Jahrhunderts, während bei den Perlen – außer einigen Stücken älterer Mode – einige Exemplare erscheinen, die, nach K. Böhner, erst im 7. Jahrhundert auftreten.

Der Bratspieß, zu dem es nach der letzten Zusammenstellung bei G. Behrens (Mainzer Zeitschr. 35, 1940, 18) nur wenige Vergleichsfunde gibt, ist in ähnlicher Form über längere Zeit in Gebrauch gewesen und nicht schärfer zu datieren.

Die Nietköpfe, Bronzebuckel und Nietring dienten vermutlich zur Befestigung des langen Holzgriffes am tordierten Teile des Bratspießes.

Das Grab von Hemer liefert zum bisherigen zeitlichen Ansatz der gleicharmigen Fibel im fränkischen Bereich (Grab von Bermesheim, um 700 n. Chr., Germania 21, 1937, 267) eine wertvolle Ergänzung. Es zeigt den Beginn dieser Fibelgruppe bald nach 650 und ihre enge stilgeschichtliche Verbindung mit ähnlichen Darstellungen aus der 1. Hälfte des 7. Jahrhunderts.

GRAB DES 8. JAHRHUNDERTS N. CHR. MIT ZUCKERHUTFÖRMIGEM SCHILDBUCKEL VON WESTBEVERN, LDKR. MÜNSTER*

In einer zum Sandabbau freigegebenen Dünenkuppe südwestlich des Dorfes Westbevern ist seit 1951 ein frühmittelalterlicher Friedhof mit etwa 250 beigabenlosen OW-Gräbern abgegraben worden. Ein eisernes Messer blieb über Jahre das einzige Fundstück. Erstmalig im Jahre 1955 wurde ein in NS-Richtung angelegtes Pferdegrab beobachtet, in seiner Nähe ein weiteres NS-Grab, aus dem zwei Bruchstücke eines Saxes erhalten blieben. Eine Freilegung des anschließenden Geländes ergab nur fünf weitere beigabenlose OW-Gräber und ein NS angelegtes Pferdegrab. Im Januar 1958 wurde ein weiteres NS-Grab angegraben und zerstört. Dank der Aufmerksamkeit von Herrn J. Schweppe, Münster, konnten außer einigen Pferdeknochen noch folgende Gegenstände geborgen werden (Taf.41).

1. Eiserner zuckerhutförmiger Schildbuckel, H. 16 cm. Spitze leicht beschädigt, auf dem etwa 1 cm breiten Rand kleine Nietnägel, besondere Randeinfassung nicht vorhanden.
2. Eiserne Flügellanzenspitze mit lanzettförmigem Blatt und runder Tülle, L. 40 cm.
3. Zwei Bruchstücke eines Saxes, erh. L. 42 cm.
4. Eiserner Steigbügel, aus einem Dreikantstab gebogen, unterhalb des flachrechteckigen Riemenhalters doppelt gedreht.
5. Gebißstück einer Trense mit zwei eisernen Ringen.
6. Eiserne dreieckige Schlaufe.
7. Eisernes Klappmesser, L. 11 cm mit
8. Im Rost erhaltenen Abdruck eines Knochenkammes.

Das Grabinventar ist leider nicht vollständig geborgen, doch weist es auf ein zerstörtes Reitergrab.

Der zur Spitze hin einziehende Schildbuckel gehört zu einer kontinentalen nordwesteuropäischen Gruppe, die sich nicht nur räumlich und formenmäßig von der spätangelsächsischen und der süddeutschen unterscheidet, sondern auch zeitlich gesehen etwas später liegt. Ihr Schwerpunkt liegt in der Mitte und der 2. Hälfte des 8. Jahrhunderts. Die letzte Zusammenstellung durch H. Zeiß in der Reinecke-Festschrift (1950) 173ff. und durch W. La Baume, Jahrbuch des nordfriesischen Vereins 29, 1952/53, 23ff. ist für den kontinentalen Nordseebereich zu ergänzen durch W. Wegewitz, Harburger Jahrbuch 7, 1957, 136. Auch der unter der flachen Riemenschlaufe gedrehte Steigbügel gehört der 2. Hälfte des 8. Jahrhunderts an, während Sax, Klappmesser und Flügellanzenspitze nur allgemein dem 8. Jahrhundert zugeordnet werden können.

Dieser späte Ansatz des Grabes innerhalb des 8. Jahrhunderts, zusammen mit den wenigen beobachteten NS- und Pferdegräbern und der Menge der OW-Gräber ist bedeutsam für die landesgeschichtliche Diskussion über die sächsisch-karolingische Auseinandersetzung und bietet außerdem einen Zugang zum Verständnis der sozialen Struktur dieser Zeit in dieser Landschaft.

* Gedruckt in: Germania 37, 1959, 306f.

DER SCHMIED VON BECKUM*

Der nachstehende Beitrag behandelt einen Grabfund, der vor hundert Jahren in einem Gräberfeld des 5. bis 8. Jahrhunderts in Beckum an der Hammer Straße zutage kam. Während des Druckes dieses Kalenders wurden an der Sachsenstraße in Beckum weitere Bestattungen des 7. und 8. Jahrhunderts ausgegraben. Wir werden nach ihrer wissenschaftlichen Auswertung über diese neuen und bedeutenden Funde im nächsten Kalender eingehend berichten.

In diesen Jahren, da Technik und Industrie mehr als je das Geschehen des Tages bestimmen und für die Zukunft wohl noch beherrschender werden, als wir es jetzt schon erdenken können, mag es gut sein, sich jener Zeiten zu erinnern, in denen Maschine und Industrie noch nicht regierten, sondern der Einzelne mit seiner Hände Werk, das ist das Handwerk, all jene Dinge schuf, die im täglichen Leben gebraucht wurden.
Je mehr mit den heranwachsenden Generationen anscheinend auch das Wissen darüber verschwindet, daß es wirklich einmal Jahrhunderte und Jahrtausende gegeben hat, in denen nicht nur alles Nützliche und Notwendige, sondern auch alles Große und Erhabene von der Hand des Menschen unmittelbar geschaffen und gestaltet wurde, umso notwendiger mag es sein, auf dies ganz Andere vergangener Zeit hinzuweisen.
Denn nur so läßt sich die Gegenwart recht verstehen. Nur dies Wissen um die Leistung der Vergangenheit kann vor dem falschen Hochmut bewahren, als sei nur der gegenwärtige Tag mit seinen Erscheinungen das Höchste und als sei die Geschichte der Menschheit nur gleichbedeutend mit technischem Fortschritt und neuen technischen Errungenschaften.
Denn gemessen an dem, was die Menschheit im Innersten seit Jahrtausenden bewegt, was ihr Glück und ihre Freude ausmacht, ihre täglichen Sorgen sowohl als das Bemühen um den Sinn des Lebens, den Jahrtausende alten Gesprächen um die beste Gestaltung der menschlichen Gemeinschaft, eben in diesen menschlichen Bereichen ist, soweit wir alte Überlieferungen verfolgen können, nur wenig Fortschritt und wenig Entwicklung, sondern nur das immer gleiche Bemühen geblieben.
Man kann daraus ersehen, so berechtigt auch immer der Stolz auf neue technische Leistungen sein mag, wie wenig im Grunde all dies Äußerliche doch für den Menschen selbst bedeutet.
Wenig aber auch, wenn wir bedenken, auf wieviel Schultern von Generationen dieses täglich Neue schon ruht. Denn nur dadurch, daß jede Generation der vergangenen Jahrtausende das bereits Bekannte sicher in die Zukunft überlieferte oder ihre neue Erfindung hinzufügte, sind wir heute in der Lage weiter zu bauen.
Gemessen aber an den Anfängen verliert manche der neuen Errungenschaften, die der gegenwärtige Tag uns schenkt, an Glanz und Bedeutung.
Denken wir nur einmal an das Feuer selbst, ohne dessen Kraft unsere ganze Industrie nicht eine Sekunde lebensfähig wäre. Wer es erfunden oder gefunden hat? Kein Name ist überliefert. Nur in alten Sagen vieler Völker wird immer wieder von jenem Göttersohn berichtet, der es den Himmlischen raubte und dem Menschen schenkte.
Oder denken wir an die ersten Erfindungen Erze zu schmelzen. Gold, Silber und Kupfer aus dem Stein zu gewinnen, das Zinn und später das Eisen.
Gewiß können wir die Geschichte dieser Metalle in ihrem Siegeszug um die Erde in großen Zügen heute verfolgen, auch ihre ersten Anfänge wohl registrieren. Sie verlieren sich in den Jahrtausenden vor uns. Doch kein Name eines Erfinders ist überliefert, wohl aber viele von denen, die es in der Bearbeitung der Metalle zu großer Meisterschaft brachten, den großen kunstreichen Schmieden.
Es sind meist auch schon Gestalten der Sage, denen im einzelnen häufig nicht mehr klar anzusehen ist, ob sich hinter ihnen noch historische Gestalten verbergen oder ob es sich um mythische Darstellungen handelt.
Für unseren rheinisch-westfälischen Bereich, für den die Eisengewinnung schon im letzten Jahrtausend vor Christi auf Grund vieler vorgeschichtlicher Eisenschmelzen in den Bergen des

* Gedruckt in: Heimatkalender Kreis Beckum 1960, 20ff.

Sauerlandes genügend erforscht ist, ist es vor allem die Gestalt von Wieland dem Schmied, die ursprünglich in diesem Raume heimisch war und dessen Sagenkreis von hier aus später auch in die nordischen Länder und nach England überliefert worden ist.

Die Sage selbst gehört sicher der Welt der Völkerwanderungszeit an, d. h. etwa der Mitte des 1. Jahrtausends nach Christi. Vieles von dem, was sie an Kunstfertigkeit und Taten Wielands rühmt, die Kunst, goldene Spangen und Reifen zu biegen, Waffen zu schmieden und kunstvoll zu zieren, ist heute noch in Tausenden von prachtvollen Funden dieser Zeit in unseren Museen erhalten.

Es ist die gleiche Zeit, in der auch die Lieder des Nibelungenliedes entstanden sind und die Gestalten Siegfrieds und des Recken Hagen von Tronje lebten. Auch in diesen Liedern werden die kostbaren Waffen gerühmt – wer erinnert sich nicht an Siegfrieds Schwert Balmung – und die kunstreich glänzenden Geschmeide, Spangen und Ringe des Nibelungenhortes gepriesen.

Und so wie Wieland, der kunstreiche Schmied, im tiefen Wald seine Waffen und Schmuckstücke fertigte, ist es hier Siegfried, der diese Kunst in den Höhlen der Zwerge erlernte.

Wir sehen schon an diesen Namen von Königen und Königssöhnen, in welch hohem Ansehen damals die Schmiedekunst stand. Da war nichts Geringes, sondern es galt nur die höchste Kunst der meisterhaften Tüchtigkeit selbst.

Die Gegenden aber, in denen diese Lieder einstmals entstanden waren, überlieferten noch über Jahrhunderte hin in lebendiger Tradition auch die Plätze und Stellen, wo jene Meister einmal gelebt und gearbeitet hatten.

In unserem westfälischen Raum waren es vor allem die Höhlen des Sauerlandes, die Täler des Minden-Ravensberger Landes und die Grabhügel des Münsterlandes, in denen ein Wieland der Schmied oder die kunstreichen Zwerge wohnen sollten.

Doch sind alle diese Geschichten längst verklungen und nur noch in Büchern erhalten, den Lebenden aber kaum noch bekannt und vergessen.

Und doch bietet gerade der Raum Beckum Gelegenheit, sich jener sagenhaften Zeiten zu erinnern. Denn in seinem Stadtbereich ist vor bald 100 Jahren unter den Gräbern des fränkischen Friedhofs in Beckum auch das eines Schmiedes ausgegraben worden, das gerade aus dieser Zeit der großen Heldensagen stammt. Zwar zierten nicht kostbarer Goldschmuck und reiche Waffen seine Grabkammer, aber charakteristische Geräte zeichneten sie aus und berichten von der Tätigkeit, die der hier Beigesetzte zu Lebzeiten in seiner Siedlungsgemeinschaft an der Werse ausgeübt hat.

In seinem Grabe war der Tote von Süd nach Nord derart beigesetzt, daß sein Antlitz nach Norden hinsah. Diese Nordrichtung bedeutete für die noch nicht christlichen Menschen dieser Zeit Ähnliches, wie später die Ausrichtung und Blickrichtung nach Osten für den Christen.

Wie es die Sitte der Zeit verlangte, hatte man dem Toten mehrere Beigaben mit in den Sarg gegeben. Folgende Gegenstände sind in dem Bericht der Ausgräber erwähnt und bis auf den heutigen Tag erhalten (Taf. 42; 43):

1. ein hohes doppelkonisches Gefäß aus dunkelbraunem Ton, dessen Oberteil mit neun waagerecht umlaufenden flachen Rillen verziert ist (20 cm hoch);
2. eine eiserne Lanzenspitze mit schlankem, ovalem Blatt und geschlitzter Tülle von 38 cm Länge;
3. ein kurzes, einschneidiges Hiebschwert, ein sogenannter Sax, mit schmaler Klinge, 35 cm lang, auf ihm sind, parallel zum Klingenrücken verlaufend, noch Reste von dreifach eingeritzten Rillen zu erkennen;
4. ein sogenannter Pfriemen, das ist ein länglicher Eisenstab, dessen unteres Ende spitz zugehämmert ist, während der obere Teil flach gehämmert und zu einer Öse umgebogen ist, 11,2 cm lang;
5. ein Stück Feuerstein;
6. eine bronzene Schnalle mit o-förmigem Bügel. Der Dorn ist nicht erhalten;
7. eine 42 cm lange eiserne Zange mit flachaufliegenden Backenenden. Die untere Backe ist nur flach, die obere stärker gekrümmt. Die Zange ist aus zwei Vierkanteisen derart hergestellt, daß die Schenkel von ihrem Griffende her gesehen bis zur Nietstelle immer flacher ausgeschmiedet

sind. An der Nietstelle besitzen sie ihre größte Breite und werden dann zu den Backenenden hin wieder schmaler;

8. ein eiserner Hammer von 15 cm Länge. Er ist aus einem rechteckigen Eisenstab angefertigt, der zur Spitze hin dünn zugeschlagen ist, in der Mitte leicht verdickt und verbreitert ist, während das andere Ende durch Gebrauch etwas platt geschlagen ist. Das Schaftloch zur Aufnahme des Stieles ist viereckig;
9. drei Teile einer sogenannten Schnellwaage, bestehend aus
   a) dem Waagebalken, einem vierkantigen Bronzestück von 15 cm Länge, an dessen kurzem Ende nach unten zwei Ösen zum Einhängen des bronzenen Schälchens angebracht sind, während zwischen ihnen auf der Oberseite eine weitere Öse zum Aufhängen der Waage selbst angegossen ist. Auf dem längeren und dünneren Ende sind noch eben eine Reihe von Kerben zu erkennen, auf denen das zugehörige Laufgewicht verschoben werden konnte.
   b) der größte Teil eines bronzenen Schälchens von 3,7 cm Durchmesser, an dessen Rand noch zwei erhaltene Löcher zum Durchziehen von bronzenen Kettchen oder Fäden zu erkennen sind (ursprünglich waren drei vorhanden), mit denen das Schälchen am kurzen Waageende eingehängt war.
   c) ein bronzenes, scheibenförmiges Gewicht von 1,5 cm Durchmesser und 4,5 mm Stärke, mit angegossener Öse, in die ursprünglich ein heute nicht mehr erhaltenes, kurzes bronzenes Verbindungsglied eingriff, mit dem das Gewicht auf dem Waagebalken aufgehängt werden konnte.
10. Der Ausgrabungsbericht erwähnt noch einige kleinere Stücke Eisen, deren Form und Zwecke schon bei der Freilegung nicht mehr erkennbar waren. Sie sind nicht erhalten.

Von diesen Fundstücken gehören einige zu den Grabbeigaben, die dem Toten jener Zeit nach allgemeiner Sitte mitgegeben wurden. Dazu gehören Tongefäß, Lanzenspitze, Sax und bronzene Schnalle (das ist ein letzter Rest eines ledernen Gürtels), aber auch Vierkantpfriemen und Feuerstein. Darüber hinaus bedeuten jedoch die Beigaben der Schmiedezange, des Hammers und der kleinen bronzenen Waage Attribute, die auf eine Sonderstellung des Beigesetzten im Leben hinweisen. Es ist das Grab eines Schmiedes, der hier in der zweiten Hälfte des 6. Jh. n. Chr., vor rund 1300 Jahren, bestattet ist. Hammer und Zange sind wie einst noch heute die Zeichen dieses Berufes.

Nun wissen wir zwar aus den überlieferten Schriftquellen jener Zeit recht gut, daß es an den Höfen der Könige, der reichen Grundherren und in den Siedlungen Schmiede gegeben hat. Sie sind schon für damalige Zeit häufig unterschieden in Grob- und Feinschmiede, in solche, die Waffen und Geräte herstellten, und andere, die kostbaren Schmuck anfertigten. Auch werden vereinzelt Schmiede genannt, die Freie waren, und solche, die als Unfreie und Hörige unter einem Herrn arbeiteten.

Welche Stellung nahm hier der Schmied von Beckum ein? Die Beigaben von Lanze und Schwert können darauf hinweisen, daß er zu den Freien gehörte, der Schmied also ein freier Handwerker war. Darüber hinaus bietet die Beigabe der kleinen Schnellwaage jedoch die Möglichkeit, seine soziale Stellung und Bedeutung noch schärfer zu umreißen. Denn bei der kleinen Waage handelt es sich um ein Gerät jener Zeit, mit dem Edelmetalle, vor allem Gold und Silber, gewogen wurden. Wir kennen sie als Totenbeigabe aus einer ganzen Reihe von Gräbern, die nicht nur mit reichen Waffen, Spatha, Lanze und Schild, sondern auch mit kostbarem Schmuck ausgestattet waren. Sie heben sich aus der Menge der übrigen Gräber durch ihren Beigabenreichtum so deutlich ab, daß sie in der archäologischen Forschung als Adelsträger bezeichnet werden.

Der Besitz einer Waage dieser Art war in jenem Jahrhundert notwendig für jenen gehobenen Stand, der auf diese oder jene Weise als reicher Grundherr, durch Handel oder handwerkliche Leistung in der Lage war, Edelmetalle zu erwerben, einmal in Gestalt von Münzen, zum anderen als Rohmaterial. Beides aber, Münzen aus Gold und Silber und Rohmaterial dieser Metalle, mußten am Probierstein geprüft und gewogen werden; denn es waren Jahrzehnte, in denen die Edelmetalle äußerst knapp waren und häufige Fälschungen in Form vergoldeter Kupfermünzen in

Umlauf gesetzt wurden. Häufig wurden auch Münzen der offiziellen staatlichen Münzwerkstätten im Lande selbst nachgeahmt; auch sie mußten von Fall zu Fall gewogen und geprüft werden. Zusammen mit den Schmiedewerkzeugen bietet sich für die Beckumer Funde die Deutung an, daß wir hier nicht nur einen Schmied vor uns haben, der eiserne Waffen und Geräte anfertigen konnte, sondern der auch Edelmetalle verarbeitete.

Vielleicht war er in jungen Jahren in einer der großen, berühmten Werkstätten des Frankenreiches am Rhein oder an der Maas gewesen, um dort die hohe Kunst der Metallverarbeitung zu lernen, und hat sich später in dieser Siedlung an der Werse niedergelassen. Oder aber einer der reichen Grundherren dieses Landes hatte ihn von dort in dieses rechtsrheinische Gebiet geholt.

Ob es sich hier also um einen Waffenschmied oder auch um einen Gold- und Silberschmied handelt oder ob er, wie einst Wieland der Schmied, in der Lage war, beides anzufertigen, wissen wir nicht. Nur eines können wir mit Sicherheit sagen, . . . es war ein Schmied in jenen Jahren der Sage, der großen Heldenlieder. Einer von jenen, die es verstanden, Erz zu schmelzen, zu schmieden und zu gestalten zum Gerät oder zum Schmuck, wie es die Stunde erforderte.

DAS KONTINUITÄTSPROBLEM DER RECHTSRHEINISCHEN GERMANIA IM SPIEGEL DER PADERBORNER AUSGRABUNGEN*

Während sich die bisherigen Referate auf einen Raum bezogen, der unter römischer Herrschaft stand, ist das Ergebnis der Ausgrabungen zum Problem der Kontinuität in Paderborn, also in einem stets germanischen Gebiet, gewonnen worden.

Die römischen Versuche, die rechtsrheinische Germania zwischen Rhein und Elbe zu erobern, wurden durch die Ereignisse des Jahres 9 n. Chr. zerschlagen. Civitas, vicus, municipium und territorium konnten nicht mehr entstehen. Die bisher bekannten römischen Lager von Oberaden, Haltern und Holsterhausen sind nur für kurze Zeit, zwischen 11 vor Chr. bis 9 n. Chr., genutzte Militäranlagen. Ihre materiellen Hinterlassenschaften wurden, soweit man sie noch vorfand, kriegerisches Beutegut. Den Rest bewahrte die Erde, ohne jede Bedeutung für den Sieger. Die Plätze selbst wurden wüst, überweht, zerpflügt oder wuchsen zu. Das Land blieb frei, es blieb germanisch und war in mehrere kleinere und größere historisch-aktive Gemeinschaften – Stämme – gegliedert. Die Fortdauer der Kontinuität im innersten Bereich seiner Kultur ist unbestritten.

Die Fakten, mit denen das Kontinuitätsproblem vorerst diskutiert werden muß, sind im wesentlichen archäologischer Art. Sie drängen dazu, es zunächst unter dem Aspekt der Siedlungskontinuität zu betrachten, unter Berücksichtigung des archäologischen Formenwandels und der Dauer oder Verlagerung der kulturräumlichen Verbindungen. Die schriftliche Überlieferung ist spärlich. Sie beschränkt sich im wesentlichen auf Namen von Stämmen und Völkern. Darüber hinaus bezeichnen diese Namen aber auch Landschaften und deren Bewohner, auch wenn inzwischen Teile aus anderen Stämmen oder Räumen eingewandert sind oder ältere Bevölkerungselemente durch neue historische Bewegungen in ihnen überschichtet wurden. Es haben sich bei Anerkennung dieser kulturellen Tradition im historisch-politischen Bereich, nämlich in der geographischen Lage, Größe und historischen Bedeutung dieser einzelnen Stämme zum Teil bedeutsame Veränderungen vollzogen. Sie beginnen schon in den Jahren vor und um Chr. Geb., erfüllen im Raum zwischen Rhein und Weser auch noch das erste Jahrhundert n. Chr., werden in größerem Umfang im gesamten germanischen Lebensraum um 200 n. Chr. in den archäologischen Quellen spürbar, sind landschaftlich unterschiedlich auch im 3. und 4. Jahrhundert zu erkennen und zeigen eine weithin deutliche Zäsur um 400 n. Chr. bzw. im 5. Jahrhundert. Auch im 7. Jahrhundert sind vor allem zwischen Rhein und Weser landschaftlich unterschiedlich im archäologischen Material deutliche Veränderungen zu erkennen. Gegenüber der Menge der Fundplätze zwischen Rhein und Weser, die diese Zäsuren zeigen, sind bisher nur wenige bekannt geworden, die über das erste Jahrtausend hin eine echte Kontinuität der Siedlung bezeugen. In ihnen besondere Führungszentren und Kontinuitätsträger zu sehen, liegt nahe, kann aber noch nicht erwiesen werden.

Das allgemeine Siedlungsbild Germaniens blieb bäuerlich mit kleineren und größeren Gehöftgruppen, an Quellen, Bächen und Flüssen angelegt, ohne ansprechbare stadtähnliche Konzentration. Dieser Zustand blieb bis um 800 n. Chr. erhalten und wird durch die Angaben der Translatio St. Liborii auch ausdrücklich für diese Zeit bezeugt. Die ersten civitas-Gründungen erfolgen mit der Einrichtung der Bischofssitze durch Karl den Großen an „günstigen und durch häufigeren Verkehr ausgezeichneten Orten“: Paderborn, Münster, Minden, Osnabrück.

In Paderborn, an einem durch den Reichtum der Quellen von der Natur begünstigten Platz, sind in der Nähe des Domes in den Jahren 1959 bis 1961 größere Flächen untersucht worden. Sie ergaben archäologische Funde des späten 2. Jahrhunderts bis zum 5. Jahrhundert n. Chr. mit germanischem Material und römischem Import, Münzen und Fibeln. Die nachfolgende Zeit, Mitte 5.–7. Jahrhundert, blieb ohne Siedlungsspuren und Funde. Erst ab 700 n. Chr. wurden neue Hausgrundrisse und archäologische Funde erfaßt. Darüber wurde die karolingische civitas mit Wall und Graben errichtet. Durch ältere Grabungen war schon früher im Stadtbereich, ebenfalls im Quellgebiet der Pader, eine Latènesiedlung bekannt geworden, die mit wenigen Streufunden bis an Chr. Geb. heranreicht. Durch die Kartierungen B. Ortmann's wird das kaiserzeitliche

* Gedruckt in: Westfälische Forschungen 16, 1963, 75ff.

Siedlungsbild durch weitere Streufunde im Stadtbereich ergänzt. Die Beobachtung dieser einzelnen Siedlungsphasen in den bisherigen Paderborner Grabungsflächen kann täuschen, wenn man bedenkt, daß es sich nur um relativ kleine Ausschnitte des alten Siedlungsraumes handelt. Vorläufig fügen sie sich aber zwanglos den Feststellungen im größeren Raum zwischen Rhein und Weser ein. Das ist zunächst die Unruhe nach der um Christi Geburt endenden ersten großen Siedlungsphase. Aber auch die neue Siedlungsphase mit ihrem Beginn um 200 und ihrem Ende im 5. Jahrhundert n. Chr. ist im größeren Raum festzustellen. Es ist eine Zeit größerer Bewegungen, die sich um 200 anzuzeigen beginnt. Im 3. u. 4. Jahrhundert werden mit den fränkischen Stämmen zwischen Rhein und mittlerer Weser wiederholt Föderatenbündnisse abgeschlossen, in deren Folge große Mengen an römischem Gerät, Keramik, Fibeln und Münzen in den rechtsrheinischen Raum einströmen, wie die kaiserzeitlichen Siedlungen und Grabfelder ohne Ausnahme bezeugen.

Das in Paderborn für das 3. u. 4. Jahrhundert ergrabene römische Material ist also für diese Zeit in diesem Raum zu erwarten. Es ist vorläufig nicht erlaubt, es unter Hinweis auf die karolingische civitas-Gründung als Beweis einer besonderen Bedeutung dieses Ortes schon in älterer Zeit zu interpretieren. Auch die Zäsur nach 400 bzw. im 5. Jahrhundert n. Chr. ist im größeren Raum zwischen Rhein und Weser an vielen Plätzen zu beobachten. Sie ist der archäologische Niederschlag historischer Veränderungen. Dabei wurde besonders der Raum zwischen Weser und Ems betroffen. Die kaiserzeitlichen Siedlungen enden, es erscheinen von der mittleren Weser nach Südwesten vorstoßend bis zur Ems neue elbgermanische wahrscheinlich sächsische Elemente. Demgegenüber bleiben im westlichen und mittleren Westfalen auch im 6. u. 7. Jahrhundert starke ältere Verbindungen zur neuen fränkischen Zivilisation des linksrheinischen Raumes bestehen. Das späte 7. und beginnende 8. Jahrhundert darf auch in Paderborn mit seinen charakteristischen archäologischen Materialien als lokales Zeugnis der historischen Ereignisse dieser Jahre im größeren Raum angesehen werden. Es ist die auch an vielen anderen Plätzen Westfalens archäologisch festzustellende und historisch zu erschließende Ausdehnung der sächsischen „Heerschaften“ mit neuen Bevölkerungselementen nach Süden und Südwesten.

Die Interpretation der archäologischen Fakten des Platzes Paderborn kann nicht für sich vorgenommen werden. Erst durch den regionalen und überregionalen Vergleich wird der rechte Maßstab für eine sinnvolle Einordnung in das größere historische Geschehen gewonnen. So gesehen teilt Paderborn im rechtsrheinischen Raum seine großen Siedlungsphasen, Zäsuren und archäologischen Materialien in charakteristischer Zusammensetzung und Übereinstimmung mit vielen anderen Plätzen. Die besondere historische Bedeutung Paderborns beginnt mit der karolingischen Entscheidung.

Die Grabungen in Paderborn zeigen mit ihren bisherigen Ergebnissen die besonderen Schwierigkeiten für eine Behandlung des Kontinuitätsproblems in der rechtsrheinischen Germania. Kontinuität und Abbruch der Siedlungen und Grabfelder, Kontinuität auch bei Ausweitung und räumlicher Verlagerung der politisch aktiven Gemeinschaften mit ihren Herrschaftsgebieten, Kontinuität oder Abbruch bei neuer Herrschaftsbildung, Kontinuität oder Veränderung der kulturräumlichen Verflechtungen müssen von Ort zu Ort, von Landschaft zu Landschaft und von Jahrhundert zu Jahrhundert betrachtet werden, um die historisch-politische Gliederung in ihrer historischen Entwicklung, Dauer oder Veränderung im rechtsrheinischen Raum zu erkennen.

DIE FRANKEN IM GEBIET ÖSTLICH DES MITTLEREN RHEINS*

Der Stand der archäologischen Erforschung des 6. bis 9. Jahrhunderts in Westfalen

Schon seit Jahren hat die westfälische Archäologie im ostwestfälischen Raum den Abbruch spätkaiserzeitlicher Siedlungen im späten 4. Jh. oder im beginnenden 5. Jh. feststellen können. Ihnen folgen zeitlich im gleichen Raum kleine Siedlungsgruppen, die z. T. als Siedlungsplätze, meist jedoch in kleinen Brandgräberfriedhöfen faßbar werden, deren keramisches Material auf Verbindungen zur mittleren und unteren Weser und zur unteren Elbe weist.
Auf dem Domplatz Münster liegt unter der stratigraphisch durch die Deckschichten des karolingischen „civitas"-Walles gut abgeschirmten Siedlung des 8. Jhs. jene relativ kurzlebige Siedlung des 3. Jhs., am Rande der Stadt ist eine dritte des 3./4. Jhs. bekannt geworden.
Im westlichen Westfalen zum Niederrhein hin und im mittleren Westfalen auf beiden Ufern der Lippe gibt es neben Siedlungskomplexen des 3. Jhs. solche, die vom 1. bis zum späten 4. und beginnenden 5. Jh. und andere, die vom 1. oder 3. Jh. bis ins späte 8. Jh. durchgehen. Diese in den einzelnen Landschaften unterschiedlichen Siedlungsabbrüche können nicht vom Zufall diktiert sein; sie sind sehr wahrscheinlich Niederschlag von historischen Vorgängen, die wir auch aus der schriftlichen Überlieferung für diesen rechtsrheinischen, altfränkischen Raum kennen.
Im 1. nachchristlichen Jh. ist das Gebiet östlich des Niederrheins als Siedlungsgebiet der Chamaver und Brukterer überliefert. Gegen Ende des 1. Jhs. werden die Brukterer von Angrivariern und Chamavern aus dem Münsterland vertrieben und setzen sich südlich der Lippe fest, während die Chamaver seit diesen Ereignissen des Jahres 95 rechts des Niederrheins wohnen bleiben. Dann berichten die antiken Quellen erst wieder für die Mitte des 3. Jhs. von Unruhen am Niederrhein und Vorstößen rechtsrheinischer Völkerschaften in das Imperium. Zu ihnen zählen Stämme mit altbekannten Namen; gelegentlich werden sie auch zusammenfassend Germanen oder Franken genannt. Diese Völkerschaften zwischen Gelderscher Ijssel und Lahn lassen sich nach Byrank zu drei Gruppen zusammenfassen. Eine erste wurde gebildet durch die Volksstämme im Osten der Niederlande und in Westfalen, die Chamaver zwischen Ijssel und Lippe, die Salier nördlich davon und die Angrivarier mehr nach dem Osten; zu einer zweiten, nach Süden anschließenden Gruppe gehören die Chattuarier und die Brukterer an der Ruhr; als dritte Gruppe kommen Amsivarier, Tenkterer, Usipeter und Tubanten zwischen Sieg und Lahn in Frage. Entsprechend zählt auch L. Wirtz (Bonner Jb. 122, 1912, 170ff.) als fränkische Völker am rechten Rheinufer Chamaver, Chattuarier, Amsivarier und Brukterer auf. Sie finden sich noch in der Veroneser Völkertafel aus dem Anfang des 4. Jhs. und tragen hier den Bundesnamen „Franci". Auf der Peutingerschen Tafel erscheinen rechts des Rheins von der Mündung an aufwärts die Namen „Chamavi qui et Franci, Francia, Bructuri", wobei die Landschaftsbezeichnung zwischen den beiden Völkern der Chamaver und Brukterer besagt, daß beide Stämme das Land „Francia" bewohnen. Wirtz verweist auch auf den Rhetor Libanios, der in einer Lobrede aus dem Jahre 348 „die rechte Rheinseite vom Meere an aufwärts als die Heimat der Franken bezeichnet" (S. 181). Entsprechend kann Hieronymus vor 392 feststellen, daß der Landstrich zwischen Alamannen und Sachsen „apud historicos Germania nunc Francia vocatur". Zu ähnlichen Ergebnissen kamen F. Petri und E. Ewig, wenn sie das niederrheinisch-westfälische Gebiet von Osnabrück im Norden bis zum Vorland von Bonn im Süden und im Osten bis Minden und Bielefeld als altfränkische Räume ansprachen. In einer Groninger Dissertation hat W. J. De Boone 1954 den gesamten Bereich zwischen Niederrhein, Nordsee, Elbe, Saale und Neckar als Herkunftsland der Franken bezeichnet. Das ist nur richtig, wenn damit der Einzugsbereich jener Stämme umschrieben werden soll, die an der Landnahme auf römischem Boden beteiligt waren, wenn also „fränkisch" gleichbedeutend mit „germanisch" ist. Fränkisches Gebiet ist dieser gesamte Raum jedoch nicht gewesen.
Bei diesen Vorstößen haben Chamaver und Brukterer ohne Zweifel eine bedeutende Rolle gespielt und dürfen mit den Friesen, Sachsen und Saalfranken als Träger der Unternehmen des 3. und 4.

* Protokoll einer Tagung im Hause der Römisch-Germanischen Kommission zu Frankfurt a. Main vom 2. bis 4. Dezember 1965, veranstaltet von der Deutschen Forschungsgemeinschaft.

Jhs. gelten. Vor der in das Rheintal vorspringenden Nordwestecke ihres Gebiets stoßen sie zusammen mit den Brukterern gelegentlich in die Batavia vor; im Jahre 280 scheitert ein gemeinsames Unternehmen mit Friesen und Sachsen, und weitere Einfälle sind für 294/95, 306, 313, 319, 341, 352 und 355 bezeugt.

Im Jahre 358 gelingt ihnen gemeinsam mit den Sachsen die Vertreibung der inzwischen übergesiedelten Saalfranken, die nach Toxandrien abgedrängt werden; doch Julian kann Sachsen und Chamaver nochmals auf die rechte Rheinseite zurückwerfen. 369 müssen die Römer erneut mit eingedrungenen Franken und Sachsen in der Batavia kämpfen; 385/87 werden Vorstöße der Chamaver und Sachsen, 388 neue Frankeneinfälle gemeldet. Zu den kriegerischen Auseinandersetzungen treten Zeiten von den Römern erlaubter Landnahme im linksrheinischen Gebiet (276) oder Perioden vertraglicher Bindung an das Reich zum Zwecke der Grenzverteidigung gegen die nachdringenden Völker, wie sie aus den Jahren 287, 342, 355, 358 und 389 bekannt sind. Trotz der unaufhörlichen Bewegung an der Grenze sind somit die rechtsrheinischen Völkerschaftsgaue als Ganzes bestehen geblieben. In diesem Sinne hat schon Harald von Petrikovits auf den ständigen Wechsel der Beziehungen zwischen Römern und rechtsrheinischen Grenzstämmen hingewiesen und vor allem jenes Einsickern vom geschlossenen fränkischen Siedlungsgebiet in die benachbarte Grenzzone als den volkstumsmäßig wichtigsten Vorgang fixiert. Die vom Jahre 95 bekannte Nachbarschaft zwischen Chamavern und Brukterern hat noch im ausgehenden 4. Jh. bestanden; in den Jahren 388 und 392 verheerte Arbogast nacheinander das Brukterer- und Chamaverland.

E. Ewig hat gezeigt, daß bei Brukterern und Chamavern bis ins ausgehende 4. Jh. hinein mit Königen zu rechnen und besonders bei den Chamavern auf Grund gleichbleibender Herrschernamen eine dynastische Kontinuität zu vermuten ist. Zu der Gliederung in festgefügte Völkerschaftsgaue tritt hier die jahrhundertelange Beibehaltung der zentralen Siedlungs- und Herrschaftsbereiche. Von römischer Sicht her wird das Bild gerundet durch die Aussagen der vielzitierten Panegyrici auf Caesar Constantius vom 1. März 297, des Panegyricus VII 4 von 307 und des ähnlichen Textes zu 310. Sie spiegeln den Stolz der Römer über ihre Erfolge bei der Grenzverteidigung und lassen gleichzeitig Chamaver, Friesen und Franken als gefürchtete Gegner an der Rheingrenze erkennen.

Ebenfalls konstant bleiben die Siedlungsgebiete der Angrivarier vom 2. bis zum 4. Jh. im ostmünsterländischen und ostwestfälischen Gebiet. Zusammen mit den Chattuariern gehören Chamaver, Brukterer und Angrivarier im 3. und 4. Jh. zu den fränkischen Stämmen, deren Sitze den Mittelblock der Altfrancia bilden. Dieses aus den Schriftquellen gewonnene Bild wird bestätigt durch eine Übersicht über die germanischen Funde der älteren Kaiserzeit aus Nordwestdeutschland, die R. von Uslar schon vor Jahren auf das Zusammenwachsen dieser Stämme zum fränksichen Stammesverband hin gedeutet hat. In diese Richtung weisen die zunehmende Zahl der Siedlungsabbrüche seit dem 3. Jh. ebenso wie das Auftreten kurzfristiger Wohnplätze des 3. oder des 3. und 4. Jhs. Seit dem späten 3. Jh. strömt wohl im Gefolge der Bündnisverträge eine Fülle römischen Kulturguts in das rechtsrheinische Gebiet, das sich nicht nur in Tributzahlungen, sondern auch in Keramik und Schmucksachen fassen läßt. Solche Funde treten in jeder kaiserzeitlichen Siedlung des 4. und frühen 5. Jhs. auf, und entsprechend hat Joachim Werner feststellen können, daß die seit der Mitte des 4. Jhs. mit dem Reiche föderierten Franken voll und ganz an der Zivilisation ihrer als Laeten innerhalb der Reichsgrenze siedelnden Stammesbrüder Anteil hatten. Zwar sind aus Westfalen noch keine Gräberfelder bekannt geworden, die mit denen des linksrheinischen Gebiets vergleichbar wären. Aber die große spätkaiserzeitliche Siedlung Westick südwestlich von Kamen und der vor 10 Jahren mit Lesefunden hervorgetretene Fundplatz Erin bei Bochum bieten rauhwandige Kochtöpfe, Rädchen – Sigillata – und späte Terra-Nigra-Scherben, Bronzen, Zwiebelknopffibeln, Schalenfibeln, Gürtelschmuck, kerbschnittverzierte Nadeln sowie Gläser und Münzen, die ganz das aus Gallien bekannte Fundbild bestätigen. Das Material aus Erin wird demnächst publiziert werden; die Westicker Stücke werden noch etwas auf sich warten lassen. Wenn die rechtsrheinischen Siedlungsfunde aus Westfalen vorliegen und die dortige Entwicklung vom 3. bis zum 5. Jh. überschaubar ist, lassen sich die linksrheinischen Plätze

aus der Isolierung lösen, und die gemeinsame Zivilisation der fränkischen Föderaten wird dargelegt werden.
Im Ostteil der „Francia“ treten um 400 politische Veränderungen ein, welche die Gliederung des rechtsrheinischen Raumes für die nächsten 300 Jahre bestimmen sollten. Während die von Werner vorgelegte Verbreitungskarte der aus Münzgold hergestellten Halsreifen noch jenen fränkischen Raum charakterisiert, in den die römischen Föderaten- und Tributzahlungen hineinströmten, zeigen die Münzfunde aus der zweiten Hälfte des 4. und den ersten Jahrzehnten des 5. Jhs. an, daß sich am Nordrand des Wiehengebirges und im Land zwischen Ruhr und Lippe kriegerische Auseinandersetzungen abgespielt haben. Da in diesen Gegenden nach dem Aufhören spätkaiserzeitlicher Siedlungen neues Material auftritt, das vom elbgermanischen und vom Weserraum her bekannt ist, sind diese Veränderungen mit W. J. de Boone als Symptome sächsischer Vorstöße anzusprechen. In den gleichen Zusammenhang gehören Funde auf beiden Emsufern und weiter südlich im ehemals altfränkischen Angrivarierland. Dem entspricht im wesentlichen die Karte, die J. Bauermann 1949 über die Grundlagen der sächsischen Stammesbildung an Hand der Schriftquellen für das 6. Jh. vorgelegt hat, nur daß sich dieser Vorgang mit archäologischen Mitteln bereits für die erste Hälfte des 5. Jhs. und ein weiteres Ausgreifen nach Süden feststellen läßt. Demgegenüber dürften die alten Völkerschaftsgaue der Chamaver im westlichen und der Brukterer im mittleren Westfalen ihre alten fränkischen Bindungen ungestört aufrechterhalten haben. Zwar verschwinden sie nahezu völlig aus dem Blickfeld der Quellen des 6. und 7. Jhs., lassen sich jedoch in Zeugnissen des 8. und 9. Jhs. noch erkennen, so daß nach Feststellungen von E. Ewig ihre Einbeziehung in das Merowingerreich als Dukate und Großkomitate unter autonomer Regelung ihrer Angelegenheiten anzunehmen ist. Nur das linksrheinische Ripuarien, dessen Bevölkerung sich aus übergewanderten Teilen rechtsrheinischer Brukterer, Usipeter und Tenkterer des 5. Jhs. zusammensetzte, wurde bereits durch Chlodwig zu Beginn des 6. Jhs. dem linksrheinischen Frankenreich angegliedert. Die sich zu großer Pracht entwickelnde merowingische Reichskultur schloß jedoch auch Chamaver, Brukterer und Chattuarier mit ein, wie sich an der Verbreitung und Ausstattung der sogenannten fränkischen Friedhöfe des 6. und 7. Jhs. im westlichen und mittleren Westfalen messen läßt.
Demgegenüber scheint das kleine fränkische Gräberfeld bei Daseburg nordöstlich von Warburg mit Drehscheibengefäß und mit Fünfknopffibeln und einem Hochschild nicht mit Westfalen, sondern mit Vorstößen durch das hessische Gebiet nach Nord- oder Mitteldeutschland zusammenzugehören. In einigen dieser sogenannten fränkischen Friedhöfe kommen in echter Nachfolge der kaiserzeitlichen Besiedlung Tierkopfschnallen und Stücke von Tutulusfibeln des 5. Jhs. vor; die Hauptmasse der Funde datiert jedoch aus dem 6. und 7. Jh., wo dann wiederum einige von ihnen abbrechen. Diesen merkwürdig späten Beginn haben die westfälischen Friedhöfe mit der Masse westeuropäischer Reihengräberfelder gemeinsam, wobei dies in Westfalen eher mit dem Abzug großer Bevölkerungsteile nach Gallien im Zusammenhang mit dem Ende des weströmischen Reiches als mit einer neuen Besiedelung vom linksrheinischen Gebiet her in Verbindung zu bringen ist. Das Auslaufen mancher Friedhöfe im 7. Jh. scheint auf erneute sächsische Vorstöße durch das im wesentlichen ausgeleerte Münsterland in Richtung auf Lippe und Niederrhein zurückzugehen, wie Beda sie für das Ende des 7. Jhs. mit Nachrichten über Züge gegen die Brukterer überliefert.
Die Zeugnisse für ein erneutes Vordringen der Sachsen seit dem Ende des 7. Jhs. hat jüngst H. Aubin zusammenstellt. Den Zügen gegen die Brukterer folgen solche gegen die Chattuarier an der unteren Ruhr zu Beginn des 8. Jhs.. Dem sächsisch-engerischen Schwerpunkt der vorhergehenden Jahrhunderte treten nun in Westfalen und in Ostfalen im gewissen Sinne selbständige Heerschaften an die Seite. Den Zusammenhalt dieser neuen sächsischen Macht konnten auch die fränkischen Angriffskriege unter Karl Martell in den Jahren 718, 720 und 728, unter Pippin in der Mitte des Jahrhunderts und 758 und auch unter Karl d. Gr. nicht mehr gefährden. Dem entspricht archäologisch das Eindringen neuer friesisch-sächsischer Materialien mit eiförmigen Gefäßen und Kümpfen, die zum Teil in Grabfeldern entlang der Linie Lankern, Erle, Wulfen und Haltern liegen und mit diesen neuen Stücken im Laufe des 7. Jhs. ohne Anschluß an fränkische Funde einsetzen.

In das 7. Jh. gehört das reiche Grab eines dieser sächsischen Herren bei Beckum, zu dessen Füßen acht Pferde mit vergoldetem Zaumzeug liegen und an dessen Seite nochmals ein Doppelpferdegrab freigelegt wurde. Neben Ringknaufschwert und Trinkbecherbeschlägen traten dabei goldene Taschenbeschläge zutage.

Ein sprechendes Zeugnis für das erneute sächsische Ausgreifen hat sich in dem vor 30 Jahren ausgegrabenen Friedhof von Soest erhalten, von dessen rund 220 Gräbern allerdings über 120 beigabenlos sind. Im ältesten Teil enthält er aus dem späten 6. Jh. zwölf reich ausgestattete Kammergräber mit fränkischem Inventar, offenbar die Hinterlassenschaft eines fränkischen Vorstoßes. Dann zeigt die weitschichtige Überlagerung dieser älteren Gräber durch neue Bestattungen mit sächsischen Materialien eine Katastrophe an, die nach den beiliegenden Rechteckfibeln (und den kleinen gleicharmigen Fibeln) in die erste Hälfte des 7. Jhs. gehört. Die Verbreitung solcher Funde deckt sich wiederum im wesentlichen mit der von J. Bauermann vorgelegten Karte, nach der das Gebiet nördlich der Lippe im ausgehenden 7. und im 8. Jh. zum sächsischen Stammesgebiet hinzukam.

Die aus den schriftlichen Quellen bekannten kriegerischen Ereignisse seit 772 und mehr noch das Festsetzen der neuen Herren im eroberten Land haben auch archäologisch faßbare Spuren hinterlassen. Gegen Ende des 8. Jhs. deuten Abbruch und Neubeginn einiger Grabfelder und Siedlungen eine letzte Zäsur an, und auch auf den bis ins 9. und 10. Jh. weiterbenutzten Siedlungen wird eine deutliche Veränderung keramischer Formen faßbar: Die ei- und kumpfförmigen Gefäße werden kurz vor 800 im gesamten nordwesteuropäischen Gebiet durch den Kugeltopf abgelöst. Beide Formengruppen werden durch die vom Westen eindringende Badorfkeramik chronologisch zusammengebunden. Sie findet sich in der Regel noch eben auf den alten Plätzen des ausgehenden 8. Jhs., um dann häufiger in dem den neuen Kugeltopf führenden Horizont der neuangelegten Siedlungen aufzutreten. Auf den durchlaufenden Friedhöfen hören lokal unterschiedlich die alten, im allgemeinen nord-süd-orientierten Gräber auf, die im westfälisch-sächsischen Bereich mit Petersen-B-Schwertern und mit Münzgefäßen bis in die Jahre um 800 ausgestattet sind, und werden durch Hunderte von beigabenlosen ost-west-orientierten Bestattungen abgelöst. Die Durchsetzung des in den Paderborner Kapitularien ausgesprochenen Verbots, die heidnischen Bestattungsplätze weiter zu benutzen, war vom Funktionieren der im Aufbau befindlichen Pfarrorganisation abhängig. Diese Übergangssituation läßt sich im Münsterland in solchen Grabfeldern fassen, die noch im ausgehenden 8. Jh. beginnen, einige Waffengräber und auch Pferdegräber enthalten und dann nach Hunderten von beigabenlosen Ost-West-Bestattungen auslaufen, ohne daß in der Nähe eine Kapelle oder Kirche bekannt ist. Möglicherweise haben hier Grundherren ihre eigenen Priester gehalten, bis die kirchliche Pfarrorganisation abgeschlossen war.

Zu den karolingischen Neuerungen gehört auch die Anlage von Städten als Bischofssitzen wie Münster und Paderborn. Die Ausgrabungen in Münster haben eine karolingische „civitas" von so bedeutender Größe und Stärke freigelegt, daß man in dieser Anlage ein Ergebnis der königlichen Organisation selbst sehen möchte. Wallkonstruktionen, die Wallstraße, eine ganze Häuserzeile bis zur nächsten Straße hin sind jetzt bekannt, ebenso die kleinräumigen handwerklichen Betriebe wie Webhütten, Eisenschmieden und Bronzewerkstätten. Dieser engzellige Ausbau läßt sich naturgemäß nicht mit den großflächigen Gehöftkomplexen vergleichen, wie sie in Warendorf aufgedeckt wurden – dort soll übrigens mit der Bezeichnung „altwestfälisch" nicht einer Entscheidung ausgewichen, sondern angedeutet werden, daß das Fundmaterial wahrscheinlich bereits im 6. Jh. beginnt und in den großen sächsischen Vorstoß vom ostwestfälischen Raum in das Münsterland bis zur Lippe hineingehört.

Wie das datierende Badorf-Material ausweist, gehen auch einige Burgen des mittleren und südlichen Westfalen in die Zeit Karls d. Gr. zurück. Ungeklärt ist noch, ob es sich um königliche Anlagen im Zuge der Neuorganisation des eroberten Landes oder um Bauten des sächsischen oder hinzuziehenden fränkischen Adels handelt.

Neben den Bischofsstädten Münster, Paderborn und Minden entstehen im 9. Jh. auf Initiative des sächsischen Adels weitere Mittelpunkte, und zwar Frauenstifte wie Vreden, Meschede, Freckenhorst, Liesborn und Herford. Hier lassen die Grundrisse der Kirchen bereits den Schluß zu, daß der Adel großräumiger und aufwendiger zu bauen verstand als die gleichzeitigen Bischöfe, was einen Rückschluß auf die zugrundeliegenden Machtverhältnisse gestattet. In Meschede haben wir zu Beginn dieses Jahres 70 Schallgefäße aus der ersten Hälfte des 9. Jhs. gefunden, die zur Verbesserung der Akustik nach einer bestimmten Ordnung in langen Ost-West- und Nord-Süd-Gräben in den Kirchenboden eingelassen waren. Wahrscheinlich müssen wir dem fränkischen und sächsischen Adel der Zeit eine größere Bedeutung beilegen, als sie im allgemeinen aus den schriftlichen Quellen zu erschließen ist.

Herr Dehn dankt Herrn Winkelmann für seine Ausführungen und schlägt vor, daß der Referent nach einer kurzen Frischluftpause noch Gelegenheit erhält, die neuesten Ergebnisse der Paderborner Grabung vorzuführen.

Herr Winkelmann ergänzt seinen Vortrag noch durch Hinweise auf die Syburg und Eresburg, die durch Scherbenfunde und Gefäßstücke als karolingerzeitliche Anlagen gesichert sind. Die Verhältnisse bei der Eresburg sind recht verwickelt, da die wechselvolle Geschichte auch noch des 10. bis 12. Jhs. zu berücksichtigen ist; die Hohensyburg wurde so stark überbaut, daß die ursprüngliche Befestigung erst noch durch Ausgrabungen freigelegt werden muß.

In Paderborn sind während der letzten Jahre zwei Forschungsprogramme durchgeführt worden: In den Jahren 1958 bis 1962 konnte die karolingische Befestigung der civitas im wesentlichen als identisch mit der späteren Domimmunität erwiesen werden, wobei Mauerzüge im Nordwesten, Nordosten und Südosten angegraben wurden. Lediglich ein zu vermutendes Verbindungsstück im Bereich der Paderquellen ist noch unsicher, da dort die Verhältnisse durch die bewegte Geschichte Paderborns während der Sachsenkriege verunklart sind. Paderborn wird zwar erstmals zu 777 erwähnt, doch dann bereits als intakter Fiskalbezirk und im Zusammenhang mit einem Kirchenbau. Das dürfte ein relativ spätes Datum sein, zumal die Sachsenkriege ja schon 772 beginnen. Da die Sachsen dies Gebiet mehrfach mit Krieg überzogen haben, müssen wir nicht nur mit einer Zerstörung des Pfalzbezirks, sondern auch mit einem mehrmaligen Abreißen der Befestigungsanlage rechnen. Im Grabungsgebiet nördlich des Domes liegen einzelne Stränge, die bisher noch nicht den einzelnen Befestigungsphasen zugeordnet werden konnten. Die Größe der Paderborner civitas entspricht mit etwa 250 x 350 m dem Umfang der civitas Mimigardeford, von der schon die Rede war. Doch während aus Münster auch die innere Bebauung mit Zivilsiedlung und Monasterium bekannt sind, lassen sich entsprechende Fragen für Paderborn noch nicht beantworten.

Um so deutlicher können wir durch das 2., noch andauernde Forschungsprogramm die Bautätigkeit Karls d. Gr. fassen. Im Zuge der Grabungen auf dem Nordhang des Domhügels wurde zunächst ein großer Saalbau des 11. Jhs. freigelegt, der wie die östlich angrenzende Bartholomäuskapelle von Bischof Meinwerk errichtet wurde. Grundriß und aufwendige Südfront mit drei großen Treppenportalen erwiesen das Bauwerk als Repräsentationsbau, in dem die domus regalis des 11. Jhs. zu sehen ist. Neben Spannmauern mit Sitzen kam eine mittlere Pfeilerreihe aus einer zweiten Bauphase heraus. Im 12. Jh. verlor der Bau seine offizielle Funktion; die Portale wurden zugemauert, der Saal diente bis ins 13. Jh. hinein möglicherweise als bischöflicher Marstall.

Südlich der domus regalis des 11. Jhs. stießen wir dann unter dem Platz und der Brandschicht vom Jahre 1000 auf ein karolingisches Bauwerk von über 30 m Länge, unter dem dann noch zwei weitere Bauphasen zutagetraten. Es gehört mit einem großen Hof im Süden und einer Kirche mit dreiapsidialem Chorschluß im Osten zu einer karolingischen Pfalzanlage. Ein mittlerer Querriegel teilt den großen Hofbezirk nochmals auf und läßt einen breiten Durchgang zum Atrium vor der Kirche frei. Vor dem Durchgang fand sich nun auf einem kleinen Hügel ein knapp 3 m langes, aufgemauertes und dick verputztes Steinfundament, das wir als Unterbau eines Thrones angesprochen haben. Erhalten sind noch vier Stufen; eine fünfte läßt sich unten ablesen, während eine sechste oben fehlen dürfte – Vorbild wäre dann der Thron Salomos im 3. Buch der Könige. An den

Ecken fanden wir sorgfältig mit Steinen umwandete Pfostenschlitze, in denen wohl ein baldachinartiger Überbau verankert wurde. Die Existenz eines solchen freistehenden Throns dürfte von beträchtlicher Bedeutung für die Pfalzenforschung und die Interpretation karolingischer Quellen überhaupt sein. Der Sitz steht vor dem Atrium der karolingischen Kirche, auf deren Nordwestfundament die Bartholomäuskapelle aufgeführt wurde; er liegt unterhalb der Roten Pforte des heutigen Doms, dem Platz der alten Blutgerichtsbarkeit.

Literatur

H. Aubin, Ursprung und ältester Begriff von Westfalen. Der Raum Westfalen II, 1, 1955, 3ff.

J. Bauermann, Das Land Westfalen, seine Grenzen und sein Wesen. Westfälischer Heimatkalender 3, 1949, 44ff.

K. Böhner, Archäologische Beiträge zur Erforschung der Frankenzeit am Niederrhein. Rheinische Vierteljahrsblätter 15/16, 1950/51, 19ff.

W. J. de Boone, De Franken van hun eerste optreden tot de dood van Childerik (1954).

W. Capelle (Hrsg.), Das alte Germanien (1937).

E. Ewig, Die Civitas Ubiorum, die Francia Rinensis und das Land Ribuarien. Rheinische Vierteljahrsblätter 19, 1954, 1ff.

K. Hucke, Sächsische Funde der Völkerwanderungszeit in Westfalen. Urgeschichtsstudien beiderseits der Niederelbe. Darstellungen aus Niedersachsens Urgeschichte 4 [Festschrift K. H. Jacob-Friesen], hrsg. von G. Schwantes (1939) 341ff.

K. Hucke, Ausbreitung der Sachsen vom 6. bis 8. Jahrhundert in Nordwestdeutschland auf Grund der Grabfunde. Bericht über die Kieler Tagung 1939. Forschungs- und Lehrgemeinschaft „Das Ahnenerbe“. Jahrestagungen, hrsg. von H. Jankuhn (1944) 195ff.

R. Much, Die Germania des Tacitus (1937).

F. Petri, Stamm und Land im frühmittelalterlichen Nordwesten nach neuerer historischer Forschung. Westfälische Forschungen, 8, 1955, 5ff.

H. von Petrikovits, Reichs-, Macht- und Volkstumsgrenze am linken Niederrhein im 3. und 4. Jahrhundert n. Chr. Festschrift für A. Oxé (1938) 220ff.

L. Schmidt, Die Westgermanen I² (1938).

A. Stieren, Ein neuer Friedhof fränkischer Zeit in Soest. Germania 14, 1930, 166ff.

J. Werner, Ein germanischer Halsring aus Gellep. Festschrift für A. Oxé (1938) 260ff.

W. Winkelmann, Eine westfälische Siedlung des 8. Jahrhunderts bei Warendorf, Kr. Warendorf. Germania 32, 1954, 189ff.

L. Wirtz, Franken und Alamannen in den Rheinlanden bis zum Jahre 496. Bonner Jahrbücher 122, 1912, 170ff.

AUSGRABUNGEN AUF DEM DOMHOF IN MÜNSTER *

I. Zur Grabungsgeschichte (Plan S. 70, Nr. 1–13)

Die Ausgrabungen auf dem Domhof Münster begannen im Herbst des Jahres 1953. Damals war bei der Ausschachtung für den Wiederaufbau der Kurie Domplatz 35, an der Nordseite der Domgasse, in einer Länge von über 10 m ein Erdprofil entstanden, das schon nach dem ersten Reinigen und Tieferlegen bis in den gewachsenen Boden hinein Überraschungen bot, die niemand in dieser Schönheit und dokumentarisch-historischen Bedeutung hatte erwarten können. Unter einer jüngeren, sehr gestörten Schuttschicht von 1,5 m Stärke lagen, durch Verfärbung und Zusammensetzung deutlich voneinander getrennt und fast sorgfältig übereinander aufgebaut, mehrere Schichten von verbrannten Lehmestrichen zerstörter Häuser und dazwischen lagernden sandigen Auffüllungen, die durch das in ihnen gefundene archäologische Material, Fibeln, Münzen und Gefäßreste, in die Zeit vom 8. Jh. bis zum 12. Jh. datiert werden konnten (Abb. 4, Nr. 1).

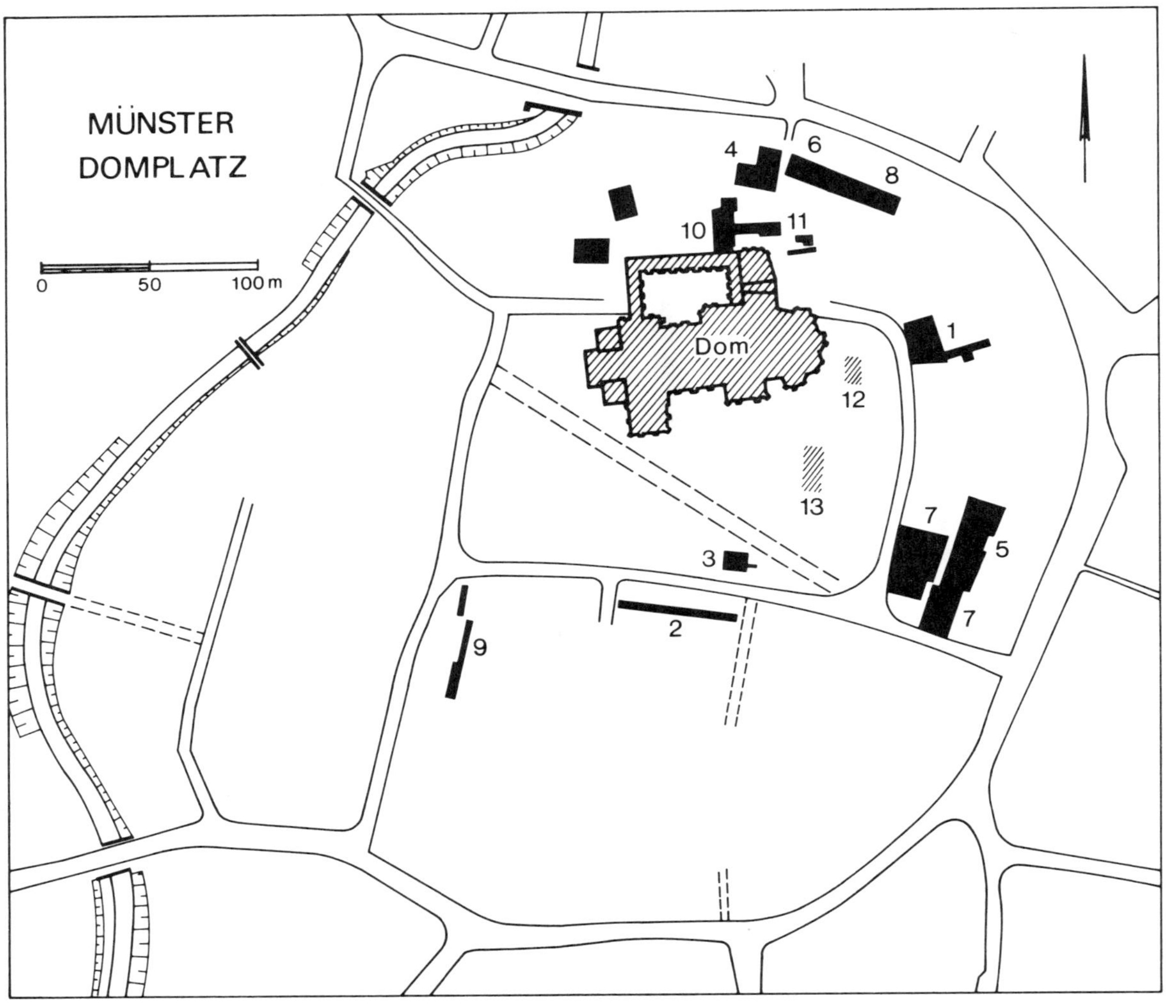

Abb. 4 Münster, Domplatz. Lage der Grabungsflächen. 1. Domgasse, 1953. – 2. Baugelände Post 1954. – 3. Domplatz, gegenüber der Post, 1955. – 4. Horsteberg-West, 1958. – 5. Michaelisplatz 1958. – 6. Horsteberg-Ost, 1959. – 7. Michaelisplatz 1960. – 10. Horsteberg 7, 1962/63. – 11. Horsteberg 5/6 (Regensberg), 1963/64. – 12. Baustelle Transformatorenhaus, 1964. – 13. Baustelle Löschwasserbecken, 1941.

* Gedruckt in: Monasterium. Festschrift zum siebenhundertjährigen Weihegedächtnis des Paulus-Domes zu Münster, hrsg. von A. Schröer (1966) 25 ff.

Von besonderer Bedeutung waren hier jene Funde, die aus den Anfangstagen der Domburg stammten, aus den Tagen Liudgers, des ersten Bischofs dieses Ortes Mimigernaford, „im Gebiet der westlichen Sachsen". Stratigraphie und archäologische Funde konnten uns bei sorgfältiger Beobachtung den Weg eröffnen, auf dem neues archäologisches Urkundenmaterial über Ursprung und Gestalt dieser von Karl d. Gr. gegründeten civitas als Hort der liudgerianischen sedes episcopalis zu gewinnen waren, ein Problem, das die lokale Geschichtsforschung[1] seit langem, die überregionale aber in den Nachkriegsjahren mit besonderem Bemühen beschäftigte.[2]
Zu diesem Unternehmen bot der Boden des Domplatzes in seiner geologischen Struktur, einem etwas lehmigen Sand, die besten Voraussetzungen. Es kam nur darauf an, die Bodenurkunden lesbar zu machen.
Mit diesen Arbeiten begann ein archäologisches Unternehmen, das uns in den nachfolgenden Jahren zwar reiche Ergebnisse gebracht hat, in dem wir aber auch unwiederbringliche sachliche Verluste im Wettlauf mit den Baggerarbeiten und kurz gesteckten Bauterminen bei fehlenden finanziellen Mitteln hinnehmen mußten. So bedauerlich dieser Urkundenverlust bleibt, in dessen Folge für die Zukunft an einzelnen Stellen der Domburg weiterhin Fragen statt möglicher Antworten stehen bleiben werden: im Großen gesehen ist bei den jahrelangen durchgeführten Arbeiten im Zuge fortlaufender Improvisation und Aushilfen doch viel erreicht worden.
Schon im Jahre 1954 konnten während der Ausschachtungsarbeiten für den Neubau der Post (Nr. 2) wenigstens in einer letzten Notuntersuchung noch Feststellungen zur frühmittelalterlichen Topographie auf der Südseite des Domplatzes festgehalten werden. Kleine Nebengebäude in Gestalt sog. Grubenhäuser – das sind in die Erde eingetiefte Hütten von 2,5 x 3,0 m bzw. 3,0 x 4,0 m Größe, die meist handwerklichen Zwecken dienten – erschienen in großer Anzahl. In ihnen bezeugten Webgewichte und Spinnwirtel die Tätigkeit der Frauen, die Eisenschlacken die der Schmiede.
In dem der Post gegenüber liegenden Gelände, schon auf dem Domplatz gelegen, kam bei Bauarbeiten im Jahre 1955 ein größeres Wohngebäude des 9. und 10. Jh. zu Tage, ein Pfostenbau, der in einer zweiten Bauphase mit einer in Lehm verlegten Steinmauer ummantelt worden war (Nr. 3).
Aus den bis dahin vorliegenden Beobachtungen und Feststellungen über die Dichte der Besiedlung im 9. Jh. bis zum 12. Jh. entstanden erste Zweifel an dem überlieferten und in der Gegenwart noch sichtbaren Bild des Domplatzes als einer weiten unbebauten Fläche.
Aus Fragen und Diskussionen entstand schließlich in den Jahren 1957 und 1958 der Plan, in weiteren Unternehmungen vordringlich archäologische Dokumente zur ersten Anlage der Domburg, ihrer Größe und Topographie zu gewinnen und soweit wie möglich darüberhinaus auch ältere Besiedlungsspuren der vorkarolingischen Zeit zu erforschen.
Begünstigt durch Initiative, äußere Umstände und die Förderung der Arbeiten durch den damaligen Direktor des Landesmuseums für Vor- und Frühgeschichte, Prof. Dr. A. Stieren, konnten in den Jahren 1958 und 1959 bei den Bauvorhaben auf der Nordseite des Domes (Horsteberg) (Nr. 4 u. 6) und der Ostseite des Domplatzes (Michaelisplatz) (Nr. 5), dank der freundlich erteilten Grabungserlaubnis durch das Hohe Domkapitel und die Firma Zumnorde, Herrn Kaufmann Mertens, erste klare Ergebnisse für die vorkarolingische Zeit, weiterhin aber auch zum Alter und zur Konzeption der ersten karolingischen Anlagen ausgegraben werden. Mit dem Erweiterungsbau der Firma Zumnorde und dem Bauvorhaben des Bankhauses Lampe im Jahre

Die Anmerkungen dieses Vorberichtes enthalten nicht alle Einzelnachweise, sondern geben nur einige Literaturhinweise. Für Münster sind grundlegend: Die Bau- und Kunstdenkmäler der Provinz Westfalen, hrsg. vom Landeskonservator, Bd. 41, Teil 1–6. Max Geisberg, Die Stadt Münster, Münster 1932–41. Zitiert: M. Geisberg, Münster 1–6. J. Prinz, Mimigernaford – Münster, Münster 1960. Zitiert: J. Prinz, Mimigernaford.

[1] M. Geisberg, Münster 1, S. 83ff. J. Prinz, Mimigernaford S. 105ff.

[2] Siehe dazu die Beiträge in: Studien zu den Anfängen des europäischen Städtewesens. Vorträge und Forschungen, hrsg. vom Institut für geschichtliche Landeskunde des Bodenseegebietes in Konstanz, geleitet von Theodor Mayer, Bd. IV, Konstanz 1958. S. auch die Tagungsprotokolle des Arbeitskreises für Stadtforschung der Arbeitsgemeinschaft der Historischen Kommissionen und landesgeschichtlichen Institute Deutschlands, Westfälische Forschungen, 13, Münster 1960, S. 181ff. und 16, 1963, S. 52ff.

1960 (Nr. 7) ergab sich eine besondere Chance, die Ergebnisse des Jahres 1958 über den Aufbau der ersten karolingischen Befestigung am Michaelisplatz wesentlich zu vervollständigen und darüberhinaus in einer größeren Flächengrabung auch Teile der inneren Besiedlung der civitas auszugraben.

Mit jeder neuen Grabungskampagne verdichtete und festigte sich das Gesamtbild der alten Domburg für die ersten Jahrhunderte ihrer Geschichte, über die keine schriftliche Quelle berichtet und nicht mehr berichten kann, weil der Brand des Jahres 1121 alles das, was einmal vorhanden war, vernichtet hat. Um so wertvoller mußten die ausgegrabenen archäologischen Bodenurkunden und Funde werden.

Die zu Beginn der Arbeiten im Jahre 1953 noch wichtigen archäologischen Fragen der Keramik und Fundvergesellschaftung, das Bemühen um eine gute Stratigraphie, waren inzwischen das Gerüst eines archäologisch-historischen Arbeitsprogramms geworden, das grundsätzliche Fragen umspannte, nämlich die nach der Entstehung der Stadt im rechtsrheinischen Raum. Hier war schon vor Jahren von der historischen Forschung der Hinweis auf jene Plätze gegeben worden, die unter Karl d. Gr. als Bischofssitze, als civitates, angelegt worden waren.[3]

Es ging darum, jenen in der Tiefe der Jahrtausende aus den Ländern des „Fruchtbaren Halbmonds" an Euphrat und Tigris aufgebrochenen Strom der Stadtentstehung und Stadtgründung, der sich mit den Wellen griechischer und später römischer Kultur, Macht und Zivilisation in den ersten Jahrhunderten nach Christi Geburt vor den Grenzen des römischen Imperiums an Rhein und Donau aufgestaut hatte, in seinem neuen Wellenschlag in die durch Karl eroberten sächsischen Länder, in den rechtsrheinischen Raum hinein zu verfolgen, wo es bis dahin keine stadtähnlichen Konzentrationen der Bevölkerung und der Organisation der Stämme gegeben hatte. Das Siedlungsbild dieser rechtsrheinisch-sächsischen Länder war bis dahin weiträumig-bäuerlicher Art, gekennzeichnet durch mehr oder minder große Gehöftgruppen an Quellen, Bächen und Flüssen. Ihre Führungszentren waren Orte kurzfristiger Versammlungen an Heiligtümern und besonderen Plätzen, periodische Zusammenkünfte in Burgen.

Mit der kirchlichen Einteilung des durch Karl eroberten sächsischen Landes und der Einrichtung der Bistümer mußten nun, da nach alter kirchlicher Weisung Bischöfe nicht auf dem Lande, sondern nur in Städten ihren Sitz einrichten durften,[4] eben diese Städte im antiken Sinne, als Platz des Heiligtums, der Kirche, als Zentrale der Organisation und Verwaltung, mit Mauern oder Wällen befestigt, an den Orten, die von Karl als Bischofssitz ausgewählt waren, gegründet und ausgebaut werden.

In das Bemühen um die Klärung dieser civitas-Gründung war Münster mit seinen ersten Arbeitsergebnissen über Größe und Ausstattung einer solchen Anlage hineingewachsen.

Was noch fehlte, war der Überblick über den zentralen Bereich einer solchen Gründung, nämlich das Bild der Kirche und in Münster besonders des honestum monasterium. Hier hatte ein Jahrtausend Bautätigkeit so viel verändert, daß es fast aussichtslos erscheinen mußte, die Keimzelle noch ergründen zu wollen.

Es ist das große und bleibende Verdienst des verstorbenen Diözesankonservators Prälat Dr. Wieschebrink, uns immer wieder auf diesen zentralen Bereich als Forschungsaufgabe hingewiesen und auch die ersten Hilfen geboten zu haben, das schwierige Problem zu lösen. Er hatte selbst im Jahre 1936 versucht, Liudgers erste Kirche in einer Ausgrabung festzulegen;[5] wußte aber sehr wohl um die Schwierigkeiten, die der Platz bot, und hat über ein Jahrzehnt immer wieder gemahnt, es noch einmal mit moderneren Methoden und Kenntnissen zu versuchen. Den Anfang wagten wir noch mit ihm zusammen im Herbst des Jahres 1962.

Unser eigener Arbeitsplan beabsichtigte, mit einer Untersuchung der auf Grund der Urkunde von 1377 zu vermutenden Lage dieses ersten Domes im Gebiet des heutigen Domherrenfriedhofes die maßgerechte Topographie und Stratigraphie dieses zentralen Bereiches der Domburg so weit zu

[3] W. Schlesinger, Städtische Frühformen zwischen Rhein und Elbe, in Studien, s. o. Anm. 2.

[4] F. Merzbacher, Die Bischofsstadt. Arbeitsgemeinschaft für Forschung des Landes Nordrhein-Westfalen. Geisteswissenschaften. Köln 1961. H. 93, S. 10–14.

[5] Th. Wieschebrink, Der Dom des heiligen Ludgerus in Münster, Westfalen 21, 1936, S. 195ff.

klären, zu festigen und einzuengen, daß wir mit einem Minimum an Erdbewegungen die Stätte selbst untersuchen konnten. Auf dem Weg der topographischen Festlegung älterer Bausituationen des Monasteriums mit seinen Gebäuden und Mauerzügen, die in ihren ältesten Teilen an diesen ersten Dom anschließen mußten, wollten wir seine voraussichtlich genaue Lage in dem nur unter großen Schwierigkeiten aufzugrabenden Gelände fixieren.
Wir stießen mit diesem Vorhaben thematisch in Probleme vor, deren Klärung für Münster auf Grund der schriftlichen Quellen soeben erst als „nicht mehr möglich" bezeichnet worden war.[6] Darüber hinaus mußten aber mit den in diesem Bereich, in unmittelbarer Nähe des älteren Domes zu erwartenden Mauern und den mit ihnen angezeigten Räumen neue und grundsätzliche Fragen auf uns zukommen, deren Lösung zusätzliche Schwierigkeiten bringen würde. Denn wir näherten uns, so oder so, dem auch für die Forschung noch fast völlig unübersehbaren Problemkreis der frühmittelalterlichen Ordnungsprinzipien, nach denen die Räume in der Nähe des Domes einmal angelegt worden waren. Ihre Nachfolgebauten sind zwar im heute überschaubaren Bild des hohen Mittelalters noch festzustellen, doch ist uns die Begründung der Intention der ersten Ordnung für ihren ganz bestimmten topographischen Platz weder überliefert, noch schon wieder erarbeitet. Die Ausgrabungen in diesem zentralen Bereich der Domburg, im honestum monasterium, im Herbst des Jahres 1962 begonnen, wurden auch im Winter der Jahre 1963/64 mit einigen Suchschnitten weitergeführt. Diese Untersuchungen müssen noch abgeschlossen werden.
Im Rahmen der folgenden Darstellung über die Ergebnisse der bisherigen Grabungen wird über die ersten topographischen Erkenntnisse in diesem Bereich ebenfalls berichtet werden. Denn schon das jetzt überschaubare Bild bietet zu den bisherigen Überlegungen um entscheidende Fragen zur Baugeschichte des Dombereiches neue Erkenntnisse und Akzente.
Es sei betont, daß es sich beim jetzigen Stande der Untersuchungen und der Bearbeitung nur um einen Vorbericht handeln kann, dessen bestimmende Aussagen erst nach Abschluß der Grabungen oder der eingehenden Bearbeitung der Fundmaterialien schärfer formuliert und begründet werden sollen.
Die Untersuchungen der Jahre 1953–59 wurden mit Mitteln des Landschaftsverbandes Westfalen-Lippe durchgeführt; dankbar sei für den Beginn der Grabungen auch die Hilfe des früheren Landeskonservators Prof. Dr. Rensing, der Förderergesellschaft der Wilhelms-Universität und der Stadt Münster erwähnt. Für die Bereitstellung der Ausgrabungsmittel für die Jahre 1960–64 ist dem Herrn Kultusminister des Landes Nordrhein-Westfalen zu danken.

2. Die Ausgrabungen

a) Zur vorkarolingischen Besiedlung

Der münsterische Domhügel, so wie er sich heute von Westen und Südwesten gesehen dem Auge anbietet, ist in seiner gegenwärtigen Gestalt eine durchaus historische Erscheinung. Sein heute charakteristisches Gepräge ist erst durch das Wirken des Menschen während der letzten tausend Jahre entstanden. Über 3–4 m starke Schuttschichten aus den Katastrophen eines Jahrtausends, in der die Bauten immer wieder zerstört worden sind, bilden den erhöhten Saum auf der Nord-, West- und Südseite, liegen aber auch in unterschiedlicher Stärke von 1–2 m auf der ganzen Fläche.
Vor dieser Zeit war es ein von Ost nach West in die breite Talaue der Aa allmählich abfallender Sandrücken, der auf der Nord- und Südflanke zusätzlich von zwei Bächen ausgewaschen worden war, wodurch eine ausgeprägte Spornlage entstand. Ein lehmiger Sand auf Kies und z. T. hochliegendem zerklüftetem Mergeluntergrund bot von Natur aus günstigsten Siedlungsboden und eine gute Siedlungslage. So mag es fast selbstverständlich erscheinen, daß bei den Ausgrabungen auf dem Domhügel immer wieder jahrtausendealte Geräte gefunden wurden, in Gestalt kleiner Werkzeuge aus Feuerstein, von umherziehenden Jägern herrührend, die aus dem 6. und 5.

[6] J. Prinz, Mimigernaford, S. 145.

Jahrtausend vor Christi Geburt stammen. Auch aus späterer Zeit sind einige Funde bekannt. Kleine, schon sorgfältig retuschierte, gestielte Pfeilspitzen aus Feuerstein gehören zu spätneolithischen und frühbronzezeitlichen Kulturen, deren noch sichtbare Denkmäler in Gestalt großer Grabhügel in unmittelbarer Umgebung Münsters, in der Bauerschaft Dorbaum, heute noch erhalten sind.

Zeugnisse einer dauerhafteren Besiedlung beginnen nach den bisherigen Beobachtungen auf dem Domhügel relativ spät. Neben wenigen bisher noch spärlichen Funden und Siedlungsresten aus den Jahrzehnten um Christi Geburt vom Westhang des Domhügels und der Pferdegasse sind vor allem die Spuren einer schon größeren Siedlungsfläche aus dem späten 2. und 3. Jh. n. Chr. zu erwähnen. Sie erschien mit zugehörigen Funden in allen Grabungsstellen am West-, Nord- und Südrand des Domhügels und auf dem Gelände des Michaelisplatzes. Außer Pfostenspuren von größeren ebenerdigen Wohnbauten, die aber bei der durch die Größe der jeweiligen Bauvorhaben gebotenen Begrenzung der Grabungsflächen nicht weiter verfolgt werden konnten, gelang es wiederholt, kleinere Nebengebäude entweder vollständig oder doch in großen Teilen freizulegen, kleine in die Erde eingegrabene Grubenhäuser, die uns als Räume für handwerkliche Arbeiten auch von anderen Siedlungen dieser Zeit bekannt geworden sind.

Beim Neubau der Kurie auf der Nordseite des Horsteberges konnte ein Haus dieser Art vollständig freigelegt werden. Es war 2 x 3 m groß, zeigte an beiden Schmalseiten zwei tief eingegrabene Firstpfosten, während seine Eckverbände und Wände aus umflochtenen Ruten und senkrecht stehenden Bohlen bestanden. Ein ungewöhnlich großes Vorratsgefäß lag in Scherben an der Südseite der Innenfläche. Ein weiterer Grundriß einer kleinen eingetieften Hausfläche erschien auf der Ostseite des Horsteberg-Aufganges, 3,0 x 3,5 m groß, ebenfalls mit zwei starken Giebelpfosten auf den Schmalseiten. Unmittelbar benachbart wurden einige Pfosten eines größeren ebenerdigen Wohnhauses festgestellt, darin eine rotgebrannte, lehmverstrichene Herdplatte mit Gefäßresten aus der Zeit um 200 n. Chr. Etwa 20 m südwestlich, fast vor dem Eingang zur heutigen Marienkapelle liegend, kam bei den Grabungen des Jahres 1963 ein weiteres Grubenhaus der gleichen Zeit zu Tage. Das zu dieser Siedlungsschicht gehörige Fundmaterial besteht aus mittelkaiserzeitlichen Gefäßen (der Formen von Uslar II, III und IV),[7] hinzu kommt etwas importierte römische Keramik, Stücke von später Terra sigillata und weißen, rauhwandigen Gefäßen des 3. Jhs., außerdem Stücke von bronzenen Armbrustfibeln. Wiederholt festgestellte kleine Vorratsgruben mit Resten von gedörrtem Getreide, ursprünglich in noch dabeiliegenden Gefäßen aufbewahrt, die im Laufe der Zeit in viele Stücke zerbrochen und zerdrückt worden sind, bestätigen noch einmal, daß es sich um eine echte Siedlung handelt, zu der in unmittelbarer Nähe auf dem Domhügel auch Felder lagen, wie die Bodenprofile mit ihren starken Bearbeitungsspuren erkennen ließen.

Diese Siedlung hat nach dem Fundmaterial nur über wenige Generationen bestanden. Es war eine der relativ kurzlebigen Siedlungen, denen wir im westgermanischen Raum zwischen Rhein und Weser an vielen Plätzen begegnen. Sie gehören im allgemeinen dem 3. Jh. an, einer Zeit, in der sich einerseits die Konsolidierung des fränkischen Stammesverbandes vollzog, andererseits aber auch die große Unruhe mit neuen Bewegungen der germanischen Völker nach Westen und Südwesten auf die Grenzen des römischen Imperiums begann. Ob auch klimatische Gründe für den Abbruch der Besiedlung auf dem Hang des Domhügels bestimmend waren, kann zwar noch nicht mit Sicherheit angegeben werden, ist aber doch mit in Erwägung zu ziehen.

Nach der kaiserzeitlichen Besiedlung des 3. Jhs. blieb der Domhügel über mehrere Jahrhunderte hin unbewohnt. Großflächige Sandaufwehungen lagerten sich in 0,3–0,5 m Stärke ab und bedeckten den älteren Siedlungsboden.

Erst mit den neuen großen historischen Bewegungen der sächsischen Landsiedlung im 7. Jh. n. Chr. gewann der Platz neue Bewohner und neue Bedeutung.

Aus dieser Zeit rührt auch wohl der älteste überlieferte Name Mimigernaford für diesen Ort. Er enthält in seinen Teilen die nach einem Personennamen benannte Siedlung auf einem hochliegenden Geländerücken an einer Furt. Der alte Aa-Übergang hat nach unseren Beobachtungen

[7] R. von Uslar, Westgermanische Bodenfunde, Berlin 1938, S. 15, 17 und 19.

ursprünglich auf der Westseite des Domhügels im Bereich des Fürstenberghauses der Universität gelegen. Dort konnten wir während der Bauarbeiten im Jahre 1953 in dem mit kleinen zerschlagenen Steinen befestigten Hang an vielen Fahrspuren die alte Auffahrt zur Domhöhe beobachten.

Die Gründe für die neue Besiedlung dieses Platzes im 7. Jh. sind, wenn wir der archäologischen und historischen Forschung der letzten Jahre folgen, ausschließlich im Ablauf des größeren historischen Geschehens zu sehen, das in jenen Jahren einen neuen Abschnitt der Geschichte des rechtsrheinischen Raumes einleitete, nämlich der Ausdehnung der sächsischen Heerschaften aus nördlichen und nordöstlichen Räumen nach Süden, die die Entstehung des sächsischen Westfalen bewirkten.[8] Aus im Norden und Nordosten liegenden Zentren dehnte sich diese Bewegung in breitem Fächer in das heutige innere Münsterland bis zur Lippe und nach Südwesten bis zum großen Moorstreifen aus, der von Haltern nach Norden zieht und das westliche Münsterland begrenzt.

Der größere spätkaiserzeitliche Lebensraum des 3. und 4. Jhs. zwischen Niederrhein und mittlerer Weser, der alten Francia der antiken Nachrichten und der Peutingerschen Karte, einschließlich südlicher und nördlicher Räume, mit allen in ihm wohnenden Stämmen im 2. und 3. Jh. zum fränkischen Stammesverband zusammengeschlossen, hatte in den Jahrzehnten des späten 4. Jhs. und im 5. Jh. große Teile seiner Bevölkerung im östlichen, nördlichen und mittleren Westfalen nördlich der Lippe an den fränkischen Einbruch in die bis dahin römischen imperialen Räume Galliens abgegeben. Nur im mittleren Westfalen zwischen Lippe und Ruhr und im westlichen Münsterland, westlich des Halterner Moorsaumes, der alten Chamavia, blieben alte starke fränkische Bevölkerungsteile erhalten, wie die Menge der dort vorhandenen fränkischen Friedhöfe bezeugt, deren archäologische Materialien auf engste Verbindungen zur fränkischen Reichskultur hinweisen. Der in ihrem Rücken liegende, weithin siedlungsleere Raum füllte sich erst wieder im östlichen Westfalen bis zur Ems mit neuen sächsischen Bevölkerungsteilen im 5. und 6. Jh., im übrigen Münsterland erst im 7. Jh. und gewann zum Ende des 7. Jhs. das westliche Münsterland und das brukterterische Siedlungsgebiet südlich der Lippe hinzu, letzte Ereignisse dieser großen Bewegung, die uns schon schriftlich überliefert sind.[9] Die Ausbreitung und Besitznahme des neugewonnenen Gebietes ist zunächst nicht gleichbedeutend mit einer über das ganze Land verstreuten flächigen neuen Besiedlung, sondern sie erfaßt, wie es in alter Zeit selbstverständlich war und seit einigen Jahren durch die Forschungen im langobardischen Bereich in Norditalien auch näher faßbar geworden ist, zunächst und vor allem die strategisch wichtigen Plätze im Lande, das sind die Flußübergänge im Zuge größerer Hauptverkehrs- und Heerstraßen. Dieser Ausgriff führt bis zur Neuanlage von befestigten Plätzen an den äußersten Grenzen des eroberten Gebietes. Erst von diesen strategischen Punkten aus erfolgt dann die eigentliche Durchdringung des Landes.

Hier liegt die Begründung für die großen sächsischen Burgen am Südsaum der sächsischen Heerschaften, die in den Tagen Karls im ausgehenden 8. Jh. eine so bedeutende Rolle spielen und immer wieder in den Schriftquellen erscheinen: die Hohensyburg und die Eresburg. Hier liegt die historische Begründung und Bedeutung der in den Jahren 1951–59 ausgegrabenen großen sächsischen Siedlung an der Slader-Furt bei Warendorf,[10] hier aber auch der historische Untergrund für die Anlage Mimigernaford.

Die archäologischen Quellen seiner sächsischen Geschichte sind nicht eben zahlreich, wenn wir sie mit den reicheren Ergebnissen der Grabungen Warendorf vergleichen. Aber es ist auf dem Domhügel auch nur etwa ein Zehntel der Warendorfer Fläche wirklich ausgegraben worden. Die ältere Siedlung bedeckte, soweit die Bodenprofile erkennen ließen, ursprünglich ein Gebiet, das

[8] A. Hömberg, Westfalen und das sächsische Herzogtum, Münster 1963, S. 1ff., bes. S. 12.

[9] Zusammenstellung der Quellen bei: L. Schmidt, Geschichte der deutschen Stämme, Westgermanen, München 1938, S. 51ff.

[10] W. Winkelmann, Die Ausgrabungen in der frühmittelalterlichen Siedlung bei Warendorf (Westfalen), Neue deutsche Ausgrabungen, Berlin 1958, S. 492ff.

sich vom Domplatz nach Osten bis fast zur Dominikanerkirche, dann nach Norden bis zur Kirchherrngasse und von da nach Nordwesten auf die Aa erstreckte.
Auf dem Domhügel ergaben vor allem die Grabungsstellen und Baugruben auf dem Nordhang, am Horsteberg, an der Domgasse und auf den Flächen Zumnorde und Bankhaus Lampe am Michaelisplatz sichere Spuren dieser Besiedlung. Auf der West- und Ostseite des Horstebergaufganges kamen Pfostenreihen und Wandspuren größerer ebenerdiger Wohnbauten mit etwas nach außen gebogenen Längsseiten zu Tage, zunächst in SW-NO-Richtung, in einer zweiten Bauphase SO-NW angelegt. Zwei- bis dreimal waren die alten hier stehenden Bauten um- und neugebaut worden, wie die Pfostengruben und Wandspuren bezeugten, ein Hinweis auf die über längere Zeit andauernde Besiedlung. Leider ließen sich vollständige Hausgrundrisse bei der Begrenzung der Baugruben nicht gewinnen. Auch die Grundrisse der kleinen Nebengebäude der Grubenhäuser wurden an der Domgasse und am Horsteberg freigelegt. Diese Hütten waren, wie schon die kaiserzeitlichen Gruben, 0,4–0,9 m in den Boden eingegraben, jetzt aber im Hausgerüst stärker gebaut, nämlich mit sechs Pfosten, davon je drei auf den Schmalseiten. Am Grunde dieser Hütten lagen in den muldenförmig ausgetretenen Stand- und Arbeitsflächen der stehenden Webstühle noch die großen runden Webgewichte und vereinzelt auch Spinnwirtel. Von besonderer Bedeutung sind die technischen Anlagen, die eine handwerkliche Tätigkeit bezeugen: kleine Brennplatten, Steine in Lehm verlegt, mit letzten Resten der aufgehenden Wandung von Bronzeschmelzöfen, dabei auch ein kleiner aus starken hölzernen Ruten aufgebauter Lehmkuppelofen von etwa 0,5 m Durchmesser, aus der mittleren Bebauungsphase, der ausgehenden ersten Hälfte des 8. Jhs. Er war bei der Anlage der letzten sächsischen Bauten schon durch die Wand eines neuen Hauses zerschnitten worden. Eisenschlacken und Stücke zerschlagener Ofensauen – das ist das am Grunde des Ofens zusammengeflossene Eisen, das in der weiteren Fertigung zu Waffen und Geräten verarbeitet wurde – bezeugen auch hier die Tätigkeit des Schmiedes.
Während Eisenschmelzöfen und die Weiterverarbeitung der gewonnenen Eisenluppen durch den Schmied zu jeder größeren Siedlung dieser Zeit gehören, wie von vielen Grabungsplätzen bekannt geworden ist, erhält Mimigernaford durch die Reihe der Bronzeschmelzöfen am Horsteberghang innerhalb der vergleichbaren Plätze eine besondere Bedeutung.
Aber das nicht allein: die archäologischen Zeugnisse einer Kammacherei, die in einem Grubenhaus an der Domgasse untergebracht war, mit allen Stücken der einzelnen Fertigungsstufen kamen zu Tage: vom Rohmaterial, den grob und feiner zugeschnittenen Knochenplatten, den Kammleisten, den schon angesägten Kammplatten bis zu fertigen, mit Winkelbändern und Strichgruppen verzierten Kämmen. Sie unterstreichen die besondere Bedeutung dieses Platzes bereits in vorkarolingischer Zeit. Auch verweisen sie dazu auf Vorgänge, die wir in ihrer letzten Bedeutung im Augenblick noch nicht erklären können: das verarbeitete Rohmaterial bestand ohne Ausnahme aus den Unter- und Oberschenkelknochen von jungen Pferden. Die Gelenkköpfe waren abgesägt und weggeworfen worden, die Zwischenstücke zu schmalen Platten zurechtgeschnitten und in kleinere Kammplatten unterteilt, die später zwischen den beiden halbrunden Kammleisten vernietet wurden. Das ausgewählte Knochenmaterial der Pferde verweist hier in einen Bezirk noch heidnischer religiöser Vorstellungen, der dem Pferd zugeordnet bleibt, das wir als Opfer bei den Gräbern aus der gleichen Zeit im sächsischen Raum von allen Grabfeldern kennen. Es wird uns später auf dem Domplatz noch einmal in einem letzten Dienst heidnischen Opfers begegnen.
Die Bedeutung, die der vorkarolingisch-sächsischen Siedlung Mimigernaford auf Grund der festgestellten besonderen handwerklichen Gewerbe zuerkannt werden muß, erfährt ihre Bestätigung auch durch die übrigen Begleitfunde, vor allem die Gefäßreste. Unter ihnen bezeugen relativ viele Stücke der Gefäßware der Badorfgruppe – das ist eine aus den Töpfereibezirken im linksrheinischen Vorgebirge bei Köln durch Händler ins Land gebrachte Keramik – in allen verzierten und unverzierten Varianten, eine lebendige, über weiten Raum führende Verbindung der hier Wohnenden. Es ist eine Keramik, die in der zweiten Hälfte des 8. Jhs. aufkommt und noch zur letzten sächsischen Siedlungsschicht gehört. Einen ähnlichen zeitlichen Festpunkt für diese letzte Phase der sächsischen Besiedlung erhalten wir auch durch das gefundene einheimische

Gefäßmaterial. Kumpfformen, eiförmige Gefäße, beginnende Kugeltöpfe und vor allem leuchtend rot polierte Ware sind Zeugnisse der letzten Jahrzehnte des 8. Jhs.

Wir dürfen in den oben erwähnten Handelsgütern und den Beobachtungen der handwerklichen Tätigkeit an diesem Ort wohl gewichtige Zeugnisse für einen „lebhafteren Verkehr“[11] sehen, der diesen Platz schon in vorkarolingischer Zeit ausgezeichnet hat, und erkennen darin begründende Voraussetzungen für seine spätere Wahl als civitas. Sie waren es, die ihn geeignet erscheinen ließen, hier im Zuge der Neuordnung der staatlichen und kirchlichen Organisation eine Stadt als Bischofssitz zu errichten.

Wie schon erwähnt, sind die am Domhügel ergrabenen Flächen nur ein kleiner Teil jener größeren sächsischen Siedlung, die in lockerer Gruppierung als eine Reihe einzelner Gehöfte an den Ufern der Aa gelegen hat. Sie sind während der Sachsenkriege zusammen mit dem Hof am Domhügel durch Feuer zerstört worden. Die Häuser verbrannten, wie die starken Holzkohleschichten und die rotgebrannten Reste der Staklehmwände erkennen ließen. Der Wind verwehte die Brandreste. Der Regen legte in feinen Schleiern den ausgewaschenen Quarzsand darüber. Eines Tages aber wurde über die alten Hausflächen am Nord- und Nordosthang des Domhügels der mächtige Erdwall der karolingischen civitas aufgeworfen. Damit brach, nach der Eroberung des sächsischen Landes durch Karl d. Gr., für Mimigernaford ein neuer und entscheidender Tag seiner Geschichte an.

b) Zur civitas

Die Translatio St. Liborii berichtet eindeutig über die Gründe, die zur Wahl der neuen Bischofssitze im soeben eroberten sächsischen Land führten. Sie bestätigt, daß es im damaligen Sachsen keine Städte gab, in denen Bischofssitze hätten errichtet werden können, und nennt „natürliche Vorzüge“ und „lebhafteren Verkehr“ als Gründe für die Wahl der neuen Orte.[12] Mit diesem Hinweis entfällt auch für Münster eine Reihe älterer und jüngerer Theorien, die nach den Gründen für die Anlage des Bischofssitzes an diesem Ort suchten. Vom römischen Lager über das sächsische Heiligtum, den sächsischen Rundling, die karolingische curtis, worunter die ältere Diskussion eine Burg, eine Befestigung, im Sinne der lateinischen Termini castrum und oppidum verstand, bis zur gewachsenen Stadt, aus älterem germanischem Vorort entstanden,[13] ist in der Forschung und Meinung alles Wissenswerte und Mögliche genannt worden, um die Wahl der neuen Bischofssitze zu begründen. Demgegenüber dürften die in der Translatio genannten Gründe auch für die Wahl Mimigernafords ausschlaggebend gewesen sein. Das bedeutet aber: an diesem Ort Mimigernaford ist durch Karl d. Gr. eine civitas im antiken Sinne, eine neue Stadt, als schützender Ort der sedes episcopalis angelegt und gegründet worden.

Zum Anfangsstadium dieser Entwicklung, über das keine Hinweise in den schriftlichen Quellen Einzelheiten berichten, sind auf dem Domhof in Münster schon jetzt reiche Ergebnisse ergraben worden.

Der heutige Domplatz in Münster einschließlich der randlichen Bebauungszonen zum Prinzipalmarkt nach Osten hin und zum Süden mit Regierung, Post und Landesmuseum, nach Westen mit dem Fürstenberghaus und bischöflichem Palais bietet in selten erhaltener topographischer Bildhaftigkeit die Größe dieser karolingischen civitas noch in der Gegenwart voll überschaubar dar. Die scharfe Grenze der Rückfronten der Kaufleute-Häuser am Prinzipalmarkt, Drubbel und Bogenstraße bis zum Spiekerhof im Osten und Norden und, weniger deutlich, der Häuser an der Rothenburg kennzeichnet ihren alten Verlauf auf jedem Plan und Bild Über die Zeichnung von Alerding von 1636[14] bis zu den ersten erhaltenen historischen Nachrichten aus dem 13. Jh. über Grenzstreitigkeiten zwischen dem Bischof als dem Grundherren der Domimmunität und einzelnen

[11] Translatio S. Liborii, MGH SS IV, c. 2, S. 150 „populi frequentia“.

[12] Translatio S. Liborii: „quia civitates, in quibus more antiquo sedes episcopales constituerentur, illi penitus provinciae deerant, loca tamen ad hoc, quae et naturali quadam excellentia et populi frequentia prae caeteris oportuna videbantur, elegit.“

[13] M. Geisberg, Münster 2, S. 6f. – J. Prinz, Mimigernaford, S. 105–106. – E. Ennen, Frühgeschichte der europäischen Stadt, Bonn 1953, S. 119/120.

[14] Abbildung bei M. Geisberg, Münster 1, S. 11, Abb. 10.

Bürgern der damals auf die Westseite des Prinzipalmarktes übergreifenden Häuser[15] ist diese alte Grenze an vielen einzelnen Punkten festzulegen und festgelegt worden. In dem seit Jahrzehnten andauernden wissenschaftlichen Bemühen hatte M. Geisberg nicht nur die Grenzen der Domimmunität des 13. Jhs., sondern darüber hinaus dank der Aufzeichnungen seines Vaters an vielen Stellen einen älteren Mauerring feststellen können, den er nach Münsterischer Überlieferung mit Bischof Burchard in Verbindung brachte. Diese Angaben Geisbergs bleiben auch für die archäologischen Forschungen seit 1953 wesentliche Anhaltspunkte.[16]

Schon bei den ersten Arbeiten im Herbst dieses Jahres an der Baustelle neben der Domgasse konnten wir in einem nach Osten ausgehobenen Graben im Garten der Kurie nicht nur eine jüngere Ergänzung dieser älteren Domburgmauer freilegen, sondern auch Bauteile der noch älteren karolingischen Befestigung ergraben. Wir waren mit unserem Suchgraben, ohne es zu vermuten, in das quergestellte breite Torhaus der ersten Stadt geraten, das hier bis zum 12. Jh. gelegen hatte. Auf schmalen, 0,5 m breiten, in Lehm verlegten Steinmauern hatte hier einmal in Nord-Süd-Richtung das Torhaus gestanden, etwa 4 m tief in der Ost-West-Erstreckung und bis auf 4,6 m in seiner Südausdehnung angegraben, mit einem Nebeneingang von 1,2 m Breite auf der Nordseite. Der weitere Rest erstreckt sich noch unter die Domgasse. Von der Nordostecke des Torhauses zog eine ebenfalls 0,5 m breite lehmverlegte Mauer nach Norden in die anschließende Wallschüttung hinein. Starke Brandspuren an der Ostseite dieser Zungenmauer und auf der mit Steinen befestigten, festgefahrenen und festgetretenen, wahrscheinlich zweispurigen Tordurchfahrt waren die Reste der großen Brandkatastrophe von 1121. In den Brandresten lagen Stücke von einheimischen Gefäßen und Erzeugnisse rheinischer Töpfereien der sogenannten Pingsdorfer Ware, u. a. ein in Scherben vollständig erhaltenes schlankes Gefäß mit aufgemaltem engem Gittermuster auf dem oberen Teil der grauen, hartgebrannten Wandung. Weitere Reste der frühmittelalterlichen Ringmauer, von der meist nur noch wenige Stücke erhalten waren, wurden im Jahre 1958 an der West- und Ostseite des Horsteberg-Aufganges und in der Baustelle der Kurie am Horsteberg festgestellt.

Wenige Zentimeter unter den modernen Treppenwangen des älteren Horsteberg-Aufganges gelang es dann im Jahre 1958 zum erstenmal, Frontteile des karolingischen Walles zu beobachten. Es waren abgerutschte Lagen von Sand- und Heideplaggen, die hier ursprünglich als 0,8 m breite Plaggenwand aufgepackt waren, um den Wallfuß zu halten. In Abständen von 0,4 m hatte man diese Plaggenfront mit armdicken Holzpfählen zusätzlich gesichert und die freistehenden Enden an diesem steileren Nordhang des Horsteberges noch mit einem Flechtwerk versehen, um das Nachrutschen der Sandaufschüttung zu verhindern (Taf. 44, 1).

In einzelnen Erdblöcken, die zwischen den Grundmauern jüngerer Gebäude ungestört erhalten geblieben waren, erfaßten wir am Horsteberg auch Reste des ersten Walles, bis zu 1,4 m Höhe erhalten. Er war hier über den Brandresten der älteren sächsischen Siedlungsschicht des 8. Jhs. aufgeworfen worden.

Als es im Jahre 1958 beim Bau der ersten Erweiterung der Firma Zumnorde dann erstmalig möglich war, eine größere Fläche zu untersuchen, kam das ganze Konstruktionsgefüge eines Holz-Erde-Walles zum Vorschein, das wir bei den Grabungen des Jahres 1960 bis zum Bürgersteig der Michaelisstraße über 40 m weit freilegen konnten. Auch hier war über viele Meter hin der Wall, etwa 50 cm unter der Oberfläche des heutigen Domplatzes beginnend, noch in einer Stärke von 1,5 m erhalten, an der Basis 14 m breit, mit starkem Holzwerk an der Frontseite und einer korrespondierenden Verankerung an der Innenseite. Außen davor lag eine 4,0 m breite Berme bis zum Ansatz des etwa 10 m breiten und 3–4 m tiefen Spitzgrabens (Taf. 44, 2; 45, 1).

Das Detail der Konstruktion und der Maße ließ sich in den freigelegten Bodenspuren ablesen: im grauen Boden der Kulturschicht des 8. Jhs. erschienen mit Zwischenräumen von 1,5–1,75 m etwa 0,6–0,8 m breite und 1,0–1,75 m lange, mit hellem Sand angefüllte rechteckige Gruben (Taf. 45, 2; 46, 1), in denen im Abstand von 2,0–2,5 m die 0,25 x 0,4 m starken eichenen Frontpfosten des Walles gestanden hatten (Taf. 47, 1). Ihre letzten Reste waren am Grunde der 1,4 m tiefen Gruben

[15] M. Geisberg, Münster 1, S. 96ff. – J. Prinz, Mimigernaford, S. 115 und 117.

[16] M. Geisberg, Münster 1, S. 99 und Abb. 66. – J. Prinz, Mimigernaford, S. 110ff.

noch erhalten; 6 m weiter zum Innern hin kamen in entsprechenden seitlichen Maßen die etwas kleineren Gruben der hinteren Wallpfosten zum Vorschein. Dunkel gefärbte, schmale, langstreifige Bodenspuren zwischen den Frontpfosten und den hinteren Pfosten wiesen mit schmalen Streifen vermoderten Holzes auf Verbindungsbohlen hin. In ähnlicher Weise waren die Reihen der Front- und Innenpfosten durch Bohlen untereinander verbunden. So entstanden große Holzkästen (Taf. 48), die, an der Frontseite etwa 4 m hoch, mit Erde angefüllt wurden. Die schräg geböschte Innenseite des Walles bedeckten Heide- und Grasplaggen. Vor den Frontpfosten, auf der Berme zwischen Graben und Bohlenwand, lag eine zur Wand hin ansteigende Plaggenschicht aufgepackt. Durch diese Plaggen hindurch im Abstand von 0,4 m eingeschlagene armdicke Pfähle reichten bis in den Untergrund des Walles.

Dieser Holz-Erde-Wall bildete, auch im Vergleich mit anderen karolingischen Burgen, eine sehr starke und die durch ihn umwallte Innenfläche von 8 ha Größe auch eine sehr große Anlage.[17]

Wir kennen durch die Ausgrabungen bisher die genaue Lage des Walles auf der Nord- und Ostseite der alten Domburg bis zur Michaelisstraße hin. Der weitere Verlauf nach Süden und auf der Südseite kann vorerst nur vermutet und muß im einzelnen noch festgelegt werden[18] (Taf. 49).

Wie die am Michaelisplatz freigelegten Flächen gezeigt haben, führte am inneren Wallfuß eine etwa 5 m breite Wallstraße entlang. Sie war im Anfang mit einer Art Knüppeldamm befestigt. Die Bodenspuren ließen drei im Abstand von 1 m parallel verlegte Langhölzer erkennen, auf denen Querhölzer lagen (Taf. 47, 2). Diese Holzbefestigung der Straße war wiederholt erneuert worden, verfiel aber schließlich und wurde in der Folgezeit mit eingeworfenen Steinen, Kalk- und Sandsteinplatten und Kopfsteinen befestigt.

Daran schloß sich nach innen eine erste, etwa 15 m tiefe Bebauungszone an, die in kleine, 7–8 m breite, mit Palisaden umwehrte Haus- und Hofflächen eingeteilt war (Taf. 48). Die Häuser bedeckten Grundflächen von 4 x 6 m. Die sich fünf- bis sechsmal überschneidenden Standspuren der Hauspfosten in gleicher Fläche weisen auf wiederholte Neubauten hin. Dazu gehören jeweils ein- bis zwei kleinere Grubenhäuser. Burgeinwärts folgte etwa in der Flucht der heutigen Straße vom Michaelisplatz zur Landeszentralbank ein nächster mit Kopfsteinen befestigter Straßenzug. Wie die erhaltenen fotografischen Aufnahmen von dem im westlich anschließenden Gelände während des Krieges ausgeschachteten großen Wasserbehälter erkennen lassen, war auch die westlich der älteren Straße gelegene Fläche dicht besiedelt.

Im beigegebenen Plan (Taf. 48) der ausgegrabenen Fläche Michaelisplatz sind die Palisadengräben der einzelnen Haus- und Hofflächen eingezeichnet. Sie begleiten den am Wall entlangführenden Straßenzug und öffnen sich hier zu einem 4 m breiten Zugang von der Wallstraße auf einen kleinen Vorplatz, auf dessen nördlicher Seite ein holzverschalter Brunnen lag. Der Zugang von der Wallstraße auf den Brunnenplatz setzte sich nach Westen zwischen zwei Hausflächen in Richtung auf die nächste Straße fort.

Das Ausgrabungsergebnis liefert uns – pars pro toto – einen sehr wichtigen Einblick in jene Gründungssituation der civitas: kleinzellige Hausflächen, an den Straßen liegend und in ihren Grenzen über Jahrhunderte hin konstant, ein Bild, das uns von den Ausgrabungen in Hamburg und Antwerpen für die frühmittelalterliche Situation ebenfalls bekannt geworden ist. Darüber hinaus gewährt es uns bei einem Vergleich mit den weiträumigen Hofflächen der Warendorfer sächsischen Siedlung einen Eindruck der neuen, ganz anders gearteten soziologischen Struktur der Stadtbevölkerung. Es dürfte sich hier im wesentlichen um Handwerker und servii des Monasteriums handeln, nicht um Freie im alten Sinne.

[17] R. von Uslar, Studien zu frühgeschichtlichen Befestigungen zwischen Nordsee und Alpen. Beihefte der Bonner Jahrbücher, Bd. 11, Köln 1964. Vgl.: Hammaburg, Büraberg, Christenberg, Skidrioburg, Burgberg von Goddelsheim, Oldenburg bei Laer, Dolberg, Bumannsburg. Eine ähnliche Größe zeigen auch die civitates des 6. und 7. Jhs. im westfränkischen Raum, z. gr. T. fortdauernde bzw. wieder erneuerte römische Städte. S. dazu H. Büttner, Frühmittelalterliches Städtewesen in Frankreich, in Studien, S. 152 ff., s. Anm. 2. Z. B. Tours, Paris, Arras mit 7–9 ha, Rouen, Soissons, Tournai, Limoges mit 10–14 ha.

[18] J. Prinz, Mimigernaford, S. 107–110 und Abb. 9.

Fügen wir dem hier ergrabenen Ergebnis die Beobachtungen im Baugelände der Post vom Jahre 1954 mit der ganzen Reihe der Grubenhäuser hinzu, mit den Pfostenspuren der größeren ebenerdigen Wohngebäude, den auch hier festgestellten Palisadengräben der einzelnen Haus- und Hofplätze, das Feld der Grubenhäuser vom 9. bis zum 12. Jh. in der Grabungsfläche auf der Nordseite der Domgasse vom Jahre 1953 (Taf. 50, 1), die Ausgrabung des steinummantelten Pfostenwohnhauses auf dem Domplatz gegenüber der Post, schließlich noch die Anzahl der in den Ausschachtungswänden bei der Anlage des Transformatorenhauses östlich des Domchores zu Tage gekommenen frühmittelalterlichen Grubenhäuser und Pfostenspuren und auch die mit Siedlungsspuren und Grubenhäusern bedeckte Fläche im Bereich des im Kriege auf der Ostseite des Domplatzes angelegten Löschwasserteiches,[19] so ergibt sich die zwar erwartete, aber doch auch überraschende Feststellung einer intensiven Bebauung des heutigen Domplatzes für das 9.–11. Jh. n. Chr.

Nur im Nordteil und im Nordostbogen, auf dem heutigen Horsteberg-Gelände und im Bereich des von Nagelschen Hofes, haben wir einen besonderen Bezirk vor uns, nämlich den des alten Monasteriums mit seinen besonderen Gebäuden. Hier reichten die Gebäude des Monasteriums des 9.–12. Jhs. bis fast an die Wallaufschüttung heran. Hier lagen, mehr als sonst auf dem Domplatz, auch die frühesten Steingebäude.

Das Fundmaterial aus den ergrabenen Flächen gehört im entsprechenden Niveau dem 9.–12. Jh. an. Keramische Reste des täglichen Hausrats, Eisengeräte, Messer, Sporen, Schnallen, einzelne Schmuckstücke, aber auch einige Silbermünzen von Ludwig d. Kind und Heinrich III. Besonders zu erwähnen sind: eine kleine gleicharmige bronzene Fibel aus dem beginnenden 9. Jh., eine fast barock anmutende Rechteckfibel aus Blei und ein rechteckiger, außen geperlter Fibelrahmen, deren ursprünglich mit buntem Email verzierte Innenfläche leider nicht erhalten ist. Es sind, wenn auch nur in wenigen Stücken, doch wichtige archäologische Belege für die Zugehörigkeit dieser civitas Mimigernaford zu dem großen nordwesteuropäischen Kulturraum des 9. Jhs., der durch Funde ähnlich seltener Stücke von den alten friesischen Handelsplätzen Domburg auf Walcheren, Dorestad, Haithabu an der Schlei und Birka in Schweden verbunden ist.[20] Aus dieser Fundschicht des 9. Jhs. kennen wir in großen Roh- und geschliffenen Stücken kleine Platten aus grünem Labrador-Porphyr, wie sie als Unterlage von Tragaltären des Frühmittelalters bekannt geworden sind, von denen ein besonders herrliches Exemplar, der Tragaltar Arnulfs von Kärnten, in der Schatzkammer München mit allem zugehörigen Goldschmuck erhalten ist.[21] Die großen rechteckigen Emailfibeln, zu denen im westfälischen Raum vom Koninghinchofe, de genannt is de Mueggenborch, bei Gemen, dem Erbgut der Königin Mathilde und aus der karolingischen civitas Paderborn weitere Parallelen erhalten sind, die geschliffenen Plättchen aus grünem Porphyr, zu denen es in der Kirche des 9. Jhs. in Vreden, Kr. Ahaus[22], erbaut von den Söhnen und Enkeln Widukinds, ähnliche Stücke gibt, schließlich das reiche keramische Handelsgut der Badorfgefäße und der späteren Pingsdorfware verweisen gegenüber der bisher immer wieder herausgestellten Bedeutung der Seehandelsverbindungen[23] von Dorestad über Domburg nach Haithabu und Birka, darauf, daß die dort festgestellten Sachgüter in gleicher Weise im Binnenland an besonderen, durch historische Zeugnisse ausgezeichneten Plätzen vorhanden sind und diese binnenländischen Orte an den großen Kommunikationen jener Zeit voll und ganz teilhaben.

Unter allen Funden ist hier ein Stück von besonderer Bedeutung, das unter der Wallschüttung auf der alten Oberfläche des 8. Jhs. lag: ein kleines gegossenes Bronzekreuz, kerbschnittverziert, ein

[19] Ergänzend müssen noch die frühmittelalterlichen Siedlungsspuren mit Grubenhäusern und Pfostengruben in dem im Jahre 1955 vom Michaelisplatz bis zur Post ausgeworfenen Kanalgraben erwähnt werden.

[20] Domburg: A. Roes, Les trouvailles de Dombourg (Zélande), Berichten van de Rijksdienst voor het Oudheidkundig Bodemonderzoek 5, 1954, S. 65ff., bes. Pl. XVI, 33. Dorestad: Hinweis bei A. Roes, o. a., zu Pl. XVIII, 69. Haithabu: H. Jankuhn, Haithabu 1937–1939, S. 100. Birka: H. Arbman, Birka I, Die Gräber, Stockholm 1943, S. 326, Grab 854.

[21] Schatzkammer der Residenz München. Katalog, hrsg. von H. Thoma, München 1958, S. 17 (Nr. 5) und Abb. 2.

[22] W. Winkelmann und H. Claussen, Archäologische Untersuchungen unter der Pfarrkirche zu Vreden, Westfalen 31, 1953, S. 304ff.

[23] H. Jankuhn in: Das Abendland und der Norden. Das erste Jahrtausend, Textband II, Düsseldorf 1964, S. 821ff. und S. 829 mit Karte 3 und S. 843 mit Karte 7.

Typ des 8. Jhs., das kurz vor oder mit Errichtung des Walles hierher gekommen sein muß. Es ist das älteste christliche archäologische Zeugnis Mimigernafords. Es ist ein kleines 3 cm großes Kreuz, aus Bronze gegossen (Taf. 99, 2). Auf der Rückseite sind der angegossene Nadelhalter und die Nadelrast erhalten, während die eiserne Nadel selbst abgebrochen ist. Auf einer kelchblattartig ausgebreiteten Mittelpartie liegt eine kleinere quadratische, kastenförmige Erhöhung, in deren Zentrum mit Kerbschnitten eine kleine Pyramide angedeutet ist. Die vier Kreuzarme zeigen herzförmig sich verbreiternde Enden, diagonal dazu sind in den Winkeln der Kreuzarme schmale, in der Mitte längsgekerbte Balken angefügt. Die schon in der Gußform ausgeschnittenen Kerbschnittrillen umgeben den überhöhten Mittelteil und gliedern zusätzlich die Kreuzenden. Zu dem Stück selbst gibt es keine direkten Vergleichsbeispiele. Einzelheiten des Dekors, vor allem der überhöhten Mittelpartie, sind seit dem späten 7. Jh. aus rheinischen, schon christlichen Gräbern bekannt.[24] Seine Datierung in die Zeit um 800 ist durch die stratigraphische Lage am Grunde des Walles gut gesichert.

Zu diesem Fund gesellt sich ein ganz anderer: nämlich das große Opfer, das mit der Errichtung des ersten Walles in der Fläche östlich der alten Nicolai-Kapelle eingegraben worden war.

Dort stießen wir beim horizontalen Abgraben des hier noch 1,5 m hoch erhaltenen Walles im unteren Meter der Aufschüttung auf eine Fläche gestörten Bodens, die sich später als über einer Grube nachgesacktes Erdreich herausstellte. Im Niveau des alten Oberbodens kamen, in Ost-West-Richtung liegend, die Umrisse einer 2,7 m langen und 0,7 m breiten Verfärbung zu Tage. Es war die Eingrabungsverfärbung einer fast 1 m tiefen länglichen Grube, auf deren Boden ein Pferd und ein Hund ruhten (Taf. 46, 2). Das Pferd lag langgestreckt, die Unterschenkel unter dem Bauch angewinkelt, mit nach Osten vorgestrecktem Kopf. Nördlich daneben, im Winkel zwischen Kopf und Brust des Pferdes, erstreckten sich die Vorderbeine eines Hundes, dessen schlanker Kopf, hochgereckt, mit weit aufklappendem Maul, auf der Schulter des Pferdes lagerte, während Rücken und Hinterbeine sich an Hals und Brust des Pferdes anschmiegten. In Höhe der oberen Knochen des Pferdes, 0,6 m unter der alten Oberfläche des 8. Jhs., lag ein zum großen Teil erhaltener einseitiger Dreilagenkamm. Der ganze Befund war merkwürdig genug. Es handelte sich um die Beisetzung eines Pferdes und eines Hundes. In dieser Vergesellschaftung von Pferd und Hund begegnet uns ein ursprünglich heidnischer Opferbrauch, der, in der zugehörigen sächsischen Umwelt betrachtet, aus reich ausgestatteten Gräbern des 7. und 8. Jhs. bekannt und darüber hinaus auch aus reichen Gräbern anderer germanischer Stämme als Opfergabe und Grabausstattung belegt ist. Er bleibt aber, soweit zu übersehen, als Totenbrauch den menschlichen Gräbern zugeordnet und überliefert damit einen Totenglauben und die ihm verbundene Jenseitsvorstellung, als deren zentraler Bereich die mit Pferden und Hunden stürmende wilde Jagd des Totenheeres erscheint. Wie die älteren noch heidnischen menschlichen Gräber waren auch die mit ihnen bestatteten Pferde in nord-südlicher Richtung angelegt. Dem Zusammenprall des alten heidnischen und neuen siegreichen christlichen Glaubens in den Tagen Karls im ausgehenden 8. Jh. folgt jene Orientierung, die für Kirche und Gräber fortan die Ost-West-Richtung bestimmt. Wir können in den Gräbern dieser Zeit, eindringlicher als sonstwo, diesen Wandel vom Alten zum Neuen mit allen zu erwartenden Schwierigkeiten religiösen Umbruchs ablesen. Die Gräber werden zwar in der neuen Ost-West-Richtung angelegt, aber auch die altgewohnten Opfer der mit den Menschen bestatteten Pferde werden in ost-westlicher Richtung mit ihnen beigesetzt. Schriftquellen des 8. und 9. Jhs. berichten über jenes zeitweilige Ineinander und Nebeneinander der Verehrung des Christengottes und dem Fortleben heidnischen Opfer- und Götterdienstes. In diese Jahre des Übergangs gehört auch das „große Opfer" am Horsteberg, mit dem, in Ost-West-Richtung angelegt, Pferd und Hund als alte Opfergaben dem neuen siegreichen Gott dargebracht worden sind, um Segen und Heil für den Bestand des zum Schutz der neuen civitas errichteten großen Befestigungswalles und damit für die neue Stadt selbst zu erwirken.

[24] K. Böhner, Die fränkischen Altertümer des Trierer Landes, Berlin 1958, Teil I, S. 110 und Taf. 18, 11. Auch aus dem rechtsrheinischen Raum sind kreuzförmige Fibeln des 8./9. Jhs. aus Gräbern bekannt geworden, z. B. von: Drantum, Kr. Cloppenburg, Helfta, Kr. Eisleben, Quedlinburg-Bockshornschanze und Woltwiehe, Kr. Wolfenbüttel.

Sicher hat Liudger von diesem Geschehen nichts erfahren, war doch die Anlage der civitas, wenn wir den Angaben der Translatio folgen, eine Sache des Königs, war von ihm befohlen und in seinem Auftrage bereits durchgeführt, als Liudger hier einzog. Das Geschehen beleuchtet aber in Bestätigung der überlieferten schriftlichen Nachrichten sichtbar die uns Heutigen fast unvorstellbare Schwere der Aufgabe Liudgers, zu der Altfried in seiner Lebensbeschreibung nur sagt: „Er rottete das Dorngestrüpp des Götzendienstes aus und säte überall in eifriger Hirtensorge das Wort Gottes."[25]

Zur Erfüllung dieses Werkes errichtete er in Mimigernaford ein honestum monasterium, „zur Ausbildung würdiger Mitarbeiter in der Verkündigung des Wortes Gottes".

Bevor über die archäologischen Bemühungen zur Festlegung dieses Monasteriums berichtet wird, mögen einige abschließende Angaben über das Schicksal dieser civitas bis zum großen Brand 1121 eingefügt sein.

So bedeutend die Gründungstage dieser Stadt waren, der ersten Phase mit der populi frequentia folgte eine für den Bestand des Ganzen auch gefährliche Zeit. Nicht nur die Einfälle der Normannen in das friesische Küstengebiet, durch die, wie Altfried schreibt, „die früher so volkreichen Lande am Meer ... fast zur Einöde wurden" und ihre Verheerungen am Niederrhein, sondern auch die großen, sich über Jahre wiederholenden Mißernten, in deren Folge Teuerung und Wucher auftraten, lasteten auf dem Land.[26] Dazu kam die innere Auflösung der karolingischen Gewalt unter den Söhnen Karls und das Wiederaufleben der Herrschafts- und Machtansprüche des einheimischen Adels.[27] Die Bischöfe, schon zu Lebzeiten Liudgers mit staatlichen Aufgaben betraut und unter den Nachfolgern noch mehr beansprucht, waren als missi der Könige häufig unterwegs und mußten Ausbau und Organisation ihrer sedes weithin anderen Kräften überlassen, deren Namen nicht überliefert sind.

Die Erdprofile der alten civitas, wenn wir sie recht gelesen haben, sprechen über diesen allgemeinen Ablauf des Geschehens eine deutliche Sprache. Die Befestigung verfiel, die Erde floß von den Wallböschungen auf die Straße, Wallpartien rutschten ab in den Graben. Zwar wurde vier- bis fünfmal die Befestigung im konstruktiven Holzwerk erneuert, wie die immer wieder in die alten Löcher nachgesetzten Pfosten anzeigen; aber sie wurde doch als Schutz immer geringer. Die jüngsten Pfosten der Wallfront steckten nur noch in der Wallschüttung selbst. Die hölzerne Befestigung der Wallstraße wurde allmählich von der durch Wind und Regen abgespülten Erde der Wallschüttung überdeckt, die sich erst vor den Einfassungspalisaden der anschließenden Hausplätze staute. Auch die kleinen Hütten verfielen und wurden fünf- bis sechsmal neu gebaut, in der letzten Phase schon auf festeren, in Lehm verlegten Steinmauern errichtet (Taf. 50, 2).

Schließlich hat die civitas vor ihrem Ende im Jahre 1121 noch einmal eine Verstärkung durch die Errichtung einer Mauer auf der Frontseite des karolingischen Walles erfahren. Reststücke dieser 1,0–1,2 m breiten Mauer wurden auf der ganzen nördlichen Horsteberg-Front und am Michaelisplatz freigelegt. Meist war sie jedoch schon in alter Zeit abgebrochen worden, um Steine für Neubauten zu gewinnen. Über den Zeitpunkt ihrer Errichtung kann im Augenblick mit archäologischen Mitteln noch nichts gesagt werden. Geisberg und Prinz[28] bringen ihn auf Grund schriftlicher Überlieferung mit Bischof Burchard (1098–1118) in Verbindung, dem bei dieser Gelegenheit auch eine Erweiterung der alten karolingischen Domburg nach Süden zugeschrieben wird. Eine Entscheidung über diese Fragen muß zukünftigen archäologischen Untersuchungen vorbehalten bleiben.

Im Jahre 1121 ging diese civitas bei der Eroberung durch Lothar von Supplinburg im Feuer zugrunde.[29] Der Wall wurde in der nachfolgenden Zeit abgetragen und die Erde des Walles im Graben und über den älteren aufgegebenen Häusern angeschüttet. Aus dem alten Stadtgebiet wird

[25] Zur Vita S. Liudgeri s. jetzt K. Hauck in: Das erste Jahrtausend, Textbd. II, Düsseldorf 1964, 740f.

[26] H. Fichtenau, Das karolingische Imperium, Zürich 1949, bes. S. 158–165 mit Quellenangaben.

[27] H. Fichtenau, o. a. S. 237ff. – W. Schlesinger, Die Auflösung des Karlsreiches, in Karl der Große, Bd. I, Düsseldorf 1965, S. 792ff.

[28] S. Anm. 16.

[29] J. Prinz, Mimigernaford, S. 158.

die mittelalterliche Domimmunität als geistlicher Bezirk. Die Fläche wird in die Hausplätze der einzelnen Kurien aufgeteilt. Für diese und die nachfolgende Zeit des 12. bis 14. Jhs. gilt die von Prinz auf Grund der Schriftquellen gebotene Karte.[30]
Die neue Stadt, aus Anfängen des Marktes im Bereich von Lambertikirche und Fischmarkt vor dem Osttor der älteren karolingischen Anlage seit dem späten 10. Jh. aus den Quartieren der Fernhändler entstanden, um die sich im Laufe der Zeit ein eigener Siedlungsbereich entwickelte, übernimmt nun die Funktionen der alten civitas.[31]

c) Zum Monasterium (Beilage 3 und Taf. 51, 1.2)

Ausgangspunkt der Untersuchungen war die in der inneren Nordostecke des heutigen Kreuzganges schon von Th. Wieschebrink anläßlich seiner Bemühungen um den liudgerianischen Dom festgestellte, quer durch den Nordarm des Kreuzganges ziehende 0,9 m breite Mauer.[32] Während der ersten Nachkriegsjahre hatte er ihre nördliche Fortsetzung außerhalb des Kreuzganges in den oberen Steinlagen noch 15 m weiter angegraben und eine Handzeichnung über diesen Befund vor unserem eigenen Grabungsbeginn im Herbst 1962 übergeben. Auf dieser Mauer stand die Ostwand des im Kriege zerstörten Hauses Horsteberg 7. Die tiefere Freilegung in der Fläche des Hauses Horsteberg 7, einschließlich des nicht überbauten Teiles zwischen Kreuzgang und Südwand des Wohnhauses, ergab schon in den ersten Arbeitstagen des Jahres 1962, daß mit ihr der Schlüssel zur Klärung der älteren und ältesten topographischen Verhältnisse in der Umgebung des Domes gefunden war.
Im Winter der Jahre 1962/63 und 1963/64 konnten wir diese Mauer im Kreuzgang auch nach Süden verfolgen und unsere Arbeitsüberlegungen im Zusammenhang mit den vorliegenden, aber bisher in ihrer Bedeutung kaum beachteten schriftlichen Nachrichten zur vermutlichen Lage des älteren Kreuzganges aufbauen.
Im Jahre 1377 hatten die Kapitel des neuen und alten Domes den Bischof Florenz gebeten, den alten Liudger-Dom abzutragen, weil beide Kirchen sich gegenseitig das Licht nahmen, die Kanoniker einander im Chorgesang störten und der Raum zwischen beiden Kirchen nicht mehr für Bestattungen ausreichte. Der Bischof erteilte die erbetene Erlaubnis, „um auf seinem Grund und Boden einen Kreuzgang zu erbauen oder darüber sonst entsprechend zu verfügen".[33] Dieser neue, jetzt noch bestehende Kreuzgang wurde dann in den Jahren nach 1395 erbaut. Zur vermutlichen Lage der vorhergehenden älteren Kreuzgangsituation bot das Gebäude der alten Regensberg'schen Druckerei, Horsteberg 5/6, einen ersten topographischen Anhaltspunkt. Denn noch „Kerssenbroch versichert" so schreibt Max Geisberg, „das lange Gebäude vor dem Nicolaitore sei ehedem der Keller und das Refektorium der Domherren gewesen . . ." Er beruft sich auf die noch um 1570 übliche Bezeichnung des Hauses als Reventer und auf gewisse Denkmale hohen Alters an dem Gebäude, über die er leider keine näheren Angaben macht.[34] Geisberg erwähnt zur Bestätigung der Kerssenbroch'schen Angaben, daß hier die Fußwaschung der Armen stattfand, verweist auf die unmittelbare Nachbarschaft dieses Gebäudes zur alten coquina dominorum und schreibt: „Der Hauch einer vielleicht 900jährigen Geschichte liegt noch auf dem Hause . . ."[35] Wie sehr er mit diesem Urteil recht hatte, sollte die Ausgrabung später erweisen.
In Verbindung mit dem alten Refektorium, das nach der Aufgabe der vita communis als Domkameralenhaus und als Domschule weiterbenutzt worden ist, gaben einige schriftliche Quellen

[30] Ebd. S. 122ff. und Abb. 9.
[31] Ebd. S. 148ff. Ursprünglich hat der Markt sicher innerhalb der alten civitas gelegen. H. Pirenne verweist in Mahomet et Charlemagne auf das Kapitulare von Soissons (744, M. G. Cap. I, S. 30), das die Bischöfe verpflichtete, „in jeder civitas einen legitimus forus zu errichten." Man darf vermuten, daß er auf einem Platz vor der Südseite des liudgerianischen Domes gehalten worden ist. Die Bebauung dieser Fläche mit einem größeren Dom im späten 10. Jh. oder während des 11. Jh. dürfte m. E. einer der Gründe für die Anlage des neuen Marktes vor dem Osttor der alten civitas, für den Ausbau eines neuen Siedlungskernes in diesem Bezirk und in deren Folge auch für die Entstehung der Lamberti-Kirche sein.
[32] S. Anm. 5.
[33] M. Geisberg, Münster 1, S. 270.
[34] Ebd. 2, S. 201.
[35] Ebd. 2, S. 202.

weiterführende Hinweise. So wird noch in dem von Lambert von Raesfeld nach seiner Übernahme der Druckerei angefertigten Inventar von 1618 u. a. „die Portica oder deustere Umbgang“[36] erwähnt. In einer Nachricht von 1359 erscheint die Lagebezeichnung „in porticu ante scolas“.[37] Diese Angaben konnten bedeuten, daß 1359 und noch 1618 wenigstens Teile eines Porticus bestanden, wenn auch möglicherweise schon um- oder zugebaut. Darüber hinaus konnte die Nachricht zum Jahre 1265, in der von der Verkündung einer rechtlichen Entscheidung durch einen Beauftragten des Bischofs Dietrich III. (um 1220) in antiqua portico berichtet wurde,[38] die Vermutung entstehen lassen, daß sich in dem damals bestehenden Porticus schon ältere und jüngere Teile befanden. Schließlich ließ aber auch das überlieferte allgemeine Bauschema für die Anlage eines Claustrums vermuten, daß der Kreuzgang auf der Südseite des Refektoriums gelegen haben mußte, wenn wir nicht mit einer Abweichung vom Schema rechnen wollten.
Mit diesen Arbeitsüberlegungen wurden die Untersuchungsschnitte auf dem Horsteberg angelegt, in unmittelbarer Nähe und Nachbarschaft des im Kriege zerstörten und nach dem Kriege einplanierten Gebäudes der alten Regensberg'schen Druckerei, dem alten Refektorium.
In ihnen konnten in Fundamentgräben und Mauerresten die sicheren Spuren von drei Bauphasen des zentralen Bereiches älterer Monasterien, des Claustrums, angegraben werden. Ihre großen Baufluchten waren nicht die des neuen Domes, sondern die des Ostarmes des jetzt bestehenden Kreuzganges. Seine innere Westwand, zum Domherrenfriedhof hin gelegen, steht auf einer älteren Mauer des nach 1395 abgebrochenen Claustrums.
Im einzelnen wurden folgende Mauerstücke der drei aufeinanderfolgenden Monasterien freigelegt.

Zu Claustrum I (9. Jh.), Mauer A 1–A 5.
Von Süden nach Norden zog durch die Grabungsfläche im Hause Horsteberg 7 über 12,5 m Länge ein Mauergraben des ältesten Kreuzganges (A 1). Seine Fortsetzung nach Süden erschien, 0,8 m breit, mit dünnplattigen Steinlagen in lehmigem Sand verlegt, im Nordarm des jetzigen Kreuzganges. In gleicher Flucht nach Süden lag im Domherrenfriedhof ein Fundamentstück dieser Mauer, dessen sichere Zuordnung (zum älteren Kreuzgang oder schon zur älteren Kirche) im Augenblick noch nicht vorgenommen werden kann. Am Nordende des Mauergrabens hatte ein jüngerer barocker Kellereinbau im Hause Horsteberg 7 ein Stück der Mauer zerstört. Am Nordrand dieser Kellerstörung wurde mit den beiden Ost-West verlaufenden Mauern A 2 die Südwand eines vermutlich größeren Gebäudes angetroffen; es enthielt nach Norden hin tiefe Kellerräume mit flächig erhaltenen Kalkestrichlagen und Brandspuren. Auf der Westseite der Mauer A 1 war über mehrere Meter hin ein Kalkestrich erhalten, der sich nach Süden im Nordarm des bestehenden Kreuzganges als 10 cm dicker Tonestrich fortsetzte. Dieser Estrich war an 5 Stellen durch Gräber gestört und erneuert worden. Die Toten lagen in Holzsärgen, z. T. Baumsärgen, bestattet, deren Fußenden unmittelbar an die Westseite der Mauer A 1 anstießen. Ein weiteres Grab kam im Domherrenfriedhof zutage, mit einer trapezförmig gesetzten steinernen Grabeinfassung, ebenfalls an der Westseite der Mauer A 1 liegend.
Unter der Westmauer des Hauses Horsteberg 7, 3,6 m westlich des Mauergrabens A 1, verlief in Reststücken ein weiterer Nord-Süd ziehender Fundamentgraben, der weniger tief angelegt war als A 1. Die Entscheidung darüber, ob es sich bei diesem Mauergraben um die innere Wand eines Kreuzganges handelt oder ob diese in einer östlich davor liegenden Reihe von starken Pfostenspuren zu sehen ist, kann im Augenblick nicht sicher getroffen werden. Estrichlagen und Gräber zeigen an, daß wir hier einen Teil (nämlich den Ostarm) des ältesten Kreuzganges vor uns haben. Östlich von A 1 schloß sich ein größerer Raum an, dessen Ostbegrenzung noch nicht bekannt ist, mit einer quadratischen offenen Heizstelle, einem calefactorium. Das ältere Claustrum muß sich entsprechend der nach der Urkunde von 1377 im Gebiet des heutigen Domherrenfriedhofes zu erwartenden Lage des liudgerianischen Domes nach Westen erstreckt haben. Darauf verweisen auch Mauerzüge von einzeln stehenden Gebäuden, die im ostwärts anschließenden Gelände mit

[36] Ebd. 2, S. 205.
[37] J. Prinz, Mimigernaford, S. 142, Anm. 209.
[38] Ebd. S. 145.

den Mauern A 3 und A 4 angegraben wurden. Ein verbrannter Lehmestrich und ein necessarium beim Mauerwerk A 3 weisen auf ein bewohntes Gebäude, während zahlreiche bemalte Wandputzreste auf wiederholt erneuerten Estrichen zu A 4 ein besonderes Gebäude erschließen lassen. Zusammen mit den nördlich A 2 angetroffenen tiefliegenden Räumen, die wohl als Keller des ältesten Refektoriums anzusprechen sind, läßt sich schon mit den bisherigen Ergebnissen nicht nur das vom Klosterplan St. Gallen her bekannte Schema erkennen, sondern auch die Topographie der ältesten liudgerianischen Schicht eines honestum monasterium festlegen.
Dieses ältere Monasterium hat ausweislich der keramischen Funde bis zu einer Brandkatastrophe im späten 10. Jh. bestanden. In deren Folge muß das ganze Klostergelände zerstört und eine Zeitlang als Lagerplatz benutzt worden sein. In und außerhalb des alten Kreuzganges erschienen nämlich große, mit Brandresten und sehr viel Tierknochen gefüllte Abfallgruben.

Zu Claustrum II (um 1000), Mauer B 1–B 8.
Mit dem nachfolgenden Neubau erfuhr die Topographie des alten Monasteriums eine Veränderung einschneidender Art. Der Kreuzgang mit allen ihn umgebenden Gebäuden wird insgesamt nach Osten verlagert. Die Westmauer des neuen Claustrums (B 1) liegt im Ostarm des älteren Kreuzganges. Die von B 1 nach Osten ziehenden zugehörigen Mauern B 2 und B 3 überschneiden die ältere Nord-Süd-Mauer A 1.
Wahrscheinlich ist diese Verlagerung des Monasteriums im Zusammenhang mit dem Ausscheiden des Bischofs aus der vita communis und dem Bau eines eigenen bischöflichen Palatiums in der nordwestlichen Fläche des älteren liudgerianischen Kreuzganges zu sehen, wo es seit 1085 bezeugt ist.[39] Es muß hier an den in der Münster'schen Diskussion um Dodo- und Erpho-Dom wiederholt zitierten Text der in ihrer chronologischen Glaubwürdigkeit sehr umstrittenen Bischofschronik des 14. Jhs. erinnert werden, in dem über den Umzug der Brüder de veteri ecclesia ad aliam mit den dabei entstandenen Schwierigkeiten berichtet wird.[40] So wenig der archäologische Bericht auch zur Domdiskussion beisteuern kann, wichtig bleiben doch die archäologischen Feststellungen für die Verlagerung und den Neubau des Monasteriums mit allen zugehörigen Gebäuden für eben den Zeitraum des ausgehenden 10. Jhs., zu dem die Bischofschronik die Übersiedlung der Brüder unter Bischof Dodo (968–993) überliefert.
Die westliche Mauer dieses neuen Claustrums verlief von Süden nach Norden am Grund der Hausfläche Horsteberg 7, lang über die westlichen Schmalseiten der zum älteren Kreuzgang gehörenden Gräber (B 1). Auch sie war zum größten Teil nur als Sand verfüllter Mauergraben erhalten, das Steinmaterial schon in alter Zeit ausgebrochen. Nur unmittelbar nördlich der Nordmauer des jetzt bestehenden Kreuzganges und im Kreuzgang selbst erschienen noch Mauerreste, 1,0 m breit, dünnplattige Sandsteine in lehmigem Sand mit etwas Kalkzusatz verlegt. Sie bog 11 m nördlich des jetzigen Kreuzganges rechtwinklig nach Osten ab (B 2) und konnte ebenfalls als Mauergraben, mit Ausnahme eines kurzen noch nicht freigelegten Stückes, 11m nach Osten verfolgt werden, z. T. in letzten Steinlagen erhalten. Weiter verlief sie dann im rechten Winkel mit 0,5 m hoch erhaltenem Mauerwerk nach Süden und wurde noch 2,2 m weit verfolgt (B 4). Ihre südliche Fortsetzung muß noch ergraben werden. Ein von der Mauer B 1 nach Osten ziehender schmaler, mit Brandresten verfüllter Graben (B 3), der die ältere Mauer A 1 überschneidet, schafft hier einen Raum von 11 x 6,5 m. In seiner Nordwestecke lag, von einem 0,3 m breiten Mäuerchen eingefaßt und noch 0,2 bis 0,3 m hoch erhalten, eine Heizstelle, ein calefactorium, am Grunde mit Steinplatten ausgelegt. Steine und lehmiger Mörtel waren rot verglüht und mit einer dicken Pottasche- und Holzkohleschicht bedeckt. Nördlich der Mauer B 1 zog, z. T. als Ausbruchsgraben, z. T. mit erhaltenen Steinlagen, eine Mauer nach Norden bis zu einer jüngeren großen Störung in der Nordwestecke der Grabungsfläche (B 5). Dabei wird die ältere Mauer A 2 überbaut. Die Mauern bzw. Mauergräben B 1, B 2 und B 4 weisen auf ein größeres Gebäude hin, das im Nordwestteil ein calefactorium enthielt.

[39] M. Geisberg, Münster 1, S. 267ff. – J. Prinz, Mimigernaford, S. 138.
[40] A. Schröer, Ist der Dodo-Dom in Münster geschichtlich erwiesen? Westfälische Zeitschrift 96, Münster 1940, I, S. 38ff. – J. Prinz, Das Westwerk des Domes zu Münster, Westfalen 34, Münster 1956, S. 1ff. – A. Schröer, Der Erpho-Dom zu Münster, Westfalen 36, Münster 1958, S. 3ff., bes. S. 14ff.

Der zugehörige Porticus lag im nach Osten anschließenden Gelände. Von ihm wurde der Westarm, an Mauer B 4 anschließend, mit dem Ansatz des nach Süden abgehenden Mauergrabens und einem zugehörigen mit Brandspuren bedeckten Lehmestrich und auch der Verlauf des Nordarmes auf der Südseite des Refektoriums mit Mauergraben (B 7) und in voller Gangbreite erhaltenem Brandlehmestrich gefunden und auf über 14 m Länge freigelegt. Vom Ostarm konnten in zwei Suchschnitten die östliche Porticusmauer (B 6), in Steinen erhalten, die innere Mauer mit letzter Steinlage angegraben werden (B 8). Das zugehörige Refektorium hat unmittelbar nördlich anschließend gelegen. Soweit bisher zu übersehen, dürften Teilstücke des nächst jüngeren Refektoriums in der Grundfläche des Regensberg-Hauses zu ihm gehören. Die Fläche ist noch nicht untersucht, so daß nähere Angaben noch nicht gemacht werden können. Der ganze südliche Teil dieses Claustrums ist noch unbekannt. Vermutungen über den Abschluß sollen bei der Erläuterung der Mauerzüge des dritten Claustrums angefügt werden.
Dieses zweite Monasterium ist in der Brandkatastrophe von 1121 zugrunde gegangen, wie die vielen Brandreste und das archäologische Fundmaterial erkennen lassen.

Zu Claustrum III (12. Jh.), Mauer C 1–C 6.
Zum Teil mit neuen Fundamenten, zum Teil in älteren Mauerfluchten entstand im 12. Jh. das dritte Monasterium. Seine Aufgaben waren in der Folgezeit nicht mehr die der ursprünglichen Intention, der Bezirk der vita communis zu sein. Sie war aufgegeben. Aus dem Refektorium wurde das Domkameralenhaus und schließlich die Domschule,[41] andere Bauteile dienten als Wohnung der Domherren. Wir fassen in den ergrabenen Spuren, in Mauern, Gängen und Gebäudeteilen, Reste dieser Anlage, die z. T. bei der Errichtung des jetzigen Kreuzganges nach 1395 abgetragen worden sind, z. T. aber noch im Mauerwerk des Regensbergischen Hauses bis 1945 aufrecht standen.
Bei diesem Neubau nach 1121 ist das Refektorium als erstes Gebäude wieder errichtet worden.[42] In ihm ist, soweit zu übersehen, der Westteil, 1 m hoch erhalten, noch älteres Mauerwerk, während der Ostteil später umgebaut worden ist. Auf der Westseite des Refektoriums erstreckte sich mit zwei starken Mauern in Nord-Süd-Richtung das Necessarium. Vor der Südwand lag der Nordarm des zugehörigen Porticus (Taf. 51, 2), dessen 0,7 m breite Innenmauer (C 4) auf dem mit Steinen zugepackten Mauergraben der Mauer des zweiten Kreuzganges aufgebaut war. Der 3,0 m breite Gang, mit einem 10 cm starken, sehr harten Mörtelestrich befestigt,[43] der fast unzerstört erhalten war, lag auf dem älteren Brandestrich des zweiten Kreuzganges. Die Porticusmauer war in dem 20 m langen Arbeitsgraben auf der Südseite des Refektoriums noch auf einer Länge von 8,6 m, die weitere westliche Erstreckung bis auf 14,5 m nur noch als Mauergraben erhalten, bog dann nach Süden ab und fluchtet auf den mittleren Strebepfeiler der Nordseite der Marien-Kapelle. Der zugehörige Kalkestrich setzte sich neben der Ausbruchskante des Mauergrabens nach Süden in das anstehende Erdprofil der Grabungswand noch fort und deutet damit den Verlauf des westlichen Kreuzgangarmes an. Die zugehörige Gegenmauer nach Westen hin war durch eine jüngere Aufmauerung zwar weitgehend zerstört, ist aber bei einer Gangbreite von 2,8 m in der Flucht dieser jüngeren Aufmauerung anzunehmen. Darunter erschien auch die Nord-Süd-Mauer des älteren zweiten Porticus 0,5 m hoch erhalten. Ihre Verlängerung nach Süden zieht auf den nordwestlichen, schräg gestellten Strebepfeiler der Marien-Kapelle. Damit wird der schon von M. Geisberg erwähnte auffällige Westabschluß der Marien-Kapelle,[44] die in ihrem Westende erst mit einer Verlängerung um ein halbes Joch an den jetzigen Kreuzgang anschließt und außen die beiden schräggestellten Strebepfeiler zeigt, deutbar. Es zeigt sich, daß dieser ältere Westabschluß nicht zufällig entstanden ist, sondern in den Maßen der älteren Vorgängersituation des Kreuzgan-

[41] J. Prinz, Mimigernaford, S. 142 mit Quellenangaben.
[42] Z. T. unter Wiederverwendung der Mauern des Vorgängerbaues. Zum Refektorium s. M. Geisberg, Münster 2, S. 200ff.
[43] Der Kalkestrich zeigte bei der Freilegung rot gefärbte Brandspuren in der ganzen Fläche des Ganges. Der Brandschutt war schon in alter Zeit abgeräumt und der Porticus weiter benutzt worden. Wahrscheinlich handelt es sich um die Spuren des Brandes von 1197. Es sei hier erwähnt, daß auf der nördlichen Gegenseite, vor der Südwand des Refektoriums, noch zwei T-förmige Gewölbevorlagen zum Vorschein kamen.
[44] M. Geisberg, Münster 5, S. 174.

ges vor 1395 begründet liegt. Es ist anzunehmen, daß der ursprüngliche Abschluß der Kapelle auf der Mauer des älteren Kreuzganges ruht, ebenso wie die auf der Nord- und Südwand angesetzten mittleren Strebepfeiler auf der Gegenmauer des älteren Kreuzganges aufliegen werden. Beide älteren Mauern dürften im Untergrund der Kapelle noch vorhanden sein und sich auch nach Süden noch fortsetzen.

Der Ostarm dieses Kreuzganges wurde in zwei schmalen Arbeitsgräben in der Fläche östlich der Marien-Kapelle noch mit drei erhaltenen Mauerstücken angegraben. Die ostwärtige Nord-Süd-Mauer des Porticus erschien mit über 15 m Länge bis zum Anschluß an die Südmauer des Refektoriums (C 5). Zwischen Störungen jüngerer Kellereinbauten kam auch ein Rest des Mauergrabens der inneren Mauer zutage (C 6). Die Breite des Ganges betrug 2,8 m, der zugehörige starke Kalkestrich war hier nur noch in wenigen Stücken im Anschluß an die Ostmauer erhalten. Die Fläche selbst war durch jüngere Eingriffe sehr gestört.

Für den inneren Kreuzganghof ergibt sich damit eine Ost-West-Ausdehnung von 21,0 m. Die ganze südliche Begrenzung des Claustrums bleibt noch zu klären. Auf Grund der bisher überschaubaren Anlage dürften für seine Festlegung die Bemerkungen M. Geisbergs bedeutsam sein.[45] Er verweist auf den erst im Jahre 1885 „bei Erweiterung der neuen Sakristei beseitigten Ausgang vom Ostarm des Kreuzganges in das Freie, der zwischen der Annen-Kapelle und der Elisabeth-Kapelle entlang der Nordwand des Kapitelsaales führte“ und bemerkt weiter „eher scheint“ dieser alte Ausgang „ein Rest dieses (alten) Kreuzganges gewesen zu sein“. Wenn es sich hier auch nicht nur um einen Rest des liudgerianischen Kreuzganges handelte, wie M. Geisberg noch vermutete, so erfaßte er damit doch die Situation vor der Entstehung des jetzigen Kreuzganges vor 1395 und wahrscheinlich auch die des zweiten Claustrums.

Zum Ende ist noch jene große Westmauer dieses jüngeren Claustrums zu erwähnen (C 1), die uns auf den Weg zu allen Arbeitsüberlegungen und zum richtigen Ansatz der Arbeitsschnitte führte. Sie bot den stratigraphischen Schlüssel zur Erkenntnis der relativen Bauabfolge der drei Kreuzgänge.

a) Diese Mauer wurde durch die Anlage des jetzigen Kreuzganges durchschnitten und überbaut,
b) sie überschnitt selbst die Fundamentgräben und Mauerstücke einer vorhergehenden älteren Situation,
c) die ihrerseits wieder die Mauergräben des ältesten Claustrums des 9. Jhs. und einzeln stehende Gebäude in der gleichen Bauschicht überlagerten.

Die Mauer C 1, schon von Th. Wieschebrink im Nordarm des Kreuzganges angegraben, wurde von uns auch in der südlichen Fortsetzung unter der inneren Westmauer des Ostarmes des bestehenden Kreuzganges noch 9,5 m weiter freigelegt. Auf der Nordseite des Kreuzganges erschien sie wieder auf 12 m Länge, als Ostfundament des Hauses Horsteberg 7 benutzt, bog dann rechtwinklig nach Osten um und fluchtete auf die Südwestecke des Refektoriums (C 2), der Regensberg'schen Druckerei. Diese bisher über 26,5 m Länge freigelegte Mauer, 0,9 m breit, mit flachen Steinlagen in Kalkmörtel lagerhaft verlegt, stellt die Westwand des Claustrums vor 1395 dar. Ihre östliche Gegenwand bildet die von der Südmauer des Refektoriums nach Süden auf den nordwestlichen Strebepfeiler der Marien-Kapelle zulaufende Mauer (C 3). Es zeichnet sich hier, wie in der Situation des zweiten Claustrums, wieder ein größerer Raum ab, zu dessen weiterer Gliederung im Augenblick noch nichts gesagt werden kann. Daß auch in ihm, im heutigen Kreuzgang, an der Ostseite von C 1 eine sorgfältig gepflasterte, offene Herdstelle lag, muß erwähnt werden. Denn damit haben wir in diesem Bezirk für alle drei hier liegenden großen Räume der aufeinanderfolgenden Bausituationen Calefactorien, eine Beobachtung, die für das Bemühen um die funktionelle Gliederung des Ganzen wichtig bleiben wird.[46]

[45] Ebd. S. 94.

[46] Die Calefactorien – bzw. loci foci – deuten an, daß wir hier wohl Versammlungsräume der älteren Monasterien vor uns haben. Ihre Lage, nördlich des im Augenblick nur zu vermutenden Chores des älteren Domes, könnte daran denken lassen, in diesem Bezirk den Kapitelsaal zu suchen. Da beim gegenwärtigen Stand der Ausgrabungen die zugehörigen Räume nur angeschnitten und noch nicht freigelegt sind, muß jedoch die endgültige Zuweisung noch offenbleiben. Es bleibt auch für die Situaton I zu bedenken, daß die endgültige Festigung der Lage des Kapitelsaales neben dem Chor erst

Damit muß der Vorbericht über die Ausgrabungen auf dem Domplatz Münster abgeschlossen werden. Äußere Umstände erlauben es in diesem Augenblick nicht, mit den Ergebnissen in die Diskussion mit Vergleichbarem und an anderen Plätzen im europäischen Raum schon Erforschtem einzutreten. Nicht einmal das eigene Grabungsfeld ist vollständig angesprochen worden. Nicht mehr erwähnt wurden die Ausgrabungen am „Alten Dom" auf der Nordwestseite des Domes, die Feststellungen zu einem Gebäudeteil des bischöflichen Palatiums, die Grabungen bei der coquina dominorum und die Ausgrabung der Nicolai-Kapelle auf dem Nordhang des Horsteberges.

Überblicken wir das bisherige Ergebnis des dargelegten Teiles unserer archäologischen Bemühungen, so mag auch schon mit dem hier gebotenen ersten Bericht der Eindruck entstehen, als sei schon vieles erreicht worden. Und doch darf der Ausgräber mit der Kenntnis des Details sagen, daß das Ganze bei ausführlicherer Darlegung der Beobachtungen wesentlich reicher und mit der Ausbreitung der archäologischen Funde um vieles schöner sein wird, als der Leser jetzt ahnen kann. Es sollte aber immerhin schon jetzt der archäologische Beitrag aus dem Lebensbereich des Domes wenigstens in Umrissen aufgezeigt und die historische und wissenschaftliche Bedeutung der alten Domburg Münster angedeutet werden.

das Ergebnis einer Entwicklung des 9. und 10. Jhs. darstellt. Soweit zu übersehen, liegt der Kapitelsaal im 8. und 9. Jh. häufig noch in dem an das Langhaus der Kirche angelehnten Teil des Kreuzganges, z. B. auf dem Plan von St. Gallen und in Fontanella (St. Wandrille bei Rouen), wie die Chronik des Klosters berichtet. Zum Bemühen um die älteste Situation könnten auch die freigelegten Gräber wichtig werden. Doch ist ein Zusammenhang im Augenblick noch nicht zu sehen. Zur Diskussion über Gräber und Versammlungsraum s. Fr. Arens, Kapitelsaal und Sepultur bei deutschen Dom- und Stiftskirchen, Würzburger Diözesangeschichtsblätter 18/19, 1956/57, S. 62ff. S. auch die einzelnen Beiträge in L'architecture monastique – Die Klosterbaukunst. Arbeitsbericht der deutsch-französischen Kunsthistoriker-Tagung 1951, Mainz, 1951.

AUSGRABUNGEN IN DER PFARRKIRCHE ST. STEPHANUS IN BECKUM*

Bei der Anlage eines Heizungskanals in der Pfarrkirche (Taf. 52–54) wurden im Monat August des Jahres 1964 einige Mauerstücke älterer Kirchen freigelegt. Dank der durch den Hochwürdigen Herrn Dechanten Oenning erteilten Grabungserlaubnis bot sich die Möglichkeit, diese im südlichen Seitenschiff angeschnittenen älteren Mauern durch eine Erweiterung der Arbeitsfläche nach Osten und in das Mittelschiff hinein soweit aufzugraben, daß trotz der gebotenen räumlichen und zeitlichen Begrenzung des Vorhabens doch ein ungefährer Überblick über ihre Zuordnung zu älteren Kirchbauten und Grundrissen ermöglicht wurde.

Die örtliche Aufsicht über die Ausgrabungsarbeiten übernahm Herr Anton Schulte, Beckum. Wir haben ihn bei diesem Unternehmen in einigen Abendstunden (nach der Grabung in Paderborn) beraten und auch die gefundenen Mauerreste aufgemessen. Herrn Schriftleiter H. Freise, früher Beckum, ist für die fotografische Aufnahme der Befunde zu danken.

Der plötzliche Tod von Herrn A. Schulte hat zwar die von ihm geplante Berichterstattung über die Grabungsergebnisse nicht mehr Wirklichkeit werden lassen. Aber mit den von ihm hinterlassenen Notizen und unseren eigenen Aufzeichnungen und Aufmessungen kann doch der nachfolgende Bericht erstellt und der beigefügte Plan vorgelegt werden.

Die Arbeiten begannen in den ersten Tagen des Monats August 1964 mit dem Auswerfen eines Grabens für den geplanten Heizungskanal im südlichen Seitenschiff der Kirche. Er wurde im Zuge der weiteren Ausschachtung nach Osten bis in die Vorfläche der Herz-Jesu-Kapelle verlängert und von dort aus nach Norden in das Mittelschiff hinein verbreitert (Fläche A). Dabei erschien auf der Nordseite des Grabens, aus dem anstehenden Erdprofil von Westen heranziehend, die Südseite einer starken Mauer, die im ostwärtigen Teil nach Norden umbog und die äußere Rundung eines älteren Chores andeutete. Die freigelegte Südseite dieser beginnenden Chorrundung war aus Kalksteinplatten grob in einem weißgelben sandigen Mörtel aufgemauert. Die oberen Steine dieser Mauer erschienen schon bei 0,3–0,5 m unter dem heutigen Kirchenboden, die unteren Lagen in 2,4 m Tiefe. Im Ansatz der Rundung war im Mauerwerk der äußeren Steinlagen eine 2 m breite Störungszone zu erkennen, in der die Frontsteine ausgebrochen waren. In Höhe dieser breiten Abbruchstelle lagen im Seitenschiff, nach Süden hin, bis auf 2,4 m Tiefe und über 2 m breit dicke Steinbrocken durcheinander, z. T. noch in Blöcken alten Mauerverbandes erhalten. Sie setzten sich nach Süden hin bis 1 m nördlich der heutigen südlichen Langhauswand als Steinschuttlager fort, bogen dann nach Westen um und verliefen ungefähr parallel zur Langhauswand nach Westen weiter, in einer Breite von etwa 1 m. Die starke Störung der ganzen Arbeitsfläche innerhalb des südlichen Seitenschiffes ließ es nicht mehr zu, die Frage sicher zu klären, ob es sich hier evtl. um Abbruchschutt eines älteren Seitenschiffes handelte.

Am Grunde der Störungsschicht kamen Reste älterer Gräber zum Vorschein, z. T. einfache Erdgräber mit Holzsärgen, z. T. mit Platten umstellt und oben mit großen Steinplatten abgedeckt. Auch in der Erweiterung nach Osten, in der Vorfläche der Herz-Jesu-Kapelle, erschienen in der Höhe des alten Oberbodens bei einer Tiefe von 1,58 m unter dem heutigen Plattenbelag der Kirche einige Bestattungen in Holzsärgen.

Bei der Erweiterung des ostwärtigen Teiles der Fläche A nach Norden konnte der weitere Verlauf der äußeren Mauerkante dieser Apsisrundung und dazu an einer Stelle auch der zugehörige innere Apsisbogen freigelegt werden. Das ganze Chorfundament war etwas über 3 m breit. In der etwas später aufgegrabenen Fläche C erschien auch die nördliche innere Begrenzung, so daß sich die Umrisse eines älteren Chores rekonstruieren ließen, dessen innere Maße in Ost-West-Richtung etwa 7 m und in Nord-Süd-Erstreckung ebenfalls 7 m betrugen. Wie das aufgehende Mauerwerk auf diesem breiten Chorfundament ursprünglich ausgesehen hat, in welcher Breite und Form ausgeführt, war nicht zu klären und bleibt daher nur zu vermuten.

* Gedruckt in: Sankt-Stephanus-Beckum. Stift und Kirche. Festschrift zum Gedenken an die Gründung des Kollegiatstiftes vor sieben Jahrhunderten, hrsg. von F. Helmert (1967) 15ff.

Bei der Aufgrabung der auf der Südostseite dieser Chorapsis gelegenen Fläche kamen darüber hinaus Reste einer noch älteren Steinkirche zu Tage, die schon beim Bau des breiten Lagerfundamentes der Chorapsis teilweise abgebrochen worden war. Von ihr wurde die Südostecke der zugehörigen südlichen Langhauswand, der fast um Mauerbreite abgesetzte Ansatz der Chorapside und ein weiterer Teil der Apside selbst freigelegt. Das Mauerwerk bestand aus lagerhaft in Lehm-Kalk-Mörtel verlegten relativ dünnen Plänerkalkplatten. Es war in der Südostecke des Langhauses bis auf wenige Fundamentlagen abgebrochen, in der beginnenden Chorrundung bei einer Breite von 1,35 m noch 0,7 m hoch erhalten.
Ein zwischen der ersten und zweiten südlichen Säule, von Westen gezählt, mit dem Ziel angelegter Schnitt (Fläche B), einige Anhaltspunkte über die Gesamtbreite der älteren Kirche und die Mittelschiffbreite der jüngeren Kirche zu gewinnen, erfaßte bei 0,5 m unter dem Plattenboden der Kirche ein 2,9 m breites Fundament. In ihm ließen sich nach dem Abräumen der oberen beim Abbruch verrissenen Steinlagen zwei nebeneinanderliegende Ost-West-Mauern erkennen. Davon gehörte die südliche mit 1,35 m Breite, in wechselnden Lagen von horizontal liegenden Platten und schräggestellten Rollschichten in einem Lehm-Kalk-Mörtel verlegt, zur südlichen Langhauswand der älteren Steinkirche. Die Südseite dieser Mauer fluchtete auf die schon freigelegte Südostecke dieser Kirche (in Fläche A, Ostteil). Die nördliche Mauer, 1,5–1,6 m breit, war lagerhaft aus Plänerkalkstein in einem weißgelben Kalkmörtel verlegt, die Mauerschalen mit größeren Steinen aufgepackt, das Mauerinnere mit kleineren Steinen gefüllt. Diese Mauer war wohl als Fundament für eine Säulen- oder Pfeilerreihe der jüngeren Kirche angelegt. Dazu gehörte das von Grund auf gemörtelte Mauerwerk der breiten jüngeren Chorapsis.
Beim Aufgraben des Bodens auf der Nordseite der nördlichen, 1,6 m breiten Mauer in Fläche B konnten auch einige in Resten erhaltene Estriche älterer Kirchen freigelegt werden. Sie waren durch Eingrabungen für Gerüststangen z. T. gestört. Es erschien, abgesehen von hochliegenden, jüngeren Estrich- und Baustraten, bei 0,51 m unter dem heutigen Plattenboden der Kirche ein mit Holzkohle- und Brandspuren bedeckter Kalkestrich, der an das Mörtelbett der jüngeren Mauer anschloß, und bei 0,7 m Tiefe ein weiterer, mit Brandspuren bedeckter Kalkestrich von 2–5 cm Stärke, der wohl zur ersten Steinkirche gehört hat. Darunter lag bei 0,8 m Tiefe ein graugelber Lehmboden unmittelbar auf dem alten Oberboden. Dieser untere Lehmestrich verweist auf einen noch älteren Kirchbau, dessen südliche Langhausmauer etwa in der Flucht der jüngeren 1,60 m breiten Mörtelmauer (in Fläche B) gelegen haben muß. Dafür spricht die Beobachtung, daß die südlich benachbarte 1,35 m breite Mauer schon über ältere Gräber hinwegzieht, also zu einem zweiten Bau an dieser Stelle gehört, während im Schnitt auf der Nordseite der 1,6 m breiten Mauer keine Gräber festgestellt wurden. Zu dieser ältesten Kirche dürften auch die Innenkante eines Apsidenbogens, der auf der Ostseite der äußeren Rundung des jüngsten Chores auf kurzer Strecke freigelegt worden ist, und ebenso einige Steinlagen von der Südseite der jüngeren Chormauer in der Fläche C gehören.
Unter dem Lehmboden folgte eine etwa 40 cm starke dunkelbraune humose Kulturschicht, darunter der ungestörte gewachsene Boden, ein lockerer gelbbrauner Sand.
In den oberen Lagen der älteren Kulturschicht, die Holzkohle und Bröckchen von rotgebranntem Staklehm enthielt, wurden mehrere Wand- und einige Randscherben von Tongefäßen und eine kleine eiserne Pfeilspitze mit flacher lorbeerblattförmiger Spitze und geschlossener Tülle von 10,2 cm Länge gefunden. Aus der Sandauffüllung zwischen unterem Lehmestrich und unterem Kalkestrich stammt eine kleine Randscherbe eines Kugeltopfes aus dem 9. Jhdt. n. Chr. Geb., aus der sandigen Auffüllung zwischen dem unteren und oberen Kalkestrich ein Stück einer Ausgußtülle (Randtülle) eines Kugeltopfes und schließlich unmittelbar vom Kalkboden über dem oberen Kalkestrich zwei Kugeltopfwandscherben von Gefäßen des 12./13. Jhdts. In der eingefüllten Erde zwichen den beiden Chorapsiden der jüngeren und älteren Kirche lagen einige Stücke Fensterglas. So räumlich begrenzt die Schnitte auch sein mußten, die Feststellungen und wenigen Funde bieten doch zum Überblick über die ältere Geschichte dieses Platzes und der Kirche einige wichtige Hinweise. Sie sollen später erläutert werden.

Im beiliegenden Plan sind die bisher ergrabenen und sicher ansprechbaren Reste der älteren Kirchbauten eingetragen. Gleichzeitig wird versucht, die ergrabenen Mauerteile für die dritte, jüngere Kirche zu ergänzen, um mit der Festlegung des zugehörigen Grundrisses wenigstens eine ungefähre Vorstellung über die Gesamtform und Größe darzubieten. Eine Ergänzung der zweiten Steinkirche ist nicht ausgezeichnet, da für den Nordverlauf der Mauern zu wenig freigelegt ist. Ebenso ist die Auszeichnung der ältesten Kirche nicht versucht worden, weil der zu ihr gehörende sicher ansprechbare Baubestand zu gering ist.
Danach ergibt sich:

a) dem Beginn mit einem steinernen Saalbau mit flacher Chorapsis folgt
b) ein Saalbau einer zweiten Steinkirche mit halbrunder Chorapsis, die gegenüber dem Langhaus etwa um Mauerbreite einspringt. Die westliche Erstreckung der Südmauer dieser Kirche soll auf Grund einiger Tastversuche von Herrn Schulte, über die Notizen vorliegen, bis an den Westturm heranreichen. Auf eine Auszeichnung der Nordmauer dieser Kirche ist verzichtet worden, da eine Weiterführung des Apsidenbogens in Anbetracht des nur kurzen freigelegten Stückes und beim Fehlen weiterer Anhaltspunkte doch zu gewagt erscheint. Die unterschiedliche Anlage der Fundamente dieser Kirche – in der erhaltenen Südostecke des Langhauses und im Apsidenbogen in lagerhaften Schichten von dünnen Kalksteinplatten mit einem Lehm-Kalk-Mörtel verlegt, in dem in Fläche B freigelegten Mauerstück der südlichen Langhauswand mit wechselnden Lagen von horizontalen Kalksteinplatten und Rollschichten – könnte auch als Anzeichen für einen Umbau bei Beibehaltung der alten Fluchten gewertet werden. Doch muß die Entscheidung darüber in diesem Augenblick offen bleiben.
   Dieser Saalkirche folgt
c) eine wahrscheinlich dreischiffige Anlage, von der die in den Fundamenten 3 m breite Chorapsis und die beiden an sie ansetzenden 1,6 m breiten von Grund auf gemörtelten Substruktionen für eine Pfeiler- oder Säulenreihe nachgewiesen sind, während für die Anlage der Seitenschiffe im Augenblick nur Vermutungen geäußert werden können.

Zur zeitlichen Einordnung der festgestellten Kirchbauten sollen im folgenden in Anbetracht der nur begrenzten Arbeitsflächen nur einige annähernde Hinweise gegeben werden.
Wir kennen aus den Ausgrabungen des Jahres 1959 an der Sachsenstraße, wo in der Nachfolge des in der ersten Hälfte des 7. Jhdts. angelegten Fürstengrabes die Angehörigen dieser Adelsfamilie bis ins späte 8. Jhdt. bestattet worden sind, einige sicher christliche, schon in Ost-West-Gräbern beigesetzte Tote, denen z. T. noch, älterem Totenbrauch folgend, Waffenbeigaben mit ins Grab gelegt worden sind.[1] Während dieser Zeit hat im Bereich der Kirche eine Siedlung gelegen, von der wir aus der unter dem ältesten Lehmestrich beobachteten Kulturschicht einige Scherben, Staklehmreste und die kleine eiserne Pfeilspitze als archäologische Dokumente geborgen haben. Im späten 8. Jhdt. ist dann mit dem Ausgang der Sachsenkriege, Mitte der 80er Jahre des 8. Jhdts., eine erste Saalkirche errichtet worden, in deren Nähe in der Folge, wie in den Kapitularien durch Karl d. Gr. befohlen, die christlichen Toten beigesetzt worden sind und nicht mehr – wie bisher – noch auf den älteren Friedhöfen. Hierher dürften die Erdgräber mit Holzsärgen und die mit Steinen umsetzten und mit Steinplatten abgedeckten Gräber gehören, deren Reste in der Fläche A beobachtet werden konnten. Dieser ersten Kirche folgt im Laufe des 10./11. Jhdts. eine zweite steinerne Saalkirche, soweit zu übersehen, etwa um Mauerbreite größer als der erste Bau. Diese Kirche selbst ist vielleicht einmal umgebaut und mit verstärkten Fundamenten erneuert worden. Dieser Saalkirche folgt nach einem Brand im 12. Jhdt. eine wahrscheinlich dreischiffige Anlage. Zu ihr gehört auch der heute noch bestehende Turm im Westen. Leider war es nicht möglich, die Verbindungen zwischen dem Langhaus der älteren Kirchen und dem Turm durch eine Ausgrabung zu klären.
Mit den gewonnenen Ergebnissen der älteren Kirchen unter St. Stephanus erhält die Geschichte Beckums, wenn auch nur im ersten Bemühen, neue originale historische Dokumente zurück, die fast 1000 Jahre unbekannt waren. Sie sind in Anbetracht der erst relativ spät einsetzenden Überlieferung für diesen Ort (1134) von besonderer Bedeutung.[2]

[1] W. Winkelmann, Das Fürstengrab von Beckum, Heimatkalender Kreis Beckum 1963, 17ff.
[2] H. Börsting und A. Schröer, Handbuch des Bistums Münster, Münster 1946 I, S. 173.

Sie bringen zwar noch keine Lösung der frühen historischen Probleme dieser Stadt und Kirche, die nach A. Hömberg zwar zu den Urpfarreien der Diözese Münster gehörte, aber in der frühen Phase noch nicht zum ältesten Münsterschen Missionssprengel. Er verweist sie vielmehr zusammen mit Wiedenbrück zu einem königlichen Missionsbezirk Karls d. Gr. mit Königshöfen und Kapellen, angelegt zur Sicherung der vom mittleren Hellweg auf den Bielefelder Paß zu führenden Straße über Dolberg – Beckum – Stromberg – Wiedenbrück, der erst wenig später unter die Bistümer Münster und Osnabrück aufgeteilt worden ist.[3]

Aber die frühe Bedeutung dieser Kirche läßt sich noch aus der Gründungsurkunde des Kanonikatstiftes vom Jahre 1267 erkennen, in der es heißt, daß die Beckumer Kirche *a priscis retroactis temporibus Monasteriensis ecclesiae sive Monasteriensium episcoporum capellania exstitit.*

Die hier vorgelegten Ergebnisse der Grabungen in St. Stephanus bleiben unvergessen verbunden mit dem Namen dessen, der sich um die Geschichte Beckums besonders verdient gemacht hat, auch in St. Stephanus: Anton Schulte. Zu seinem Gedächtnis und zu seiner Erinnerung sind diese Zeilen geschrieben in der Hoffnung, daß wir in diesem kurzen Überblick doch etwas von dem berichten, was seine Augen noch mit unermüdlichem Streben gesehen haben und sein immer wacher und kluger Geist mit aus dem Wissen gestärkter Liebe bedacht hat.

[3] A. K. Hömberg, Westfalen 29 (1951) S. 35 Anm. 11 und Westfälische Forschungen 6 (1943–1952) S. 83.

DIE KÖNIGSPFALZ UND DIE BISCHOFSPFALZ DES 11. UND 12. JAHRHUNDERTS IN PADERBORN*

Im Jahre 1963 hatten die ersten Baggerarbeiten zur Herrichtung der geplanten Neubaustellen auf der Nordseite des Domes beim Abräumen größerer Schuttmassen die Umfassungsmauern eines großen Gebäudes freigelegt. Auf die schon vor Beginn der Arbeiten sichtbaren Sandsteinverquaderungen an der Nordost- und Südostecke dieses Gebäudes war in der Lokalforschung seit der Mitte des vergangenen Jahrhunderts wiederholt hingewiesen worden. Bereits 1868 hatte J. B. Greve die Vermutung ausgesprochen, daß diese alten Baureste zum bischöflichen Palast gehört haben könnten, der durch Bischof Meinwerk (1009–1036) erbaut worden war, wie dessen Vita berichtet. Im Zusammenhang mit einer Urkunde des Jahres 1336 wurden die Mauern als Reste des bischöflichen Marstalls angesprochen.[1] Im Jahre 1898 hatte Vüllers in der Westfälischen Zeitschrift erneut auf diese Baureste hingewiesen und sie ebenfalls als „vielleicht zum bischöflichen Marstall gehörend" bezeichnet. Er konnte auf weitere zu diesem Gebäude gehörende Baureste aufmerksam machen, nämlich auf einen „vermauerten, uralten Rundbogen aus massigen Sandsteinquadern in der Südwand dieses Gebäudes, der wahrscheinlich als Zugangsöffnung vom *palatium* zum *marstabulum*" gedient habe.[2] Diese Mitteilung geriet in Vergessenheit. Erst im Jahre 1935 wurde der „uralte Rundbogen" beim Abbruch des Hauses Ikenberg 11 wiederentdeckt und durch Chr. Völker in der Zeitschrift „Westfalen" im gleichen Jahr veröffentlicht.[3] Seine Bemühungen um Größe, Funktion und historische Bedeutung dieses Bauwerks konnte er mit der Beobachtung von weiteren in der Nordwestecke dieses Gebäudes in jüngeren Vermauerungen noch sichtbaren Sandsteinquadern so weit festigen, daß es ihm möglich war, die Maße des vermuteten Gebäudes mitzuteilen. „Die Breite mag etwa 15 m, die Länge 50 m betragen."[4] Auch er bezog sich in seinen Überlegungen auf das in der Urkunde von 1336 erwähnte bischöfliche *marstabulum* und schrieb: „Mit einer an Sicherheit grenzenden Wahrscheinlichkeit darf die Behauptung gewagt werden, daß der Torbogen samt dem zugehörigen Marstall zu den Bauten des großen Paderborner Bischofs Meinwerk zu rechnen und in dessen Zeit zwischen 1009 bis 36 entstanden ist."[5] Es gelang Völker darüber hinaus, in der Fläche südwestlich des Domturmes, die zusammen mit dem großen Areal auf der Nordseite des Domes schon von der älteren Lokalforschung für den Meinwerkischen Bischofspalast angenommen worden war, einen weiteren alten Baurest, nämlich einen der charakteristischen Ecksteine Meinwerkischer Bauten, festzustellen. Er glaubte, in ihm einen Rest der in der Vita erwähnten Sterbekapelle Meinwerks sehen zu dürfen.[6] Damit waren schon vor der Ausgrabung zwei Architekturreste auf der Nord- und Südwestseite des Domes bekannt, die als Zeugnisse Meinwerkischer Bauten des frühen 11. Jahrhunderts galten.

Dank der mit hohem Mut erfüllten Initiative des Dompropstes J. Brockmann, Paderborn, der diese älteren Überlegungen kannte, räumten 1963 die Bagger im ersten Arbeitsgang große Schuttmassen ab, die über und neben diesen bekannten Architekturresten lagen. Dabei erschienen im Gelände südwestlich des Domes zum schon bekannten ein weiterer Eckstein und verbindende

* Gedruckt in: Frühmittelalterliche Studien 4, 1970, 398ff.

Über die Ergebnisse der Ausgrabungen auf der Nordseite des Domes hat der Verfasser bei den Kolloquien, die das Institut für Frühmittelalterforschung der Universität Münster in den Jahren 1967 und 1969 durchführte, berichtet. Hier wird das Referat des Jahres 1969 über die in den Jahren 1967 und 1968 gewonnenen neuen Ergebnisse mit einigen Ergänzungen aus der Arbeit des Jahres 1969 vorgelegt.

[1] J. B. Greve, Der kaiserliche und bischöfliche Palast in Paderborn (Blätter zur näheren Kunde Westfalens 6, 1868) S. 33–38. – Vita Meinwerci episcopi Patherbrunnensis c. 159, rec. F. Tenckhoff (MGH SS rer. Germ. in us. schol. 59, 1921) S. 83. Die Urkunde von 1336 ist gedruckt von C. Spancken, Eine für die ältere Topographie der Stadt Paderborn wichtige Urkunde (Westfälische Zeitschrift 56^{II}, 1898) S. 176–180.

[2] A. Vüllers, Über älteste Baureste Paderborns (Westfälische Zeitschrift 56^{II}, 1898) S. 165–176.

[3] Chr. Völker, Der Marstall des Bischofs Meinwerk in Paderborn (Westfalen 20, 1935) S. 196–199.

[4] Völker (wie Anm. 3) S. 199.

[5] Völker (wie Anm. 3) S. 199.

[6] Chr. Völker, Die Kapelle, in der Bischof Meinwerk starb (Heimatborn 16, 1936) S. 33–35. – Vita Meinwerci c. 219 (wie Anm. 1) S. 132.

zugehörige Mauerfluchten, die vermuten ließen, daß auch hier keine Kapelle, sondern ebenfalls ein größeres Gebäude Meinwerkischer Zeit lag. In der Fläche nördlich des Domes kamen die Umrisse des schon von Chr. Völker auf Grund der sandsteinverquaderten Ecken vermuteten großen Gebäudes zutage, über dessen Südwand im östlichen Teil der „uralte Rundbogen aus massigen Sandsteinquadern" aufragte.[7] Schon bei diesen ersten Arbeiten waren in der Südwand des Gebäudes zwei zugehörige sandsteingewändete Portale mit davorliegenden großen Treppenvorbauten erschienen. Beim Ausräumen der den Innenraum füllenden Schuttmassen hatte der Bagger in einem bis in den anstehenden Lößlehm eingreifenden Schnitt auf der Nordseite der Südmauer weiteres Mauerwerk angerissen.

Auf Veranlassung des Landeskonservators Dr. H. Busen, Münster, wurden nun die Baggerarbeiten eingestellt, um eine archäologische Untersuchung zu ermöglichen. Die Leitung übernahmen Frau Dr. L. Langhammer und später Ph. Hömberg, beide vom Seminar für Vor- und Frühgeschichte in Münster. Zu ihnen kam später der junge Kunsthistoriker G. Boymann, um eine erste Bestandsaufnahme des inzwischen freiliegenden Mauerwerks anzufertigen. Im Rahmen dieser ersten Arbeiten wurden bei den im Inneren und vor der Südwestseite des großen Gebäudes bis in den anstehenden Löß heruntergebrachten Schnitten weitere Mauern erfaßt und mittelalterliche und ältere Funde geborgen. Im Spätherbst 1963 entstand dann der Plan, das gesamte für eine neue Bebauung vorgesehene Gelände auszugraben.

Dank der vom Herrn Kultusminister des Landes Nordrhein-Westfalen bereitgestellten finanziellen Mittel und der fördernden Unterstützung durch das Metropolitankapitel Paderborn, der Kreis- und Stadtverwaltung Paderborn und des Landschaftsverbandes Westfalen-Lippe konnten die archäologischen Untersuchungen im Frühjahr 1964 planmäßig begonnen werden.

Der Beginn dieser Arbeiten in dem durch die Bagger zerwühlten und nicht gerade einladenden schwierigen Gelände war nicht leicht. Nur die durch Dr. L. Langhammer und Ph. Hömberg angelegten Schnitte ließen mit ihren überaus schwierigen, aber inhaltsreichen Profilen ahnen, was zu erwarten war, und gaben mit der Kenntnis der inzwischen erneut aufgearbeiteten schriftlichen Überlieferung[8] auch den Mut, in dieser Steinwüste trotz aller zu erwartenden sachlichen und organisatorischen Schwierigkeiten zu beginnen.

Die in den Jahren 1964–69 gewonnenen Ergebnisse sind mit Feuersteingeräten des 6. bis 5. Jahrtausends v. Chr., mit älterbronzezeitlichen Funden, den Teilen eines Urnen-Friedhofes der jüngeren Bronzezeit aus dem 9. bis 7. Jahrhundert v. Chr., den Gebäudespuren einer spätkaiserzeitlichen Besiedlung des 2.–4. Jahrhunderts n. Chr. mit reichen keramischen und metallenen Funden (Münzen, Nadeln und Fibeln) und den Spuren einer sächsischen Siedlung des 8. Jahrhunderts n. Chr., ebenfalls mit Gefäßresten und Metallfunden, zunächst von lokaler und landeskundlicher Bedeutung. Sie liefern aber darüber hinaus mit der Entdeckung der Freilegung von großen Teilen einer karolingischen Pfalzanlage, der bisher einzigen in Sachsen, neue Dokumente zur mittelalterlichen Reichsgeschichte. Was von dieser karolingischen Pfalz inzwischen sichtbar geworden ist, läßt auch in den Ruinen, vor allem aber durch den im Grabungsbefund an vielen Stellen ablesbar gewordenen immer neuen Wiederaufbau nach Zerstörungen während der sächsischen Aufstände, machtvoll den stärkeren Willen des Frankenkönigs Karl erkennen, der diese im soeben mit größten Mühen eroberten Sachsen erbaute *aula regalis*[9] trotz aller Rückschläge immer wieder neu errichtete. In diesen Gebäuden beriet Karl während der Reichsversammlungen der Jahre 777 bis 799 mit dem fränkischen und sächsischen Adel die organisatorische Eingliederung Sachsens in den fränkischen Reichsverband. Auf den dort gleichzeitig abgehaltenen Synoden

[7] Vüllers (wie Anm. 2).

[8] Zu danken habe ich für dauerndes Gespräch, Materialien und Ausarbeitungen Ursula Hoppe und Manfred Balzer, die auf Anregung von K. Hauck mit Paderborn-Problemen befaßt sind. Die Dissertation von U. Hoppe, Die Paderborner Domfreiheit, steht unmittelbar vor dem Abschluß.

[9] Karolus Magnus et Leo Papa. Ein Paderborner Epos vom Jahre 799 (Studien und Quellen zur Westfälischen Geschichte 8, hg. von J. Brockmann, 1966) V. 433 S. 90: *Missus apostolici regalem tendit ad aulam.* – Zur karolingischen Pfalz vgl. vorläufig: W. Winkelmann, Der Schauplatz (Karolus Magnus et Leo Papa) S. 101–107 und Ders., Paderborn (Kunst und Kultur im Weserraum. Ausstellungskatalog 2, 1966) S. 740–743.

wurde mit dem fränkischen Episkopat auch die zu bewältigende Missionsarbeit und die Einteilung der kirchlichen Bezirke im sächsischen Land geregelt. Infolgedessen empfing Karl hier Papst Leo III. zu Gesprächen und Verhandlungen über die Krise des Papsttums seit dem Attentat vom 25. April 799. Die in Paderborn eingeleiteten Maßnahmen ermöglichten schließlich die Anerkennung Karls als Kaiser in Rom im Jahre 800.[10]

Durch die Ausgrabung ist die historische Stätte dieser für die europäische Geschichte so folgenreichen Begegnung wiederentdeckt. Die Weite des mit Gebäuden und Kirchen bestandenen Areals im Schutz der starken Befestigung, der farbige Schmuck der Räume mit purpurfarben gemalten Mosaiken und Spiralranken, in vielen Bruchstücken aus den Trümmern geborgen,[11] sind eindrucksvolle Zeugnisse der karlischen Herrschaft. Sachgüter des Alltags jener historischen Tage – Scherben zerbrochener Gefäße, zahlreiche Bruchstücke von mit roten und dunkelblauen Farbstreifen oder eingeriebenen ornamentalen Gold- und Silberfolien randverzierten Trinkgläsern, von Traubenbechern und Trichterbechern mit aufgelegten Glasfäden – sind aus den Zerstörungsschichten geborgen. Bruchstücke einer Tatinger Kanne mit aufgelegten Zinnfolien, verzierte Knochenleisten und das Quart eines karlischen Denars aus den neunziger Jahren des 8. Jahrhunderts[12] bereichern die Dokumente und sichern ihre Deutung. Wenige Sandsteinbasen, Bruchstücke von im Feuer rot verglühten Sandsteinsäulen, Dach- und Zierziegel lassen etwas vom architektonischen Schmuck der Gebäude ahnen. Dazu gehört auch das schon früher gefundene Stuckkapitell aus dem karolingischen Schutt unter der Bartholomäuskapelle.[13]

Die Ausgrabung hat den Alltag des späten 8. Jahrhunderts mit den Ruinen der Pfalz und in vielen zugehörigen Funden wieder sichtbar werden lassen. Die schriftliche Überlieferung darüber ist spärlich. Den historischen Kern des Gewesenen hat auch hier die Sage überliefert. Während die Generationen bis zur Gegenwart sich im Für und Wider über die Existenz einer karolingischen Pfalz stritten[14], berichtete sie von dem Palast unter dem Dom.[15] Durch die Ausgrabung ist unterhalb der Roten Pforte des Domes das besondere Monument der karlischen Herrschaft, das *solium*, der Thronplatz, auf dem Karl saß und den Ländern Gesetze gab, wieder sichtbar geworden.[16]

Das Areal der ersten Pfalz mit ihren Gebäuden, ihre Zerstörung, ihr Wiederaufbau, ihre zweite Zerstörung und ihr erneuter Aufbau sind im weiten Hang über der Pader auf der Nordseite des Domes in Mauerresten und in Brand-, Bau- und Schuttstraten sichtbar geworden und bieten mit den zum Dom hin festgelegten Schnitten und Feststellungen über die Abfolge der Bautätigkeit auch für diesen besonderen sakralen Bezirk die Schlüssel zum Verständnis der schriftlichen Überlieferung. Sie bezeugen vor allem, daß unter dem Dom karolingische Architektur liegt. Damit deuten sich jetzt schon die großen Umrisse jenes von Karl begonnenen und durch Bischof Badurad noch vergrößerten architektonischen Schreines an, der die durch Papst Leo III. und Karl

[10] Vgl. dazu K. Hauck, Paderborn, das Zentrum von Karls Sachsenmission 777 (Adel und Kirche. Gerd Tellenbach zum 65. Geburtstag, hg. von J. Fleckenstein und K. Schmid, 1969) S. 92–140; Ders., Die fränkisch-deutsche Monarchie und der Weserraum (Kunst und Kultur im Weserraum. Ausstellungskatalog 1, 1966) S. 97–121; Ders., in diesem Band S. 138ff. H. Beumann, Das Paderborner Epos und die Kaiseridee Karls des Großen (Karolus Magnus et Leo Papa, wie Anm. 9) S. 1–54. – Beide mit weiterer Literatur.

[11] Im Herbst 1969 und im Sommer 1970 wurden in einer Abbruchschicht des späten 8. Jahrhunderts außerdem Putzstücke gefunden, die Monumentalschrift zeigen.

[12] Geprägt nach der Münzreform der Jahre 792/93, Münzstätte Melle, Dép. Deux-Sèvres, Frankreich (Bestimmung durch P. Berghaus, Münster).

[13] R. Meyer, Karolingische Kapitelle in Westfalen und ihr Verhältnis zur Spätantike II: Ein unbekannter Kämpfer aus Stuck in Paderborn (Westfalen 41, 1963) S. 313–334 mit Abb. 136–143.

[14] Außer den genannten Arbeiten von Greve und Vüllers (wie Anm. 2 und 3) vgl. W. Richter, Geschichte der Stadt Paderborn 1 (1899) S. 38; H. Abels, Eine Pfalz Karls des Großen in Paderborn (Denkmalpflege 18, 1916) S. 71–72; A. Fuchs, Grabungen und Funde im und am Paderborner Dome seit 1907 (Sankt Liborius, sein Dom und sein Bistum, hg. von P. Simon, 1936) S. 207–236 und auch das aus mehreren ungedruckten Vorträgen hervorgegangene Buch von K. Schoppe, Das Karolingische Paderborn 1 (Schriftenreihe des Paderborner Heimatvereins 4, 1967).

[15] Th. Pöhler, Der Schatz im Paderborner Dombrunnen (Dies., Sagen und Legenden des Paderborner Landes, o. J.) S. 16.

[16] Karolus Magnus et Leo Papa V. 449f. (wie Anm. 9) S. 90:
Ipse sedet solio Karolus rex iustus in alto,
Dans leges patriis, et regni foedera firmat.
– Die räumliche Nähe von *solium* und „Roter Pforte" scheint mir nicht zufällig zu sein. Die zu diesem Problem bereits gesammelten Vergleichsmaterialien erlauben allerdings noch kein abschließendes Urteil.

übertragenen besonderen Heilsgüter dieser Gründung, die Reliquien des Protomärtyrers Stephanus und die Haare Mariens im Osten und die Reliquien des Hl. Kilian im Westen, barg, zu denen unter Bischof Badurad 836 die ebenfalls im Westen des inzwischen vergrößerten Domes niedergelegten Gebeine des Hl. Liborius hinzukamen.[17]

Die von Karl errichteten und von Bischof Badurad in der ersten Hälfte des 9. Jahrhunderts zum Teil umgebauten und vergrößerten Anlagen waren auch in den Jahren 815, 840 und 845 der zentrale Bereich der Reichsversammlungen. Dieser karlischen Gründung galten auch die Besuche Konrads I. (913), Ottos I. (940 [erschlossen], 958) und Ottos III. (987).[18] Von besonderen Beziehungen Ottos II. zu Paderborn zeugt jenes große, aus dem Tribut der Langobarden von drei Jahren angefertigte goldene Kreuz, das dieser König an die Domkirche schenkte.[19] Im Jahre 1000 sind die Gebäude im großen Stadtbrand von Paderborn eingeäschert worden,[20] wurden aber von dem damals residierenden Bischof Rethar (983–1009) soweit wiederhergestellt – das läßt der Ausgrabungsbefund in allen Gebäuden klar erkennen –, daß schon im Jahre 1002 zwei Ereignisse statthaben konnten, die die ungebrochene Bedeutung dieser karlischen Gründung für die mittelalterliche Herrschaft erkennen lassen.

Wenn H. Heimpel feststellt, „daß die Pfalz als solche, ihr Besitz und die Besitznahme von ihr rechtlichen Charakter hat, einen Rechtsanspruch auf das Reich mitbegründet" und wie Krone, Reichsapfel, Szepter und heilige Lanze zu den Herrschaftszeichen im Sinne P. E. Schramms gehört,[21] so macht gerade das Geschehen des Jahres 1002 in Paderborn diese fundamentale Bedeutung der von Karl gegründeten Pfalz sichtbar. Wir sehen nach dem Tode Ottos III. in den Wirren der Wahlkämpfe den schon als Thronanwärter operierenden Ekkehard von Meißen vor den Mauern von Paderborn, um sich schon vor der Wahl den Besitz dieser karlischen Pfalz und die Zustimmung des in ihr residierenden Bischofs Rethar zu sichern. Er findet die Tore verschlossen. Sie werden ihm erst auf Weisung Rethars geöffnet. Ekkehards Verhandlungen mit Rethar sind ohne Erfolg. Er zieht von hier über Northeim nach Pöhlde, wo er ermordet wird.[22] Wenig später zieht Heinrich II. nach seiner Wahl zum König in Paderborn ein und läßt hier in *monasterio s. Liborii* seine Gemahlin Kunigunde durch Erzbischof Willigis von Mainz zur Königin krönen. Wir hören bei dieser Gelegenheit durch Thietmar von Merseburg von der *curtis regalis* in Paderborn.[23]

Im Jahre 1009 starb Bischof Rethar. König Heinrich II. erhielt diese Nachricht in der Pfalz zu Goslar. Er ernannte seinen Hofkaplan Meinwerk, ebenfalls *regia stirpe genitus,*[24] einen Mann aus der Nachfahrenschaft der Widukinde, aus dem reichen und mächtigen sächsischen Adelsgeschlecht der Immedinger, zum neuen Bischof von Paderborn und ließ ihn noch in Goslar durch Erzbischof Willigis von Mainz zum Bischof weihen.[25] Meinwerk wurde der zweite Gründer Paderborns. So wird er häufig genannt; denn er schuf, dafür zeugen die gute Überlieferung und die durch ihn geschaffenen Architekturen, ein neues Paderborn. Das, was vom Stadtbrand des Jahres 1000 noch zerstört lag, ließ er wieder herrichten. Anderes erneuerte er von Grund auf:

1. Er erbaute einen neuen Dom.[26]

[17] K. Honselmann, Reliquientranslationen nach Sachsen (Das erste Jahrtausend 1, 1962) S. 159–193. – Unsere Lokalisierung ergibt sich aus dem Reliquienverzeichnis des 11. Jahrhunderts; gedruckt bei W. Diekamp, Supplement zum Westfälischen Urkundenbuch 1 (1885) Nr. 570 S. 91f.

[18] F. Tenckhoff, Paderborn als Aufenthaltsort der deutschen Könige und Kaiser (Westfälische Zeitschrift 55^{II}, 1897) S. 143–157, hier S. 148f.; Th. Mayer, Das deutsche Königtum und sein Wirkungsbereich (jetzt in: Ders., Mittelalterliche Studien, 1959) S. 28–44.

[19] A. Fuchs, Zur Geschichte des Paderborner Domschatzes (Sankt Liborius, Wie Anm. 14) S. 299–354, hier S. 300f.

[20] Vita Meinwerci c. 7 (wie Anm. 1) S. 10. Vgl. D OIII 387 (MGH DD reg. et imp. Germ. 2, 2, ^{2}1957) S. 817.

[21] H. Heimpel, Bisherige und künftige Erforschung deutscher Königspfalzen (Geschichte in Wissenschaft und Unterricht 16, 1965) S. 461–487, hier S. 486.

[22] Thietmari Chronicon V, 5 s., ed. R. Holtzmann (MGH SS rer. Germ. NS. 9, ^{2}1955) S. 224f.

[23] D HII 121 (MGH DD reg. et imp. Germ. 3, ^{2}1957) S. 147. Der Interpretation des *inibi* von G. Roeder, Die Pfalz und die frühen Kirchen in Paderborn nach den schriftlichen Quellen (Westfälische Forschungen 19, 1966) S. 137–160, hier S. 158ff. kann ich nicht zustimmen. Dazu Thietmari Chronicon V, 19 (wie Anm. 22) S. 243.

[24] Vita Meinwerci c. 5 (wie Anm. 1) S. 7.

[25] Vgl. J. Bauermann, Meinwerk (Westfälische Lebensbilder 1, hg. v. A. Bömer und O. Leunenschloss, 1930) S. 18–31; K. Schmid, Die Nachfahren Widukinds (Deutsches Archiv 20, 1964) S. 1–47.

[26] Vita Meinwerci c. 12 (wie Anm. 1) S. 19.

2. Er gründete das Kloster Abdinghof im Westen, im *suburbium,* und das Busdorf-Stift im Osten. Er plante weitere Klöster im Süden und Norden der Stadt, um die *civitas* nach dem Zeichen des Kreuzes mit dem Dom als Schnittpunkt der ‚Balken'-Achsen anzulegen, Architekturplanungen, wie wir sie seit den Tagen Heinrichs II. in vielen Bischofsstädten, vor allem in Bamberg selbst, feststellen können.[27]
3. Er baute *ex fundamentis* eine *domus episcopalis,* einen Bischofspalast. Dieses Gebäude hatte zwei Stockwerke, die *domus superior aestivalis* und die *domus hiemalis,* ein Untergeschoß, in dem Meinwerk zu speisen pflegte.[28] Auch ein *lobium,* ein Söller, wird erwähnt.[29] Zum Bischofspalast gehörten zwei Kapellen, die eine *in transitu,* über einem Durchgang durch den Palast gelegen, den elftausend Jungfrauen geweiht, die andere *super columnas,* auf Säulen, vor dem Dom gelegen, zu Ehren der Hl. Primus und Felicianus.[30]
4. Er ließ die Bartholomäuskapelle *per operarios graecos* erbauen, Bauleute oder griechische Mönche, die er wohl von seiner Romfahrt mit Heinrich II. im Jahre 1013/14 mitgebracht hatte, jenes besondere architektonische Kleinod nördlich der Alpen, eine der Form und den Schmuckelementen der Architektur nach einzigartige byzantinische Halle.[31]
5. Er umschloß die *urbs* mit einer Mauer und stellte die *moenia* der *civitas* wieder her.[32]

Damit ist die von Meinwerk geschaffene Architektur, soweit sie die schriftliche Überlieferung der Vita bewahrt hat, genannt. Über den Bau einer Königspfalz durch ihn erfahren wir nichts, finden aber eine *domus regia* in der Vita erwähnt und hören von der *largitas,* dem Austeilen von Geschenken, das Meinwerk hier Zeit seines Lebens geübt hat.[33] Das Schweigen über den Bau dieser *domus regia* mag darin begründet liegen, daß dem Schreiber der Vita kurz nach der Mitte des 12. Jahrhunderts besonders daran gelegen war, Meinwerk in seinem bischöflichen Amt und Wirken zu rühmen, könnte aber auch bedeuten, daß der Bau einer Königspfalz für den Paderborner Schreiber des 12. Jahrhunderts noch eine selbstverständliche königliche Aufgabe war, an der Meinwerk als sein Reichsbischof zwar ausführend beteiligt war, aber doch eigentlich nicht als Bauherr in Erscheinung treten konnte. Dabei erwähnt die Vita ausdrücklich in vielen Einzelheiten Meinwerks nahe und gute Beziehungen zu den Königen Heinrich II. und Konrad II. bei vielen Gelegenheiten und berichtet von deren Aufenthalten in Paderborn.[34] Gerade diese Auszeichnung Paderborns durch die große Zahl der Königsbesuche im 11. und einiger weiterer im 12. Jahrhundert – insgesamt sind für diese Zeit 21 Aufenthalte der Könige und Kaiser überliefert, 8 weitere durch das Itinerar wahrscheinlich zu machen – ist in der historischen Forschung immer wieder mit besonderem Staunen vermerkt worden.[35] Dazu wurde die besondere Bedeutung dieses Platzes noch erhöht durch die Tatsache, daß die Könige hier nicht nur Rast machten auf ihren Fahrten durch das Land, sondern die Weihnachts-, Oster- und Pfingstfeste hier begingen, Paderborn also zu den Festtagspfalzen gehörte. Die innere Begründung für diese Besuche ruht sicher, soweit wir heute diese Vorstellungen überhaupt noch würdigen können, in der Tatsache der karlischen Gründung und der Bedeutung der dort durch den Frankenkönig hinterlegten Reliquien-Heiligtümer. Diese Überlieferung hat selbstverständlich in der Lokalforschung wiederholt die Frage nach dem königlichen Palatium entstehen lassen und das Bemühen geweckt, es in

[27] Vita Meinwerci c. 218 (wie Anm. 1) S. 131. – Zu Bamberg vgl. Hauck (wie Anm. 10, 1966) S. 115f.
[28] Vita Meinwerci c. 187 (wie Anm. 1) S. 107.
[29] Vita Meinwerci c. 150 (wie Anm. 1) S. 79.
[30] Es erscheint mir notwendig, den Text der Vita Meinwerci c. 219 (wie Anm. 1) S. 132: *Erant autem due capelle ad domum episcopalem, una in transitu, una super columnas facta in honore sanctorum Primi et Feliciani ante ecclesiam principalem,* in dieser Weise mit zwei Stellen aus der Urkunde von 1336 zusammen zu sehen: *... ad portam, qua per medium dicti pallacii transitur ...* (wie Anm. 1, S. 177); *... cappella in superiori pavimento veteris pallacii supra portam in honore sanctarum undecim milium virginum olim dedicata et constructa ...* (wie Anm. 1, S. 179).
[31] Vita Meinwerci c. 155 (wie Anm. 1) S. 82. – Vgl. H. Busen, Die Bartholomäuskapelle in Paderborn (Westfalen 41, 1963) S. 273–312.
[32] Vita Meinwerci c. 159 (wie Anm. 1) S. 83.
[33] Vita Meinwerci c. 163 (wie Anm. 1) S. 85.
[34] Vgl. oben Anm. 18. – Vita Meinwerci (wie Anm. 1).
[35] Tenckhoff (wie Anm. 18); H. J. Rieckenberg, Königsstraße und Königsgut in liudolfingischer und frühsalischer Zeit 919–1056 (Archiv für Urkundenforschung 17, 1941) S. 32–154, hier bes. S. 65; C. Brühl, Fodrum, gistum, servitium regis 1 (Kölner Historische Abhandlungen 14, 1, 1969) bes. S. 128–130.

hier und da bei Bauarbeiten festgestellten alten Mauerresten wiederzufinden. Aber dieses Bemühen vermochte nur bis ins 12. Jahrhundert zurückzudringen, da weite Bereiche der älteren Überlieferung in der Neuzeit vergessen oder unzugänglich wurden. Das Ergebnis des älteren Bemühens faßte Vüllers in dem schon oben zitierten Aufsatz des Jahres 1898 so zusammen: „Gebäudereste, welche (wie z. B. in Nymwegen der Valkhof...) äußerliche Zeichen der Zugehörigkeit zu einer früheren kaiserlichen Pfalz tragen, sind hier nicht aufzufinden. Wahrscheinlich haben die deutschen Kaiser bei ihren Besuchen in Paderborn in einem zum *bischöflichen* Palatium gehörenden besonderen Gebäude als Gäste gewohnt, wie ja häufig die deutschen Kaiser jener Zeit gastliche Aufnahme in den Klöstern fanden."[36] Diese Meinung blieb in der lokalen und auch weithin in der allgemeinen historischen Forschung bis zu Beginn der Ausgrabungen gültig. Erst sie haben uns den Schlüssel wieder in die Hand gegeben, die Texte der schriftlichen Überlieferung richtig zu ordnen und zu verstehen. Die Angaben klären sich und geben nun von sich aus stärkende Impulse zur Interpretation des Ausgegrabenen.
Die bereits zitierte Urkunde des Jahres 1336 öffnete den Weg zur Klärung der älteren Topographie im Dombereich.[37] In dieser Urkunde wird zwischen Bischof Bernhard V. und dem Domkapitel ein Grundstück getauscht. Der Bischof tauscht das Gelände westlich und südwestlich vom Domturm bis zur Ostgrenze des Abdinghofklosters mit den seit langer Zeit nur noch als Ruinen stehenden Resten des alten Bischofspalastes gegen eine domkapitularische Kurie, welche die Bartholomäuskapelle umschloß. Einen Platz nördlich des Domes, auf dem nur wenige Gebäude standen, behält er sich vor. Auf diesem *spacium* sollte später, „wenn unsere Kirche solchen Überfluß an weltlichen Gütern besitzt, daß zu solch einem Vorhaben Vermögen reichlich vorhanden ist", ein neues bischöfliches Palatium errichtet werden. Der Text dieser Urkunde bietet für unser Problem noch näheres und entscheidendes Detail. Er erwähnt die Kapelle, die den 11 000 Jungfrauen geweiht war und *supra portam ... qua ... transitur ...*, über dem durch den Palast führenden Durchgang lag.[38] Ihre Reliquien waren schon durch seine Vorgänger an andere heilige Orte überführt worden. Ihre Ausstattung und Einkünfte sollten mit denen der Bartholomäuskapelle vereinigt werden und zusammen mit dem Kaplan dieser Kapelle zur Verfügung des residierenden Bischofs bleiben.
Mit diesen Angaben sehen wir noch im Text des 14. Jahrhunderts die deutlich unterschiedenen Kapellen, hier die Bartholomäuskapelle, dort die Kapelle des Bischofspalastes, deren Dotierung der Bartholomäuskapelle übertragen wird. Auf sie müssen wir nun kurz eingehen. Sie ist das einzige Bauwerk Meinwerks, das in fast originaler Gestalt bis heute steht, als Kostbarkeit der Architektur gerühmt, aber doch bis zur Gegenwart in seiner Bedeutung nicht mehr recht verstanden, die erst durch die Ausgrabungen wieder erhellt wurde. Immerhin gab es hier und da in den vergangenen Jahren in der Diskussion darüber gewisse Ansätze mit Gedanken, die schon den richtigen Weg einschlugen. Dazu gehörte die Erinnerung daran, daß Otto III. im Jahre 997 die Bartholomäusreliquien von Benevent nach Rom in die Adalbertskapelle auf der Tiberinsel hatte überführen lassen, und das neue Interesse für die Nachricht, daß im Jahre 1017, in dem die Bartholomäuskapelle geweiht worden war, auch das Königskanonikat für Heinrich II. und Kunigunde am Paderborner Dom begründet wurde.[39] Damit wurde ein doppelter Zugang zur Königsnähe ihrer Bestimmung eröffnet, die später durch die Ausgrabung vollends deutlich wurde.
Wir betreten nun das Ausgrabungsfeld auf der Nord- und Südwestseite des Domes (Taf. 55) und kehren zunächst zurück zu dem großen Gebäude, das die Bagger schon im Jahre 1963 in grobem Umriß freigelegt hatten. Bereits im Zuge des ersten Bemühens um die stratigraphische Ordnung der vorgefundenen Schuttmassen war es gelungen, eine ältere Situation jenes in der Urkunde von 1336 erwähnten *spacium,* des mit „alten Freiheiten" ausgestatteten Versammlungsplatzes auf der Nordseite des Domes freizulegen. Dieser Platz lag über der Brandschicht des Jahres 1000 und knapp über den unter Meinwerk abgebrochenen karlischen Mauern. Er war im Zuge dieser Abbrucharbeiten im frühen 11. Jahrhundert angelegt und bis ins beginnende 13. Jahrhundert

[36] Vüllers (wie Anm. 2) S. 174f.
[37] Wie Anm. 1.
[38] Vgl. die Anm. 30 zitierten Stellen.
[39] D HII 368 (wie Anm. 23) S. 470.

hinein benutzt worden. Im Laufe des 13. Jahrhunderts wurde er mit dem Stein- und Mörtelschutt vom Abbruch des älteren romanischen Domes 2 bis 6 Meter hoch überschüttet. Zum Neubau des Domes im 13. Jahrhundert waren auf dem Platz ein großer und ein kleiner Kalkofen angelegt worden, neben einigen jüngeren Brunnenanlagen und kleineren Kellergruben die einzigen Störungen in dieser Fläche. Der Platz ist mit seiner grauen Deckschicht vom Mauerwerk des heutigen Domes fast 40 m weit nach Norden bis an die Südwand des großen Gebäudes und von der Bartholomäuskapelle im Osten über 60 m weit nach Westen freigelegt worden. Damit war für den ganzen Ablauf der späteren tiefergreifenden Ausgrabung ein entscheidendes Ergebnis gewonnen: die Stratigraphie trennte Mauern und Funde vor und nach dem Jahre 1009 – dem Regierungsantritt Meinwerks. Zugleich wurde der historische Versammlungsplatz in Weite und Niveau wieder sichtbar und begehbar, auf dessen Nordseite sich das große Gebäude mit seinen repräsentativen Treppenvorbauten erhob und dessen Ostseite die Bartholomäuskapelle begrenzte. Schon bei dieser flächigen Freilegung des *spacium* waren vor dem Westteil der Südmauer des Baues ein weiterer großer Treppenvorbau und, auf seiner Osteite unmittelbar angelehnt, eine nach oben führende Treppe ergraben worden. Im Zuge der weiteren Ausgrabung wurden die im Ostteil des Gebäudes liegenden Schuttmassen ausgeräumt und, soweit noch vorhanden, die originalen Laufschichten freigelegt. Sie bestanden in einer ersten Phase aus einem Kalkestrich, in einer zweiten aus einem aufgestampften Lehmboden. Der obere Lehmestrich war stellenweise rot verglüht, Spuren eines Brandes, der das Holzwerk dieses Gebäudes im 12. Jahrhundert zerstört hatte. Auf ihm lag eine mächtige Säulenbasis aus rotem Sandstein, durch die Glut mürbe geworden, in viele Splitter zersprungen und nicht mehr fortgeräumt, ein Zeichen, daß dieser letzte Brand auch das Ende des Saalbaus bedeutete.

Das schließlich im Inneren und Äußeren überschaubar gewordene Gebäude mit den großen Treppenvorbauten vor seiner Südmauer war ein großer Saalbau (Taf. 55; 56). Seine ansprechbaren Architekturreste, die profilierten Ecksteine der meinwerkzeitlichen Bauten, Säulenbasen, die denen vergleichbar sind, die in der Bartholomäuskapelle noch aufrecht stehen, keramische Funde und Münzen begründen unsere Datierung des Baubeginns in das 11. Jahrhundert nach dem Regierungsantritt Meinwerks im Jahre 1009 (Taf. 61, 1; 62, 1–3). Seine äußeren Maße (44,48 m Länge und 16,17 m Breite; im Aufgehenden 1,10 m starke Mauern) liegen nur knapp hinter der Größe des von Heinrich II. erbauten und in der Mitte des 11. Jahrhunderts umgebauten Saalbaus der Pfalz zu Goslar (i. L. 14,18 x 47,20 m).[40] Seine Südwand ist im Westteil 5,6 m hoch über dem Bankettvorsprung des Fundaments, in der weiteren Erstreckung nach Osten rund 3–4 m hoch erhalten (Taf. 58, 1.2). Die Ostmauer steht noch 2–4 m hoch (Taf. 59, 2), die Westwand 1–2 m. Die Nordmauer zeigt nur im Westteil noch bis zu 1,5–2 m Höhe originales Mauerwerk und ist zum größten Teil bis auf das Fundament ausgebrochen. Das erhaltene, aus Bruchsteinen des im Untergrund anstehenden Plänerkalkes aufgeführte Mauerwerk, im großen und ganzen lagerhaft in einen harten, weißen Kalkmörtel eingebettet, ist außen und innen auf Schale gesetzt und im Inneren mit kleinerem Steinmaterial und reichlichem Mörtel gefüllt. Das Äußere dieser Mauern ist bis etwa 2,5 m Höhe außen und innen relativ homogen und glatt steinsichtig verstrichen, darüber befinden sich, vor allem im Westteil der Südmauer sichtbar, unterschiedliche Lagen von kleinerem und dickerem Steinmaterial, Besonderheiten, die als Hinweise auf eventuell gesonderte Bauphasen im Augenblick noch nicht erklärt werden können. Die Ecken sind aus 0,5–1,10 m hohen Sandsteinquadern fast mörtellos aufgesetzt und zeigen, bis jetzt an der Nordost-, Südost- und Südwestecke freiliegend, in ihrem unteren Stein das charakteristische Profil der meinwerkzeitlichen Paderborner Bauten; an allen vier Ecken sind sie in der Bartholomäuskapelle erhalten, mit zwei Steinen in der Ostwand des Bischofspalastes im Areal südwestlich des Domes und mit einem Stein in der Südostecke seiner Gründung Abdinghof. Auf einer Sandsteinplatte mit im Oberteil etwas gehöhlter Schräge steht ein unterschiedlich hoher Sandstein, dessen Oberteil ein halbrunder Wulst auf schmaler Platte umgibt (Taf. 61, 1.2). Vor der Südwand liegen im Osten und Westen zwei große Treppenvorbauten (der kleinere in der Mitte entstammt einer späteren Bauphase), der östliche

[40] U. Hoelscher, Die Kaiserpfalz Goslar (Die deutschen Kaiserpfalzen 1, 1927) S. 112.

5,26 m breit und 5,2 m tief, der westliche 5,9 m breit und 5,26 m tief. Acht bzw. sieben Stufen aus Travertin- und Plänerkalkplatten führen abwärts zu den Eingängen, von denen nur der östliche noch das vollständig erhaltene Sandsteingewände mit 1,4 m breitem Durchgang enthält, während das Portal des westlichen Eingangs schon in alter Zeit ausgerissen worden ist (Taf. 58, 1.2). Das östliche Portal verbreitert sich hinter der Schwelle auf beiden Seiten in gleicher Schräge nach innen. Auch die Bodenfläche des Durchgangs ist mit Sandsteinplatten belegt. Im westlichen Gewände ist ein über 3 m tiefes Lager zur Aufnahme des Sperrbalkens erhalten. Ihm entspricht gegenüber ein viereckiges Loch als Auflage des Sperrholzes. Das 2,07 m hoch erhaltene Portal mit den fast mörtellos aufeinanderliegenden Sandsteinquadern zeigt in 1,8 m Höhe das zurückspringende Auflager des ehemaligen Türsturzes, das auch auf der Schräge in der ganzen Tiefe des Portals sichtbar ist. Die Portalkanten sind außen abgefast, die Quader zeigen einen feinen Randschlag (Taf. 57, 1). Darüber erhebt sich bis zu einer Höhe von 7,7 m über der Schwelle des unteren Portals der Rest eines ebenfalls aus Sandsteinquadern errichteten Bogenportals mit 1,6 m breitem Durchgang. Die ursprüngliche Höhe des Türsturzes ist vielleicht in einer Auswinkelung im westlichen Gewände zu sehen. Das Portalgewände umzieht außen ein heute nur noch in Resten erhaltenes rechteckig vorstehendes Profilband. Die Schwelle ist ausgerissen und mit jüngerem Mauerwerk gefüllt. Auch die Steine des Gewändes sind in dem gegenwärtig sichtbaren Befund von jüngerer Ausmauerung umgeben, die auch das Innere des Portals füllt. Dieses obere Portal öffnete sich ehedem über einem Altan des darunterliegenden Treppenvorbaus. Etwa in der Mitte der Südwand erstreckt sich mit 4,55 m Breite und 3,9 m Tiefe ein etwas kleinerer Treppenvorbau, in ihm sind nur einige Steine der oberen Stufe original erhalten. Auch hier erhebt sich ein 1,2 m breites und 1,95 m hohes Sandsteinportal mit zurückspringendem Auflager für den Türsturz. Das Gewände verbreitert sich mit gleicher Schräge beidseitig nach innen. Ein 2,75 m tiefes Lager für den Sperrbalken ist auch hier mit tief in den Sandstein eingeschabten Schleifspuren der Sperrbalkenkette, von der noch ein Teil in der Höhlung lag, im westlichen Gewände erhalten (Taf. 57, 2). Auf der Ostseite des großen westlichen Treppenvorbaus liegt ein 2,5 m breiter, nach oben führender Treppenvorbau mit 6 erhaltenen Stufen. Sie führten zu einem oberen Portal, von dem z. Z. nur noch der westliche untere Gewändestein ‚in situ' liegt.

In der Südwand sind 6 kleine, 0,7 m hohe, sanduhrförmige Fenster sichtbar geworden mit 0,9–1,0 m breiten Solbänken. In den drei östlichen Fenstern stehen noch die originalen monolithischen Sandsteinfenster mit je zwei 0,2 m breiten und 0,45 m hohen rechteckigen Öffnungen. Die ursprünglich gleichmäßig mit Schrägen profilierten inneren Steinkanten sind später abgeschlagen worden, um die Öffnungen zu vergrößern (Taf. 60, 1). Die 3 westlichen Fenster zeigen in Resten nur noch die Mörtelbettungen eines ehemals hölzernen Rahmens. Ein weiteres Fenster ist im Südteil der Westmauer und im Westteil der Nordmauer in Resten erhalten.

Im Innenraum des Gebäudes verlaufen in Nordsüdrichtung zwei 1 m breite Fundamentzüge, die die ganze Innenfläche in drei in den Maßen etwas unterschiedliche Teile gliedern. Es handelt sich um Spannmauern, auf denen zur Nord- und Südwand hin etwa 0,5 m tiefe Wandvorlagen gestanden haben; die ursprüngliche Einbindung ist im Mauerwerk der Nord- und Südwand auch im Ausbruch noch zu erkennen. Die Tiefe der Wandvorlage war im erhaltenen Kalkestrich über dem Südende der westlichen Spannmauer sichtbar. Zur westlichen Spannmauer gehört auch ein 5,4 x 4,4 m großes rechteckiges Fundamentmauerwerk, auf dem neun 1,0 m starke quadratische Pfeiler bis zu 1 m Höhe aufragen. Eine befriedigende Deutung dieses Befundes ist noch nicht möglich (Taf. 55).

In der Nordwestecke des Saalbaus liegt unter dem Wohnniveau eine zugehörige Quellkammer, 6,5 x 7,0 m groß, deren Gewölbetonnen in der Mitte auf einem 1,2 m mächtigen, quadratischen sandsteinverquaderten Pfeiler ruhen. Aus ihr fließt bis zur Stunde eine starke Quelle. Das Niveau des 11. Jahrhunderts liegt etwa 1,3 m unter dem heutigen Wasserspiegel, der erst durch den späteren Stau für die Mühlen am Nordrand der Stadt erhöht wurde. Der ursprüngliche Wasserausfluß ist in der Nordwestecke der Quellkammer eben sichtbar. Der Einstieg in die Quellkammer erfolgte durch einen schmalen unmittelbar westlich des Nordendes der westlichen Spannmauer ansetzenden Treppenabstieg. In der Südwestecke des Innenraumes südlich der alten

Quellkammer ist im 14./15. Jahrhundert eine gotische Vorkammer eingebaut worden; dabei ist – zum Teil in die Westmauer eingreifend – ein neuer Treppenzugang in diese Vorkammer ausgebrochen worden.
Das Innere des Saalbaus wird heute bestimmt durch eine ostwestverlaufende mittlere Reihe von im Abstand von 2,5 m stehenden, 0,65–0,68 m starken quadratischen, aus Bruchsteinen aufgemauerten Pfeilern (Taf. 59, 1). Der stratigraphische Befund hat erkennen lassen, daß sie nicht zum ersten Baubestand gehören, sondern erst bei einem Umbau des Ganzen in einer zweiten Bauphase angelegt worden sind. Zu diesem Umbau gehören auch die in der Nordseite der Südmauer freigelegten 0,3–0,35 m großen Balkenkammern, die in das Mauerwerk eingebrochen sind. Ihr Abstand beträgt 1,3 m. Ihre Unterkante liegt bei 2,2–2,25 m über dem ursprünglichen Niveau des Innenraumes (Taf. 60, 2). Bei diesem Umbau erhielt der Saalbau ein neues Obergeschoß. Vermutlich sind dabei auch weitere Veränderungen in der Südwand mit dem Einbau der relativ kleinen Fenster des als Untergeschoß dienenden Raumes erfolgt, Veränderungen, die so geschickt beigemauert sind, daß es schwer bleibt, sie im Mörtel oder im Fugenverlauf zu fixieren. Daß sich in diesen Veränderungen nicht nur lokale Besonderheiten abzeichnen, sondern baugeschichtliche Entwicklungen sichtbar werden, die in größerem Raum gültig sind, mag hier mit dem Hinweis auf den in der Mitte des 11. Jahrhunderts unter Konrad II. und Heinrich III. erfolgten Umbau der Pfalz zu Goslar angedeutet werden, wo sich mit dem Einbau der mittleren, das Obergeschoß tragenden Pfeilerreihe eine vergleichbare Gestaltung erkennen läßt.[41]
Die weitere Ausgrabung des an den Saalbau östlich anschließenden Geländes brachte neue Überraschungen. Schon beim Ausräumen der Schuttmassen im Ostteil des Saalbaus war nach dem Abmeißeln jüngerer Über- und Vormauerungen in der Ostwand ein Rundbogenportal freigeworden (Taf. 59, 2). Es ließ vermuten, daß sich nach Osten weitere zugehörige Bauteile anschließen würden. Zudem war durch B. Ortmann im Jahre 1958 in einem Keller eines damals hier noch stehenden Gebäudes eine Kapelle bekanntgeworden, die sogenannte Ikenbergkapelle, die ebenfalls ins frühe 11. Jahrhundert datiert war.[42] Die Ausgrabung in diesem Gebiet war sehr schwer, trafen wir doch hier bis zum Beginn der Arbeiten noch bewohnte Häuser und Gebäudetrümmer des letzten Krieges. Diese Situation hatte aber auch den Vorzug, daß die Untersuchungen nicht erst in einem durch den Bagger verrissenen und verfahrenen Niveau ansetzen mußten, in dem alle jüngeren Schichten einschließlich der Gebäude schon abgetragen waren. So erhielten wir im allmählichen Tieferlegen der Grabungshorizonte Einblick in die Veränderung der Bebauung durch die Jahrhunderte hin.
Aus der schriftlichen Überlieferung für dieses Areal nördlich der Bartholomäuskapelle war zu entnehmen, daß in seinem Südteil Teile der bischöflichen Kurie des 14. Jahrhunderts erscheinen mußten, in seinem Nordteil vom 14. Jahrhundert ab eine Reihe von Gebäuden zu erwarten war, die am Ende des 16. Jahrhunderts zur ersten Residenz der Jesuiten in Paderborn umgebaut wurden. Über diese Bauten des späten 16. Jahrhunderts gibt es eine Planskizze mit der Einzeichnung der damals entstehenden Gebäude; für die nachfolgende Zeit waren die Baunachrichten bis zur Gegenwart überschaubar.[43]
Es war nun die Aufgabe, die Abfolge der Bautätigkeit in diesem Areal in den einzelnen Parzellen über viele Jahrhunderte hin, wenn möglich, zu klären und aus ihr Wandel oder Dauer der topographischen und funktionellen Ordnungen abzulesen. Im Zuge der tiefergreifenden Ausgrabung wurden die jüngeren Bauteile abgetragen, der Baubestand des 16. und 17. Jahrhunderts mit verschiedenen Umbauphasen freigelegt, des 14. und späten 13. Jahrhunderts abgebrochen, so daß schließlich der ältere, zum Saalbau des 11. Jahrhunderts gehörige Baubestand überschaubar wurde.

[41] Hoelscher (wie Anm. 40) S. 113 mit Abb. 30.
[42] B. Ortmann, Eine frühromanische, bisher unbekannte Kapelle in Paderborn (Neue Ausgrabungen und Untersuchungen. Bericht über die Tagung der Koldewey-Gesellschaft in Berlin, 1961) S. 34ff. – Die Mitteilung in: Vorromanische Kirchenbauten. Katalog der Denkmäler bis zum Ausgang der Ottonen, bearb. von F. Oswald, L. Schäfer und H. R. Sennhauser, 2. Lieferung (1968) S. 254, Verf. sehe die Kapelle am Ikenberg als „Teil der Bischofspfalz" an, muß auf einer Fehlinformation beruhen.
[43] Dazu Hoppe (wie Anm. 8).

Er ist mit dem Saalbau nicht nur durch das einbindende Mauerwerk, sondern auch durch die zusammengehörigen Bau- und Wohnschichten bis in die Ikenbergkapelle hinein verbunden. Über keramische Funde hinaus geben ein Silberpfennig Ottos III. aus der einplanierten Brandschicht des Jahres 1000 *unter* dem Kalkestrich des neuen Gebäudes und ein Hälbling Soester Prägung aus der beginnenden zweiten Hälfte des 11. Jahrhunderts, gefunden *auf* dem ersten Estrich, der mit Brandresten des für das Jahr 1058 überlieferten Brandes bedeckt war,[44] zusätzliche sichere Festpunkte zur zeitlichen Bestimmung (Taf. 62, 1). Das Endergebnis ließ folgendes erkennen: Auf der Ostseite des Saalbaues schließt ein 11,6 m langer (Ostwest) und 9,42 m breiter (Nordsüd) Raum an. Das heute sichtbare Bogenportal in der Ostwand des Saalbaus liegt nicht in der Mitte der Wand, es gehört zu einer Umbauphase des 13. Jahrhunderts (Taf. 59, 2). Vom ursprünglichen Portal sind nur noch der nördliche Grundstein und die Sandsteinplatten mit der Schwelle zu Dreiviertel erhalten. Dieses ursprüngliche Portal war 2,5 m breit und lag inmitten der Ostwand des Saalbaus. Auf seiner Ostseite waren im Boden die Standspuren von 4 Pfosten zu erkennen, die ein Rechteck (2,5 m in Nordsüdrichtung und 1,5 m in Ostwestrichtung) bildeten. Nach Osten verlief in Ostwestrichtung im Abstand von 1,4 m eine Reihe von 6 einzelnen Pfosten. Ihre Füllung zeigte einen zweimaligen Brand und Erneuerung. Sie standen in der Flucht der Pfeilerreihe des großen Saalbaus und hatten, wie sie, sicher als Substruktion für ein Obergeschoß gedient. Die Südmauer dieses Gebäudeteiles ist über 2,5 m, die Nordwand 1,0–1,5 m hoch erhalten. Nach Osten schließt der Kapellenraum an; ein kleiner Apsidensaal, 6,7 m lang und 5,7 m breit, im Osten abgeschlossen durch eine 3,10 m breite und 2,7 m tiefe halbrunde Apsis. Für diese Kapelle ist kein Name und kein Patrozinium überliefert. Sie trägt seit ihrer Entdeckung durch B. Ortmann im Jahre 1958 den neutralen Namen Ikenbergkapelle, nach der allgemeinen Ortsbezeichnung Ikenberg, die für dieses ganze Areal auf der Nordseite des Domes gebräuchlich ist. Diese Kapelle ist aus allen Umbauten mehrerer Jahrhunderte wieder herausgemeißelt worden bis zu einer auf über 3 m Höhe erhaltenen noch originalen Mauersubstanz des 11. Jahrhunderts. Dabei kamen in der Süd- und Nordwand und im Halbrund der Apsis je 3 sanduhrförmige Fenster zum Vorschein, außerdem in der Apside, in Resten auch in der Südwand, die alten zugehörigen Balkenkammern. Ihren Boden bedeckte ein dünner, aber fester Kalkestrich. Der alte Eingang war unter jüngeren Umbauten nur noch im Lager der herausgerissenen Schwelle im Südteil der Westwand erhalten. In der Mitte der Westwand liegt ein von außen nach innen sich schlitzartig verjüngendes Fenster. In der Ostwand des Vorraumes zur Kapelle ist südlich vom Kapelleneingang ein besonderer Durchgang mit den Resten von Treppenwangen und -stufen zu sehen, der von außen in den Vorraum hineinführte.
Nach Süden schließen an den Bauteil zwischen Saalbau und Kapelle die Mauern eines 22 m langen und 8 m breiten Gebäudes an, an dessen Südende die Bartholomäuskapelle liegt. Zwei ostwestverlaufende Quermauern im Innern dieses Nordsüd-Traktes lassen in der Mitte und im Norden zwei größere Räume erkennen, während im Süden, unmittelbar nördlich der Bartholomäuskapelle, ein schmaler, ursprünglich überwölbter Raum lag. Die Bodenfläche dieses schmalen Ganges nördlich der Kapelle bedeckte ein 2 bis 3 cm starker Kalkestrich. Auf der Westseite liegt vor diesem Nordsüd-Trakt ein schmaler Vorbau mit einer Durchgangssituation in den nördlichen Raum, nach Süden folgt ein weiterer Durchgang in den mittleren Gebäudeteil. Die südliche Wange dieses südlichen Eingangs zeigt einen 1,0 m breiten Durchgang in den schmalen gewölbten Vorraum nördlich der Bartholomäuskapelle. Der südliche Abschluß dieses Vorbaus liegt unter dem Mauerwerk der noch aufrechtstehenden jüngeren Vorhalle zur Bartholomäuskapelle und ist noch nicht aufgegraben. Vor der Ostseite dieses Nordsüd-Traktes verläuft im Abstand von über 1,5 m ein weiterer Mauerzug mit einzelnen Quermauern zwischen Hauptmauer und Vormauer. Das Südende der östlichen Nordsüd-Mauer bindet in das Grundmauerwerk der anschließenden Bartholomäuskapelle ein und erweist damit die Zugehörigkeit dieser Kapelle zur Architektur der Pfalzanlage, d. h. die Bartholomäuskapelle war ehedem, wie das Patrozinium und die Einrichtung des Königskanonikates Heinrichs II. und Kunigundes im Jahre ihrer Weihe schon hatten vermuten lassen, die Königskapelle der Pfalz des 11. Jahrhunderts. Damit wird die Kostbarkeit ihrer

[44] Vgl. die Vita Meinwerci c. 163 (wie Anm. 1) S. 85.

Architektur verständlich; ihre ausgezeichnete Lage auf der Ostseite des großen Pfalzhofes, des alten *spacium,* wiederholt noch einmal, was von der karlischen Gründungskonzeption mit Aula und Pfalzkirche vorgezeichnet war, wie die Ausgrabung gezeigt hat.

Diese Bindung an karlische Konzeption wird auch äußerlich schon durch die Tatsache deutlich, daß die Bartholomäuskapelle in der Flucht des karolingischen Saalbaus liegt und der nördlich anschließende Nordsüd-Trakt der jüngeren Pfalz hier mit allen Winkelverschiebungen offenbar eingepaßt ist und Anschluß sucht an Älteres. Frühere Untersuchungen durch Fr. Esterhues haben unter dem Boden der Kapelle ältere Mauerzüge karlischer Bauten festgestellt. Aus der schriftlichen Überlieferung ist hier an die Angabe der Vita Meinwerci zu erinnern, nach der Meinwerk die Bartholomäuskapelle *contigua* einer älteren Marienkapelle errichtet hat, die durch den Grafen Gerold, den Schwager Karls, neben dem Dom erbaut worden war. Gobelin Person berichtet, daß Meinwerk diese ältere Marienkapelle Gerolds wieder aufgebaut und anschließend dem Heiligen Bartholomäus geweiht habe. Der im Augenblick überschaubare Ausgrabungsbefund in diesem Bezirk erlaubt im gegenwärtigen Zeitpunkt noch keine klärende Antwort auf diese unklare Überlieferung.[45]

Überblicken wir den Ausgrabungsbefund, so läßt sich folgendes zusammenfassend ansprechen: Auf der Nordseite und Ostseite eines nördlich des Domes gelegenen großen, freien Platzes sind bis zu 6 m hoch die Architekturreste einer königlichen Pfalz freigelegt worden, die hier im frühen 11. Jahrhundert, in den Tagen Heinrichs II. und Bischof Meinwerks, errichtet worden ist. Sie besteht aus einem großen Saalbau, an den sich nach Osten ein weiteres Gebäude und eine Kapelle anschließen. Von diesem östlichen Annexbau zieht ein weiterer Bautrakt nach Süden bis zur Bartholomäuskapelle, deren Zugehörigkeit zu diesem Architekturblock durch die Einbindung des Mauerwerks sichtbar geworden ist. Der Gründungsbau war, soweit jetzt zu übersehen ist, ein hoher Saal, zu dem zwei große Treppenvorbauten vor der Südmauer gehörten. In der zweiten Hälfte des 11. Jahrhunderts erfährt dieser Saalbau einen Umbau, bei dem ein neues oberes Geschoß errichtet wird. Es ruht auf einer mittleren ostwestverlaufenden Pfeilerreihe, die das schwere Balkenwerk des Obergeschosses trägt, dessen Auflager in das bestehende Mauerwerk eingebrochen sind. Bei diesem Umbau wird im Westteil vor der Südmauer eine nach oben führende Treppe und ein sandsteingewändetes Portal angelegt, über dem älteren östlichen Treppenvorbau ebenfalls ein hohes Sandsteinportal errichtet, durch das ein Austritt auf einen über dem Treppenvorbau angelegten Altan möglich war. Dieses Portal und der Altan liegen der Roten Pforte des Domes gegenüber, die sich zwar in der Architektur des 13. Jahrhunderts im Augenblick darbietet, aber doch ein älteres Portal am vorher bestehenden Dom an dieser Stelle voraussetzt, die hier die Tradition des unter ihr liegenden karlischen Rechtsplatzes fortsetzte, den die Ausgrabung mit der Freilegung des *solium* zu Tage gefördert hat. Die freigelegte Architektur wird durch die charakteristischen Ecksteine der Paderborner Meinwerkbauten und durch Münzen, sowohl für ihre Gründungsjahre im Anfang des 11. Jahrhunderts als zum Zeitpunkt des großen Umbaus in der beginnenden zweiten Hälfte des 11. Jahrhunderts, sicher datiert. Darüber hinaus bieten im Trümmerschutt geborgene Architekturteile, vor allem Säulenbasen und Säulenschäfte und Kapitelle, Hinweise auf die ursprünglich großartige architektonische Ausstattung der Gebäude; sie lassen sich zum Teil dem vergleichen, was in der Bartholomäuskapelle noch original erhalten ist (Taf. 62, 3). Diese Pfalz hat bis in die zweite Hälfte des 12. Jahrhunderts bestanden.

Mit diesem großen Architekturbezirk ist die historische Stätte der zahlreichen, in den Schriftquellen überlieferten Königs- und Kaiserbesuche des 11. und 12. Jahrhunderts wieder sichtbar geworden. Sie ist nach Größe und Grundriß bis in die Lage der Pfalzkapelle hinein der in den gleichen Jahren unter Heinrich II. errichteten und in der Mitte des 11. Jahrhunderts unter Konrad II. und Heinrich III. umgebauten Pfalz zu Goslar und dem Palatium Heinrichs II. in Bamberg vergleichbar.[46] Die Grundrisse, ihre Maße, Gliederung und Funktion der großen Raumteile: Reichssaal, Wohntrakt und Pfalzkapelle lassen in großen Maßstäben für das frühe 11.

[45] Vita Meinwerci c. 155 (wie Anm. 1) S. 82; Gobelinus Person, Cosmidromius VI, 52, ed. M. Jansen (Veröffentlichungen der Historischen Kommission der Provinz Westfalen, 1900) S. 30.

[46] Hoelscher (wie Anm. 40); H. Mayer, Bamberger Residenzen (1951).

Jahrhundert etwas von einer königlichen Reichsarchitektur ahnen, die uns bis jetzt fast unbekannt und erst für die Reichsbauten des 12. Jahrhunderts durch Überlieferung und baugeschichtliche Bearbeitung bekannt war (Hagenau, Münzenberg, Kaiserslautern, Nürnberg).
Die für die mittelalterliche Herrschaft besondere Bedeutung der neu entdeckten Paderborner Königspfalz des 11. Jahrhunderts liegt darin, daß hier soeben erst auch das ältere karlische Fundament dieser königlichen Pfalz in großen Teilen wieder sichtbar geworden ist, d. h. wir besitzen nun in Paderborn mit monumentalen Dokumenten der Architektur neue Zeugnisse der mittelalterlichen Herrschaft: reale Herrschaftszeichen, die in dieser Größe kaum zu ahnen waren. Es wird eine vordringliche Aufgabe der historischen Forschung sein, diese neugewonnene Herrschaftspräsentation in ihrer Bedeutung auszuloten und wieder bewußt zu machen; denn hier ist ein königliches Herrschaftszentrum wiederentdeckt worden, das so oder so in seinen Trägern oder Verwaltern Initiative und Strahlkraft besaß.
Von besonderer Bedeutung für die historische Forschung ist aber darüber hinaus jener schon eingangs erwähnte Beitrag der Paderborner Ausgrabungen zur Klärung des Problems der Königs- und Bischofspfalzen in einer alten Bischofsstadt.
Die Lage dieser Bischofspfalz, durch schriftliche Überlieferung topographisch im großen und ganzen fixierbar auf der Südwestseite des Domturms, ist durch die Ausgrabung wieder zugänglich geworden. Ihre Errichtung durch Bischof Meinwerk ist in seiner Vita bezeugt. Die Ausgrabung hat zwei der charakteristischen Ecksteine Meinwerks auf der Ostseite eines langgestreckten 13,20 m breiten und sicher über 60 m langen Gebäudes, das sich bis in den Bereich der ehemaligen Fürstenberger Kurie hin erstreckt hat, wie ältere Beobachtungen in der Straße und eine Grabung auf der Ostseite der Kurie zeigten,[47] wieder sichtbar werden lassen (Taf. 55; 61, 2). Nur relativ geringe Mauerreste sind in der Ostwand und Teilen der Nord- und Südwand bis zu 1 m Höhe erhalten. Ihr architektonischer Aufbau mit unterem und oberem Saal, dem besonderen *lobium,* dem Söller, ist aus den Fundamenten nicht mehr abzulesen, aber in der Vita gut bezeugt.[48] Das Gebäude war in der Urkunde von 1336 schon als seit langem verfallen, ruinös und desolat bezeichnet und dem Domkapitel zur Errichtung neuer Kurien übertragen worden. Die Überbauung begann schon im 14. Jahrhundert und hat mit vielfachen Umbauten, die mit jüngeren und tiefen Kellereinbauten große Teile des alten Baubestandes zerstört hatten, bis zur Bombardierung der letzten Gebäude im Jahre 1945 bestanden.
Der Platz der überlieferten Kapelle *in transitu* oder *in superiori pavimento veteris pallacii supra portam*[49] ist nur annähernd anzugeben. Sie lag über einem Weg, der *per medium dicti pallacii,* mitten durch den Palast, *ad Paderam fluvium,* zur Pader, hinabführte und dabei auch den Bereich des alten bischöflichen Marstalls *(ubi olim marstabulum episcopalis situm fuerat)* berührte, von dem im Jahre 1336 nur noch eine obere Mauer *(usque ad superiorem murum marstabuli)* aufrecht stand. Die Kapelle war laut Mitteilung der Urkunde von 1336 schon *alias per incendium totaliter dissipata,* schon früher durch Brand vollständig zerstört, und besaß auch keine eigenen Fundamente für einen festen Neubau.[50] Sie dürfte etwa im Bereich der heutigen Abdinghofstraße gelegen haben.
Die zweite bischöfliche Kapelle *(super columnas facta in honore sanctorum Primi et Feliciani ante ecclesiam principalem)*[51] wird in der Urkunde von 1336 schon nicht mehr erwähnt, war also schon durch früheren Brand zerstört und vergessen. Wahrscheinlich hat sie im Bereich der im 12. Jahrhundert vor dem Paradiesportal des Domes errichteten großen Vorhalle gelegen und ist in dieser Zeit überbaut worden.
Zwischen der Nordostecke der *domus episcopalis* und dem Dom hat ein weiterer Gebäudeteil dieses bischöflichen Palatiums gelegen, der bei den Ausgrabungen nur zum Teil freigelegt worden ist. Es ist ein Nordsüd angelegter Bautrakt, der unmittelbar am Westteil des Domes ansetzt und in Fundamentzügen bis 10 m weit nach Süden und 8 m breit sichtbar geworden ist. Damit wird die

[47] B. Ortmann, Älteste Mauerreste innerhalb der Domfreiheit (Heimatborn 62, 1958).
[48] Wie Anm. 28 und 29.
[49] Wie Anm. 30.
[50] Urkunde von 1336 (wie Anm. 1) S. 177.
[51] Wie Anm. 30.

Angabe der Urkunde von 1336 auch im Grabungsbefund bestätigt, die besagt, daß *muri* (sc. pallacii) *ecclesiam nostram prope turrim ipsius versus austrum contingunt,* die Mauern (des Palastes) den Dom nahe bei dessen Turm im Süden berühren.[52] So wird auch hier – durch Meinwerk erbaut – eine große winklige Architekturanlage des Episcopium sichtbar.
Mit diesem Ausgrabungsergebnis, in diesem Augenblick der noch nicht abgeschlossenen Arbeiten in Einzelheiten nur als vorläufige Mitteilung anzusehen, sind für die historische Forschung in einer alten karolingischen Bischofsstadt zum ersten Mal durch die wiedergewonnenen Reste einer großen Architektur – bestätigt durch die neue Lektüre der schriftlichen Überlieferung – neue Dokumente mittelalterlicher Herrschaft sichtbar geworden: Dort auf der Nordseite des Domes die königliche Pfalzanlage des 11. und 12. Jahrhunderts mit ihrem großen Saal und den Kapellen – in Sachsen durch das soeben erst wiedergewonnene Fundament der karlischen Gründung in ihrer Bedeutung ausgezeichnet –, auf der Südwestseite des Domes die *domus episcopalis,* die bischöfliche Pfalz, durch den mächtigen und reichen Sproß der Immedinger, Bischof Meinwerk, im frühen 11. Jahrhundert errichtet. Damit werden Fundamente der ottonischen Herrschaft sichtbar, die sich in großartigen Architekturen manifestiert.
Schon die zum Ende des 11. Jahrhunderts beginnende neue Entwicklung, in der die ursprünglich gemeinsam einem Ziel verpflichteten Gewalten sich entzweiten, hat dieses ottonische Gefüge mittelalterlicher Herrschaft in vielen Bischofsstädten in der Überlieferung so verdunkelt, daß weithin und über lange Zeit die Meinung entstehen konnte, die Könige und Kaiser hätten in den Bischofsstädten keine eigenen Palatien besessen. Erneute Durchsicht der schriftlichen Überlieferung und hier und da begonnene archäologische Forschung haben jedoch inzwischen erste Beweisstücke königlicher Palatien geliefert. An vielen Orten steckt das Bemühen um die topographische Klärung der hier anstehenden Probleme allerdings noch in den Anfängen.
Die Ausgrabung Paderborn liefert mit den Dokumenten der Architektur und der archäologischen Sachgüter einen klärenden Beitrag für entscheidende Probleme mittelalterlicher Herrschaft.

[52] Wie Anm. 1, S. 177.

CAPITALIS QUADRATA*

In den Jahren 1964–70 sind in Paderborn auf der Nordseite des Domes große Teile einer karolingischen Pfalz ausgegraben worden.[1] Rechtzeitig zum 70. Geburtstag des Jubilars hat das Grabungsfeld jene Fundstücke freigegeben, die nun zum Dank für jahrelang erwiesene Hilfe und viele Gespräche der Hoffnung und des Vertrauens in die geleistete Arbeit dargeboten werden können: die ersten Stücke einer Monumentalschrift des späten 8. Jahrhunderts. Der Ausgräber muß bei der Vorlage dieser für ihn neuen Fundgruppe in diesem besonderen Falle, in dem der Geehrte selbst „Schriftkundiger" ist, um Nachsicht bitten. Sie wird derjenige, der mehr und Besseres über diese Dinge weiß, unter Berücksichtigung des Anlasses dieser vorläufigen Mitteilung sicher gern gewähren.

1. Entdeckung

Am 3. 6. 1970 kam bei der Erweiterung einer kleinen schon im Vorjahr angelegten Grabungsfläche auf der Nordseite der Bartholomäus-Kapelle unter einer 1,2 m tief durch jüngere Bauten und Planierungen des 19. und 20. Jahrhunderts gestörten Erd-Stein-Schuttschicht und nach Abtragung einer darunter liegenden 6–10 cm starken dunkelbraunen Lehmschicht mit Knochen eine 4–10 cm dicke und 1,5 m breite Mörtel- und Steinlage zum Vorschein, die auf beiden Seiten von nur 0,3 m breiten Nord-Süd verlaufenden Steinlagen begrenzt war. Beim Abschaben dieser Stein-Mörtellage erschienen zahlreiche Wandputzstücke, die farbig aufgemalte Buchstaben oder Reste von ihnen enthielten und schon nach der ersten Ordnung als Teile eines beim Abbruch eines Gebäudes zerstörten Schriftbandes erkannt wurden. Der Kalkmörtel machte zwar einen „karolingischen" Eindruck, ermutigte jedoch in dieser Fundlage zunächst nicht zu einer schärferen zeitlichen Bestimmung. Sie war in diesem Augenblick auch nicht aus der relativen Tiefenlage unter der Oberfläche zu gewinnen, da das darüber liegende Erdreich, mit Ausnahme der unmittelbar über der Stein-Mörtelschicht liegenden dunkelbraunen Lehmschicht, gestört war und nach alter Erfahrung ein „gekapptes Profil", d. h. eine gestörte Schichtenfolge, leicht zu falschen Schlüssen führen kann, auch wenn unmittelbar unter den sicher gestörten Schichten eine scheinbar ungestörte zum Vorschein kommt; denn vorläufig blieb unsicher, ob hier noch ein alter Schichtverband in situ erhalten oder ob der dunkelbraune Lehmstreifen über der Stein-Mörtelschicht erst unmittelbar vor Beginn der Planierung des 19. Jahrhunderts aufgetragen oder eingeebnet war. Diese Stein-Mörtellage bestand aus kleinen flachen, bis Handteller großen Plänerkalksteinen, eingebettet in einen meist krümelig zerfallenen sandigen Kalkmörtel mit einzelnen dickeren, sehr festen Kalkmörtelbrocken, vermengt mit zahlreichen Stücken von Wandputz, meist weiß getüncht, aber auch solchen mit Farbresten, darunter jene, die ganze Buchstaben oder Teile von ihnen enthielten. Auf einigen Stücken lag der Farbauftrag frei sichtbar, auf anderen war er mit einer weißen Kalkschicht bedeckt. Bei einigen Bruchstücken, die mit der bemalten Seite auf der darunter liegenden Lehmschicht auflagen, blieben die Farbreste beim Aufnehmen im feuchteren Lehm haften und gingen damit verloren.

Die spätere Ausgrabung ließ erkennen, daß die Stein-Mörtellage in dem Streifen zwischen den beiden Mäuerchen zusammen mit ihrer Errichtung aufplaniert war. Sie dünnte nach Ost und West aus. Darunter erschien eine neue 3–4 cm starke Lage aus braunem Lehm und eine weitere 8–10 cm starke sandige Mörtelschicht. Ihr folgte eine neue 5–10 cm starke Lehmschicht, mit Kies- und Mörtelbrocken, aber auch reichlich Holzkohle vermengt, im Ostteil fast 10 cm stark. Darunter lag wieder eine 5 cm starke feinkrümelige Mörtelschicht auf dem braunen, steinfreien Lößlehm. Die alte vorkarolingische Kulturschicht des 8. Jahrhunderts war schon abgetragen.

In diesem Niveau kamen Nord-Süd verlaufende Wandspuren und Pfostengruben zum Vorschein, z. T. mit darin liegenden kleinen Steinen und Mörtelresten verfüllt, vermutlich Spuren karolingi-

* Gedruckt in: Westfalen 48, 1970, 171ff.

[1] W. Winkelmann, Die Königspfalz und die Bischofspfalz des 11. und 12. Jahrhunderts in Paderborn, in: Frühmittelalterliche Studien 4, 1970; ders., Est locus insignis, quo Patra et Lippa fluentant, in: Château-Gaillard V, 1970 (im Druck).

scher Bauhütten. Auf sie soll hier nicht eingegangen werden. Diese im Zuge der Tieferlegung festgestellte Schichtung konnte die anfänglichen Bedenken einer möglichen späteren Störung beseitigen. Hinzu kam der Befund auf der Nordseite des 4 m weit freigelegten Ganges zwischen den beiden Trockenmäuerchen: er war hier durch die Südmauer eines nach Norden anschließenden Gebäudes der karolingischen Bebauung abgegraben, das auf Grund der bisherigen Feststellungen schon vor den Umbau- und Neubaumaßnahmen des frühen 9. Jahrhunderts bestand und noch ins späte 8. Jahrhundert zu datieren war. Ergänzend muß auch angeführt werden, daß bei den einige Wochen später im hangabwärts liegenden Gelände, östlich der Ikenberg-Kapelle, durchgeführten Arbeiten aus sicher ungestörten karolingischen Schuttlagen weitere Putzreste mit Buchstaben gefunden wurden, die zu einem gleichartigen Schriftband gehörten und ihre Zuweisung zu einem noch im späten 8. Jahrhundert errichteten, aber schon früh zerstörten Gebäude sicherten.

2. Beschreibung

Die Größe der gefundenen Wandputzreste mit Buchstaben reicht von wenigen erhaltenen Quadratzentimetern bis zu Handteller großen Stücken. Die Farbreste liegen auf einem 1–1,5 cm starken Feinputz, mit dem der etwas gröbere, sehr feste Kalkmörtel überzogen ist. Der Oberputz ist weiß getüncht, darauf sind die Buchstaben mit ziegelroter Farbe al secco aufgesetzt. Soweit bisher zu erkennen, handelt es sich um Reste eines zweizeiligen Schriftbandes.

Die Buchstaben stehen zwischen zwei vorgerissenen Linien, deren Abstand sich von links nach rechts von 5,2 cm auf 4,5 cm verringert, also nicht genau parallel verläuft. Auch der Zwischenraum zwischen den beiden Schriftzeichen variiert von 2,6 cm auf 1,95 cm (Taf. 63, 1a). Bisher sind die Buchstaben A, C, D, E, F, I, M, N, O, P, R, S und V z. T. mehrmals, weitere Stücke von T und B und einige kleinere, im Augenblick noch nicht einzuordnende Reste, vorhanden. Einige größere Bruchstücke zeigen zwischen den Linien einer Zeile die zusammengehörigen Buchstaben IC, PR, CE (Taf. 63, 1b) und VS, andere enthalten Buchstaben des oberen und unteren Schriftbandes mit oben: AC, darunter ME, oben: M, darunter VS, oben: R, darunter (Teil von) M. Die Breite der Buchstaben beträgt 0,8–0,9 cm, die dünneren Partien sind 0,2–0,3 cm stark. Die vorgerissenen Linien sind in den meisten Fällen oben und unten um 1–2 mm übermalt. Die Buchstaben A, C, D, O, M und N füllen mit ihren breitgezogenen Strichen quadratische, die Buchstaben E, P, R und S rechteckige Flächen. Sie zeigen die seit der römischen Antike gebrauchte monumentale Schrift der capitalis quadrata. Die Einordnung einiger Stücke mit 7 cm großen, schwarz aufgemalten Buchstaben, ist im Augenblick noch nicht möglich, vielleicht gehören sie zu einem weiteren Schriftband.

3. Erklärung

Das Schriftband ist wahrscheinlich ein Teil einer größeren Wandmalerei, zu der außerdem unmittelbar anschließende, ebenfalls zwischen zwei Linien, rot gemalte Spiralranken gehören (Taf. 63, 2). Einige Stücke deuten auf figürliche und architektonische Darstellung. Sie können hier noch nicht erläutert werden. Insgesamt sind 2700 bemalte Wandputzreste aus den karolingischen Abbruchschichten geborgen, davon bisher 70 mit Buchstabenresten aussortiert.

Ihr besonders reiches Auftreten in den Schuttschichten südöstlich und nördlich der Bartholomäus-Kapelle bis zu der am unteren Hang verlaufenden karolingischen Befestigungsmauer könnte zwar auf ihre mögliche Herkunft aus einem sakralen Gebäude verweisen, doch ist diese Vermutung noch nicht gesichert. Auch aus kleineren Gebäuden und Gängen gibt es zahlreiche Stücke mit bemaltem Wandputz. Sie lassen insgesamt auf eine reiche farbige Innenbemalung der karolingischen Bauten schließen.

Die aufgefundenen Buchstabenreste aus der Fläche nördlich der Bartholomäus-Kapelle können bisher nur in wenigen Stücken zusammengesetzt werden; erst eine weitere Bearbeitung und Ausgrabung wird hoffentlich einen besseren Einblick ermöglichen. Das erste Ergebnis dieses Bemühens ordnet die zusammenpassenden Stücke mit den Buchstaben RAC mit dem Rest eines D am Anfang und eines O am Ende zu einem DRACO in einer oberen Zeile zusammen, zu der in einer unmittelbar darunter liegenden ein MEM (wahrscheinlich mit weiteren Bruchstücken von O, R, I, A und M zu memoria oder memoriam zu ergänzen) zu erkennen ist (Taf. 64, 1.2).

4. Zeitliche Einordnung und Bedeutung

Schon oben ist bei der kurzen Ansprache der stratigraphischen Befunde gesagt worden, daß das Schriftband noch von einem Gebäude des späten 8. Jahrhunderts stammen muß. Wie ebenfalls dargelegt, hat der Ausgräber sich in den ersten Tagen der Entdeckung, vor der mit dem tieferen Freilegen gewonnenen Sicherung der Stratigraphie, nur zögernd zu einer schärferen zeitlichen Einordnung entschlossen. Dankbar muß er heute den in diesen ersten Tagen des vorsichtigen kritischen Bedenkens der Fundsituation erbetenen Rat der „Schriftgelehrten" anzeigen, der Herren Dr. Cohausz, Prof. Dr. Honselmann und Prof. Dr. Bauermann; sie bestätigten von der ersten Besichtigung der Buchstaben an den „alten" Charakter des Schriftbildes, „mit Sicherheit vor 1000". Herrn Professor Bauermann verdanke ich eine schriftliche Mitteilung über die paläographische Einordnung. „Nach der Gestalt des A habe ich mich etwas umgesehen und bin dabei zu der Einsicht gelangt, daß die in Paderborn vorkommende Form als Endstufe der vor- bzw. frühkarolingischen Form anzusehen sein dürfte, bevor im Zuge der karolingischen Reform sich für längere Zeit die Form mit waagerechtem Mittelbalken durchsetzte. Anfang 9. Jahrhundert würde das A demnach noch eben möglich gewesen sein."

Schon ein kurzer Blick auf bekannte Denkmäler der Codices, Metall- und Steinarbeiten läßt diesen „altertümlichen" Charakter der vor- und frühkarolingischen Form des A erkennen. Sie erscheint in Inschriften auf steinernen Grabplatten des Rheinlandes aus dem 7. und 8. Jahrhundert, z. B. der Cheldofrida aus Pier, RB Aachen,[2] des Giboaldus aus Leutesdorf, Kreis Neuwied, und auf zwei Grabsteinen aus Gondorf[3] ebenso wie im Evangeliar von Echternach[4] aus dem Ende des 7. Jahrhunderts und im Sakramentar des Gelasius (750–770),[5] tritt im Codex Aureus (um 750)[6] und auf dem Tassilokelch (um 770),[7] schon mit waagerechtem Querbalken zusammen auf, aber erscheint nicht mehr im Altheus Reliquiar (780–799)[8], auf dem Grabstein Hadrians (spätes 8. Jahrhundert),[9] und in den – nur als Beispiel zitierten – Prachtwerken der Hofkunst im Godescalk-Evangelistar (781–783)[10] und im Dagulf-Psalter (vor 795).[11] Diese Hinweise ließen sich aus H. Zimmermann, Vorkarolingische Miniaturen, Berlin 1916 und W. Koehler, Karolingische Miniaturen I–III, Berlin 1930–1963, leicht vermehren.

Der stratigraphische Befund verweist – wie oben dargelegt – auf eine Datierung in das späte 8. Jahrhundert.

Der derzeitige Stand der Beobachtungen erlaubt für die Arbeitsfläche unmittelbar nördlich der Bartholomäus-Kapelle mit der oben gestörten Stratigraphie auch unter Berücksichtigung der möglichen Fehlerquelle eines lokal verlagerten Schuttes in dieser außerhalb eines Steingebäudes gelegenen Fläche eine Zuordnung zu Bauten, die sicher vor der dritten Bautätigkeit Karls in der Paderborner Pfalz, d. h. vor den 90er Jahren des 8. Jahrhunderts errichtet waren. Das Fundmaterial aus der 25 m nördlich der Bartholomäus-Kapelle gelegenen Arbeitsfläche aus ungestörter Stratigraphie stammt aus dem Abbruchmaterial der ersten Steinbauten, die schon im Sachsenaufstand des Jahres 778 zerstört worden sind. Das Schwergewicht der zeitlichen Einordnung verweist also – unter der Voraussetzung, daß die Stücke beider Fundplätze von einem Schriftband stammen und nicht aus zwei verschiedenen, vor und nach 778 errichteten Gebäuden, die mit gleichartiger Monumentalschrift geschmückt waren – in die zweite Hälfte der 70er Jahre des 8. Jahrhunderts.

Die Bedeutung dieser neuen Fundgruppe für die rechte Interpretation des Paderborner Grabungsfeldes liegt einmal darin, daß sie, zusätzlich zu den anderen Sachgruppen der Architektur und der

[2] K. Böhner, Rheinische Grabdenkmäler als Zeugnisse christlichen Glaubens, in: Das Erste Jahrtausend, Textband II, 1964, Abb. 21.

[3] Im Rheinischen Landesmuseum Bonn.

[4] Kat. Aachen 1965, Nr. 395, Abb. 41.

[5] D. Talbod-Rice, Morgen des Abendlandes, 1965, Abb. 17 u. 18.

[6] Kat. Aachen 1965, Nr. 397, Abb. 45.

[7] G. Haseloff, Der Tassilokelch, 1951, Taf. 2 u. 3a.

[8] Kat. Aachen 1965, Nr. 231, Abb. 108.

[9] Karl d. Große, Band III, Farbtaf. 2 u. 3.

[10] Karl d. Große, Band III, Abb. 1.

[11] Karl d. Große, Band III, Fig. 11 auf S. 296.

Kleinfunde, etwas von der weitgreifenden Organisation für die Errichtung dieses neuen Herrschaftszentrums deutlich werden läßt, in deren Folge Künstler und Handwerker, Bauleute und Maler aus den fränkischen Kernlanden tätig werden mußten, um diese neue sedes regalis zu errichten und auszuschmücken. Darüberhinaus können diese Funde aber auch einen Einblick in geistige Vorstellungen eröffnen, die das neue Bild Karls, als des Siegers über das Heidentum, geformt haben. Oben ist dargelegt worden, daß sich einige Buchstaben zu DRACO in einer oberen Zeile und MEMORIA in einer unteren Zeile zusammenordnen lassen. K. Hauck hat soeben darauf hingewiesen, daß der Drache als „Sinnbild des Heidentums" in den Texten dieser Jahre wiederholt erscheint und später auf dem Triumphbogenreliquiar Einhards für Maastricht auch in der Ikonologie sichtbar wird.[12] Liegt es nicht nahe, eine Rühmung Karls als Sieger über das Heidentum in seinem neuen Herrschaftszentrum im eroberten Sachsen zu erwarten, nämlich in der Pfalz Paderborn? Es darf hier daran erinnert werden, daß Ermoldus Nigellus die Darstellung der maxima gesta, der Großtaten der früheren und der lebenden Könige, für die Pfalz Ingelheim ausdrücklich überliefert.[13]

Vielleicht – mehr ist in diesem Augenblick nicht zu sagen – bieten diese Bruchstücke der Monumentalschrift die ersten Hinweise auf dieses Erinnerungs- und Siegesmal und dokumentieren mit originalem Zeugnis den Triumph der Ausbreitung des Glaubens in Sachsen, dessen bedeutendes literarisches Echo im Carmen de Conversione Saxonum zu 777 überliefert ist[14].

[12] K. Hauck, Die Ausbreitung des Glaubens in Sachsen und die Verteidigung der römischen Kirche als Herrscheraufgaben Karls d. Großen, in: Frühmittelalterliche Studien 4, 1970, bes. S. 168–170.

[13] Ermoldus Nigellus, In honorem Hludovici imperatoris, Buch IV, MGH, Poet. Lat. 2.

[14] Carmen de Conversione Saxonum, MGH Poet. Lat. 1, S. 380f.

DIE FRÜHGESCHICHTE IM PADERBORNER LAND*

Die Zeit zwischen dem 3. und 5. Jh. n. Chr. ist für das Land zwischen Mittel- bzw. Niederrhein und der mittleren Weser von besonderer historischer Bedeutung. Die hier wohnenden Völker gelangen nach der in den antiken Schriftquellen für die Jahre um Christi Geburt überlieferten Unruhezeit der „Binnenwanderung" und den auch nach der Varusschlacht noch bis zum Ende des 1. Jhs. andauernden inneren Auseinandersetzungen endlich zur Ruhe und vereinigen sich zu jenem neuen politischen Bund, der vom 3. Jh. an unter dem Namen der *Franken* die römischen Grenzen an Mittel- und Niederrhein beunruhigt und schließlich durchbricht.

Einerseits dringen die Germanen auf friedlichem Wege in die linksrheinischen römischen Gebiete, andererseits unternehmen einzelne Scharen immer heftigere kriegerische Vorstöße. Diese werden zeitweise abgewehrt, manchmal enden sie aber auch mit der Landzuweisung durch die Römer, in deren Folge die Eindringlinge angesiedelt und gleichzeitig verpflichtet werden, römischen Heerdienst zu leisten. Das alles, sowie Bündnisverträge mit den im rechtsrheinischen Land wohnenden Völkern zur Abwehr weiterer kriegerischer Einfälle über die Grenzen, öffnet die Rheingrenze nach Osten schon seit dem 2. Jh.: In allen Siedlungen und Friedhöfen finden sich neben den einheimischen Erzeugnissen die Sachgüter römischer Herkunft, Töpferwaren und Metallarbeiten, Fibeln, Nadeln und Münzen. Sie werden im 4. Jh. in den Siedlungen beiderseits der alten, vom Niederrhein nach Osten über die Pässe des Teutoburger Waldes führenden Völkerstraße, des *Hellweges,* im westlichen Gebiet so stark, daß eine Entscheidung darüber, was hier noch als Handelsware oder schon als Beutegut angesehen werden muß, schwierig bleibt. In dieser Hellwegzone zwischen Lippe und Ruhr und im nordöstlichen Weserbergland verdichten sich auch die Fundgebiete spätrömischer Goldmünzen des 4. Jhs., die allgemein als Niederschlag römischer Soldzahlungen oder erkaufter Bündnisverpflichtungen angesehen werden.[1]

In unmittelbarer Nähe des Hellweges liegen auch die bisher bekannten größeren Siedlungen in unserem Raum: auf dem westlichen Hochufer am Unterlauf der Pader, in der Tongrube Immig (Gemeinde Schloß Neuhaus) und im Gebiet der heutigen Stadt Paderborn an und über den Paderquellen. Von beiden Plätzen sind durch die Tätigkeit des um die Vorgeschichte des Paderborner Landes hochverdienten Oberbaurates Dr. Ing. B. Ortmann nicht nur einheimische und römische keramische Funde geborgen,[2] sondern auch Siedlungsreste mit Grubenhäusern und Pfosten ebenerdiger Bauten festgestellt worden. Zu erwähnen sind aus der Siedlung in der Tongrube Immig Reste einer spätrömischen Gürtelgarnitur des 4. Jhs. mit 12 cm langer, gegossener, feingerillter Bronzeröhre und zwei schmalen, mit feinen Randleisten und kleinen Kreisen verzierten Wangen sowie ein bronzenes Schlangenarmband mit Tierkopfende und Kreisen, Halbbögen und Punktreihen auf der Oberseite des Bandes (Taf. 65, 1). Aus der Dielenpader in Paderborn stammt ein kleines, sehr sorgfältig gearbeitetes Kragenschälchen aus hellgraubraunem Ton des 4. Jhs. Es ist die einheimische Nachahmung einer römischen Gefäßform und bezeugt mit einer Reihe weiterer gleichartiger Gefäße und Scherben die bis in die handwerkliche Fertigung reichende Einwirkung römischer Vorbilder im Vorfeld der römischen Grenzen. In der Stadt Paderborn haben die größeren Grabungsunternehmen bei der Abdinghofkirche im Westen, im Brenkenhof und auf dem kleinen Domplatz im Nordosten sowie auf der Nordseite des Domes Grubenbauten und Teile ebenerdiger Bauten größerer Gehöftanlagen über den Paderquellen ergeben, die hier vom 2. bzw. 3. Jh. bis ins späte 4. Jh. bestanden haben. Das einheimische Fundmaterial zeigt in Form und Verzierung eine sorgfältig gearbeitete Keramik der spätkaiserzeitlichen westgermanischen Kultur. Einige eiserne Kniefibeln (Taf. 65, 2) mit silberdrahtverzierten Knöpfen und gekerbten Bügeln, eine bronzene Fibel mit hohem Nadelhalter und eine späte Soldatenfibel des 2. und 3. Jhs., im Oberteil profilierte kleine bronzene und silberne

* Gedruckt in: Führer zu vor- und frühgeschichtlichen Denkmälern 20 (1971) 87ff.

[1] Vgl. Führer zu vor- und frühgeschichtlichen Denkmälern 20 (1971) 131.

[2] A.a.O. 82.

Haarnadeln des 4. Jhs. und Stücke römischer Keramik (von rauhwandigen Kochtöpfen, von Terra-sigillata-Gefäßen, von Terra-nigra-Bechern und etwas Schwarz-Firnisware) bezeugen den Einfluß römischen Handels.

In der 2. Hälfte des 4. Jhs. beginnt nicht nur an den Rheingrenzen eine Epoche verstärkter kriegerischer Unruhe mit fränkischen Einbrüchen in das römische Gebiet, auch das Siedlungsland des fränkischen Teilstammes der Angrivarier im Wiehengebirge und Weserbergland und das Land der Brukterer in der Hellwegzone zwischen Lippe und Ruhr werden durch von Osten bzw. Nordosten angreifenden Scharen heimgesucht. Während dieser Unruhen sind die reichen Goldmünzenschätze dieses Gebietes vergraben worden. Es beginnen die Jahre der *Völkerwanderung,* Jahre von großer Unruhe und Bewegung, in deren Folge auch neue kulturelle und politische Gruppierungen entstehen, die 150 Jahre später unter den Namen der Franken und Sachsen in der schriftlichen Überlieferung erscheinen.

Die beiden in den Jahren 1948/49 entdeckten Süd-Nord-Gräber von Lippspringe (Taf. 66; 67) stellen mit ihren Grabinventaren ein schönes archäologisches Zeugnis der Zeit des frühen 5. Jhs. dar. Mit der Nord-Süd-Richtung sind sie charakteristisch für die spätere Reihengräberzivilisation, während ihr metallenes Inventar mit Schalenfibeln, Armbrustfibeln und großen profilierten Haarnadeln noch ganz der spätrömischen Mode verhaftet ist.

Die Trichterrandgefäße sind einheimische Vorformen frühfränkischer Nigra-Becher, das reich verzierte Halsgefäß läßt Verbindungen zum nördlichen Raum zwischen unterer Weser und unterer Elbe erkennen.

In diesen Weser-Elbe-Raum weisen auch einige Gefäßreste, die B. Ortmann bei den Grabungen in der Tongrube Immig und in der Abdinghofkirche, Paderborn, geborgen hat. Hierher gehören ferner einige Stücke vom kleinen Domplatz in Paderborn. Ortmann sieht in ihnen Hinterlassenschaften langobardischer Scharen, die nach Überlieferung des frühen 9. Jhs. auf ihrem Zug nach Süden für 100 Jahre in den Gebieten um Paderborn gesiedelt haben sollen.

Die historische Zuordnung an einen Völkerstamm bleibt schwierig, weil an mehreren Plätzen mit spätkaiserzeitlicher Keramik solches Fundgut mit Buckeln, Riefen und Dellen vorkommt und noch nicht klar zu übersehen ist, in welchem Raum gleichartige Keramik aus einheimischer Wurzel bei allmählich abnehmendem Einfluß spätrömischer Formen entstanden ist.

In diesen Jahren enden die Siedlungen auf dem Hochufer der Pader – Tongrube Immig – und im Stadtgebiet Paderborn. Auf der spätkaiserzeitlichen Siedlungsschicht auf dem Paderhang nördlich des Domes, im Brenkenhof und auf dem kleinen Domplatz liegt eine 20–40 cm starke sterile Schicht verschwemmten Lößbodens aus einer Wüstungsperiode.

Wir müssen damit rechnen, daß größere Siedlungsgruppen der rechtsrheinischen Bevölkerung dieses Gebietes und auch aus der Landschaft nördlich der mittleren Lippe an der seit der Mitte des 5. Jhs. andauernden Wanderung in die linksrheinischen Gebiete teilgenommen haben. Sie ist vielleicht durch jene aus Nordosten und Nordwesten vorstoßenden Stämme ausgelöst worden, von deren Wanderungen bereits die im 4. Jh. vergrabenen Goldschätze im östlichen Westfalen zeugen.

Für das westliche und mittlere Westfalen, den Siedlungslandschaften der Chamaver, Brukterer und Hattuarier, werden noch für die Zeit um 400 Namen einzelner Könige und bis zur Mitte des 5. Jhs. sogar noch Bündnisverträge gegen weitere aus der Tiefe des rechtsrheinischen Raumes nachdrängende Kriegerscharen überliefert – Nachrichten, die das intakte Fortbestehen der älteren Völkerschaftsgaue der Franken erweisen. In eben diesen Gebieten finden sich dann vom 6. Jh. ab auch die Friedhöfe mit zur fränkischen Reichskultur gehörenden Grabinventaren. Demgegenüber zeigen die Funde im nordöstlichen Westfalen bis zur Ems den Einfluß einer im mittleren und nördlichen Elb-Weser-Raum beheimateten Keramik, deren Träger im Laufe des 6. Jhs. weiter nach Süden vorstoßen, das innere Westfalen nördlich der Lippe am Beginn des 7. Jhs. erreichen und am Ende des 7. Jhs., nun mit dem Namen der Sachsen in der schriftlichen Überlieferung belegt, die Lippe überschreiten und das bis dahin fränkische Gebiet der Brukterer südlich der Lippe erobern und im frühen 8. Jh. auch das Gebiet der Hattuarier an der unteren Ruhr einbeziehen.

Diese Schriftquellen geben uns Nachricht von der Ausbreitung der Westfalen, also der Westgruppe der sächsischen Stämme. Über die Ausbreitung der Engern und Ostfalen nach Süden berichten die Texte nichts.

Scherben fränkischer, mit Radstempeln verzierter Drehscheibenkeramik und Reste eines kleineren Glasbechers des 6. und 7. Jhs. sind von der Gemarkung Wewelsburg, Kr. Büren, von der Burg selbst und von einem Feld an der Alme bekannt geworden.

Für das Gebiet der späteren engrischen Heerschaft, zu der auch das Paderborner Land gehört, können wir nun aus westlich und südlich davon liegenden fränkischen Grabfeldern von Soest im Westen und Daseburg im Süden einen ungefähren Zeitpunkt für die letzte Ausbreitungsphase gewinnen. An beiden Plätzen werden ältere West-Ost-Gräber des 6. und 7. Jhs. mit fränkischem Inventar durch in Süd-Nord-Richtung angelegte Gräber überschnitten; es erscheinen handgearbeitete Gefäßformen und vor allem Pferdegräber, die als Totenopfer charakteristisch für den sächsischen Kreis sind.

In diesen Jahren beginnt auch eine neue Besiedlung im Gebiet der Pader- und Lippequellen.

Von Lippspringe (Taf. 68) sind Breitsaxe des 8. Jhs. mit Lanzenspitzen und kumpfförmiger Keramik, aus dem Gebiet der alten Siedlung Balhorn (Wüstung westlich Paderborn[3]) ein Breitsax und eine Pferdetrense bekannt geworden, die aus Grabfeldern des 8. Jhs. stammen; in der Wüstung Swafen bei Haaren, Kr. Büren, fand sich bei den Schürfungen durch W. Jordan eine kleine, mit Punzen flächig verzierte, bronzene Rechteckfibel.

Von Wünnenberg, Kr. Büren, liegt ein kurzer Breitsax vor, von Dörenhagen, Kr. Paderborn, ist ein (jetzt verschollener) Sax bekannt. Von der Wallburg Gellinghausen stammt als Lesefund eine schmale eiserne Streitaxt, in Leiberg, Kr. Büren, ist eine kleine Gruppe von Gräbern mit handgemachter Keramik und einigen Glasperlen zutage gekommen.

Im Gebiet von Paderborn weisen keramische Funde aus dem Westteil der Stadt und von einer Terrasse über dem Riemeckebach auf eine Siedlung des 8. Jhs.; durch Ortmann sind weitere Einzelfunde aus Baugruben geborgen: Scherben von handgemachten Kümpfen von der Westernstraße und der Thiesaut; Stücke eines Dreilagenkammes, dessen Leisten mit gekreuzten Linien verziert sind, von der Königstraße; ein Drittel eines Bechers aus grünlichem Glas von der Westernstraße; eine eiserne Scheibenfibel mit geringen Resten einer Silberblechauflage mit drei konzentrischen Wülsten vom Kamp.

Grubenhäuser und größere ebenerdige Pfostenbauten, z. T. vom Typ Warendorf, sind bei den Grabungen im Brenkenhof, auf dem kleinen Domplatz und auf dem Nordhang des Domes ausgegraben worden. Bruchstücke von Kümpfen und rheinisches Importmaterial des 8. Jhs., ferner mit Oktoeder-Köpfen profilierte Nadeln der gleichen Zeit weisen hier auf ausgedehnte Gehöftanlagen über dem östlichen Quellbereich der Pader. Diese sächsischen Gehöfte sind mit dem Beginn der letzten Phase der fränkisch-sächsischen Auseinandersetzung im Jahre 772 durch Feuer zerstört worden. Ausgedehnte verschwemmte und verwehte Holzkohlelagen waren in den Grabungsflächen sichtbar. Über ihnen errichtete Karl der Große die Gebäude seines neuen Herrschaftssitzes: die *Pfalz Paderborn.*

Die Bevölkerung im südlichen Sachsen, in den neu eroberten Gebieten der Brukterer und der südlichen Engern, war bereits am Vorabend des sächsisch-fränkischen Krieges von angelsächsischen Missionaren aufgesucht worden. Nachdem die ersten Einwirkungen christlicher Mission kurz vor 700 beim sächsischen Vorstoß über die Lippe vernichtet und Bevölkerungsteile, die das „Wort" angenommen hatten, der Überlieferung zufolge vertrieben worden waren, ist die christliche Religion hier schon im Laufe des 8. Jhs. wieder spürbar. Die vorliegenden Nachrichten in Briefen des Papstes Gregor und des Bonifatius machen diesen Sachverhalt deutlich; er wird auch nach einer Niederlage durch Pippin im Jahre 753 durch die Zusicherung der westfälischen Sachsen für eine ungehinderte Mission christlicher Prediger überliefert und zeigt sich in dem Besuch Lebuins in Markloh, kurz vor 772, ohne daß irgendwo Beweise für eine Gemeindebildung oder für den Bau von Kirchen vorliegen.

[3] A.a.O. Abb. S. 153.

Doch kommen z. B. auf dem Grabfeld bei Beckum und auch auf dem Grabfeld von Soest schon frühe christliche Gräber des 8. Jhs. vor, z. T. noch mit Waffenbeigaben; manchmal lebt hier das Totenopfer noch fort, wie die Pferdegräber zeigen, die wie die der Menschen in West-Ost-Richtung angelegt sind. Dieser archäologische Befund läßt etwas von der großen und in sich noch ganz unsicheren Wandlung der Menschen zum neuen Glauben erkennen.

Karl der Große beginnt den auf der Reichsversammlung in Worms 772 beschlossenen Krieg im gleichen Jahr mit einem Einfall in engrische Gebiete. Er zieht durch das Hessenland nach Norden auf der alten, später als via regia oder Frankfurter Weg überlieferten Völkerstraße ins sächsische Gebiet; die Eresburg wird erobert, das sächsische Heiligtum der Irminsul zerstört. Unterwerfung und Stellung von Geiseln bedeuten trotz schwerster Verluste den ersten Sieg Karls. Sächsischen Gegenstößen des nächsten Jahres, in denen die Eresburg zurückerobert wird, folgen neue Kriegszüge Karls, z. T. auf der vom Niederrhein nach Osten führenden Trasse des großen Hellweges zwischen Lippe und Ruhr. Dabei wird die Sigiburg, die südlichste große Burg der Westfalen, erobert. Wieder geht der Zug Karls bis ins engrische Gebiet. 776 werden erneute Unterwerfung der Sachsen und Massentaufen an den Lippequellen sowie der Wiederaufbau der von den Sachsen zerstörten Eresburg und die Errichtung der Karlsburg, der „urbs Karoli", überliefert. In das weite Gelände der Lippe- und Paderquellen, dorthin, wo sich die großen Aufmarschstraßen vom Süden und vom Westen im Vorfeld der durch den Teutoburger Wald führenden Pässe vereinigten, wird für 777 eine erste Reichsversammlung einberufen, um den Sieg über Sachsen mit der organisatorischen Eingliederung des eroberten Gebietes abzuschließen und den Krieg zu beenden. Auf der gleichzeitigen Synode sollte das missionarische Programm der Christianisierung in Gegenwart des fränkischen Episkopates festgelegt werden. Paderborn wird als Platz dieser Reichsversammlung im soeben eroberten Sachsen bestimmt. Aus dieser Zeit ist der Bau einer Kirche durch die Franken überliefert. Den Triumph Karls feiert ein zu diesem Ereignis entstandenes Gedicht, das „Carmen de Conversione Saxonum". Aber der große sächsische Aufstand des folgenden Jahres 778 unter der Führung des Westfalen Widukind, der bis zum Rhein und zur Lahn vorstößt, zerstört diesen ersten Plan. Es erfolgen nun fast Jahr um Jahr neue fränkische Vorstöße nach Sachsen, die das ganze sächsische Land mit Kriegen überziehen; Burgen werden zerstört, Siedlungen heruntergebrannt, um schließlich die Unterwerfung zu erzwingen. Für die Jahre 780 und 782 werden neue Reichsversammlungen an den Lippequellen gemeldet, 785 wieder für Paderborn. Dieser „langwierigste, erbittertste und mühevollste Krieg für das Volk der Franken", wie Einhard in der Vita Karls kundtut, erstreckte sich mit immer neuen Aufständen – 793/94 wird ein beginnender sächsischer Aufstand auf dem Sintfeld südlich Paderborn zerschlagen – fast bis zum Ende des Jahrhunderts.

Im Jahre 799 wird auf der großen karlischen Reichsversammlung in Paderborn endlich in Anwesenheit des Papstes Leo der Triumph Karls über Sachsen sichtbar. Die Eroberung Sachsens und die Eingliederung in den fränkischen Reichsverband begründen den Anspruch Karls auf den Kaisertitel. Die Verhandlungen darüber werden mit dem Papst Leo III. im Sommer des Jahres 799 in Paderborn geführt. Die Krönung Karls erfolgt am Weihnachtsfest des Jahres 800 in Rom.

DIE KAROLINGISCHE BURG IN PADERBORN *

In der Jüngeren Translatio S. Liborii überliefert der Verfasser jene für die Geschichte der Stadt im rechtsrheinischen nordwestdeutschen Raum wichtige Mitteilung, daß es in Sachsen keine Städte – civitates – im antiken Sinne gegeben habe, in denen Bischofssitze hätten errichtet werden können. Die Bischöfe durften nach alter kanonischer Weisung nicht auf dem flachen Lande, sondern nur in Städten residieren. Darum habe Karl d. Gr. an „von der Natur begünstigten" und „volkreichen Orten" solche civitates gegründet.[1]

Die Ergebnisse der archäologischen Forschung bestätigen diese Mitteilung: das Siedlungsbild im sächsischen Land war bäuerlicher Art, mehr oder minder große zusammenliegende Gehöftgruppen lagen an Quellen, Bächen und Flüssen, ohne stadtähnliche Siedlungskonzentrationen.

Mit der Eroberung Sachsens und seiner Eingliederung in den fränkischen Reichsverband beginnt an jenen Orten, die als Bischofssitze festgelegt werden: Paderborn, Münster, Minden, Osnabrück und Bremen der Bau von urbs und civitas, termini, die für die karolingische Zeit die gleiche Sache bezeichnen: Burg und Stadt. Den frühen Beginn dieser Entwicklung überliefert die in den Annales Petaviani zu 776 gemeldete Errichtung der civitas, quae vocatur urbs Karoli.[2]

Die Ausgrabungen in Münster haben wertvolle erste Einblicke in diese Gründungssituation ermöglicht. An einer alten Furt über die Aa, im Winkel zweier Bäche, wird über den im Sachsenkrieg zerstörten Gebäuden der hier liegenden Gehöfte eine starke Holz-Erde-Befestigung mit Wall und Graben angelegt. In ihrem Nordteil werden erste Kirche und zugehöriges Monasterium errichtet. Die Bebauung der Innenfläche zeigt im bisher ergrabenen östlichen und südlichen Bezirk kleine, bis zu 7 mal 15 m große Parzellen, jede von einem starken Plankenzaun eingefaßt, in deren Mitte 4 mal 6 m große Gebäude und 1 oder 2 Grubenhäuser liegen, wohl die Haus- und Hofplätze der ersten, handwerklichen Bevölkerung. Die Größe der durch Wall und Graben umschlossenen Anlage beträgt rd. 250 mal 280 m.[3]

Für Paderborn überliefert die Vita des Bischofs Meinwerk, der von 1009 bis 1036 das Bischofsamt innehatte, daß dieser die urbs mit einer Mauer umgeben hat.[4] Schon für das Jahr 1002 erwähnt die Chronik Thietmars von Merseburg Tore Paderborns.[5] Darüber hinaus nennt auch der Text eines arabischen Reisenden der zweiten Hälfte des 10. Jahrhunderts Paderborn ein „festes Kastell" in der Nähe des „Kastells Soest".[6] Für das 9. Jahrhundert erlaubt die Überlieferung der Translatio[7] eine sichere Interpretation des in ihr erwähnten oppidum als Burg nicht, damit könnte auch die Siedlung allgemein gemeint sein. Nur die Nachricht der Reichsannalen zum Jahre 783, in dem Karl sich nach schweren Kämpfen bei Detmold auf Paderborn zurückzog, um Verstärkungen zu erwarten, läßt daran denken, daß hier schon eine Burg errichtet war.

Die archäologischen Untersuchungen der letzten Jahre haben die Grenzen dieser karolingischen Burg erkennen lassen.

* Gedruckt in: Archäologisches Korrespondenzblatt 1, 1971, 185ff.

1 Translatio S. Liborii, cap. 2, MGH SS 4, S. 150: „quia civatates, in quibus more antiquo sedes episcopales constituerentur, illi penitus provinciae deerant, loca tamen ad hoc, quae et naturali quadam excellentia et populi frequentia prae caeteris videbantur, elegit". – S. auch W. Schlesinger, Städtische Frühformen zwischen Rhein und Elbe, in: Studien zu den Anfängen des europäischen Städtewesens. Vorträge und Forschungen (Hrsg. Th. Mayer) Bd. 4 (1958) 297ff.

2 Annales Petaviani, c. 1, p. 16. – Zur Diskussion über die urbs Karoli siehe: K. Hauck, Paderborn, das Zentrum von Karls Sachsenmission 777, in: Adel und Kirche. Gerd Tellenbach zum 65. Geburtstag (Hrsg. J. Fleckenstein und K. Schmidt, 1969) 92–140.

3 W. Winkelmann, Ausgrabungen auf dem Domhof in Münster, in: Monasterium. Festschrift zum siebenhundertjährigen Weihegedächtnis des Paulus-Domes zu Münster (Hrsg. A. Schröer, 1966) 27ff.

4 Vita Meinwerci, ed. F. Tenckhoff, MGH SSrG in us. schol., c. 159, S. 83.

5 Thietmar, Chronicon, V, c. 5, MGH SSrG NS 9 (1955) S. 224.

6 G. Jacob, Arabische Berichte von Gesandten an germanischen Fürstenhöfen aus dem 9. und 10. Jahrhundert (1927), 22f.

7 Wie Anm. 1.

Wie in anderen Städten hatte auch die lokale Paderborner Forschung ihre Bemühungen um die Festlegung einer älteren Befestigung mit der Zusammenstellung von alten Bauresten im Zuge überlieferter Immunitätsgrenzen begonnen. In der „Zeitschrift für vaterländische Geschichte und Altertumskunde (Westfälische Zeitschrift)", Bd. 56, 1898, S. 165 leitete Bergwerksdirektor a. D. Vüllers eine Abhandlung „Über älteste Baureste Paderborns" ein mit dem Satz: „Verfolgt man die Grenzen der ehemaligen Domimmunität (urbs), wie sie z. B. in dem Recess vom Jahre 1717 festgelegt sind, so findet man an mehreren Stellen Überreste der ersten Ummauerung Paderborns." Er verweist auf 8 alte Mauerreste auf Nord-, Ost- und Westgrenze der Immunität, in denen er den Verlauf einer älteren Immunitätsbefestigung vermutet. Diese Bemühungen griff später Dr. Ing. B. Ortmann erneut auf und ergänzte sie mit weiteren Beobachtungen.[8] Auch er sah in den Mauerresten zunächst Grenzen der Immunität und brachte sie mit der Nachricht der Vita Meinwerci in Verbindung, daß Bischof Meinwerk die urbs mit einer Mauer umzogen habe.
Schon i. J. 1949 hatte Ortmann im Nordwesten und Südosten der Immunität Grabungen durchgeführt. Im Nordwesten, auf dem Grundstück Hake, Michaelstraße 4/6, legte er eine im Fundament 1,5 m breite Mauer frei und identifizierte sie mit der urbs-Mauer des Bischofs Meinwerk (Taf. 69: A).[9] Bei den im gleichen Jahre in der Südostecke unternommenen Ausgrabungen an der „Burg" trat ein Fundamentmauerwerk eines 10,5 x 11 m großen Turmes zutage, den er als Eckturm der meinwerkischen urbs-Befestigung zuwies.[10] Die Südostecke dieses Turmes stand schon auf der inneren Böschung eines älteren Grabens, der hier, von Norden heranziehend, in kurzem Bogen nach Westen abbog (Taf. 69: E). Dieser Befund, unterstützt durch einige karolingische Scherben von der Böschung, ließ eine ältere, vormeinwerkische Befestigung vermuten. Den Verlauf des nach Westen ziehenden Grabens konnte Ortmann dann auch auf Baustellen benachbarter Parzellen beobachten. Den nach Norden abgehenden Graben legte er bis zum hochmittelalterlichen Tor „Am Bogen" fest, wo er an einer Erdbrücke endete.
In den Jahren 1956 und 1958 ergab sich bei Neubauten auf der Westseite der Heiersstraße die Möglichkeit, die Grabenböschungen und an einer Stelle auf der westlichen Seite des Grabens auch eine 1,65 m breite nord-südverlaufende Mauer freizulegen. Der Graben bog an dieser Stelle etwas nach Westen ein und endete an einer Felsbrücke. Der Befund deutet auf ein Tor (Taf. 69: D).[11] In einem in den Jahren 1958–1962 mit Mitteln des Landes Nordrhein-Westfalen durchgeführten Forschungsprogramm sind weitere Teile der karolingischen Befestigung sichtbar geworden. Beim Neubau einer Kurie westlich der Michaelsgasse wurde im Jahre 1958 auf größerer Strecke der im Viertelbogen verlaufende Mauerzug der Nordwestecke freigelegt (Taf. 69: G; 70, 1). Fr. Esterhues berichtet in Westfälische Zeitschrift 109, 1959, S. 277:
1. Die Mauer war sehr ordentlich aus Bruchsteinen gesetzt, allerdings trocken.
2. An der Abbruchoberfläche wiesen Kalkmörtelreste auf eine ehedem vermörtelte Kalkmauer hin.
3. Die Bogenaußenseite war ordentlich und senkrecht versetzt.
4. Die Bogeninnenseite zeigt keine gerade Mauerkante. Hier war das Mauerwerk in einen angetragenen und das Niveau erhöhenden Lehmboden unregelmäßig weit, aber fest eingebunden, also nach Art einer Böschungsmauer verankert.
5. . . . Das nordwestlich vor der Mauer liegende Gelände war ursprünglich viel tiefer gewesen und nun über die Abbruchkante der runden Mauer mit Schutt angefüllt worden.

Etwa 50 m weiter südlich wurden Reste dieser Mauer in einem Ost-Westschnitt im Garten des Fürstenhofes wiedergefunden. Sie stand hier auf einer 0,5 m starken mergeligen Geschiebeschicht, darunter lag der Fels. Dieser war nach Westen zu einer steilen Grabenböschung abgeschlagen

[8] B. Ortmann, Die alte Immunitätsmauer der Domfreiheit. Heimatborn, Aug. und Sept. 1958. – Ders., Die frühesten Nachrichten über Paderborn und die ältesten Befestigungsreste innerhalb seiner Altstadt. Die Warte 19, 1958, 90–91, 105–107, 116–118. S. auch K. Schoppe, Das karolingische Paderborn (1967) 95ff.

[9] Wie Anm. 8, Ortmann.

[10] Wie Anm. 8, Ortmann.

[11] Grabung des Landesmuseums für Vor- und Frühgeschichte, Außenstelle Bielefeld, W. R. Lange und A. Doms.

worden.[12] Der Verlauf dieses Grabens vor der Westseite der Burg konnte später durch weitere Beobachtungen ergänzt werden (Taf. 69: F).

In den Jahren 1960 und 1961 ist bei den Grabungen im Brenkenhof auch der Nordostbogen dieser Befestigungsmauer mit der nach Norden und Osten davor liegenden Grabenböschung freigelegt worden. Die Mauer bestand hier ebenfalls aus in Lehm verlegten großen Bruchsteinblöcken. Ihre Außenseite war nur noch mit wenigen, z. T. schon in die Grabenböschung abgerutschten Steinlagen erhalten, die Innenseite war schon früh eingerissen worden. Außen vor dieser Mauer wurde im frühen 11. Jh. eine in Kalkmörtel aufgesetzte Schalmauer errichtet, ein Befund, der mit der Nachricht in der Vita Meinwerci zu verbinden ist, nach der Meinwerk die Mauern der urbs erbaute. In dieser Nordostecke ist auch das bis zu 2,5 m starke, in Lehm verlegte Fundamentmauerwerk eines 13 x 15 m großen Turmes freigelegt worden – ein Befund, der dem in der Südostecke der Burg freigelegten Turmfundament entspricht (Taf. 69: C; 70, 2. 3; 71, 1). Auf der Südseite der Burg ist an zwei Stellen der Verlauf des Grabens und auf dessen Innenseite eine wohl jüngere 2,5 m breite gemörtelte Mauer ergraben worden.

Große Teile der Befestigung wurden auf der Nordseite bei der Untersuchung des Pfalzgeländes freigelegt (Taf. 69: B). Auf der Nordseite der ottonischen Aula lagen in langer Flucht noch die Reste der Mauer, große Plänerkalkbruchsteine. 2,5 m weiter nördlich wurde ebenfalls auf langer Flucht die südliche Böschung eines Grabens festgestellt. Er begann unter Einbeziehung eines alten Quellrisses hart nordöstlich der Nordostecke des ottonischen Saalbaus und bog mit kurzer Krümmung nach Westen ab. Der östliche Rand dieser am Quellriß beginnenden Böschung konnte in seinem weiteren Verlauf nach Norden nur auf wenige Meter verfolgt werden. Die weitere Festlegung war durch den starken Druck der hier überall austretenden Quellen erschwert.

Wenige Meter nordöstlich der Nordostecke des ottonischen Saalbaus war auf über 20 m nach Nordosten in vier großen Mauerblöcken die karolingische Burgmauer erhalten. Ihre oberen Lagen zeigten den Wiederaufbau und die Ergänzung aus den Tagen des Bischofs Meinwerk. Die Mauer stand hier wie im Brenkenhof auf dem alten Oberboden des 8. Jhs.; ihre Breite betrug 1,3–1,5 m. Auf ihrer Nordseite wurden die über 2 m breite Berme und die zum heutigen Quellteich der Dielenpader abfallende Böschung freigelegt (Taf. 71, 2).

Der archäologische Befund in diesem Bezirk hat erkennen lassen, daß die Steinmauer an dieser Stelle nicht die erste karolingische Befestigung darstellt, sondern schon einer zweiten Bauphase Karls angehört, die nach der ersten Zerstörung der Pfalz bei dem großen Sachsenaufstand des Jahres 778 anzusetzen ist. Darüber hinaus geben die Grabungsbeobachtungen in diesem Bezirk aber auch Hinweise darauf, daß zwar der Verlauf der äußeren Begrenzung der karolingischen Befestigung umrissen werden kann, ein einzelnes ergrabenes Mauerstück in diesem Verlauf aber an der einen Stelle noch karolingisch, an anderer Stelle schon meinwerkisch und an einer dritten sogar eine noch jüngere Mauer auf alter Flucht sein kann. Die stratigraphische Absicherung der ursprünglichen Grabenböschung dürfte dann den einzigen Anhaltspunkt zur Fixierung der älteren Befestigung bieten.

Wie dem auch sei, Größe und Umfang der karolingischen Anlage sind in den angegebenen Grenzen bekannt.[13] Sie umfaßt eine Fläche von 280 x 250 (bzw. 300) m und ordnet sich damit jenen auch von anderen frühen Bischofsstädten aus archäologischen Grabungen (Münster, Paderborn) oder den Grenzen der späteren Immunitäten ermittelten Maßen (Minden, Bremen, Hildesheim) ein. Schon die folgende Auswahl aus den bisher bekannten Größen kann diese Grundkonzeption karolingischer Gründungen verdeutlichen:

[12] Grabung Fr. Esterhues.

[13] Für Paderborn erwägt Ortmann aus der Beobachtung eines bei Bauarbeiten festgestellten Felsgrabens, der nördlich der Südwestecke der Burg ansetzen und nach Westen bis zum Paderabhang westlich Abdinghof ziehen soll, eine ältere sächsische Befestigung oder eine Vorburg der karolingischen Hauptbefestigung. Die bisher vorliegenden Befunde und Beobachtungen gestatten jedoch keine sichere Entscheidung über Entstehung und funktionelle Zuordnung dieses Ausbruchs. S. B. Ortmann, Vorbericht zur Befestigungsuntersuchung an den westlichen Paderquellen (Paderabhang), in: Westfälische Zeitschr. 119, 1969, 423–424.

Paderborn	280 x 250 (bzw. 300) m
Münster	250 x 280 m[14]
Minden	220 x 250 m[15]
Bremen	220 x 300 m[16]
Hildesheim	220 x 240 m[17]

In diesen Beispielen wird deutlich, daß die Grenzen alter Immunitätsbezirke der Bischofsstädte durch ältere civitas/urbs-Burggrenzen bestimmt sein können. Das soll selbstverständlich nicht heißen, daß das von der Befestigung umschlossene Areal von den Gründungstagen an als Immunität gelten darf. Diese ist vielmehr erst durch die Entwicklung im 11. und 12. Jh. möglich geworden, in deren Verlauf die alten civitates „entleert“ und die neuen civitates, die Städte des Hoch- und Spätmittelalters entstanden.

[14] Wie Anm. 3.
[15] E. Herzog, Die ottonische Stadt (1964), 116ff.
[16] Wie Anm. 15, S. 90ff.
[17] Wie Anm. 15, S. 241ff.

EST LOCUS INSIGNIS, QUO PATRA ET LIPPA FLUENTANT*

Über die Ausgrabungen in den Karolingischen und Ottonischen Königspfalzen in Paderborn

Vorbemerkung: Auf den Konferenzen Château-Gaillard III in Battle (England) 1966 und Château-Gaillard V in Hindsgavl slot (Dänemark) 1970 hat der Verfasser über den jeweiligen Stand der Paderborner Ausgrabungen berichtet. Hier wird ein zusammenfassender Überblick über das bisher Erreichte vorgelegt. Auf die Einarbeitung von Anmerkungen ist verzichtet worden. Über ein- und weiterführende neuere Literatur zur Pfalz Paderborn unterrichtet eine kurze Aufstellung am Schluß des Berichtes.

„Es ist da ein berühmter Ort, wo Pader und Lippe fließen" (Vs. 426). Mit diesen Worten gibt der Verfasser des Paderborner Epos, in dem die historische Begegnung zwischen dem Papst Leo III. und dem Frankenkönig Karl im Sommer des Jahres 799 dargestellt ist, den Blick frei auf den Ort dieses Treffens:

Die Pfalz Paderborn

„Altus et in nudo campo iacet, undique largo vestitus spatio." „Er liegt auf der Höhe in einer kahlen Ebene, ringsum dehnt sich weit das Gelände" (Vs. 427).

„Dorthin kommt Karl, der Held, von vielen Tausenden gefolgt" (Vs. 431), mit der „Heerschar der Franken", „das aufständische Volk der Sachsen zu bändigen, den wilden Stamm mit kaltem Eisen zu schlagen" (Vs. 340–41).

„Hier beschließt er Quartier zu machen" (Vs. 432).

Ein Weg führt zur Höhe der Pfalz empor, „ad culmina sedes". Von dort überblickt man das unten sich weit dehnende Lager des zur Reichsversammlung gebotenen Heeres mit dem langen Zug der Krieger „in schimmernder Rüstung", dem Lager der Herzöge und Grafen, und steht schließlich vor den großen steinernen Gebäuden der Pfalz, die eine Reihe kleinerer hoch überragen, im großen Pfalzhof, bei „aula regalis" und „templum". Wir werden Zeugen des Papstempfangs durch den Frankenkönig, sich vollziehend in dem großartigen aus der Antike herüberwirkenden archaischen Zeremoniell der rühmenden und ehrenden Begrüßung, nehmen teil am gemeinsamen Gottesdienst, hören – vom kundigen Berichterstatter eingeblendet – die Gespräche zwischen König und Papst und beschließen den großen Empfang mit der festlichen Begegnung in der großen, mit gewebten Teppichen geschmückten Halle, „auf den Tischen bauchen sich die goldnen Krüge mit Falerner. Der König Karl und Leo, der höchste Bischof auf Erden, speisen zusammen, trinken aus Schalen schäumenden Wein" (Vs. 528–530).

Die Schilderung des Ablaufs der Ereignisse, Handlung um Handlung wie Bild um Bild aneinanderfügend, den Wechsel des Geschehens und des Schauplatzes immer wieder mit dem Pausen setzenden und zum Atemholen ermutigenden „interea" verbindend und weiterführend, strahlt die Art der alten Lieder, aber für diese besondere historische Stunde angefüllt mit den in die Zukunft weisenden Termini der neuen karlischen politischen Konzeption, in deren Mitte der Frankenkönig selbst als „armipotens Karolus, victor pius atque triumphans rex, defensor ecclesiae, augustus optimus" und „pharus Europae" steht.

Durch die Paderborner Verhandlungen ist die Verwirklichung der neuen Kaiseridee mit der Krönung Karls im Jahre 800 in Rom vorbereitet und ermöglicht worden.

Auf dem Weg dahin ist die im 30jährigen Krieg Karls gegen die Sachsen in Paderborn errichtete und trotz aller Rückschläge immer wieder behauptete sedes regalis von fundamentaler Bedeutung. Ein Herrschaftszeichen des neuen Imperiums war an diesem Ort im soeben eroberten Sachsenland errichtet, dessen Besitz für Jahrhunderte Anspruch und Recht auf Königsherrschaft mit begründete.

Die Paderborner Ereignisse und Verhandlungen beenden ein langandauerndes Ringen um eine imperiale Legitimation, die nur durch die Eroberung fremder Völker, die Vermehrung des Reiches

* Gedruckt in: Château Gaillard. Études de castellologie médiévale V. Colloque de Hindsgavl 1970 (1972) 203ff.

und, gemäß dem fränkischen Sendungsbewußtsein, durch die Ausbreitung des christlichen Glaubens sicher begründet war.
Der im Jahre 772 zu Worms beschlossene Vorstoß Karls d. Gr. in südsächsische Gebiete der Engern, der mit der Eroberung der sächsischen Eresburg hoch über der Diemel und der Zerstörung der sächsischen Irminsul mit großen fränkischen Verlusten zu einem ersten Sieg über sächsische Teilbereiche führte, leitete das Schlußkapitel einer seit der 2. Hälfte des 6. Jahrhunderts aus den Schriftquellen überschaubaren Auseinandersetzung zwischen Franken und Sachsen um den „Führungsanspruch innerhalb der germanischen Welt" ein. Im Winter 774/75 verschärften sich die fränkischen Pläne, und Karl faßte den Entschluß, so lange Krieg zu führen, bis die Sachsen die christliche Religion annähmen oder vernichtet wären.
Nach den erfolgreichen Feldzügen der Jahre 775 und 776 kam es an den Lippequellen zu einem Friedensvertrag, in dem sich die besiegten Sachsen erneut unterwarfen. 777 wurde dann nach Paderborn, das seit 776 als Burg ausgebaut und wohl gleichzeitig als Zentralort eines königlichen Fiscus eingerichtet wurde, eine Reichsversammlung einberufen, die Sachsen organisatorisch in den fränkischen Reichsverband eingliedern sollte. Die gleichzeitig in Paderborn stattfindende Synode mit der Führungsschicht des fränkischen Episkopates, darunter Wilchar v. Sens und Fulrad v. St. Denis, regelte auch die Fragen der kirchlichen Einteilung und Mission.
Für dieses Jahr wird für Paderborn der Bau einer Kirche überliefert.
Aber schon der große sächsische Aufstand des nächsten Jahres, 778, in dem die Sachsen tief in die fränkischen Gebiete bis an den Mittelrhein und nach Hessen vorstoßen, zeigt andere Realität. Der Widerstand geht weiter. Wir hören 780 und 782 von neuen fränkischen Reichsversammlungen an den Lippequellen, wo die Capitulatio de partibus Saxoniae mit ihren harten Strafen erlassen wird, hören von neuen Kämpfen im Jahre 783 im Raum Detmold, von wo sich Karl nach Paderborn zurückzieht, um Verstärkung zu erwarten, und nachdem er den Winter 784/85 erstmalig auf der Eresburg verbracht „und von dort aus die aufständischen Sachsen ausgeplündert" und „ihre Burgen und Schanzen erobert und zerstört" hatte, im Jahre 785 von einer erneuten Reichsversammlung in Paderborn.
Mit der Taufe Widukinds im gleichen Jahr ist der Krieg im großen und ganzen beendet. In den nachfolgenden Jahren flackern im nördlichen Sachsen vereinzelte Aufstände auf, in den Jahren 793 und 794 erneut auch in südsächsische Gebiete übergreifend. Doch kann Karl mit großen Deportationen aus den aufständischen Gebieten die Unterwerfung erzwingen.
Im Jahre 799 findet in Paderborn eine erneute große Reichsversammlung statt, zu der Papst Leo nach dem auf ihn in Rom verübten Attentat vom 25. April 799 als Hilfesuchender erscheint. Er wird in Paderborn mit allen Ehren empfangen. Darüber berichtet das Epos. Während seines Aufenthalts weiht er einen Altar in einer von Karl inzwischen errichteten neuen großen Kirche „mirae magnitudinis" und legt dort Reliquien des Protomärtyrers St. Stephanus nieder.
An diese Nachrichten der schriftlichen Überlieferung soll hier in aller Kürze eben erinnert werden; sie bezeugen für die Jahre 777, 785 und 799 zwar die Reichsversammlungen in Paderborn, melden für 777 und 799 den Bau von Kirchen, bieten aber zur Existenz einer Pfalz bis zum Text des Epos des Jahres 799 keine entsprechenden Termini. Erst in ihm wird die aula regalis, die große Halle, ausdrücklich erwähnt.
Auf Grund dieser Quellenlage kann es nicht überraschen, daß die Frage nach einer karolingischen Königspfalz im Für und Wider in der Lokalforschung lange Zeit umstritten blieb.
Der um die Paderborner frühe Geschichte hochverdiente K. Schoppe hatte sich seit Jahren wiederholt für eine Pfalzanlage in diesem Ort ausgesprochen. Er wurde in dem Bemühen in den letzten Jahren durch H. Beumann unterstützt, der die Bedeutung des Paderborner Epos zu 799 als Bericht eines teilnehmenden Augenzeugen begründete und damit den im Text gegebenen Hinweisen auf Gebäude einer Pfalz besonderes Gewicht verlieh.
Die in den letzten Jahren in Paderborn durchgeführten Ausgrabungen haben nun große Teile dieser karolingischen Pfalzanlage sichtbar gemacht und darüberhinaus durch die Freilegung einer weiteren ottonisch-salischen Königspfalz des 11. und 12. Jahrhunderts die fortdauernde Bedeutung des karlischen Pfalzortes für die mittelalterliche Königsherrschaft erkennen lassen.

Das Ausgrabungsfeld liegt auf der Nordseite des Paderborner Domes, auf dem weiten Hang des zum östlichen Quellbecken der Pader abfallenden Geländes. In diesem Areal waren bei den zur Herrichtung von Neubaustellen im Jahre 1963 angesetzten Baggerarbeiten, die den Schutt der im letzten Krieg zerbombten Wohnhäuser abräumten, die z. T. bis zu 6 m Höhe erhaltenen Umfassungsmauern eines großen, über 44 m langen und über 14 m breiten Gebäudes freigelegt. Einzelne Teile, charakteristische Eckverquaderungen und ein aus schweren Sandsteinblöcken errichtetes Rundbogenportal waren schon bei Bauarbeiten des vergangenen Jahrhunderts beobachtet und von der Lokalforschung in falscher Interpretation hochmittelalterlicher Urkunden als Baureste eines zu einem mittelalterlichen Bischofspalast gehörenden Marstalls angesprochen worden.

Schwierig war der Beginn einer planmäßigen archäologischen Untersuchung im Jahre 1964 auf der durch die Bagger tief zerwühlten Baustelle, wo im Sommer und Spätherbst des Jahres 1963 noch einige kleinere archäologische Sondagen heruntergebracht waren (Taf. 74, 1).

Wir öffneten uns den Weg in die Schuttmassen nach guter Einarbeitung in die historische Überlieferung und ihre angebotene Interpretation, wobei U. Hoppe und M. Balzer vom Frühmittelalter-Institut, Münster, wertvolle Hilfe boten, mit dem Text einer Urkunde des Jahres 1336 in der ein Grundstückstausch zwischen dem Bischof und dem Domkapitel in diesem Gelände behandelt war. Darin wurde wiederholt ein großer freier Platz auf der Nordseite des Domes, ein spatium, erwähnt.

In den Baggerlöchern und Schnitten der archäologischen Sondagen versuchten wir stratigraphische Hinweise auf diese Platzschicht zu gewinnen. Erste Anhaltspunkte boten sich in einer an mehreren Stellen sichtbaren 10–15 cm starken grau-erdigen Schicht. Sie wurde zunächst versuchsweise an einzelnen Stellen auf wenigen Quadratmetern, im Verlauf des weiteren Bemühens auf größerer Fläche freigelegt. An dem aus dieser grauen Fläche aufgelesenen keramischen Fundmaterial ließ sich schon bald feststellen, daß hier nicht mehr die Platzschicht des 14. Jahrhunderts, sondern eine ältere des 11. und 12. Jahrhunderts angegraben war, die schon in der 1. Hälfte des 13. Jahrhunderts beim Neubau des jetzigen Domes mit dem Abbruchmaterial der älteren Domkirche 2–5 m hoch überschüttet worden war (Taf. 74, 2).

Dabei war auch das bei den ersten Baggerarbeiten freigelegte große Gebäude mit den noch 6 m hoch stehenden Außenmauern zum größten Teil mit Schutt gefüllt und bedeckt worden.

In einem schmalen, durch die Baggerarbeiten des Vorjahres noch nicht zerstörten Streifen war es möglich, auch den stratigraphischen Anschluß dieser grauen Schicht des 11. und 12. Jahrhunderts an das Mauerwerk des großen Gebäudes und an einen dazugehörigen westlichen Treppenvorbau zu sichern.

Damit war eine wichtige Leitstrate in den Schuttmassen des Grabungsfeldes erkannt. Zusammen mit dem aus dieser Platzschicht des 11. Jahrhunderts aufgelesenen keramischen Fundmaterial und den ansprechbaren Eckverquaderungen des großen Gebäudes, die die charakteristischen Besonderheiten der Bauten des in der 1. Hälfte des 11. Jahrhundertes in Paderborn residierenden Bischofs Meinwerk zeigten, war für den weiteren Verlauf der Ausgrabung ein entscheidendes, klärendes Ergebnis gewonnen.

Außerdem war in den Baggerlöchern unter dieser grauen Schicht noch älteres Mauerwerk zu erkennen, das – so durfte nun schon aus der flächigen Überdeckung dieser älteren Mauerstücke durch die graue Platzschicht des 11. Jahrhunderts gefolgert werden – mit Sicherheit älter sein mußte als das 11. Jahrhundert. Damit war ein Anfang für eine planmäßige Ausgrabung der älteren Teile gewonnen.

Schon nach dem Abschaben der grauen Schicht erschienen – stellenweise nur 3–4 cm tiefer – die Mauerkronen älterer Gebäude. Zwischen den Mauern lag wieder Bauschutt vom Abbruch des Gebäudes selbst; den Grund bedeckten ausgedehnte Holzkohlelagen. Aus der schriftlichen Überlieferung war bekannt, daß im Jahre 1000 ein großer Brand das alte Paderborn zerstört hatte. Wir fanden die Bestätigung in den Gefäßresten und Münzen Ottos III. im verzogenen Brandschutt.

Nach weiterer Abräumung des Schuttes kamen die z. T. 1 m hoch erhaltenen Mauern eines großen Saalbaus (10,30 m breit und 30,90 m lang) mit den vom Brand des Jahres 1000 rot verglühten Wänden zum Vorschein.

Aber unter dieser jüngsten Brandschicht von 1000 lagen in gleicher Hausfläche im tieferen Niveau ältere Brandböden mehrfach übereinander, die mit Kalk gefestigten Lehmestriche rot verglüht, z. T. mit violett leuchtenden Lagen der fast vollständig verschmorten ehemaligen Bleidachung des Hauses bedeckt.

Auch neben den Gebäuden zeigten Holzkohlelagen die Spuren des Brandes von 1000 und in tieferen Lagen die mehrfacher älterer Brände. Bau-, Brand- und Zerstörungsschichten in und neben den Gebäuden, in den ersten Grabungswochen mit Staunen registriert, später sieben Jahre lang im weiten Areal aller ergrabenen Gebäude und Flächen immer wieder freigelegt: Indizien der Feuerstürme, die über diese Flächen gebraust waren: Alltag des Sachsenkrieges, wie die sich immer wieder gleichenden Vergesellschaftungen des archäologischen Fundmaterials mit Kümpfen, frühen Kugeltöpfen, Importmaterial des 8. Jahrhunderts mit rauhwandigem Geschirr, keramischen Stücken der Badorfgruppe, Glasresten, aber auch dem Quart eines Denars Karls d. Gr., aus einer dritten karlischen Bauschicht geborgen, erkennen ließen.

Aber nicht nur in den freigelegten Flächen und Profilen ließen sich diese archäologischen Dokumente als unmittelbare Zeugnisse historischen Geschehens sichtbar machen, das Mauerwerk selbst zeigte wiederholt in den Fluchten neuer Bauphasen das wiederverwandte, rot verglühte Steinmaterial vorhergehender Bauten, dabei Bruchstücke zerbrochener, durch den Brand rot gefärbter Sandsteinsäulen in zweiter Verwendung. Auch die Mauerschnitte ließen den z. T. bis in den Fundamentbereich erfolgten Abbruch, erneuten Wiederaufbau, Zerstörung und nochmaligen Wiederaufbau erkennen.

Das durch die Ausgrabung freigelegte Mauerwerk des großen Saalbaus war schon der dritte Bau auf gleichen Fundamenten an dieser Stelle. Eine vergleichbare, dreimalige Bautätigkeit ließ sich auch in der Fläche südlich des Saalbaus schon im ersten Jahr beobachten. Hier wurden im Bezirk des inneren Hofes über einer Brandschicht des späten 8. Jahrhunderts, die von der Zerstörung einer hier vorher liegenden sächsischen Siedlung mit Holzbauten stammte, drei übereinanderliegende Mörtelschichten festgestellt mit dazwischen liegenden Stein-, Mörtel- und Erdlagen, wiederholt erhöhter Platzbefestigung, die den drei Bauvorgängen des Saalbaus entsprach.

Aus der Summe der Beobachtungen und Feststellungen der Grabungsjahre lassen sich im Überblick beim derzeitigen Stand der Bearbeitung für die karolingische Zeit folgende Ergebnisse ansprechen (Taf. 72; 73, 1):

Unmittelbar vor der Nordseite des westlichen Domteiles liegt ein freier Platz, der sich z. T. noch unter den heutigen Dom erstreckt. Auf seiner Nordseite ist ein großes Gebäude, ein Saalbau, von 10,30 m Breite und 30,90 m Länge, mit zwei Fuß starken Mauern, 0,64–0,66 m breit, freigelegt. Das Mauerwerk ist aus lagerhaft gepackten Plänerkalkbruchsteinen in einem festen Kalkmörtel, z. T. vermengt mit rot gebrannten Lehmziegelstücken, aufgeführt. Die Ecken sind mit grob mit dem Breitmeißel zugeschlagenen roten und rot-braunen Sandsteinen verquadert. Die Innenwand war verputzt. Rot gefärbte Brandböden im Innern und Mauerschnitte zeigen an, daß der 1 m hoch erhaltene Bau schon den dritten Bau darstellt, der hier auf älterem Fundament errichtet worden ist.

Auf der Ostseite dieses Platzes liegt eine, bisher nur im äußeren Grundmauerwerk – die Innenfläche ist in den ersten Nachkriegsjahren bei der Anlage eines Heizöltanks weithin zerstört – festgestellte, 52 m lange und 18 m breite Kirche, deren dreiapsidialer Chorabschluß im Bereich der Brigiden-Kapelle, südlich des heutigen Domkreuzganges, schon im Jahre 1953 durch Fr. Esterhues in Teilen ausgegraben worden ist. Ihre Westmauer konnte im Jahre 1965 in der Höhe der Ostwand der Bartholomäus-Kapelle festgestellt werden (Taf. 72). Auch sie zeigt im freigelegten Westteil und den unmittelbar benachbarten Profilen eine Zerstörung durch Brand und einen Wiederaufbau mit erhöhter Innenfläche, auch sie mit schwarzen Brandlagen und zahlreichen Resten der farbigen Innenausstattung bedeckt. Einzelne von der ostwärtigen Schmalseite des

Saalbaus nach Osten führende Mauern, die bis in den Vorraum der Bartholomäus-Kapelle verfolgt werden konnten, deuten Verbindungsgänge zu Kirche und weiteren Gebäuden an.
Im Westen wird dieser Platz in einer ersten Bauphase durch einen auf der Südseite des Saalbaus angebauten Vorbau begrenzt, dem sich nach Süden ein ursprünglich offener Durchgang, vielleicht mit einem Holzwerk überspannt, anschließt.
In der östlich und nord-östlich anschließenden Fläche sind unter wiederholten Umbausituationen die Standspuren von hölzernen Gebäuden mit zwischen den Gerüstpfosten liegenden schmalen Steinlagen für Schwellbalken, aber auch weitere steinerne Gebäude festgestellt worden.
Ihre durchweg nur geringen Fundamenttiefen lassen auf einstöckige, flache Gebäude schließen, wenn wir den Bauvorschriften der für das 8. Jahrhundert gültigen „mappae claviculae" folgen.
Dabei war die Bauausführung in Mörtelbereitung, Vermauerung und farbigem Wandschmuck der Innenräume, dessen Reste gerade hier besonders zahlreich gefunden wurden, nicht weniger sorgfältig als in den großen Gebäuden angelegt.
Nach einer ersten durch Brand erfolgten Zerstörung, die wahrscheinlich mit dem großen Sachsenaufstand im Jahre 778 zu verbinden ist, werden Aula und Kirche wieder aufgebaut, dabei in den Gebäuden in etwas höherem Niveau neue Böden angelegt. Auch die kleineren Gebäude im Nord-Osten werden wieder hergerichtet, z. T. mit etwas veränderten Grundrissen.
Im Westen des Pfalzhofes wird der vom Westende des Saalbaus nach Süden ziehende Querriegel mit Mauern verstärkt und läßt hier eine Ost-West-Durchgangssituation erkennen, die zusammen mit einem weiteren Durchgang durch einen am ostwärtigen Ende des Saalbaus in dieser neuen Bauphase nach Süden angelegten 2,8 m breiten gangähnlichen Querriegel eine große Ost-West-Achse deutlich macht, die nach Osten auf die Mitte der Westwand der dort liegenden Kirche führt.
Dieser östliche Querriegel teilt die ursprünglich große Hoffläche in zwei benachbarte Höfe, einen unmittelbar vor der Kirche liegenden östlichen und einen südlich des Saalbaus liegenden westlichen. Vielleicht kann diese Teilung des Pfalzhofes mit der aus der Überlieferung bezeugten Einrichtung eines Missionszentrums in Paderborn zusammengesehen werden, das im Auftrage Karls nach der Überwindung des durch den sächsischen Aufstand von 778 erlittenen Rückschlags durch die Würzburger Kirche übernommen worden ist.
Wir können in der Folgezeit im östlichen, sakralen Bereich in der Tat an einigen Besonderheiten feststellen, daß hier etwas Neues geschehen ist. Auf der Nordseite der älteren Kirche ist auf wenige Meter im Westen ein parallel verlaufender, schmaler, nur flach fundierter Mauerzug errichtet worden, der mit der Kirchenwand einen 2,5 m breiten Gang bildet. Daß es sich hier um den Südtrakt eines ersten Kreuzganges handelt, bezeugen die in ihm angelegten Gräber.
Vor dem Westteil der Kirche wurden in letzten Fundamentlagen Reste der Umfassungsmauern eines Vorhofes, eines, soweit noch festzustellen, offenen Atriums ausgegraben. Die ganze Innenfläche war schon früh als Bestattungsplatz benutzt. Die Gräber zeigten eine merkwürdige Anordnung. Vor der Westseite der Kirche liegt eine Reihe von Kindergräbern, es folgen nach Westen vier Reihen mit Erwachsenengräbern in Baum- und Brettersärgen, und im Westen schließt wieder eine Reihe von Kindergräbern (Alter der Kinder 3–4 Jahre) dieses „Paradies". Es gibt bei den Grabgruben keine Überschneidungen. Alles deutet darauf hin, daß die Toten hier gleichzeitig bestattet worden sind. In den Jahren des Wiederaufbaus und der großen Umbauarbeiten in der Paderborner Pfalz von 779–782 werden als Stätte der Reichsversammlungen 780 und 782 die Lippequellen überliefert. Erst 783 sehen wir Karl wieder in Paderborn, und 785 wird dort – wie bereits erwähnt – eine Reichsversammlung abgehalten. In den nachfolgenden Jahren sind einige Gebäude der Pfalz noch einmal durch Feuer zerstört worden. Wieder zeigen die Böden in den Grabungsflächen und Gebäuden die Spuren des Brandes. Hier ist am ehesten an den wiederauflebenden sächsischen Aufstand der Jahre 793/94 zu denken.
Aber auch dieser Zerstörung folgt ein schneller Wiederaufbau, bei dem die Aula auf dem älteren Fundamentzug zum dritten Male neu errichtet wird.
In diesen Jahren ist auch der Bau einer neuen großen Kirche begonnen worden, die uns bei den Nachrichten zum Jahre 799 als ein Gebäude „mirae magnitudinis" überliefert wird.

Im Grabungsfeld zeigt sich diese letzte karlische Bauphase mit großer Veränderung der ursprünglichen Konzeption besonders in den Bauteilen im Bereich des mittleren Durchganges, der den Hof von der Kirche und das proaulium verband. Im Südteil dieses Durchganges entsteht ein neues Gebäude, von dem bisher nur die Nord-West- und Nord-Ost-Ecke mit verbindender Nordmauer und innerhalb der Nord-West-Ecke auch eine etwa 1 x 4 m breite Fläche des zugehörigen Innenraumes freigelegt sind. Die Maße der Mauer, 0,65–0,66 m breit, die sichtbare Sandsteinverquaderung der Nord-West-Ecke, Technik des Mauerwerks und Mörtel entsprechen ebenso wie der stratigraphische Befund der dritten Bauphase des wenige Meter nördlich gelegenen Saalbaus. Dieser Bauteil war außen und innen verputzt, sein zugehöriger unterer Boden, ein fester, mit Steinen unterfütterter Kalkestrich, liegt 3 m unter dem Niveau des heutigen Domes. Das Gebäude erstreckt sich nach Süden in den Dom hinein, ist aber dort noch nicht weiter aufgegraben.
Während dieser Bautätigkeit in der Fläche südlich des mittleren Durchganges wird der ursprünglich breite Durchgang auf die Hälfte verschmälert; es entsteht aus dem Abbruchmaterial älterer Bauten ein neuer Ost-West-Mauerzug eines kleinen Raumes oder Ganges, der etwa in der Mitte des alten Durchganges ansetzt und nach Osten bis kurz vor die Westmauer des Atriums führt.
Bei diesen Bauarbeiten ist die Schicht der westlichen Hoffläche mit anfallendem Bauschutt erneut erhöht worden.
In einem weiteren Bauvorgang wird auch der verbliebene schmale Durchgang durch den Querriegel mit einer in Lehm verlegten Zumauerung verschlossen. An der Westseite des alten Durchganges wird ein kleiner Erdhügel aufgeworfen und darauf in alter achsialer Ost-West-Richtung ein 3 m langer und 1,5 m breiter Mauerblock, etwa 0,6 m hoch, errichtet. Auf ihn führen von Westen her noch vier erhaltene flache Stufen, eine fünfte ist im Ansatz einer anstreichenden Mörtelkante noch zu erkennen, während eine obere sechste Plattenlage schon in alter Zeit – bei neuen Bauarbeiten in der 1. Hälfte des 9. Jahrhunderts mit erneuter Anschüttung und Erhöhung des Platzes zur Herrichtung einer neuen Platzoberfläche – abgetragen worden ist. Die Stufen waren ursprünglich mit einem weißen, festen Kalkmörtel überzogen, der in zahlreichen Reststücken noch vorhanden ist. Auch die Langseiten dieses Mauerblocks zeigen diesen teilweise 3–4 cm starken Kalkmörtelauftrag, auf dem aber – wie Vergleichsmöglichkeiten an anderer Stelle im Jahre 1965 nahelegen – ursprünglich eine besondere Verkleidung angebracht war.
Zu beiden Seiten der Antrittsstufe und am ostwärtigen Ende der Langseiten lassen im Mauerwerk sorgfältig ausgesparte Schlitze die Standstellen für Pfosten erkennen. Diese Schlitze sind auch im erdigen Untergrund auf allen vier Seiten mit kleinen Steinen sorgfältig verkleidet.
Das Ganze stellt den steinernen Unterbau für einen Thronsitz dar, der hier in der mittleren Achse der alten Anlage in zentraler Lage vor der Mitte der Ostwand des durch den alten Porticus abgeschlossenen Pfalzhofes im Freien errichtet war. Wenn dieser Platz in Funktion war, konnten in die Mauerschlitze hölzerne Pfosten eingesetzt werden, die einen baldachinartigen Überbau trugen, wie ihn mittelalterliche Miniaturen wiederholt darstellen (Taf. 75, 1).
Dieser Thronunterbau war, wenn wir der Diskussion vertrauen, nach dem Vorbilde des Thrones Salomons errichtet, wie er im 1. Buch der Könige, Kap. 10, beschrieben ist. In dieser Ordnung steht auch das verwandte Denkmal des Karlsthrones in seiner Pfalzkirche zu Aachen, wobei zu bedenken ist, daß die neuere historische Forschung darauf hingewiesen hat, daß auch der ursprüngliche Karlsthron zu Aachen auf dem freien Platz vor der Münsterkirche gestanden haben muß.
Mit diesem steinernen Monument erhält das Grabungsfeld an dieser historischen Stätte ein Herrschaftszeichen besonderer Bedeutung, denn hiermit ist das solium wiedergefunden, das zweimal auch im Text des Epos zu 799 erwähnt ist:

„Rex pius intera solium conscendit“
und
„Ipse sedet solio Karolus rex iustus in alto
dans leges patriis, et regni foedera firmat“.

Das weite, mit Gebäuden und Kirchen bestandene Areal der Pfalz, im Schutz der starken Befestigung, ist wiederentdeckt. Das aus den Trümmern der Abbruch- und Zerstörungsschichten

geborgene Material des farbigen Schmuckes der Innenräume, mit gemalten Mosaiken und Spiralranken, die farbigen Glaswürfel eines zerschlagenen Mosaiks, wenige Sandsteinbasen, Dach- und Zierziegel lassen etwas vom architektonischen Schmuck der Gebäude ahnen. Die Sachgüter des Alltags, Scherben zerbrochener Gefäße, die vielen Bruchstücke der Trinkgläser mit rot und blau gefärbten Mündungsstreifen, mit aufgelegten Glasfäden und den ornamental gerauhten Randzonen zur Aufnahme von leuchtenden Metallfolien, die Bruchstücke von Taufkannen der Missionszeit mit aufgelegten Zinnfolien, der sog. Tatinger- oder Friesenkannen, verzierte Knochenleisten und der Quart eines karlischen Denars aus den 90er Jahren des 8. Jahrhunderts, geprägt nach der Münzreform von 792/93, aus der Münzstätte Melle, Dep. Deux-Sèvres (Frankreich), bereichern die Dokumente und sichern ihre Deutung.
Auf den historischen Kern des Pfalzbezirkes verweist die Paderborner Sage vom Palast unter dem Dom. Auch die Bedeutung seines zentralen Monumentes ist in einem über dem solium erbauten und noch aufragenden Denkmal am Dom bewahrt: Ort und Tradition des alten Rechtsplatzes sind auch in den Tagen nach Karl lebendig geblieben und noch sichtbar in dem 2,5 m höher und direkt über dem alten solium im 13. Jahrhundert errichteten Nordportal des jetzigen Domes, der „Roten Pforte", die noch durch urkundliche Überlieferung des 14. und 15. Jahrhunderts als Rechtsplatz bezeugt ist (Taf. 75, 2).
Diese „Rote Pforte" oder „Rote Tür" ist auch von anderen Plätzen des mittelalterlichen Reiches, z. B. vom Südportal des Domes zu Frankfurt, vom Dom in Magdeburg, von Erfurt als Stätte des Gerichtes bekannt.
In Paderborn lagen die oberen Steine dieses Rechtsmonumentes noch in der Platzschicht des 11./12. und beginnenden 13. Jahrhunderts frei sichtbar, d. h. bis in die Jahre der Errichtung des neuen spätromanischen Nordportals der „Roten Pforte". Die westlich davor liegenden Stufen wurden schon früh, bei neuen großen Baumaßnahmen in der 1. Hälfte des 9. Jahrhunderts zur Zeit des Bischofs Badurad unter einer erneut erhöhten Platzschicht verdeckt.
Im Laufe dieser neuen und großen Baumaßnahmen in der 1. Hälfte des 9. Jahrhunderts ist die Aula auf der Südseite mit einem parallel dazu angelegten Mauerzug verstärkt worden. Der Saalbau wird nach Westen vergrößert und erhält mit dem westlichen Ausbau einer kleinen Exedra einen neuen Thronplatz im Innern des Raumes. Auch der vom Westteil des Saalbaus nach Süden ziehende Querriegel wird noch einmal verstärkt umgebaut und erhält Anschluß an neue, ebenfalls in dieser Zeit entstandene Bauteile nahe beim Domturm. Ihre Errichtung dürfte zusammenhängen mit dem für Bischof Badurad überlieferten Ausbau der neuen karolingischen Kirche nach Westen, in dem im Jahre 836 die von Le Mans übertragenen Gebeine des Hl. Liborius ihre neue Verehrungsstätte fanden. Der am Westende der Aula nach Norden abgehende große Nord-Süd-Trakt wird weiter benutzt, ein im Gelände nördlich der Bartholomäus-Kapelle festgestellter Teil eines größeren Ost-West liegenden Gebäudes wird umgebaut und vergrößert. Von einem unmittelbar westlich benachbarten Gebäude war nur noch eine Nord-Süd-Mauer erhalten, während der zugehörige Raumteil mit den Umfassungsmauern schon bei Neubauten des 11. Jahrhunderts vollständig abgetragen worden ist. Nach Norden liegt ein weiteres Gebäude, das sich mit seiner östlichen und westlichen Nord-Süd-Mauer an die unmittelbar nördlich verlaufende Nordmauer der karolingischen Befestigung anlehnt (Taf. 71, 2). Die westliche Fortsetzung dieser alten Befestigungsmauer war bei der Anlage des jüngeren großen Saalbaus zwar bis auf wenige Steinlagen abgetragen, doch ließ noch die lang nach Westen sich erstreckende, künstlich versteilte Böschung die Nordgrenze der karolingischen Burg in dieser Fläche erkennen. Neue Baumaßnahmen waren auch im östlichen Teil des Grabungsfeldes festzustellen. Hier entstanden Mauern schon zum Monasterium gehörender Bauteile, ein großer Nord-Süd verlaufender 9 m breiter Raum, an dessen Ostseite ein kleiner 4,6 x 6,0 m großer Kapellenraum mit 2,0 m tiefer, halbrunder Apsis anschließt.
Das weite Areal der Pfalz bleibt mit den großen Gebäuden auch für das 9. und 10. Jahrhundert als curtis regalis königliches Gelände und für die überlieferten Reichsversammlungen der Jahre 815, 840 und 845 der Aufenthaltsort der Könige. Ihr galten auch die Besuche der Könige Konrad I. (913), Otto I. (940 [erschlossen], 958) und Otto III. (987).

Im Jahre 1000 sind die Gebäude im großen Stadtbrand von Paderborn eingeäschert worden, wurden aber von dem damals residierenden Bischof Rethar (983–1009) soweit wiederhergestellt – das hat der Ausgrabungsbefund in allen Gebäuden immer wieder klar erkennen lassen –, daß schon im Jahre 1002 zwei Ereignisse stattfinden konnten, die die Bedeutung dieser karlischen Gründung auch für die mittelalterliche Herrschaft erkennen lassen und dabei vor allem den „rechtlichen Charakter der Besitznahme und des Besitzes" der Pfalz aufzeigen, die den „Rechtsanspruch auf das Reich" mit begründeten. Wie Krone, Reichsapfel, Zepter und heilige Lanze gehörte die Pfalz zu den Herrschaftszeichen im Sinne P. E. Schramms.
In diesem Jahre 1002 erscheint nach dem Tode Ottos III. in den Wirren der Wahlkämpfe der als Thronanwärter operierende Ekkehard von Meißen vor den Toren Paderborns, um sich schon vor der Wahl den Besitz dieser karlischen Pfalz und die Zustimmung des dort residierenden Bischofs Rethar zu sichern. Seine Verhandlungen bleiben ohne Erfolg. Schon wenige Wochen später zieht der inzwischen neu erwählte König Heinrich II. in Paderborn ein, nimmt Besitz von der Pfalz und läßt „in monasterio St. Liborii" seine Gemahlin Kunigunde durch Erzbischof Willigis von Mainz zur Königin krönen.
Nach dem Tode Rethars im Jahre 1009 übernimmt im Auftrage Heinrichs II., der die Todesnachricht in der Pfalz zu Goslar erhielt, sein Hofkaplan Meinwerk aus dem reichen und mächtigen sächsischen Adelsgeschlecht der Immedinger, noch zur Nachfahrenschaft der Widukinde gehörend, ebenfalls „regia stirpe genitus", wie es in seiner Vita heißt, das Bischofsamt in Paderborn. Mit ihm erhält Paderborn einen der großen Bischöfe des mittelalterlichen Reiches, der mit neuer Tatkraft aus den Trümmern des großen Brandes von 1000 mit großen Bauten der Architektur ein neues Paderborn entstehen läßt.
Die Vita und die Urkunden berichten: Er erbaute einen neuen Dom, gründete die Klöster Abdinghof im Westen und Busdorf im Osten der Stadt, plante weitere im Norden und Süden, um die civitas mit diesen klösterlichen Neugründungen in Form eines Kreuzes zu überspannen, mit dem Dom als Mittelpunkt. Er erbaute „ex fundamentis" eine „domus episcopalis", einen Bischofspalast, ließ „per operarios graecos" die noch aufrechtstehende Bartholomäus-Kapelle erbauen, umgab die urbs mit einer Mauer und stellte die moenia der civitas wieder her.
In diesen Jahren entstand in Paderborn auch ein neuer Königspalast (Taf. 55). Seine Errichtung ist in den Schriftquellen nicht überliefert, aber die Existenz der domus regia in der Vita Meinwerci bezeugt. Mit besonderer Verwunderung war in der historischen Forschung wiederholt auf die Auszeichnung Paderborns durch die große Zahl der Königs- und Kaiserbesuche im 11. und einiger weiterer im 12. Jahrhundert – insgesamt sind für diese Zeit 25 Aufenthalte der Könige und Kaiser zu belegen, 4 weitere durch das Itinerar wahrscheinlich zu machen – hingewiesen worden. Dabei wurde die besondere Bedeutung dieses Ortes noch durch die Tatsache erhöht, daß die Könige hier mit Vorliebe die hohen Festtage des Jahres, das Weihnachts-, Oster- und Pfingstfest feierten, Paderborn also zu den Festtagspfalzen gehörte.
Auch diese reiche königliche Überlieferung hatte selbstverständlich in der Lokalforschung wiederholt die Frage nach dem königlichen Palatium des 11. Jahrhunderts entstehen lassen, und zahlreiche Versuche galten dem Bemühen, es in bei Bauarbeiten festgestellten Architekturresten wiederzufinden. Aber diese Bemühungen konnten noch nicht den im 12. Jahrhundert sich über weite Bereiche mittelalterlicher Überlieferung legenden Filter durchdringen, der viele vorher gültige reale Fakten verdunkelte und auch die historische These hatte entstehen lassen, daß es in alten Bischofsstädten des Reiches keine königlichen Palatien gegeben habe.
Die Ausgrabungen in Paderborn haben auch zu diesem Problem der Königsherrschaft einen klärenden Beitrag geliefert. Sie haben erkennen lassen, daß im Beginn des 11. Jahrhunderts, mit der Übernahme des Bischofsamtes durch Meinwerk im Jahre 1009, die nach dem Brand des Jahres 1000 durch Bischof Rethar notdürftig wiederhergerichteten Gebäude der alten karolingischen Pfalz abgetragen und weithin eingeebnet worden sind. Schon die zu Beginn der Grabungen im Jahre 1964 festgestellte graue Schicht des auf der Nordseite des Domes liegenden großen freien Platzes war in diesen Jahren entstanden und bedeckte die Mauerkronen der älteren Gebäude. Auf der Nordseite dieses neuen Platzes, wenige Meter nördlich der älteren karolingischen Aula, entstand

ein neuer großer Saalbau, dessen Umfassungsmauern mit einem östlichen und mittleren Treppenvorbau vor der Südwand schon bei den ersten Baggerarbeiten des Jahres 1963 freigelegt waren (Taf. 55).

Bei der im Jahre 1964 auch hier begonnenen Ausgrabung wurde dieses große Gebäude weiter freigelegt und untersucht. Es erschienen schließlich die Umrißmauern eines großen Saalbaus, 44,48 m lang und 16,17 m breit, mit 1,10 m starken Mauern aus den Bruchsteinen des im Untergrund anstehenden Plänerkalkes im großen und ganzen lagerhaft in einem festen, weißen Kalkmörtel verlegt, außen und innen auf Schale gesetzt und im Innern mit kleinerem Steinmaterial und reichlichem Mörtel gefüllt. Die Südmauer ist 6–8 m hoch (Taf. 58, 1. 2), die West- und Ostwand 2–4 m hoch und die Nordwand nur im Westteil noch etwa 2 m hoch erhalten, während der übrige Teil bis auf die Banketthöhe des Fundamentes abgebrochen war. Die Ecken sind aus 0,5–1,0 m hohen Sandsteinquadern aufgesetzt; sie zeigen an ihren unteren Steinen das charakteristische Profil der Bauten Meinwerks der 1. Hälfte des 11. Jahrhunderts: auf einer Sandsteinplatte mit im Oberteil etwas gehöhlter Schräge steht ein unterschiedlich hoher Sandstein mit oben umlaufendem Wulst auf schmaler Platte (Taf. 61, 1).

Zwei große, 5,26 m bzw. 5,9 m breite und 5,2 m tiefe Treppenvorbauten vor der Südwand führen über sieben bzw. acht Stufen abwärts zu den Eingangsportalen in den Saalbau. Das östliche von ihnen ist noch mit seinem originalen Sandsteingewände, mit 1,4 m breitem, sich nach innen erweiterndem 1,8 m hohem Durchgang, mit der Schwelle und dem 3 m tief im westlichen Gewände offenen Lager zur Aufnahme des Sperrbalkens erhalten (Taf. 57, 2). Das Gewände des westlichen Portals ist schon in alter Zeit ausgebrochen. Über dem östlichen Portal erhebt sich ein ebenfalls aus schweren Sandsteinquadern gebautes hohes Rundbogenportal mit 1,6 m breitem Durchgang. Das Gewände umzog ehedem ein heute nur noch in Resten erhaltenes rechteckig vorstehendes Profilband. Dieses obere Portal führte aus dem Innern des Saales auf einen offenen Altan über dem darunter liegenden Treppenvorbau. Seine Lage hoch über dem alten spatium, dem überlieferten Versammlungsplatz, gegenüber dem alten Rechtsplatz der „Roten Pforte“ des Domes, zeichnet ihn als besondere Stätte königlicher Repräsentation aus.

In der Südwand sind sechs kleine, 0,9 m breite und 0,7 m hohe sanduhrförmige Fenster sichtbar, in denen z. T. noch die originalen monolithischen Sandsteinrahmungen erhalten sind.

Den Innenraum des Gebäudes teilen zwei Nord-Süd verlaufende 1,0 m breite Spannmauern in drei verschieden große Flächen. Auf ihnen standen, an der Südmauer noch im Mauerausbruch und in der Kalkestrichlage des Grundes sichtbar, 0,5 m tiefe Wandvorlagen. Anhaltspunkte für eine weitere Innengliederung waren nicht mehr zu gewinnen. Zur westlichen Spannmauer gehört auch ein 4,4 m x 5,4 m großes rechteckiges Fundamentmauerwerk, auf dem neun 1,0 m starke quadratische Pfeiler noch 1,0 m hoch aufragen. Eine Deutung dieses Befundes ist noch nicht möglich.

In der Nord-West-Ecke des Saalbaus liegt unter dem Wohnniveau eine zugehörige 6,5 m x 7,0 m große Quellkammer, aus der bis zur Stunde eine sehr starke Quelle fließt.

Bei der Untersuchung des Innenraumes ließen sich die zugehörigen originalen Laufschichten noch in Resten festlegen. Sie bestanden in einer ersten Phase aus der Kalkbettung für einen Steinplattenbelag, in einer zweiten aus einem aufgestampften Lehmestrich. Auch hier zeigten Holzkohlelagen und Rotfärbung des Estrichs Brände an, in deren Folge der Saalbau umgebaut worden ist. Bei diesem durch Münzen in die 2. Hälfte des 11. Jahrhunderts datierten Umbau erhielt der ursprünglich hohe Saal ein Obergeschoß, getragen von einer in dieser Bauphase errichteten Ost-West verlaufenden Pfeilerreihe (Taf. 59, 1). Dabei wurde auch auf der Ostseite des westl. Treppenvorbaus ein neuer in das Obergeschoß führender Treppenaufgang angelegt und das obere Portal über dem östlichen Treppenvorbau errichtet.

Ein heute in der Mitte der Südwand erhaltenes kleineres Portal mit kleinerem Treppenvorbau gehört zu einer neuen späteren Veränderung des 12. Jahrhunderts.

An diesen Saalbau schließt nach Osten, verbunden durch ein nur im Fundament erhaltenes Sandsteinportal, ein weiterer 9,42 m breiter und 11,6 m langer Bauteil an, an dessen Ostseite eine 6,7 m lange und 5,7 m breite Kapelle mit halbrunder Apsis. Ihr Mauerwerk ist über 2,5 m hoch erhalten. Sie ist nach der ersten, schon im Jahre 1958 durch B. Ortmann erfolgten Entdeckung im Kellerraum eines damals noch darüber stehenden bewohnten Hauses aus späteren Übermauerungen und Gewölbeeinbauten in mühsamer Arbeit wieder herausgemeißelt worden. Auch bei der Untersuchung dieser Räume konnten die zugehörigen, nach Bränden erneuerten Böden des 11. und 12. Jahrhunderts freigelegt und dabei mit Keramik und Münzen sichere Festpunkte für die Benutzungszeit dieser Gebäude gewonnen werden.

Nach Süden schließen an den Bauteil zwischen Saalbau und Kapelle die Mauern eines 22 m langen und 8 m breiten Gebäudes an, an dessen Südseite noch heute die durch Bischof Meinwerk per operarios graecos errichtete Bartholomäus-Kapelle aufragt. Das Südende der Ostmauer dieses langen Nord-Süd-Traktes bindet in das Grundmauerwerk der Bartholomäus-Kapelle ein und verweist damit auf die Zugehörigkeit der Kapelle zur Architektur der Pfalzanlage des 11. Jahrhunderts, d. h. die Bartholomäus-Kapelle war ehedem, wie das Patrozinium und die Gleichzeitigkeit ihrer Weihe mit der Einrichtung des Königskanonikates für Heinrich II. und Kunigunde im Jahre 1017 schon hatten vermuten lassen, die Königskapelle der Pfalz des 11. Jahrhunderts. Damit wird die Kostbarkeit ihrer Architektur verständlich. Ihre ausgezeichnete Lage auf der Ostseite des großes Pfalzhofes, des alten spatium, wiederholt noch einmal, was von der karlischen Gründungskonzeption mit Aula und Pfalzkirche vorgezeichnet war.

Mit diesem großen Architekturbezirk (Taf. 59, 1) – durch Stratigraphie sowie Kleinfunde der Münzen und Keramik, aber auch durch Architekturteile, die noch erhaltenen charakteristischen Eckverquaderungen der Zeit Meinwerks und weitere Einzelstücke von Säulenschäften und Säulenbasen, die denen gleichen, die in der Bartholomäus-Kapelle noch original erhalten sind, in das 11. und 12. Jahrhundert datiert – ist die historische Stätte der zahlreichen, in den Schriftquellen für Paderborn überlieferten Königs- und Kaiserbesuche des 11. und 12. Jahrhunderts wieder sichtbar geworden. Sie ist nach Größe und Grundriß, einschließlich der Lage der Pfalzkapelle, der in den gleichen Jahren unter Heinrich II. errichteten und unter Konrad II. und Heinrich III. umgebauten Pfalz zu Goslar und dem Palatium Heinrichs II. in Bamberg vergleichbar. Die Grundrisse, ihre Maße und Gliederung in Reichssaal, Wohntrakt und Pfalzkapelle lassen die großen Maßstäbe einer königlichen Architektur des 11. Jahrhunderts erkennen – sie werden in gleicher Weise deutlich im Blick auf die am Ende des 11. Jahrhunderts errichtete Architektur von Westminster Hall. Sie waren uns in dieser repräsentativen und großartigen Form nicht bewußt, sondern erst für die staufischen Reichsbauten des 12. Jahrhunderts bekannt.

Die jüngere Paderborner Königspfalz hat bis in die 2. Hälfte des 12. Jahrhunderts bestanden. Verschiedene Hinweise durch im Schutt aufgelesene Architekturteile lassen vermuten, daß in den Tagen Kaiser Friedrichs I. im Rahmen seiner politischen Konzeption, der Renovatio Imperii, noch einmal ein Umbau vorbereitet, aber nicht mehr zur Ausführung gekommen ist.

Wie oben schon angedeutet, liefern die Ausgrabungen auch zu Problemen der weiteren mittelalterlichen Herrschaftsentwicklung, nämlich zur Frage der Königspfalzen und der Bischofspfalzen in alten Reichsstädten, mit neuen Ergebnissen einen klärenden Beitrag.

Die Existenz der domus episcopalis, des bischöflichen Palatiums, war durch die in der Vita Meinwerci überlieferte Baunachricht bekannt. Mit dem beschreibenden Text einer Urkunde des Jahres 1336 war ihre Lage im Gebäude südwestlich des Domturmes sicher zu bestimmen, wobei nicht verschwiegen werden soll, daß erst nach den im Sommer 1964 gewonnenen Einblicken in das Gelände nördlich des Domes ein Weg gefunden war, den Text der Urkunde richtig zu übersetzen und in seiner topographischen Beschreibung richtig zu verstehen. Diese Urkunde überliefert, daß im Jahre 1336 der Bischofspalast schon lange Zeit „ruinös und desolat“ lag, also nicht mehr benutzt wurde. Die in der Vita enthaltenen Angaben lassen für die Zeit der Niederschrift ihres Textes in der 2. Hälfte des 12. Jahrhunderts ein zweigeschossiges Gebäude mit einem heizbaren Untergeschoß, der domus hiemalis, und einem Obergeschoß, der domus aestivalis mit seinem lobium, dem Söller, erkennen. Darüber hinaus gehörten zum Bischofspalast zwei Kapellen, von denen eine in transitu, über einem Durchgang mitten durch den Palast gelegen, auch noch in der Urkunde des Jahres 1336 erwähnt wird, damals aber ebenfalls schon seit langer Zeit verfallen war.

Die Ausgrabung hat nur noch letzte in den Fundamenten erhaltene Reste dieser domus episcopalis wiedergewonnen. Die Grundfläche des Gebäudes war durch die schon seit dem 14. Jahrhundert immer erneut erfolgte Überbauung sehr zerstört. Es war ursprünglich ein 13,2 m breites und in Ost-West-Richtung etwa 60 m langes Gebäude, auf dessen östlicher Schmalseite noch die charakteristischen Ecksteine der Bauten Meinwerks der 1. Hälfte des 11. Jahrhunderts erhalten sind. Zwischen dem Domturm und der Nord-Ost-Ecke des Bischofspalastes sind noch Teile eines zugehörigen Nord-Süd-Traktes angegraben worden, der auch im Text der Urkunde von 1336 erwähnt ist (Taf. 55; 61, 2).

Mit dieser Feststellung wird die große topographische Ordnung im Dombereich Paderborn für das 11. und 12. Jahrhundert sichtbar: auf der Nordseite die Königspfalz des 11. und 12. Jahrhunderts mit ihrem großen Saal und den Kapellen, auf der Süd-West-Seite das Palatium des Bischofs, durch Meinwerk errichtet und ebenfalls mit zwei Kapellen ausgestattet, d. h. zwei deutlich voneinander getrennte Architekturbezirke werden sichtbar, die auch unterschiedliche Besitz- und Rechtsbezirke darstellten. Die schon im späten 11. Jahrhundert einsetzende und im 12. und 13. Jahrhundert sich vollziehende neue Entwicklung im mittelalterlichen Herrschaftsgefüge, in der auch der Kampf um die Landesherrschaft beginnt, hat den realen Hintergrund der älteren königlichen Herrschaft weithin bis in die Schriftquellen hinein verdunkelt.

Wie in Paderborn haben neue archäologische Entdeckungen auch in Magdeburg und Köln die königlichen Palatien wieder sichtbar werden lassen. Diese Ergebnisse klären zusammen mit der neueren Bearbeitung der Schriftüberlieferung das oben angesprochene Problem der Königspfalzen in alten Bischofsstädten. An vielen Orten steckt das Bemühen noch in den Anfängen.

Die Paderborner Ausgrabungen der Jahre 1964–1970 haben eine der großen Königspfalzen des mittelalterlichen Reiches wiederentdeckt. Ihre über Jahrhunderte fortdauernde Bedeutung ist in der Errichtung dieser sedes regalis im neu eroberten Sachsen durch den Frankenkönig Karl begründet.

Der Text des Paderborner Epos zum Jahre 799 überliefert die durchaus bewußte Bedeutung dieser für die imperiale Legitimation Karls fundamentalen Herrschaftsrepräsentation mit jenen Worten, deren voller Inhalt erst angesichts der wiedergewonnenen Monumente verständlich wird:

„Est locus *insignis*, quo Patra et Lippa fluentant."

„Es ist da ein *berühmter* Ort, wo Pader und Lippe fließen."

Literaturhinweise

(1) Karolus Magnus et Leo Papa. Ein Paderborner Epos vom Jahre 799 (Studien und Quellen zur Westfälischen Geschichte 8, 1966, hg. von J. Brockmann) mit Beiträgen von F. Brunhölzl, Karolus Magnus et Leo Papa, Text und Übersetzung; H. Beumann, Das Paderborner Epos und die Kaiseridee Karls d. Gr.; W. Winkelmann, Der Schauplatz.

(2) H. Beumann, Die Kaiserfrage bei den Paderborner Verhandlungen von 799, in: Das Erste Jahrtausend 1, V. Elbern (1962), S. 296–317.

(3) K. Schoppe, Das Karolingische Paderborn 1 (Schriftenreihe des Paderborner Heimatvereins 4) 1967.

(4) K. Hauck, Die fränkisch-deutsche Monarchie und der Weserraum, in: Kunst und Kultur im Weserraum, Ausstellungskatalog 1, 1966, S. 97–121.

(5) K. Hauck, Paderborn, das Zentrum von Karls Sachsenmission 777 (Adel und Kirche, Gerd Tellenbach zum 65. Geburtstag, hg. von J. Fleckenstein und K. Schmid, 1969) S. 92–140.

(6) K. Hauck, Die Ausbreitung des Glaubens in Sachsen und die Verteidigung der römischen Kirche als konkurrierende Herrscheraufgaben Karls d. Gr., in: Frühmittelalterliche Studien 4, 1970, S. 138–172.

(7) W. Winkelmann, Der Schauplatz (wie Anm. 1).

(8) W. Winkelmann, Die Königspfalz und die Bischofspfalz des 11. und 12. Jahrhunderts in Paderborn, in: Frühmittelalterliche Studien 4, 1970, S. 398–415.

(9) H. Kindl, Padaribrunno, Ein Versuch der Deutung des Ortsnamens Paderborn, in: Westfälische Zeitschrift 115, 2; 1965, S. 285–395.

(10) A. Cohausz, Esconrads Translatio S. Liborii. Eine wiederentdeckte Geschichtsquelle der Karolingerzeit und die schon bekannten Übertragungsberichte (Studien und Quellen zur Westfälischen Geschichte, hg. von K. Honselmann, 6, 1966).

(11) Vorromanische Kirchenbauten. Katalog der Kirchen bis zum Ausgang der Ottonen, bearbeitet von F. Oswald, L. Schäfer und H. R. Sennhauser, 2. Lieferung, 1968, S. 248ff.

(12) H. Bauer und F. G. Hohmann, Der Dom zu Paderborn, 1968.

(13) Vita Meinwerci episcopi Paderbrunnensis, rec. F. Tenckhoff (MGH SS. rer. Germ. in us. schol. 59, 1921).

LITURGISCHES GEFÄSS DER MISSIONSZEIT AUS PADERBORN*

Zur Verbreitung und Deutung der Tatinger Kannen

Die Ausgrabungen der letzten Jahre nördlich des Paderborner Domes haben gezeigt, welche Bedeutung Paderborn in den Eroberungs- und Missionsplänen Karls des Großen hatte. Die älteste Pfalz und ihre Kirche waren fünf Jahre nach Beginn des Krieges gegen die Sachsen so weit aufgebaut, daß sie Schauplatz der ersten karolingischen Reichsversammlung und Synode auf sächsischem Boden im Jahre 777 werden konnten. Trotz der starken Befestigung, die Pfalz und Kirche umschloß, wurde auch dieser Platz Opfer der Zerstörungen bei den sächsischen Aufständen der Jahre 778 und 793/794.[1]

Der archäologische Befund hat das Ausmaß der Zerstörungen, aber auch den stärkeren Wiederaufbauwillen des Frankenkönigs, der schließlich siegte, erwiesen.

Aus dem Areal nordwestlich der ersten karolingischen Kirche[2] sind unter den Zerstörungsschichten von 778 viele Reste von Ton- und Glasgefäßen geborgen worden. Sie lagen in einem Streifen, der sich ca. 6 m breit und über 30 m lang nach Norden bis über die Böschung der Befestigung erstreckte. Unter den Bruchstücken der Keramik fällt eine in sich einheitliche Gruppe aus feinem hellgrauem und hellgrau-rötlich-braunem Ton mit schwarz glänzender Oberfläche auf. Diese Scherben stammen von Gefäßen, die auf der Drehscheibe angefertigt wurden. Einige zeigen auf dem schwarzen Grund Reste einer weißen Zinnfolienauflage.[3] Charakteristisch für sie sind ferner eine große Ansatztülle und der auf der Oberseite mit breiter Furche profilierte Henkel.

Insgesamt liegen bisher 56 Scherben dieser Gefäßgruppe vor:

- 3 Randscherben, davon ein Stück mit horizontalem Zinnfolienstreifen auf der äußeren Mündungsseite,
- 1 Ausgußtülle,
- 1 Wandscherbe mit dem Ansatz eines profilierten Henkels mit Zinnresten auf beiden Schmalseiten,
- 1 Henkelbruchstück mit Zinnresten,
- 8 Wandscherben mit Zinnfolienresten,
- 37 Wandscherben ohne Zinnauflage,
- 5 Bodenscherben.

* Gedruckt in: Paderbornensis ecclesia. Beiträge zur Geschichte des Erzbistums Paderborn. Festschrift für Lorenz Kardinal Jaeger zum 80. Geburtstag am 23. September 1972. Namens des Metropolitankapitels Paderborn hrsg. von P.-W. Scheele (1972) 37ff.

[1] Über die Ausgrabungen seit 1964 informieren folgende Vorberichte:
W. Winkelmann, Der Schauplatz, in: Karolus Magnus et Leo Papa. Ein Paderborner Epos vom Jahre 799 (Studien und Quellen zur westfälischen Geschichte 8, 1966, hrsg. von J. Brockmann), 99–108; mit Beiträgen von F. Brunhölzl, Karolus Magnus et Leo Papa, Text und Übersetzung; H. Beumann, Das Paderborner Epos und die Kaiseridee Karls d. Gr.; W. Winkelmann, Der Schauplatz. W. Winkelmann, Die Königspfalz und die Bischofspfalz des 11. und 12. Jahrhunderts in Paderborn, in: Frühmittelalterliche Studien 4 (1970) 398–415; W. Winkelmann, Die Frühgeschichte im Paderborner Land, in: Führer zu vor- und frühgeschichtlichen Denkmälern, Paderborner Hochfläche, Paderborn, Büren, Salzkotten, hrsg. vom Römisch-Germanischen Zentralmuseum Mainz, 1971, S. 87ff.; W. Winkelmann, Capitalis Quadrata, in: Westfalen 48 (1970) 171–176 (Festschrift Klemens Honselmann); W. Winkelmann, Est locus insignis, quo Patra et Lippa fluentant, in: Château Gaillard. Études de castellologie médiévale V. Colloque de Hindsgavl (1970), Caen 1972, 203–216.
Neue historische Forschungen:
H. Beumann, Die Kaiserfrage bei den Paderborner Verhandlungen von 799, in: Das Erste Jahrtausend 1, 1962, hrsg. von H. Elbern, 296–317; H. Kindl, Padaribrunno, ein Versuch der Deutung des Ortsnamens Paderborn, in: Westfälische Zeitschrift 115, 2 (1965) 283–394; K. Schoppe, Das karolingische Paderborn 1, 1967.
K. Hauck, Paderborn, das Zentrum von Karls Sachsenmission 777, in: Adel und Kirche, Gerd Tellenbach zum 65. Geburtstag, hrsg. von J. Fleckenstein und K. Schmid, 1969, 92–140. K. Hauck, Die Ausbreitung des Glaubens in Sachsen und die Verteidigung der römischen Kirche als konkurrierende Herrscheraufgaben Karls d. Gr., in: Frühmittelalterliche Studien 4 (1970) 138–172.

[2] F. J. Esterhues, Paderborn, der karolingische Dom. Vorbericht der Ausgrabungen, in: Westfalen 43 (1965) 119–127; W. Winkelmann, s. Anm. 1, 1966, 1971 und 1972.

[3] Spektralanalytische Bestimmung durch das Römisch-Germanische Zentralmuseum Mainz, Herr Dipl.-Chem. Ankner.

Die unterschiedliche Randgestaltung und technische Bearbeitung weisen auf vier Gefäße. Sie sind einzuordnen in eine keramische Gruppe, die in der archäologischen Diskussion unter den Namen der skandinavisch-nordischen Kannen, der Birka-Kannen, der Friesenkannen oder der Kannen vom Tatinger Typ bekannt ist. Die verschiedenen Bezeichnungen spiegeln die Entdeckungs- und Forschungsgeschichte dieser Keramik, die nicht nur wegen ihrer besonderen Form und Machart, sondern auch wegen ihres Zinnfoliendekors und ihrer Verbreitung auffällig ist.[4]
Das erste Exemplar dieser Gruppe führte der schwedische Archäologe T. J. Arne im Jahre 1914 in seinem Buch „La Suède et l'Orient" in die archäologische Diskussion ein.[5] Es war in den Gräbern des berühmten mittelalterlichen Handelsplatzes Birka auf der gleichnamigen Insel im Mälarsee bei Stockholm gefunden worden. Seine Feststellung: „Je n'en connais pas de tout à fait pareilles provenant d'un autre pays" kennzeichnet die Ausgangssituation der Forschung. Die Abbildung (Taf. 76, 1) in seinem Buch (Fig. 333) zeigt eine der schönsten erhaltenen Kannen aus dem Gräberfeld Birkas, wo in den Jahren 1874–1895 etwa 1100 Gräber des 9. und 10. Jahrhunderts ausgegraben worden waren[6]: Es ist eine hohe, schlanke Kanne mit röhrenförmigem Ausguß und weit gespanntem Bügel. Die schwarz glänzende Oberfläche ist – so wissen wir heute – mit aufgeklebten Zinnfolien ornamental verziert: zwischen horizontal umlaufenden Bändern sind rautenförmige Zinnfolien eng nebeneinandergereiht; die Gefäßmündung umzieht ein schmales Band, von dem senkrechte Streifen nach unten zum nächsten Horizontalband führen. Auf dem Unterteil des Gefäßes ist aus Zinnfolien ein gleicharmiges Kreuzzeichen angebracht.
Seit der ersten Entdeckung in Birka sind in Nord- und Nordwesteuropa weitere Gefäße oder Bruchstücke gefunden worden (Taf. 76, 3).[7] Es sind zumeist Kannen; in Birka erscheint auch ein Becher mit gleicher Machart und Verzierung.[8]

[4] Kannen vom Tatinger Typ:
H. Jankuhn, Die Ausgrabungen in Haithabu 1935/36, in: Offa I, 1936, bes. 126–128; H. Jankuhn, Die Wehranlagen der Wikingerzeit zwischen Schlei und Treene, 1937, 288–291; W. Hübener, Die Keramik von Haithabu, 1959, 133ff.
Friesenkannen:
H. Arbman, Schweden und das karolingische Reich, 1957, 88–90 und 101–104.
Skandinavisch-nordische Kannen:
J. H. Holwerda, Opgravingen van Dorestad, Oudheidkundige Mededeelingen, N. R. XI, 1930, 73.
Birka-Kannen:
D. Selling, Wikingerzeitliche und frühmittelalterliche Keramik in Schweden, 1955, 49.

[5] T. J. Arne, La Suède et l'Orient, Upsal 1914, 198f. mit Fig. 333.

[6] H. Arbman, Birka I, Die Gräber, Uppsala 1943.

[7] Fundortverzeichnis zu Abb. 3:
1. Birka: Gräber 457, 551, 597, 854, 1158, Grab III, 1932, Schwarze Erde; H. Arbman, Birka I, Die Gräber 1937; D. Selling, Wikingerzeitliche und frühmittelalterliche Keramik in Schweden, 1955, S. 46 Nr. 1, 2, 3, 5, 6, 7, 8, 9, 10.
2. Helgö: W. Holmvuist und B. Arrhenius, Excavations at Helgö I, 1961, 185; W. Holmvuist und B. Arrhenius, Excavations at Helgö II, 1964, 210–211 und 289.
3. Kunsta: Grab 6, D. Selling, 1955, S. 46, Nr. 11.
4. Vallingby, Stockholm: Grab 17; D. Selling 1955, S. 46, Nr. 12.
5. Skövde: D. Selling 1955, S. 46, Nr. 13.
6. bei Alt-Ladoga: G. F. Korzuchina, Kurgan w Urotzischtsche Plakun blis Ladogi, Kratkie Soobščenija 125, 1971, 59ff. (Den Literaturhinweis verdanke ich Herrn Prof. Tackenberg.) S. auch Anm. 11.
7. Gimmen: E. K. Hougen, Arbok Oslo 1958–59, 96 f.
8. Kaupang, E. K. Hougen, Arbok Oslo 1958–59, 96f.
9. Lindholm Hoje: Zit. nach: D. Ellmers, Zum Trinkgeschirr der Wikingerzeit, Offa 21/22, 1964/65, 43.
10. Hamwich: C. C. Dunning, Med. Arch. 3, 1959, 52.
11. Old-Windsor: C. C. Dunning, Med. Arch. 3, 1959, 52.
12. Dorestad: J. H. Holwerda, Oudheidkundige Mededeelingen, N. R. XI, 1930, 74; W. A. van Es, Excavations at Dorestad, Berichten van de Rijksdienst voor Oudheidkundig Bodemonderzoek 19, 1960, 201–202.
13. Medemblik: Frdl. Mitt. von Herrn Drs. Regteren-Altena, Amsterdam.
14. Haithabu: H. Jankuhn, Offa I, 1936, 126–128; W. Hübener, Bemerkungen zu einer Verbreitungskarte der Tatinger Gruppe, Offa 11, 1952, 115ff.; W. Hübener, Die Keramik von Haithabu, 1959, 40f. und 133f.; K. Weidemann, Importkeramik aus Haithabu (Ausgrabung 1964–65), Berichte über die Ausgrabungen in Haithabu, hrsg. von K. Schietzel, Bericht 4, 1970, 46ff.
15. Tating: H. Jankuhn, Die Wehranlagen der Wikingerzeit zwischen Schlei und Treene, 1937, 289.

Alle bisher bekannten Kannen sind nicht nur in Form und Größe (24–26 cm) charakteristisch einheitlich, sondern zeigen auch – wenn erhalten – in den aufgelegten Zinnfolienornamenten mit Keilen, Dreiecken, Rauten, schräg gestellten Gittermustern, Horizontalbändern und Vertikalstreifen einen einheitlichen, horizontal gegliederten Dekor. Auch wiederholen sich auf fast allen die am Unterteil angebrachten Zinnfolien in der Form der Kreuze.
Leider erlauben die Paderborner Bruchstücke bisher noch keine Rekonstruktion der Schmuckzonen. Gesichert aber ist der Aufbau der Gefäße mit dem typischen Ausguß, der Randzone, dem Henkel und dem etwas bauchigen Unterteil (Taf. 76, 2).
Diese so gleichförmigen Gefäße entstammen ganz offensichtlich einer gleichen Manufaktur. Ihr Ursprung ist noch unbekannt, aber doch wohl im fränkischen Gebiet zu suchen.[9]
In der bisherigen Diskussion spielt diese Gefäßgruppe wegen ihrer auffälligen Verbreitung vor allem bei der Fixierung mittelalterlicher Handelswege in Nordwesteuropa eine besondere Rolle.[10] Zusammen mit anderen Keramikgruppen, der rollstempelverzierten Badorf-Ware und der sogenannten Pingsdorfer Ware aus rheinischen Töpfereien, Mühlsteinen aus Eifel-Lava (Niedermendig), Münzen und Schmuckornamenten karolingischer Metall- und Buchkunst (Pflanzenornamentik) gilt sie als eines der „Leitfossile" frühmittelalterlicher Handelsgüter, die aus den Rheinlanden über die Handelsplätze Dorestad am Niederrhein und einen weiteren auf Walcheren (Domburg) nach England und nach Haithabu-Schleswig und weiter bis nach Birka, dem berühmten Handelsplatz dieser Zeit im Mälarsee beim heutigen Stockholm gelangten.[11]
Auf diesen Routen aber wurden nicht nur Handelsgüter transportiert, sondern vermittelten die Kaufleute eine echte Kommunikation; sie besorgten den Austausch kultureller Güter und die Weitergabe geistiger und religiöser Ideen. Mit ihnen erreichte auch das Christentum den heidnischen Norden. Die Fahrten schon christlicher Kaufleute aus den Handelsplätzen des

17. Hamburg: R. Schindler, Die Bodenaltertümer der Freien und Hansestadt Hamburg, 1960, 60.
18. Münster: Grabung 1963, Kart. 96c.
19. Paderborn: Grabungen 1965–70.
20. Köln: O. Doppelfeld, Rom am Dom, Köln 1970. Schriftenreihe der Archäologischen Gesellschaft Köln Nr. 16, S. 33 und Taf. 10.
21. Lorsch, Kr. Bergstraße: L. Hussong, Schweden und das karolingische Reich, Germania 23, 1939, S. 174ff., bes. S. 181 und 182.

[8] Birka, Grab 457.

[9] D. Selling, 1955, 48–51; L. Hussong, Germania 23 (1939) 182; W. Hübener, Bemerkungen zu einer Verbreitungskarte der Tatinger Kannen, Offa 11, 1952, 117.

[10] H. Jankuhn, Probleme des rheinischen Handels nach Skandinavien im frühen Mittelalter, in: Rhein. Vierteljahresbl. 1950/51, 495ff.; H. Jankuhn, Karl der Große und der Norden, in: Karl der Große, 1965, Bd. I, 699ff. mit weiterer Literatur.

[11] Hier soll doch eben angedeutet werden, daß diese Verbindungen nicht erst im Mittelalter entstanden sind, sondern, wie die schriftliche Überlieferung und die Kartierung der archäologischen Dokumente sichtbar gemacht haben, das ganze erste Jahrtausend hindurch mit mehr oder weniger großen Unterbrechungen bestanden. Hinzu kamen, wie ebenfalls durch schriftliche Überlieferung und archäologische Funde angezeigt wird, die alten Verbindungen, die den Orient über Byzanz auf den großen Trassen der osteuropäischen Ströme mit den ostskandinavischen Handelsplätzen an den Küsten der Ostsee verbanden.
Einen neuen archäologischen Beleg für einen bereits im späten 8. Jahrhundert von Ostskandinavien aus erfolgten weiteren Vorstoß auf nach Osten führender Handelsroute veröffentlicht soeben G. F. Korzuchina aus einigen Grabhügeln im Moorgebiet des Plakun, auf der Ostterrasse des Wolchow, gegenüber dem Handelsplatz Alt-Ladoga. Hier wurden im Jahre 1940 13 niedrige Grabhügel entdeckt, von denen bisher 11 untersucht worden sind. Von besonderer Bedeutung ist die Feststellung einiger Schiffsgräber, in denen die Totenbeigaben auf ostskandinavische Verbindungen verweisen. Hügel 7 enthielt das Grab einer Frau, die in einem Schiff verbrannt worden war. In den Brandresten lagen außer den schon von ostskandinavischen Fundplätzen bekannten charakteristischen, mit gekerbtem Silberdraht umwickelten Schmuckperlen auch 100 Scherben einer mit Zinnfolienornamenten verzierten Kanne. Die Beigaben datieren das Grab in die erste Hälfte des 9. Jahrhunderts. Diese Gräbergruppe, so betont G. F. Korzuchina, verweist auf eine ursprünglich aus Ostskandinavien stammende Gruppe, die sich hier mit ihren Familien in der zweiten Hälfte des 8. Jahrhunderts fest in Alt-Ladoga angesiedelt hat, und stammt nicht von Kriegern, die einen Beutezug nach Alt-Ladoga unternahmen.
Das Grab am Wolchow ist der bisher östlichste Fundplatz dieser Kannen. Er weist, wie die Situation in Birka, auf ähnliche Verhältnisse der auf den Handelsrouten ausgreifenden Kaufleutefamilien hin.

karolingischen Reiches zu den dänischen und schwedischen Emporien, ihre Niederlassung dort für kürzere oder längere Zeit, bereiteten den Weg, dem die Mission später folgte. Die für die Handelsplätze Haithabu-Schleswig und Birka vorliegende schriftliche Überlieferung läßt diesen Sachverhalt deutlich erkennen. Denn Ansgar, der spätere Erzbischof von Hamburg-Bremen, erhielt 830–832 die Möglichkeit, in Birka zu missionieren, weil Bewohner dieses Handelsplatzes Christen zu werden wünschten und auch der schwedische König bereit war, die Missionare dort wirken zu lassen. Die Bitte der Schweden läßt erkennen, daß auch schon vor dem ersten Auftreten Ansgars in Birka christliche Kaufleute dort lebten.[12] Das massierte Auftreten der mit den christlichen Kreuzornamenten gekennzeichneten Kannen in Birka und ihre Datierung in die erste Hälfte des 9. Jahrhunderts, also in die Zeit der Mission Ansgars, waren Anlaß, diese Kannen unmittelbar mit der Mission zu verbinden.[13] Die Paderborner Funde legen nahe, hier anzuknüpfen und die Frage nach der Bedeutung der Gefäße erneut zu stellen.

D. Selling hat vor Jahren in ihrer Bearbeitung der schwedischen frühmittelalterlichen Keramik[14] darauf hingewiesen, „daß die meisten Kannen, wenn nicht geradezu alle, am untersten Teil der Wandung mit Kreuzen verziert waren; in den nachweisbaren Fällen scheinen es vier Kreuze gewesen zu sein. Bis auf wenige Ausnahmen sind die Kreuze gleicharmig, vom Typ des St. Georgskreuzes“. D. Selling hat auch als erste unter Hinweis auf das Randstück einer Kanne, das im Kloster Lorsch gefunden wurde, einen „religiösen Zusammenhang“ vermutet und meint damit, daß es sich um Gefäße für den kirchlichen Gebrauch handelte.[15] Sie verweist in diesem Zusammenhang mit Recht auf die „unkeramische Applikation“ der Zinnfolien, erinnert an die Verwendung dieser besonderen Schmucktechnik in mittelalterlichen Codices und erwägt, ob diese Gefäße nicht im fränkisch-karolingischen Bereich von benediktinischen Mönchen in eigenen Werkstätten angefertigt worden sind.[16]

Diese Überlegungen bestärkte A. Liestöl mit dem Hinweis, daß diese Kannen zusammen mit frühmittelalterlichen großen Bronzeschalen als Behälter für die liturgische Handwaschung benutzt worden sind. Sie wurden im Mittelalter als „urceus“ oder „urceolus“ bezeichnet.[17]

Der Deutung der Kannen als Gefäße für den liturgischen Gebrauch hat D. Ellmers widersprochen.[18] Er sieht in ihnen zusammen mit den in den gleichen Gräbern auftretenden trichterförmigen Glasbechern ein Trinkservice, das – zunächst im Alltag benutzt – auch in aus der Antike übernommener und fortdauernder Tradition den Toten mitgegeben worden ist. Seinem Einwand, „aber nur an einer Stelle, nämlich im Kloster Lorsch, fand sich eine Scherbe in einem kirchlichen Gebäude“, kann nun mit dem Hinweis auf drei Fundplätze begegnet werden, an denen sich die Bruchstücke dieser Kannen in unmittelbarer Nähe von Kirchen und zwar alter Bischofskirchen fanden: es sind die Plätze Köln,[19] Paderborn und Münster.[20]

Die Funde erschienen in Köln in der Grabungsfläche östlich des Domes, in Paderborn nördlich der ersten karolingischen Kirche und in Münster ebenfalls nördlich des karolingischen Baus. Die

[12] Bitte einer schwedischen Gesandtschaft an Kaiser Ludwig d. Fr. i. J. 829 (Vita Anskarii, cap. 9). Schon i. J. 826 hatte Ansgar den soeben in Mainz getauften Dänenkönig Harald nach Dänemark begleitet, um dort zu predigen (Vita Anskarii, cap. 7). H. Jankuhn, Das Missionsfeld Ansgars, Frühmittelalterliche Studien I, 1967, 213ff.

[13] D. Selling, 1955, 59: „größere Ausbreitung nur an den Mittelpunkten der Missionstätigkeit Dorestad (Hedeby, Hamburg) und Birka.“

[14] D. Selling, 1955, 54.

[15] D. Selling, 1955, 54 und 57.

[16] D. Selling, 1955, 54.

[17] A. Liestöl, The Hanging Bowl, a liturgical and domestic Vessel, Acta Archaeologica 24, 1953, 169–170. Diese Gefäße sind nicht auf den Gebrauch für die Handwaschung begrenzt, sondern auch als Weinkrug überliefert.
Für urceus: Migne PL 56 Sp. 895: „urcium ad altare suggerat“; Ven. Fort., vita Marcell. 6,21: „pontifex iussit ex ipso urceo in calicem sacrum defundi.“
Für urceolus, Migne PL 56 Sp. 888: „subdiaconus accipiat urceolum cum aqua, manile et manutergium.“ Ebenda Sp. 888: „Acolythu accipiat urceolum vacuum ad suggerendum vinum in Eucharistia sanguinis Christi.“
(Zitiert nach: W. Hilgers, Lateinische Gefäßnamen, 1969, 298, Nr. 377 und 299, Nr. 378.)

[18] D. Ellmers, Zum Trinkgeschirr der Wikingerzeit, Offa 21/22, 1964/65, 21ff., bes. 32, Anm. 67.

[19] S. o. Anm. 20.

[20] S. o. Anm. 18.

Fundplätze Köln, Paderborn und Münster lassen dabei deutlich werden, daß diese besondere Keramik nicht irgendwo im Siedlungsmaterial der freigelegten großen Untersuchungsflächen erscheint, sondern nur in unmittelbarer Nähe der Kirchbauten.
Was die großen Kreuzornamente auf den Kannen im Missionsgebiet Ansgars und der Fund im Kloster Lorsch hatten vermuten lassen, erfährt durch die Lage der neuen Funde in Köln und den Zentren der sächsischen Mission, den späteren Bischofskirchen in Paderborn und Münster, eine Bestätigung: diese Kannen gehörten zu den liturgischen Gefäßen der Missionszeit und wurden im religiösen Dienst gebraucht.
Das Bemühen um die Klärung der Bedeutung der Kannen wird weitergehen. Man wird in der Problematik sicher mitbedenken müssen, ob die Verbreitung dieser Kannen im sächsischen und dänisch-skandinavischen Missionsgebiet und ihre auffällige, relativ kurze Benutzungsdauer vom späten 8. Jahrhundert bis in die Mitte des 9. Jahrhunderts nicht in unmittelbarem Zusammenhang mit der in den Tagen Karls des Großen verstärkt einsetzenden und ausgreifenden Mission zu sehen ist. Dabei wird man auch die Frage stellen müssen, ob es sich nicht um Taufkannen handelt. D. Sellings Hinweis auf ein Kreuzornament unmittelbar unter der Ausgußtülle könnte diese Vermutung bestärken.[21] Dabei wird man sich aber auch vergegenwärtigen müssen, daß die schriftliche Überlieferung über die Gefäße, ihr Material und ihre Benutzung im Missionsalltag kaum oder nur wenig berichtet. Deutlich wird nur, daß die edleren Metalle der liturgischen Gefäße, die aus den großen westfränkischen Klöstern überliefert sind,[22] nicht den Missionsalltag im heidnischen Lebensraum repräsentieren. Hier bestehen liturgische Gefäße, Kelche und Krüge, auch aus einfacheren Materialien, Holz, Glas oder Ton.
Auch D. Sellings Hinweis auf die Herstellung dieser Gefäße mit der besonderen Applikationstechnik der Zinnfolien in einem benediktinischen Kloster des fränkischen Gebietes würde durchaus dem entsprechen, was für die Missionszeit des 8. und 9. Jahrhunderts überliefert ist, nämlich die Versorgung der neu entstehenden Missionsfront mit allen Gütern, vom liturgischen Gerät bis zu den Paramenten, den Büchern, dem Schreibgerät und allen Dingen des Alltags, von der Kleidung bis zum Gebrauchsgerät und den Lebensmitteln. Die Bedeutung der westfränkischen Diözesen Reims, Châlons und Lüttich und des Klosters Corbie, aber auch Fuldas und Würzburgs für den Ausbau und die Organisation der sächsischen Mission ist bekannt.[23]
Für die im Augenblick mögliche Diskussion der Kannen sind aber auch folgende Feststellungen von Bedeutung: In Münster und Paderborn gehören sie zur ersten karolingischen Fundschicht und sind damit sicher in die Missionszeit einzuordnen. Sie werden in jüngeren karolingischen Schichten nicht mehr angetroffen. Zur Datierung dieser Gefäße, die bisher allgemein in die erste Hälfte des 9. Jahrhunderts gesetzt wird, liefert der Befund in Paderborn eine wichtige Ergänzung: Die Fundschicht dieser Gefäße wird schon durch die Schuttschichten der ersten großen Zerstörung im sächsischen Aufstand des Jahres 778 überdeckt, d. h. die Gefäße waren im Beginn des letzten Viertels des 8. Jahrhunderts im Gebrauch. Auch D. Selling betont, daß die im Frauengrab Nr. 854 in Birka gefundenen Beigaben einem recht frühen Abschnitt des 9. Jahrhunderts angehören.[24]
Die Feststellung, daß diese Gefäße innerhalb der Grenzen des karolingischen Reiches bisher nicht als Grabgefäße bekannt geworden sind, und von den Handelsplätzen abgesehen, auch nicht im Siedlungsmaterial des späten 8. und beginnenden 9. Jahrhunderts erscheinen, würde ihre be-

[21] Birka Grab 597, D. Selling, 1955, 55. D. Selling erwägt auch in ihrer Bemerkung: „die Vereinigung der Kreuze mit der besonders eigenartigen Dekorationstechnik und der eigenartigen Form, bei der schon die Tüllenanordnung die Absicht andeutet, den Inhalt möglichst sparsam auszuteilen . . ." eine Verwendung als Weinkrug, betont jedoch „ob die Kannen für Wein oder Wasser bestimmt waren, ist aber eine Frage, die offen bleiben muß". Vgl. dazu die Belege für urceus und urceolus in Anm. 17. In diesem Zusammenhang muß an den in der Vita Anskarii, cap. 20, überlieferten Bericht über die reiche Kaufmannswitwe in Birka erinnert werden, die in Birka Wein als „viaticum" für ihre Sterbestunde gekauft hatte.

[22] V. H. Elbern, Liturgische Gefäße in edleren Metallen zur Zeit Karls des Großen, in: Karl der Große, 1965, Bd. III, 115ff.

[23] H. Büttner, Mission und Kirchenorganisation des Frankenreiches bis zum Tode Karls des Gr., in: Karl der Große, 1965, Bd. I, 454ff.; P. Kettler, Nordwesteuropas Verkehr, Handel und Gewerbe im frühen Mittelalter, 1924, 50 mit weiterer Literatur.

[24] D. Selling, 1955, 59; W. Hübener, Offa 11, 1952, 118, Anmerkung.

sondere Bedeutung unterstreichen. Demgegenüber sind sie im nördlichen Grenzgebiet und jenseits der Grenzen im Missionsgebiet meist aus Gräbern, in Birka aus Frauengräbern geborgen.
Drei Gefäße von Birka stammen aus Skelettgräbern,[25] zwei weitere[26] und das Gefäß von Kunsta[27] auf der Nachbarinsel Adelsö aus Brandgräbern. Bei allen Bestattungen handelt es sich um die Gräber von Frauen. Diese Feststellung erhält besondere Bedeutung, wenn man sich vergegenwärtigt, daß in einer Reihe von Gräbern des späten 9. und 10. Jahrhunderts in Birka silberne Kreuze ebenfalls ausschließlich in Frauengräbern angetroffen worden sind[28]. Es darf aus diesem Befund mit gutem Grund angenommen werden, daß die Frauen offenbar als erste den neuen christlichen Ideen aufgeschlossen waren, wobei nicht sicher gesagt werden kann, daß jede Tote schon Christin war, denn in einigen dieser Gräber erscheint neben der Kanne oder dem silbernen Kreuz auch noch das heidnische Symbol des Thorshammers, d. h. wir begegnen hier synkretistischen Vorstellungen, in denen der neue Gott Christus zunächst neben den alten Göttern verehrt wird, ein Tatbestand, der für jede religiöse Umbruchsphase beobachtet werden kann.
Die neuen Funde der Tatinger Kannen nördlich der karolingischen Kirche in Paderborn erhärten nicht nur die ältere These von ihrer liturgischen Funktion, sondern sie bestätigen auch erneut die Bedeutung, die der Bezirk von Kirche und Pfalz für die Anfänge des Christentums an diesem Ort besaß.[29] Paderborn wurde schon bald Bischofssitz. Für den Verfasser der jüngeren Translatio S. Liborii[30] war dieser Vorgang mit der Weihe des Stephanusaltares durch Papst Leo III. im Jahre 799 in der ecclesia principalis abgeschlossen, wenn er schreibt:

> „Hoc igitur ordine Patherbrunnensis aecclesiae
> sedes episcopalis tam imperatoria sanctione quam
> apostolicae benedictionis auctoritate primitus
> constituta (est).“

[25] H. Arbman, Birka I, Die Gräber; W. Hübener, Offa 11, 1952, 117; zu Paderborn: W. Winkelmann, Capitalis Quadrata, Westfalen 48 (1970) 171–176.

[26] H. Arbman, Birka I, Die Gräber; W. Hübener, Offa 11, 1952, 117.

[27] W. Hübener, Offa 11, 1952, 115.

[28] H. Arbman, Schweden und das karolingische Reich, 1937, 243.

[29] K. Hauck, Paderborn, das Zentrum von Karls Sachsen-Mission 777, in: Adel und Kirche, 1969, 92–140.

[30] Translatio S. Liborii, MGSS 4, 150 und 5, 151, Z. 1–2; A. Cohausz, Erconrads Translatio S. Liborii. Eine wiederentdeckte Geschichtsquelle der Karolingerzeit und die schon bekannten Übertragungsberichte (Studien und Quellen zur Westfälischen Geschichte 6, 1966, 50 und 84, hrsg. von K. Honselmann).

Südwestlich der Stadt Beckum, im Vorgelände des in den Jahren 1960-62 entstandenen Bauhofes der Firma Hans & Lenze, ist im Jahre 1959 ein bedeutendes archäologisches Denkmal entdeckt und erforscht worden. Der Reichtum der ausgegrabenen Funde und das großartige Bildwerk der freigelegten historisch-archäologischen Denkmäler aus der frühen Geschichte Westfalens haben damals über 15 000 Besucher auf das Grabungsfeld geführt. Das erläuternde Wort der Führungen bemühte sich über viele Wochen hin Tag um Tag, die Bildwelt der in Stein und Erde sichtbaren Denkmäler zu erklären und in historische Zusammenhänge einzuordnen.

Es war die Freilegung der Grabstätte eines sächsischen Edlen, der hier mit reichen Beigaben und 10 Pferden nach alten heidnischen Totenbräuchen beigesetzt war. Hinzu kamen weitere Grabstätten und weitere Pferdeopfer und Pferdebeisetzungen. Das alles bot das Bild eines großartigen Totenmales, das bis dahin in dieser eindrucksvollen Art unbekannt war, vergleichbar nur den in den Sagen und alten Heldenliedern überlieferten Bildern.

Wie kam es zu dieser Ausgrabung? Schon 1860 waren nahe der Stadt an der Hammer Straße „Gebeine, eiserne Waffen und andere Altertümer zutage gekommen". Diese Funde gaben Anlaß zur Entdeckung und Ausgrabung eines fränkischen Gräberfeldes, das im 6. und im beginnenden 7. Jahrhundert nach Christi angelegt worden ist. Rund 80 Gräber, darunter 15 Pferdegräber, wurden in den Jahren 1861–63 freigelegt. Es handelte sich vermutlich um den Begräbnisplatz einer Brukterer-Siedlung, die wahrscheinlich beim Vordringen der Sachsen im 7. Jahrhundert aufgegeben worden war.

250 Meter südwestlich dieses älteren Friedhofes waren beim Anlegen und Reinigen der Straßengräben an der Hammer Straße damals menschliche Gebeine beobachtet worden. Eine kurze Nachgrabung erbrachte nur zwei beigabenlose, vermutlich schon christliche Gräber aus den Jahren kurz vor 800 n. Chr. und zwei Pferdegräber. Diese Nachricht des damaligen Ausgräbers und Berichterstatters F. A. Borggreve bot den Schlüssel zur Freilegung des neuen Gräberfeldes. Denn so wenig damals diese christlichen Gräber bedeuten mochten – ging es doch vor allen Dingen darum, Schaustücke für Museen auszugraben –, soviel mußte diese kurze Notiz dem Historiker und Archäologen der Gegenwart sagen. Sie zeigte an, daß hier im Gebiet des Prozessionsweges und der Hammer Straße ein Grabfeld des 7. und 8. Jahrhunderts n. Chr. liegen konnte, aus jenen Jahren, in denen Westfalen als historischer Name in den schriftlichen Quellen erscheint und in denen Westfalen entstanden ist.

In unmittelbarer Nachbarschaft waren dank der Aufmerksamheit von Anton Schulte bei der Ausschachtung für das Wohnhaus des Ing. B. Nienkemper im Jahre 1957 weitere beigabenlose Gräber beobachtet worden.

Es kam der August 1959 ins Land. Das Auffinden einer zerbrochenen Schwertklinge und einiger Pferdezähne führte zur Benachrichtigung des Landesmuseums für Vor- und Frühgeschichte in Münster. Die erste amtliche Begehung des Geländes und der Beginn der Ausgrabung vollzogen sich nun im Laufe von drei Tagen.

Die Grabung begann.

Der Boden, eine schwere lehmige Verwitterungskrume des Mergeluntergrundes, war ausgedörrt und steinhart. Seit Wochen hatte es nicht mehr geregnet. Es mußte Wasser beschafft werden, um dem Boden die für unsere Arbeit notwendige Feuchtigkeit wiederzugeben. Holzplatten und Planen wurden besorgt, um die angegrabenen Stellen vor der Sonnenglut zu schützen; denn die Trockenheit verursachte nach kurzer Zeit breite Risse im Boden, die die sachliche Arbeit fast unmöglich machten. Spaten und Schaufel waren nur für die groben Arbeiten zu verwenden. Mit kleinen Hacken und Spitzkellen mußte der Boden gesäubert und geglättet werden, um die ersten Umrisse der Gräber erkennen zu können. Diese Arbeit hat eine 12- bis 14köpfige Grabungsmannschaft in meist 12stündigen Arbeitstagen vorbildlich durchgeführt.

* Gedruckt in: mit S. Schnieder und E. Ahlmer, Stadt Beckum. Ereignisse und Entwicklung in 750 Jahren und Bericht über die Ausgrabungen des sächsischen Fürstengrabes, hrsg. von der Stadt Beckum (1974) 293ff.

Bald erschienen in den 70 Meter langen Suchgräben die dunkel gefärbten Umrisse der ersten Gräber. Die Suchgräben wurden zu einer Fläche von 30 x 70 Metern erweitert. Es begannen die Zeichenarbeiten, das Vermessen und Fotografieren. Wir wagten zunächst zaghaft das erste Öffnen der Gräber. Menschliche Bestattungen erschienen, Beisetzungen von Pferden, einzeln, zu zweien, auch zu dritt zusammenliegend. Der beigegebene Plan (Taf. 100) zeigt die freigelegten Gräber. Es fehlen darin nur einige an der Südostseite der Hammer Straße. Insgesamt wurden bis zum August 1962 24 menschliche Gräber, etwa 16 Brandbestattungen und 30 Pferdegräber festgestellt.
Deutlich sind zwei unterschiedliche Grabrichtungen zu erkennen, sowohl bei den menschlichen Gräbern als bei den Pferdebeisetzungen. Ein Teil der Bestattungen liegt in Südwest-Nordost-Richtung, Blickrichtung bei den Menschen und Pferden nach Nordost, ein anderer Teil ist in Nordwest-Südost-Richtung angelegt, Blickrichtung nach Südost. Die ersten sind sicher als heidnische und die letzteren als christliche Bestattungen anzusprechen, d. h., das Grabfeld ist von den heidnischen Zeiten bis in die ersten Tage des Christentums belegt worden, also bis in die letzten Jahre des 8. Jahrhunderts, in denen durch Karl d. Großen nach den Sachsenkriegen die Christianisierung des westfälischen Raumes begonnen worden ist, von wenigen älteren Versuchen abgesehen. Zwar hatte Karl d. Große noch auf der Reichsversammlung zu Paderborn im Jahre 782 angeordnet, daß die Leiber der christlichen Toten nicht mehr auf den heidnischen Grabfeldern, sondern bei den christlichen Kapellen beizusetzen waren. Aber so schnell war diese Anordnung nicht durchzuführen, das beweisen viele westfälische Grabfelder des 8. Jahrhunderts.
In den älteren, noch heidnischen Bestattungen waren die Toten in voller Tracht und mit den Geräten des täglichen Lebens beigesetzt worden. Dazu gehörten bei den Männergräbern vor allem die Waffen wie Schwert, Lanze und Schild.
Im allgemeinen enthielten die schon christlichen Gräber keine Beigaben mehr, entsprechend den neuen Glaubensvorstellungen. Nur einige westost-orientierte Kriegergräber enthielten noch Beigaben.
16 Brandbestattungen wurden in kleinen Gruben festgestellt. Sie lagen verstreut zwischen den Körpergräbern. Dabei befanden sich häufig Reste von verbrannten metallenen Beschlagstücken und von Tongefäßen.
Besondere Beachtung erfordern die 30 freigelegten Pferdegräber. Die Mitgabe von Pferden ist zwar in den Jahrhunderten der Völkerwanderungszeit bei fast allen germanischen Völkern bekannt gewesen. Doch sind es zumeist nur wenige Pferdebestattungen. Das massierte Auftreten an diesem Platz ist nur mit den Grabfeldern im nordgermanischen Bereich zu vergleichen. Historisch gesehen, dokumentiert es für diese späten Jahrhunderte am Vorabend der karolingischen Ereignisse noch einmal jene heidnisch-germanische Welt mit ihrem Totenbrauchtum und ihren religiösen Vorstellungen, die uns sonst weithin verschlossen und unbekannt bleiben.
Was die Beckumer Pferdegräber besonders auszeichnet, ist die sorgfältige Beisetzung in holzverschalten Gruben und das Alter der Tiere. – Es handelt sich fast ausschließlich um drei- bis fünfjährige Hengste. – Im Vordergrund dieses Berichtes soll der durch besondere Lage und Funde ausgezeichnete Bezirk des „Fürstengrabes“ im Westteil der Fläche mit den zu seinen Füßen beigesetzten acht Pferden und einem weiteren Doppelpferdegrab an seiner Südostseite stehen. Schon die außergewöhnliche Größe der Grabgrube von 2,00 x 3,20 Metern ließ Besonderes ahnen. Dazu kamen drei in Ostwest-Richtung sehr hoch liegende Beisetzungen, zwei über der alten Grabgrube und eine an ihrem Kopfende. Ihre Totenlager hielten sich so scharf an die Begrenzungen des älteren „Fürstengrabes“, daß der alte Bestattungsplatz äußerlich lange Zeit kenntlich gewesen sein muß und bewußt für Mitglieder späterer Generationen der gleichen Familie benutzt wurde.
Die Freilegung des „Fürstengrabes“ begann mit vorsichtigem Abschaben der Grubenfüllung. Schon bei 0,58 Meter Tiefe erschienen Spitzen einer eisernen Lanze und eines Ango, das ist ein eiserner Wurfspeer, als erste Waffenbeigaben. Wegen ihrer Länge waren sie dem Toten nicht in den Sarg, sondern obenaufliegend mitgegeben worden. Die ersten Spuren des hölzernen Sarges erschienen 0,85 Meter unter der Grabungsfläche. Seine Umrisse zeigten sich als dunkelbraune, schmale Spuren in einem Rechteck von 0,70 Meter Breite und 2,00 Meter Länge. An den Seitenwänden der

Grabgrube lagen große Steinplatten, die ehedem auf den schweren Holzbohlen gelegen hatten, mit denen die Grabgrube abgedeckt war. Sie sanken im Laufe der Zeit schräg nach innen ab. Auf dem Bilde (Taf. 101) sind letzte Reste an der linken Grubenwand sichtbar.

Das Tieferlegen der Grabfläche brachte nun Überraschungen bis zum letzten Grunde. Bei 0,82 m Tiefe erschienen die ersten goldenen Beschläge (Taf. 102) und silbernen Zubehöre von Tragriemen eines hölzernen Trinkbechers, der dem Toten vermutlich bei den Totenfeiern aufs Grab geworfen war, und später mit der nachstürzenden Erde nach unten gelangte und zerbrach. Bald erschienen die ersten Umrisse des Toten, neben ihm und auf ihm eine unerwartete Fülle von Beigaben. Es war die Bestattung eines etwa 50jährigen, kräftigen Mannes von etwa 1,90 Meter Größe (Taf. 101). Er war auf seinem Schild begraben, dessen hölzerne Reste – der eiserne Schildbuckel und die Schildfessel, das ist die Handhabe auf der Innenseite – zwischen den Beinen zum Vorschein kamen. Zu Füßen des Toten außerhalb des Sarges stand ein mit vier eisernen Reifen umspannter hölzerner Eimer, zur Rechten eine 33,5 Zentimeter große, flache Bronzeschale mit Standring (Taf. 107), darin ein 15 Zentimeter langer, zweiseitiger Knochenkamm. In seiner rechten Hand lag ein Trinkbecher (Taf. 106), ein fußloser Spitzbecher aus seegrünem, dünnem Glas. Hart nebenan fand sich eine schwere eiserne Breitaxt. Im angewinkelten linken Arm war ihm ein kostbares zweischneidiges Schwert, eine Spatha (Taf. 103), mitgegeben, 0,95 Meter lang, mit silbernem, vergoldetem Knauf, auf dessen Breit- und Schmalseiten sich in fadendünnen Linien ein bewegtes Bild ineinander verschlungener Tiere darbot.

An diesem Knauf, der mit goldenen Nieten auf der Knaufplatte befestigt war, hing ein silberner Ring, eine Besonderheit, deren letzte Bedeutung noch nicht erklärt werden kann. Nur aus den alten Heldenliedern und -berichten weiß man, daß diese Ringknaufschwerter in der germanischen Welt ein besonders hohes Ansehen besaßen. Sie trugen Namen, „sie hatten Mut", sie wurden gerühmt und besungen, wenn man die Taten eines Helden in Preisliedern ehrte. Der Griff war mit Zahnbein umkleidet, darüber eine silberne Griffhülse genagelt. Die untere Querstange, ebenfalls aus organischem Material – Holz oder Bein –, deckte unten eine bronze-vergoldete schalenförmige Platte. In der guterhaltenen Scheide ruhte die kostbare Klinge mit stählernen Schneiden und damasziertem Mittelstreifen, wechselnd in „wurmbunten" Mustern, Streifen und Winkelbändern. Die lange Scheide enthielt innen ein Fell, darüber waren Holzleisten gelegt, das Ganze wieder mit Leder überzogen und außen mit dünnem Birkenbast umwickelt. Unterhalb der Scheidenmündung hielten an den Schmalseiten zwei lange, aufgenietete bronze-vergoldete Kantenbeschläge den ledernen Tragriemen oder die lederne Tragtasche des Schwertes. Eine eiserne Schnalle und ein kleiner, rechteckiger Riemenbeschlag gehörten zum Tragriemen. Eine bronzene Schnalle mit dreieckigem Beschlag lag auf dem Leib des Toten und schloß ursprünglich den ledernen Leibriemen, an dem das kurze Stichschwert, ein Sax, hing, der schräg auf dem Leib gefunden wurde. Außerdem hielt er eine kleine, rechteckige lederne Tasche mit zwei kleinen eisernen Messern, bronzener Pinzette, eisernem Pfriem und Feuerstein. Auf der äußeren Taschenklappe waren drei goldene Beschläge (Tafel 105) mit bronzenen Nieten befestigt, der mittlere 5,8 Zentimeter, die beiden seitlichen 4,5 Zentimeter lang. Sie sind aus starkem Goldblech gearbeitet, an den Rändern mit breiten Leisten versehen. Auf den Schauseiten zeigen sie eine flächendeckende reiche Filigranverzierung aus gedrehten Golddrähten in verschiedenen Ornamenten: Flechtbänder, Vierer- und Dreierknoten und U-förmige Bögen. Die rechteckigen und quadratischen Buckel sind mit Ringen und Dreieckknoten geschmückt.

In der rechten Achselhöhle des Toten, neben dem Kopf, lag eine Goldmünze, die Nachprägung eines Solidus des oströmischen Kaisers Justinus II., der von 565–578 regiert hat.

Das alles lag im tiefen Grunde des Grabes bei dem Toten, wie es der Totenbrauch alter Zeit vorschrieb. Es war der ehrende und persönliche Reichtum eines führenden Mannes seiner Zeit, in der selbstverständlichen Ausstattung eines Helden, der mit dem Tode den Weg in den heidnischen Himmel, nach Walhalla, antrat. Dort erwarteten ihn nach heidnischer Vorstellung neue Kämpfe – darum die Waffen – und „frohe Gelage" – darum die Trinkbecher. Die Schale enthielt wohl Speisen zur Stärkung.

Die Kostbarkeit des Grabinhaltes in aller Ausführlichkeit darzulegen, ist hier nicht möglich. Nur soviel soll angedeutet werden: Das Ringknaufschwert, von dessen Art es in Deutschland nur wenige Exemplare gibt, gehört mit zum Kostbarsten. Die goldenen Taschenbeschläge mit dem reichen Filigranschmuck sind einmalig in ihrer Art und herrlichste Schöpfungen der germanischen Goldschmiedekunst der Frühzeit. Unter den übrigen Waffen ist es vor allem der lange eiserne Wurfspeer, der Ango, der besondere Beachtung verdient. Als Zeichen der Herrschaft und des Heerführers ist er über viele Jahrhunderte hin im Gebrauch geblieben, aber nur aus wenigen Gräbern bekannt geworden.

Aber damit nicht genug: Zu Füßen des Toten und an seiner Seite bot sich ein bisher noch nicht gesehenes Bild: 10 Pferde, davon vier Doppelpferdebestattungen und zwei einzelne Pferdegräber. Schon die erkennbare Ordnung brachte eine Überraschung: An den Flanken der Gräberreihe lagen zwei einzelne Pferde, in der Mitte drei Doppelpferdebestattungen. Von ihnen enthielt die ganz westlich gelegene ein reiches, metallbeschlagenes Zaumzeug mit 46 verzinnten und vergoldeten Riemenbeschlägen. Die Tafel 104 zeigt die zwei Riemenkreuzungen mit vergoldeter und mit Stempelmustern verzierter Schmuckscheibe, dem großen versilberten Mittelbuckel und vier vergoldeten Nietkappen an den Riemenführungsstellen. Zum Zaumzeug gehörten auch eiserne Ring- und Stangentrensen. Das zweite Pferd dieses Grabes trug nur ein einfaches Riemenzeug, von dem sechs eiserne Schnallen geborgen werden konnten. Vermutlich handelt es sich bei dem reich ausgestatteten Pferd um das Reitpferd des Toten, bei dem anderen um das waffentragende Pferd. Zwischen beiden entdeckten wir das Skelett eines großen Hundes.

Schon das kostbare Zaumzeug ist in den bekannten germanischen Grabfeldern Europas eine überaus seltene Grabbeigabe, die nur bei ganz wenigen Bestattungen gefunden worden ist.

Eines der bildhaft schönsten Doppelpferdegräber lag zu Seiten des Toten. In einer nur 0,90 Meter tiefen und 1,40 x 1,60 Meter großen Grabgrube lagen zwei Pferde bestattet. Eines lag auf der rechten, das andere auf der linken Seite, die Beine ineinandergelegt, die Schädel einander zugewandt. Auch hier trug das linke Pferd außer der eisernen Stangentrense ein Zaumzeug mit reichen bronzenen Beschlägen. Ihre Ornamentik ist der germanischen Kunst fremd. Palmettenartige Zeichnungen lassen den Herkunftsraum dieser Beschläge klar erkennen. Sie stammen ursprünglich aus byzantinischen Werkstätten und sind im Mittelmeergebiet beheimatet und verbreitet. In den Ländern nördlich der Alpen sind sie nur ganz vereinzelt bekannt geworden.

An der Halskuppe des rechten Pferdes, senkrecht angelehnt, stand ein runder Holzschild mit einem eisernen Knopfschildbuckel. Auch hier wieder ist das rechte Pferd als Waffenpferd anzusprechen.

Es ist eine bekannte Tatsache in der Archäologie, daß solche reich ausgestatteten Gräber unter ihren Beigaben auch ältere Erbstücke enthalten. Bestimmend für die zeitliche Einordnung bleiben immer die jüngsten Funde. Hier sind es vor allem die Verzierung des Ringknaufschwertes mit seinen fadenförmigen, verschlungenen Tieren in einem fortgeschrittenen Stadium des germanischen Tierstiles II und einige mit verschlungenen Tieren geschmückte Goldbeschläge des Trinkbechers und die Lanzenspitze, die in die erste Hälfte des 7. Jahrhunderts n. Chr. eingeordnet werden müssen, so daß mit der Grablegung des Toten in den Jahren um oder vor der Mitte des Jahrhunderts gerechnet werden darf.

Wollten wir versuchen, zu den ausgegrabenen Beckumer Funden des Fürstengrabes und der zugehörigen Pferdegräber Vergleiche anzuführen, so müßten in Westfalen die älteren Gräber von Soest, darüber hinaus reiche schwedische und angelsächsische Fundstätten im Norden und Nordwesten, aber auch besondere alemannische im Süden, solche der Franken im Westen wie der Langobarden in Oberitalien angeführt werden. Diese weiten Verbindungen spiegeln sich in den Beigaben des Fürstengrabes wider. Sie betonen die besondere Stellung des Toten, erhöhen seinen Rang in seiner Zeit und lassen seinen Reichtum und seine Macht erkennen. Von besonderer Bedeutung aber ist die zugehörige Menge der Pferdegräber zu den Füßen.

So unvergessen vielen die Stunde im Grabungsfeld am Fürstengrab bleiben wird, mit den wenigen Schritten zur Reihe der Pferdegräber kam immer wieder ein Wort auf, an dessen historische Wirklichkeit niemand bis dahin geglaubt hatte: „Die wilde Jagd."

Zu den bestatteten Pferden gesellten sich später, im Opfermonat des Herbstes, mit neuen Opfern weitere Pferde, die Köpfe nach Norden.
Zu den alten Totenbräuchen und Totenfeiern an einer solchen Stätte gehörte ein Totenmal. Wir fanden es wenige Meter südöstlich vom Hauptgrab. Im Boden zeichnete sich ein dunkler Ring ab. Er gab sich bei der Ausgrabung als Flechtwand zu erkennen, die ursprünglich einen Hügel von acht Meter Durchmesser umschlossen hatte. In der Mitte zeigten vier Pfostenverfärbungen Spuren ehemals aufrechtstehender Pfosten. Verbrannte Knochen und Holzkohle lagen dabei. Wenige Meter nach Norden wurden im Sommer des Jahres 1962 weitere Gräber freigelegt. Ihnen schloß sich nach Norden ein sechs Meter breiter Streifen ohne Gräber an. Hier verlief, wie die Ausgrabung über 60 Meter Länge ergab, in einem Meter Tiefe eine alte Straße mit tiefen Fahrspuren an den bis jetzt freigelegten Gräbern entlang.
Nach den bisherigen Untersuchungen ist das neue Gräberfeld nicht einer normalen bäuerlichen Bevölkerung des 7. und 8. Jahrhunderts n. Chr. zuzuschreiben, sondern stellt mit den vergleichsweise nur wenigen reichen Gräbern den Begräbnisplatz einer einzigen führenden Familie dar. Er begann mit der Anlage des Fürstengrabes in der ersten Hälfte des 7. Jahrhunderts. Der Reichtum seiner Beigaben weist den Toten als einen der führenden Männer seiner Zeit aus. Die mitgegebenen Pferde machen heidnische Toten- und Glaubensvorstellungen deutlich, die in dieser Eindringlichkeit bisher nicht bekannt waren.
Historisch gesehen darf unter Hinweis auf das ältere fränkische Gräberfeld, 250 Meter weiter zur Stadt Beckum gelegen, und auf sein Ende in den gleichen Jahren, in denen das jetzt entdeckte Gräberfeld beginnt, gefolgert werden, daß das neue im Zusammenhang mit größeren historischen Vorgängen entstanden sein kann: Das ist die sächsische Eroberung des Raumes zwischen Ems und Lippe durch eine von Norden vorstoßende Adelsschicht mit ihren Gefolgsleuten im 7. Jahrhundert. Der angelsächsische Bischof Beda überliefert, daß die Sachsen kurz vor 700 n. Chr. über die Lippe nach Süden in den Raum zwischen Ruhr und Lippe eindrangen und zu Beginn des 8. Jahrhunderts nach Westen bis kurz vor den Niederrhein vorstießen. Das waren jene Ereignisse, die letzten Endes zur Entstehung des historischen Westfalen führten, dessen Name uns im 8. Jahrhundert in den schriftlichen Quellen erscheint.
An einer frühen Phase dieser Vorgänge, dem Vordringen bis zur Lippe, hat wahrscheinlich auch der hier Bestattete führend teilgenommen. In diesem Kampf ist er vermutlich gefallen, wie aus der Beisetzung auf dem Schild geschlossen werden muß. Auf der Höhe südwestlich von Beckum ist ihm auf dem weithin sichtbaren Grabplatz das großartige Totenmal eines Helden errichtet worden. Sein Name ist unbekannt geblieben bis zur Stunde. Was wir haben ausgraben können, ist nur das große Schlußbild der alten Heldenlieder, die im Grund der Erde erhaltenen Zeichen der großartigen Totenfeier, der Opfer und der Bedeutung des Platzes bis in die Jahre um 800 nach Christi Geburt.

ZU DEN BÜGELFIBELN SOEST, GRAB 106*

Zwei große, silber-vergoldete Bügelfibeln (Taf. 77; 78) mit rechteckiger Kopfplatte, gewölbtem Bügel, ovaler Fußplatte und hochgewölbtem Tierkopffuß. An der Kopfplatte sind oben vier, an den beiden Schmalseiten je zwei profilierte, kupfer-vergoldete Knöpfe befestigt. Die oberen Knöpfe sind mit durchgehenden Bronzestiften in der rückwärtigen hohen Rahmenleiste der Kopfplatte vernietet, die Knöpfe der Schmalseiten auf die durch den rückwärtigen Rahmen stoßenden verlängerten Achsen der beiden Nadelhalter gesteckt. Der etwas erhöhte Rahmen, Bügelmittelsteg, Augenbogen und Nasensteg zeigen zwei gegenständige Reihen niellierter Dreiecke. Die Zierfelder enthalten verschlungene Tierornamente. Im rückwärtigen Kasten der Kopfplatte ist eine doppelte Bronzerolle befestigt, an der unteren Rolle die silberne Nadel in Stücken erhalten. Der lange, mit Niello-Streifen quergeriefte Nadelhalter auf der Rückseite der Fußplatte (auf Fibel 1 mit 9, auf Fibel 2 mit 15 Riefen) endet in einem spitzen, mit Punktkreisen verzierten Kopf. Der Tierkopffuß ist hohl und mit einer eingepreßten und mit Weichlot befestigten Silberplatte mit nielliertem Tierornament geschlossen.

Äussere Masse

Die Gesamtlänge der Fibel beträgt über die Knöpfe gemessen

bei Fibel 1 13,3 cm	bei Fibel 2 12,9 cm.

ohne Knöpfe gemessen

bei Fibel 1 11,42 cm	bei Fibel 2 11,36 cm.

Die Maße der Kopfplatten sind

auf Fibel 1, obere Breite 4,4 cm	auf Fibel 2, obere Breite 4,4 cm
untere Breite 4,2 cm	untere Breite 4,2 cm.

Sind die beiden Fibeln nach den äußeren Maßen nahezu deckungsgleich, so enthalten die Zierfelder im Detail doch merkliche Unterschiede. Diese Unterschiede zeigen sich nicht nur in der schon von J. Werner festgestellten verschiedenen Gestaltung der Bügelansätze auf den Kopf- und Fußplatten:

auf Fibel 1[1]	auf Fibel 2[2]
mit je einer Hohlkehle über dem Ansatz des Bügels auf der Kopf- und Fußplatte;	mit einer „Zone eingestempelter gegenständiger und von drei Kreisen gefüllter Dreiecke", die oben und unten von einer enggestellten Punktreihe begleitet sind,

sondern auch im Tierornament der Zierfelder auf den Kopf- und Fußplatten. Diese Unterschiede sind, wie die nachfolgende Gegenüberstellung aufzeigt, zu groß, um eine Entstehung aus gleicher Gußform oder eine Angleichung durch „scharfen Nachschnitt" annehmen zu können.

Kopfplatten

Die annähernd rechteckigen Zierfelder der Kopfplatten enthalten in der rechten und linken Hälfte je zwei sich einmal kreuzende gebogene Tierkörper mit rückwärts gewandten Köpfen, deren lange Ober- und Unterkiefer zunächst den eigenen Körper und dann den Ober- und Unterkiefer des Gegentieres kreuzend überbeißen. Zwischen den beiden verschlungenen Tierpaaren liegt in der Mitte des Feldes eine weitere einfache Verschlingung mit je einer Schenkelschlaufe oben und unten. Diese mittlere Verschlingung auf den beiden Kopfplatten ist unterschiedlich ausgeführt.

Fibel 1	Fibel 2
Auf Fibel 1 ist sie mit zwei einlinigen, mit halben Schenkeln voreinander liegenden Halbbögen nur angedeutet.	Auf Fibel 2 überschneiden einander zwei zweilinige nach links und rechts offene Halbbögen. Die untere Partie des nach links offenen Bogens und das obere Ende des nach rechts offenen Halbbogens übergreifen noch die drei- und vierlinigen Körper der benachbarten Tiere.
Die innere Fläche zwischen den beiden Tierkörpern in der rechten und linken Hälfte ist auf Fibel 1 nur etwa halb so groß wie auf Fibel 2.	

* Gedruckt in: Frühmittelalterliche Studien 9, 1975, 137ff.

[1] J. Werner, Münzdatierte austrasische Grabfunde. Germanische Denkmäler der Völkerwanderungszeit 3 (1935), Taf. 17, 1a–c.
[2] Ebd. Taf. 17, zwischen 1b und c, oben im Detail abgebildet.

Tier 1, rechtes oberes Feld

Der Körper beginnt am Augenbogen dreilinig.
Der einlinige Bogen des Mittelfeldes endet vor dem dreiwulstigen Körper des Tieres 1.

Der zurückgebogene Körper verläuft bis zum Kiefer dreilinig und endet zweilinig vor dem Schenkelbogen oben rechts. Die birnenförmige Schenkelschlaufe oben rechts *ohne Mittelwulst.*

Von der Spitze des Schenkelbogens nach links ein flächiger Fuß mit vier Zehen *ohne Gelenkring.*

Der zweizeilige Unterkiefer ist in der Mitte nach rechts gebogen; er *endet offen* vor der rechten Kante.

Das untere Ende des Unterkiefers ist nach Überschneidung durch den Unterkiefer des Tieres 2 länger als auf Fibel 2.

Der nach rechts unten geöffnete Augenbogen ist enger als auf Fibel 1, der untere Teil länger als auf Fibel 1.

Der Körper beginnt am Augenbogen vierlinig.
Die drei äußeren Wulste werden vom doppelwulstigen Halbbogen des Tieres im Mittelfeld überschnitten.

Der zurückgebogene Körper verläuft mit drei Wulsten durch den eigenen Kiefer bis zum Schenkelbogen in der oberen rechten Ecke. Die birnenförmige Schenkelschlaufe *mit länglichem Mittelwulst.*

Von der Spitze des Schenkelbogens nach links ein zweiliniger Fußrücken mit vier Zehen und *Gelenkring.*

Der zweizeilige Unterkiefer ist in der Mitte nach links gebogen; er *endet vorn spitz* zusammenlaufend vor der rechten Kante.

Tier 2, unten rechts

Am unteren Augenbogen setzt nach oben der dreisträhnige Halbbogen des Körpers an.

Am unteren Augenbogen setzt nach oben ein flacher dreisträhniger Bogen des Körpers an.

Fuß unten rechts

Flach gewölbter zweiliniger Fußrücken mit zwei Zehen.

Flach gewölbter zweiliniger Fuß mit vier Zehen.

Kiefer

Die nicht überschnittene Partie des Oberkiefers ist auf Fibel 1 um 1/3 größer als auf Fibel 2.

Tier 3, unten links
Fuß unten links

Flach gewölbter einliniger Fußrücken mit Hakenzehe und zwei Zehen.
Wulst nicht vorhanden.

Der am Augenbogen nach oben abgehende dreilinige Körperbogen wird nur durch den dreilinigen Körperbogen des Tieres 4 (oben rechts) überschnitten.

Flach gewölbter einliniger Fußrücken mit Hakenzehe und vier Zehen.
Parallel zum unteren Augenbogen verläuft ein starker länglicher Wulst.
Der am Augenbogen ansetzende und nach oben führende Körperbogen wird von dem zweisträhnigen, nach links offenen Halbbogen des Tieres im Mittelfeld überschnitten.

Tier 4 oben links

Flacher Augenbogen.

Halbrunder Augenbogen.

Fuß oben links

Gewölbter Fußrücken mit 5 Zehen. Der nach oben geführte Schenkel mit der Gelenkschlaufe verläuft zweilinig über dem Fußansatz. Kein Gelenkring.
Der dreiwulstige Körperbogen überschneidet den von unten herankommenden dreilinigen Körperbogen von Tier 3 (unten links).

Gewölbter Fußrücken mit vier Zehen. Am Fußansatz Gelenkring. Schenkelschlaufe endet vor Fuß.

Der dreilinige Körperbogen wird vom zweilinigen Körperbogen des mittleren Tieres überschnitten.

Bügel

Die Zierfelder des Bügels enthalten zwei mit ihren doppelfädigen Körpern einmal sich kreuzende Tiere mit rückwärts gewandten Köpfen, deren zweilinige Schnäbel den eigenen Körper überbeißen und deren Körper in Schenkelschlaufen enden.

Linkes Feld. Oberer Kopf vor linker Kante

Halbrunder Augenbogen mit verlängertem Unterteil.	Winkliger Augenbogen mit gleichlangen Bögen.

Unterer Kopf

Halbrunder Augenbogen mit verlängertem unteren und verkürztem oberen Bogenteil.	Halbrunder Augenbogen mit gleichlangen Schenkeln.
Zweisträhniger Unterkiefer flächig, spitz auslaufend.	Zweisträhniger Unterkiefer mit spitz zusammenlaufenden Enden.

Rechtes Feld, oberer Kopf, vor linker Kante

Winkliger Augenbogen mit verlängertem unteren Bogen.	Halbrunder Augenbogen mit gleichlangen Bögen.

Unterer Kopf vor rechter Kante

Kleiner winkliger Augenbogen mit verlängertem unteren Teil.	Halbrunder Augenbogen.
	Die in der unteren Ecke zusammenlaufende Spitze des zweisträhnigen Oberkiefers ist um $^1/_3$ länger als auf Fibel 1.

Fussplatten

In den Flächen liegen symmetrisch zwei in der Mitte sich kreuzende Körper mit je zwei nach außen gewandten Köpfen mit halbrunden Augenbögen. Ihre zweilinigen Schnäbel beißen in vier sich im Halbbogen nach innen öffnende weitere Körper, deren Schnäbel ober- und unterhalb der zentralen Kreuzung ineinander beißen. Diese Körper enden in zwei Tierfüßen, von denen ein Fuß nach außen gewandt parallel vor den Außenkanten liegt, während der nach innen „geplante" in einer Schenkelschlaufe endet. In der rechten und linken oberen Ecke des Feldes vor dem Bügelansatz liegen zwei Schenkelschlaufen, zwischen ihnen zwei weitere zugehörige Füße. In dem kleinen Feld über dem Tierkopffuß sind rechts und links ebenfalls Schenkelschlaufen sichtbar, dazwischen nur wenig gelungene Tierfüße mit Hakenzehen.

Die beiden Füße vor dem Bügelansatz

Die beiden Füße sind zweilinig und laufen ineinander. Die Zehen sind nicht mehr deutlich gezeichnet, weisen aber, soweit erkennbar, auf beiden Füßen nach oben.	Die beiden Füße sind zweilinig und stoßen mit ihren geschlossenen Spitzen voreinander. Beim linken Fuß zeigen vier Zehen nach oben, beim rechten Fuß zeigen vier Zehen nach unten.
Nicht vorhanden.	Im Zwickel unter den Fußspitzen liegt ein langdreieckiger Wulst.
Nicht vorhanden.	Im Zwickel zwischen der oberen Schnabelkreuzung und dem Augenbogen oben links liegt ein viereckiger Wulst.
Im Zwickel zwischen der oberen Schnabelkreuzung und dem Augenbogen oben rechts liegt ein großer viereckiger Wulst.	Nicht vorhanden.

Fußausbildung an der linken Kante
Oberer Fuß

Flächiger, oben gewölbter Fuß mit 5 Zehen und Gelenkring.	Zweiliniger, gewölbter Fuß mit 6 Zehen und Gelenkring.

Fußausbildung vor der rechten Kante
Oberer Fuß

Flächiger Fuß mit fünf Zehen und Gelenkring.	Zweiliniger Fuß mit fünf Zehen und Gelenkring.

Unterschiedliche Augenbögen
Augenbogen unten rechts

Halbrunder Augenbogen, oberer Bogen nur halb.	Halbrunder Augenbogen mit gleichlangen Enden.

Augenbogen unten links

Weit offener Augenbogen.	Halbrunder Augenbogen.

Augenbogen oben links

Halbrunder Augenbogen.	Augenbogen etwas enger, oberer Teil länger.

Tierkörper. Mittelfeld

Am Augenbogen oben rechts schließt nach links ein *langgestreckter* viersträhniger Körper an.	Am Augenbogen oben rechts schließt nach links ein *kurzer* viersträhniger Körperbogen an.
Am Augenbogen unten links schließt ein viersträhniger Körper an, dessen beide oberen Rückensträhnen sich zunächst lang nach oben rechts erstrecken und dann umbiegen.	Am Augenbogen unten links setzt ein viersträhniger Körper an, dessen beide oberen Rückensträhnen kurz umbiegen.
Am Augenbogen oben links setzt der Körper mit zwei Außenlinien und innerem Längswulst an.	Am Augenbogen oben links setzt der Körper mit zwei Außenlinien und drei inneren Querwülsten an.

Äußere Tiere
oben rechts

Der vordere Teil des Tieres zeigt zwischen den Außenlinien *sieben* etwas schräg gestellte Querwülste. Das Körperende zeigt *fünf* Querwülste.	Der vordere Teil des Tieres zeigt zwischen den Außenlinien *acht* querliegende Wülste. Das Körperende des Tieres ist kürzer und zeigt innen *drei* Querwülste.

Körper unten rechts

Vorderes Ende mit *fünf* inneren Querwülsten zwischen den beiden Außenwülsten.	Vorderes Ende mit *sechs* inneren Querwülsten zwischen den beiden Außenwülsten.
Hinteres Ende mit *sechs* Querwülsten zwischen den Außenwülsten.	Hinteres Ende mit *sieben* Querwülsten zwischen den Außenwülsten.

Körper unten links

Vorderteil des Tieres mit vier inneren Querwülsten.	Vorderer Teil mit vier inneren Querwülsten.
Hinteres Ende mit *sieben* inneren Querwülsten.	Hinteres Ende mit *vier* inneren Querülsten.

Körper oben links

Vorderteil des Tieres mit *neun* Querwülsten.	Vorderteil des Tieres mit *sieben* schrägen Querwülsten.
Der Körper ist *breiter* als auf Fibel 2.	Insgesamt schmaler als auf Fibel 1.
Körperende hat *fünf* innere Querwülste.	Körperende hat *sechs* innere Querwülste.

Tierkopffuß

Auch die beiden Tierkopffüße zeigen Unterschiede: auf Fibel 2 sind die Augenbuckel größer, die inneren Augenbögen sind nicht so schräg gezeichnet wie auf Fibel 1.

Zusammenfassung

Die einzelnen Tierkörper sind in Größe und Verlauf der Körperwülste so unterschiedlich dargestellt, daß ein Guß aus gleicher Form nicht anzunehmen ist. Diese Verschiedenheiten sind auch nicht durch scharfes Nachschneiden zu erklären. Die Reihe der Detailunterschiede, die innere Aufteilung der einzelnen Körperteile, die unterschiedliche Rundung und Länge der Augenbögen, die unterschiedliche Länge und Verschlingung der Schnäbel, die unterschiedliche Längen- und Innenzeichnung der Körper machen deutlich, daß hier zwei gesondert gearbeitete Stücke vorliegen, wobei der Model von Fibel 2 als Rahmenvorlage gedient haben mag, während der Model der Zierflächen neu angefertigt worden ist. Fibel 1 zeigt im Gesamtzuschnitt eine etwas gröbere, bzw. kräftigere Ausführung des Details, ohne aber insgesamt schlechter zu sein; in Einzelheiten, z. B. der Fortführung von Körper und Schnäbeln nach Überschneidungen, ist das Detail sogar sicherer als auf der etwas feingliedrigeren Fibel 2.

VOR- UND FRÜHGESCHICHTLICHE SIEDLUNGSRÄUME UND SIEDLUNGEN UND DIE POLITISCHE RAUMBILDUNG IN WESTFALEN*

Wenn man die Ergebnisse der archäologischen Arbeit von 50 Jahren in Westfalen bedenkt, ist es förderlich, sich daran zu erinnern, daß sie fast alle nicht planmäßiger Forschungsarbeit entstammen, sondern durchweg dem denkmalpflegerischen rettenden Zugriff an gefährdeten Fundstellen, Friedhöfen und Siedlungen verdankt werden. Sie bieten schon mit der Summierung der bei diesen Arbeiten gewonnenen Feststellungen trotz der meist nur mehr oder weniger punkthaften Festlegung von Funden und Befunden einen relativ guten Ein- und Überblick in den allgemeinen Ablauf vor- und frühgeschichtlicher Entwicklung und geben darüber hinaus auch differenziertere Vorstellungen über kulturelle Erscheinungen einschließlich ihrer Beziehungen und Verflechtungen zu benachbarten Gebieten. Doch reichen die archäologischen Materialien vorerst für viele Jahrhunderte und Jahrtausende nicht aus, um Fragen nach Stabilität und Wandlung der Siedlungen zu stellen, geschweige denn zu beantworten.

So muß man sich für die mit dem Eindringen *bandkeramischer Kulturen* auf die Lößböden des mittleren und südöstlichen Westfalen im 4. und 3. Jahrtausend v. Chr. erstmalig festzustellende Seßhaftigkeit weithin noch mit einzelnen Hausgrundrissen begnügen, und nur aus der vergleichenden Einordnung der Funde kann man eine kürzere oder längere Lebensdauer der Siedlungsplätze erschließen.

Ähnliches gilt für die zunächst auf den gleichen Lößböden erscheinenden Siedlungsspuren mit charakteristischen trapezförmigen Hausgrundrissen der zeitlich anschließenden *Rössener Kultur.* Deren weiter nach Norden verbreitete Einzelfunde lassen schon gewisse Ausbreitungstendenzen oder nach außen weisende Beziehungen erkennen. Unentschieden muß für diese seßhaften Kulturen an ihren einzelnen Plätzen die Frage bleiben, ob es sich hier um ein echtes Wanderbauerntum handelt oder gehandelt hat oder nur um eine Verlagerung von Siedlungsstellen.

Auch die bis jetzt bekannten archäologischen Einzelmaterialien und Fundplätze der von Westen und Süden hereinreichenden *Michelsberger Kultur* sind noch zu isoliert und punktmäßig, als daß sie für dieses Problem angesprochen werden könnten.

Im norddeutschen Tiefland, bis zum Rand der Mittelgebirge, ist die *Trichterbecherkultur* verbreitet. Ihr eindrucksvolles Grabmonument, angelegt für ganze Sippen oder Familien, sind die aus Findlingen errichteten Großsteingräber. Zugehörige Siedlungsplätze sind in Westfalen nur durch Einzelfunde, aber noch nicht durch größere Ausgrabungen bekannt geworden.

Auch die im südöstlichen Westfalen und nördlichen Hessen verbreitete, den Großsteingräbern des Tieflandes verwandte Denkmälergruppe der langen in die Erde eingetieften sog. *Steinkisten* lassen sich durch die Menge der in ihnen Bestatteten als Sippen- oder Familiengräber ansprechen. Doch auch für diese Gruppen sind in Westfalen kaum Siedlungsplätze bekannt, so daß sie für unsere Frage noch nicht ansprechbar sind.

Erst mit den im zweiten Jahrtausend sich aus östlichen Ebenen über Nord- und Mitteldeutschland nach Westen ausbreitenden *Becher-* oder *Streitaxtkulturen,* die ihre Toten einzeln in großen Grabhügeln bestatteten, fassen wir mit Hügelgrab und kreisförmigen Grabeinhegungen den Beginn einer Entwicklung, in der durch die Wahl der gleichen Begräbnisplätze in den nachfolgenden 1500 Jahren und durch die gleichbleibenden Bestattungsformen mit Einhegung des Hügelgrabes erstmals auf eine gewisse Kontinuität in der Besiedlung geschlossen werden kann. Doch sind mit der Feststellung, daß die bronze- und eisenzeitlichen Hügelgräberfelder sich in den Gebieten nördlich des Mittelgebirges durchweg an die älteren großen Einzelgrabhügel des *Endneolithikums* bzw. der frühen *Bronzezeit* anlehnen und in ihren Einhegungen sowohl megalithische Elemente der Langbetten, nun mit rechteckigen Pfosteninnenbauten in den Langgräbern, als auch Einhegungsformen der Einzelgrabhügel mit Kreisgräben und ihren Sonderformen weiterführen, zunächst nur Hinweise auf gewisse kontinuierlich fortdauernde Grabbräuche gegeben. Diese können aus

* Gedruckt in: Westfalen und Niederdeutschland. Festschrift 40 Jahre Geographische Kommission für Westfalen. Spieker 25, Bd. 1–2, 1977, 427ff.

Glaubensvorstellungen erwachsen sein, denen auch vielleicht die Wahl der Begräbnisplätze selbst durchweg in erhabener Lage zu verdanken ist.
Wie dem auch sei: Die kontinuierliche Belegung der meisten Begräbnisplätze vom Endneolithikum und der frühen Bronzezeit bis in die Jahrhunderte vor Christi Geburt läßt nun auch für die Menschengruppen, die sie angelegt und fortdauernd benutzt haben, den Schluß auf eine größere Siedlungskontinuität zu. Dabei ist zunächst nur an die Siedlungskontinuität gewisser geographischer Räume zu denken, noch nicht sicher an die Kontinuität einzelner Siedlungsplätze. Aber es muß hier der Hinweis gegeben werden, daß sich auf einigen in größeren Flächen untersuchten Grabfeldern der *Bronze-* und *Eisenzeit* doch aus dem sich wiederholenden Beieinander verschiedener Grabformen einschließlich der archäologischen Funde gewisse Belegungsgebiete erkennen lassen, die auf Familienverbände verweisen, die kontinuierlich fortschreitend in einem bestimmten Streifen des gesamten Friedhofes ihre Toten über Generationen hin bestattet haben. Daraus darf auch für das Siedlungsbild ein gewisses gruppenmäßiges länger dauerndes Beieinanderwohnen erschlossen werden.
Das Ende dieser Friedhöfe ist auf Grund der relativ langlebigen Gefäßformen und der relativ spärlich vorhandenen Beigaben meist noch nicht schärfer zu fassen und auch von Platz zu Platz unterschiedlich. Die meisten enden im 5./4. Jh. v. Chr., und nur wenige dauern bis in das Jahrhundert vor Christi Geburt fort. Es zeigt sich aber schon mit diesem Aufhören der meisten Grabfelder, daß im 4./3. Jh. v. Chr. mit neueren größeren Veränderungen und O-W-Bewegungen gerechnet werden muß. Diese Veränderungen müssen auch im Zusammenhang mit den im südöstlichen und südlichen Westfalen in dieser Zeit aufkommenden vorgeschichtlichen Ringwällen gesehen werden – Veränderungen, die auch regional unterschiedlich das Siedlungsgefüge getroffen haben. Sie können den *Beginn historischer Bewegungen* andeuten. Diese und das Ende der Friedhöfe lassen auf eine Abnahme der Besiedlung und damit auf eine Abnahme der Bevölkerung schließen.
In diesem Zusammenhang kann auch auf die von dem Geobotaniker E. Burrichter erarbeiteten *Pollenkurven* von Getreide und Siedlungsanzeigern auf Plätzen im Münsterland hingewiesen werden, deren Aussagen den archäologischen Ergebnissen entsprechen. Sie zeigen im Sinne einer kontinuierlichen Nutzung der Siedlungsflächen ein Ansteigen der Kurven vom Endneolithikum bzw. der frühen Bronzezeit an, erreichen einen Höhepunkt in der jüngeren Bronze- und älteren Eisenzeit und sinken in den anschließenden Jahrhunderten bis um Christi Geburt hin sehr stark ab.
Mit dem vorletzten Jahrhundert v. Chr. werden erstmalig *Siedlungsplätze* in größerer Menge bekannt, deren archäologische Materialien im allgemeinen bis in das 1. Jh. n. Chr. reichen. Soweit die Materialien eine Aussage erlauben, handelt es sich in der Mehrzahl der Plätze um relativ kurzlebige Siedlungsstellen. Man ist geneigt, diese Feststellung mit der Unruhe jener Völker zusammenzubringen, die auch in Texten der antiken Überlieferung anläßlich der römischen Angriffskriege überliefert ist. Erst nach dem Ende der römischen Invasion festigt sich auch im rechtsrheinischen Raum zwischen Mittel-Niederrhein und der mittleren Weser das Siedlungsgefüge mit dem Einsetzen der westgermanischen kaiserzeitlichen Zivilisation. In ihren Materialien sind jedoch einzelne Sondergebiete für einzelne politische Gemeinschaften nicht zu unterscheiden. In den von Burrichter vorgelegten Pollenkurven steigen Getreide- und Siedlungsanzeiger zunächst wieder an, fallen aber in der Mitte des 4. Jh. sehr stark ab und beginnen erst wieder vom 5./6. Jh. kontinuierlich anzusteigen.
Die archäologischen Materialien aus den Fundplätzen zwischen Rhein und Weser zeigen für diese Zeit, wie auch im größeren Raum, ein etwas differenzierteres Ergebnis. Sie lassen im großen und ganzen eine gewisse Konstanz, aber auch eine gewisse Unruhe erkennen, angezeigt durch eine Reihe relativ kurzlebiger Siedlungs- und Bestattungsplätze. Darüber hinaus werden großräumig einschneidende Zäsuren im Siedlungsablauf sichtbar. Die erste zeigt sich um 200 n. Chr., die nächste, regional sehr unterschiedlich, im ausgehenden 4. und beginnenden 5. Jh. n. Chr.
Die kurzlebigen Siedlungen des 3. Jh. und die großen Zäsuren werden seit Jahren im Zusammenhang mit der politischen Entwicklung im rechtsrheinischen Land betrachtet, nämlich einerseits mit

der Festigung der Siedlungsplätze im Zuge der politischen Herrschaftsbildung einzelner Stämme und ihrem Zusammenschluß zum Verband der Franken, andererseits mit dem Abwandern einzelner Scharen, gewollt oder gezwungen, in die linksrheinischen Gebiete, d. h. der beginnenden Völkerwanderung. Dabei ist die in der zweiten Hälfte des 4. Jh. einsetzende Zäsur der Siedlungen – zwar weithin, aber doch auch regional unterschiedlich – die einschneidendste und bedeutungsvollste; denn in diesen Jahren enden viele große kaiserzeitliche Siedlungen zwischen Rhein und Weser. Von diesem Wüstungsvorgang ist vor allem das Gebiet nördlich der Lippe, das eigentliche Münsterland, getroffen worden.

Im mittleren Westfalen, von den beidseitigen Ufern der Lippe im Norden bis in das Mittelgebirge im Süden und im westlichen Münsterland zwischen dem Niederrhein und dem großen Moorstreifen, der nördlich Haltern ansetzt und sich nach Norden bis in die niederländischen Moore erstreckt, sind eine Reihe von Siedlungsplätzen überschaubar geworden. Sie lassen erstmalig eine echte *kontinuierliche Siedlungsnutzung* eines Platzes vom ersten Jahrhundert bis ins 8./9. Jh. und zum Teil darüber hinaus bis zur Gegenwart erkennen. Diese Erscheinungen sind nicht zufällig, sondern eingebunden in den Prozeß der historischen Entwicklung dieser Gebiete. Es sind Räume, für die bis in die mittelalterliche Überlieferung hinein jene alten Namen erhalten geblieben sind, die auch in der antiken Überlieferung vom ersten Jahrhundert ab und besonders häufig im 3. und 4. Jh. erscheinen. Es sind die alten Völkerschaftsbezirke und späteren Gaue der Brukterer südlich der Lippe, ostwärts bis Geseke reichend, der Hattuarier zwischen unterer Lippe und unterer Ruhr und beiderseits des Niederrheins, und der Angrivarier im östlichen Westfalen sowie der Chamaver im Westen auf der Ostseite des Niederrheins bis zur Issel.

Es handelt sich um die *Herrschaftsgebiete* jener *fränkischen reguli,* die in den antiken Texten mit einer Reihe von Namen überliefert sind. Sie waren die „eigentlichen Träger der Unternehmungen gegen das Römerreich“ im 3. und 4. Jh. und stützten sich auf militärische Gefolgschaftseinheiten in eigenen Herrschaftsgebieten im rechtsrheinischen Raum. Zwar gibt es für die Geschichte dieser kleinen Herrschaftsgebiete im 5. und 6. Jh. keine schriftliche Überlieferung mehr; doch erweist der archäologische Befund sowohl durch die spätkaiserzeitlichen Funde mit Keramik und metallenen Stücken als auch der nachfolgenden Zeit durch die Verbreitung der sog. fränkischen Friedhöfe in eben diesen Gebieten, daß sie von Anfang an an dieser fränkischen Reichsbildung Anteil hatten.

In diesen Gebieten sind auch die großen kontinuierlich besiedelten Plätze festzustellen; sie reichen von einer Reihe von Fundplätzen im Raum Herne und Bochum bis nach Antrup, nördlich der Lippe, zur Siedlung Westick bei Kamen bis nach Soest und Geseke im Osten. Hier sind aber auch die sog. *fränkischen Friedhöfe* des 6. und 7. Jh. bekannt geworden. Sie reichen von Lankern über Erle und Wulfen im Westen bis nach Herne, Unna, Soest, Geseke im Osten. Durch die Ausgrabung eines fränkischen Töpferofens in Geseke, der Materialien des 6. und 7. Jh. geliefert hat, ist die Ostgrenze des alten fränkischen-brukterischen Herrschaftsgebietes noch einmal sehr deutlich sichtbar geworden. Von Geseke verläuft die Grenze weiter nach Südosten mit den Fundplätzen Wewelsburg, Ossendorf und Daseburg in der Warburger Börde und verläuft anschließend in einem starken Zug mit fränkischen Funden über Hessen bis in das thüringische Gebiet hinein (Taf. 79, 1).

Im Ostteil dieser alten Francia des 3. und 4. Jh. treten vom 4. Jh. ab politische Veränderungen ein, welche die Gliederung des rechtsrheinischen Raumes für die nächsten 300 Jahre bestimmt haben. Hier zeigt eine große Menge von Solidi-Funden aus der zweiten Hälfte des 4. und 5. Jh. an, daß sich am Nordrand des Wiehengebirges kriegerische Auseinandersetzungen abgespielt haben. Da in diesen Gegenden nach Aufhören der spätkaiserzeitlichen Siedlungen neues Material auftritt, das vom elbgermanischen und vom Weser-Raum bekannt ist, sind diese Veränderungen seit langem als Niederschläge altsächsischer Vorstöße angesprochen worden.

Das im späten 4. Jh. weithin entleerte Gebiet zwischen dem Teutoburger Wald im Nordosten, der Lippe im Süden und dem Moorstreifen im Westmünsterland wird nun im Laufe des 5./6. Jh. durch von Norden her in kleinen Gruppen eindringende sächsische Vorstöße wieder aufgefüllt. Die archäologischen Anhaltspunkte über diese Vorstöße sind durch zwei archäologische Befunde in

den letzten Jahren sehr deutlich geworden. Es handelt sich einmal um das *Grab* eines *sächsischen Fürsten,* in der Nähe der Stadt *Beckum* nördlich der Lippe gelegen, mit allen Besonderheiten sächsischer Grablegung, vor allen Dingen mit den reichen zugehörigen Pferdegräbern, und zum anderen aber auch um die Ausgrabungen in der *sächsischen Siedlung Warendorf.* Hier sind in einer über 3 ha großen Grabungsfläche in den Jahren 1950/59 über 220 Gebäudegrundrisse einer sächsischen Siedlung freigelegt worden mit besonderen Haustypen, den sog. schiffsförmigen Bauten, die schon durch ihre Grundrißformen auf nördliche Verbindungen hindeuten. Die Bearbeitung der Materialien und der Grabungspläne hat erkennen lassen, daß diese Siedlung aus zwei Gruppen von 4–6 Gehöften bestanden hat, die nahe beieinander an den Emsschleifen lagen. Zu jedem Gehöft gehörten 10–12 Gebäude, von der großen Wohnhalle bis zu den Schuppen und Viehställen, den Webhütten und den Getreide- und Heuspeichern. Die Siedlung Warendorf hat bis zum ausgehenden 8. Jh. bestanden und ist wahrscheinlich im Zuge der kriegerischen Auseinandersetzung mit den Franken zerstört und aufgegeben worden. In der nachfolgenden Zeit sind weiter südlich zunächst nur zwei große Hofkomplexe zu fassen, deren Existenz früh durch das Urbar der Freckenhorster Heberolle überliefert ist.
Die Siedlung Warendorf hat mit ihrem Fundmaterial und der Besonderheit ihrer Lage nun den Blick geschärft für die Besonderheiten der Siedlungen im engeren Münsterland selbst. Denn hier begann nach dem Abbruch der spätkaiserzeitlichen Siedlungen im späten 4. Jh. erst im 6. und 7. Jh. eine *Neuanlage* von *Siedlungsplätzen.* Geländebegehungen und Schürfungen in der Nähe vieler alter Hofstellen an der mittleren Ems, deren hohes Alter durch das Freckenhorster Urbar überliefert war, hat immer wieder die archäologischen Hinweise auf älteren Beginn dieser Höfe im 7. und 8. Jh. geliefert.
Noch schärfer ist das Eindringen der neuen sächsischen Gruppen in den von ihnen *neu angelegten Friedhöfen* zu erkennen. Das in alter heidnischer Richtung angelegte N-S-Grab, mit Blick nach Norden, und das gleichzeitige und zugehörige Auftreten der zahlreichen ebenfalls in N-S-Richtung angelegten Pferdeopfer der jungen Hengste sind die archäologischen Dokumente, die als historische Zeugnisse dieses Vorgangs gelten dürfen. Er spiegelt sich bis in den jüngsten sächsichen Vorstoß am Ende des 7. Jh. in die bis dahin fränkischen Gebiete südlich der Lippe hinein, deren Gräber bis dahin allgemein in W-O-Richtung orientiert waren. Die älteren fränkischen Friedhöfe in diesen Gebieten enden oder aber bezeugen mit neuen N-S-Gräbern und N-S-Pferdegräbern den Alltag dieser Entwicklung. Die Intensität des Einbruchs ist zwar von Platz zu Platz unterschiedlich. Sie läßt aber in den neuen archäologischen Dokumenten auch schon im Überblick die *neue politische Raumbildung* erkennen, deren allgemeine Entwicklung zwar in den Schriftquellen überliefert ist, ohne jedoch den Alltag so deutlich zu vergegenwärtigen, wie es die archäologischen Quellen erkennen lassen.
Am Ende dieser jüngsten Südausbreitung der Sachsen entsteht nach 700 n. Chr. jene neue, durch den Grundbesitz der neuen sächsischen Führungsschicht angezeigte N-S-Ausdehnung der drei großen sächsischen *„Heerschaften"* der Westfalen, Engern und Ostfalen, deren Werden und räumliche Gliederung schon J. Bauermann und A. K. Hömberg aufgezeigt haben.
Die archäologischen Dokumente zeigen, von Platz zu Platz unterschiedlich, in den *fränkisch-sächsischen Grenzgebieten* und auch in den um 700 neu gewonnenen Räumen die neuen lokalen und regionalen Aktivzentren der sächsischen Eroberer ebenso deutlich wie auch jene Plätze der fränkischen Beharrung, die die neuen Vorstellungen mit den Pferdeopfern nicht so eindeutig in der Menge übernehmen oder schon früh, etwa in der Mitte des 8. Jh., bereits christlich-fränkische Einflüsse mit neuen O-W-Gräbern, einschließlich der O-W orientierten Pferdeopfer zeigen. Diese archäologischen Feststellungen machen jene spärlichen Überlieferungsfetzen verständlich, in denen durch Familienbindungen, christlichen Einfluß, politische Einsicht oder das sächsische Grundmaß der Toleranz, die in dem Bericht über Lebuins Auftreten in Markloh überliefet ist, eine gewisse Freiheit der Entscheidung oder – wenn man will – auch eine gewisse Parteinahme innerhalb der sächsischen Führungsschicht erkennbar wird.
Wenn man die *Verbreitung* der für das 7. und 8. Jh. bislang festgestellten *Pferdegräber* (Pferdeopfer) überschaut, erscheint das Gebiet sehr deutlich, in dem in den Jahren des erbitterten sächsischen

Widerstandes gegen Karl d. Gr. jener Widukind, unus ex primoribus Westfalaorum, den Widerstand angeführt hat. Dieser Krieg endet mit dem Sieg des Frankenkönigs Karl. Mit der Neu- und Einordnung des eroberten Gebietes in das karolingische Reich werden auch im Siedlungsbild, ebenfalls von Region zu Region und von Platz zu Platz unterschiedlich, Veränderungen erkennbar. Mit dem Aufbau der kirchlichen Organisation und deren Folgen, den neu zu gründenden Kirchen und der Einrichtung der Bischofssitze, den Civitas-Gründungen in Paderborn, Minden, Münster und Osnabrück, werden Akzente der zukünftigen zentralörtlichen Entwicklung gesetzt. Durch politische Entscheidungen der Kriegsjahre, Konfiszierung von Besitz und Boden und der Übergabe an „Getreue, an Grafen und Kirche" oder durch Kriegsfolgen, z. B. Deportation, enden viele Siedlungen, andere existieren weiter (Taf. 79, 2).

Hinzu kommen die in den Jahren um 800 neu angelegten Siedlungsplätze und Höfe, die im Rahmen neuer fränkischer Hofverbände entstanden sind, in königlicher oder in kirchlicher Nutzung.

Auch für diese Phase der karolingischen Veränderungen soll noch einmal auf die *Siedlung Warendorf* als Beispiel verwiesen werden. Die Höfe der Warendorfer Siedlung haben etwa 200 Jahre auf ihren alten Hofplätzen bis um 800 n. Chr. gestanden. Ihre Lage an dieser Stelle der Ems war, wenn wir der späteren schriftlichen Überlieferung vertrauen dürfen, durch einen alten *Emsübergang*, eine *Furt,* bestimmt. Sie muß zu einer von Norden nach Süden verlaufenden Straßentrasse gehört haben, die sich auch nördlich der Ems in dem Namen des alten Erbes Stratmann noch erhalten hat.

Bauerschaftsname dieses Gebietes ist Schlade; an ihn erinnern noch die beiden späteren Höfe Große und Lütke Slamann südlich der ausgegrabenen sächsischen Siedlungsflächen. Die alte Lage der Furt läßt sich durch eine Reihe urkundlich bezeugter Grenzen einer alten Fischereigerechtsame sicher festlegen. 1446, Donnerstag nach Martin, stellt der Bischof von Münster, Heinrich Graf von Moers, für Albert Vinke auf Haus Nienborg bei Ostenfelde einen Lehnsbrief aus über die Fischerei auf der Ems. Hier heißt es: „die Fischerie up der Emmesen van der Heerschemme bess an de Schlader vort". Die Heerschemme ist der alte nächste östlich gelegene Emsübergang bei Harsewinkel. Auch 1485 und 1499 werden in Verkaufsurkunden die Grenzen dieser Fischerei mit der Heerschemme im Osten und der Slader Fort im Westen angegeben, in einer Urkunde von 1500 „von der Heerschemmen bis zur Slade". Noch eine Urkunde von 1696 erwähnt als Westgrenze die „Schläger Fort", 1773 heißt es dann „bis an die sog. „Kope" oder „Tüge" von Dalmann. Dieser Flurname ist aber noch im Urkataster von 1830 im Gelände nördlich der Grabungsflächen erhalten. Im mittelalterlichen Besitzbild, das G. Rosenbohm erarbeitet hat, gehörte das Gelände der sächsischen Siedlung zu einem in späterer Zeit sog. Schlager Esch, zu dem zwar keine genaueren Grenzen und Feldaufteilungen mehr festzulegen waren, der aber in der Hauptmasse von den drei Althöfen Slamann, Lienkamp-Niemann und Fremann bewirtschaftet wurde. In den Flurnamen sind aber in diesem Gebiet südlich der Ems noch zwei weitere Hinweise auf ältere Hofplätze vorhanden; dies sind die „Havetstede" und die „Hovestadt" im südlich anschließenden Gelände. Die „Hovestadt" gehörte vielleicht zum Vollerben Fremann, der später nach Westen, auf seine jetzige Stelle verlegt worden ist. Aus diesen Feststellungen ergibt sich, daß nach der Aufgabe der älteren Siedlung im mittelalterlichen Besitzstand anstelle der 6–8 älteren Höfe nur noch zwei oder höchstens drei Höfe mit deutlichem Neubeginn südlich der älteren Siedlungsflächen anzutreffen sind. Die alten Hofflächen wurden Gemeinheit. Um 800 entsteht im heutigen Warendorf eine erste Holzkirche; sie ist zwar nur in Teilen angegraben worden, hat aber bei den archäologischen Feststellungen unter der heutigen Kirche deutlich erkennen lassen, daß sie auf einem bis dahin nicht bewohnten und nicht bewirtschafteten Grund erbaut worden ist. Auch das bisher aus Neubaustellen unmittelbar neben der Kirche geborgene Material gehört ohne Ausnahme dem fortgeschrittenen 9. Jh. und dem 10. Jh. an, d. h. aber: hier ist eine neue Gründung erfolgt, die dann im Laufe der weiteren Entwicklung zur Stadt wurde und Mittelpunktaufgaben übernahm. Die Kirche war also gegenüber allem Älteren der Beginn einer neuen Entwicklung. Diese Neugründung bestimmte fortan im engeren Raum auch den Verlauf von neuen Wegetrassen.

Warendorf ist in allen siedlungskundlichen Überlegungen nur ein Detail. Es bietet aber doch einen aufschlußreichen Einblick in eine Entwicklung, die meist nur mit Vermutungen und Wahrscheinlichkeitsüberlegungen anzugehen ist. Um dieses weite Areal hat sich der hochverehrte Jubilar Prof. Dr. W. Müller-Wille an vielen Tagen im fliegenden Frühjahrssand mit uns gemeinsam bemüht, die Spuren der Tätigkeit des Menschen wieder zu finden. Diese Zeilen sollen ein Stück Erinnerung an viele gemeinsame Arbeiten an gleichen Problemen festhalten.

Literatur

H. Aschemeyer, Die Gräber der jüngeren Bronzezeit im westlichen Westfalen. Münster 1966.

E. Burrichter, Vegetationsräumliche und siedlungsgeschichtliche Beziehungen in der Westfälischen Bucht. In: Abhandlungen aus dem Landesmuseum für Naturkunde zu Münster in Westfalen. 38. Jg., Heft 1, 1976.

Kl. Günther, Steinzeit und ältere Bronzezeit im Landesmuseum für Vor- und Frühgeschichte Münster. Einführung in die Vor- und Frühgeschichte Westfalens. Münster 1971.

A. K. Hömberg, Westfalen und das sächsische Herzogtum. Münster 1963.

W. Janssen, Studien zur Wüstungsfrage im fränkischen Altsiedelland zwischen Rhein, Mosel und Eifelnordrand. Bonn 1975.

Fr. Petri, Stamm und Land im frühmittelalterlichen Nordwesten nach neuerer historischer Forschung. In: Westfälische Forschungen, 8. Band, 1955, S. 5ff.

G. Rosenbohm, Siedlung und Wirtschaft auf Sand und Klei. Warendorf 1975.

Kl. Wilhelmi, Beiträge zur einheimischen Kultur der jüngeren vorrömischen Eisenzeit und der älteren römischen Kaiserzeit zwischen Niederrhein und Mittelweser. Münster 1967.

R. von Uslar, Westgermanische Bodenfunde des ersten bis dritten Jahrhunderts n. Chr. aus Mittel- und Westdeutschland. Berlin 1938.

W. Winkelmann, Die Ausgrabungen in der frühmittelalterlichen Siedlung bei Warendorf (Westf.). In: Werner Krämer (Hrsg.), Neue Ausgrabungen in Deutschland, hrsg. von der Röm.-Germanischen Kommission des Deutschen Archäologischen Institutes. Berlin 1958, S. 492–517.

W. Winkelmann, Das sächsische Fürstengrab in Beckum. In: Hrsg. Stadt Beckum, 1974, S. 294–304.

W. Winkelmann, Der Stand der archäologischen Erforschung des 6.–9. Jahrhunderts in Westfalen. In: Die Franken im Gebiet östlich des mittleren Niederrheins. 1965, Tagung im Hause der RGK vom 2.–4. 12. 1965. S. 53–62.

ARCHÄOLOGISCHE ZEUGNISSE ZUM FRÜHMITTELALTERLICHEN HANDWERK IN WESTFALEN*

Die hier vorgelegten archäologischen Zeugnisse für das frühmittelalterliche Handwerk in Westfalen sollen einen informativen Einblick in Werk- und Arbeitsplätze handwerklicher Tätigkeiten, deren Produkte und Geräte geben, ohne der grundsätzlichen Diskussion über Mobilität von Personen und Sachen und den Fragen nach Freiheit oder Unfreiheit der Handwerker oder denen der Handwerksorganisation nachzugehen. Diese Vorlage bietet nur Beispiele und keine Zusammenstellung handwerklicher Arbeitsplätze, Werkzeuge und Produkte. Doch schon diese Beispiele werden eine gewisse Selbstverständlichkeit der im Alltag frühgeschichtlicher Jahrhunderte vorhandenen Handwerke erkennen lassen und darüber hinaus auch besondere Anlässe für ihre Entstehung in besonderen historischen Zusammenhängen aufzeigen können.

Es sollen zunächst die allgemeineren, aus nahezu allen frühmittelalterlichen Siedlungen bekannten Handwerke, für die eine schärfere Trennung zwischen hausgewerblicher und gewerblicher Produktion nicht ohne weiteres vorzunehmen ist, die der Eisenerzeugung, des Schmiedens und der Weberei vorgeführt und in einem zweiten Abschnitt die besonderen, nicht überall vorauszusetzenden Tätigkeiten, die der Kammacherei, der Töpferei und der Glasmacherei dargestellt werden.

I.

1. Eisenerzeugung und Schmiede

a) Der Schmelzofen und die Eisenverarbeitung in der sächsischen Siedlung bei Warendorf

In den Jahren 1951 bis 1959 sind auf der südlichen Terrasse der Ems westlich Warendorf große Teile einer sächsischen Siedlung mit über 220 Grundrissen von kleineren und größeren Gebäuden ausgegraben worden.[1]

Ausweislich der keramischen und metallenen Funde hat sie vom 6. Jahrhundert bis in die Jahre um 800 n. Chr. bestanden. Die Bearbeitung hat erkennen lassen, daß diese Siedlung aus 2 Gruppen von 4–6 nahe beieinander liegenden Gehöften bestanden hat, wobei zu jedem Gehöft etwa 12–14 mit Dächern ausgestattete größere und kleinere Gebäude, Wohnhallen, Ställe, Scheunen, Grubenhütten und Nebengebäude gehört haben. Die einzelnen Gebäude sind etwa 4mal erneuert oder neu errichtet worden. Aus den Grabungsflächen und den Einfüllungen der Grubenhäuser sind viele hundert Stücke von Schmiedeschlacken und ‚Ofensauen' geborgen worden. Sie konzentrierten sich an einigen Stellen und ließen schon früh zusammen mit der Feststellung von zwei besonderen Grundrißtypen den Werkstattplatz eines Schmiedes vermuten.

Im Jahre 1958 wurden in einer Grube in der weithin schon zerstörten östlichen Grabungsfläche Teile eines zerschlagenen Eisenschmelzofens mit anhaftenden Partien der Ofenwandung gefunden. Die Stücke ließen sich zu dem unteren Teil eines schachtartigen Schmelzofens – Rennfeuerofen – mit etwa 25 bis 30 cm Bodendurchmesser und über 20 cm hoch erhaltener, glasig-verschlackter Wandung zusammenfügen (Taf. 80, 1).[2] Auf einer Seite der Wandung ist ein Düsenloch erhalten. Am Grunde des Ofens liegen auf der einen Seite nach unten geflossene verschlackte Wandung, in

* Gedruckt in: Frühmittelalterliche Studien 11, 1977, 92ff.

[1] W. Winkelmann, Eine westfälische Siedlung des 8. Jahrhunderts bei Warendorf, Kr. Warendorf (Germania 32, 1954, S. 189–213); ders., Die Ausgrabungen in der frühmittelalterlichen Siedlung bei Warendorf (Westfalen) (Werner Krämer [Hg.], Neue Ausgrabungen in Deutschland, hg. von der Römisch-Germanischen Kommission des Deutschen Archäologischen Institutes, Berlin 1958, S. 492–517).

[2] Vgl. auch die Öfen von Scharmbeck, Kr. Harburg, Hiddingen und Westerholz, Kr. Rotenburg-Wümme, Gielde, Kr. Goslar, und Isernbarg im Strecker Moor. – W. Wegewitz, Ein Rennfeuerofen aus einer Siedlung der älteren Römerzeit in Scharmbeck, Kr. Harburg (Nachrichten aus Niedersachsens Urgeschichte 26, 1957) S. 3ff.; R. Dehnke, Ein mittelalterlicher Rennofen von Hiddingen, Kr. Rotenburg-Wümme (Nachrichten aus Niedersachsens Urgeschichte 36, 1967) S. 153f.; ders., Ein Siedlungs- und Eisenverhüttungsplatz der spätrömischen Kaiserzeit von Westerholz, Kr. Rotenburg-Wümme

der Mitte perliger Eisenfluß und darüber an vier Stellen dickere, faustgroße Partien zusammengeflossenen dichteren Eisens. Diese oberen, etwa 2–3 cm starken dichteren Eisenflüsse sind – wie einige Stücke erkennen lassen – wieder zu kleineren Brocken zerschlagen und erneut eingeschmolzen oder auch zu dickeren Blöcken zusammengeschmiedet worden.

In den Jahren 1953 und 1957 hat Herr Dipl.-Ing. Gilles (†), Siegen, 17 Schlacken und Eisenstücke untersucht. Aus dem vorliegenden Gutachten sind einige Feststellungen an Herdmuldenstücken (Ofensauen) und Rennfeuerschlacken von Bedeutung.

„Nach der Analyse haben wir wenigstens zwei, wenn nicht drei Sorten Erze vor uns, von denen die eine aus manganhaltigem und phosphorhaltigem Brauneisenstein des Weserberglandes entstanden ist (Probe 2, 3, 4 und 6). Probe 5 ist aus manganarmem, aber phosphorreichem Brauneisenstein, Probe 7 und 8 aus phosphor- und manganarmem Brauneisenstein entstanden. Probe 6 ist die Laufschlacke eines Rennfeuers, die noch Eisenkristalle mitgeführt hat, also vom Ende des Prozesses stammt.

Die Analyse ergibt:

Eiseneinschlüsse
C = 0,043
Mn = 0,25
P = Spuren.

Es ist harter Stahl oder Gemisch aus weichem Eisen und hartem Roheisenähnlichem." (Gutachten Gilles vom 11. Febr. 1953.)

Ein weiteres Gutachten vom 17. 7. 1957 lieferte für 6 untersuchte Proben folgende Analyse:

	Proben					
	1	4	5	2	3	6
aus Karton	113	82	171	295	297	298
Art d. Schlacke	dichte Laufschl.	Ofensau (Herdmulde)	Ofensau	dichte Laufschlacken		
Fe	46,5	40,0	51,2	53,1	50,5	51,2
Mn	0,5	0,6	0,7	0,6	1,20	1,8
Fe + Mn	47,0	40,6	51,9	53,7	51,7	53,0
Cu	—	—	—	—	—	—
P	0,13	0,29	0,16	0,15	0,19	0,1
FeO	7,6	39,3	59,1	59,9	47,2	59,1
Fe_2O_3	53,2	12,9	7,7	9,6	19,9	7,5
MnO	0,6	0,8	0,9	0,8	1,6	2,3
SiO_2	29,1	41,0	24,8	23,6	23,0	21,1
Al_2O_3	2,5	1,3	1,2	2,6	3,3	5,6
CaO	2,5	1,8	2,5	1,2	1,8	2,0
MgO	0,9	0,8	1,0	0,6	0,7	0,8
P_2O_5	0,3	0,5	0,37	0,35	0,44	0,23
CuO	—	—	—	—	—	—
Alkalien und Fehler	3,3	1,6	2,43	1,35	2,06	1,37
Sa.:	100,0	100,0	100,0	100,0	100,0	100,0

(Nachrichten aus Niedersachsens Urgeschichte 36, 1967) S. 133f. und ebd. 39, 1970, S. 268ff.; E. Niquet, Zweiter Vorbericht über die Grabungen in Gielde, Kr. Goslar (Neue Ausgrabungen und Forschungen in Niedersachsen 1969) S. 182f.; H. Hayen, Isernbarg, ein Eisenverhüttungsplatz im Strecker Moor (Oldenburger Jahrbuch 67, 1968) S. 133ff. Zum Problem der Eisenverhüttung siehe: B. Osann, Rennverfahren und Anfänge der Roheisenerzeugung. Verein Deutscher Eisenhüttenleute, Fachausschußbericht 9.001, Düsseldorf, September 1971.

„Es sind zweifellos Rennfeuerschlacken. Probe 4 ist eine Ofensau, die mit abgeschmolzener Mantelmasse verdünnt ist, daher der hohe SiO_2-Gehalt.
1, 2, 4 und 5 sind mit demselben Erz, einem phosphorarmen (unter 0,12 % P) und manganarmen Brauneisenstein (vielleicht auch Eisenortstein) gemacht. (Erz hat ca. 0,25 bis 0,35 % Mn).
3 und 6 sind mit einem manganreicheren, aber sehr phosphorarmen Erz gemacht. (Erz hat etwa 0,6 bis 0,92 % Mn, unter 0,1 % P).
Vielleicht hat hier der Schmied Waffen gemacht und dazu härteres Eisen gebraucht."
Ein glücklicher Zufall hat in der Nähe des Ofens eine 8 x 10 cm große und 5 cm dicke durch Schmieden verdichtete Eisenluppe erhalten (Taf. 80, 2).
Auch dieses Stück ist von Herrn Dipl.-Ing. Gilles untersucht worden. Seinen brieflichen Mitteilungen vom 29. 6. 1957 und 17. 7. 1957 seien folgende Angaben entnommen.

„Die Analyse der Eisenluppe:
C = 0,045 %
Mn = Spuren
P = 0,025 %
S = 0,13 %
Cu u. Ni = —

Der Werkstoff ist ein weiches Eisen. Der Schliff zeigt einige Schlackeneinschlüsse. Der geringe P-Gehalt weist auf ein phosphorarmes Eisen hin. In früheren Analysen (von Rennfeuerschlacken aus der Warendorfer Grabung) waren zwei Schlacken mit

42 bzw. 40,6 % Fe
0,95 bzw. 0,5 % Mn
0,05 bzw. 0,09 % P.

Das Eisen könnte gut mit einer solchen Schlacke gemacht sein. Das Foto des Schliffes der Luppe in 100facher Vergrößerung zeigt Schlackeneinschlüsse (die dunkleren Flecken), sonst weiches Eisen mit etwas Perlitt (d. h. kohlenstoffreicherem Eisen) in den Kernbegrenzungen. Einige der Weicheisenkristalle (Ferrit) zeigen eine Streifung, die wohl von der Bearbeitung verursacht sind.
... Die Warendorfer Schmiede haben in kleineren und größeren Rennfeuern Eisen gemacht, je nach Bedarf. ... Dabei ist nicht ausgeschlossen, daß auch Eisen von anderen Waldschmieden gehandelt und verbraucht wurde. Das geht aus früheren Analysen mit hohem Fe-Gehalt und niedrigerem SiO_2-Gehalt hervor."
Diese verdichtete Eisenluppe ist einige Jahre später durch Prof. Dr.-Ing. K. Roesch erneut untersucht worden.
„Von einer bereits angeschliffenen Fläche wurden Späne für die Analyse entnommen. Es ergab sich folgende Zusammensetzung:

C = 0,06 %
Mn = 0,02 %, vermutlich aus den Schlackeneinschlüssen,
P = 0,024 %
S = 0,012 %.

Das Gefüge ist rein ferritisch und enthält zahlreiche kleinste Schlackeneinschlüsse. Irgendwelche Schweißnähte, die auf das Zusammenschweißen verschiedener kleiner Luppenteile schließen lassen könnten, wurden nicht beobachtet. Aus dem Gesamtquerschnitt ist jedoch zu ersehen, daß die Rennfeuerluppe nicht überall beim Schmieden verdichtet worden ist. Da das Gewicht der Hämmer vermutlich nicht groß genug war, konnten die Schmiede die scheinbar sehr große Luppe nicht genügend verdichten.

Die glatten Wände der Rückseite der Luppe lassen darauf schließen, daß diese durch einen Schrotmeißel in kleinere Stücke unterteilt wurde.
Das rein ferritische Gefüge läßt darauf schließen, daß im Rennfeuer eine niedrige Temperatur zwischen 1000 und 1200 Grad Celsius vorlag, wodurch zwar eine gute Reduktion erzielt wurde, aber keine Aufkohlung des Eisenschwammes stattfand.
Es wäre nun sehr wichtig und interessant festzustellen, ob die aus dem gleichen Raum stammenden Waffen und sonstigen Geräte aus Eisen mit höherem Kohlenstoffgehalt bestehen, ob die ausgeschmiedeten Eisenteile, wie z. B. die Schwerter aus mehr oder weniger hoch aufgekohlten Streifen zusammengeschweißt worden sind.
Die alten Rennfeuerleute waren nicht in der Lage, durch direkte Aufkohlung ein gleichmäßiges Gefüge zu erreichen, und erzeugten lieber bei niedrigeren Temperaturen ein rein ferritisches Material, das nach dem Ausschmieden in Streifen je nach Bedarf mehr oder weniger, aber gleichmäßig, aufgekohlt wurde."[3]
Aus den Warendorfer Grabungsflächen liegen etwa 700 Stücke Schlacken und Ofensauen vor. Darüber hinaus ist auch der sonstige Bestand an eisernen Geräten für eine Siedlung relativ reich. Es sind: 27 Eisenmesser, 5 Pfeilspitzen, 3 eiserne Sporen (davon einer messingtauschiert), große Stücke von Bratspießen, Löffelbohrer, Flachshechel, ein Vorschneideisen eines Pfluges (Sech), Schnallen, Feuerschlageisen, Ziehmesser, Haken, Nägel und ca. 80 kleinere Eisenstücke von schmalen Bandeisen und Geräten.
Schon der archäologische Befund spricht zusammengenommen für die Herstellung der Geräte durch in der Siedlung arbeitende Schmiede.
Wie oben erwähnt, konnten in Flächen der Schlackenkonzentrationen zwei innerhalb der Warendorfer Grundrißtypen charakteristische nebeneinanderliegende Grundrisse festgestellt werden. Es sind dies die Grundrisse: 51 und 62, 31 und 9 und Haus Ost 15.
Aus Befund und Lage der beiden Grundrisse 51 und 62 ergab sich der erste Hinweis auf diese mögliche Interpretation: im Südteil des kleineren, 3,0 x 4,5 m großen Grundrisses Nr. 51 lag eine quadratische verglühte Packung einer Brandstelle, die im Unterschied zu den Resten normaler flachmuldenförmiger, lehmverstrichener Herdstellen mit eingebackenen Graniten aus einer ebenen Fläche mit kleinen dichtgestellten Steinstücken bestand.
Hart westlich daneben lag in Ost-West-Richtung ein etwas größerer, 3,75 x 6,5 m großer Pfostenbau (Nr. 62).
Die beiden Grundrisse sind wegen der Besonderheit des Befundes, nämlich der gepflasterten ‚Schmiedestelle' (Haus 51) und dem benachbarten Schuppen (Haus 62) zusammen mit den etwa 150 in unmittelbarer Nähe gefundenen Rennfeuer- und Schmiedeschlacken als Werkplatz eines Schmiedes anzusprechen.
Der Befund – ohne erhaltene Herdstelle – wiederholt sich bei den nebeneinanderliegenden Grundrissen 9 und 31 zusammen mit den in der Nähe sich konzentrierenden Eisenschlacken und zeigt sich auch im Grundriß des größeren Gebäudes in der Ostfläche der Grabung Warendorf im Haus Ost 15 zusammen mit Hunderten von Schlackenstücken.
Die bisher vorliegenden Analysen von Rennfeuerschlacken, die Analyse der zusammengeschmiedeten Eisenluppe, die Konzentration der Eisenschlacken, die charakteristischen Grundrisse und die Menge der geborgenen Eisengeräte weisen auf die Tätigkeit der Eisenverarbeitung in der Siedlung Warendorf.
Die Konzentrationen der Schlacken in den Grabungsflächen lassen erkennen, daß zu jeder Gehöftgruppe ein Schmied gehört hat, der Schmied selbst aber am Rande eines Gehöftes dieser Gruppe seinen Arbeitsplatz besaß, der im Zuge der Neuanlage der Bauten ebenfalls wechselte. Es liegt von hier aus gesehen nahe, daran zu denken, diesen Gehöften mit Schmiede eine besondere, führende Stellung innerhalb der Siedlung zuzuerkennen. Über die soziale Stellung des Schmiedes ist vom Befund her keine Aussage möglich.

[3] Briefl. Mitteilung vom 6. 3. 1970.

b) Das Schmiedegrab von Beckum

Ein anderes archäologisches Zeugnis für den frühmittelalterlichen Schmied in Westfalen ist das Schmiedegrab von Beckum (Taf. 42; 43).[4] Es ist im Jahre 1863 ausgegraben worden und gehört zu einem größeren Gräberfeld südwestlich der Stadt Beckum im mittleren Westfalen nördlich der Lippe, aus dem damals 72 Bestattungen mit Beigaben des 6. und 7. Jahrhunderts, darin 15 Pferdegräber, freigelegt worden sind.[5] Dieses Grab war in Süd-Nord-Richtung angelegt, das Skelett noch erhalten.

Im Grabe lagen:

1. Eine eiserne Schmiedezange aus flach gehämmerten Eisenstangen mit spitz zulaufendem Kopfteil mit flachen Backen; beide Zangenteile sind durch einen eisernen Niet verbunden. Länge = 41,8 cm.
2. Ein eiserner Hammer mit rechteckigem Querschnitt und quergestellter, stark abgenutzter Schneide. Der Nacken ist durch Gebrauch verbreitert. Das Stilloch ist rechteckig. Länge = 14,8 cm.
3. Eiserne Lanzenspitze mit langem, schmalem Blatt, Tülle zur Hälfte erhalten. Länge = 37,7 cm.
4. Schmaler Sax mit zur Klinge hin gleichmäßig sich verbreiternder Griffangel und zur Spitze hin wenig abgebogenem Rücken. Länge noch 35,2 cm, Klingenbreite 3 cm.
5. Ovaler Schnallenrahmen aus Bronze mit halbrundem Querschnitt, Unterseite flach. Durchmesser 1,8 x 2,6 cm.
6. Eisenstift mit vierkantigem Schaft und flachgehämmerter runder Öse. Länge noch 11,4 cm.
7. Weiß patinierter, leicht gebogener Feuersteinabschlag. Größe: 2,8 x 4,2 cm.
8. Großes doppelkonisches Gefäß (Knickwandtopf) mit kurzem Hals; unter dem Hals umlaufender Wulst. Auf dem Oberteil 9 umlaufende Rillen, auf dem Unterteil 7 umlaufende Rillen. Grau/braun, glatt. Höhe = 20,2 cm.
9. Reste einer bronzenen Schnellwaage.
   a) langer, dünner vierkantiger Waagebalken. Länge: 15,1 cm. An einem Ende durchlocht. 1,5 cm vom Ende entfernt auf der Oberseite eine kleine Öse, 2,6 cm vom Ende eine weitere Öse auf der Unterseite. Auf der Oberseite Reste von Kerben.
   b) Rest des bronzenen Waageschälchens mit zwei erhaltenen Löchern am Rande. Durchmesser = 3,7 cm.
   c) Rundes, flaches Bronzegewicht mit kleiner Öse. Durchmesser 1,5 cm, Stärke = 0,4 cm.
10. Der Bericht Borggrewe erwähnt einige unkenntliche Stücke Eisen (nicht erhalten).

Das Gefäß, ein Knickwandtopf mit gleich hohem Ober- und Unterteil, schwach umbiegendem Rand mit umlaufendem Wulst darunter, waagerecht umlaufenden Rillen auf dem Oberteil (Böhner, Gruppe B 3b)[6] und die Lanzenspitze mit schlank ovalem Blatt (Böhner B1)[7] datieren das Grab in das 7. Jahrhundert. Die Lage des Grabes im Grabfeld selbst erlaubt eine Einordnung in dessen erste Hälfte. Es gehört zu einer Gruppe von Kriegergräbern (mit Spatha, Sax und Lanze) und mit Trensen und Zaumzeug ausgestatteter Pferdegräber im Nordostteil des Grabfeldes. Die hier in kleiner Fläche gefundenen archäologischen Materialien gehören zu einem engen zeitlichen Horizont um die Mitte der ersten Hälfte des 7. Jahrhunderts.

Hammer und Zange kennzeichnen einen Schmied, Sax und Lanze weisen ihn als Krieger aus. Bei der Schnellwaage mit Schälchen und Gewicht könnte man, wie es der Ausgräber Borggrewe (wie Anm. 5) schon getan hat, daran denken, daß es sich um Gerät zur Bearbeitung kleinerer Stücke „als edle Metalle" handelt. Das würde bedeuten, die Schnellwaage als Indiz für einen Gold- oder Silberschmied anzusprechen.

[4] W. Winkelmann, Der Schmied von Beckum (Heimatkalender für den Kreis Beckum 1960, S. 20–25).

[5] F. A. Borggrewe, Die Gräber von Beckum (Zeitschrift des Vereins für vaterländische Geschichte und Altertumskunde [Westf. Zeitschrift] 25, 1865, S. 337ff.).

[6] K. Böhner, Die fränkischen Altertümer des Trierer Landes, Berlin 1958, S. 40f.

[7] Wie Anm. 6.

Diese Interpretation ist auch über lange Zeit üblich gewesen. Doch hat J. Werner inzwischen dargelegt,[8] daß die Feststellung dagegen spricht, daß bisher kein einziges merowingisches Grab mit Feinwaage Goldschmiedewerkzeug enthielt, die sicheren Goldschmiedegräber aber – bis auf das frühlangobardische von Brünn und die awarischen von Kunszentmárton und Jutas – keine Feinwaagen bargen.[9] J. Werner sieht in den Feinwaagen vielmehr ein Kennzeichen geldgeschichtlicher Situationen im 6. und 7. Jahrhundert und konzipiert auf Grund ihrer Verbreitung über die fränkischen Gebiete Nordgalliens nördlich der Seine, Walloniens und den Rheinlanden, ihrem zahlreichen Vorkommen bei Alamannen und Bayern und dem nur vereinzelten Auftreten in den friesischen Terpen, Westfalen und Thüringen eine besondere Feinwaagenlandschaft, die sich deutlich von einer in antiker Münztradition stehenden Monetarlandschaft des Westens abhebt. Damit entfiele zunächst die Möglichkeit, aus der Beigabe der Waage ein anderes Handwerk als das des durch Hammer und Zange ausgewiesenen Eisenschmiedes zu erschließen. Die grundsätzliche Schwierigkeit bei der Erörterung dieses Problems, nämlich aus antiquarischen Fertigprodukten des Gold- und Silberschmuckes ein komplettes Werkzeuginventar für einen Gold- und Silberschmied zu erwarten, hat J. Driehaus angesprochen.[10] Es bleibt dabei nicht nur eine gewisse Abhängigkeit vom zufällig erhaltenen Fundbestand zu bedenken, sondern vielmehr noch die Frage zu stellen, ob dem Artifex auch immer alles Gerät, eine Auswahl oder nur einiges gerade Greifbare mitgegeben worden ist. Dieses Bedenken gegen eine zu scharfe Forderung an den Fundstoff und seine Interpretation ergibt sich aber auch mit dem Hinweis auf die relativ kleine Zahl der bisher festgestellten 18 Schmiedegräber des 5. bis 8. Jahrhunderts in den von Germanen besiedelten Gebieten[11] gegenüber den 30 000–40 000 merowingisch-fränkischen Gräbern.[12]

Der Tote bestattet sich nicht selbst. Dies sollte bei der Interpretation des Ganzen nicht vergessen werden. Denn in dem, was dem Toten mitgegeben worden ist, verbergen sich nicht nur rechtliche Vorstellungen des Anspruchs, sondern mehr noch jene der Wertschätzung und der Achtung, die sich der Tote in der Gemeinschaft, in der er lebte, erworben hatte. Ansehen, Ruhm und die aus der Totenklage im Augenblick der Beisetzung geborene Gabenfreudigkeit der Überlebenden wirken doch wohl mehr in den Beigabenbrauch hinein als häufig bedacht.

Die Weite der durch Jahrtausende wirksamen und zu bedenkenden Motivationen soll hier beispielhaft mit drei Texten verdeutlicht werden:

1. Von der Beigabe dessen, was der Tote besaß:
   ‚Egil ließ ganz vorn auf der Landspitze einen Grabhügel aufführen. In diesem ward Skallagrim beigesetzt mit Waffen, Roß und Schmiedewerkzeugen, die er besaß . . .‘[13]
2. Die besonderen Beigaben, die durch im Leben erworbene Achtung und Liebe mitgegeben werden:
   ‚Man grub ein Grab und setzte Thorolf dort hinein mit all seinen Waffen und Gewändern. Dann steckte ihm Egil einen Goldring an jeden Arm, bevor er sich von ihm trennte . . .‘[14]
3. Ein Text aus den Troerinnen des Euripides, der über die dem Toten mitgegebenen Beigaben hinaus auch die Bedeutung der Beigaben für die Gemeinschaft der Überlebenden erkennen läßt:

[8] J. Werner, Waage und Geld in der Merowingerzeit (Sitzungsberichte der Bayerischen Akademie der Wissenschaften, Philosophisch-Historische Klasse, Jahrg. 1954, Heft 1) S. 11.

[9] Im inzwischen bekanntgewordenen Schmiedegrab von Hérouvillette ist eine Waage vorhanden. S. J. Decaens, Un nouveau cimetière du haut moyen-âge en Normandie Hérouvillette (Calvados) (Arch. médiévale 1, 1971, S. 1–125) (Männergrab 10).

[10] J. Driehaus, Zum Problem der merowingischen Goldschmiede (Nachrichten der Akademie der Wissenschaften in Göttingen, Philologisch-Historische Klasse, Jahrg. 1972, Nr. 7) S. 393.

[11] Der Münsterer Sonderforschungsbereich ‚Mittelalterforschung‘, 8. Bericht (Frühmittelalterliche Studien 9, 1975, S. 443–457) S. 444.

[12] J. Werner, Fernhandel und Naturalwirtschaft im östlichen Merowingerreich nach archäologischen und numismatischen Zeugnissen (Settimane di studio del centro italiano di studi sull'alto medioevo 8, 1960, Spoleto 1961, S. 557–618) S. 558.

[13] Die Geschichte vom Skalden Egil, übertragen von F. Niedner (Thule III) Jena 1911, S. 172.

[14] Ebd. S. 145.

‚Was schiert die Toten Kranz und Sang und Schmuck? Mit einem prächtigen Begräbnis schmückt die Eitelkeit sich nur, die leben bleibt.'[15]

In der sachlichen Aussage dieser Texte werden für die Interpretation von Beigaben gewiß Schwierigkeiten erkennbar, die aber nicht zur Resignation des Bemühens führen, sondern nur daran erinnern sollen, daß eine Klassifikation der Funde zwar als Bemühen um wissenschaftliche Ordnungsprinzipien gelten mag, aber dabei das Individuelle des Alltags nicht nur nicht erfaßt, sondern auch falsch wiedergeben kann. Für die Interpretation des Beckumer Schmiedegrabes ergibt sich durch besondere Feststellungen vielleicht eine Möglichkeit der Klärung.

In zeitgleichen Gräbern des Beckumer Grabfeldes gibt es einige Stücke, die Reparaturen zeigen. Es sind dies:

1. ein zerbrochener und durch eine Bronzeplatte mit 3 Nieten wieder zusammengesetzter länglicher bronze-verzinnter Stangenbeschlag eines Zaumzeugs in Grab 17.[16]
2. Im zeitgleichen Fürstengrab von Beckum[17] wurden – als nachgeworfenes Stück über dem Sarg – Teile einer hölzernen Schale gefunden, die außen mit Goldblechen verziert war. Die Holzwandung dieser Schale war innen mit einem 10 cm langen Messerschnitt beschädigt. Über diesen Schnitt hatte man innen ein verziertes Silberpreßblech mit silbernen Nägeln befestigt. Dieses silberne Preßblech zeigt ein Ornament, das dem der Goldbleche entspricht.

Die Feststellung dieser beiden Reparaturen an zeitgleichen Funden läßt daran denken, daß in der Reihe der bekannten Gräber mit großer Wahrscheinlichkeit auch jener Artifex zu suchen ist, der sie durchgeführt hat, einmal am Material verzinnter Bronze, zum anderen mit silbernem Preßblech. Da das Grab mit dem Arbeitsgerät oder einem Teil des Arbeitsgerätes vorhanden ist, liegt es meines Erachtens nahe, daran zu denken, im Schmiedegrab von Beckum jenen Artifex zu erblicken, der in der Lage war, u. a. auch die Reparaturen mit verschiedenen, z. T. ‚edleren Metallen' auszuführen.

Wenn man bedenkt, wie oben schon bemerkt, daß aus den 30 000–40 000 Gräbern des 5. bis 8. Jahrhunderts nur 18 Gräber mit Schmiedegerät, welcher Zusammensetzung auch immer, bekanntgeworden sind, so sollte allein diese Tatsache vor allzu enger Interpretation der Befunde bewahren. Denn hier wird nicht der Schmied mit seinem Gerät bestattet, unter der Voraussetzung, jeder Schmied ist mit seinem Werkzeug bestattet worden, sondern, der hier Bestattete besaß in seiner Gemeinschaft so viel besonderes Ansehen wegen seiner handwerklichen Fähigkeiten, daß man ihn darum mit der Zugabe von Arbeitsgerät ausgezeichnet hat. „Das alles diente auch dem Ansehen des Toten und seines Erben."[18]

Darüber hinaus verweisen die auszeichnenden Beigaben aber auch auf eine besondere Stellung und Aufgabe dieses Toten im Totenreich in der Schar der ebenfalls auserwählten Krieger. Somit ist das mitgegebene Arbeitsgerät des Schmiedes von Beckum zwar zunächst Werkzeug, aber darüber hinaus sichtbare Anerkennung erworbenen Ansehens[19] und im heidnischen Bereich Kennzeichnung für neue Aufgaben im Totenheer. So dürfte auch die Diskrepanz zwischen den 18 bisher festgestellten Schmiedegräbern in der Masse der etwa 40 000 Gräber verständlich werden.[20]

[15] Euripides, Troades 1248–50; Übersetzung: F. Werfel, Die Troerinnen (nach der Tragödie des Euripides), Leipzig 1918, 10. Auftritt, S. 117.

[16] Borggrewe (wie Anm. 5) S. 347 und Taf. V 17g und 17n.

[17] Eine formengleiche, aber in den einzelnen Stücken etwas größere Zaumzeuggarnitur lag auch in einem der Doppelpferdegräber zu Füßen des ‚Fürstengrabes' von Beckum. Dazu: W. Winkelmann, Das sächsische Fürstengrab von Beckum (Stadt Beckum, hg. von der Stadt Beckum 1972) Farbtafel.

[18] G. W. Weber, Odins Wagen (Frühmittelalterliche Studien 7, 1973, S. 88–98) S. 98f. Anm. 40.

[19] Hier darf (nur als *ein* Beispiel) an die in der Vita Meinwerci überlieferte Nachricht erinnert werden, daß Bischof Meinwerk von Paderborn (1009–1036) einen von ihm besonders geschätzten Baumeister in der Krypta des Domes in Paderborn bestatten und auf seinem Grab Hammer und Kelle niederlegen ließ. Vita Meinwerci episcopi Paderbrunnensis, hg. von F. Tenckhoff (MGH SS rer. Germ., 1921) S. 19f.

[20] Die hier gebotene Interpretation ist durch Feststellungen im Ausgrabungsfeld der karolingischen Pfalz in Paderborn entstanden. Dort lagen in der Schicht der im Jahre 778 durch die Sachsen zerstörten Pfalz mehrere Eisenschmelz- und Eisenschmiedeplätze in und neben den Pfalzgebäuden. Sie machen deutlich, daß es im Personalbestand ‚kämpfender Einheiten' – hier der Sachsen – auch Schmiede gegeben hat, die Waffen und Gerät an Ort und Stelle angefertigt und

Wenn man voraussetzt, daß spezielle Fertigkeiten der Warendorfer oder Beckumer Schmiede sich auch in dazu notwendigen Arbeitsgeräten anzeigen müßten, bliebe eine schärfere Kennzeichnung erschwert.
Im Beckumer Grab sind es in erster Linie Hammer, Zange und Stichel, die den Eisenhandwerker erkennen lassen, darüber hinaus besteht jedoch die Wahrscheinlichkeit, in dem Toten auch den Ausführenden der Reparaturen zu erblicken, die in Bronze und Silber vorliegen. Damit könnte aber auch die mitgegebene Schnellwaage wieder eine dem Handwerker zugehörige Funktion erhalten, nämlich die, mit edleren Metallen zu arbeiten. Damit wäre eine vielseitigere Tätigkeit erschließbar.
In den Warendorfer Funden ergibt sich zunächst nur von der ausgehämmerten Eisenluppe und den Rennfeuerschlacken durch die vorliegende Analyse die Fertigung von eisernen Geräten an Ort und Stelle. Hinzu treten aber aus dem Fundmaterial einige Stücke, die auch hier eine über den Grobschmied hinausweisende Tätigkeit vermuten lassen. Es sind: eiserne Schlaufensporen, ein eiserner tordierter Armreif, eiserne Schnallen mit Schilddorn, Stücke von eisernen Bratspießen, eiserne Löffelbohrer, eiserne Schlaufen von Sattelbeschlägen und vor allem ein messingtauschierter eiserner Sporn. Diese Funde lassen auch für den Schmied der Warendorfer Siedlung eine vielseitige Tätigkeit erschließen.

c) Die Schmiedeanlage von Gemen, Kr. Borken

Bei Begradigung des Aa-Laufes östlich Gemen bei Borken sind auf der Aa-Terrasse ein 5,5 x 12 m großer Hausgrundriß mit Scherben des 8. und 9. Jahrhunderts, zwei Lanzenspitzen und eine bronzene Rechteckfibel mit Emaileinlage des frühen 9. Jahrhunderts und in unmittelbarer Nähe 5 nebeneinanderliegende Eisenschmelzöfen freigelegt worden. Die Anlagen gehörten zu einem bis jetzt nur angegrabenen frühmittelalterlichen Hofbezirk neben der sog. Müggenborg, der Materialien des 8. bis 10. Jahrhunderts geliefert hat. Der Fundplatz gehört zur „Konynghinchofe de genannt is de Müggenborg“, dem Heiratsgut der späteren Königin Mathilde, das im Jahre 962 dem Kloster Nordhausen geschenkt worden ist. Diese nebeneinanderliegende Reihe von Eisenschmelzöfen bei einer frühmittelalterlichen Burganlage zeigt Verbindungen von Burg und Handwerk, die in dieser Landschaft erstmalig angetroffen worden sind.[20a]

d) Arbeitsplätze für Bronzeguß

Frühmittelalterliche Arbeitsplätze mit Öfen oder Ofenresten für Bronzeguß sind bisher sicher an zwei Orten gefunden worden. Es sind dies: eine Bronzegießersiedlung bei Kückshausen, Gemeinde Westhofen, Kr. Iserlohn, und zwei Ofenanlagen in der sächsischen Siedlung in Münster. Über die von J. Spiegel und H. Beck durchgeführten Ausgrabungen in Kückshausen hat T. Capelle berichtet.[20b] Außer einem Trockenmauerwerk eines kleinen Gebäudes sind wenigstens 11 Ofenstellen mit Buntmetallschlacken, Tiegelresten, Holzkohle und rotverglühten Wandungsteilen festgestellt worden. Die mitgefundene Keramik datiert den Bezirk in das 9. und 10. Jahrhundert. Beachtenswert ist der Fund eines vergoldeten Y-förmigen karolingischen Riemenverteilers aus Bronze. Die Funde verweisen auf einen besonderen Handwerksbezirk.
In der vorkarolingisch-sächsischen Siedlungsschicht des 8. Jahrhunderts auf dem Nordhang der späteren Domburg Münster sind nach der Abtragung des karolingischen Walles zwei kleine, mit Steinen umsetzte runde Ofenstellen von 0,25 m und 0,6 m Durchmesser mit Bronzeresten freigelegt worden. In unmittelbarer Nähe lag eine kleine Ofenstelle mit ovaler Grundfläche, an der

repariert haben. Auch in den Gräbern des in dem von Borggrewe veröffentlichten Friedhofes (s. Anm. 5) machen schon im vergangenen Jahrhundert vorgetragene Beobachtungen und die relativ große Anzahl der Spathen, Saxe, Lanzenspitzen und Pferdetrensen im NO-Teil des Grabfeldes kriegerische Vorgänge wahrscheinlich. Hierzu gehört auch die Feststellung, daß der im ‚Fürstengrab‘ des benachbarten Grabfeldes beigesetzte Tote auf seinem Schild bestattet war.

20a A. Heselhaus, Beim Schmied zur Karolingerzeit (Münsterländer Heimatkalender 1, 1938, S. 81–83).

20b T. Capelle, Die karolingisch-ottonische Bronzegießersiedlung bei Kückshausen (Frühmittelalterliche Studien 8, 1974, S. 294–302).

randlich noch die kuppeltragenden 6 cm breiten Holzstäbe angekohlt erhalten waren. Es dürfte sich hier um einen kleinen Heizofen handeln.[20c]

d) Eisenverhüttung im südlichen Westfalen

Besondere Beachtung verdienen die seit Jahrzehnten im südlichen Westfalen durch Böttcher, Gilles und Krasa durchgeführten Forschungen zur Eisenverhüttung. Sie sind für das südwestliche Westfalen durch M. Sönnecken weitergeführt und mit neuen Feststellungen wesentlich bereichert worden. Er berichtet in der im Jahre 1971 vorgelegten Arbeit über die mittelalterliche Rennfeuerverhüttung im märkischen Sauerland u. a. über 24 frühmittelalterliche Siedlungsplätze mit Eisenschlacken und über 4 weitere Rennfeuerplätze mit frühmittelalterlicher Keramik des 8. und 9. Jahrhunderts. „Der archäologische Befund verdeutlicht die enge Koppelung von Siedlung und Eisengewerbe. Die Eisenherstellung und Verarbeitung wurde offenbar in hausgewerblicher Form zur Eigenversorgung mit Geräten, Werkzeugen und Waffen durchgeführt. Die technischen Kenntnisse und Fertigkeiten zur Bewältigung des Schmelzprozesses dürften die Kolonisten aus ihren Herkunftsgebieten mit ins Gebirge gebracht haben. Ihre eisengewerblichen Fähigkeiten bildeten die menschlichen Voraussetzungen für die umfangreiche Entfaltung der Rennfeuerverhüttung im 10./11. bis 13. Jahrhundert, wovon noch über 1100 Schlackenhalden in unseren Bergen zeugen.“[20d]

2. Spinnen und Weben

Die Ausgrabungen in der sächsischen Siedlung bei Warendorf haben auch Zeugnisse für die Tätigkeit des Spinnens und Webens geliefert. Es sind: Webgewichte, Spinnwirtel, eiserne Scheren und ein Stück eines Flachshechels. Hinzu kommt die mehrfache Beobachtung der Standspuren des auf zwei Pfosten errichteten stehenden Webstuhls mit der vertretenen Arbeitsmulde im Innern vor einer Längswand der Grubenhäuser.

Die etwa 0,5–1,0 m in den Boden eingegrabenen sog. Grubenhäuser gehören zum normalen Baubestand kaiserzeitlicher und frühmittelalterlicher Siedlungen. Es sind aber Nebengebäude und keine eigentlichen Wohnräume. Sie bilden etwa 2–3 m große vier- oder rechteckige Grundrisse mit 6–8 Pfosten des dachtragenden Hausgerüstes, zwischen die Flechtwände, vereinzelt aber auch Wände aus senkrechten Bohlen eingespannt waren. Dort, wo der originale Befund erhalten ist, liegen meist die runden Webgewichte aus gebranntem, sehr häufig aber auch aus ungebranntem Ton in einer langen Reihe nebeneinander im Boden.

Der beigefügte Ausschnitt aus der ergrabenen Warendorfer Siedlungsfläche zeigt die Grubenhäuser, in denen Webgewichte erhalten waren (Taf. 81). Er läßt erkennen, daß es sich bei den Grubenhäusern fast ausschließlich um Webhütten handelte, d. h. um jene Arbeitshütten, die in der Lex Saxonum und der Lex Frisionum als *screona,* in der Lex Salica als *screona* und *genicium,* in der Lex Alamannorum als *genicium* angesprochen werden.[21]

So unbedeutend und im ergrabenen Siedlungsgefüge unterbewertet auch vielfach diese Grubenhäuser mit den flach-runden, zu Webgewichten geformten Tonkugeln erscheinen mögen, so lassen doch schon die häufig mitgefundenen und zugehörigen eisernen Schlüssel erkennen, daß diese Häuser durch Schlösser gesichert und ‚wertvoll‘ waren. So ist auch wohl ihr besonderer und „hoher rechtlicher Schutz“ zu verstehen, der im Kapitel 33 der Lex Saxonum seinen Ausdruck findet: *Qui in screona aliquid furaverit, capite punietur.*

[20c] Winkelmann (wie Anm. 29) S. 34.

[20d] M. Sönnecken, Die mittelalterliche Rennfeuerverhüttung im märkischen Sauerland (Landeskundliche Karten und Hefte der geographischen Kommission für Westfalen, hg. von W. Müller-Wille und E. Bertelsmeier. Reihe, Siedlung und Landschaft in Westfalen, Heft 7, 1971); vgl. auch O. Krasa, Neue Forschungen zur vor- und frühgeschichtlichen Eisenindustrie im Siegerland (Westfälische Forschungen 8, 1955, S. 194ff., mit 230 frühmittelalterlichen Eisenschmelzplätzen) sowie oben Anm. 2.

[21] Dazu Hildegard Dölling, Haus und Hof in den westgermanischen Volksrechten (Veröffentl. der Altertumskommission im Provinzialinstitut für westfälische Landes- und Volkskunde, Bd. II) Münster 1958.

Auch die Lex Salica stellt diese *screona* ausdrücklich unter den Schutz des Gesetzes: cap. 27, 29 und 30: *Si quis screonam sine clave effregerit, . . . DC denarios qui faciunt XV solidos culpabilis iudicetur. Si quis screonam qui clavem habet effregerit, . . . MDCCC denarios qui faciunt solidos XLV culpabilis iudicetur.*[22]
Innerhalb der zur Textilherstellung gehörenden Fundmaterialien ist das Stück eines Flachshechels von besonderer Bedeutung (Taf. 82, 1). Im originalen Befund steckten zwei Reihen von je 9 eisernen Stiften in einem Weichholz.
Gewebereste sind im Fundmaterial der Warendorfer Siedlung nicht erhalten. Aus westfälischen Grabfunden des 7. und 8. Jahrhunderts – also zeitgleich mit der Dauer der Warendorfer Siedlung – liegen jedoch Gewebestücke vor, deren Reste in den Oxyd-Schichten von eisernen und bronzenen Gegenständen erhalten geblieben sind, besonders an eisernen Messern, bronzenen Riemenzungen und Fibeln.[23]
Die Tafeln 83; 84 zeigen einen Teil des bis jetzt überschaubaren Bestandes. Es sind in der Mehrzahl der Stücke Leinenbindungen, unter denen einige Male sehr feine Gewebe mit über 20 Kett- und Schußfäden auf den Quadratzentimeter erscheinen. Außerdem liegen Rips- und Köperbindungen und in einem Fall auch mit einem zusätzlichen Schlingstich überdeckte Gewebe vor.
Besonders zu erwähnen ist der Befund an einigen Fibeln (Taf. 85), auf deren Rückseite, von der Nadel erfaßt, zwei bis drei verschiedene Gewebearten erhalten geblieben sind. Das Gewebe auf der Fibel Lembeck 75 zeigt zusammen Linksgradköper, Ripsbindung und Spitzköper in einem Stück.
Gewebe mit Leinen-, Köper- und Ripsbindungen stehen in einer langen Tradition. Sie sind in Beispielen schon aus prähistorischen Epochen bekannt geworden. Auch aus frühgeschichtlichen Grabfeldern Mittel- und Westeuropas sind wiederholt Belege veröffentlicht. Im fränkischen Westeuropa des 7. Jahrhunderts sind aber in Fortführung römischer industrieller Spezialisierung auch schon regelrechte Webfabriken, die großen Genicäen, literarisch belegt, deren besondere Industrie- und Handelsmissionen für das frühe Mittelalter auch von adligen Grundherren, Klöstern und der Kirche benutzt worden sind.
Die Diskussion über diese Entwicklung ist vor Jahren durch die Entdeckung der großen Webhäuser in der Pfalz Tilleda durch Paul Grimm[24] neu belebt und durch die Vorlage weiterer historischer Belege für das frühe Mittelalter durch E. Ennen und F. Irsigler[25] weitergeführt worden. Das Bemühen der gegenwärtigen und zukünftigen Diskussion wird sich vornehmlich der Beantwortung der Frage widmen, wann die eigentliche gewerbliche Entwicklung sich aus dem hausgewerblichen Gefüge gelöst hat und die Leinen- und Tuchproduktion als gewerbliches Unternehmen, das den Handel beliefert, selbständig geworden ist.[26] Das schon durch P. Kletler[27] zusammengetragene schriftliche Belegmaterial läßt erkennen, daß es eine vereinfachte Lösung dieser Probleme nicht geben wird, da schon früh der Erzeuger auch als Händler auftritt[28] und die Trennung des Gewerbes als Teil der Hauswirtschaft oder als gewerbliche Fertigung kaum zu lösen sein wird, da beides offenbar noch über Jahrhunderte nebeneinander betrieben worden ist.
Wichtig bleiben die hier vorgelegten Gewebe vor dem Hintergrund der nordwesteuropäischen früh- und hochmittelalterlichen Textilwirtschaft von Flandern bis Friesland einschließlich der britischen Inseln, die in den mittelalterlichen Quellen als besondere Textilien liefernde Gebiete überliefert sind.

[22] Lex Saxonum, hg. von C. Frh. von Schwerin (MGH Fontes iuris germ. ant. in us. schol., 1918) S. 26 sowie Pactus Legis Salicae, hg. von K. A. Eckhardt (MGH LL nat. germ. IV, 1, 1962) S. 107f.

[23] Beispiele aus den Gräbern von: Beckum, Kr. Beckum (wie Anm. 5); Berghausen, Kr. Meschede, Westfalen 16, 1931, S. 192 Nr. 7; Hemer, Kr. Iserlohn, Germania 37, 1959, S. 303; Lembeck, Kr. Recklinghausen, Bodenaltertümer Westfalens 7, 1950, S. 31; Soest, Kr. Soest, Germania 14, 1930, S. 166f.

[24] P. Grimm, Tilleda. Eine Pfalz am Kyffhäuser. Teil II (Deutsche Akademie der Wissenschaften zu Berlin. Schriften der Sektion für Vor- und Frühgeschichte 24) Berlin 1968, S. 129.

[25] F. Irsigler, Divites und pauperes in der Vita Meinwerci (Vierteljahresschrift für Sozial- und Wirtschaftsgeschichte 57, 1970, S. 482ff.); Edith Ennen, Das Gewerbe auf dem europäischen cisalpinen Kontinent vom 6. bis 11. Jahrhundert in verfassungsgeschichtlicher Sicht (Early Medieval Studies 8, 1975, S. 5ff.).

[26] Dazu H. Preidel, Handel und Handwerk im frühmittelalterlichen Mitteleuropa, München 1965.

[27] P. Kletler, Nordwesteuropas Verkehr, Handel und Gewerbe im frühen Mittelalter, Wien 1927, S. 68ff.

[28] Ebd. S. 69.

II.

1. Kammacherei von Münster

In der ersten durch die Errichtung eines Neubaues veranlaßten Grabung innerhalb der alten Domburg Münster, etwa 60 m östlich des Domes, hart nördlich der vom Domplatz zum Drubbel führenden Domgasse gelegen, sind im Jahre 1953 in einer etwa 55 qm großen Grabungsfläche Siedlungsspuren des 8. bis 12. Jahrhunderts festgestellt worden.
Grubenhäuser des 8. bis 10. Jahrhunderts, die Wandspuren eines ebenerdigen vorkarolingischen Gebäudes und eine trockenverlegte schmale Steinmauer eines alten Torhauses des 9. bis 12. Jahrhunderts waren mit zahlreichen keramischen und metallenen Funden der erste Hinweis auf die vorkarolingische Besiedlung und die karolingische civitas Mimigernaford–Münster.[29]
Zum älteren Horizont des 8. Jahrhunderts gehören neben keramischen Funden viele Werk- und Abfallstücke einer Kammacherei. Das bezeugen nicht nur über 300 abgesägte Gelenkköpfe von den Vorder- und Unterarmknochen von Pferden, sondern auch Überreste von Pferdeschädeln, die, wie die Extremitätenknochen, zu Rohstücken verarbeitet worden sind.
Tafel 86 zeigt einige der abgesägten Gelenkköpfe und einen abgesägten Unterkiefer. Tafeln 87; 88 enthalten eine kleine Auswahl der schon zurechtgeschnittenen Stücke und Abfallmaterial: halbierte, schon glattgeschnittene Röhrenknochen, zurechtgeschnittene Knochenplatten, schmale, halbrunde Kammleisten und einen einseitigen Dreilagenkamm. Die Aufsicht auf die Nackenpartie des Kammes zeigt, wie er angefertigt wurde: eine Reihe vier- und rechteckiger Knochenplatten wird durch zwei schmale D-förmige Kammleisten mit 4–5 Nieten zusammengehalten und befestigt. Anschließend werden die Kammzähne aus den Knochenplatten ausgesägt. Die Kammleisten sind mit einem zweilinigen Winkelbandornament verziert. Das keramische Begleitmaterial, Stratigraphie und ornamentale Verzierung des Kammes datieren diese Kammwerkstatt in das 8. Jahrhundert. Für den Platz Mimigernaford–Münster gibt diese Kammwerkstatt zusammen mit den vielen Resten der vorkarolingischen Schmiedetätigkeit mit Ofensauen und Eisenschlacken und den Feststellungen kleiner Ofenanlagen für Bronzeguß den archäologischen Hinweis auf eine gewisse vorkarolingische Bedeutung der Siedlung und damit auf jene *populi frequentia* als Anlaß, hier eine karolingische civitas einzurichten.[30] Mit dieser Feststellung wird vor dem Hintergrund der bis jetzt bekannten frühmittelalterlichen Kammachereien m. E. eine allgemein gültige Besonderheit für dieses Handwerk sichtbar, die es von den zweigleisig arbeitenden – teils haus-, teils produktionsgewerblichen – Betrieben des Schmiedes und der Spinnerei und Weberei abhebt. Denn eine Kammacherei hat sicher nicht nur zur Befriedigung der eigenen Bedürfnisse, sondern für eine gewerbliche Produktion zum Verkauf oder Tausch gearbeitet. Außerdem ist darauf hinzuweisen, daß die zur Anfertigung von Kämmen notwendigen Eisen- und Bronzenieten und Geräte (Säge und Messer) eine gewisse Nähe oder Nachbarschaft anderer Handwerke verlangt, die diese Teile anlieferten. D. h., schon die Feststellung einer Kammacherei läßt die Nähe anderer – hier – metallverarbeitender Werkstätten voraussetzen. Diese Versammlung mehrerer verschiedener Handwerke an einem Ort verweist aber auf jene *populi frequentia* und damit einen Ort oder Siedlungsbereich besonderer Bedeutung.
Die bis jetzt vorliegenden archäologischen Feststellungen bezeugen die Anwesenheit mehrerer und verschiedener Handwerke an jenen Plätzen, von denen Kammachereien bekannt geworden sind, so Dorestad, Haithabu, Hamburg, Wollin, um nur einige zu nennen.
Aus dieser Ansammlung verschiedener Handwerke an einem Platz in der Zeit vor der karolingischen Eroberung Sachsens durch die Franken ist also am ehesten auch eine eingrenzendere Aussage für die Organisation des Handwerks zu gewinnen: wirtschaftlich gesehen handelt es sich um ein gewerbliches, für den Absatz produzierendes Handwerk; sozial gesehen, besteht die

[29] W. Winkelmann, Ausgrabungen auf dem Domhof in Münster (Monasterium, Festschrift zum siebenhundertjährigen Weihegedächtnis des Paulus-Domes zu Münster, hg. von A. Schröer, Münster 1966, S. 25ff.).

[30] Translatio S. Liborii c. 2, MGH SS IV, S. 150. W. Schlesinger, Städt. Frühformen zwischen Rhein und Elbe (Studien zu den Anfängen des europäischen Städtewesens. Vorträge und Forschungen, hg. vom Konstanzer Arbeitskreis für mittelalterliche Geschichte, IV, Konstanz 1958, S. 297–362).

Wahrscheinlichkeit, daß es neben Handwerkern, die einem Grundherren verpflichtet waren, auch freie gab.
Darüber hinaus aber beansprucht das in Münster vorliegende Knochenmaterial selbst besonderes Interesse. Nach der Bestimmung durch Herrn Professor Dr. Wehrli, früher Münster, handelt es sich bei den Knochen, Gelenkstücken und Rohmaterial ausschließlich um Pferdeknochen. Dieser Sachverhalt gibt Anlaß, die Frage zu stellen, ob der Befund in jene heidnisch-sächsische Glaubenswelt einzuordnen ist, in der das Pferd vom 6. Jahrhundert an für Kult, Opfer und Totenglauben eine religiöse Bedeutung gehabt hat. Sie erhält in Münster noch einen besonderen Akzent durch das etwa 100 m nordwestlich der Kammacherei festgestellte große Bauopfer unter dem karolingischen Wall, mit Pferd, Hund und Kamm.[31]

2. Der fränkische Töpferofen von Geseke, Kr. Lippstadt

Am 28. März 1973 wurde in Geseke, Kr. Lippstadt, bei Baggerarbeiten für den Neubau eines Gemeindezentrums unmittelbar südlich der Kirche des in der Mitte des 10. Jahrhunderts gegründeten Damenstiftes ein Teil eines Töpferofens freigelegt.[32]
Bei der ersten Besichtigung am 30. 3. 1973 waren in dem etwa 2,3 m breiten und über 2,0 m tiefen Baggergraben die südliche Hälfte des Ofens mit Teilen der Brennplatte und dem südwestlich davon ansetzenden Feuerungskanal mit davorliegender 2,0 x 2,5 m großer Arbeitsgrube sichtbar. Die nördliche Hälfte des Ofens lag noch unter einer Ostwest-Bruchstein-Mauer eines alten Stiftsgebäudes (Taf. 82, 2). Nach dem Abbruch der Mauer ergab sich der folgende Befund (Taf. 89, 1):
Die Brennplatte des Ofens war eine kreisrunde Fläche von 1,3 m Durchmesser. Sie öffnete sich nach Südwesten zu einem 0,4 m breiten und etwa 0,8 m langen Feuerungskanal. Südwestlich davor lag die 2,0 x 2,5 m große, mit Holzkohle und Scherben angefüllte Arbeitsgrube. Die 4–5 cm starke Brennplatte aus lehmverstrichenen Steinen war flach muldenförmig angelegt und zement- und dunkelgrau gebrannt. Auch die 6–8 cm dicke Ofenwandung mit lehmverstrichenen Steinen und großen eingestrichenen Scherbenstücken war dunkelgrau und hart gebrannt. Diese Ofenwandung war im Westteil noch 0,47 m hoch und im Ostteil noch 0,97 m hoch erhalten. Brennplatte, Feuerungskanal und Wandung begleitete außen ein 12–15 cm breiter, durch die Hitze rot gebrannter Streifen des anstehenden lehmigen Mergelbodens. Auf der Brennplatte stand in Richtung des von Südwest herangeführten Feuerungskanals, aber etwas nach Osten versetzt, eine noch 0,6 m lange und 0,4 m hohe, aus lehmverstrichenen Steinen aufgebaute langrechteckige Ofenzunge, am Fuß 0,2 m und oben noch 12 cm breit. Sie war an den Seitenwänden und oben glatt verstrichen und dunkelgrau wie die Ofenwandung hart gebrannt. Diese Ofenzunge war an dem hinteren Teil der Ofenwandung angestrichen. Durch die aus der Mitte etwas nach Osten versetzte Ofenzunge entstand im östlichen Teil des Ofens ein etwas kleinerer, im westlichen Teil ein etwas größerer Brennraum. Durch die auf den Feuerungskanal weisende Ofenzunge sollte wohl die einschlagende Flamme geteilt werden.
Die Brennplatte war einmal mit einer 12 cm starken Lehmauflage, deren Oberfläche mit Steinen und großen Gefäßscherben befestigt war, erneuert worden. Sie war beidseitig an die Ofenzunge angestrichen. Dabei war auch die Ofenzunge mit einer 4 cm starken, durch den Brand rot gefärbten Lehmschicht erhöht worden.
Die Ofenwandung war im Profil auf der Ostseite noch 0,97 m hoch, auf der Westseite noch 0,47 m hoch und im Nordteil unter der Mauer noch 0,4 m hoch erhalten. Über dem östlichen Profilstück

[31] W. Winkelmann, Eine mittelalterliche Stadt wird gegründet (Kölner Römer-Illustrierte 2, 1975, S. 247f.) S. 248; vgl. auch ders., Vorchristliches Totenbrauchtum im 7. Jahrhundert nach Christus (Rheinisch-westfälische Zeitschrift für Volkskunde 10, 1963, S. 184–187) sowie M. Müller-Wille, Pferdegrab und Pferdeopfer im frühen Mittelalter (Berichten van de Rijksdienst voor het Oudheidkundig Bodemonderzoek 20/21, 1970/71, S. 119–248) S. 123, Abb. 3, mit dem massierten Auftreten der Pferdegräber im sächsischen Bereich.
[32] Für die schnelle Benachrichtigung, die eine sofortige Ausgrabung ermöglichte, ist Herrn Dr. Lobbedey, Münster, sehr zu danken.

der Ofenwandung lag eine 0,3 m starke humose Oberfläche, die in dieser Stärke erst nach der Aufgabe des Ofens entstanden war. In 40 cm Höhe setzte die dunkelgraue Wandpackung scharf nach innen um 10 cm ab. Ihr folgte auch der äußere Streifen mit der Rotfärbung des anstehenden Bodens. Die unter der Mauer bis 40 cm hoch erhaltene Ofenwand zeigte im ganzen nördlichen Halbrund in dieser Höhe eine schräg nach innen abfallende Kante.

Im Innern des Ofens lagen auf der Brennplatte große dicke Brocken von graugebrannten oberen Partien der Ofenwandung, vermengt mit Scherben und Holzkohle. Unmittelbar auf dem Boden der etwas kleineren östlichen Brennkammer lagen große Holzkohlestücke und auch dickere, nur angebrannte Zweige mit Scherben von Knickwandgefäßen. Das kann ein Hinweis darauf sein, daß bei vermindertem Flammeneinschlag in diesem kleineren Brennteil die etwas dünnwandigere Knickwandware gebrannt worden ist.

Sichere Anhaltspunkte für eine obere, evtl. durch die Ofenzunge unterstützte Brennplatte mit Löchern darin – wie bei den älteren römischen Öfen – haben sich nicht feststellen lassen. Auch für das Vorhandensein von dicken Tonwülsten eines oberen Brennrostes gibt es keine eindeutigen Hinweise.

Leider lieferte auch die Feststellung im besser erhaltenen nördlichen Teil des Ofens, wo von der in 0,40 m Höhe nach innen abgesetzten Wandung dicke, streifige Tonbrocken schräg nach unten zum Fuß der Ofenzunge geneigt lagen, keine sicheren Hinweise auf das Vorhandensein eines Brennrostes oder von tönernen Balken. Es bleibt also nur die Annahme, daß die Gefäße direkt auf den unteren Brennplatten gebrannt worden sind.

Südwestlich vor der Öffnung des Feuerungskanals lag die in der Grundfläche etwa 2,0 x 2,5 m große wannenartige Grube des Arbeits- und Heizraumes. Diese Grube war mit Brandresten, Holzkohle und viel Scherbenmaterial angefüllt. Die Scherben lagen an dieser Stelle nur in den unteren festgetretenen Lagen noch original, die Masse des eingefüllten Materials wird erst nach der Aufgabe des Ofens aus einem ursprünglich auf der alten Oberfläche neben der Arbeitsgrube lagernden Abfallhaufen in die Grube gekommen sein. Das Material entspricht insgesamt dem aus der Einfüllung gewonnenen.

Eine weitere Grube, mit Lehm, Schutt und Scherben angefüllt, wurde auf der Nordseite des Ofens angeschnitten, aber nur zum Teil ausgehoben. Auch das hier gefundene Scherbenmaterial entspricht in der Gesamtzusammensetzung den im Ofen und in der südwestlichen Arbeitsgrube angetroffenen Stücken. Vom Grunde der Grube, die in die Fläche eines spätkaiserzeitlichen Grubenhauses mit Pfosten eingegraben war, erschienen auch einige Stücke eines älteren handgemachten Gefäßes, der Bronzebügel einer profilierten Fibel des späten 4. Jahrhunderts und zwei kleine handgeformte Trinkbecher.

Die Funde

Das aus dem Ofen und den Arbeitsgruben geborgene Material ist in sich einheitlich. Die große Menge der Rand-, Wand- und Bodenscherben stammt von nur wenig geglätteten und rauhwandigen, meist hell- und dunkelgrauen, aber auch rötlichen, gelben und braunen dickwandigen, scharf gebranntenWölbwandgefäßen. Die Wandungen dieser rauhwandigen Gefäße sind in den oberen Partien meist gewölbt, während die Unterteile konisch zulaufen. Der im Innern meist mit breiten Drehfurchen bedeckte dicke Boden zeigt außen bei einigen Stücken einen abgesetzten Fußring. Zu diesen Gefäßen mit gewölbter Wandung gehören rund nach außen gebogene, keulen- und wulstförmig verdickte, viereckige oder oben waagerecht abgestrichene, aber auch scharf umgelegte und sichelförmig profilierte Ränder (Taf. 89, 2; 90, 1.2).

Außerdem liegen zahlreiche Bruchstücke von Knickwandgefäßen mit dünneren und glatteren Wandungen mit einem feineren Magerungsmaterial vor. Die Verzierung zeigt umlaufende ein- und zweizeilige Rillen, ein- und mehrzeilige Wellenbänder, ein- und zweizeilige Vier- und Rechteckrädchen und Rädchen mit Ziermustern (Taf. 91).

Das keramische Material gehört dem späten 6. und 7. Jahrhundert an. Die Verzierung der Knickwandgefäße enthält das aus den merowingerzeitlichen Grabfeldern Westeuropas bekannte Spektrum der auf der oberen Wandung umlaufenden einzeiligen oder mehrzeiligen Rillen, der mehrzeiligen Wellenbänder zwischen und ohne – oben und unten – begleitende waagerechte Rillengruppen, einfache und Doppelreihen von Vier- und Rechteckrädchen und umlaufende Reihen von Ziermustern.[33]

Auch bei den Wölbwandgefäßen bleiben die verschiedenartigen Randbildungen in der bekannten Spielbreite des späten 6. und 7. Jahrhunderts. Auffällig ist – am bisher bekannten Material gemessen – die Größe der Gefäße. Man ist zunächst geneigt, in ihnen größere Vorratsgefäße für den täglichen Gebrauch zu sehen. Doch auch zu diesen größeren Wölbwandtöpfen liefern benachbarte Grabfelder von Beckum, Soest und Berghausen datierte Grabfunde vom ausgehenden 6. bis in die Mitte und die zweite Hälfte des 7., vereinzelt auch noch des beginnenden 8. Jahrhunderts. Diese Formen werden im allgemeinen mit fortschreitender besserer Brenntechnik im Laufe des 8. Jahrhunderts von dünnwandigeren und feintonigeren Gefäßen der Badorf-Gruppen abgelöst.

In dem weiten Verbreitungsgebiet der merowingisch-fränkischen Keramik mit vielen Tausenden von Gefäßen sind bisher nur vier Öfen mit vergleichbaren keramischen Funden des 6. und 7. Jahrhunderts bekannt geworden. Es sind in der Reihenfolge ihrer Entdeckung:

1. ein Ofen in Trier,[34]
2. ein Ofen bei Krefeld-Gellep,[35]
3. und 4. zwei Öfen in Belgien bei der Stadt Huy.[36]

Zu ihnen gesellt sich der Töpferofen von Geseke als fünftes Exemplar. Inzwischen ist auch im Rheinland eine sechste Ofenstelle bei Bornheim, Rhein-Sieg-Kreis,[37] entdeckt worden.

Die Öfen von Krefeld-Gellep und Huy zeigen dem Geseker Befund nicht nur vergleichbare Maße in der Größe und dem technischen Aufbau der Öfen, sondern auch die Gleichförmigkeit der hergestellten Tonware.

Es wird eine Aufgabe der Zukunft sein, die durch Kalkbrockeneinschlüsse charakteristischen Merkmale der Geseker Töpferwaren auch in Gefäßen benachbarter Grabfelder des 6. und 7. Jahrhunderts festzustellen und damit jenes Gebiet einzugrenzen, das mit Gefäßen aus dieser Töpferei beliefert worden ist.

Welche Aussage ist nach dem derzeitigen Stand der Überlegungen über die Organisation eines solchen Töpfereibetriebes möglich? Es ist hier eben daran zu erinnern, daß das Töpfereigewerbe in den leges barbarorum und den frühmittelalterlichen Texten nicht erwähnt wird. Die bisher vorgetragenen Meinungen über die Einrichtung solcher Betriebe verweisen auf einen Grundherren als Organisator und Nutzer dieses Handwerks,[38] vielleicht ähnlich den Einrichtungen der Genicäen, in denen gegen Lohn gearbeitet worden ist. Ein ähnliches grundherrliches Fundament für die Töpferei darf auch in Geseke mit guten Gründen vorausgesetzt werden.

Geseke liegt an der vom Niederrhein nach Osten führenden Hellwegtrasse, und gehört zu jenen Orten, die durch Belege des 9. und 10. Jahrhunderts als königlicher Besitz ausgewiesen sind. Im Jahre 833 wird dieser Königsbesitz Geseke von Ludwig d. Frommen einem Grafen Ricdag übertragen, der wenige Jahre später die Stifte Meschede und Lamspringe gründete.[39] Im 10. Jahrhundert sehen wir ihn in der Hand der Familie der Haholde, die hier um 946 ein Damenstift gründete. Diese Schenkung Haholds hat Otto I. im Jahre 952 mit allem, was innerhalb des Mauerrings dieses befestigten Ortes enthalten ist, bestätigt.[40]

[33] Z. B. W. Hübener, Absatzgebiete frühgeschichtlicher Töpfereien nördlich der Alpen, Bonn 1969; Böhner (wie Anm. 6) Teil I, S. 35ff., Teil II, Taf. 1–7.

[34] Trier, An der Altbachbrücke. Zitiert ist nach Böhner (wie Anm. 6) I S. 293 und L. Hussong, Frühmittelalterliche Keramik aus dem Trierer Bezirk (Trierer Zeitschrift 11, 1936) S. 81.

[35] Renate Pirling, Ein fränkischer Töpferofen aus Krefeld-Gellep (Germania 38, 1960, S. 149ff.).

[36] J. Willems, Le quartier artisanal gallo-romain et merovingien de „Batta“ a Huy (Archaeologia Belgica 148, 1973).

[37] J. Jürgens, Die römische Wasserleitung und eine fränkische Töpferei in Bornheim, Rhein-Sieg-Kreis (Rheinische Ausgrabungen 75, hg. vom Rhein. Landesmuseum Bonn, S. 52f.).

[38] K. Böhner, Frühmittelalterliche Töpferöfen in Walberberg und Pingsdorf (Bonner Jahrb. 155/156, 1955/56, S. 372ff.).

[39] R. Wilmans, Die Kaiserurkunden der Provinz Westfalen I, 1867, S. 36ff. (Nr. 12). A. K. Hömberg, Geschichte der Comitate des Werler Grafenhauses (Westf. Zeitschrift 100, 1950, S. 112ff.); R. Wenskus, Sächsischer Stammesadel und fränkischer Reichsadel, Göttingen 1967, S. 301ff.

[40] D.O.I. 158 (omne quod eiusdem civitatis interioris muri ambitu continetur solum . . .).

Das karolingische Königsgut an diesem Platz, das 833 an Graf Ricdag übertragen worden ist und sich im 10. Jahrhundert im Besitz der Haholde befand, macht es wahrscheinlich, daß hier konfisziertes sächsisches Gut vorliegt, das am Ende des 7. Jahrhunderts mit der Eroberung des Brukterergaues südlich der Lippe durch die Sachsen schon einmal seinen Besitzer gewechselt und vorher zu einem älteren fränkischen Adelsbesitz gehört hat. Zwar muß diese Überlegung zunächst Vermutung bleiben, besitzt aber doch eine gewisse Wahrscheinlichkeit. Daß dieser Übergang von der älteren fränkischen zur sächsischen Herrschaft am Ende des 7. Jahrhunderts nicht ganz ohne große Veränderungen vor sich gegangen ist, lassen ältere Nachrichten über ein älteres fränkisches Gräberfeld des 6. und 7. Jahrhunderts mit Ost-West-Gräbern und über ein neues sächsisches Gräberfeld an anderer Stelle mit Nord-Süd-Gräbern südöstlich Geseke erkennen.[41] Dabei kommt den älteren fränkischen Ost-West-Gräbern noch eine besondere Bedeutung zu.

Die Pfarrkirche in Geseke war „wie der Kölner Dom dem Hl. Petrus geweiht und die Stadt später eine starke Grenzfeste des kölnischen Herzogtums Westfalen".[42] Geseke war – so Hömberg – der am weitesten nach Osten „vorgeschobene Punkt, den die Kölner Mission Ende des 8. Jahrhunderts erreichte".[43] Die neuen fränkischen Funde in Geseke geben Anlaß, darauf zu verweisen, daß – wie die Urkunde von 833 erkennen läßt – Geseke im Brukterer-Gau lag. Aus diesem Brukterer-Gau aber liegt für das 6. und 7. Jahrhundert nicht nur eine Reihe von fränkischen Grabfeldern vor, die durch ihre archäologischen Materialien die volle Zugehörigkeit zum fränkischen Reich erkennen lassen, sondern es gibt auch Nachrichten über eine frühere christliche Mission. Sie hat sich in der bisherigen historischen Diskussion zusammen mit der Dagobert-Kunibert-Überlieferung über frühen Kölner Besitz in Soest vornehmlich an die Bedeutung der älteren fränkischen Funde von Soest angeschlossen.[44] Soest wird in der älteren Diskussion gern als äußerster Punkt fränkischer Vorstöße genannt, die aber nicht zum Tragen gekommen seien.[45] Die neuen Befunde von Geseke korrigieren diese Vorstellungen dahin, daß Soest schon fränkisches Binnenland war und die ostwärtige Grenze des fränkischen Brukterer-Gaues bis über Geseke hinausgereicht hat.

Dazu kommt eine weitere Beobachtung: die bisher bekannten merowingisch-fränkischen Gräber zwischen Ruhr und Lippe, dem Chattuarier-Gau im Westen und dem Brukterer-Gau im Osten, sind in Ost-West-Richtung angelegt. Schon K. Weidemann[46] hat darauf hingewiesen, daß sich in diesen orientierten Gräbern, die sich vom Niederrhein über das westliche Westfalen erstrecken und auch in den fränkischen Gauen südlich der Lippe festzustellen sind, christliche Einflüsse andeuten, die Hinweise auf ältere Missionsversuche sind.

Unter Hinweis auf die Dagobert- und Kunibert-Überlieferung für Soest für den Beginn des 7. Jahrhunderts und auch auf die missionarische Tätigkeit Suidberts bei den Brukterern für den Brukterer-Gau einschließlich Soest in den Jahren vor 700, ergibt sich für Geseke die Frage, ob die Begründung der später für Köln zu beobachtenden Grenzstellung dieses Ortes nicht doch schon in den Befunden des 6. und 7. Jahrhunderts für eine ältere über Köln wirkende Mission in diesem Gebiet zu suchen ist.

Darüber hinaus liefern weitere archäologische Befunde in Geseke, nämlich die Feststellung des spätkaiserzeitlichen Untergrundes dieses Siedlungsplatzes mit einheimischer Keramik, Bruchstükken von später Nigra-Ware und einer profilierten Fibel des späten 4. Jahrhunderts, hier zu erwartende archäologische Materialien für eine in die Jahrhunderte des Zusammenschlusses der Franken im 3. und 4. Jahrhundert zurückführende Belegkette der Zugehörigkeit dieses Gebietes

[41] FA. Geseke im Landesmuseum für Vor- und Frühgeschichte, Münster.

[42] A. K. Hömberg, Zwischen Rhein und Weser, Münster 1967, S. 199.

[43] Ebd. S. 199.

[44] H. Rademacher, MSC, Die Anfänge der Sachsenmission südlich der Lippe (Westfalia Sacra II, Münster 1950, S. 133ff.) bes. S. 142ff.

[45] E. Ewig, Das Bistum Köln im Frühmittelalter (Annalen des Historischen Vereins für den Niederrhein, H. 155/156, 1954, S. 205f., S. 227–228). – S. auch E. Zöllner, Geschichte der Franken, München 1970, Karte 1: Das Frankenreich 511–524.

[46] K. Weidemann, Die frühe Christianisierung zwischen Schelde und Elbe (Neue Ausgrabungen und Forschungen in Niedersachsen 3, 1966, S. 195ff.).

zum fränkischen Bereich von Anfang an.[47] Der für das 6. und 7. Jahrhundert festgestellte fränkische Töpferofen als Gewerbebetrieb auf dem Grund und Boden eines fränkischen Grundherren macht die Bedeutung dieses Grenzortes am Ostrand des Frankenreiches sichtbar.

3. Die Glaswerkstatt in der karolingischen Pfalz Paderborn

In den seit dem Jahre 1964 aufgegrabenen Flächen der karolingischen Pfalz in Paderborn[48] sind aus den Schichten der im Jahre 778 erfolgten Zerstörung durch die Sachsen viele Stücke von Glasgefäßen in breiter Streuung geborgen worden. Es sind Stengelfüße von Trichtergläsern, Bruchstücke von Traubengläsern, von Trichtergläsern mit dick aufgelegten Glasfäden und langen Glastropfen, feinere Gläser mit breiten rot- und blaugefärbten Mündungsstreifen, dazu große Randscherben eines Glases mit flächig eingraviertem Rautenornament unter dem Rand[49] und schmale, an den Kanten steil retouschierte, flache Streifen von Fensterglas mit vielen Stücken der zugehörigen Bleieinfassung. In den Grabungen des Jahres 1969 kamen auf nur wenigen Quadratmetern nördlich der Bartholomäus-Kapelle Funde von Glaswürfeln, Glasschmelz- und Glasbruchstücken zum Vorschein. In den Jahren 74 und 75 wurden auch dicke rot verglühte Stücke von Herdböden und Ofenwandungen festgestellt: dicke, mit Lehm verstrichene und durch Glut versinterte Sandsteinbrocken und Granite. Der Befund war leider so verrissen, daß die alten Maße der Öfen nicht mehr sicher rekonstruiert werden können. Im vertretenen Boden lagen in unmittelbarer Nähe der verrissenen Ofenstellen viele kleine Glasbruchstücke von Gläsern, Glaswürfel, größere Brocken geschmolzenen Glases und mit dicker Glasschicht überzogene Herd- und Wandstücke vom Ofen. Unter diesen Funden sind die Glaswürfel auffällig. Die Tafel 108 zeigt eine Auswahl des Materials. Bis jetzt liegen über 90 Stücke von vier- und rechteckigen Glasstücken in Form von Mosaikwürfeln vor. Die Farben dieser Glaswürfel sind weiß-grau, ein helleres und dunkleres Grün, blau und violett. Besonders zu erwähnen ist ein etwa 5–6 cm^2 großes Stück aus weiß-violettem schlierigem Glas. Die glasführende Schicht mit den Ofenresten wird durch eine 5–15 cm dicke Lage von Abbruchmörtel mit Wandputzresten überdeckt, die hier nach der ersten Zerstörung der Pfalz in breiter Fläche aufplaniert worden ist. In der Glasschicht liegen ausschließlich keramische Stücke von handgemachten Kümpfen, frühen Kugeltöpfen und Importkeramik und Scherben von ‚Tatinger Kannen'.[50]
Aus der Mörtel- und Wandputzschicht darüber sind über 70 Bruchstücke einer karolingischen Inschrift geborgen worden, die in das späte 8. Jahrhundert datiert werden muß.[51] Rote Sandsteinstücke und Mörtelbrocken in den Stücken der Ofenplatte und der Ofenwandung lassen erkennen, daß diese Öfen und damit die Glaswerkstatt selbst in den Jahren der Erbauung der ersten Pfalzgebäude in Paderborn, 776 und 777, angelegt worden sind. Damit entziehen sich die Funde zwar zunächst einer allgemeineren Interpretation handwerklicher Tätigkeit; sie verweisen vielmehr auf königlichen Auftrag und gehören zu den Hinterlassenschaften der artifices, über die der König verfügen konnte, in welcher Form auch immer: ob als Angehörige von zu Klosterwerkstätten gehörenden artifices oder ob als freie Handwerker gegen Lohn, kann nicht entschieden werden.

47 Dazu jetzt W. Schlesinger, Fränkische Ostbewegungen vor Karl dem Großen (Althessen im Frankenreich, 1975, S. 15ff.).

48 W. Winkelmann, Der Schauplatz (Karolus Magnus et Leo Papa. Ein Paderborner Epos vom Jahre 799. Mit Beiträgen von Helmut Beumann, Franz Brunhölzl . . ., Paderborn 1966 [Studien und Quellen zur westfälischen Geschichte Bd. 88] S. 99–107); ders., Die Königspfalz und die Bischofspfalz des 11. und 12. Jahrhunderts in Paderborn (Frühmittelalterliche Studien 4, 1970, S. 398–415); ders., Die Frühgeschichte im Paderborner Land (Führer zu vor- und frühgeschichtlichen Denkmälern, hg. vom Römisch-Germanischen Zentralmuseum Mainz in Verbindung mit dem Nordwestdeutschen und dem West- und Süddeutschen Verband für Altertumsforschung, Band 20: Paderborner Hochfläche–Paderborn–Büren–Salzkotten, Mainz 1971, S. 87–121); ders., Est locus insignis, quo Patra et Lippa fluentant (Château-Gaillard V, Caen 1972, S. 203–216).

49 Dazu: Agneta Lundström, Cuppa vitrea auro ornata (Early Medieval Studies 3, 1970, S. 52ff.).

50 W. Winkelmann, Zur Verbreitung und Deutung der Tatinger Kannen (Beiträge zur Geschichte des Erzbistums Paderborn, hg. von P. W. Scheele, 1972, S. 37–47).

51 W. Winkelmann, Capitalis quadrata. Funde karolingischer Monumentalschrift aus der Grabung Paderborn (Westfalen 48, 1970, S. 171ff.).

Auf jeden Fall zeigt die Feststellung der Glaswerkstatt im Pfalzgelände, daß diese artifices vorhanden waren und tätig geworden sind. Dieser Befund an diesem Platz illustriert eine Reihe von Texten des 7. bis 9. Jahrhunderts, in denen von fränkischen Klöstern oder fränkischen Königen Glasmacher erbeten werden.[52]

Die vor Jahren in der Nachfolge der Thesen Rademachers über den Niedergang der Glaskunst in der nachmerowingischen Zeit entstandene Diskussion hat mit neuen Belegen deutlich gemacht, daß das Glashandwerk auch in karolingischer Zeit weiter existiert hat und auch im 8. und 9. Jahrhundert Gläser hergestellt worden sind. Gewiß, für viele Jahre blieb die Glashütte von Cordel im Trierer Land[53] für das späte 8. und 9. Jahrhundert ein einsamer Beleg. Diese kontinentale Forschungslücke haben zunächst Holger Arbman[54] und Greta Arwidsson[55] aufgrund der reicheren Glasfunde in skandinavischen vendel- und wikingerzeitlichen Gräbern mit den gewichtigen Hinweisen füllen können, daß es sich in vielen Fällen um westeuropäische Importe handeln müßte und also die Glasfabrikation selbst im fränkischen und karolingischen Reich zu suchen war.

Inzwischen mehren sich nicht nur auf dem Kontinent die Belege, sondern auch in den Randzonen der von den Handelsinitiativen des karolingischen Reiches erfaßten Handelsplätze erscheinen erste Hinweise auf Glasmacherwerkstätten. Zu dem schon vor Jahren auf Grund der Entdeckungen Knorrs in Haithabu von H. Jankuhn vorgelegten Bericht[56] über eine Glaswerkstatt an diesem Umschlagplatz kommt inzwischen von Paviken auf Gotland, südlich Visby, ein Materialhinweis auf Glasfabrikation, über die Per Lundström soeben berichtet hat. In ihm erscheinen – wie in Paderborn – auch jene Glaswürfel in der Form der Mosaik-Tesserae, die dort – so wird vermutet – als Rohmaterial zur Herstellung von Glasperlen gedient haben.[57]

Auch in Süddeutschland sind bei der Ausgrabung des spätrömischen und frühmittelalterlichen Gräberfeldes bei St. Ulrich und Afra in Augsburg mit zahlreichen Glasbruchstücken, u. a. auch Trichterbecher, Überreste einer frühmittelalterlichen Glaswerkstatt entdeckt und ausgegraben worden.[58] Auch dieser Befund im Gelände des ehemaligen Benediktiner-Klosters St. Ulrich läßt erneut den Auftraggeber erkennen, nämlich Institutionen der Kirche – eine Erscheinung, die durch die schriftliche Überlieferung schon angezeigt war.

Die vorliegenden Fundstücke von Fenstergläsern aus der Grabungsfläche in Paderborn, dem liudgerianischen Monasterium in Münster und besonders zahlreich aus der Zerstörungsschicht der karolingischen Kirche in Vreden machen diese Zusammenhänge ebenfalls deutlich. Darüber hinaus verweist gerade die große Menge von Fenstergläsern in Vreden, einer Gründung der Widukind-Söhne Wigbert und Walbert, auch darauf, daß es einer bedeutenden Adelsfamilie möglich war, solche spezielleren Handwerker zu beauftragen oder den Ausstoß ihrer Werkstätten zu erwerben.

Die Lage der Glaswerkstatt in der karolingischen Pfalz Paderborn ist ein archäologisches Zeugnis, das historische Überlieferung lebendig werden läßt. Denn die wenigen auf das Glas bezogenen schriftlichen Texte für das 8. und 9. Jahrhundert sind fast ohne Ausnahme mit dem Personenkreis der im politischen und kirchlichen Bereich führenden Schicht verbunden: Könige, Bischöfe und Adelsfamilien. Der hohe Rang der Auftraggeber läßt die Bedeutung und die geachtete Stellung dieses Handwerks erkennen.

[52] S. Suse Pfeilstücker, Spätantikes und germanisches Kunstgut in der frühangelsächsischen Kunst, Berlin 1936, S. 221 und 222; Kletler (wie Anm. 27) S. 70.

[53] S. Loeschcke, Zur angeblich römischen Glashütte auf der Hochmarck bei Cordel (Röm.-Germ. Korrespondenzblatt 8, 1915, S. 49ff.).

[54] H. Arbman, Schweden und das karolingische Reich, Stockholm 1937, S. 26ff.

[55] Greta Arwidsson, Vendelstile, Email und Glas im 7. und 8. Jahrhundert (Valsgärde-Studien I, 1942, S. 81–99).

[56] H. Jankuhn, Haithabu, ein Handelsplatz der Wikingerzeit, Neumünster 1963[5], S. 247.

[57] P. Lundström, Pavikan I bei Västergarn, Hafen, Handelsplatz und Werft (Vor- und Frühformen der europäischen Stadt im Mittelalter, hg. von H. Jankuhn – W. Schlesinger – H. Steuer, Göttingen 1974, Teil II, S. 82ff.).

[58] G. Pohl, Frühmittelalterliche Glaswerkstatt bei St. Ulrich und Afra in Augsburg (Bayerische Vorgeschichtsblätter 37, 1972, S. 60 ff.).

Zusammenfassung

Die hier vorgelegten archäologischen Zeugnisse zum frühmittelalterlichen Handwerk in Westfalen lassen in der Reihe der aufgezeigten einzelnen Handwerke für den eisenerzeugenden und verarbeitenden Schmied und die Weberei eine gewisse Selbstverständlichkeit der im Alltag vor- und frühgeschichtlicher Jahrhunderte vorhandenen Fertigkeiten und Gewerbe erkennen. Sie gehören, wie fast alle Grabungsflächen in frühmittelalterlichen Siedlungen erkennen lassen, zum sogenannten Hausgewerbe. Das muß aber nicht bedeuten, daß nur für den eigenen Hausbedarf gearbeitet und produziert worden ist, sondern einzuschließen ist sicher die Möglichkeit der Warenherstellung zum Verkauf und zum Tausch gegen andere Dinge des täglichen Lebens. Die Kammacherei, deren Produkte nicht zur Deckung des eigenen Bedarfs, sondern vielmehr zum Vertrieb und für den Handel angefertigt sein müssen, weist – da dies Gewerbe andere Handwerkszweige voraussetzt – auf gewisse Siedlungskonzentrationen und Orte besonderer Bedeutung, die mit dem Sachverhalt der *populi frequentia* angesprochen wurden. Mit der Töpferei des 6. und 7. Jahrhunderts in Geseke und der Glaswerkstatt in Paderborn sind Gewerbe festgestellt, die nicht mehr zum normalen Hausgewerbe gehörten, sondern schon im Auftrag, für Handel und Verkauf, gearbeitet haben: Grundherr, König und Kirche sind hier als Auftraggeber zu nennen. Die Lage dieser Produktionsstätten in Westfalen zwischen Niederrhein und Weser, an dem nach Osten führenden Hellweg, zeigt vor dem Hintergrund der archäologischen Materialien des 6. bis 9. Jahrhunderts die aktive Verflechtung auch des Handwerks dieser Landschaft mit dem kulturellen und politischen Geschehen jener Jahrhunderte.

Nachtrag

Das Manuskript des Aufsatzes wurde abgeschlossen im Februar 1976. Von der inzwischen erschienenen einschlägigen Literatur seien hier noch genannt:

zu Anm. 57: Agneta Lundström, Bead Making in Scandinavia in the Early Middle Ages (Early Medieval Studies 9, Stockholm 1976);

zu Anm. 58: Die Ausgrabungen in St. Ulrich und Afra in Augsburg 1961–1968, hg. von Joachim Werner (Münchner Beiträge zur Vor- und Frühgeschichte 23) Text, Tafeln, München 1977.

ZUR FRÜHGESCHICHTE DES MÜNSTERLANDES*

Für das Land zwischen Niederrhein, Lippe und Ems überliefern die antiken und frühmittelalterlichen Schriftquellen einige Nachrichten, die den Ablauf der historischen Entwicklung in großen Zügen erkennen lassen. Dieses Land lag seit den Tagen der römischen Angriffskriege in das freie Germanien im Blickfeld der antiken Geschichtsschreiber. In den Jahren um Christi Geburt war es Operationsgebiet römischer Legionen, nach der Varusschlacht bis zum 5. Jh. Grenzgebiet vor dem „nassen Limes" des Niederrheins, von dem aus die hier wohnenden, Franken genannten Völker vom 3. bis 5. Jh. ihre Einbrüche in die römischen Gebiete unternahmen. Der Name dieses Landes *Francia* erscheint auf der Peutingerschen Tafel, der mittelalterlichen Kopie einer im 3. Jh. entstandenen Straßenkarte des römischen Reiches, rechts des Niederrheins, den antiken Städten Colonia Traiana (Xanten) und Noviomagus (Nijmegen) gegenüber. Dabei stehen die Namen der hier wohnenden Völker, der Chamaven, mit dem Zusatz „qui et Franci" („die auch Franken genannt werden"), und darunter der der Brukterer, deren Gebiet sich nach Süden bis etwa zur Lahnmündung erstreckt. Eine Nachricht über eine römische Strafexpedition zum Jahre 392 gibt die Lippe als Grenze zwischen Chamaven und Brukterern an. Über den Chamavi erscheint noch der Name Chaci, ein Hinweis auf chaukisch-sächsische Verbände, die sich in Nordwestdeutschland im 3. und 4. Jh. zum Stammesverband der Sachsen zusammengeschlossen hatten, im Verlauf ihrer Südausbreitung bis in die Gebiete nordöstlich des Niederrheins gelangten und damit Nachbarn fränkischer Völker wurden, mit denen sie gemeinsame Grenzen hatten. Im 4. Jh. unternahmen sie wiederholt Vorstöße gemeinsam mit Chamaven über den Niederrhein in römische Gebiete, bedrängten aber auch fränkische Völker auf breiter Front zwischen dem Niederrhein und der mittleren Weser. Die Nähe beider Stammesverbände wird auch aus dem vor 392 niedergeschriebenen Text des hl. Hieronymus sichtbar: „Der Landstrich zwischen Sachsen und Alemannen, bei den Historikern noch Germania genannt, heiße nun Francia." Dieses Francia umfaßte die Gebiete von der Gelderschen Ijssel im Norden bis zur mittleren Weser südlich Minden im Osten, und erstreckte sich bis zur Höhe der Moseleinmündung im Süden. Außer den schon genannten Brukterern und Chamaven gehören zu den Franken die Salier, nördlich der Ijssel, die Angrivarier im Osten, die Chattuarier an der unteren Ruhr und kleinere Gruppen der Amsivarier, der Tenkterer und Usipeter im Vorland von Köln und Bonn.

Unter ihnen waren Brukterer und Chamaven die aktivsten Träger nicht nur des Zusammenschlusses zum Stammesverband der Franken, sondern auch bei den Vorstößen in die römischen Gebiete.

Die Schriftquellen über die Franken des 4. Jhs. berichten, daß die einzelnen Völker von eigenen Königen regiert werden; ihre Namen werden wiederholt genannt. Wir erfahren vom 3. Jh. ab über ihre Einbrüche in das linksrheinische römische Gebiet, um zu plündern oder um Siedlungsland zu erhalten. Jahre der Eroberung wechseln mit solchen relativer Ruhe oder anderen, in denen die Römer mit rechtsrheinischen Völkern Bündnisverträge abschließen zur Sicherung der Rheingrenze gegen weitere, aus der Tiefe der germanischen Länder auf den Rhein vorstoßende Scharen.

Sie berichten über ihre Ansiedlungen in Gebieten des Imperiums – große Teile der Chamaven sind im 4. Jh. auf das Plateau von Langres in Nordburgund umgesiedelt worden –, über den Dienst fränkischer Scharen im römischen Heer und den Aufstieg einzelner Führer fränkischer Gefolgschaften bis in die Führungsstellen des römischen Heeres. Hinzu kommt ein langandauernder Prozeß einer „stillen Infiltration" von kleineren und größeren Verbänden aus dem rechtsrheinischen Raum in die linksrheinischen Gebiete, die freiwillig Heeresdienst leisten wollten oder nach erlaubter oder erzwungener Ansiedlung zum römischen Heeresdienst gezwungen wurden.

Es gelingt zwar den Römern, die Grenze am Mittel- und Niederrhein noch bis zum 5. Jh. gegen die Einbrüche fränkischer Völker zu sichern, aber schließlich wird doch, nach der wiederholten Eroberung von Köln und Trier, seit der Mitte des 5. Jhs. die Reichsgrenze durchbrochen, das

* Gedruckt in: Führer zu vor- und frühgeschichtlichen Denkmälern 45 (1980) 175ff.

linksrheinische Gebiet erobert und in Besitz genommen. Die ehedem römische Residenz Köln wird zum Hauptort eines neuen fränkischen Königreiches, wahrscheinlich dem der Brukterer. Zu ihm gehören die alten rechtsrheinischen Gebiete der Brukterer, Chamaven und Chattuarier, die von ihren alten Sitzen an der Ruhr aus inzwischen weite Gebiete des linken Niederrheins besiedelt hatten. Dieses Königreich bestand nur bis kurz nach 500; der regierende König Sigibert wurde auf Betreiben des merowingischen Königs Chlodowech in der Silva Buconia, im chattisch-hessischen Gebiet ermordet und Chlodowech auch zum König der rheinischen Franken erhoben. Die rechtsrheinischen und rheinischen Völkerschaften der Brukterer, Chamaven und Chattuarier werden in das neue fränkische Reich eingegliedert, bleiben aber in ihren alten Herrschaftsgebieten – wenn auch in Abhängigkeit – weiter bestehen. Ihre alten Namen erscheinen noch in den frühmittelalterlichen Texten. Erhalten bleibt im Osten des Münsterlandes auch der Name der Angrivarier in der Bezeichnung Engern. Nur für das Kernmünsterland nördlich der Lippe, zwischen den Moorgebieten des westlichen Münsterlandes und der Ems, wird kein alter Name aus der Antike überliefert. Diese Feststellung ist auffällig angesichts des nach Norden offenen Ringes der antiken Völker- und Landschaftsbezeichnungen, die das Kernmünsterland im Osten, Süden und Westen umschließen.

Für das 6. Jh. überliefern die Nachrichten, daß im nordwestdeutschen Gebiet und entlang der Nordseeküste wiederholt Dänen und Sachsen gemeinsam in fränkische Gebiete eingebrochen sind: der Zug der Dänen unter ihrem Heerführer Chochilaicus in die niederrheinischen Gebiete der Chattuarier zwischen Maas und Niederrhein um 515 wird von fränkischen Scharen des Königs Theudebert zerschlagen; Chochilaicus, der in der angelsächsischen Beowulf-Sage als Hygelac erscheint, fällt. 556 wird ein sächsischer Vorstoß auf Köln überliefert, weitere Kämpfe fränkischer Könige werden zwischen 560 und 571 im friesisch-sächsischen Gebiet und an der mittleren Weser genannt.

Die schriftliche Überlieferung beginnt erst wieder mit der durch den angelsächsischen Geschichtsschreiber Beda für das Jahr 692 überlieferten Nachricht eines Vorstoßes der Sachsen über die Lippe nach Süden in den fränkischen Gau Borachtra und wenig später (718) über die Eroberung von Teilen des fränkischen Gebietes der Chattuarier an der unteren Ruhr. Durch diese Südausbreitung der Sachsen wird die durch den hl. Suidbert im Gau Borachtra südlich der Ruhr begonnene christliche Mission unterbrochen. In diesen Jahren versuchten an der unteren Lippe auch die beiden Ewalde zu missionieren, wurden aber von den Sachsen getötet. Auch in einem Brief des Papstes Gregor III. des Jahres 738 an einige germanische Völker werden die Borthari-Brukterer genannt. Dieser sächsischen Südausbreitung folgten schon bald die fränkischen Gegenangriffe mit den Kriegszügen der Jahre 738, 753 und 758, in denen die Sachsen zum Tribut (jährlich 300 Pferde) und zur Duldung der christlichen Mission gezwungen werden. In diesen Jahren beginnt der hl. Lebuin von Deventer aus bei den westlichen Sachsen an der Ijssel zu missionieren. Seine ersten Kirchenbauten werden aber von den Sachsen wiederholt zerstört. Im Jahre 772 beginnt, „da Mord und Totschlag auf beiden Seiten der Grenzen kein Ende nehmen wollten und um diesen Zustand zu beenden“, der 30jährige Krieg Karls des Großen gegen die Sachsen. Er endete mit der Eroberung der sächsischen Länder und ihrer Eingliederung in das fränkische Reich. In diesem Krieg wird im Jahre 779 im westlichen Münsterland – im Hamaland – der Name Bocholt erwähnt. Das fränkische Heer zerstörte die bei diesem Ort errichteten sächsischen Befestigungen und öffnete sich damit den Weg in das Gebiet der sächsischen Westfalen.

Im Jahre 784 wird auch zum erstenmal ein Name für das Kernmünsterland überliefert: Fränkische Scharen kämpfen und verwüsten in *pago Dragini-Dreni* – später Dreingau genannt. Es ist ein Name, der erst mit der sächsischen Ausbreitung entstanden ist. Über den Ablauf dieser sächsischen Südausbreitung bis zur Lippe überliefern die Texte keine Nachrichten.

In den fränkischen Geschichtsquellen werden die angreifenden Scharen nur allgemein als Dänen, Nordleute oder Sachsen angesprochen. Erst die detaillierteren Nachrichten im Verlauf des unter Karl dem Großen geführten Sachsenkrieges des späten 8. Jhs. machen deutlich, daß das sächsische Gebiet in drei selbständige Herrschaftsräume gegliedert war, die als „Heerschaften“, Aufgebotsverbände, bis ins Mittelalter überliefert sind. Sie wurden von eigenen Führern, *principes, primores, satrapae* genannt, regiert. Ihre Namen werden für die Zeit des Sachsenkrieges genannt: es sind Widukind für die Westfalen, *„unus ex primoribus Westfalaorum“*, für die Engern Brun und für die Ostfalen Hessi.

Das Entstehen und die Ausdehnung dieser sächsischen Heerschaften nach Süden bleibt in den Schriftquellen dunkel. Erst neuere historische Forschungen (Bauermann, Hömberg, Hauck) haben den Vorgang sächsischer Südausbreitung in Teilen deutlicher gemacht: bei den drei sächsischen, sich von Norden nach Süden erstreckenden Heerschaften handelt es sich seit dem 6. Jh. um Gebiete der Eroberung. Sie lassen noch in der Ausdehnung des frühmittelalterlichen Grundbesitzes der in ihnen führenden principes, der adligen Führungsschicht, das Bild völkerwanderungszeitlicher Herrschaftsbildung mit Eroberung und Neuansiedlung erkennen, wie sie auch bei den fränkischen Völkern im Vorstoß nach Westen mit der Bildung der Reihe fränkischer Königreiche überliefert ist. Dieser Vorgang ist verbunden mit der Sicherung des eroberten Gebietes durch Burgen, der Verlagerung der Herrschaftssitze von älteren Plätzen in die eroberten „Kolonialgebiete“, ohne die älteren aufzugeben, und der Neuanlage von Kultplätzen. Hier kann auf einige schriftlich überlieferte sächsische Burgen im eroberten Land südlich der Lippe, auf die Hohensyburg über der Ruhr bei den Westfalen, die Brunsburg und die Eresburg bei den Engern und das sächsische Heiligtum Irminsul, verwiesen werden. Erst bei Berücksichtigung dieser Selbständigkeit der einzelnen sächsischen Heerschaften wird auch manche „Merkwürdigkeit“ schriftlicher Überlieferung verständlich. Hier ist auf die am Ostrande des Münsterlandes erfolgte Ausbreitung der sächsisch-engrischen Herrschaft nach Süden zu verweisen. Sie muß schon vor dem Ende des 7. Jhs. über den Oberlauf der Lippe nach Süden erfolgt sein, den Raum Soest, das später als caput Angrorum überliefert ist, erobert und jene Grenze bei Werl und Bremen südlich der Lippe festgelegt haben, die noch im 9. und 10. Jh. als Grenze zwischen Engern und Westfalen bekannt ist. Ihr Vorstoß führte nach Süden und Südosten bis in die chattisch-hessischen Gebiete südlich der Diemel. Die Nachricht Bedas für 692 überliefert nicht eine allgemeine sächsische Ausbreitung, sondern nur die der sächsischen Westfalen über die Lippe nach Süden.

Wie spiegelt sich nun diese historische Entwicklung des 4. bis 8. Jhs. in den archäologischen Quellen wider? Wo bestätigen sie mit Zeugnissen des Alltags aus Gräbern und Siedlungen diese schriftliche Überlieferung, und wo lassen sie mehr erkennen, als die Texte überliefern?

Das archäologische Material der späten Kaiserzeit und der Völkerwanderungszeit des 3. bis 5. Jhs. spiegelt regional in unterschiedlicher Dichte das aus der Schriftüberlieferung gewonnene Bild: Einbrüche und Plünderungszüge in römische Gebiete, römischer Heeresdienst einzelner oder ganzer Scharen, wiederholte Bündnisverträge der rechtsrheinischen Völker mit den Römern öffnen im Laufe dieser Jahre die Grenzen und verbreiten römische Materialien an Gerät, Keramik und Schmuck in die rechtsrheinischen Gebiete bis zur Weser und unteren Elbe hin. Die aus dem Gebiet der Brukterer südlich der Lippe bisher nur aus Siedlungen bekannten Funde des 4. und 5. Jhs. – von Bochum, Castrop-Rauxel (Erin), Dortmund, Westick-Kamen, Soest, Geseke und von Paderborn und den Gräbern von Lippspringe vor den Pässen des Teutoburger Waldes: Terra sigillata- und Terra nigra-Gefäße, profilierte Fibeln, Armbrust- und Schalenfibeln, große kerbschnittverzierte Nadeln, vergoldete Zwiebelknopffibeln, lanzettförmige Riemenzungen machen, verglichen mit den Beigaben der reichen Kriegergräber des 4. und 5. Jhs. im linksrheinischen Eroberungsgebiet, die überaus engen Verbindungen zwischen beiden Gebieten sichtbar und zeigen aber auch den Reichtum des Alltags schon in den Herkunftsräumen der fränkischen Krieger. Mit der Ausbreitung römischer Güter und den Verbindungen über die Grenzen begann ein Angleichen im Handwerklichen, in der Verarbeitung der Metalle, des Schmuckes und der Keramik, d. h. die Voraussetzungen für das allmähliche Entstehen einer neuen fränkischen Zivilisation konnte sich auch im rheinischen, politisch aktiven Gebiet der Brukterer in einem langandauernden Prozeß des Alltags entwickeln.

Diese kriegerischen Verbände und die ins römische Land übersiedelnden Scharen übertrugen aus dem rechtsrheinischen Raum ihre Gewohnheiten in das neue Land. Sie zeigen sich in der römischen Umgebung in dem bedeutenden „kulturgeschichtlichen Phänomen“ der Kriegergräber, in denen die Toten in alter heidnischer Süd-Nord-Richtung in voller Kleidung mit Waffen, Geräten und Schmuck bestattet sind. Dieser Bestattungsbrauch war bei den germanischen Völkern im nord- und mitteleuropäischen Raum seit der Kaiserzeit entstanden und wurde – neben der in einigen Regionen auch weiter bestehenden Totenverbrennung – im neuen Frankenreich nach der im 6. und 7. Jh. durchgeführten Christianisierung und der Änderung der Grabrichtung zu West-Ost orientierten Gräbern ein Kennzeichen der späteren merowingischen Reihengräber. Im Münsterland, zwischen den großen Völkerstraßen südlich der Lippe und über den nördlichen Niederrhein – Gelderland und Betuwe – sind bisher nur wenige Funde des 4. und 5. Jhs. bekannt. Es spiegeln sich aber auch in den wenigen bis jetzt überschaubaren, nur kurzlebigen Siedlungen des 1. und 2. Jhs. (Gemen), des 3. Jhs. (Rhade), des 1. bis 4. Jhs. (Bakeler Mark) oder des 2. bis 3. Jhs. (Münster), Unruhe und Bewegung dieser Jahre, verursacht durch Zerstörung der Siedlungen bei wiederholten römischen Strafexpeditionen oder aber andauerndem Prozeß allmählicher Abwanderung. Im Gebiet nördlich der Lippe ist bisher nur das große Siedlungsareal von Antrup bekannt geworden, das vom 1. bis 8. Jh. besiedelt war.

Das Gebiet des Kernmünsterlandes nördlich der Lippe gehört zu dem großen Wüstungsgebiet der um 400 und im frühen 5. Jh. abbrechenden Siedlungen, dem sich nach Norden weite Gebiete zwischen der niederländischen Provinz Oberijssel im Westen bis vor die mittlere Weser im Osten anschließen und auch im nordwestdeutschen Gebiet bis zur Küste in dem Ende vieler Friedhöfe und Siedlungen sichtbar geworden ist. Es sind die Jahre, in denen große sächsische Bevölkerungsteile aus dem nordwestdeutschen Raum auf die Britischen Inseln übersiedeln und dort ihre Königreiche gründen. In diesen Jahren beginnt aber auch die Übersiedlung großer Bevölkerungsteile aus dem rechtsrheinischen fränkischen Gebiet in die eroberten linksrheinisch-römischen Länder. Auf diese einschneidende Siedlungsdepression verweisen auch die vorliegenden pollenanalytischen Untersuchungen aus den Mooren des Kern- und Westmünsterlandes, einschließlich der im Norden liegenden Moorgebiete. Vielleicht liegt in diesem Siedlungsabbruch die Begründung dafür, daß für dieses Gebiet keine antike Bezeichnung einer altfränkischen Herrschaft überliefert ist.

Auch die archäologischen Funde der nachfolgenden Zeit des 6. und 7. Jhs. spiegeln im Gebiet südlich der Lippe, im alten Brukterergau, und im westlichen Münsterland – im Hamaland – die durch die Schriftquellen angezeigte Entwicklung. Diese alten Herrschaftsgebiete wurden im 6. Jh. in das neue fränkische Reich einbezogen und zeigen in ihren Grabfeldern (Taf. 92) zum größten Teil die volle Teilhabe an der fränkischen Reichskultur. Dazu gehören: die West-Ost-Richtung der Gräber, fränkische Gefäße und fränkischer Schmuck. Im Brukterergau südlich der Lippe sind die Gräber von Herten, Herne, Hemer, Unna, Soest bekannt. Dazu kommt als neuer archäologischer Beitrag die Entdeckung eines Töpferofens in Geseke, östlich von Soest, in dem fränkische Gefäße des 6. und 7. Jhs. gebrannt worden sind. Im Westmünsterland, im alten Chamaven-Hamaland, sind bisher einige fränkische Gräberfelder in kleinen Teilen bekanntgeworden. Es sind die Friedhöfe von Erle und Wulfen, die mit der Ost-West-Lage der Gräber und Funden des 6. und 7. Jhs. die Zeichen fränkischer Reichskultur bieten, dazu in einigen Gräbern und Funden aber auch Hinweise auf neue, mit der sächsischen Ausbreitung ins Münsterland zusammenhängende, Besonderheiten.

Diese Grabfelder schließen an das Verbreitungsgebiet der fränkischen Grabfelder auf beiden Seiten des Niederrheins an. Von allen genannten Gräberfeldern sind bisher nur Teile ergraben. Dazu kommen im östlichen Münsterland nördlich der oberen Lippe das Gräberfeld von Beckum I, das nur mit wenigen Ost-West-Gräbern, meist aber Nord-Süd-Gräbern Funde des 6. und 7. Jhs. enthält, und im westlichen Münsterland das Gräberfeld von Lankern/Dingden, Kr. Borken, aus dem 23 Nord-Süd-Gräber mit fränkischer Keramik bekannt geworden sind (Taf. 93, 1).

Die heidnische Richtung der Süd-Nord-Gräber trennt diese Grabfelder deutlich von denen der fränkischen Gebiete mit West-Ost-Gräbern. In Erle war man schon in den Jahren 1890–91 beim Hausbau und auch bei Abtragungsarbeiten auf Eisenteile gestoßen, die „so massenhaft waren, daß der Besitzer des Hofes glaubte, es sei hier altes Eisen vergraben worden". Im Jahre 1912 untersuchte Friedrich Koepp, damals Vorsitzender der Altertumskommission für Westfalen, einige Gräber. Erst 1924 legten die Lehrer des Ortes Erle, Lammersmann und Sagemüller, 22 Gräber frei.

Sie enthielten: 1 Spatha, 5 Saxe, 2 Sporen, 2 Schildbuckel, 4 Äxte, eiserne und bronzene Gürtelbeschläge mit Vogelkopfanhängern (Taf. 94). Aus den Frauengräbern sind Scheibenfibeln, eine bronzene Zierscheibe in Form eines Dreiwirbels mit Vogelköpfen, ein silbernes Preßblechkreuz mit Flechtbandverzierung, sehr große, bis zu 200 Perlen enthaltende Perlenketten, eine gleicharmige Silberfibel mit runden Platten und eine große bronzene nordgermanische Rechteckfibel mit randbegleitendem Knotenornament (Taf. 95, 1) geborgen. Dazu kommen 18 Gefäße, Knicktöpfe und gelbtonige Drehscheibengefäße, ein Rüsselbecher (Taf. 95, 2), ein Sturzbecher, Spinnwirtel und Nadelbüchsen. Die Funde reichen vom 6. bis 8. Jh. Die Gräber von Wulfen enthielten in vier Männergräbern und sechs Frauengräbern gläserne Sturzbecher, große grüne Glaswirtel mit weißen Schlieren, eine Bartaxt, Lanzen- und Pfeilspitzen und Knicktöpfe, Funde des 6. und beginnenden 7. Jhs. Ein Süd-Nord-Grab und vier Brandgräber zeigen schon den Niederschlag einer neuen Entwicklung.
Das Gräberfeld Beckum I ist in den Jahren 1860 bis 1863 beim Reinigen von Straßengräben und bei der Anlage von Drainagegräben entdeckt, in Teilen ausgegraben und schon im Jahre 1865 durch A. Borggreve veröffentlicht worden. Aus den freigelegten 61 Körpergräbern und 17 Pferdegräbern liegt ein sehr reiches Fundmaterial vor, das in jenen Jahren in der Fachwelt große Beachtung fand und zu einem großen Teil durch das Römisch-Germanische Zentralmuseum in Mainz unter der Aufsicht des Direktors L. Lindenschmit restauriert worden ist. Die am Fuß des nach Nordost langsam ansteigenden Hanges liegenden älteren Gräber gehören mit Fünfknopffibeln, Vogelfibeln, Schmalsaxen, Knicktöpfen, Wölbwandgefäßen und Glasgefäßen dem 6. Jh. an. Die weitere Belegung erfolgte hangaufwärts mit der Beisetzung reich mit Waffen, Spathen, Breitsaxen, bronzenen Gürtelgarnituren und Knicktöpfen ausgestatteter Krieger. Zu ihnen gehören auch 15 Pferdegräber, von denen 10 mit eisernen Trensen, davon einige auch im Schmuck des Zaumzeugs (Taf. 93, 2), beigesetzt sind. Sie gehören der ersten Hälfte des 7. Jhs. an.
Das Gräberfeld Lankern, auf dem Hang der Rheinhauptterrasse südlich Bocholt gelegen, ist im Jahre 1921 durch erste Funde in den Tongruben der Ziegelei Mensink bekanntgeworden. In den Jahren bis 1928 beobachtete Professor Schmeddinghoff, Bocholt, 275 Süd-Nord- und West-Ost-Gräber, registrierte ihre Lage und sammelte die beim Tongraben von den Arbeitern geborgenen Funde. Im Jahre 1928 untersuchte A. Stieren einen Streifen an der Abbaukante. Dabei wurden 25 Süd-Nord-Gräber und eine Brandbestattung freigelegt, z. T. von Kreisgräben umschlossen. Die Toten waren in holzverschalten Grabkammern bestattet. Aus sieben Männergräbern stammen vier Lanzenspitzen, Pfeilspitzen, drei Schildbuckel, Feuerschlageisen und einige quadratische und rechteckige Riemenbeschläge, eiserne Schnallen und mit Rädchen und Stempel verzierte Knicktöpfe. Aus den 15 Frauengräbern stammen Perlenketten, Bronze- und Eisenschnallen, Knicktöpfe, eiserne Gefäße, eine durchbrochene Zierscheibe, Spinnwirtel, Kettenanhänger mit römischen Münzen. Die Funde gehören dem 7. Jh. an. Einige Einzelfunde fränkischer Keramik sind von Stadtlohn im Hamaland und Wethmar nördlich der Lippe, einige bronzene Gürtelbeschläge vom Heikenberg bei Lünen bekannt geworden. Hinzu kommen ältere Nachrichten über einen zerstörten Friedhof mit Waffen, Keramik und Perlenketten von Borken, Kr. Borken, und Alstedde bei Lünen, ebenfalls nördlich der Lippe.
Zusammenfassend kann zur Verbreitung der fränkischen Gräberfelder festgestellt werden: Sie bestätigen die Nachrichten der schriftlichen Überlieferung über die fränkischen Gaue der Brukterer südlich der Lippe und der Chamaven im westlichen Münsterland mit dem Material des Alltags. Nur die Grabfelder von Beckum I und Lankern zeigen mit der Nord-Süd-Lage der Gräber und fränkischem Inventar Grenzsituationen und Besonderheiten an.
Um die Beantwortung der Frage, wie sich die sächsische Entwicklung im rechtsrheinischen Gebiet in archäologischen Funden und Besonderheiten des Alltags abzeichnet, hat man sich seit Jahrzehnten angesichts der spärlichen frühen Schriftquellen besonders bemüht. Galt es doch, das Entstehen und Werden des historischen sächsischen Westfalen mit archäologischen Zeugnissen zu klären.
Diese sächsische Südausbreitung beginnt schon im späten 4. Jh. mit den historisch überlieferten Vorstößen über den Niederrhein in römische Gebiete, manchmal mit fränkischen Stämmen

zusammen, ein anderes Mal gegen sie. Sie bedrängen aber auch im 4. Jh. auf breiter Front die Nordgrenze des fränkischen Gebietes zwischen der Gelderschen Ijssel und der mittleren Weser. In diesem Gebiet ist seit Jahrzehnten ein auffälliges Verbreitungsgebiet von Goldschatzfunden und aus Münzgold gegossenen großen Halsreifen bekannt.

Es beginnt im Gebiet nördlich des Niederrheins und führt im weiten Bogen über Osnabrück bis fast zur mittleren Weser, von dort nach Süden durch das Land zwischen Teutoburger Wald und Wiehengebirge und verläuft von hier durch die Hellwegzone wieder zum Rhein. Es zeichnet sich in diesem Verbreitungsgebiet die Nord- und Ostgrenze jener fränkischen Völker an, die für geleisteten Dienst im römischen Heer oder für den Abschluß von Bündnisverträgen Goldzahlungen erhalten haben. Die Münzen reichen von denen des Kaisers Magnentius bis zu Honorius und sind in kriegerischen Jahren zwischen 350 und 425 vergraben worden, in denen von Norden und Nordosten Angriffe auf fränkische Gebiete erfolgt sind. Hier ist am ehesten an sächsische Angriffe zu denken. In der Folge dieser Ereignisse enden viele kaiserzeitliche Siedlungen des 4. Jhs. im östlichen Westfalen, und es erscheinen vereinzelt in älteren und an neuen Siedlungsplätzen kleine Gräbergruppen mit neuen und anderen keramischen Gefäßen des 5. Jhs., die von Fundplätzen aus dem Gebiet nördlich Minden und der unteren Weser und Elbe bekannt sind. In den gleichen Jahren des späten 4. und frühen 5. Jhs. sind im Gebiet der linken Weser aber auch Drehscheibengefäße thüringischer Herkunft und flache Schalen mitteldeutscher und elbgermanischer Herkunft vereinzelt zu finden, die nicht nur am Nordrand des Münsterlandes und in Oberijssel erscheinen, sondern vereinzelt auch in der Hellwegtrasse auftreten, Hinweise auf zum Rhein drängende Völkerbewegungen dieser Jahre. Diese mit sächsischen Funden vergleichbaren Gefäße sind im angrivarisch-engrischen Gebiet von Minden, Lahde, Werste, Destel, Bad Salzuflen aus Brandgräbern und Siedlungen bekannt und reichen nach Südosten bis zur Ems, bis zu den Siedlungsplätzen von Milte und Clarholz mit Gefäßen des 5. Jhs. Einzelne Gefäße des 6. Jhs. sind auch bekannt aus dem Raum südlich der Lippe von Mark (Kr. Unna), die schon vor Jahren von K. Hucke mit vereinzelten Vorstößen zum Mittelrhein in Verbindung gebracht worden sind.

Im Gebiet des Münsterlandes nördlich der Lippe liegen nun vom 6. bis 8. Jh. zahlreiche archäologische Fundplätze vor, die die allmähliche Neubesiedelung dieses Gebietes im Laufe des 6./7. Jhs. spiegeln: Für dieses Gebiet fügen sich vier kulturgeschichtliche Phänomene zusammen, die die Ausbreitung der sächsischen Heerschaften spiegeln, getragen von Sachsen, Dänen, Nordleuten und – bis zur Eingliederung Frieslands in die fränkische Herrschaft – auch der Friesen mit ihren Vorstößen unter dem König Radbod im Jahre 716 bis nach Köln; ein Zusammenschluß dieser Völker im Angriff auf das christlich-fränkische Reich. Es sind: 1. charakteristische Hausgrundrisse, 2. Keramik, 3. Nord-Süd-Körpergräber und 4. alles verbindender Kult mit dem Süd-Nord-Pferdegrab (Taf. 96).

Die archäologischen Zeichen dieser Welt sind gerade vor den Grenzen des fränkischen Reiches, im Münsterland, durch neuere Grabungen sichtbar und deutbar geworden. Von ihnen waren zwei Phänomene, die der Nord-Süd-Richtung der Gräber und der Keramik, schon vor Jahrzehnten von A. Stieren bei der Ausgrabung der fränkischen Gräber in Soest erkannt und später von K. Hucke zusammen mit den Pferdegräbern als Zeichen einer sächsischen Überschichtung angesprochen worden.

Durch die Ausgrabungen in der sächsischen Siedlung bei Warendorf in den Jahren 1951–59 sind nicht nur in großer Menge die charakteristischen Gefäße des 7. und 8. Jhs., die Kümpfe, die eiförmigen Töpfe und Kugeltöpfe bekannt, deren weite Verbreitung im Nordsee-Sektor von der Südsiedlung Haithabu bis zur Lippe H. Steuer zusammengestellt hat, sondern vor allem jene Zeugnisse der sich bildenden neuen kulturräumlichen Einheit mit den einschiffigen großen Hallen mit außenstehenden Stützen, den schiffsförmigen Hausgrundrissen, freigelegt worden, die von Dänemark im Norden in bäuerlichen Gehöften des 8. und 9. Jhs. und den großen Wikingerbauten des 10. bis 11. Jhs. bis in den Raum südlich der Lippe festgestellt und als Hausnachbildungen auch in den Hogbacks der Angelsachsen bekannt sind. Die Warendorfer sächsisch-westfälische Siedlung, die in der zweiten Hälfte des 6. Jhs. angelegt worden ist und bis um 800 bestanden hat, zeigt in der Menge der 150 ebenerdigen großen und kleinen Hausgrundrisse und 70 Grubenhäuser nicht nur eine Vielfalt von Gebäuden, sondern läßt in einigen Teilen auch über Generationen hin das Alltagsbild der wiederholt erneuerten vielgliedrigen großen Gehöftanlagen erkennen, in denen um die große Wohnhalle die Nebengebäude mit Schuppen, Ställen, Heubergen und Webhütten in weitem Umkreis standen (Taf. 27; 36; 37). Eisenschmelzöfen und Schmiedeplätze, eine überaus große Menge eiserner Geräte, Messer, Bohrer, Pfeilspitzen, Beschläge, Hämmer, bis zum großen Vorschneidmesser des Pfluges, silbertauschierte Sporen und großer eiserner Bratspieß zeigen etwas vom Handwerk und vom Reichtum der westfälischen Bewohner. Dazu kommt die Menge der Webhütten mit Spinnwirtel, Webgewichten und Hanfhechel, die den Alltag anzeigen: die Herstellung der Leinen- und Wollgewebe, mit Leinen-, Rips- und Köperbindungen, zum Teil sorgfältig überstickt, Dinge, die an gleichzeitigen metallenen Grabbeigaben im Rost erhalten sind.

Die Ausgrabungen der letzten Jahre haben im niederländischen Gebiet in Dorestad, Katwijk, Sleen und Odoorn, in Schleswig-Holstein in Haithabu und Elisenhof, im Gebiet der Westfalen in Bad Essen, Münster, Telgte, Müssingen, Gittrup, Liesborn und Sinsen, Ostbevern und Künsebeck und auch im engrischen Paderborn südlich der Lippe diese Hausgrundrisse mit charakteristischen Gefäßen, den Kümpfen und eiförmigen Töpfen und Kugeltöpfen des 7. und 8. Jhs. sichtbar gemacht und bestätigen mit den silbertauschierten Metallschließen aus den Siedlungen Warendorf und Telgte noch einmal den aus den einfachen Gefäßen kaum erkennbaren Wohlstand.

Aber nicht nur in der Neuanlage der Siedlungen im 6. und 7. Jh. und den charakteristischen Hausformen und der Keramik zeigt sich diese sächsische Welt, noch stärker wird sie in den neuangelegten Grabfeldern und im Eroberungsgebiet auch in den neuen Belegungsteilen älterer Friedhöfe sichtbar: Es sind das in heidnischer Richtung angelegte Süd-Nord-Grab und das gleichzeitige Erscheinen der zahlreichen, ebenfalls in Süd-Nord-Richtung bestatteten jungen zweieinhalb- bis viereinhalbjährigen Hengste, die neben den zahlreichen mit Trensen und Zaumzeug beigesetzten Pferden erscheinen. Während die mit Trensen und Zaumzeug ausgestatteten, meist ältere Reitpferde, als auszeichnende Totenbeigabe zu den Kriegergräbern gehören – ein bei vielen germanischen Völkern und weit darüber hinaus bekannter Brauch, weisen die ohne Trense und Zaumzeug bestatteten Pferde in den sächsischen Grabfeldern auf besondere Opfer im Rahmen eines Kultes der sächsischen Heerschaften, in dem das Pferd eine besondere Rolle spielte. Hier kann auf die Überlieferung der angelsächsischen Überwanderung auf die Inseln unter den sagenhaften Führern Hengist und Horsa verwiesen werden, die schon K. Hucke vor Jahren angesprochen hat.

Diese besonderen archäologischen Zeugnisse der sächsischen Welt sind vor Jahren in der Ausgrabung des sächsischen Fürstengrabes im Gräberfeld Beckum II erstmalig erkannt worden. Beckum liegt zwar knapp außerhalb unseres Kartenausschnittes, es kann jedoch hier wegen der außerordentlichen Bedeutung der Funde nicht unberücksichtigt bleiben. Hier wurde das Grab eines überaus reich mit Waffen und goldenen Beigaben ausgestatteten Kriegers freigelegt. Es enthielt: ein Ringknaufschwert, dessen vergoldeter, silberner Knauf mit einem fadenförmig verflochtenen gegenständigen Tierornament im germanischen Tierstil II verziert ist, Schmalsax, Breitaxt, eiserne Lanze und eisernen Wurfspeer (Ango), Schild, große Bronzeschale mit zweireihigem Kamm, einen gläsernen Spitzbecher, einen mit eisernen Reifen beschlagenen hölzernen Eimer, eine Ledertasche mit drei goldenen, filigranverzierten Beschlägen (Taf. 105), darin zwei eiserne Messer, ein eiserner Pfriem, eine bronzene Pinzette, ein Feuerschlagstein und eine Goldmünze, eine barbarisierte Nachprägung einer Münze des römischen Kaisers Justinian; sechs goldene Preßblechstreifen mit verschlungenem Tierornament im germanischen Stil II und Flechtbändern verziert, Beschläge einer hölzernen Schale, die dem Toten auf das Grab gelegt worden war. Dieser Tote war hier in der Mitte der ersten Hälfte des 7. Jhs. bestattet worden. Der Reichtum und die Art der Beigaben bezeugen nicht nur empfangene Verehrung, sondern spiegeln auch die Zugehörigkeit zu jener führenden sächsischen Adelsschicht der Principes und Primores mit ihren selbstverständlich weiten Verbindungen innerhalb der damaligen germanischen Welt.

Bei dem Toten fanden sich zehn Pferde mit Trensen und Zaumzeug, darunter eine Doppelpferdebestattung mit Schild. Zu dieser älteren Bestattung wurden bis in die zweite Hälfte des 8. Jhs.

weitere sechs mit Spatha und Sax ausgestattete Kriegergräber, die älteren in Nord-Süd-Richtung, die jüngeren schon in West-Ost-Richtung, zwei weitere Pferde mit Trensen und 22 Pferde ohne Trensen in Süd-Nord- und die jüngeren in Ost-West-Richtung beigesetzt, dazu 18 bis auf kleinere Trachtzubehörteile beigabenlose Gräber, die jüngsten in West-Ost-Richtung, und 16 kleine Brandknochenlager. Was den Platz auszeichnet, sind nicht nur das Gold, die Waffen des Fürstengrabes und das überaus reiche Zaumzeug der Pferde, sondern jene 22 Pferdeopfer und die Bodenspuren der kleinen Kultbauten, der vier Pfostensetzungen zwischen den Gräbern und vor allem jene große, mit einem Flechtzaun ringförmig umschlossene Fläche, in deren Mitte wieder eine Vierpfostenanlage mit Brandknochen lag. Erst diese Zeichen der opfernden Verehrung machen das Grab über allen Reichtum der Beigaben hinaus zum Kultplatz und damit zu einem einzigartigen Denkmal der sächsischen Welt des 7. Jhs.

Mit diesen Merkmalen: Süd-Nord-Körpergrab und Süd-Nord-Pferdegrab – Pferdeopfer – werden nun die neuen im 7. und 8. Jh. im Kern- und im Westmünsterland, aber auch in dem neu eroberten Gebiet südlich der Lippe angelegten Gräber als archäologischer Niederschlag der sächsischen Südausbreitung erkennbar. Die beigegebenen Gefäße sind im 7. und 8. Jh. meist einfache, handgeformte Kümpfe, eiförmige und kugelförmige Töpfe, in unmittelbarer Nähe und südlich der Lippe aber auch fränkische Keramik, Knicktöpfe, Wölbwand- und kugelige Drehscheibengefäße aus mittel- und niederrheinischen Töpfereien (Taf. 99, 1). Auch die Metallfunde – Schmuck und Beschläge, mit silbernem Preßblech bedeckte eiserne Scheibenfibeln, silberne und bronzene Rechteckfibeln, Goldscheibenfibeln und silberne gleicharmige Fibeln, tauschierte Gürtelteile und bronzene Beschlagstücke – bezeugen verbindenden Handel und Verkehr auch in den Kriegsjahren des 7. und 8. Jhs. über die politischen Grenzen hinweg.

Im Kern- und Westmünsterland sind bisher 17 Fundorte mit Gräbern dieser Zeit bekannt, aber nur an 10 Plätzen einige Gräber untersucht. Obschon die Ergebnisse nur zufällige Ausschnitte aus größeren Grabfeldern darstellen, bieten sie aber mit Nord-Süd-Körpergrab, vereinzelten Pferdegräbern und der Keramik die Besonderheiten. An vielen Plätzen sind auch jüngere West-Ost-Gräber mit freigelegt worden. Auf dem Querenberg bei Ibbenbüren sind im Jahre 1932 aus einer Gruppe von acht sichtbaren, mit Mahlsteinen umstellten Grabhügeln sechs untersucht worden. Es erschienen fünf Süd-Nord-Gräber, soweit zu erkennen, in Baumsärgen, und ein Süd-Nord-Pferdegrab, außerdem drei West-Ost-Gräber; zwischen den Hügeln lagen noch 14 ebenfalls mit Steinen umstellte West-Ost-Flachgräber. Aus einem Süd-Nord-Grab stammen ein Sax, eine Eisenschnalle und ein Eisenmesser, aus den übrigen Gräbern einige Eisenmesser und eiserne Schnallen.

In den Jahren 1910 bis 1914 haben F. Koepp, K. Werth und W. Meier in Ostendorf-Leer mehrere Gräber freigelegt; hier lag unter einer Schicht jüngerer, in Reihen angelegter Ost-West-Gräber, eine Schicht älterer Körpergräber in Süd-Nord-Richtung, mit Pferden und einem Hund. Von den damals geborgenen Funden sind ein gelbtoniger Kugeltopf mit einem Denar Karls des Großen, eine Spatha mit damaszierter Klinge, zwei Saxe, ein weiterer Denar Karls, Perlen, vier eiserne Messer, zwei silberne Ohrringe mit aufgeschobenen silbernen, doppelkonischen Perlen, eine bronzene Riemenzunge und eine bronzene Zierplatte mit Kerbschnittornament und mehrere kleine handgemachte Gefäße erhalten.

In Lankern, Kr. Borken, hat Professor Schmeddinghoff in den Jahren 1920 bis 1928 beim Kiesabbau 275 Süd-Nord- und Ost-West-Gräber und einige Pferdegräber beobachtet und die von den Arbeitern geborgenen Funde gesammelt. Es handelt sich hier um den Teil eines im 8. und. 9. Jh. belegten größeren Grabfeldes, neben dem A. Stieren im Jahre 1928 Süd-Nord-Gräber des 7. Jhs. untersucht hat. Die Verbindung zwischen beiden untersuchten und beobachteten Flächen war durch den Kiesabbau zerstört.

Die geborgenen Funde aus den Süd-Nord- und West-Ost-Gräbern des 8. Jhs. sind: Scheibenfibeln, Urnen, einheimische Gefäße, Kumpfformen und Töpfe und eine ganze Reihe kleiner gelb- und grautoniger Importgefäße, z. T. vom Typ Ostendorf-Leer, aber auch von größeren Kugeltöpfen, dabei auch eine Kanne mit Bandhenkel und Ausgußtülle mit senkrechten mattroten Farbstreifen auf der Wandung. Besondere Beachtung haben die schweren Spathen des späten 8. Jhs. gefunden, von denen zwei Exemplare nach 55 Jahren Magazinaufenthalt im Jahre 1980 restauriert worden sind. Knaufkrone, obere und untere Querstange des einen Schwertes sind mit Reihen von grünen und roten Glaseinlagen besetzt, die von golden glänzenden Bronzehülsen gefaßt sind. Das andere hat eine dreigeteilte, durch geperlte Bronzebänder getrennte Knaufkrone und ist mit einer feinen senkrechten, golden-glänzenden Streifentauschierung flächig bedeckt. Beide Schwerter gehören dem späten 8. Jh. an.

In Ostbevern, Kr. Warendorf, sind im Jahre 1937 beim Sandgraben Körper- und Pferdegräber zerstört worden. Eine anschließende Untersuchung ergab noch ein weiteres Pferdegrab und 12 West-Ost-Körpergräber, meist beigabenlos. Nur zwei handgemachte Gefäße, ein Kumpf und ein flach-schalenförmiges Gefäß mit dreieckigen Gitterstempeln, ein eiserner „Lanzenschuh" und eine eiserne Schnalle sind erhalten.

Im benachbarten Westbevern sind seit 1951 in einem Dünengelände drei Süd-Nord-Waffengräber und zwei Nord-Süd-Pferdegräber und über 250 meist beigabenlose West-Ost-Gräber, dicht in Reihen liegend, bekannt geworden.

Aus zwei Süd-Nord-Gräbern sind Breitsaxe geborgen, das dritte Süd-Nord-Grab war reich mit Beigaben ausgestattet und enthielt: Sax, Lanzenspitze, Steigbügel, Trense, Klappmesser, Kamm und einen zuckerhutförmigen Schildbuckel des 8. Jhs.

Aus einem Dünenzug südöstlich Greffen auf dem Nordufer der Ems wurden 1931/32 beim Sandabtragen die Beigaben eines Kriegergrabes geborgen mit Spatha, dreiteiliger, silber- und messingtauschierter Gürtelgarnitur, Feuerstahl, Messer, Lanzenspitze und einem halbkugeligen Topf (Taf. 97). Vielleicht gehört auch noch ein Sax dazu. Die Beigaben datieren das Grab in den Anfang des 7. Jhs. Später wurden in diesem Dünenzug ein weiterer Sax und einige Ost-West-Gräber ohne Beigaben freigelegt.

Aus Heiden, Kr. Borken, sind zwei Süd-Nord- und zwei Ost-West-Gräber mit Breitsax und einem eiförmigen Topf, aus einem Frauengrab ein Kumpf und eine eiserne Scheibenfibel mit silberner Preßblechauflage bekannt.

Aus einem bei Bauarbeiten zerstörten Grab in Dülmen stammt eine Spatha mit damaszierter Klinge und omegaförmiger Schlagmarke des Waffenschmiedes, ein Sax und ein kleines Beigefäß des 8. Jhs. Von Drensteinfurt sind zwei Langsaxe bekannt.

Aus einem Gräberfeld bei Sünninghausen, in dem etwa 20 West-Ost-Gräber bei Steinbrucharbeiten unter Hügeln beobachtet worden sind, ist eine lange Spatha mit dreieckigem Knauf des späten 8. Jhs. erhalten.

Bei Flaesheim, auf dem südlichen Lippeufer gelegen, sind am östlichen Ortsrand zwei Süd-Nord-Gräber mit Breitsax, Lanzenspitze und hohem Schildbuckel, im anderen ein Breitsax, zwei Speerspitzen und ein eisernes Klappmesser des frühen 8. Jhs. geborgen worden.

Aus einem zweiten Grabfeld westlich des Ortes kamen bei der Vorbereitung einer Straßentrasse drei Süd-Nord-Gräber, davon zwei von einem Kreisgraben, das dritte mit einem Pfostenkranz umgeben, zutage. Aus den Gräbern stammen zwei Saxe, mehrere Eisenschnallen und Pfeilspitzen. Neben den Nord-Süd-Gräbern des 8. Jhs. lagen mehrere beigabenlose West-Ost-Bestattungen. In Müssingen, Stadt Warendorf, sind aus einer Sandgrube sechs Süd-Nord-Körpergräber und sieben Süd-Nord-Pferdegräber, darunter eine Doppelpferdebestattung mit Hund, ausgegraben worden. Vor der Untersuchung waren schon 27 Gräber zerstört, aus denen nur einige Perlen, Messer und Scheibenfibeln erhalten sind. Die Funde datieren die Gräber ins 8. Jh.

In Herbern, Kr. Lüdinghausen, sind beim Wegebau ein Nord-Süd-Frauengrab mit Messer, Perlen, Spinnwirtel und Gefäßscherben, ein Süd-Nord-Pferdegrab und 59 Ost-West-Gräber freigelegt worden, unter ihnen zwei Männergräber mit Spatha und Sax, einige Frauengräber mit bronzenen Armreifen, Perlen, Messern und eisernen Schnallen.

Reichere Ergebnisse haben die Grabungen im Grabfeld Lembeck, Kr. Recklinghausen, ergeben. In ihm sind bisher 141 Süd-Nord- bzw. West-Ost-Gräber und sieben Süd-Nord-Pferdegräber unter-

sucht. Sie bieten mit ihren Beigaben des 7. und 8. Jhs., mit Gefäßen, Schmuck und Waffen erstmalig einen guten Überblick über die archäologischen Realien dieser Jahre.[1]
Mit der Südausbreitung der Sachsen erscheinen in einigen Grabfeldern Brandbestattungen, bisher in Beckum II, Lembeck, Westrup, Wulfen und Lankern beobachtet. Es sind einerseits mit einem Erdhügel überworfene und von einem Kreisgraben umschlossene Verbrennungsplätze, auf denen Knochenbrand, verbrannte Beigaben, Keramik und Glas liegen, so in Lembeck und Westrup. Es gibt darüber hinaus auch Urnengräber, in denen der Knochenbrand, mit und ohne Hügel, beigesetzt ist, in Wulfen und in Westrup. Diese Brandgräber sind bisher nur selten beobachtet und nur in nicht zerpflügten Plätzen erhalten. Darüber hinaus gibt es aber auch Anzeichen dafür, daß es sich bei sehr kleinen Knochenlagern um Reste von Brandopfern handeln kann, z. B. Beckum II. Brandgräber und Nord-Süd-Gräber erscheinen im 7. und 8. Jh. vereinzelt auch am Niederrhein und in friesischen und nordbelgischen Friedhöfen und spiegeln hier Grenzsituationen zwischen heidnischen und christlichen Bewohnern.
Die bis jetzt überschaubaren Gräber und Friedhöfe lassen erkennen, daß die Süd-Nord-Gräber des 7. und 8. Jhs. im rechtsrheinischen Land – das gilt auch für die fränkischen Grabfelder des 6. und 7. Jhs. – in sehr lockerer Streuung angelegt sind und sich damit deutlich von den merowingischen Reihengräbern unterscheiden. Die reicher ausgestatteten Gräber sind bis zum Ende des 8. Jhs. in großen, holzverschalten Grabkammern angelegt. In großer Zahl werden auch Baumsarggräber und Brettersärge im 7. und 8., ja bis ins 9. Jh. verwandt. Die größere Menge der Gräber war sicher mit einem Hügel überworfen, der – meist eingepflügt – nur an wenigen Plätzen erhalten geblieben ist, so in Ibbenbüren, Greffen, Lembeck und Westrup, Sünninghausen/Mackenberg.
Die Hügel selbst waren häufig mit ringförmigen, rechteckigen oder quadratischen Steinsetzungen oder ringförmigen oder quadratischen Erdgräben mit Flechtzäunen umgeben (Lankern, Lembeck, Beckum II, Ibbenbüren) und dadurch sichtbare Denkmäler. In einigen Grabfeldern sind wiederholt vier Pfostensetzungen zwischen den Gräbern beobachtet (Lankern, Lembeck und Beckum II), bei denen es sich um besondere Anlagen der Totenehrung und des Kultes gehandelt hat.
Sehr häufig erscheinen im ausgehenden 8. Jh. kleine gelb- und grautonige Kugeltöpfe aus Badorfer, Vorgebirgs- und Niederrheinischen Töpfereien in den Gräbern: in Ostendorf-Leer mit einem Denar Karls des Großen, in Lankern und Lembeck zusammen mit schweren zweischneidigen Schwertern (Taf. 98).
Diese mit goldenglänzenden Metallauflagen, farbigen Glaseinlagen und feinstreifiger Tauschierung geschmückten Schwertknäufe der kriegerischen adligen Führungsschicht erscheinen in Nord-Süd-angelegten heidnischen, aber auch in christlichen West-Ost-Gräbern des späten 8. Jhs. und machen damit Alltagssituationen der Umbruchjahre vom Heidentum zum Christentum sichtbar, die auch in der Schriftüberlieferung über die Missionsversuche Wilfrieds bei den Friesen um 678/79, der Ewalde im westlichen Sachsen um 700 und des heiligen Lebuin im westlichen Sachsen in der zweiten Hälfte des 8. Jhs. überliefert sind. Der Weg der frühen Mission führte über diese Principes und Primores, die Angehörigen jener adligen Führungsschicht, die bis dahin im heidnischen Bereich selbst in religiösen Kulten verehrt wurden. Einige haben schon früh den neuen Glauben angenommen, wie die Texte erkennen lassen, andere behaupteten die alten Sitten und Kulte bis in die Tage der karolingischen Mission.
Besonders in diesen archäologischen Zeugnissen der Gräber und der Pferdeopfer wird auch der lange Weg des Übergangs von den alten Glaubensvorstellungen zu den neuen christlichen Geboten sichtbar. In den Gebieten nahe der Lippe beginnt schon seit der Mitte des 8. Jhs. die West-Ost-Orientierung der Gräber und mit ihnen auch die der geopferten Pferde in die neue Richtung, während in anderen Grabfeldern bis in die Jahre um 800 die alte Nord-Süd-Richtung der Gräber und der vollen Ausrüstung der Toten erhalten bleibt. Und trotz des Gebotes der von Karl dem Großen auf der Reichsversammlung des Jahres 782 erlassenen *capitulatio de partibus saxoniae,* die Leiber der christlichen Toten in der Folge nicht mehr bei den *tumuli,* den alten Gräbern der Heiden, sondern bei den neuen christlichen Kirchen zu bestatten, werden bis in die Mitte des 9.

[1] zu Lembeck vgl. Führer zu vor- und frühgeschichtlichen Denkmälern 46 (1980) 152ff.

Jhs. an vielen Plätzen, z. B. Lankern, Westbevern, Herbern, Lembeck und südlich der Lippe in Soest, noch viele Hunderte von Toten auf den alten Grabfeldern in West-Ost-Richtung bestattet. In den gleichen Jahren beginnt aber auch die Beisetzung an den inzwischen errichteten Kirchen, und auch hier enthalten die Gräber noch einige der alten Beigaben, Spinnwirtel, Perlenketten, eiserne Messer und Münzen. Mit dieser Beisetzung der Toten auf den neuen Friedhöfen bei den durch die Altäre des christlichen Glaubens geweihten Kirchen beginnt eine neue Zeit. In den vorhergehenden Kriegsjahren waren viele Siedlungen zerstört, die Bewohner umgesiedelt oder der Grundbesitz für Kirche, Klöster und Stifte eingezogen oder neu verteilt. An vielen Orten an Lippe und Ems und den Flüssen des Landes blieben aber die alten Höfe bestehen – nach der Verlegung im 9. bis 11. Jh. von der unmittelbaren Nähe zu Bächen und Flüssen auf höher liegende Geländebreiten – bis zur Gegenwart. Mit den vom 9. bis 12. Jh. vorliegenden Urkunden, Urbaren, Heberollen und Güterverzeichnissen der Kirchen, Klöster und Stifte von Essen-Werden, Freckenhorst, Xanten, Vreden, Elten und Corvey – um nur einige zu nennen – erhält die archäologische Landesforschung zusätzlich zu der großen Menge der schon archäologisch festgestellten Siedlungsplätze des 7./8. bis 12. Jhs. wertvolle Hinweise, um den Alltag dieser Jahrhunderte und die weitere historische Entwicklung zu klären.

Als Beispiel mag auf die archäologischen Arbeiten in Münster verwiesen werden: Die alte sächsische Siedlung Mimigernaford auf dem Südhang der Aa wird von Karl dem Großen für Liudger, den ersten Bischof von Münster, zur Civitas, einer mit Wall und Graben befestigten Stadt, ausgebaut. Die Ausgrabungen in dieser Domburg haben große Teile jener 8 bis 9 ha großen karolingischen Stadt sichtbar gemacht: das starke Pfostenwerk des Walles, den Graben davor, die innere Wallstraße und erste Häuserzeilen der hier angesiedelten Handwerker und Dienstleute. Reiche archäologische Funde an Keramik und Schmuck des 9. und 10. Jhs., einheimische und rheinische Töpferwaren der Badorfer und Pingsdorfer Töpfereien, Scheibenfibeln, kerbschnittverziertes Kreuz (Taf. 99, 2–4), Rechteckfibeln und kleine gleicharmige Fibeln des 9. Jhs. und Gerät spiegeln auch hier Handwerk und weite Verbindungen des Alltags. Die Ausgrabungen haben aber auch den Brand der Stadt im 12. Jh. – er wird durch schriftliche Überlieferung für 1121 bezeugt – sichtbar gemacht und darüber hinaus die Neuparzellierung der Innenfläche für die Bauten der Domherren gezeigt. Auch die ersten Bauten des Monasteriums des 9.–12. Jhs. sind durch die Ausgrabungen wieder entdeckt worden und haben mit der Freilegung der großen Steinbauten des Monasteriums des 11. Jhs. auch den Grund für die Änderung des Namens dieser alten Stadt von Mimigernaford zu Monasterium – Münster – sichtbar gemacht. Im 12. Jh. wird die karolingische Stadt geistlicher Bezirk, und vor ihren Toren und ringsum entsteht die neue Bürgerstadt des 12. Jhs. Das Land zwischen Niederrhein, Lippe und Ems war jahrhundertelang Grenzgebiet zwischen Franken und Sachsen. Mit den archäologischen Dokumenten ist nicht nur die kulturräumliche Gliederung dieses Gebietes in der Frühgeschichte sichtbar geworden, sondern sind auch die Zeugnisse der historischen Entwicklung erkannt, die zur Entstehung des sächsischen Westfalen geführt haben.

Literatur

1. Zur Historie: A. Aubin, Ursprung und ältester Begriff von Westfalen. In: Der Raum Westfalen, Bd. 2,1 (Hrsg. A. Aubin u. F. Petri; 1955) 3ff. – J. Bauermann, Das Land Westfalen, seine Grenzen und sein Werden. In: Westf. Heimatkalender 3, 1949, 44ff. – W. J. de Boone, Die Franken (1954). – E. Ewig, Die Civitas Ubiorum, die Francia Rinensis und das Land Ribuarien. Rhein. Vierteljahrsbl. 19, 1954, 1ff. – ders., Die Franken am Rhein. Nationes I (Hrsg. H. Beumann u. W. Schröder; 1978) 109ff. – H. Hauck, Das Wissen Widukinds von Corvey von der Neubildung des sächsischen Stammes im 6. Jh. In: Ostwestfälisch-weserländische Forschungen zur geschichtlichen Landeskunde (Hrsg. H. Stoob; 1970) 1ff. – A. K. Hömberg, Westfalen und das sächsische Herzogtum. Schr. Hist. Komm. Westf. 5 (1963). – W. Lammers, Die Stammesbildung bei den Sachsen. In: Entstehung und Verfassung des Sachsenstammes (Hrsg. W. Lammers). Wege der Forschung 50 (1967) 263ff. – F. Petri, Stamm und Land im frühmittelalterlichen Nordwesten nach neueren historischen Forschungen. Westf. Forsch. 8, 1955, 5ff. – ders., Die fränkische Landnahme und die Entstehung der germanisch-romanischen Sprachgrenze in der interdisziplinären Diskussion. In: Erträge der Forschung 27 (1975) 1ff. – R. Wenskus, Stammesbildung und Verfassung (1961). – R. Wirtz, Die Geschichte des Hamalandes. Ann. Hist. Ver. Niederrhein 173, 1971, 7ff. – H. Zöllner, Geschichte der Franken (1970).

2. *Zur Archäologie:* H. Beck, Spätkaiserzeitliche Funde in Westfalen. Bodenaltertümer Westf. 12, 1970. – H. W. Böhme, Germanische Grabfunde des 4. bis 5. Jahrhunderts zwischen unterer Elbe und Loire. Münchner Beiträge zur Vor- und Frühgeschichte 19 (1974). – K. Böhner, Archäologische Beiträge zur Erforschung der Frankenzeit am Niederrhein. Rhein. Vierteljahrsbl. 15/16 1950/51, 19ff. – T. Capelle, Das Gräberfeld Beckum I. Veröffentl. Provinzialinst. f. westf. Landes- u. Volksforsch. 7 (1979).

K. Hucke, Ausbreitung der Sachsen vom 6. bis 8. Jh. auf Grund der Grabfunde. In: Ahnenerbe. Jahrestagungen. Bericht über die Kieler Tagung 1939 (Hrsg. H. Jankuhn; 1944) 195ff. – F. Stein, Adelsgräber des achten Jahrhunderts in Deutschland. Germanische Denkmäler der Völkerwanderungszeit, Ser. A, Bd. 9 (1967). – K. Tischler, Der Stand der Sachsenforschung, archäologisch gesehen. Ber. RGK 35, 1954, 21ff. – K. Weidemann, Die frühe Christianisierung zwischen Schelde und Elbe. Neue Ausgr. u. Forsch. Nieders. 3, 1966, 195ff. – W. Winkelmann, Die Ausgrabungen in der frühmittelalterlichen Siedlung bei Warendorf. In: Neue Ausgrabungen in Deutschland (Hrsg. W. Krämer; 1958) 492ff. – ders., Das sächsische Fürstengrab von Beckum. In: Stadt Beckum (1974). – ders., Der Stand der archäologischen Forschung des 6. bis 9. Jhs. in Westfalen. In: Die Franken im Gebiet östlich des mittleren Niederrheins. Protokoll einer Tagung im Hause der Römisch-Germanischen Kommission, Frankfurt a. M. vom 2. bis 4. 12. 1965. – ders., Vor- und frühgeschichtliche Siedlungsräume und Siedlungen und die politische Raumbildung in Westfalen. Spieker 25, 1977, 427ff. – ders., Archäologische Zeugnisse zum frühmittelalterlichen Handwerk in Westfalen. Frühmittelalterliche Studien 11, 1977, 93ff.

1. Der Brandgrubenfriedhof von Rebbecke, Kr. Büren (August–September 1937). Westfälische Forschungen 1, 1938, 241.
2. Eine Siedlung des 1.–5. Jahrhunderts in Milte, Kr. Warendorf. Nachrichtenblatt für Deutsche Vorzeit 14, 1938, 298–301.
3. Eine Siedlungsgrube mit später Megalith-Tonware in Schöppingen, Kr. Ahaus. Nachrichtenblatt für Deutsche Vorzeit 14, 1938, 287–290.
4. (mit A. Stieren) Probegrabung auf den Bruchhauser Steinen, Kr. Brilon (Okt. 1938). Westfälische Forschungen 2, 1939, 287f.
5. Ein germanisches Gräberfeld bei Borken. Münsterländer Heimatkalender 2, 1939 (Ausgabe Kreis Borken) 127–130.
6. Ein Grabfeld der Vorzeit in den Hohenhorster Bergen bei Bocholt. Münsterländer Heimatkalender 3, 1940 (Ausgabe Kreis Borken) 143f.
7. . . . do timmerde dit slot her hinrich here . . . van ghemen. Vorbericht zu den Untersuchungen an der Vorburg des Schlosses Gemen. Münsterländer Heimatkalender 3, 1940 (Ausgabe Kreis Borken) 132–134.
8. (mit S. Gollub) Fundchronik des Reg.-Bez. Münster. Fundchronik für Westfalen und Lippe über die Jahre 1937–1947, hrsg. von A. Stieren. Bodenaltertümer Westfalens 7 (1950) 3–44.
9. Vorgeschichte und Überlieferung. Westfälischer Heimatkalender 4, 1950 (Ausgabe Münsterland) 161–165.
10. Ausgrabung einer karolingischen Krypta in Vreden, Kr. Ahaus. Westfälischer Heimatkalender 5, 1951, 137–139.
11. Ein spätkarolingischer befestigter Hof bei Raesfeld, Kr. Borken. Westfälischer Heimatkalender 5, 1951 (Ausgabe Münsterland) 167–169.
12. Karolingische Bodenfunde unter der Pfarrkirche St. Remigius in Borken. Heimat-Kalender des Landkreises Borken 9, 1951, 26–28.
13. Denkmal frühester westfälischer Geschichte. Die Bedeutung der Vredener Ausgrabungen. Westfalenspiegel 1, H. 7, 1951/52, 4–6.
14. Frethenna praeclara – Berühmtes Vreden. Vorbericht über die Ausgrabungen unter der Pfarrkirche in Vreden (Kr. Ahaus) 1949–51. Vredener Festbuch. Zur Feier des dreifachen Jubiläums von Kirche, Stadt und Feste im Jahre 1952, hrsg. von der Stadt Vreden (1952) 20–36.
15. Auf den Spuren der Römer in Westfalen. Westfalenspiegel 2, H. 8, 1953, 15–18.
16. Ein neues Römerlager in Holsterhausen bei Dorsten. Westfalen 31, 1953, 47–50.
17. Archäologische Untersuchungen unter der Pfarrkirche zu Vreden. Mit baugeschichtlichem Beitrag von H. Claussen (Vorbericht). Westfalen 31, 1953, 304–319.
18. Eine westfälische Siedlung aus der Zeit Widukinds und Karls des Großen im Münsterland. Westfälischer Heimatkalender 8, 1954 (Ausgabe Münsterland) 158–161.
19. Eine sächsische Siedlung der Karolingerzeit bei Warendorf. Niedersächsisch-westfälische Tagung über frühmittelalterliche Siedlungsgeschichte vom 12.–14. 10. 1953 in Georgsmarienhütte/Osnabrück. Westfälische Forschungen 7, 1953–1954, 280–283.
20. Eine westfälische Siedlung des 8. Jahrhunderts bei Warendorf, Kr. Warendorf. Germania 32, 1954, 189–213.
21. Der Landkreis Beckum im Spiegel der Vor- und Frühgeschichte. Heimatkalender Kreis Beckum 1956, 16–22.
22. (mit K. Waller) Das 9. Sachsensymposium in Münster vom 8. bis 10. Dezember 1957. Die Kunde N. F. 8, 1957, 333–337.
23. Die Ausgrabungen in der frühmittelalterlichen Siedlung bei Warendorf (Westfalen). Neue Ausgrabungen in Deutschland, hrsg. von W. Krämer (1958) 492–517.
24. Zwei silbertauschierte eiserne Schmuckscheiben aus dem Gräberfeld bei Beckum. Heimatkalender Kreis Beckum 1958, 34–38.

25. Baumsarg der älteren Bronzezeit von Heiden, Kr. Borken. Germania 37, 1959, 270.
26. Eine ausgedehnte jungpaläolithische Freilandsiedlung der Federmessergruppe bei Westerkappeln-Westerbeck, Kr. Tecklenburg. Germania 37, 1959, 254.
27. Ein münzdatiertes Grab des 7. Jahrhunderts n. Chr. aus Hemer, Kr. Iserlohn. Germania 37, 1959, 303–306.
28. Grab des 8. Jahrhunderts n. Chr. mit zuckerhutförmigem Schildbuckel von Westbevern, Ldkr. Münster. Germania 37, 1959, 306f.
29. Alte Wallbautechnik in den Befestigungswerken der Stadt Münster im 16. Jahrhundert. Germania 37, 1959, 324.
30. Die altwestfälische Siedlung bei Warendorf. Führer durch die Ausstellung des Kreisheimatmuseums Warendorf vom 10. Mai bis 28. Juni 1959 [Faltblatt].
31. Der Schmied von Beckum. Heimatkalender Kreis Beckum 1960, 20–25.
32. Mimigernaford in den Tagen St. Liudgers. Programm und erste Ergebnisse der archäologischen Forschungen auf dem Domplatz. Auf Roter Erde (Heimatbeilage der Westfälischen Nachrichten) 16, N. F. 15, 1960, 1.
33. Siedlungsgrabungen in der Domburg Münster. Archäologische Methoden und Quellen zur Stadtkernforschung und ihr Verhältnis zu den historischen Quellen und Methoden. Protokoll der Tagung des Arbeitskreises für Stadtforschung der Arbeitsgemeinschaft der Historischen Kommissionen und landesgeschichtlichen Institute Deutschlands in Hamburg vom 2. bis 4. 3. 1959. Westfälische Forschungen 13, 1960 (1961) 187f.
34. Das Fürstengrab von Beckum. Eine sächsische Grabstätte des 7. Jahrhunderts in Westfalen. Die Glocke (Tageszeitung für die Kreise Beckum, Warendorf und Wiedenbrück), Sonderbeilage Weihnachten 1962, 1–11. – Wieder abgedruckt in: Heimatkalender Kreis Beckum 1963, 17–28 und (mit J. Schnieder und E. Ahlmer) in: Stadt Beckum, Ereignisse und Entwicklung in 750 Jahren und Bericht über die Ausgrabung des sächsischen Fürstengrabes, hrsg. von der Stadt Beckum (1974) 293–305.
35. Archäologische Dokumente zur Geschichte und Kultur Westfalens im 7. und 8. Jahrhundert n. Chr. Westfälische Zeitschrift 112, 1962, 369f.
36. Das Kontinuitätsproblem der rechtsrheinischen Germania im Spiegel der Paderborner Ausgrabungen. Die Frage der Kontinuität in den Städten an Mosel und Rhein im Frühmittelalter. Referate und Ansprachen auf der vierten Arbeitstagung des Kreises für Landschaftliche deutsche Städteforschung vom 4.–6. April 1962 in Trier. Westfälische Forschungen 16, 1963 (1964) 75–77.
37. Vorchristliches Totenbrauchtum im 7. Jahrhundert n. Chr. Rheinisch-westfälische Zeitschrift für Volkskunde 10, H. 1–4, 1963, 184–187.
38. Borken und Emsdetten, Kr. Steinfurt. Neujahrsgruß Münster 1963, 1f. – Wieder abgedruckt in: Westfälische Forschungen 19, 1966 (1967) 126.
39. Münster 1960. Neujahrsgruß Münster 1963, 5. – Wieder abgedruckt in: Westfälische Forschungen 19, 1966 (1967) 128.
40. Paderborn 1961. Neujahrsgruß Münster 1963, 5f. – Wieder abgedruckt in: Westfälische Forschungen 19, 1966 (1967) 128.
41. Emsdetten, Kr. Steinfurt. Neujahrsgruß Münster 1964, 2f. – Wieder abgedruckt in: Westfälische Forschungen 19, 1966 (1967) 129.
42. Münster 1962–63. Neujahrsgruß Münster 1964, 3f. – Wieder abgedruckt in: Westfälische Forschungen 19, 1966 (1967) 130.
43. Paderborn 1964. Neujahrsgruß Münster 1965, 5f. – Wieder abgedruckt in: Westfälische Forschungen 19, 1966 (1967) 132.
44. (mit F. K. Dörner, W. Hoepfner, H. Müller-Beck) Arsameia am Nymphaios. Bericht über die 1963 und 1964 ausgeführten Ausgrabungen. Archäologischer Anzeiger 1965, 221–231.
45. Rex pius interea solum conscendit. Zur Freilegung des Paderborner Thronunterbaues. Der Kump. Paderborner Monatsschau, Blätter für Gäste und Freunde der Stadt am Quellwunder 10–12, 1965, 1–3.

46. Der Stand der archäologischen Erforschung des 6.–9. Jhs. in Westfalen. Die Franken im Gebiet östlich des mittleren Rheins, Tagung im Hause der RGK vom 2.–4. 12. 1965 (1965) 53–62.
47. Ausgrabungen auf dem Domhof in Münster. Monasterium. Festschrift zum siebenhundertjährigen Weihegedächtnis des Paulus-Domes zu Münster, hrsg. von A. Schröer (1966) 25–54.
48. Der Schauplatz (mit H. Beumann, F. Brunhölzl) in: Karolus Magnus et Leo Papa. Ein Paderborner Epos vom Jahre 799. Studien und Quellen zur westfälischen Geschichte 8 (1966) 101–107.
49. Ausgrabungen in der karolingischen Pfalz zu Paderborn. Westfälische Zeitschrift 116, 1966, 202f.
50. Paderborn. Kunst und Kultur im Weserraum 800–1600. Katalog der Ausstellung des Landes Nordrhein-Westfalen, Corvey 1966, Bd. 2 (1966) 740–743.
51. Paderborn 1965. Neujahrsgruß Münster 1966, 7–9. – Wieder abgedruckt in: Westfälische Forschungen 19, 1966 (1967) 135.
52. Meschede, Kr. Meschede, St. Walburga. Neujahrsgruß Münster 1966, 9f. – Wieder abgedruckt in: Westfälische Forschungen 19, 1966 (1967) 135f.
53. Paderborn 1966. Neujahrsgruß Münster 1967, 9–12. – Wieder abgedruckt in: Westfälische Forschungen 20, 1967 (1968) 112f.
54. Paderborn 1967. Neujahrsgruß Münster 1968, 11–14. – Wieder abgedruckt in: Westfälische Forschungen 20, 1967 (1968) 117f.
55. Ausgrabungen in der Pfarrkirche St. Stephanus in Beckum. Sankt Stephanus – Beckum. Stift und Kirche. Festschrift zum Gedenken an die Gründung des Kollegiatstiftes vor sieben Jahrhunderten, hrsg. von F. Helmert (1967) 15–20.
56. Paderborn 1968. Neujahrsgruß Münster 1969, 17–19. – Wieder abgedruckt in: Westfälische Forschungen 21, 1968 (1969) 184f.
57. Die Pfalzbauten des 11. Jahrhunderts in Paderborn. Westfälische Zeitschrift 119, 1969, 439f.
58. Paderborn 1969. Neujahrsgruß Münster 1970, 19–23. – Wieder abgedruckt in: Westfälische Forschungen 22, 1969/70 (1971) 104f.
59. Die Königspfalz und die Bischofspfalz des 11. und 12. Jahrhunderts in Paderborn. Frühmittelalterliche Studien 4, 1970, 398–415.
60. Capitalis quadrata. Westfalen 48, 1970, 171–176.
61. (mit H. Beck) Vor- und Frühgeschichte. Naturpark Hohe Mark, Topographische Karte 1:50 000 (Ausgabe mit Wanderwegen; 1970) 12–14.
62. Die Frühgeschichte im Paderborner Land. Führer zu vor- und frühgeschichtlichen Denkmälern 20 (1971) 87–121.
63. Die Karolingische Burg in Paderborn. Archäologisches Korrespondenzblatt 1, 1971, 185–189.
64. Die karolingische und ottonische Kaiserpfalz in Paderborn. Erläuterungen zum großen Farbplan der Ausgrabungen (1971) 1–8.
65. Paderborn 1970. Neujahrsgruß Münster 1971, 23f. – Wieder abgedruckt in: Westfälische Forschungen 23, 1971 (1972) 178f.
66. Est locus insignis, quo Patra et Lippa fluentant. Über die Ausgrabungen in den Karolingischen und Ottonischen Königspfalzen in Paderborn. Château Gaillard. Études de castellologie médiévale V. Colloque de Hindsgavl 1970 (1972) 203–216. – Wieder abgedruckt in: Fragezeichen, Paderborner Hefte, Bildungspolitische Zeitschrift 6, H. 3/4, 1972, 31–42.
67. Liturgisches Gefäß der Missionszeit aus Paderborn. Zur Verbreitung und Deutung der Tatinger Kannen. Paderbornensis ecclesia. Beiträge zur Geschichte des Erzbistums Paderborn. Festschrift für Lorenz Kardinal Jaeger zum 80. Geburtstag am 23. Sept. 1972. Namens des Metropolitankapitels Paderborn hrsg. von P. Scheele (1972) 32–47.

68. Paderborn 1971. Neujahrsgruß Münster 1972, 28–31. – Wieder abgedruckt in: Westfälische Forschungen 24, 1972 (1973) 86.
69. Die Königspfalz in Paderborn gehört zu den Herrschaftszeichen des mittelalterlichen Reiches. Neue Westfälische vom 28. 7. 1973 (Tageszeitung für Ostwestfalen-Lippe), Sonderbeilage Libori 1973, 2.
70. Paderborn 1972. Neujahrsgruß Münster 1973, 26f. – Wieder abgedruckt in: Westfälische Forschungen 25, 1973 (1974) 220.
71. Geseke, Kr. Lippstadt. Neujahrsgruß Münster 1974, 25. – Wieder abgedruckt in: Westfälische Forschungen 26, 1974 (1975) 91.
72. Bodendokumente altsächsischer Kultur. An Ems und Lippe 1975. Heimatkalender für den Kreis Warendorf, 26–32.
73. Die Königspfalz in Paderborn. Westfälische Zeitschrift 124/125, 1975, 255f.
74. Paderborn 1974. Neujahrsgruß Münster 1975, 36–38. – Wieder abgedruckt in: Westfälische Forschungen 27, 1975 (1976) 46.
75. Ein Dorf aus dem Lande der Sachsen. Warendorf, sächsische Siedlung 6.–8. Jh. Kölner Römer-Illustrierte 2, 1975, 230f.
76. Das sächsische „Fürstengrab" von Beckum. Kölner Römer-Illustrierte 2, 1975, 231f.
77. Alles Hohle klingt besser. Karolingische Schallgefäße aus der Kirche St. Walburga in Meschede. Kölner Römer-Illustrierte 2, 1975, 233f.
78. Eine mittelalterliche Stadt wird gegründet. Die Civitas Mimigernaford – Münster. Kölner Römer-Illustrierte 2, 1975, 247.
79. Münster, karolingische Burg. Lackabzug der inneren Wallböschung. Kölner Römer-Illustrierte 2, 1975, 247f.
80. Das „große Opfer". Kölner Römer-Illustrierte 2, 1975, 248.
81. Die karolingische und ottonische Königspfalz in Paderborn. Kölner Römer-Illustrierte 2, 1975, 275–278.
82. Zum Thronunterbau in der karolingischen Pfalz Paderborn. Kölner Römer-Illustrierte 2, 1975, 278.
83. Zu den Bügelfibeln von Soest, Grab 106. Frühmittelalterliche Studien 9, 1975, 137–142.
84. Lembeck, Kr. Recklinghausen. Neujahrsgruß Münster 1976, 28–30. – Wieder abgedruckt in: Westfälische Forschungen 28, 1976/77 (1978) 94f.
85. Münster 1975. Neujahrsgruß Münster 1976, 34–37. – Wieder abgedruckt in: Westfälische Forschungen 28, 1976/77 (1978) 96f.
86. Archäologische Beiträge zu Stabilität und Wandel in Siedlungsräumen der Westfälischen Bucht, in: F. Schwind: Beharrung und Wandel in den Siedlungsräumen. Bericht über die 2. Arbeitstagung des Arbeitskreises für genetische Siedlungsforschung in Mitteleuropa vom 19. bis 21. Juni 1975 in Münster. Zeitschrift für Archäologie des Mittelalters 4, 1976, 86.
87. Archäologische Zeugnisse zum frühmittelalterlichen Handwerk in Westfalen. Frühmittelalterliche Studien 11, 1977, 92–126. – Daraus „Der fränkische Töpferofen von Geseke" wieder abgedruckt in: Geseker Heimatblätter 38, 1980, 89–92; 101–103.
88. Vor- und frühgeschichtliche Siedlungsräume und Siedlungen und die politische Raumbildung in Westfalen. Westfalen und Niederdeutschland. Festschrift 40 Jahre Geographische Kommission für Westfalen. Spieker 25, 1977, 427–436. – Wieder abgedruckt in: Geschichte, Politik und ihre Didaktik. Beiträge und Nachrichten für die Unterrichtspraxis 8, H. 3/4, 1980, 137–144.
89. Grabungsfunde erzählen aus der Geschichte Paderborns. Die Warte 13, 1977, 3–5. – Wieder abgedruckt in: Westfälischer Heimatkalender 34, 1980, 1–3.
90. Ausgrabungen am Paderborner Dom. Schulfunk Westdeutscher Rundfunk, Rheinland und Westfalen 2–1977, 17f. – Wieder abgedruckt in: Schulfunk Westdeutscher Rundfunk, Rheinland und Westfalen 1981/82-I, 141.
91. Paderborn, ein Frauengrab des 6./7. Jhs. Neujahrsgruß Münster 1978, 31.
92. Paderborn 1977. Neujahrsgruß Münster 1978, 37–40.

93. 80 Jahre Altertumskommission für Westfalen. Neujahrsgruß Münster 1978, 48–51.
94. Die karolingische und ottonische Kaiserpfalz in Paderborn. Kaiserpfalz Paderborn, hrsg. vom Erzbischöflichen Generalvikariat Paderborn, Presse- und Informationsstelle, in Zusammenarbeit mit dem Metropolitankapitel (1978) 7–17.
95. Im Schnittpunkt europäischer Geschichte. Kaiserpfalz Paderborn, hrsg. vom Erzbischöflichen Generalvikariat Paderborn, Presse- und Informationsstelle, in Zusammenarbeit mit dem Metropolitankapitel (1978) 34–45.
96. Schmelzofen und Eisenverarbeitung in der sächsischen Siedlung bei Warendorf (Kr. Warendorf). Eisen und Archäologie. Eisenerzbau und -verhüttung vor 2000 Jahren in der VR Polen. Katalog der Ausstellung im Deutschen Bergbau-Museum Bochum vom 29. Juni bis 13. August 1978 (1978) 79–83.
97. Zur Frühgeschichte des Münsterlandes. Führer zu vor- und frühgeschichtlichen Denkmälern 45 (1980) 175–216.
98. Franken – Sachsen 779–1979. Einführungsvortrag zur gleichnamigen Ausstellung vom 9.–30. 9. 1979 im neuen Rathaus zu Bocholt. Unser Bocholt 31, H. 3/4, 1980, 18–21.
99. Das vorgeschichtliche Hügelgräberfeld bei Ramsdorf. Führer zu vor- und frühgeschichtlichen Denkmälern 46 (1981) 130–132.
100. Das vor- und frühgeschichtliche Gräberfeld von Lembeck. Führer zu vor- und frühgeschichtlichen Denkmälern 46 (1981) 152–156.
101. Karolingisch-ottonische Vorgängerbauten der Pfarrkirche St. Georg (Vreden). Führer zu vor- und frühgeschichtlichen Denkmälern 46 (1981) 101–106.

HERAUSGEBERTÄTIGKEIT

F. Hohenschwert, Ur- und frühgeschichtliche Befestigungen in Lippe. Veröffentlichungen der Altertumskommission 5 (1978).
G. Mildenberger, Germanische Burgen. Veröffentlichungen der Altertumskommission 6 (1978).
T. Capelle, Das Gräberfeld Beckum I. Veröffentlichungen der Altertumskommission 7 (1978).
H. Dölling, Haus und Hof in westgermanischen Volksrechten. Veröffentlichungen der Altertumskommission 2 (1958, 2. unveränderte Auflage 1980).

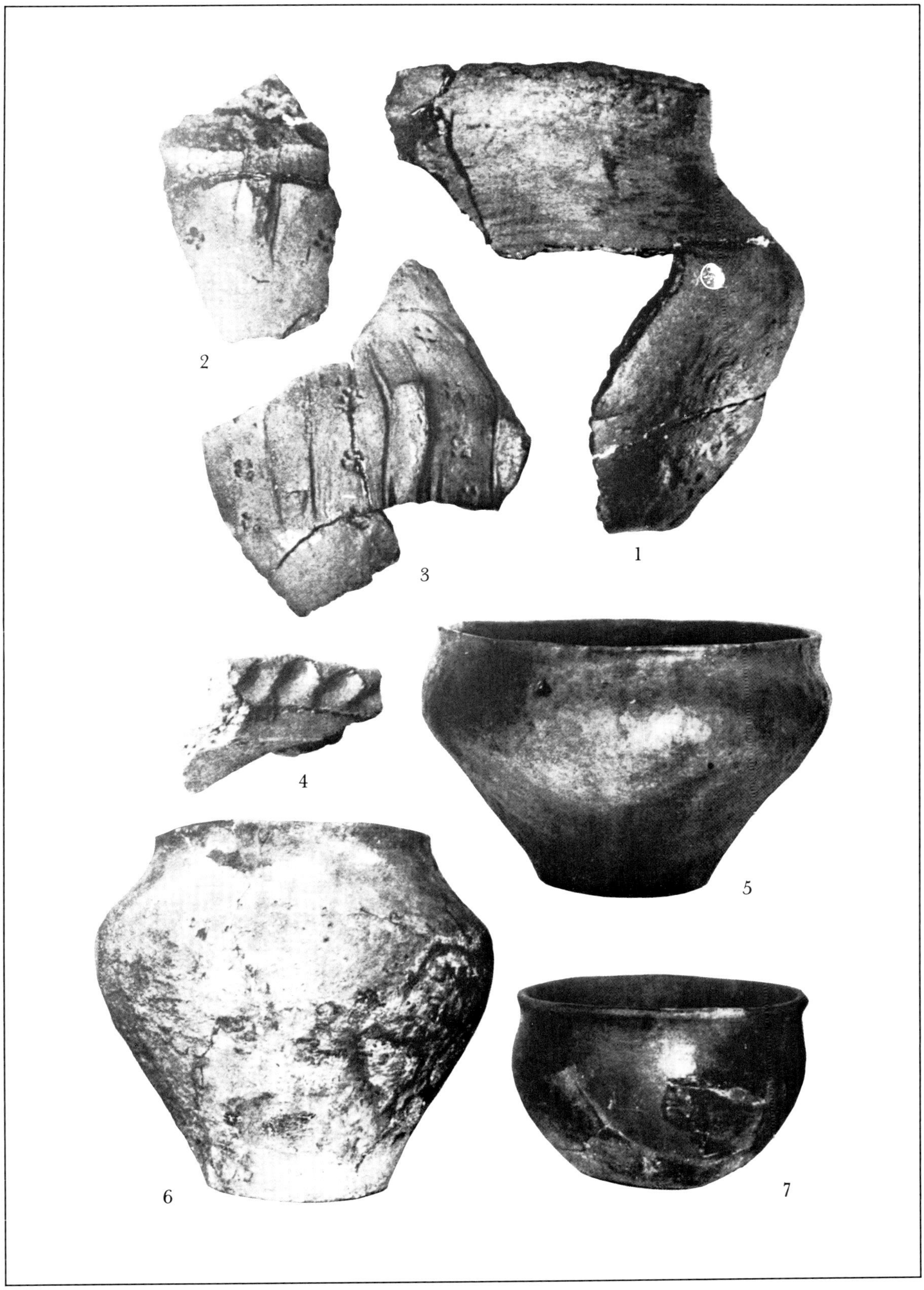

Germanische Gefäße aus Gräbern (5, 6) und aus der Siedlung (1–4, 7) von Milte, Kr. Warendorf. 1–4 und 7 etwa 1/2, 5 etwa 1/4, 6 = 1/5 nat. Gr.

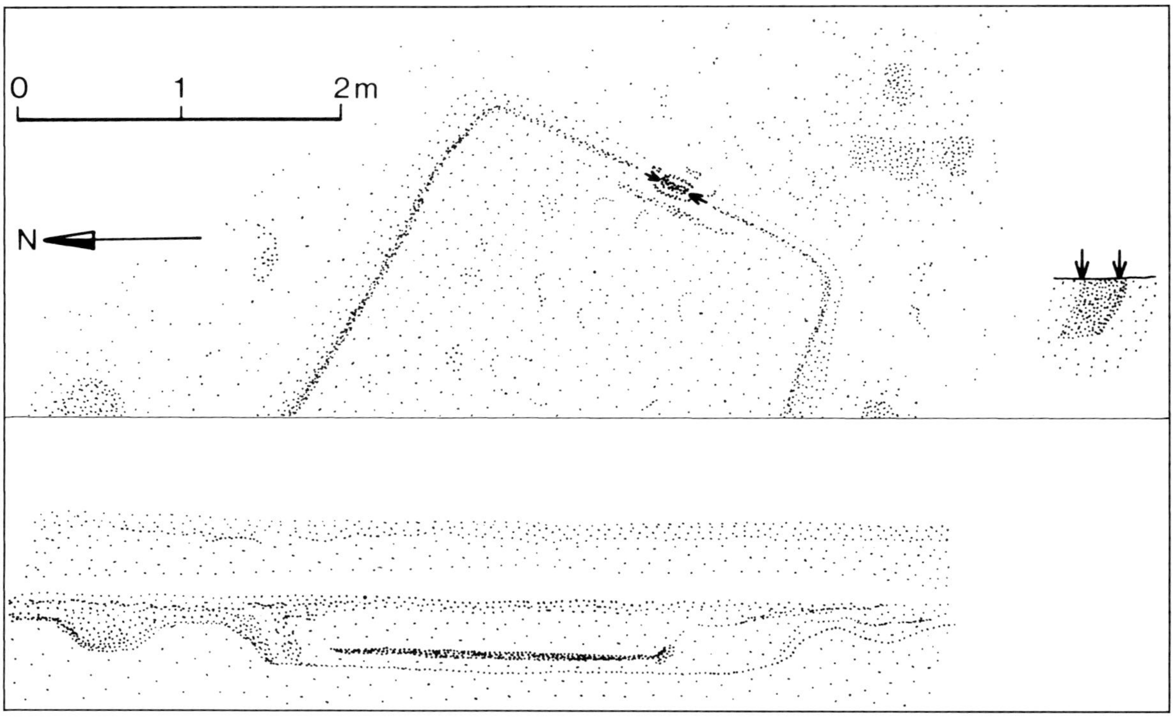

1. Hausgrube I von Milte, Kr. Warendorf. Oben Grundriß, unten Schnitt der Grube.

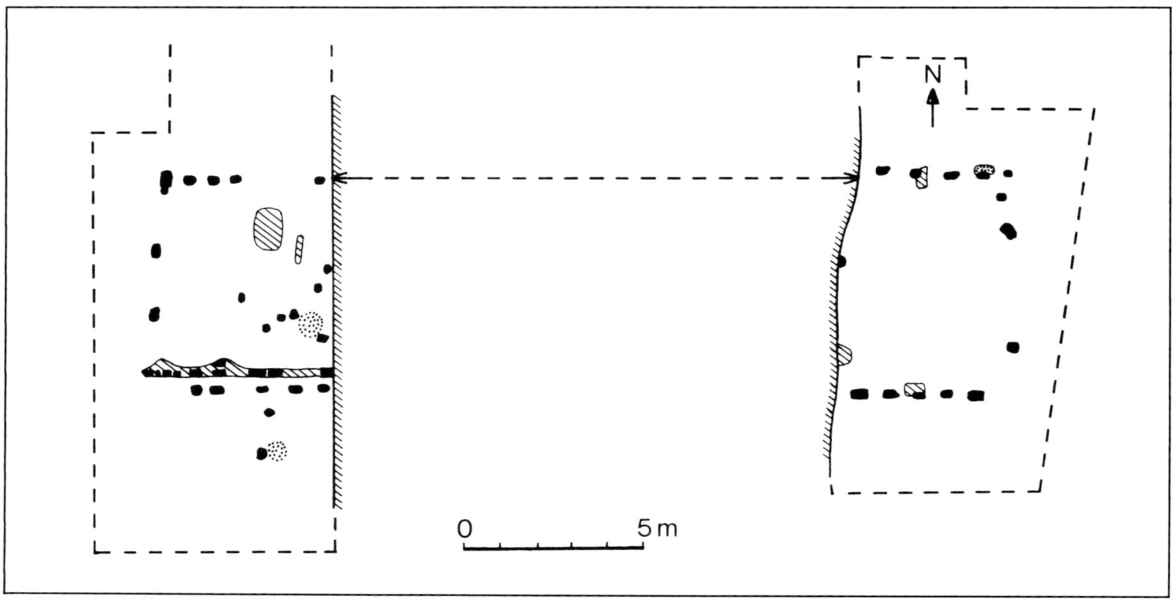

2. Grundriß eines in der Mitte zerstörten Langhauses von Milte, Kr. Warendorf.

1. Germanische Hausgrube I von Milte, Kr. Warendorf.

2. Stein mit Inschrift über die Erbauung des Schlosses Gemen.

1. Vorburg Gemen, Teilbild vom Torturm.

2. Rekonstruktionsskizze zur Vorburg Gemen.

1. Vreden. Blick auf das Grabungsfeld, von Osten.

2. Vreden. Ausschnitt aus dem ersten Profil des Jahres 1949 mit den verschiedenen Kirchenböden.

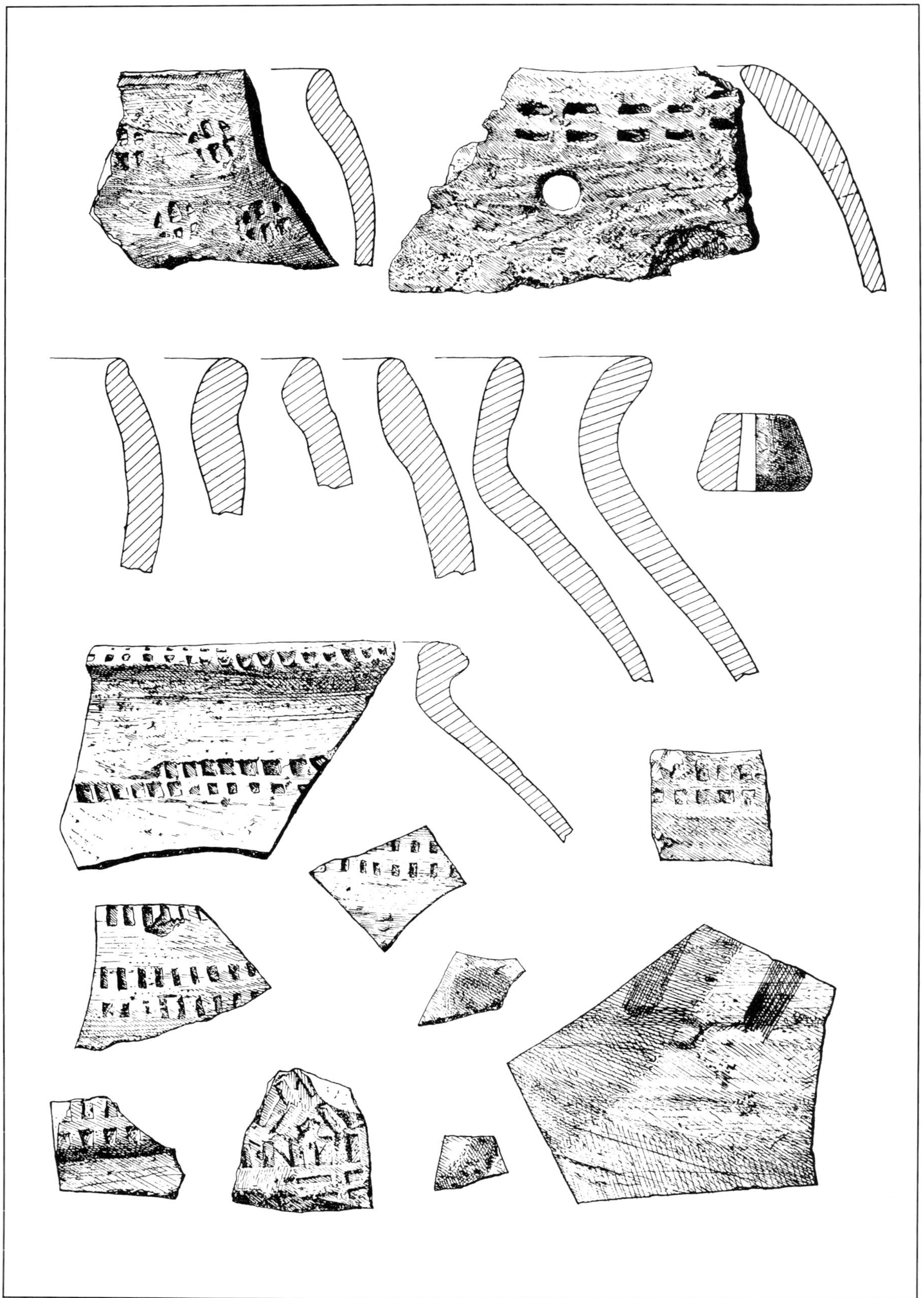

Vreden. Einheimische und rheinische „Importkeramik". M. ca. 5:6.

1. Vreden. Südlicher Umgang der karolinigischen Krypta.

2. Vreden. Steinplattengrab auf der Südseite der karolingischen Außenkrypta.

Vreden. Blick auf die Treppe in den Mittelstollen der karolingischen Krypta.

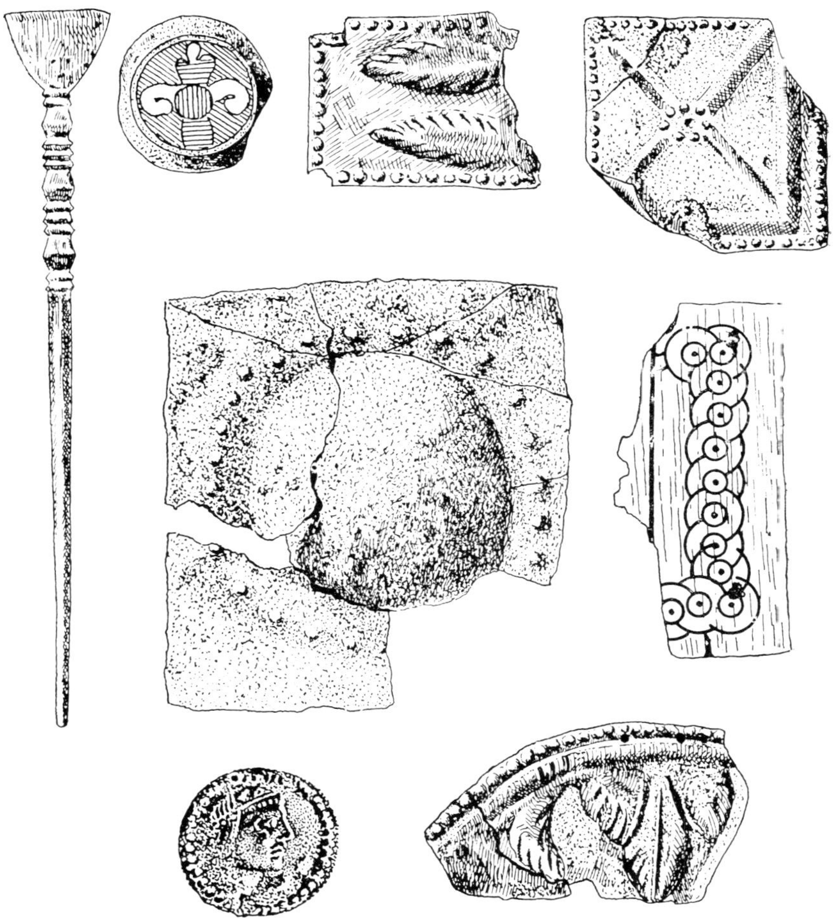

Vreden. Funde aus der Walbert-Basilika. M. 1:1.

1. Vreden. Gemauerte Grabanlagen vor der Südmauer der karolingischen Kirche, überbaut durch die Mauern von 1100.

2. Vreden. Ottonische Hallenkrypta und Treppe in die karolingische Krypta.

1. Vreden. Ostteil der ottonischen Krypta mit dem Fliesenbelag.

2. Vreden. Fundamentierung der neuen Kirche.

1. Vreden. Abstieg in den nördlichen Umgang der karolingischen Krypta, überbaut von ottonischen und spätromanischen Mauern.

2. Vreden. Unter der spätromanischen Apsis (rechts) und der ottonischen Treppenwange (links) erscheinen Reste der karolingischen Apsis.

1. Vreden. Unter der Südmauer der Kirche von 1100 erscheinen die ersten Steine eines gemauerten Grabes.

2. Vreden. Das leere Grab.

1. Vreden. Mörtelpfanne unter dem Tonestrich der karolingischen Kirche.

2. Vreden. Grabungsfläche südwestlich vom Turm mit älteren Gräbern.

1. Vreden. Grabplatte, südwestlich vor dem Turm.

2. Vreden. Pilaster der ottonischen Hallenkrypta.

1. Vreden. Vorlage der Südost-Vierung der ottonischen Kirche.

2. Vreden. Südmauer mit Vorlagen (Fundament) der Kirche von 1100; darüber das überhängende Mauerwerk von 1220.

1. Vreden. Pfeilerbasis der spätromanischen Kirche mit anschließender Mörtelbettung zur Aufnahme der Bodenplatten.

2. Vreden. Reste des spätromanischen Plattenbodens.

Teile des spätromanischen Südportals.

Schnitt durch den römischen Lagergraben in Holsterhausen.

1

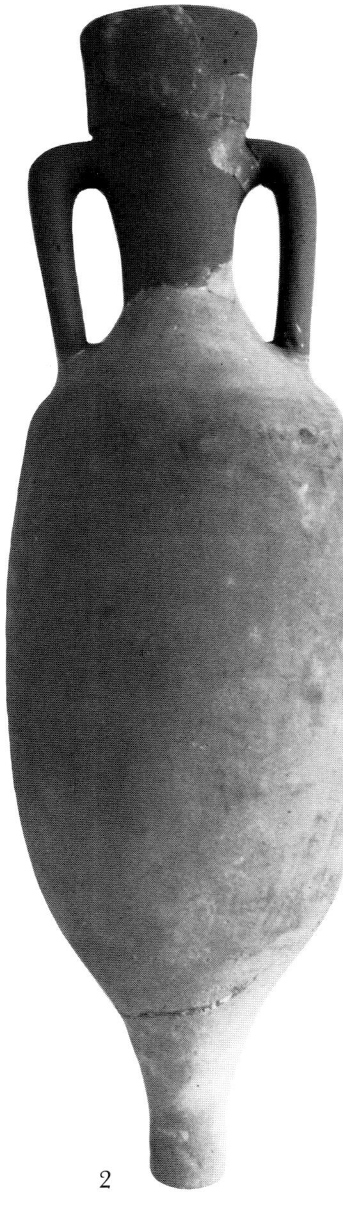

2

3

Holsterhausen, Kr. Recklinghausen. 1 Goldmünze des Kaiser Augustus; 2 die erste gefundene römische Spitzamphora; 3 die nach den Grabungen gefundene Amphora.

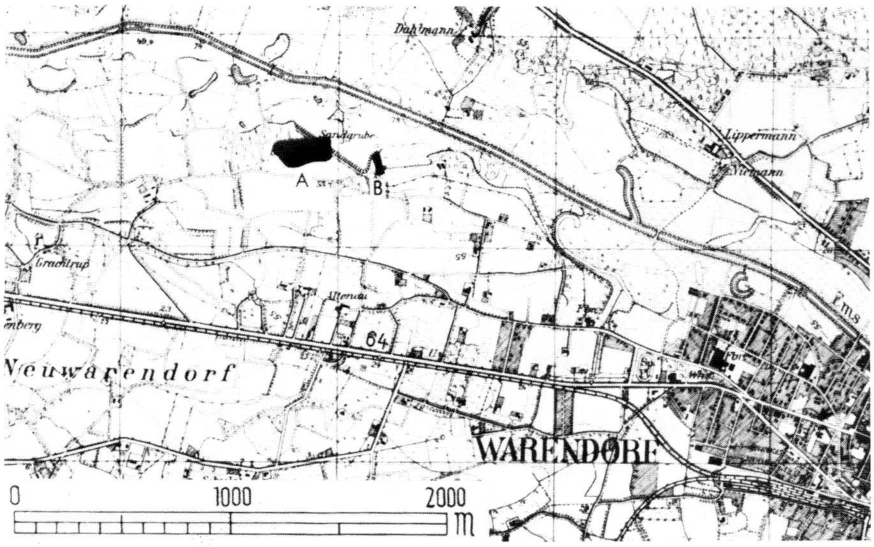

1. Warendorf. Meßtischblattausschnitt. A Grabungsfläche West; B Grabungsfläche Ost. M. etwa 1:35 000.

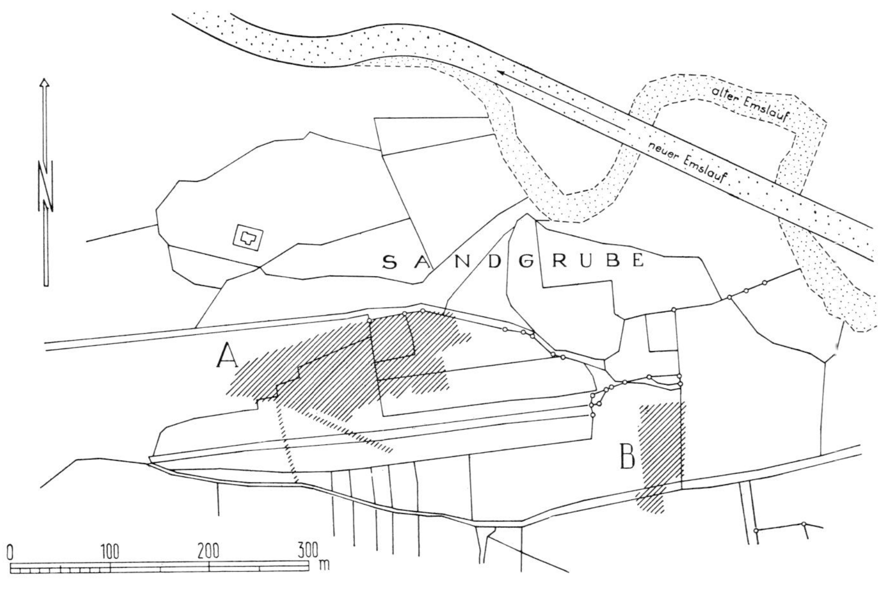

2. Warendorf. Katasterkarte. A Grabungsfläche West; B Grabungsfläche Ost. M. 1:7500.

1. Warendorf. Haus 6, gesehen von Ost (Planquadrat *A/B – 3/4* Beilage 1).

2. Warendorf. Haus 43, gesehen von Ost, mit schrägen äußeren und senkrechten inneren Wandpfosten (Planquadrat *B/C – 1/3* Beilage 1; vgl. Tafel 26, 1a).

1. Warendorf. Schnitte durch die Wandpfosten von Haus 43, a innere Reihe, senkrechte Pfosten; b äußere Reihe, schräge Pfosten.

2. Warendorf. Schnitt durch den westlichen Firstpfosten von Haus 43, a Spur des Pfostens.

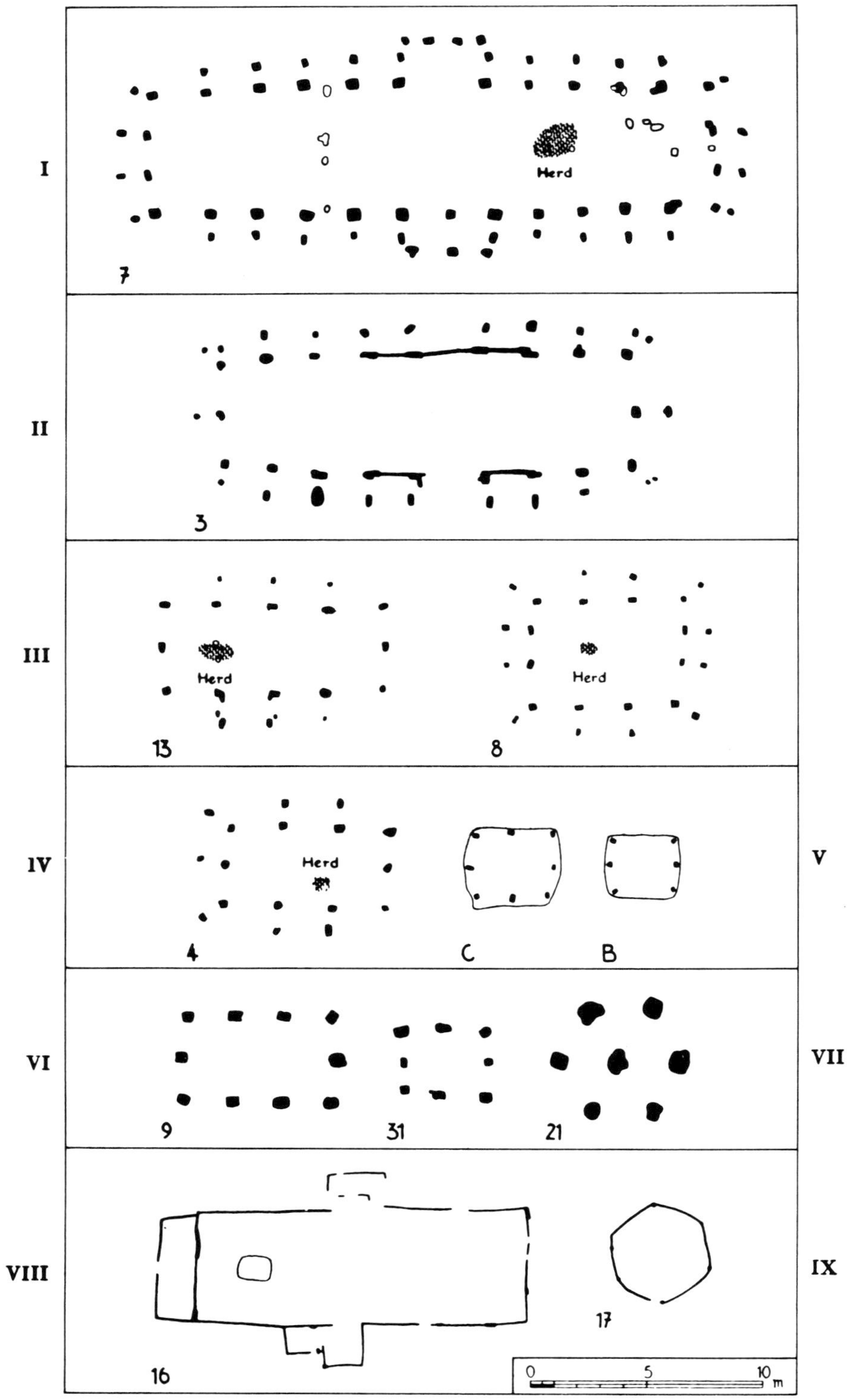

In Warendorf ergrabene 9 Typen von Grundrissen. M. 1:300. (Arabische Zahlen und Buchstaben entsprechen den roten Zeichen im Plan, Beilage 1.)

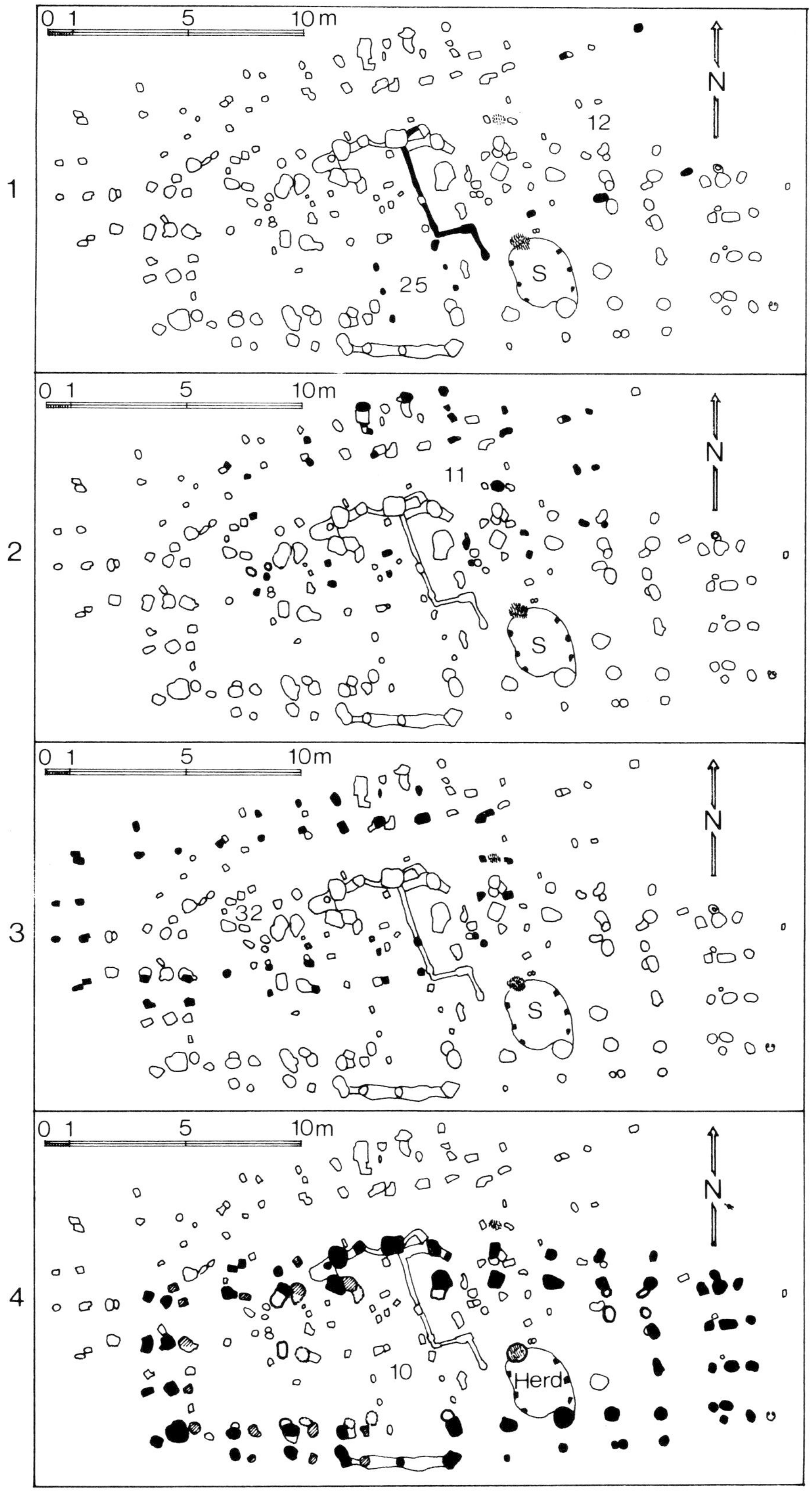

Warendorf. (Planquadrat *B/C – 3/4* in Beilage 1) 1 älteste Phase, Haus 12, schwarz (mit Wandspur im Westen); 2 nächste Phase, Haus 11, schwarz; 3 nächste Phase, Haus 32, schwarz; 4 jüngste Phase, Haus 10, schwarz, mit Umbauten (schraffiert). M. 1:300.

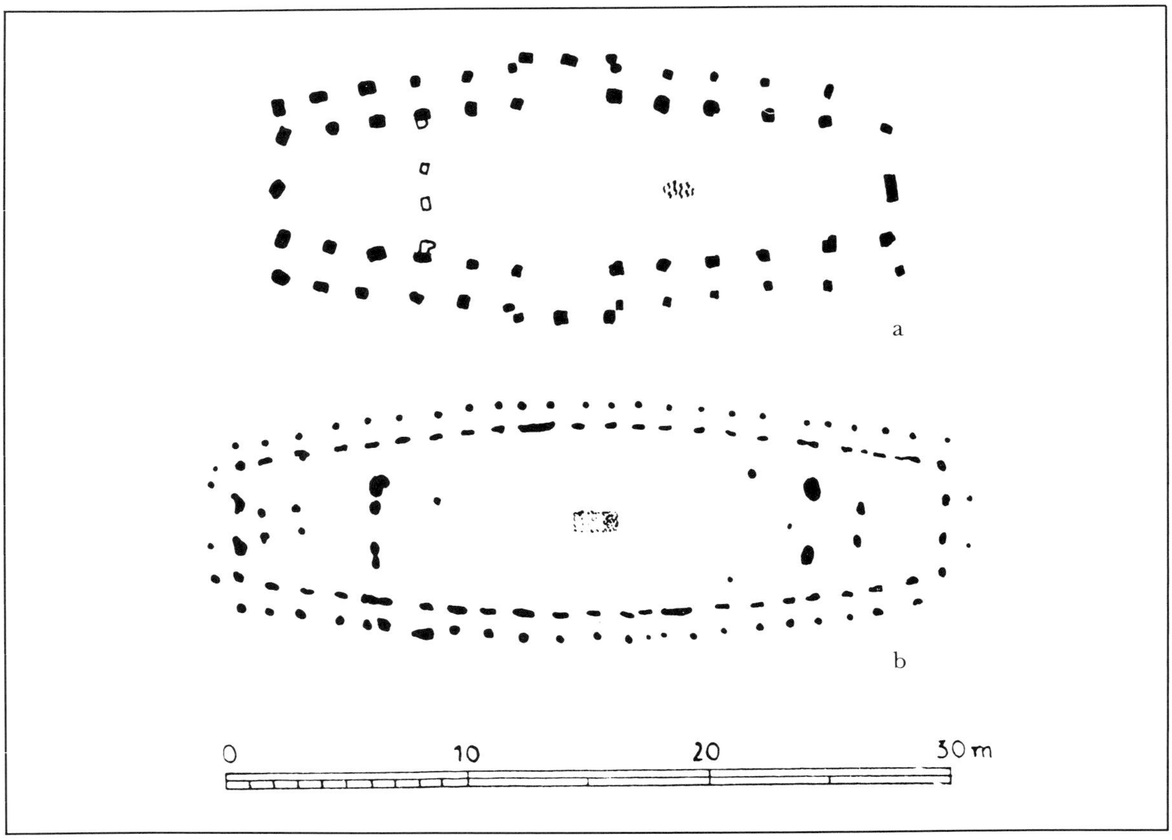

1. Warendorf. a Grundriß von Haus 43; b Trelleborg, Grundriß von Haus Ost Gard 2.

2. Warendorf. Verbrannter Staklehm von Haus 15. M. 5:8.

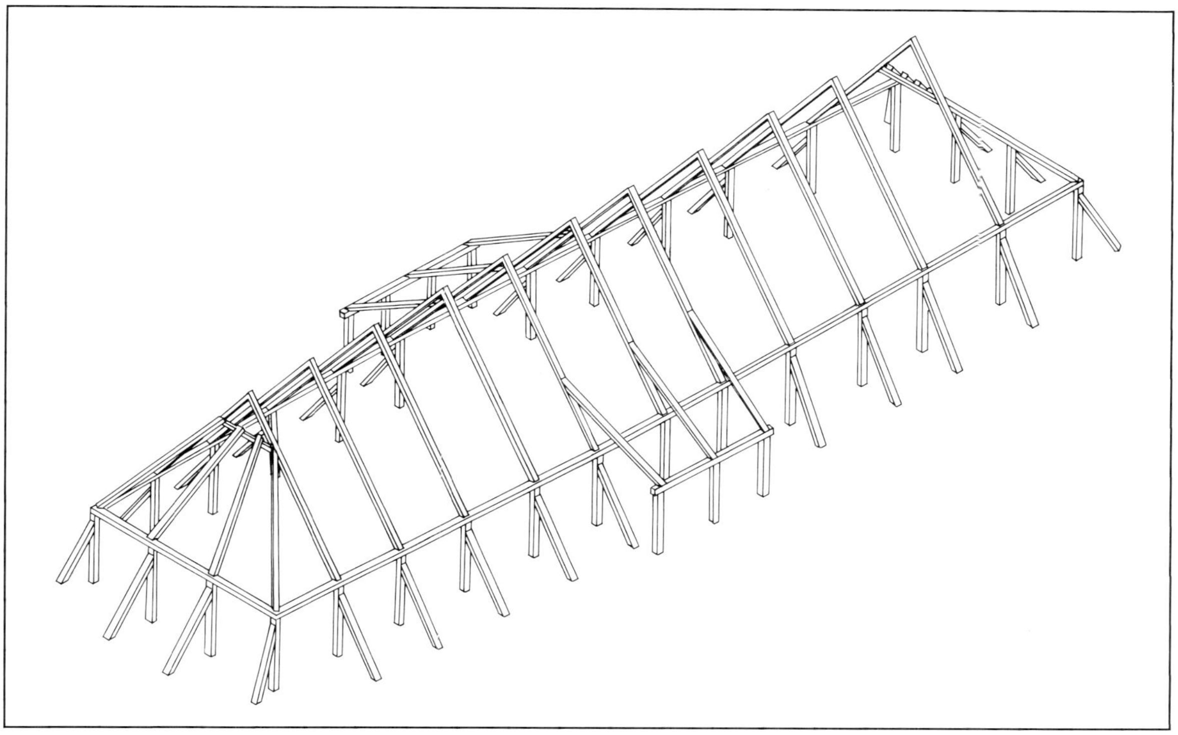

1. Warendorf. Rekonstruktionsschema vom Gerüst eines Wohnhauses (Haus 7 Planquadrat *C/D – 6/7* Beilage 1). M. 1:200.

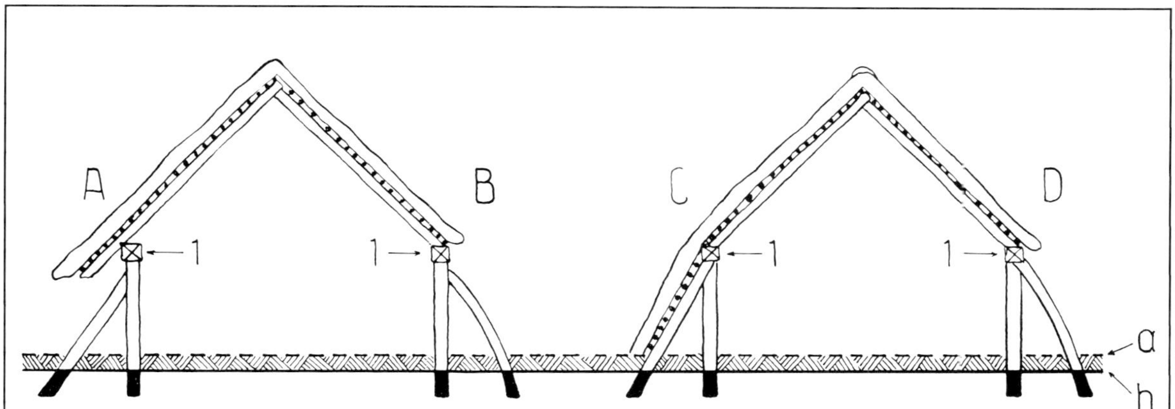

2. Warendorf. Rekonstruktionsschemata. Querschnitt der Wohnhäuser mit 4 verschieden möglichen Ausbildungen von Wand, Ansatzstelle der Strebe und Dach (A–D), 1 Rähm; a mutmaßliches Niveau der alten Oberfläche zur Zeit des Bestehens der Siedlung; b Ausgrabungsniveau.

1

5 2

3 3a

4 4a

Rekonstruktion einiger in Warendorf vorkommender Bautypen. 1 Wohnaus („hohe Halle“); 2 Scheune und Haus der Halbfreien; 3 wandloser Speicher; 3a Speicher mit Wand; 4 Speicher, Rutenberg; 4a Speicher Rost; 5 Grubenhaus. (Vgl. die entsprechenden Zahlen auf Tafel 29).

Lex	Alamanorum	Baiuvariorum	Salica	Ribuaria	Saxonum	Anglosaxonum	WARENDORF
1	domus lib. casa } hus sala	domus lib. casa dom. seli casa hus	domus lib. casa } hus salina	domus - hus casa	domus	hus aern } domus healle	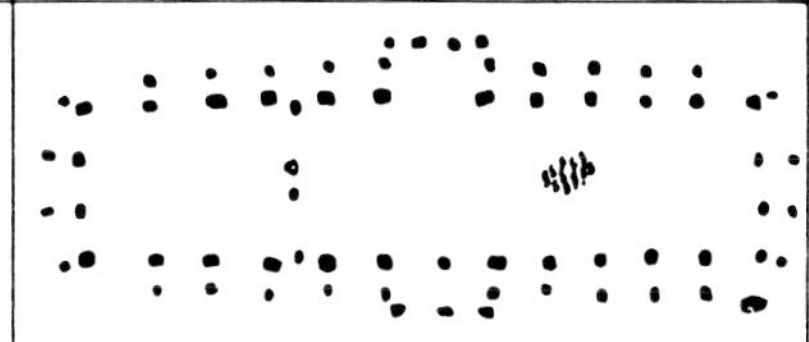
2	scuria lib. u. a. armenta equarum et vaccarum granicia cellaria domus servi	scuria lib. conclusa parietibus et pessulis cum clave munita domus servi	scuria cum animalibus sutes cum porcis cellarium	sotes paricus	stabulum	scipena bern (horreum) (styllan = Stallbauen) (fald-lochyrdl =Hürdebauen)	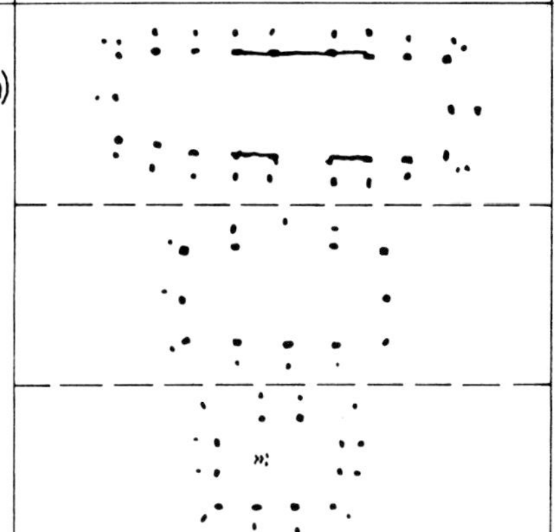
3	spicaria dom. scuria servi	scuria absque parietibus = scof	spicarium aut horreum cum tecto				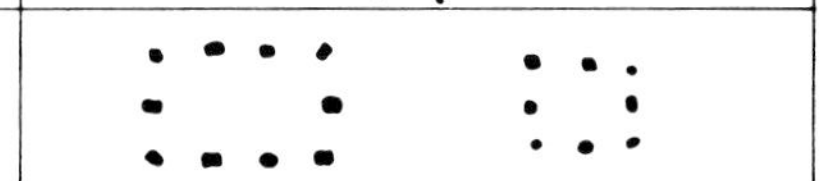
4		granarium = parc fenile	machalum = horreum sine tecto fenile			hreac = machalum	
5	genicia stuba spicaria servi, ovile porcaricia	coquina balnearius pistoria mita	genicium screona	ovile appearius	screona (alvearium)	cylne	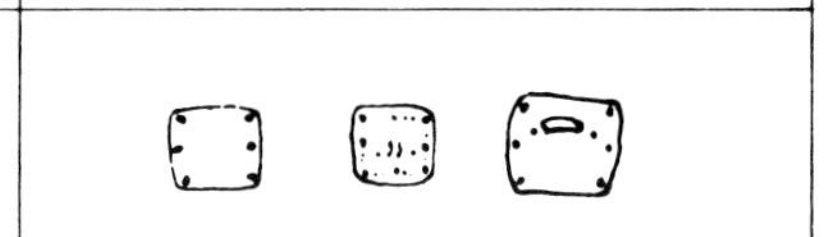
6		mita minoria = scopar					

Vergleich der Warendorfer Bautypen mit den in den Volksrechten angegebenen Bauten (zusammengestellt von H. Dölling und W. Winkelmann). Vgl. die entsprechenden Zahlen arabisch 1–5 auf Tafel 28.

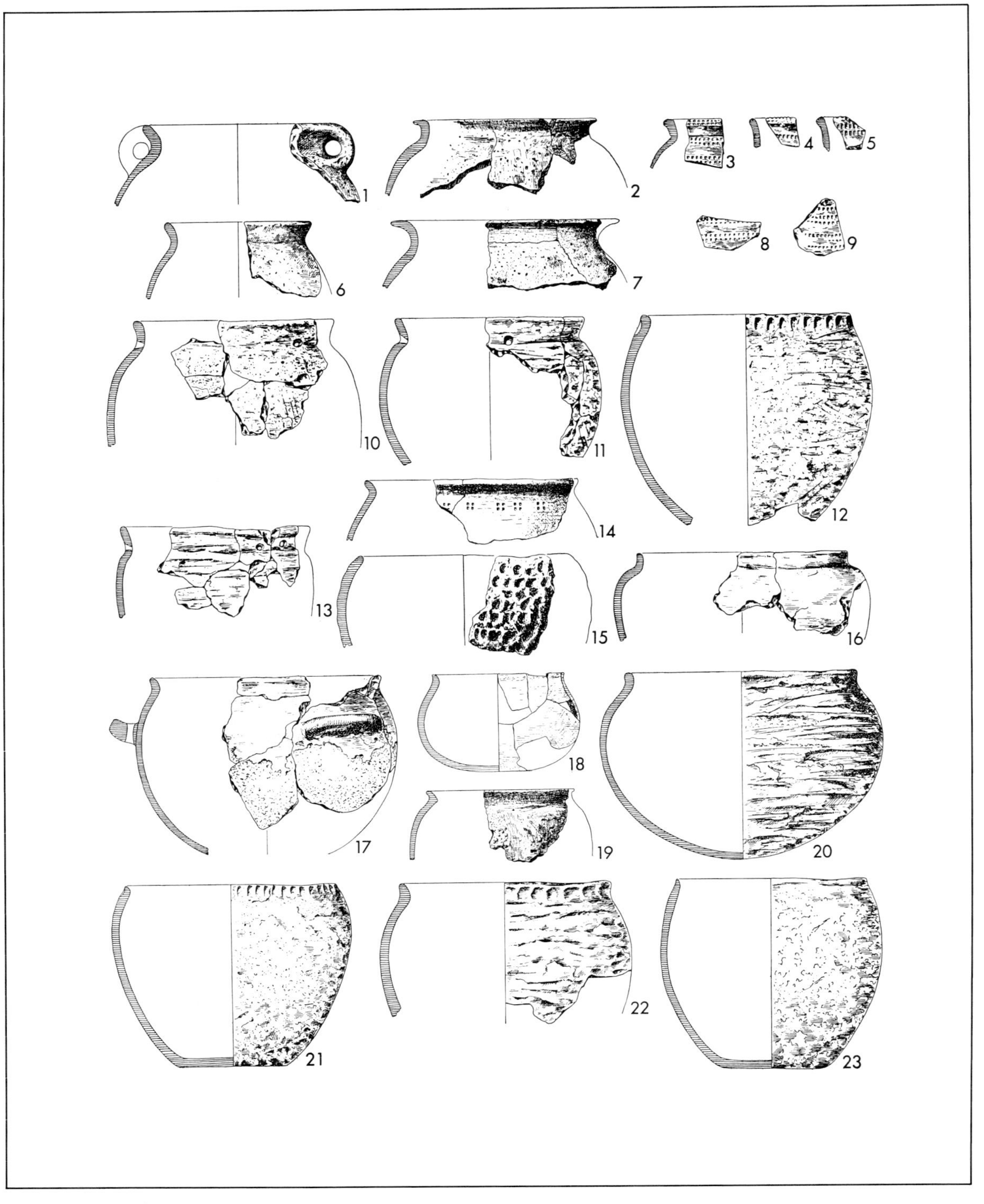

Warendorf. Gefäßtypen. M. 1:6.

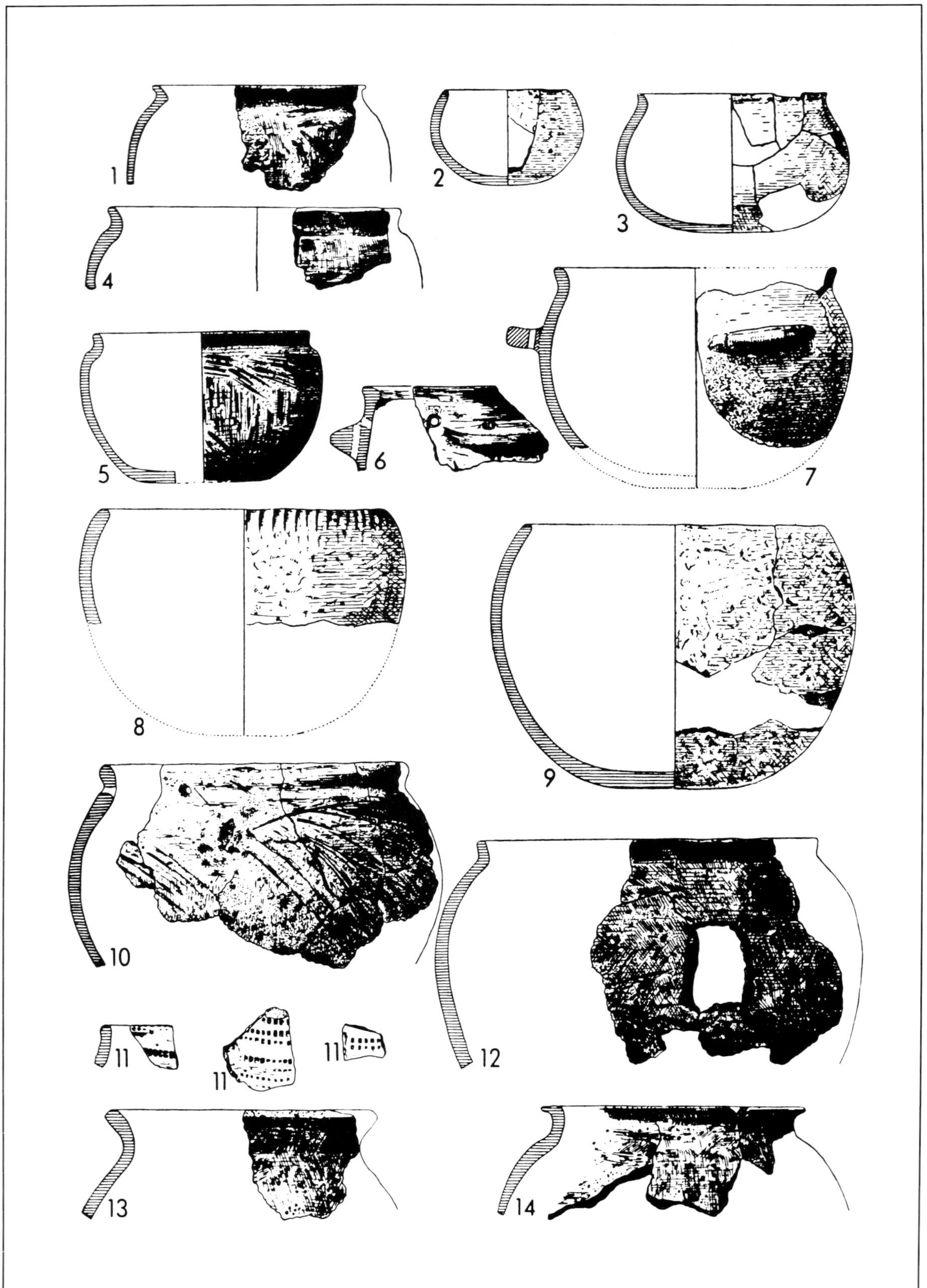

Keramik aus der Siedlung Warendorf. M. 1:4.

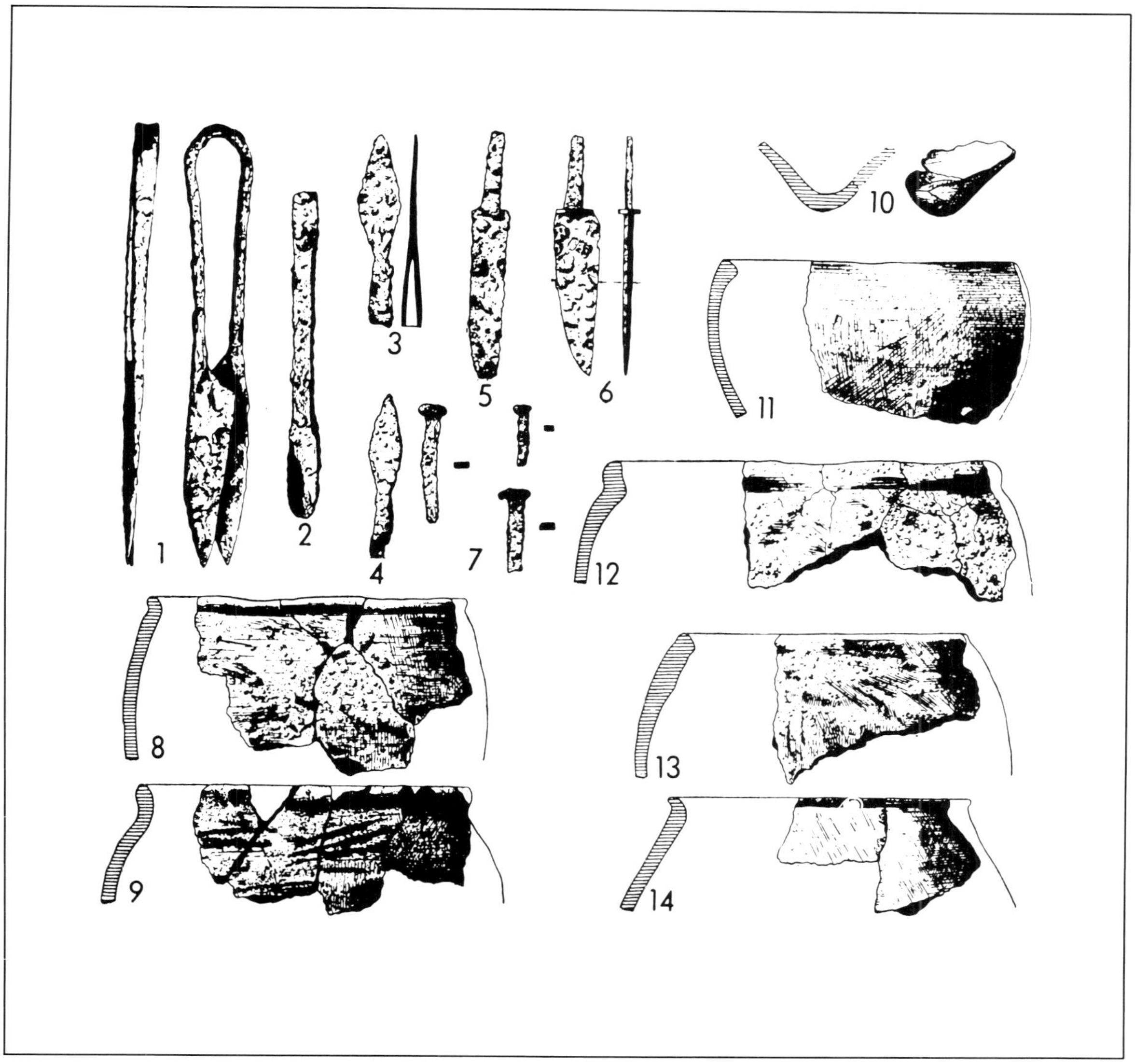

Keramik (8, 9, 11–14) und sonstige Funde aus der Siedlung Warendorf. 1 Schere; 2 Löffelbohrer; 3, 4 Pfeilspitzen; 5, 6 Messer; 7 Nägel; 10 Bodenstück einer dickwandigen Glasschale. M. 1:4.

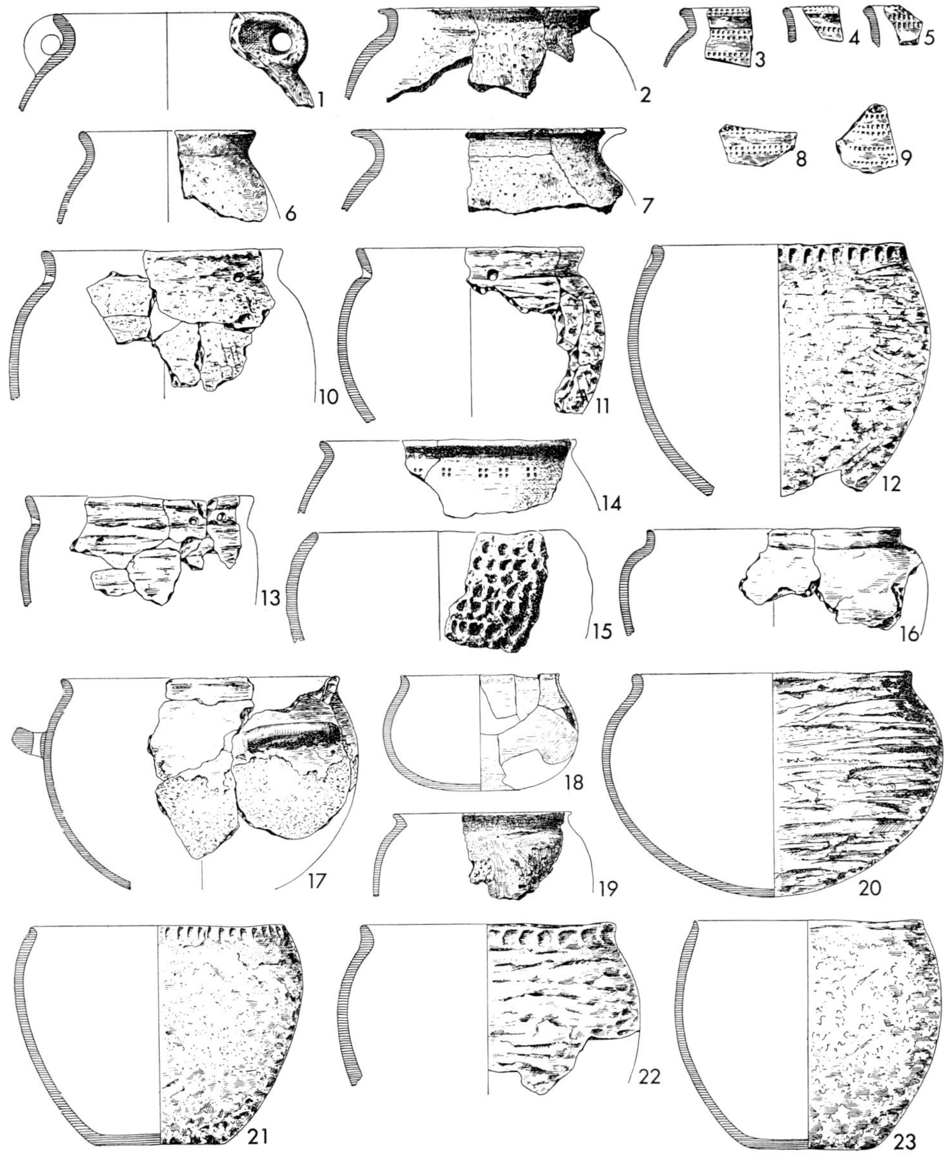

Warendorf. Gefäßtypen. M. 1:6.

1. Warendorf. Grubenfüllung (a) im Planum, Bau C.

2. Warendorf. Pfostensetzung am Grunde von Bau C nach Ausheben der Füllung (Planquadrat *B–8* Beilage 1).

1. Warendorf. Wandspur des sechseckigen Grundrisses Bau 17; a Pfostenloch des späteren Baues Haus 5 (Planquadrat *B–4* Beilage 1).

2. Warendorf. Wandspur vom Westteil des Hauses 16, gesehen von Ost (Planquadrat *B–3* Beilage 1).

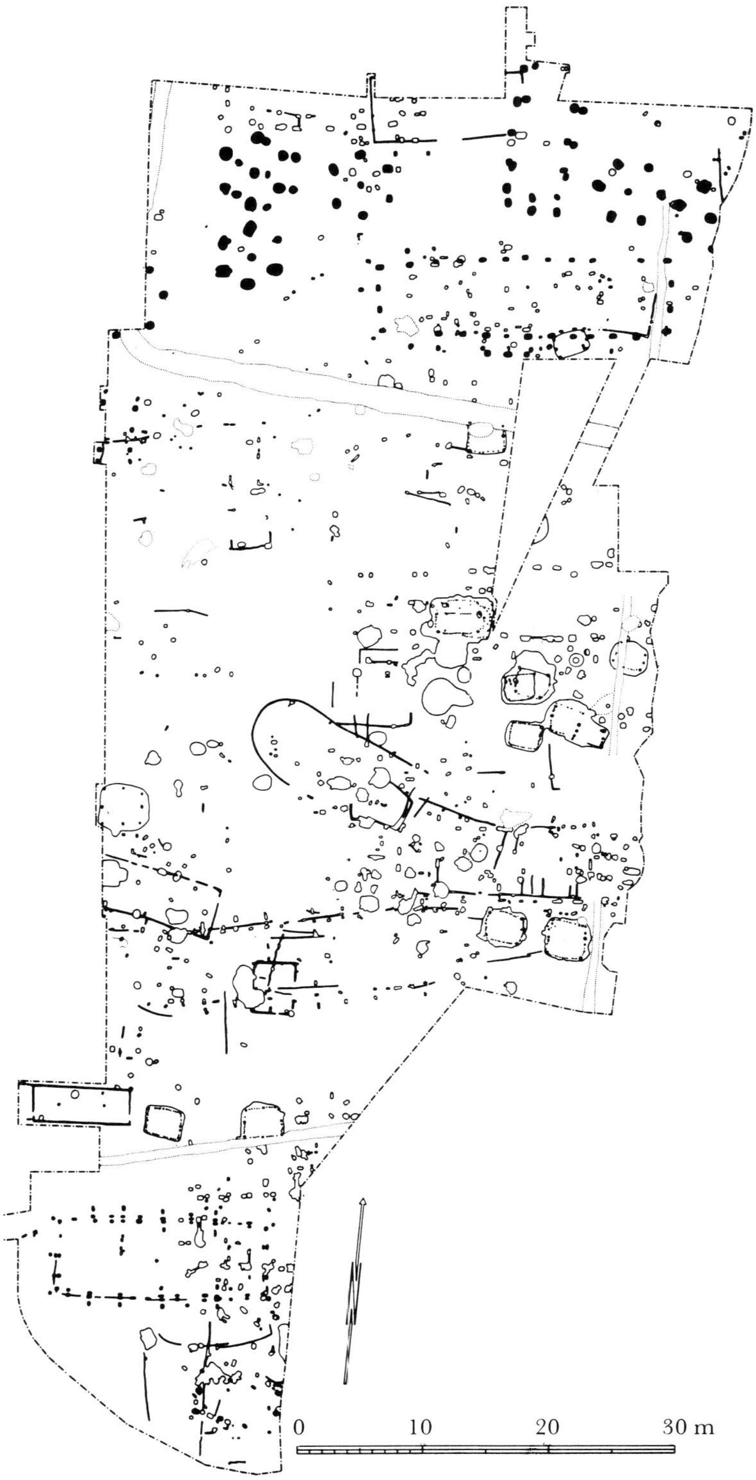

Warendorf. Frühmittelalterliche Siedlung. Übersichtsplan der östlichen Grabungsfläche B. M. 1:600.

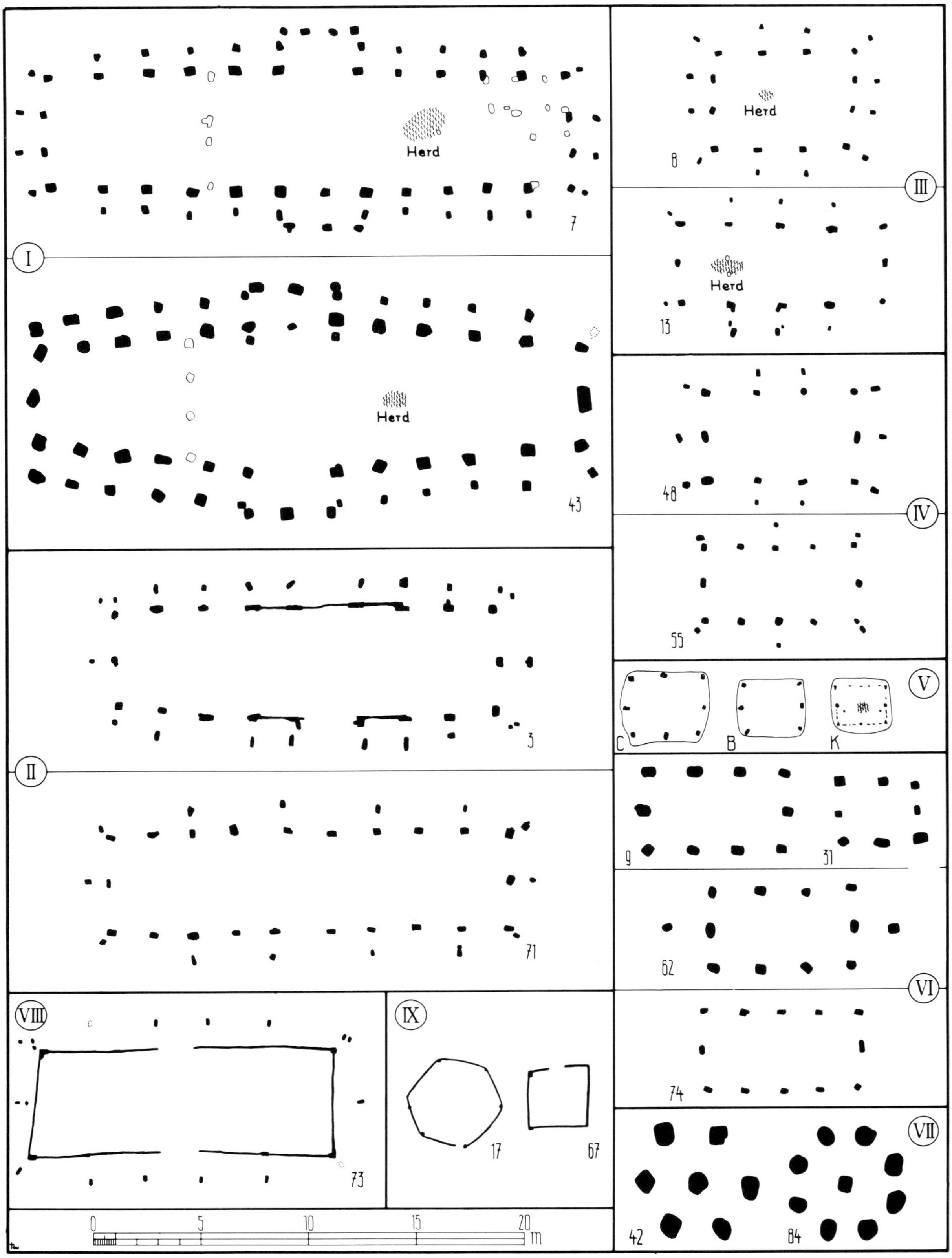

Warendorf. I–IX Grundrißtypen (arabische Zahlen: Grabungsnummern der Häuser). M. 1:250.

Warendorf. Rekonstruktionsversuch der Haustypen. Die römischen Zahlen entsprechen denen in Tafel 36.

1., 2. Warendorf. Wandspuren von zwei kleineren Gebäuden.

Warendorf. Östliche Grabungsfläche B. Haus 2, von Westen gesehen.

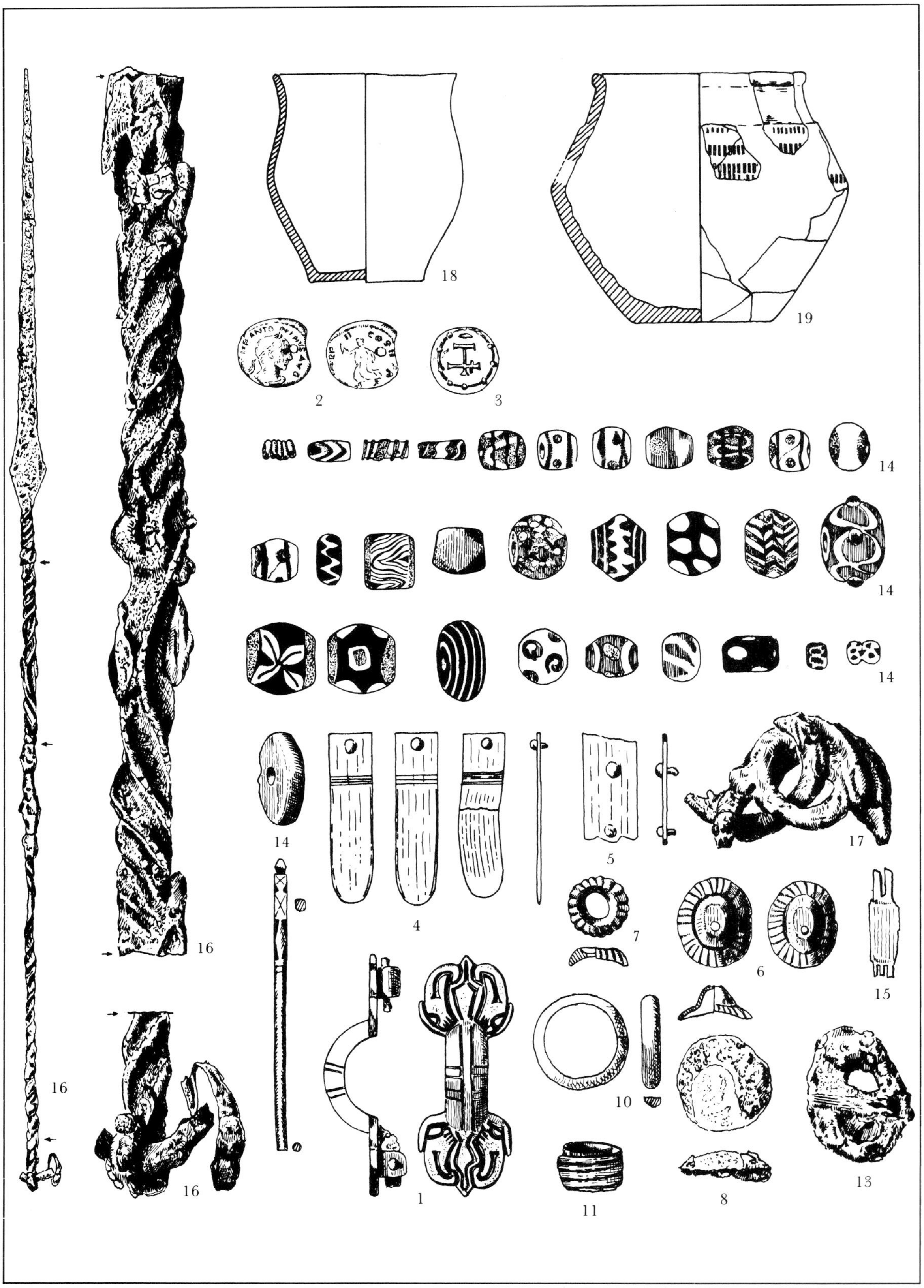

Hemer, Märkischer Kreis. Münzdatierter Grabfund. 1, 4–14, 17 M. 2:3; 2–3 M. 4:3; 16 M. 1:7; 18–19 M. 1:3.

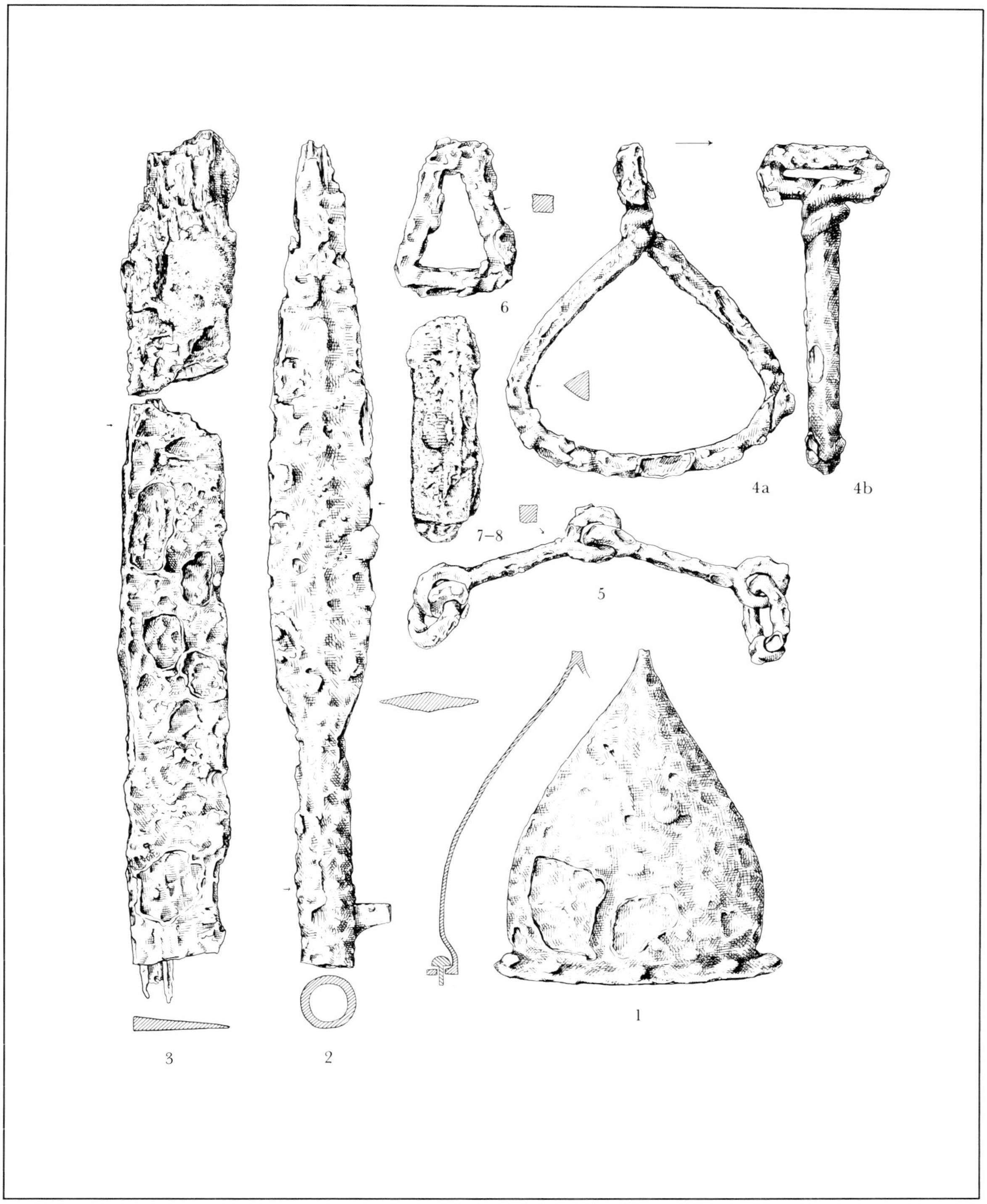

Westbevern, Kr. Warendorf. Beigaben des Reitergrabes. M. 1:3.

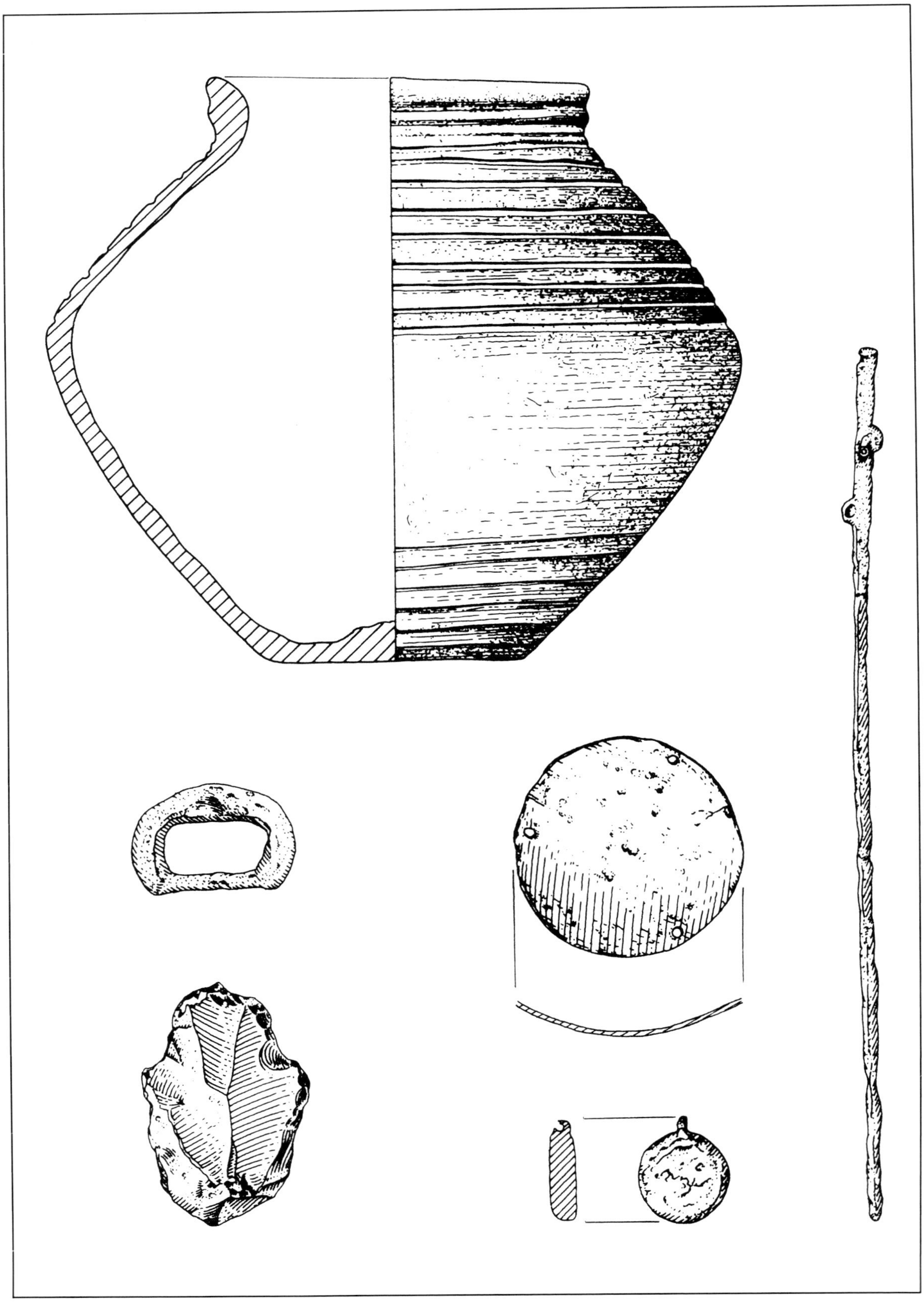

Beckum 1863/64. Schmiedegrab Nr. 65. M. 1:1, Gefäß 1:2.

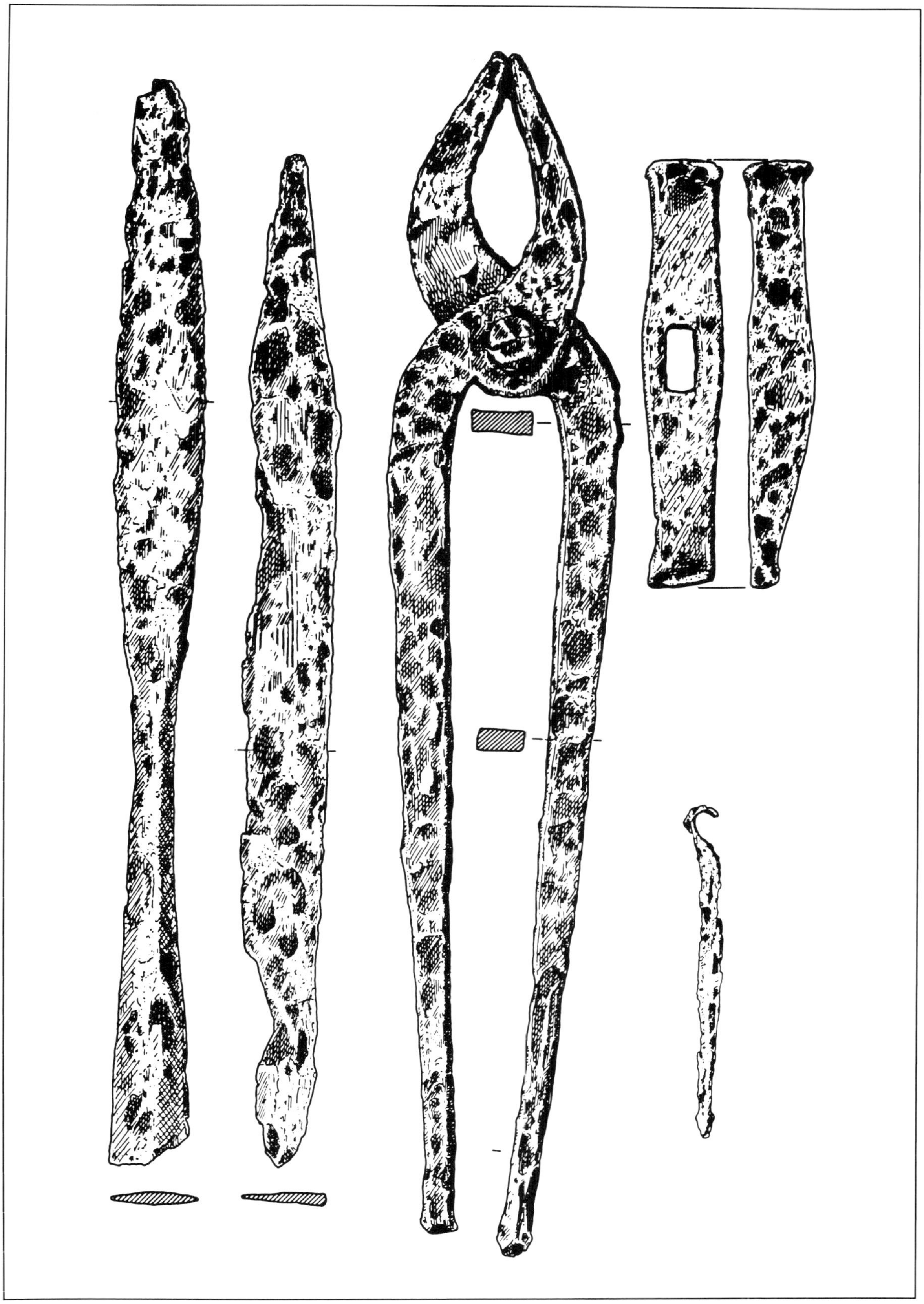

Beckum 1863/64. Schmiedegrab Nr. 65. M. 1:2.

1. Münster, Horsteberg-Nicolai. Untere Lagen der Plaggenwand des karolingischen Walles. Im Hintergrund die Chor-Apsis der Nicolai-Kapelle.

2. Münster, Michaelisplatz. Die dunklen, vom Wall abgerutschten Plaggenlagen zeigen im horizontalen Anschnitt den Ansatz der inneren Böschung des karolingischen Befestigungsgrabens. Links: ein Rest der späteren Domburgmauer.

1. Münster, Michaelisplatz. Rest des Walles mit der inneren Wallböschung.

2. Münster, Michaelisplatz. Im dunklen Boden der Kulturschicht des 8. Jh. zeichnen sich die mit hellem Sand verfüllten Gruben der äußeren Wallpfosten der karolingischen Befestigung ab.

1. Münster, Michaelisplatz. Blick von Norden über die Reihe der aufgeschnittenen Frontpfosten des karolingischen Walles.

2. Münster, Horsteberg-Nicolai. Das am Grunde des karolingischen Walles beigesetzte Pferd mit dem Hund.

1. Münster, Michaelisplatz. Schnitt durch die Grube eines Frontpfostens der karolingischen Befestigung.

2. Münster, Michaelisplatz. Blick von Nord nach Süd auf die Wallstraße. Der dunkle Streifen rechts ist die Verfärbung eines Palisadengrabens. Rechts: Grubenhausfüllung.

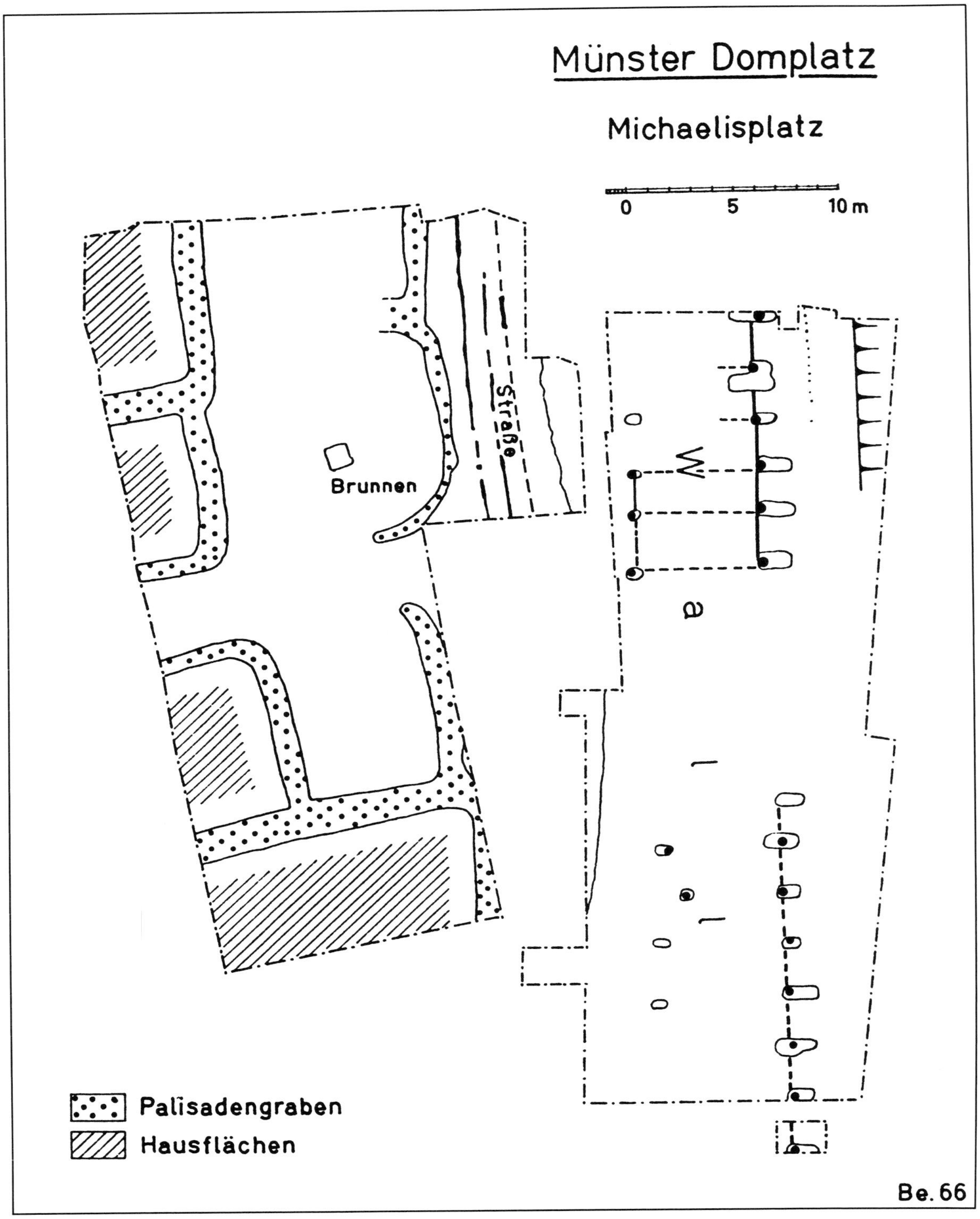

Münster, Michaelisplatz. Übersichtsplan. Rechts: Pfostengruben des karolingischen Walles. Mitte: Bodenspuren der Wallstraße. Links: erste Bebauungszone mit Hausflächen, Palisadengräben und Brunnen.

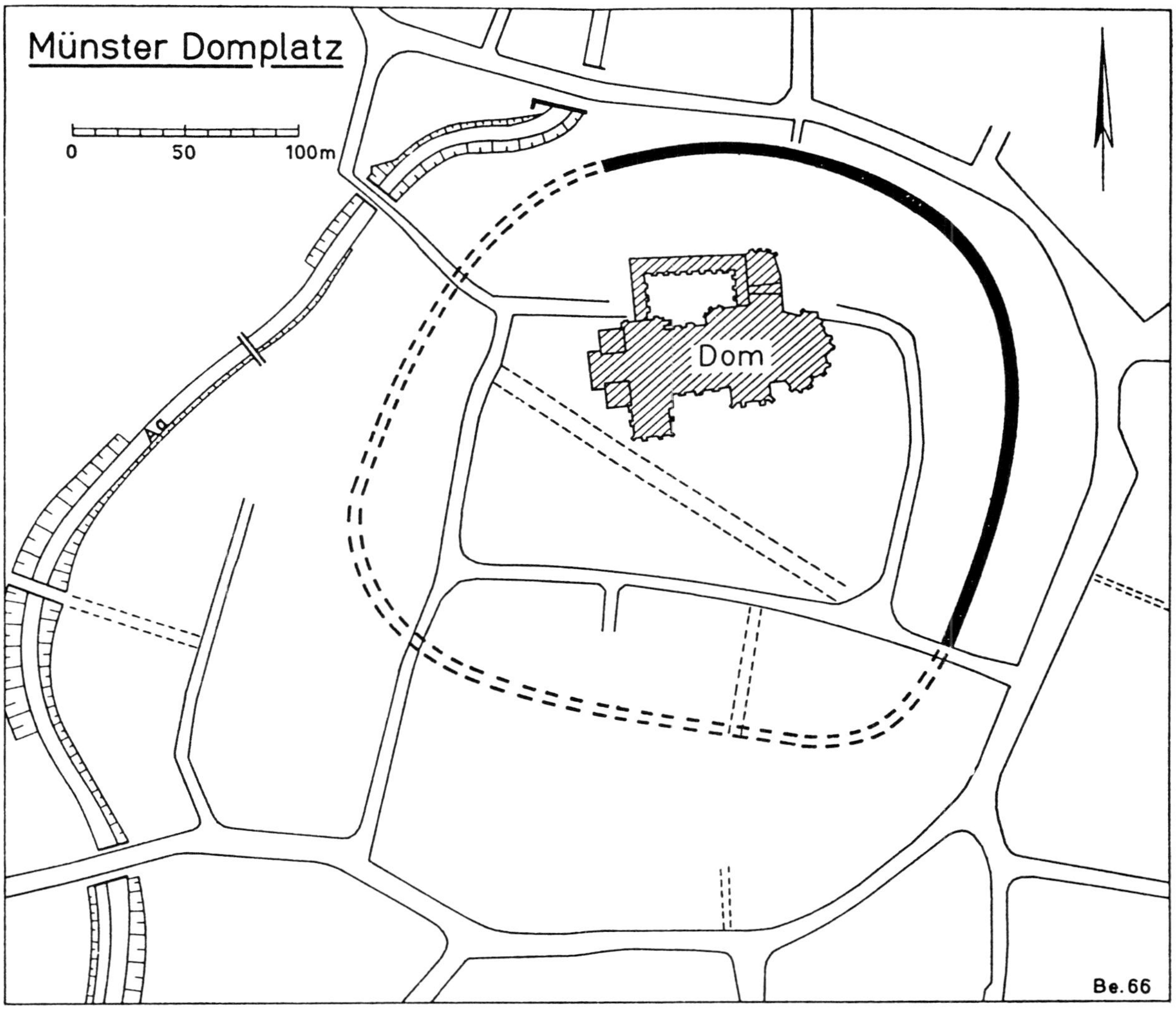

1. Münster, Domplatz. Verlauf des karolingischen Walles. Gestrichelte Linie: vermutet (Stand 1966).

2. Münster, Domplatz. Bronzene Armbrustfibel 3. Jh. M. 2:1.

1. Münster, Domgasse. Grabungsfläche mit Grubenhäusern, gesehen von Süden.

2. Münster, Michaelisplatz. Blick von Norden über die Grabungsfläche. Vorn: Fundament eines Steinhauses des 11./12. Jh.

1. Münster, Horsteberg 7. Blick auf die Grabungsfläche von Norden nach Süden.

2. Münster, Horsteberg 5/6. Blick auf den nördlichen Kreuzgangarm des 3. Monasteriums mit dem erhaltenen Kalkestrich, gesehen von Ost. Rechts: Nordmauer des Hauses Regensberg (Refektorium).

1. Beckum, St. Stephanus 1964. Blick von Ost auf die beginnende Chorrundung der Kirche des 12. Jhs. Vorn: Südostecke der zweiten Saalkirche.

2. Beckum, St. Stephanus 1964. Vorn: die Südostecke und der Anfang der Chorapsis der zweiten Saalkirche. Links: Chormauer der Kirche des 12. Jhs.

1. Beckum, St. Stephanus 1964. Blick von Süden auf die südliche Ost-West-Mauer der Kirche des 12. Jhs. in Fläche B.

2. Beckum, St. Stephanus 1964. Blick von Norden auf den Südteil der Ost-West-Mauer der dritten Kirche. Im Hintergrund ein Rest der Südmauer der zweiten Saalkirche.

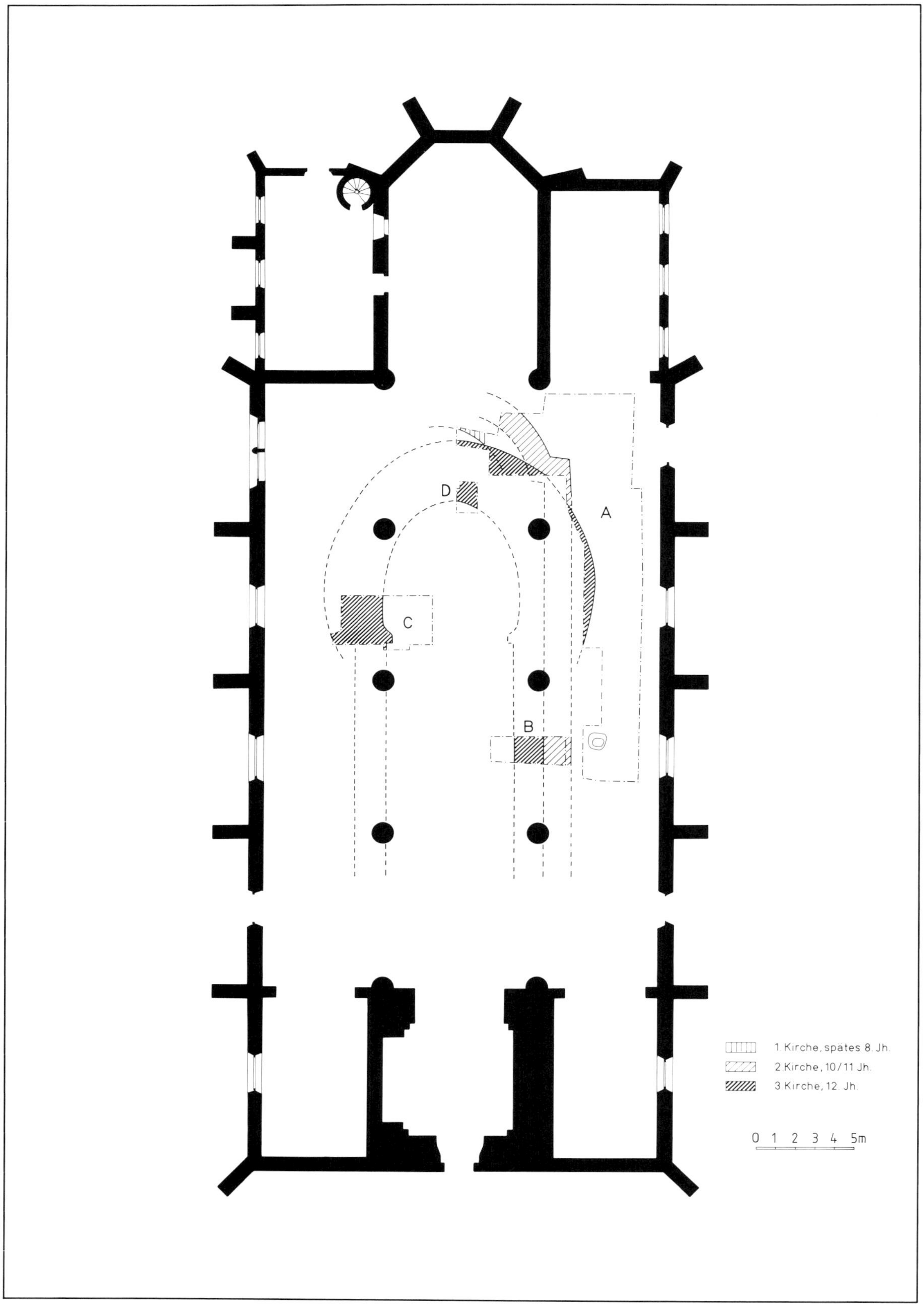

Beckum, Pfarrkirche St. Stephanus. Grabung 1964. M. 1:300.

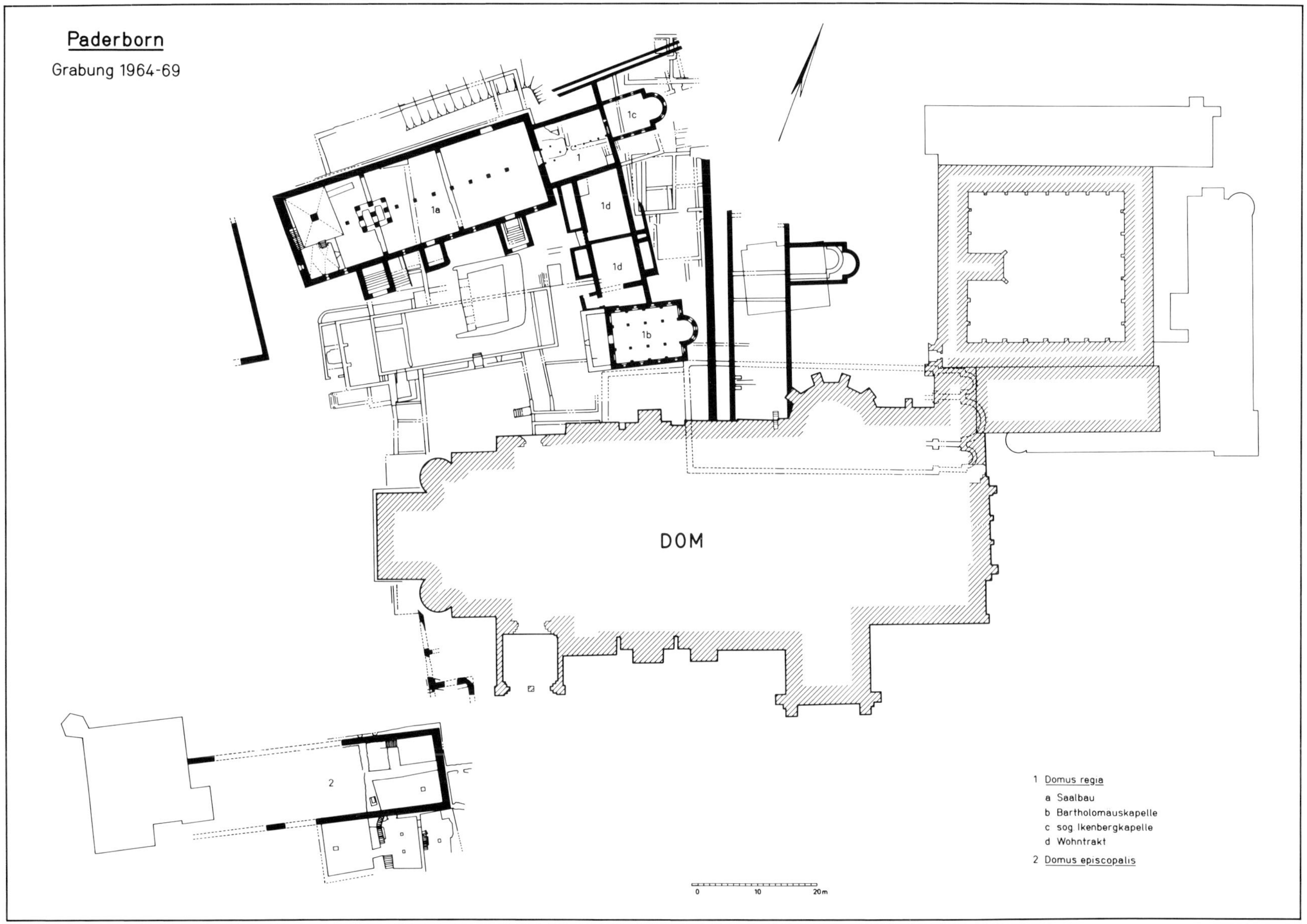

Paderborn. Auf der Nordseite des Domes: Grundrißplan der Gebäude der ottonisch-salischen Kaiserpfalz (schwarz). Auf der Südwestseite des Domes: Reste der Bischofspfalz des 11./12. Jhs. (schwarz).

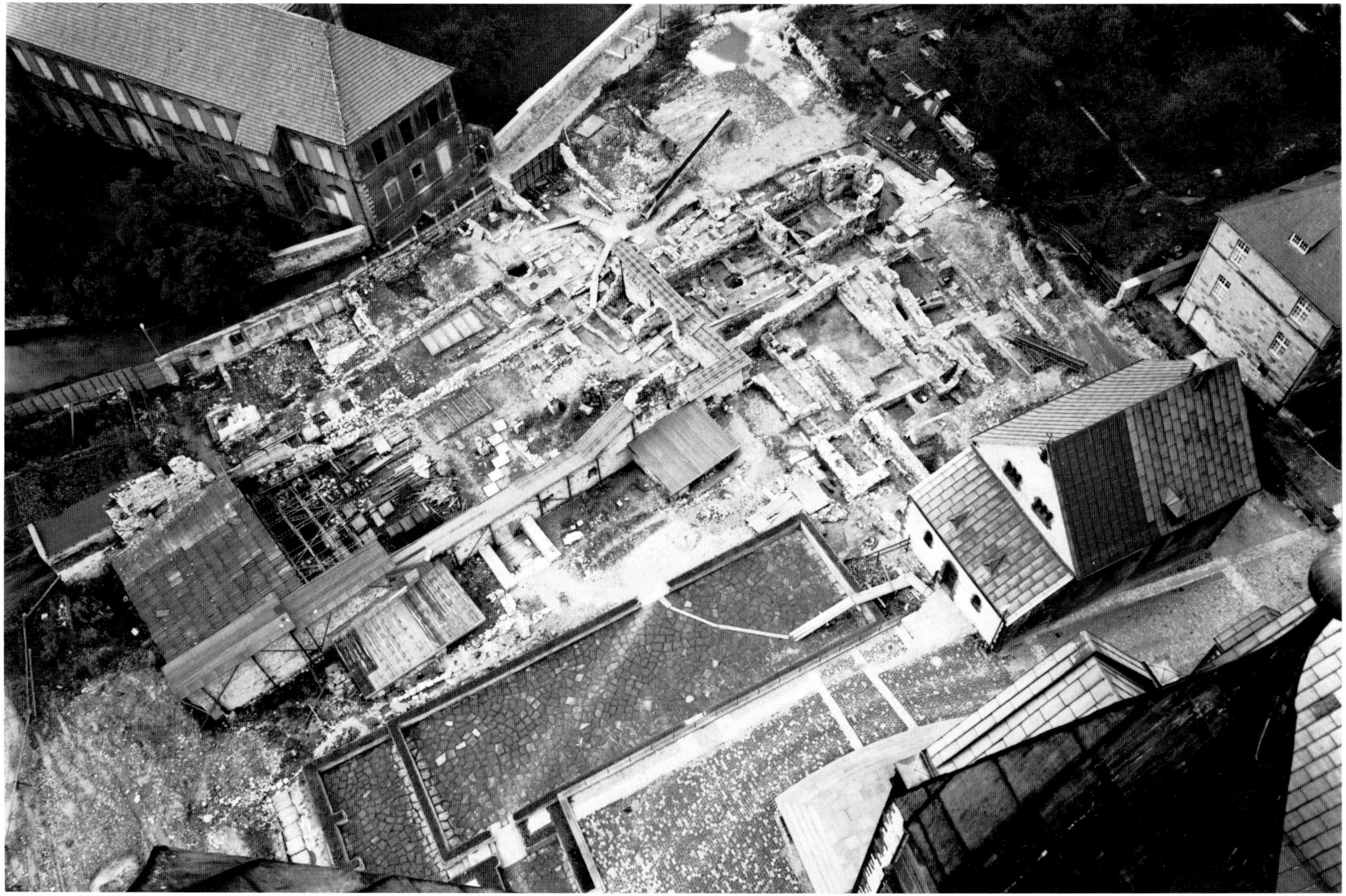

Paderborn. Blick vom Domturm auf das Grabungsgelände nördlich des Domes. Vorn: der karolingische Saalbau (restauriert). Bildmitte und rechts: der ottonische Saalbau mit Wohntrakt, Ikenberg- und Bartholomäuskapelle (Aufn. 1969).

1. Paderborn. Blick von Nordwesten auf das östliche Sandsteingewände des Ostportals der Südmauer.

2. Paderborn. Blick von Norden auf das mittlere Portal der Südmauer.

1. Paderborn. Ansicht des Westteils der Südmauer des ottonischen Saalbaus (Aufnahme 1964, von Süden).

2. Paderborn. Ansicht des östlichen Teils der Südmauer (Aufnahme 1964, von Süden).

1. Paderborn. Blick von Osten in den ottonischen Saalbau mit der beim Umbau errichteten Pfeilerreihe.

2. Paderborn. Blick von der Ikenbergkapelle auf das jüngere Bogenportal in der Ostwand des Saalbaus.

1. Paderborn. Fenster östlich vom mittleren Portal mit dem monolithischen Sandsteinrahmen (Aufnahme von Süden).

2. Paderborn. Innenseite des Ostteils der Südmauer mit den Balkenkammern der zweiten Bauphase.

1. Paderborn. Südostecke des Saalbaus mit charakteristischem Eckstein.

2. Paderborn. Blick von Nordosten auf die Ostwand des Bischofspalastes.

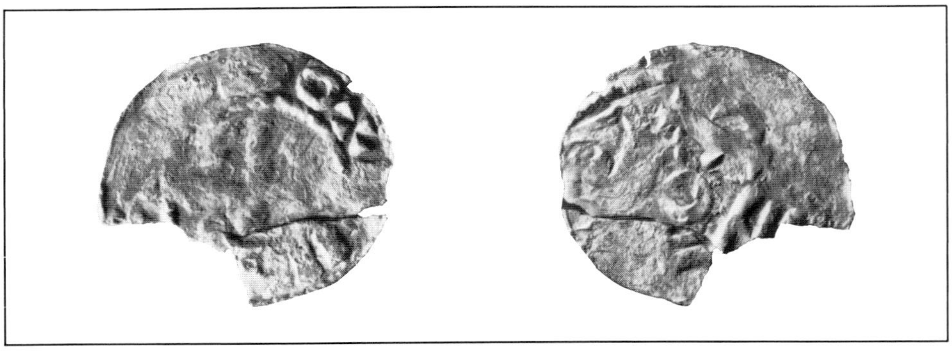

1. Paderborn. Silberpfennig Ottos III., Münzort Soest 983–996 (2:1).

2. Paderborn. Otto-Adelheid-Pfennig, um 1030 (2:1). Bestimmungen P. Berghaus, Münster.

3. Paderborn. Säulenbase aus dem Abbruchschutt des ottonischen Saalbaus neben einer Säule aus der Bartholomäuskapelle.

1. Putzreste mit Buchstabenfragmenten aus der karolingischen Königspfalz zu Paderborn.

2. Rot gemalte Spiralranken aus der Königspfalz zu Paderborn.

1. Vermutlich als DRACO zu lesender Putzrest aus der Pfalz zu Paderborn.

2. Nachzeichnung des DRACO-Fragments in dem zweizeiligen Schriftband der Königspfalz Karls d. Gr. in Paderborn.

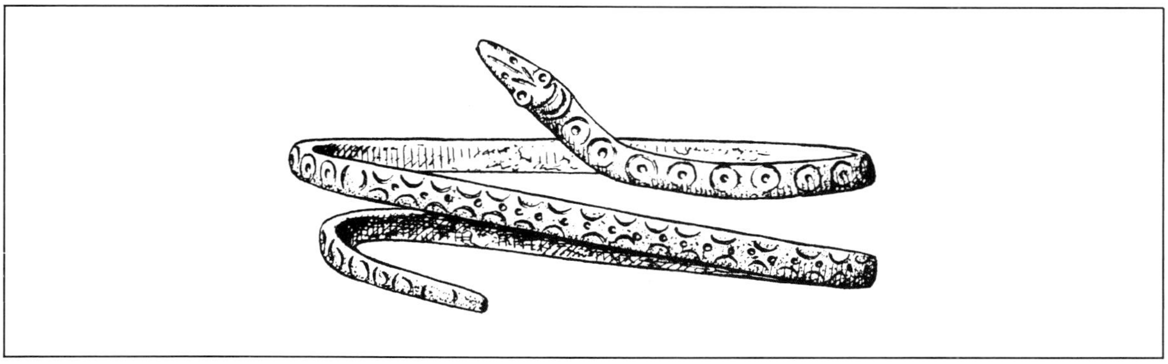

1. Neuhaus, Tongrube Immig. Bronzenes Schlangenarmband. M. 1:1.

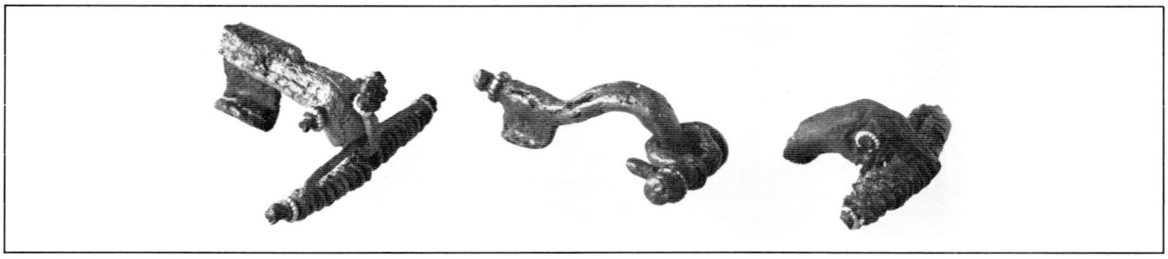

2. Paderborn. Grabung auf der Nordseite des Domes. Eiserne Kniefibeln. M. ca. 2:3.

3. Lembeck. Goldscheibenfibel aus dem Grab 116. M. 4:3.

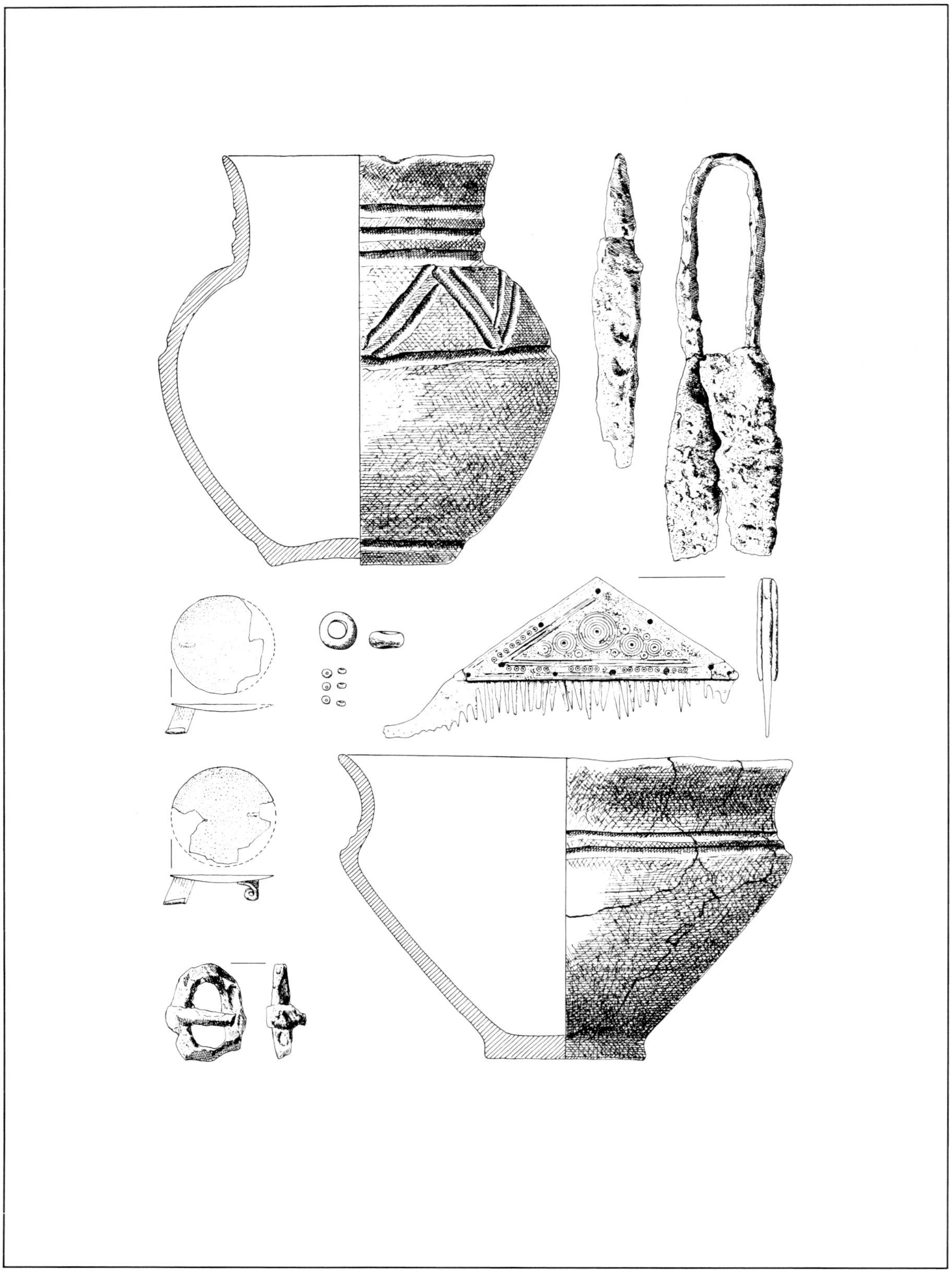

Bad Lippspringe, Kr. Paderborn. Grab 2. M. 1:2.

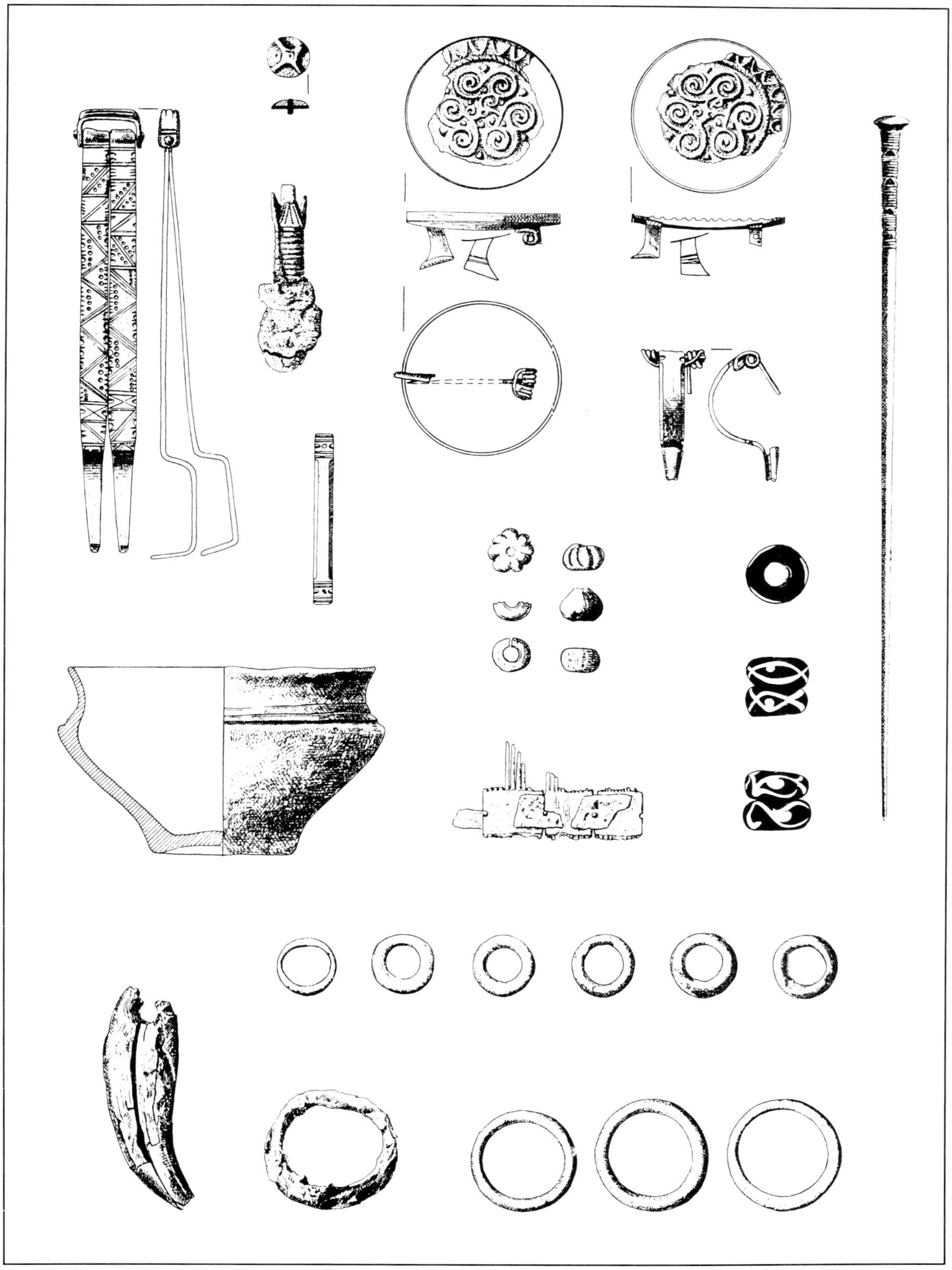

Bad Lippspringe, Kr. Paderborn. Grab 1. M. 1:2.

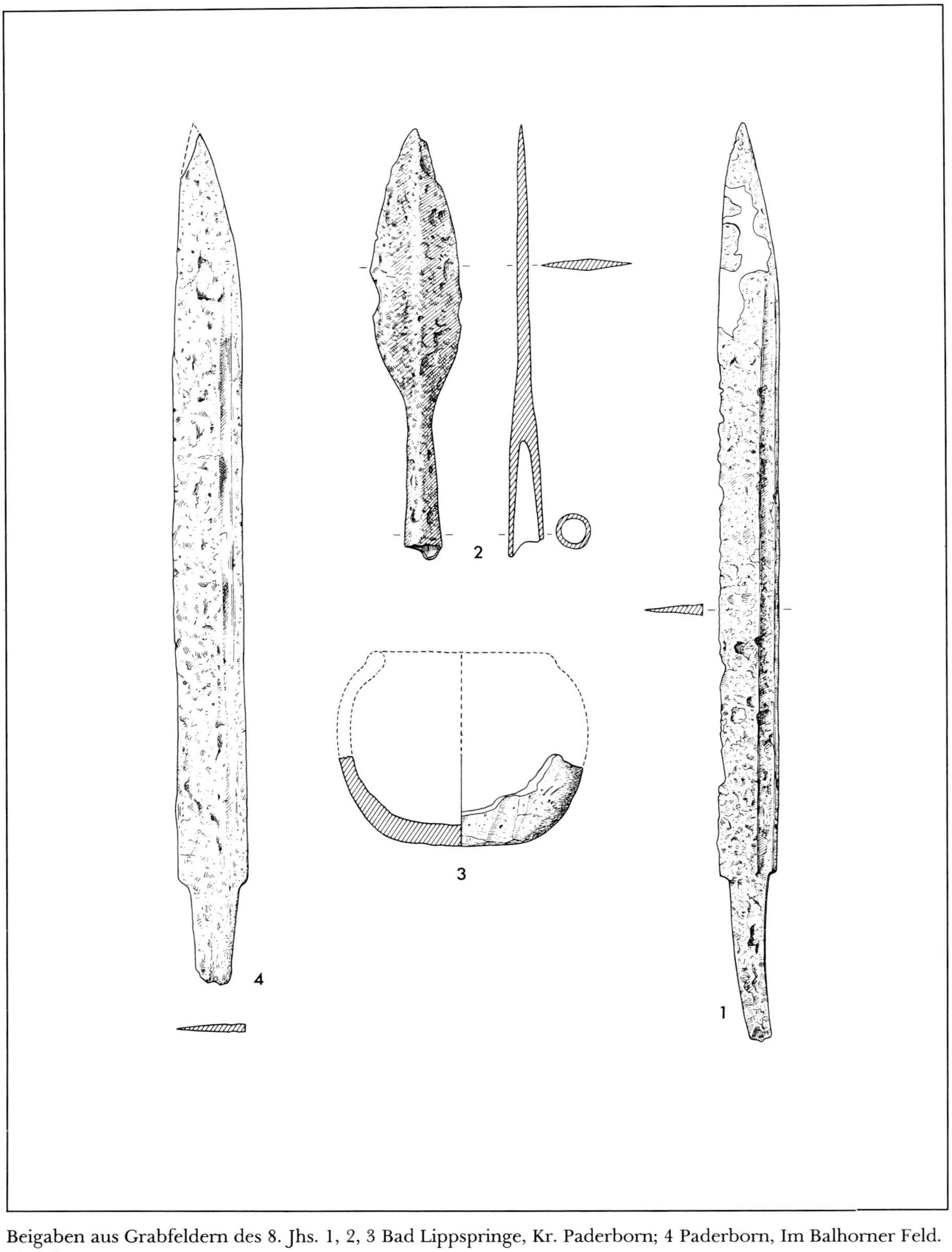

Beigaben aus Grabfeldern des 8. Jhs. 1, 2, 3 Bad Lippspringe, Kr. Paderborn; 4 Paderborn, Im Balhorner Feld. M. 1:2.

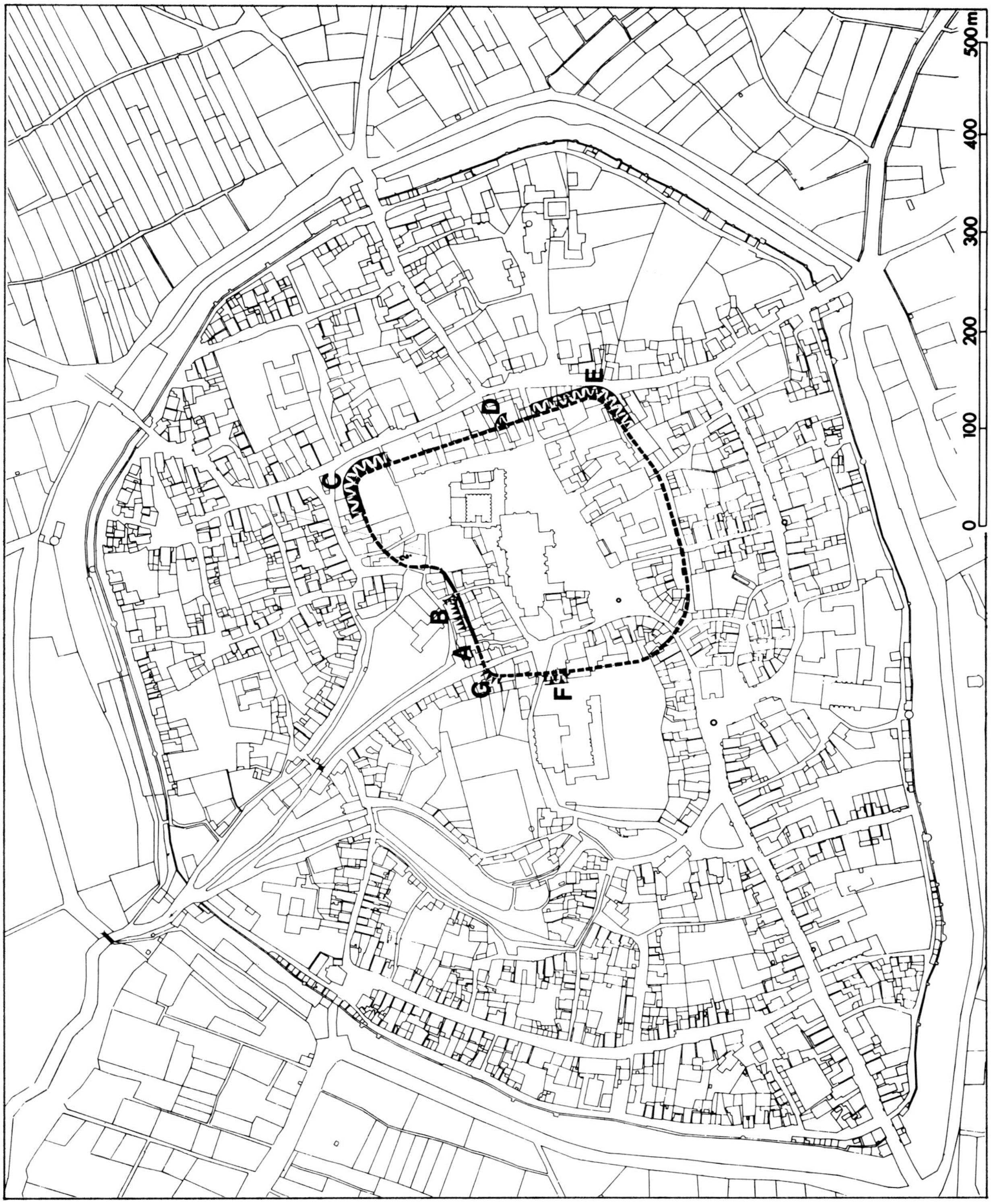

Paderborn. Verlauf der karolingischen Befestigung.

1. Paderborn. Blick von Südwesten auf den Nordwestbogen der Burgmauer im Garten der Kurie an der Michaelstraße. Freigelegt bei Neubauarbeiten i. J. 1958.

2. Paderborn. Grabung im Brenkenhof 1960–61. Blick nach Norden in die Grabenböschung vor der Nordmauer der Burg.

3. Paderborn. Grabung im Brenkenhof 1960–61. Blick nach Nord auf die unteren Steinlagen der schon zum Graben abgerutschten karolingischen Burgmauer, darüber die letzten erhaltenen Lagen der urbs-Mauer des 11. Jhs., links die Ostmauer des großen Eckturmes.

1. Paderborn. Grabung im Brenkenhof 1960–61. Blick von Südwesten auf das Fundamentmauerwerk des großen Eckturmes in der Nord-Ost-Ecke der Befestigung (11. Jh.).

2. Paderborn. Nordrand des Ausgrabungsfeldes Am Ikenberg i. J. 1969. Blick von Westen auf die befestigte Nordfront der Burg. Vorne in der Bildmitte die waagerechte Berme, rechts anschließend die Burgmauer. Links von der Berme die Böschung mit mehreren zur Pader abfallenden Brandschichten.

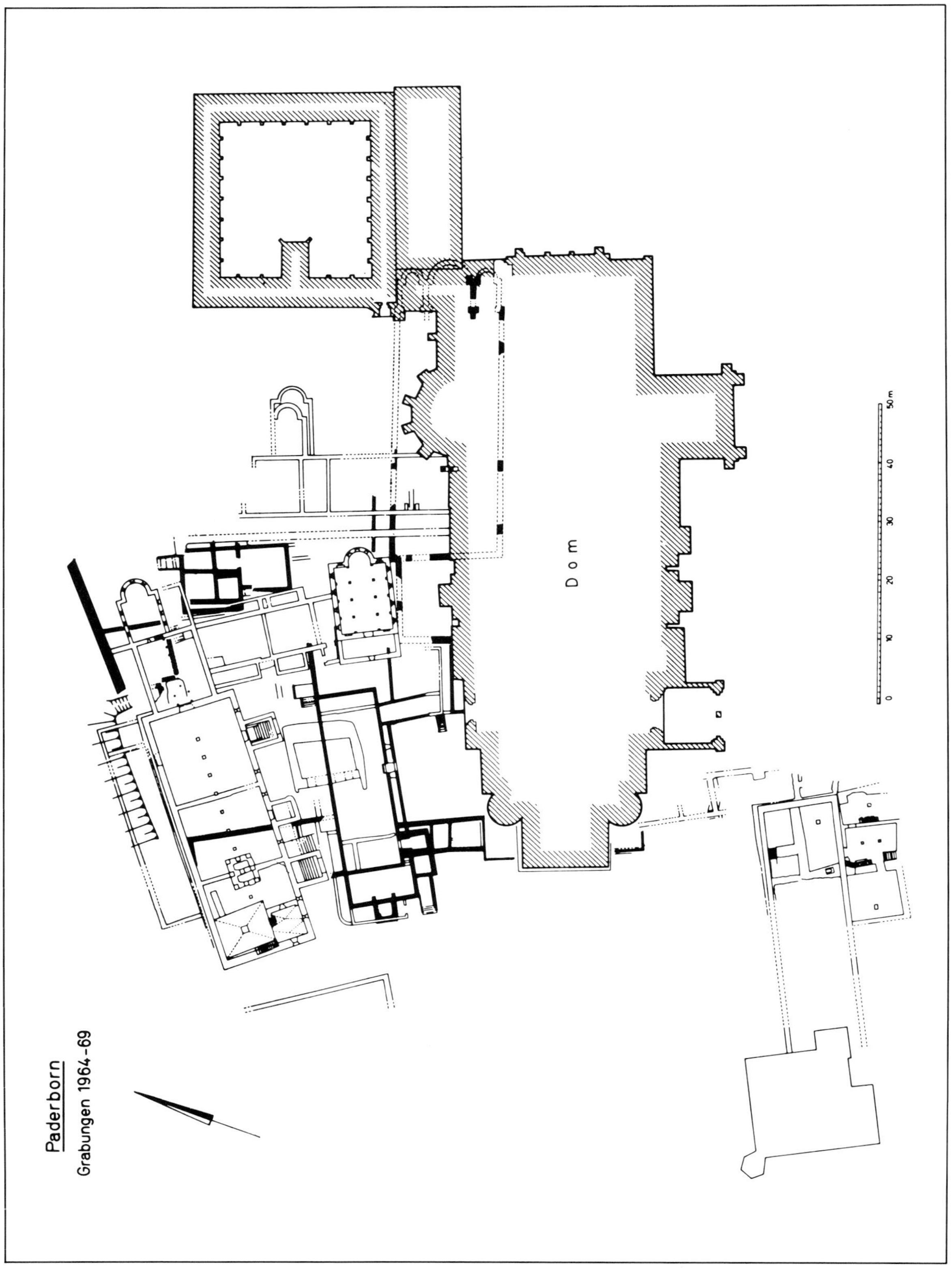

Paderborn. Grundrißplan der karolingischen Gebäude (schwarz).

1. Paderborn. Blick vom Domturm. Vorn: der karolingische Saalbau mit Ergänzungen des 9. Jhs. Oben: der Saalbau des 11. Jhs. (Aufn. 1965).

2. Paderborn. Blick vom Domturm auf das Grabungsgelände. Bildmitte: der karolingische Saalbau. Vorn rechts: der östliche Quertrakt, der Pfalzhof und der Thronunterbau (Aufn. 1965).

1. Paderborn. Blick vom Domturm auf das Grabungsgelände auf der Nordseite des Domes i. J. 1963, vor Beginn der archäologischen Untersuchungen.

2. Paderborn. Blick vom Domturm auf das Grabungsgelände im Sommer 1964. Oben: der Saalbau des 11. Jhs. Vorn: die freigelegte Platzschicht des 11. und 12. Jhs. Vorn links: schon freiliegende ältere Mauern.

1. Paderborn. Blick von Nordwesten auf den Thronunterbau (Aufn. 1965).

2. Paderborn. Blick von Norden auf die „Rote Pforte“ des Domes und den darunterliegenden Thronunterbau (Aufn. 1965).

1. Kanne von Birka, Grab 854.

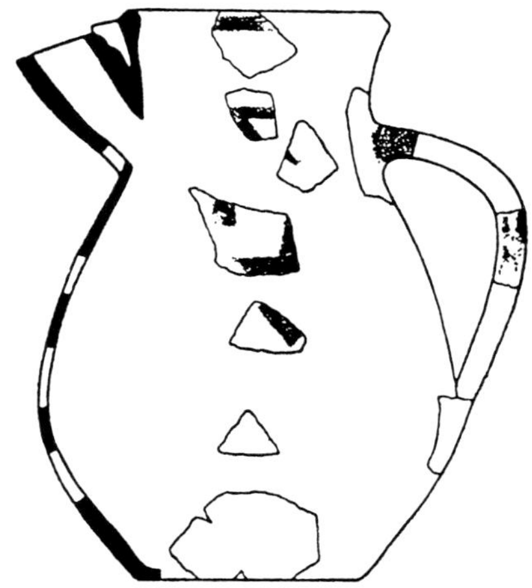

2. Kanne von Paderborn, zeichn. ergänzt.

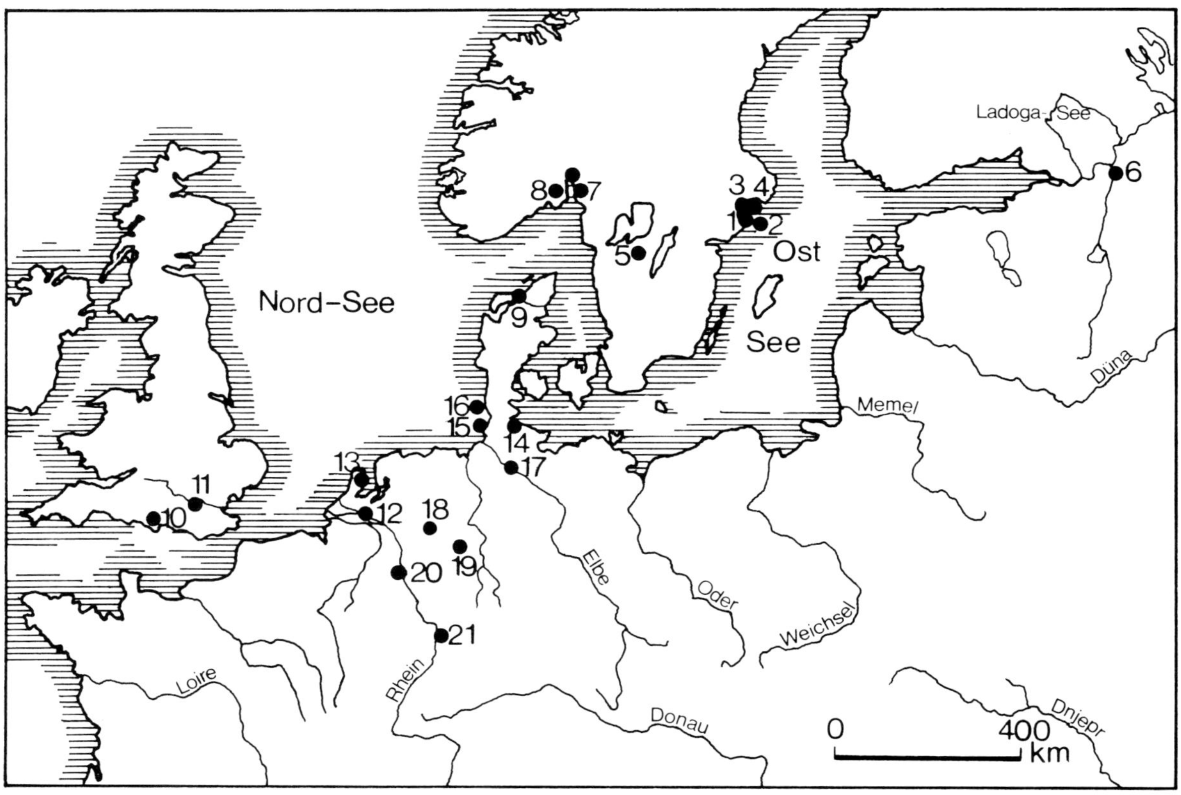

3. Verbreitung der Tatinger Kannen. Fundortliste S. 130, Anm. 7.

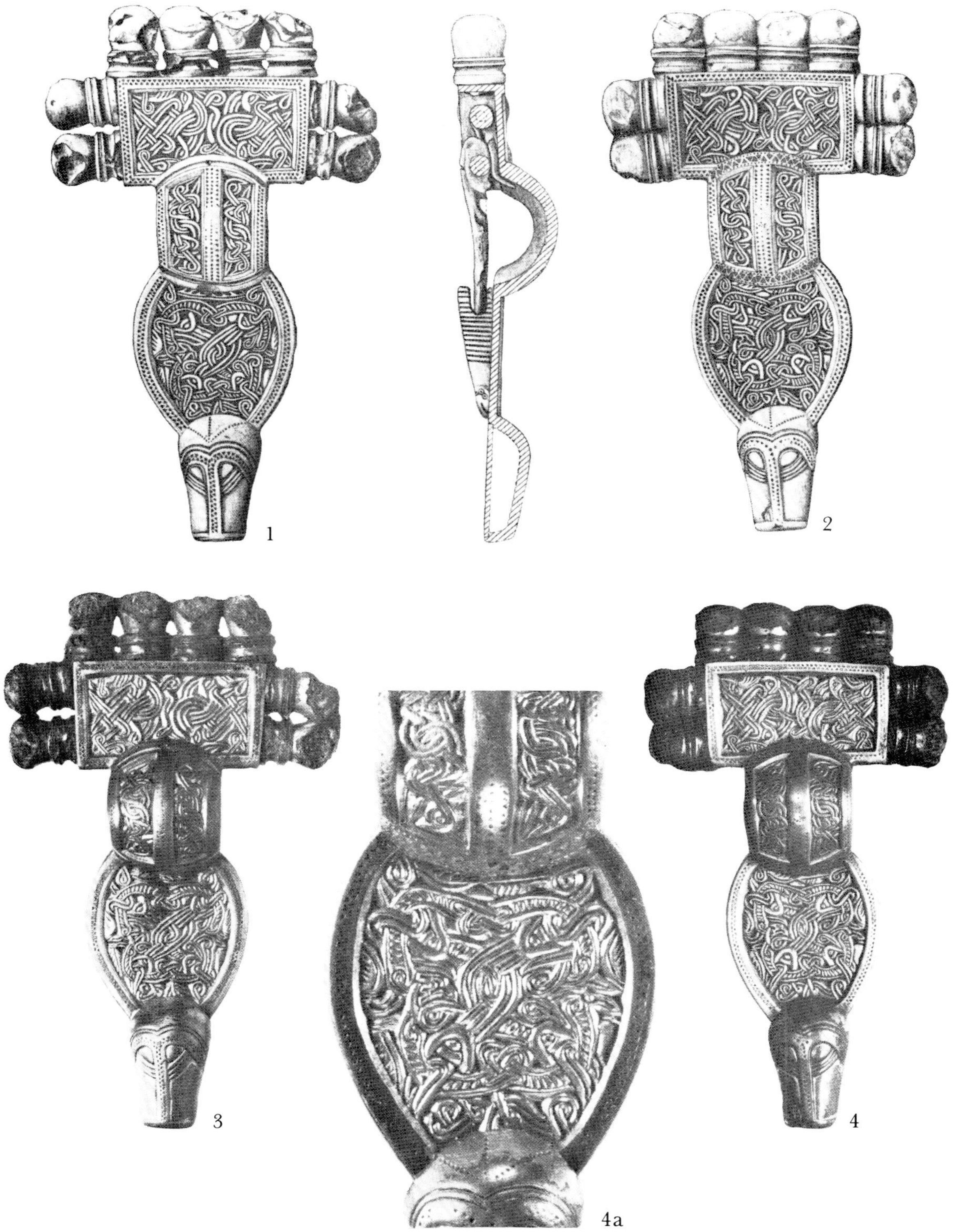

Merowingische Bügelfibeln 1 (1, 3) und 2 (2, 4, 4a) aus Soest, Westf., Grab 106. M. 2:3, 4a ca. 4:3.

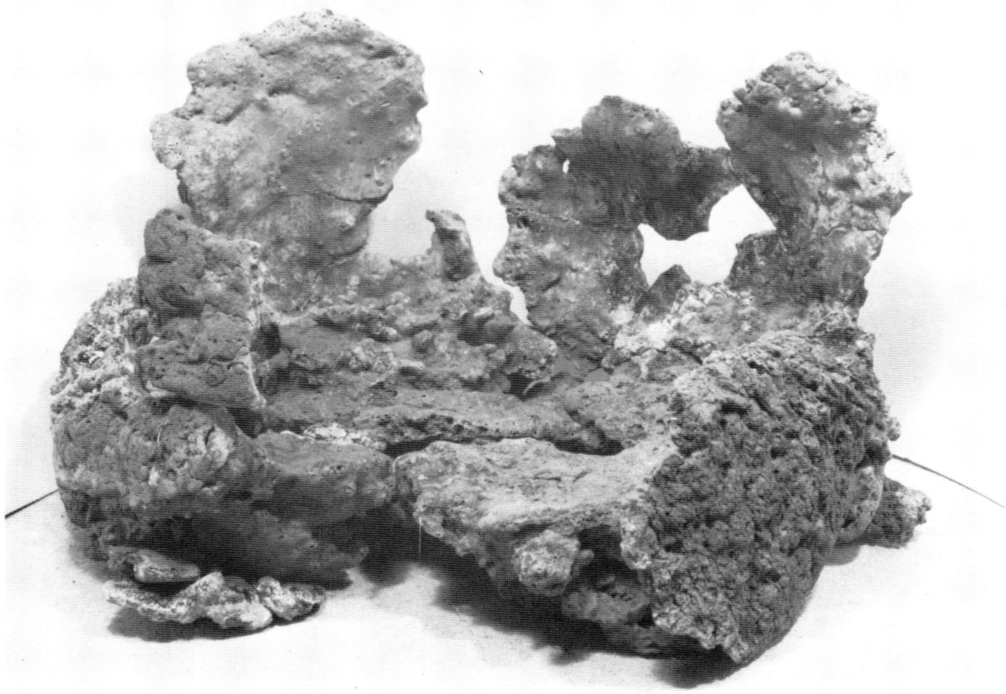

1. Warendorf. Unterteil des Eisenschmelzofens (ca. 1:2).

2. Warendorf. Gehämmerte Eisenluppe (ca. 1:1).

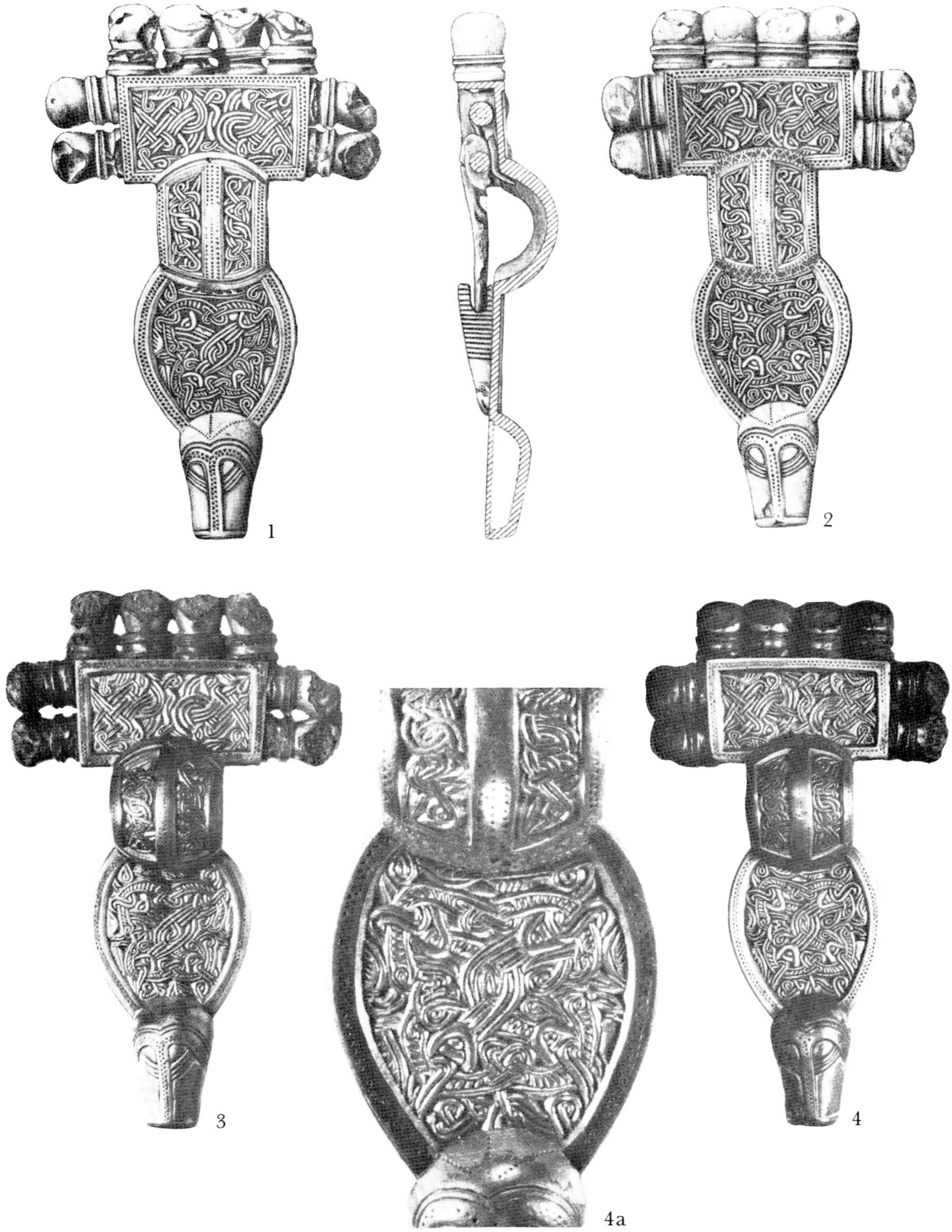

Merowingische Bügelfibeln 1 (1, 3) und 2 (2, 4, 4a) aus Soest, Westf., Grab 106. M. 2:3, 4a ca. 4:3.

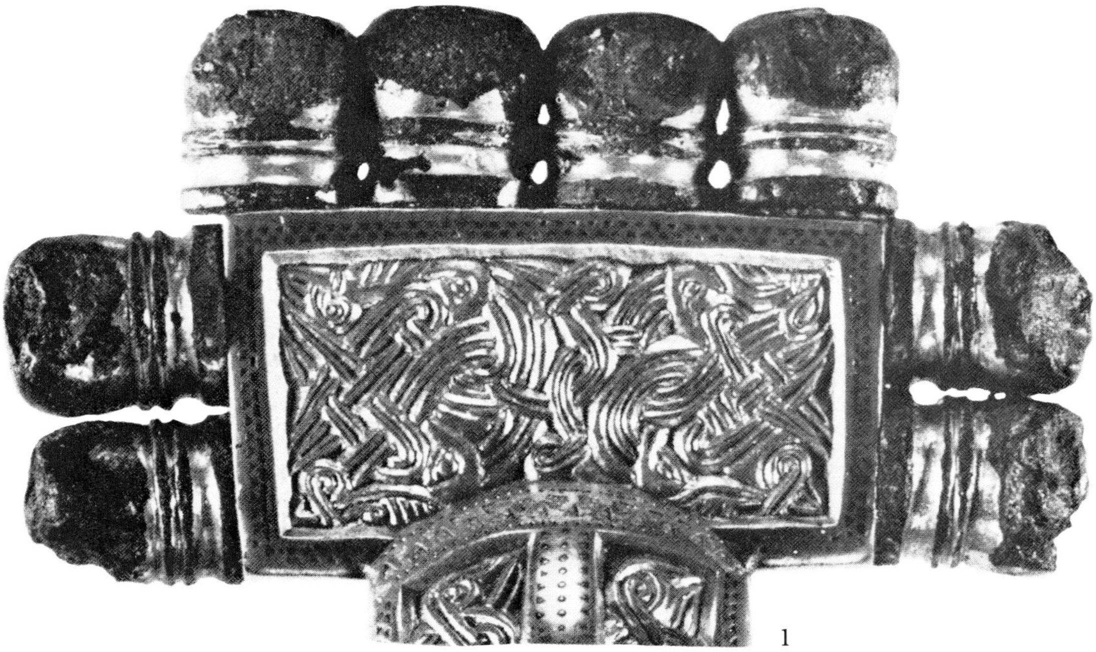

1

2

1–2 Kopfplatten der Bügelfibeln 1 (2) und 2 (1) aus Soest, Westf., Grab 106 (vergrößert).

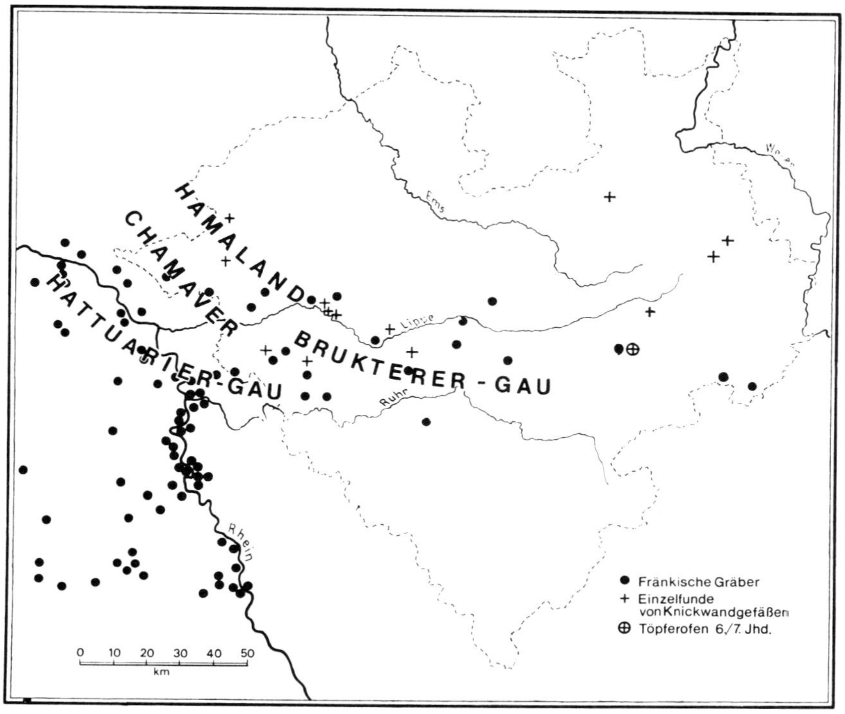

1. Fränkische Gräber im westlichen und mittleren Westfalen und fränkische Gaue.

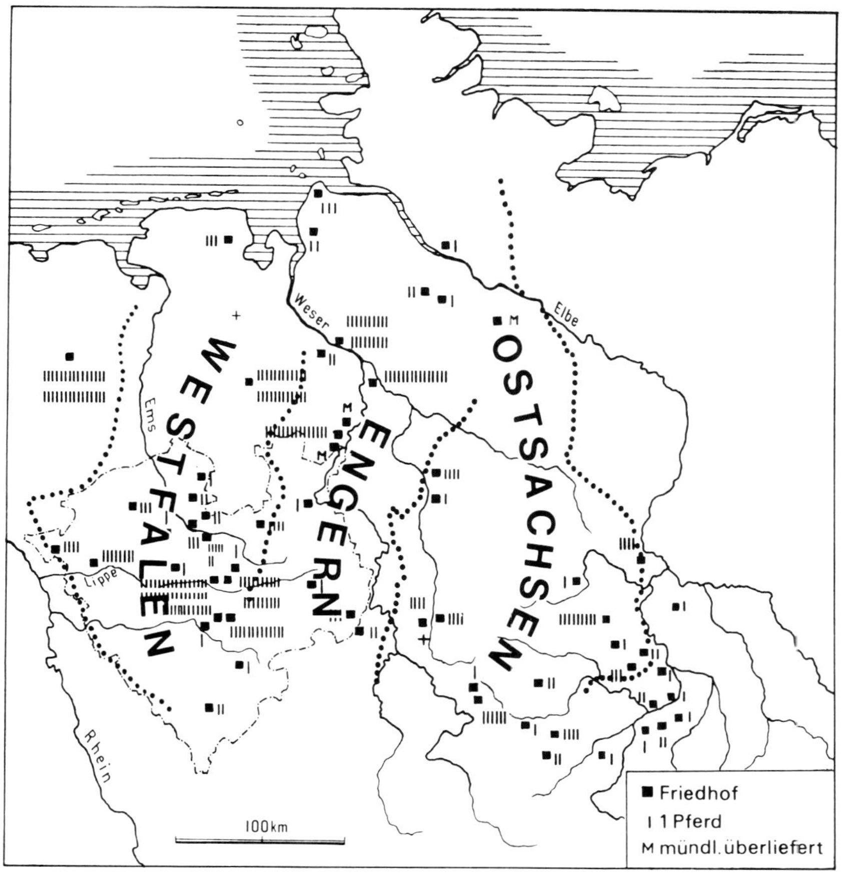

2. Sächsische Pferdegräber des 7. und 8. Jhs. in Nordwestdeutschland.

1. Warendorf. Unterteil des Eisenschmelzofens (ca. 1:2).

2. Warendorf. Gehämmerte Eisenluppe (ca. 1:1).

Warendorf. Westliche Grabungsfläche. Grubenhäuser mit Webgewichten (punktiert).

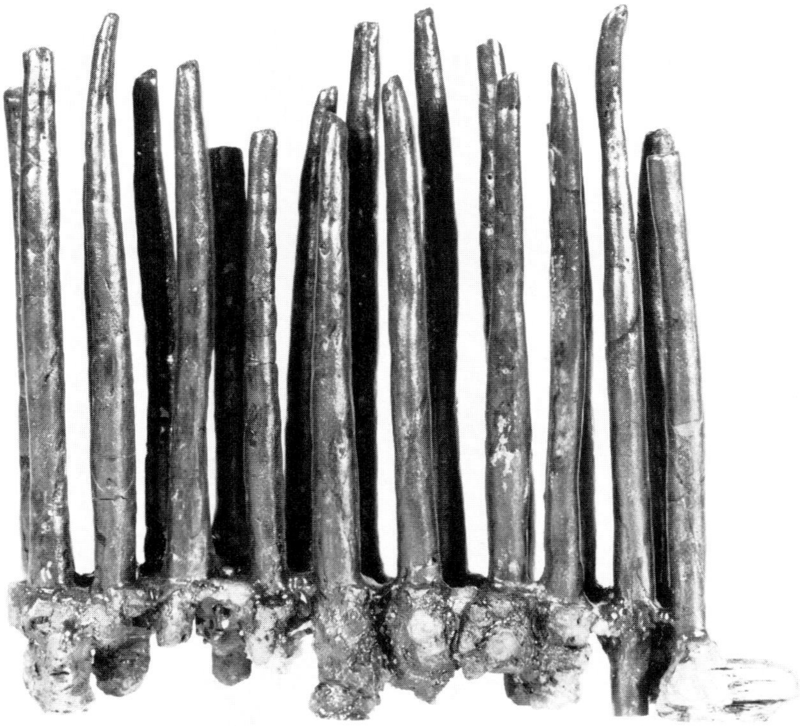

1. Warendorf. Reste eines Flachshechels. M. ca. 5:4.

2. Geseke, Kr. Lippstadt. Fränkischer Töpferofen, 6./7. Jh. Aufsicht auf die bei Baggerarbeiten freigelegte südliche Hälfte des Ofens mit dem Feuerungskanal.

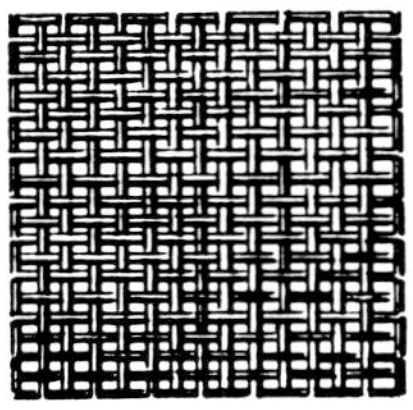

Beckum Grab 66
Leinenbindung
15 Kettfäden = 1 cm
20 Schußfäden = 1 cm
1 Kettfaden = 0,6 mm
1 Schußfaden = 0,5 mm

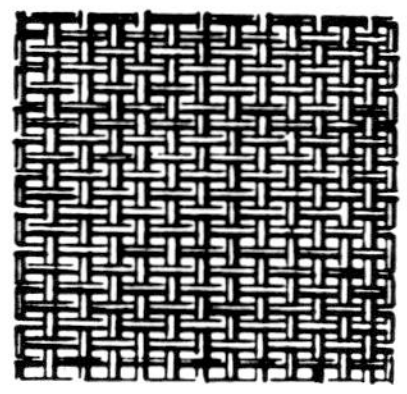

Berghausen Grab 64
Leinenbindung
20 Schußfäden = 1 cm Z
14 Kettfäden = 1 cm
1 Kettfaden = 0,7 mm
1 Schußfaden = 0,5 mm

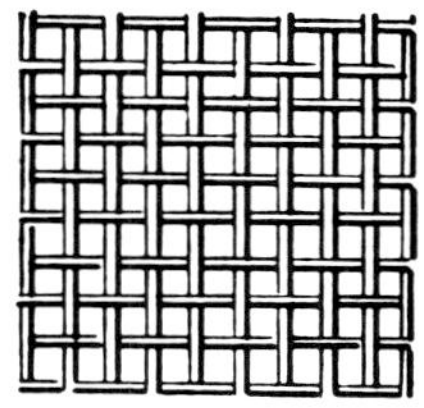

Hemer
Leinenbindung
10 Kettfäden
10 Schußfäden
1 Kettfaden = 1 mm
1 Schußfaden = 1 mm

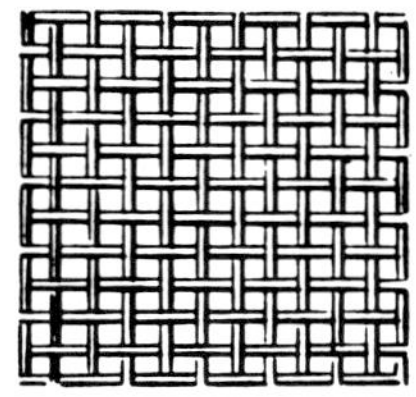

Lembeck Grab 3
Leinenbindung
12 Kettfäden = 1 cm S
12 Schußfäden = 1 cm Z
1 Kettfaden = 0,8 mm
1 Schußfaden = 0,8 mm

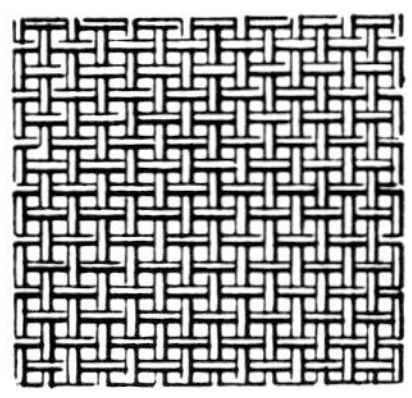

Lembeck Grab 4
Leinenbindung
15 Schußfäden = 1 cm Z
15 Kettfäden = 1 cm S
1 Kettfaden = 0,6 mm
1 Schußfaden = 0,6 mm

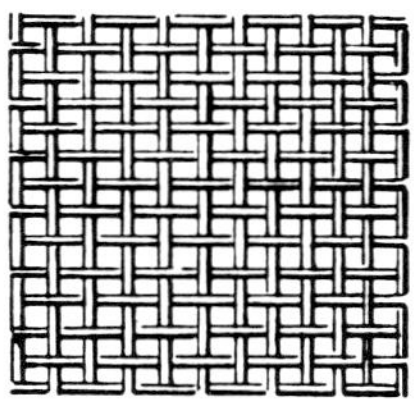

Lembeck Grab 23
Leinenbindung
12 Kettfäden = 1 cm Z
14 Schußfäden = 1 cm Z
1 Kettfaden = 0,8 mm
1 Schußfaden = 0,7 mm

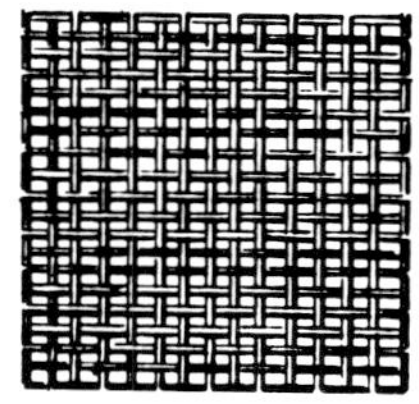

Lembeck Grab 35,2
Leinenbindung
15 Kettfäden = 1 cm
20 Schußfäden = 1 cm
1 Kettfaden = 0,6 mm
1 Schußfaden = 0,5 mm

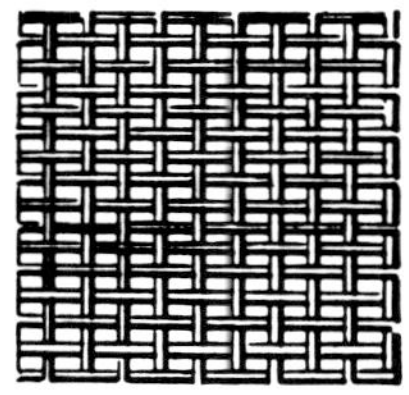

Lembeck Grab 41,5
Leinenbindung
10 Kettfäden = 1 cm S
16 Schußfäden = 1 cm Z
1 Kettfaden = 1 mm
1 Schußfaden = 0,6 mm

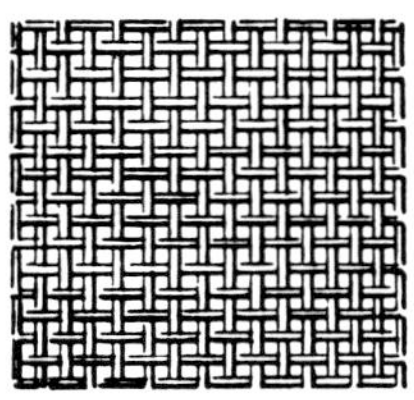

Lembeck Grab 72
Leinenbindung
16 Kettfäden = 1 cm Z
16 Schußfäden = 1 cm Z
1 Kettfaden = 0,6 mm
1 Schußfaden = 0,6 mm

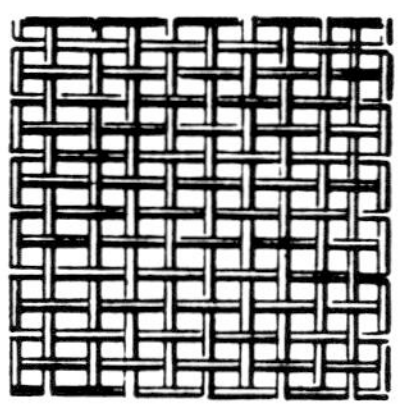

Lembeck Grab 75
Leinenbindung
11 Kettfäden = 1 cm Z
14 Schußfäden = 1 cm Z
1 Kettfaden = 0,9 mm
1 Schußfaden = 0,7 mm

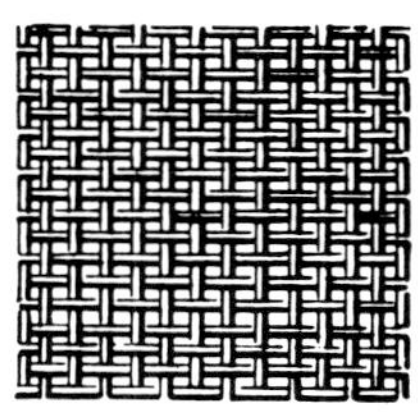

Lembeck Grab 77
Leinenbindung
14 Kettfäden = 1 cm Z
18 Schußfäden = 1 cm Z
1 Kettfaden = 0,7 mm
1 Schußfaden = 0,5 mm

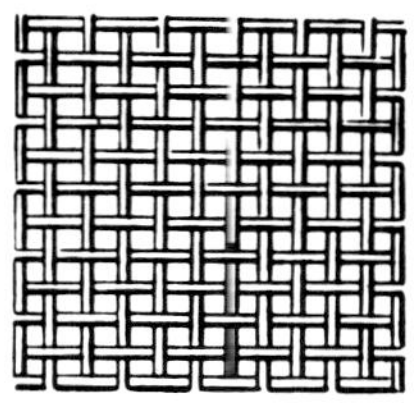

Lembeck Grab 82
Leinenbindung
12 Kettfäden = 1 cm
12 Schußfäden = 1 cm
1 Kettfaden = 0,8 mm
1 Schußfaden = 0,8 mm

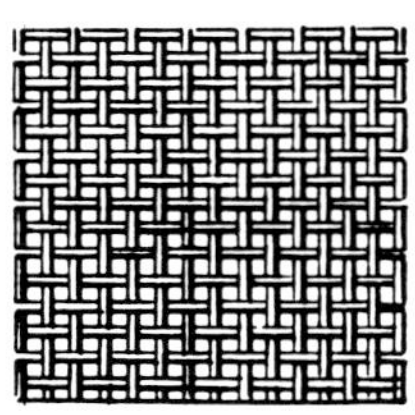

Lembeck Grab 104
Leinenbindung
15 Kettfäden = 1 cm Z
15 Schußfäden = 1 cm Z
1 Kettfaden = 0,6 mm
1 Schußfaden = 0,6 mm

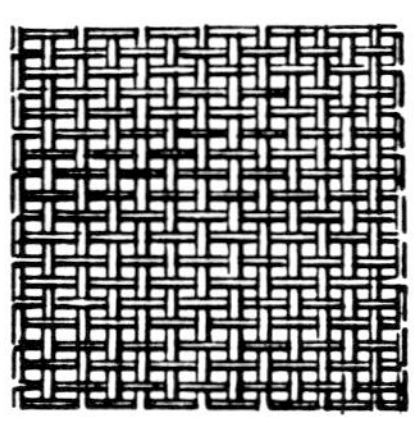

Lembeck Grab 104
Leinenbindung
14 Kettfäden = 1 cm
19 Schußfäden = 1 cm
1 Kettfaden = 0,7 mm
1 Schußfaden = 0,5 mm

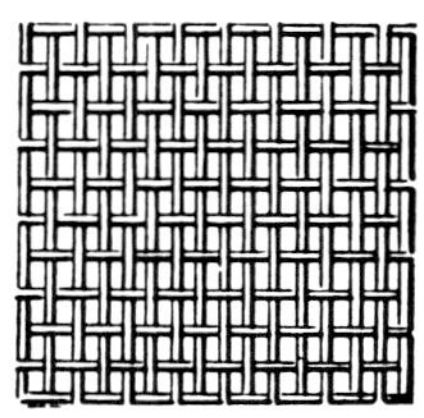

Lembeck Grab 104
Leinenbindung
16 Kettfäden = 1 cm
10 Schußfäden = 1 cm
1 Kettfaden = 0,6 mm
1 Schußfaden = 1 mm

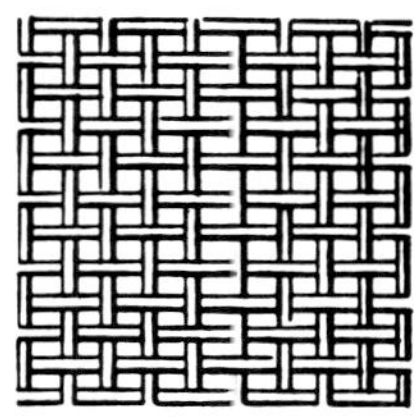

Lembeck Grab 116
Leinenbindung
10 Kettfäden = 1 cm
12 Schußfäden = 1 cm
Kettfaden = 1 mm
Schußfaden = 0,8 mm

Gewebereste aus Grabfunden des 7. und 8. Jahrhunderts in Westfalen. M. 2:1.

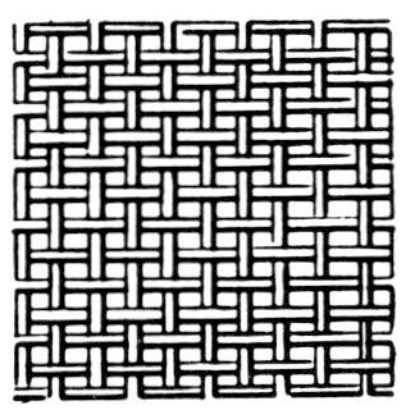

Lembeck Grab 121
Leinenbindung
10 Kettfäden = 1 cm
14 Schußfäden = 1 cm Z
1 Kettfaden = 1 mm
1 Schußfaden = 0,7 mm

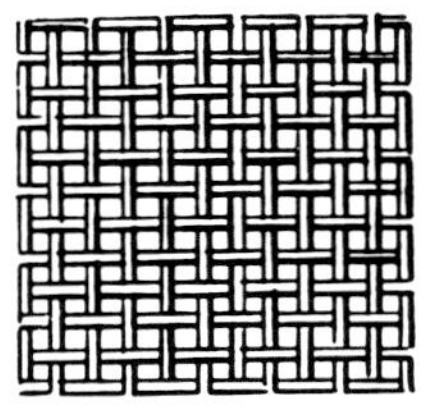

Lembeck Grab 121
Leinenbindung
12 Kettfäden = 1 cm
12 Schußfäden = 1 cm
1 Kettfaden = 0,8 mm
1 Schußfaden = 0,8 mm

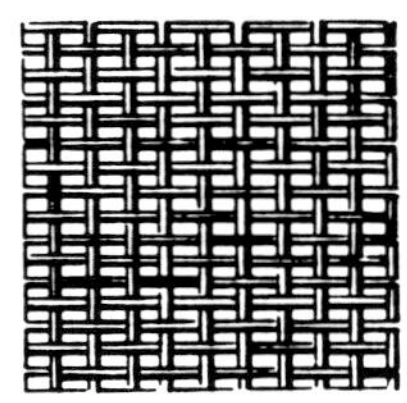

Lembeck Grab 121
Leinenbindung
10 Kettfäden = 1 cm Z
16 Schußfäden = 1 cm Z
1 Kettfaden = 1 mm
1 Schußfaden = 0,6 mm

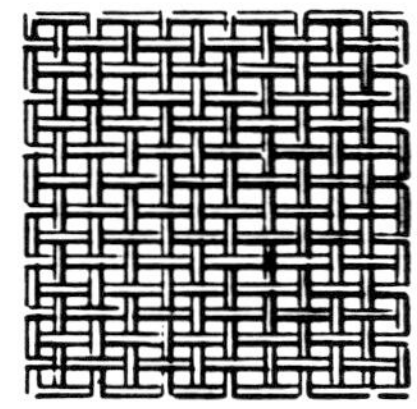

Soest Grab 65
Leinenbindung
12 Kettfäden = 1 cm S
15 Schußfäden = 1 cm Z
Kettfaden = 0,8 mm
Schußfaden = 0,6 mm

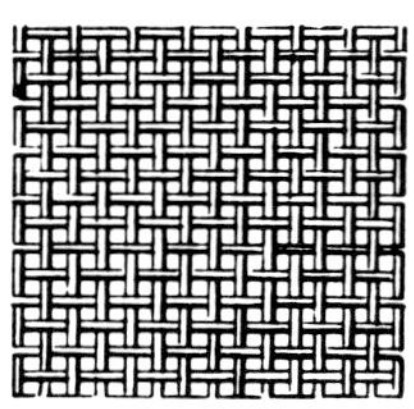

Soest Grab 165
Leinenbindung
15 Kettfäden = 1 cm
15 Schußfäden = 1 cm
1 Kettfaden = 0,6 mm
1 Schußfaden = 0,6 mm

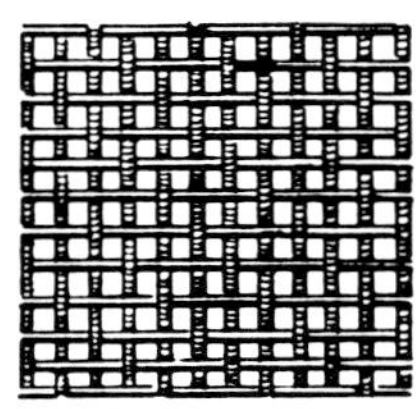

Lembeck Grab 104
Köperbindung
12 Kettfäden = 1 cm
12 Schußfäden = 1 cm Z
1 Kettfaden = 0,8 mm
1 Schußfaden = 0,8 mm

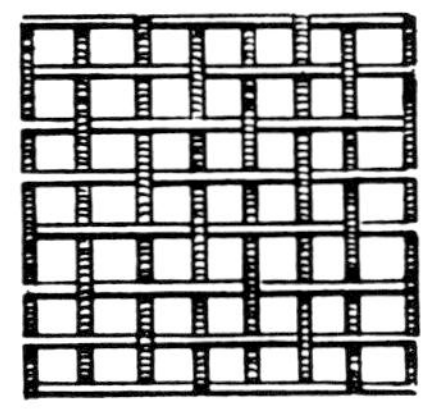

Lembeck Grab 105
Körperbindung
8 Kettfäden = 1 cm
8 Schußfäden = 1 cm Z
1 Kettfaden = 1, 2mm
1 Schußfaden = 1,2 mm

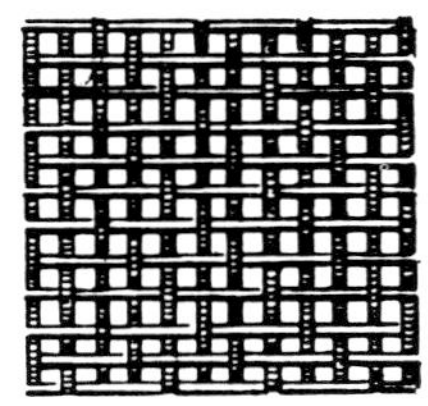

Lembeck Grab 116
Köperbindung
12 Kettfäden = 1 cm Z
12 Schußfäden = 1 cm Z
1 Kettfaden = 0,85 mm
1 Schußfaden = 0,85 mm

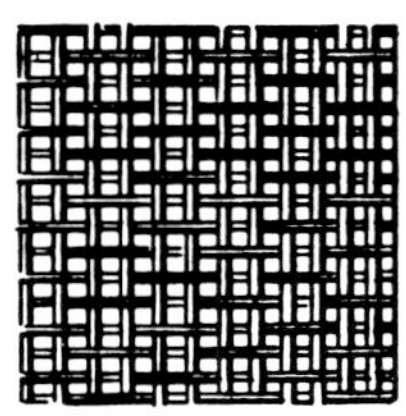

Lembeck Grab 2
Schußrips
12 Kettfäden = 1 cm S
16 Schußfäden = 1 cmZ
1 Kettfaden = 0,8 mm
1 Schußfaden = 0,6 mm

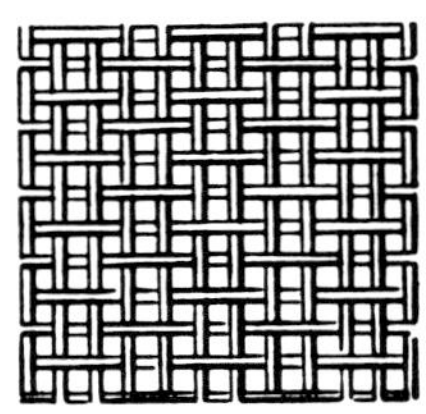

Lembeck Grab 116
Ripsbindung
12 Kettfäden = 1 cm Z
12 Schußfäden = 1 cm Z
Kettfäden = 0,8 mm
Schußfäden = 0,8 mm

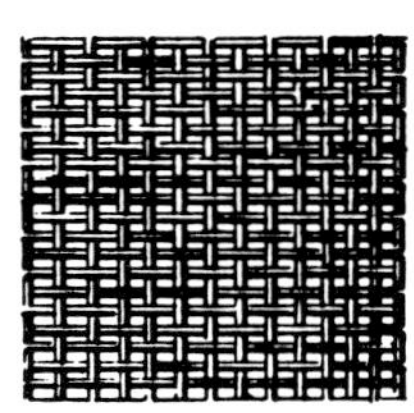

Berghausen Grab 64 a
Leinenbindung
14 Kettfäden = 1 cm Z
20 Schußfäden = 1 cm Z
1 Kettfaden = 0,7 mm
1 Schußfaden = 0,5 mm

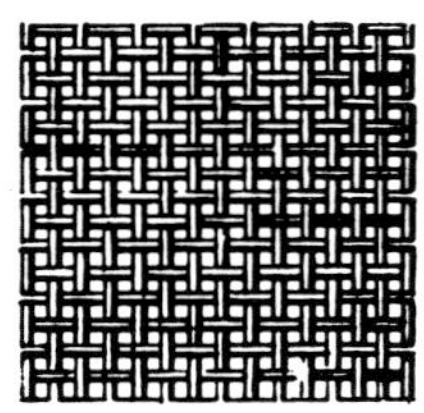

Berghausen Grab 64 b
Leinenbindung
15 Kettfäden = 1 cm Z
15 Schußfäden = 1 cm Z
1 Kettfaden = 0,6 mm
1 Schußfaden = 0,6 mm

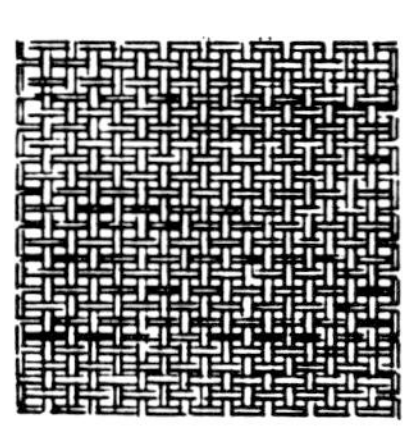

Berghausen Grab 64 a
Leinenbindung
18 Kettfäden = 1 cm
24 Schußfäden = 1 cm Z
1 Kettfaden = 0,5 mm
1 Schußfaden = 0,4 mm

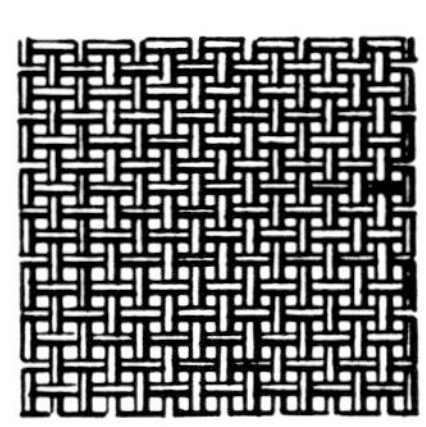

Berghausen Grab 64 b
Leinenbindung
15 Kettfäden = 1 cm Z
15 Schußfäden = 1 cm Z
1 Kettfaden = 0,6 mm

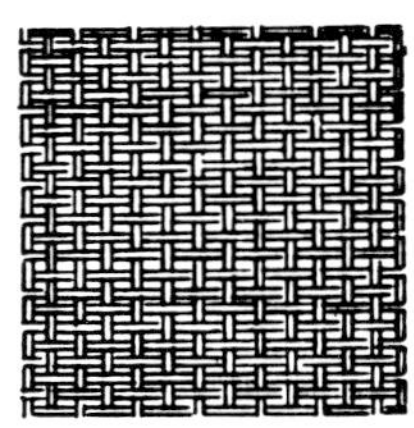

Lembeck Grab 105 a
Leinenbindung
14 Kettfäden = 1 cm Z
23 Schußfäden = 1 cm Z
1 Kettfaden = 0,7 mm
1 Schußfaden = 0,4 mm

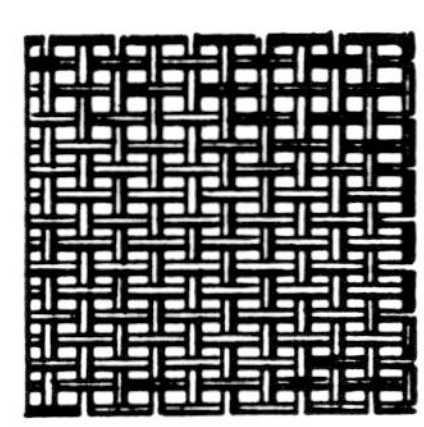

Lembeck Grab 105 b
Leinenbindung
11 Kettfäden = 1 cm Z
16 Schußfäden = 1 cm Z
1 Kettfaden = 0,9 mm
1 Schußfaden = 0,6 mm

Gewebereste aus Grabfunden des 7. und 8. Jahrhunderts in Westfalen. M. 2:1.

Lembeck, Grab 75
Silberscheibenfibel

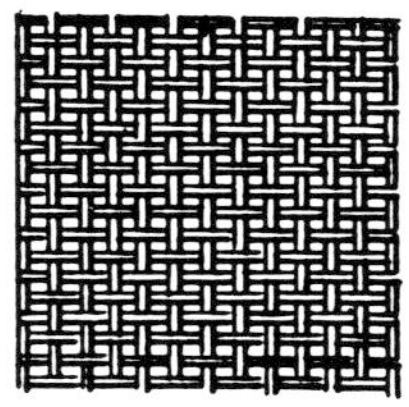

a. Leinenbindung
13 Kettfäden = 1 cm Z
18 Schußfäden = 1 cm Z
1 Kettfaden = 0,7 mm
1 Schußfaden = 0,5 mm

b. Leinenbindung
12 Kettfäden = 1 cm Z
20 Schußfäden = 1 cm Z
1 Kettfaden = 0,8 mm
1 Schußfaden = 0,5 mm

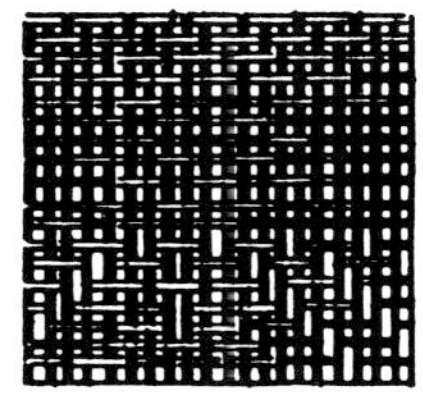

c. 4 Schuß Linksgrad-
köper
7 Schuß Rips
7 Schuß Spitzköper
20 Kettfäden = 1 cm Z
18 Kettfäden = 1 cm S
1 Kettfaden = 0,5 mm
1 Schußfaden = 0,5 mm

Rückseite

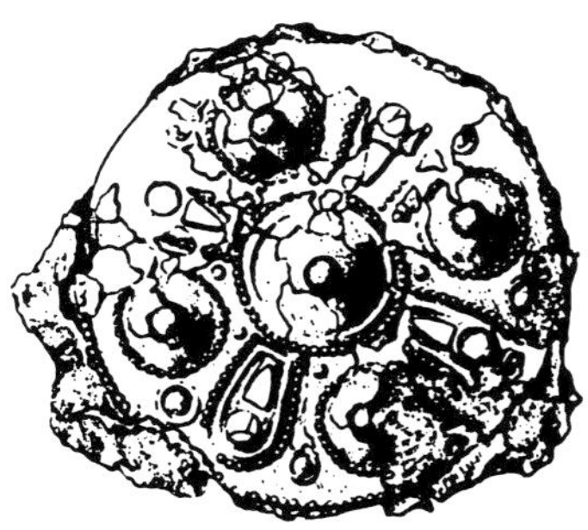

Lembeck, Grab 116
Goldscheibenfibel
Vorderseite

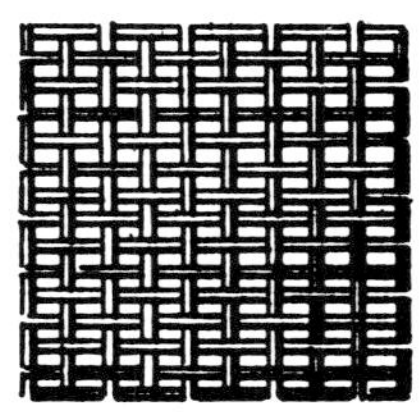

Leinenbindung
10 Kettfäden = 1 cm S
15 Schußfäden = 1 cm S
1 Kettfaden = 1 mm
1 Schußfaden = 0,6 mm

mit Schlingstich (Z)
überstickte
Leinenbindung.

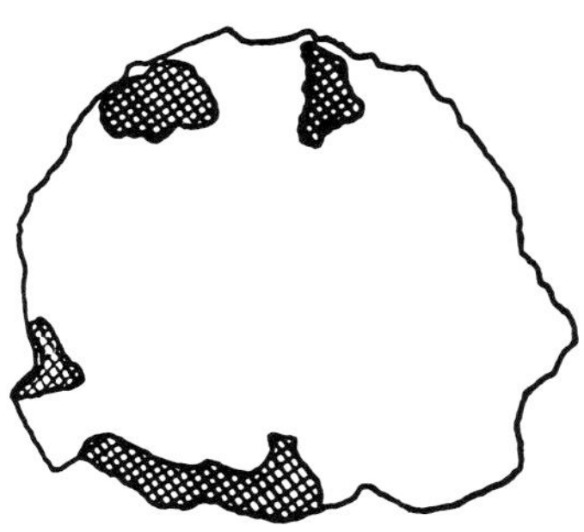

Scheibenfibel
Rückseite

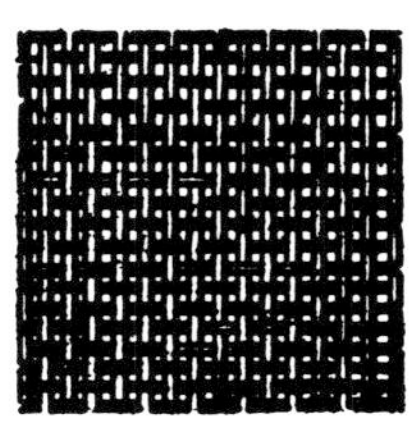

Leinenbindung
16 Kettfäden = 1 cm Z
18 Schußfäden = 1 cm Z
1 Kettfaden = 0,6 mm
1 Schußfaden = 0,5 mm

Gewebereste aus Grabfunden des 7. und 8. Jahrhunderts in Westfalen. M. 2:1.

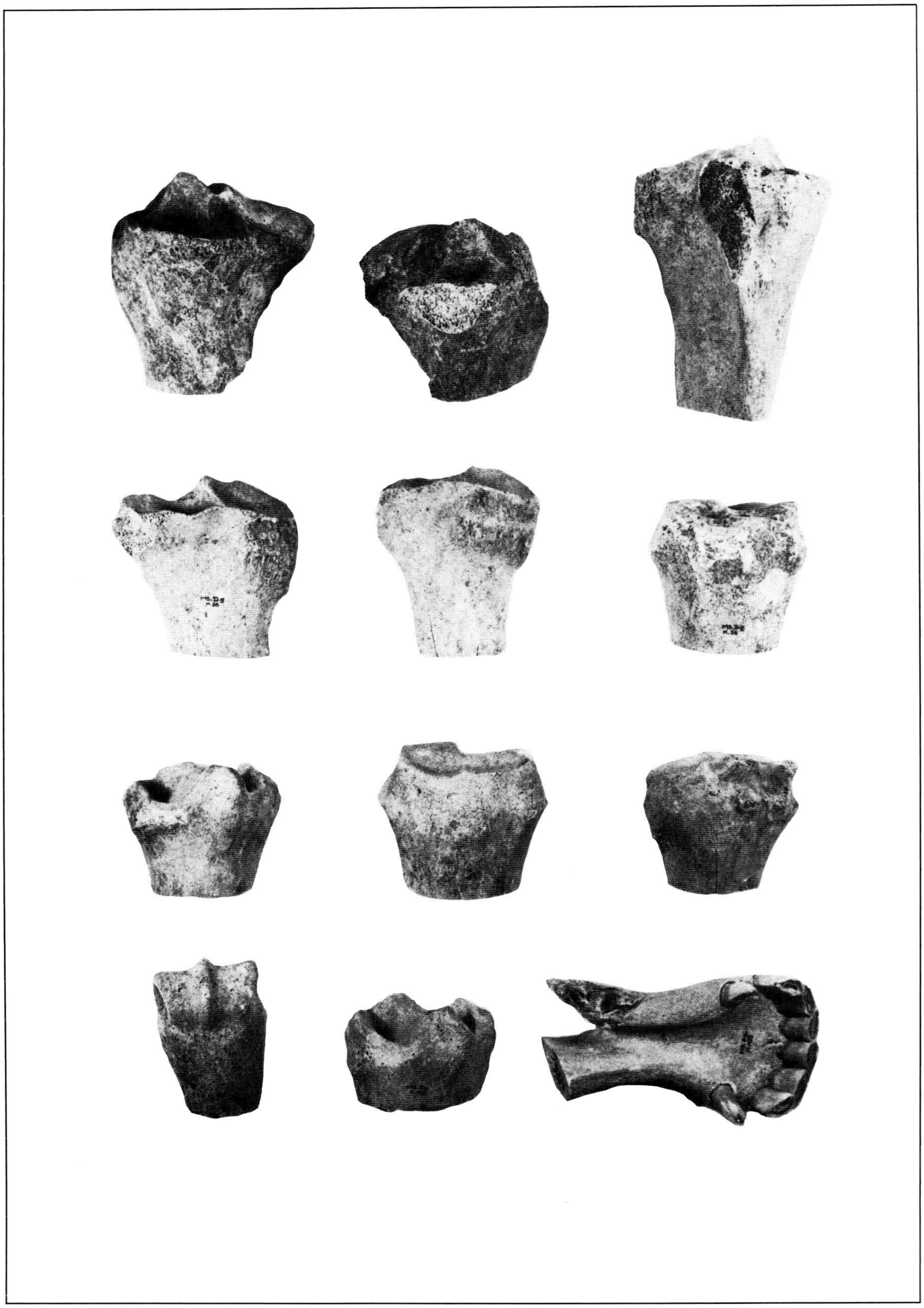

Münster, Domplatz. Kammacherei. Abgesägte Gelenkköpfe.

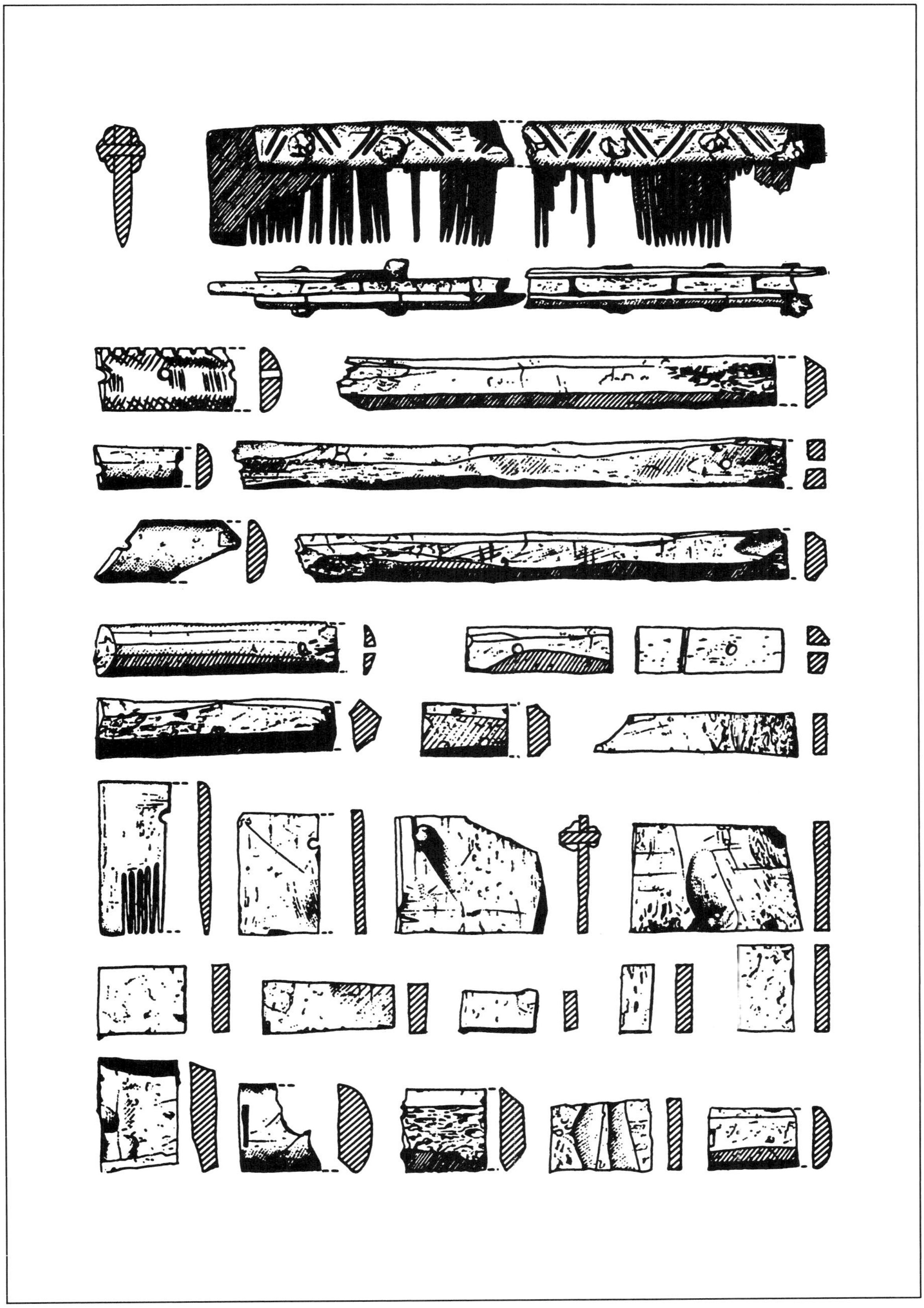

Münster, Domplatz 1953. Werkstücke aus der Kammacherei. M. 5:6.

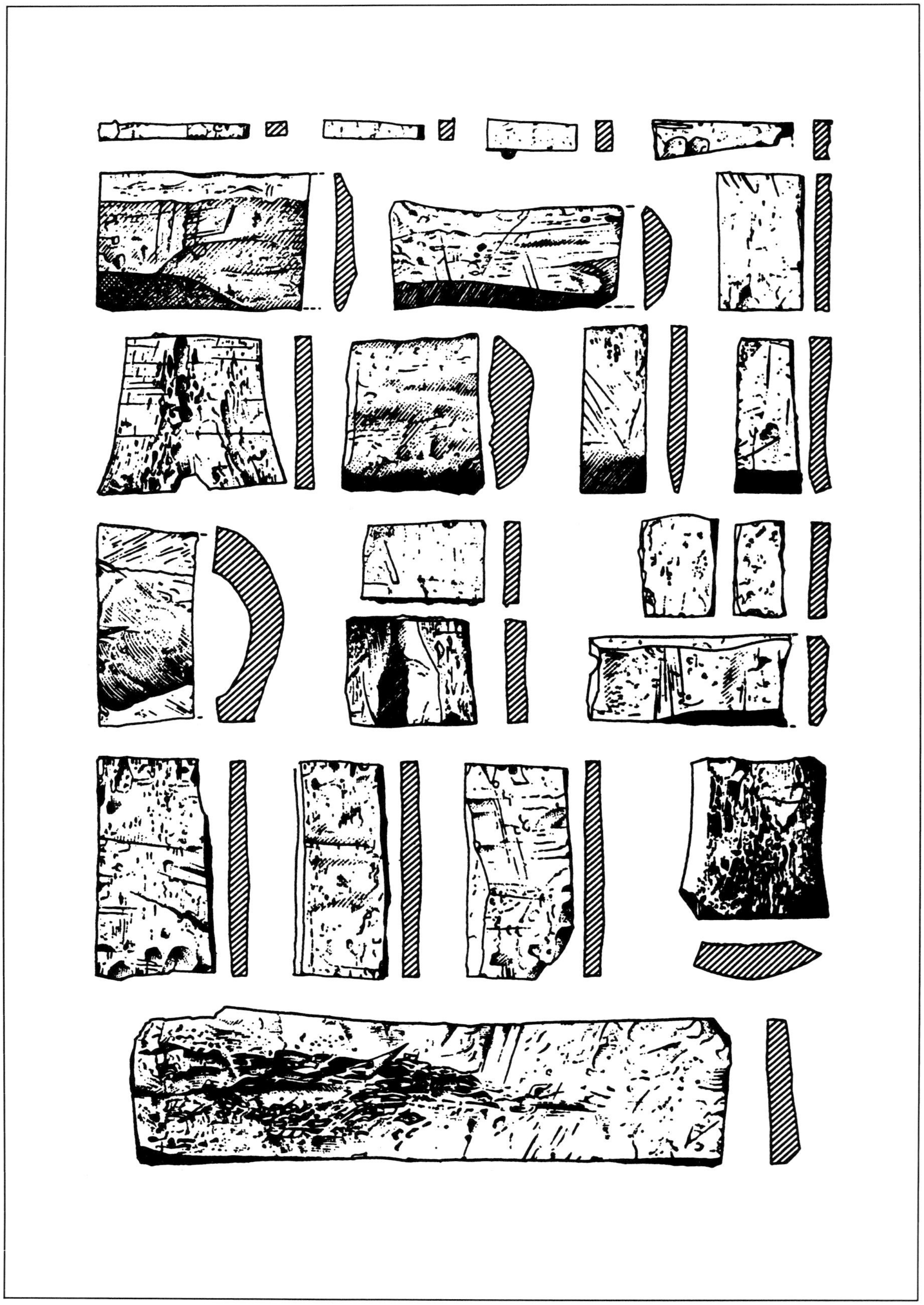

Münster, Domplatz 1953. Werkstücke aus der Kammacherei. M. 5:6.

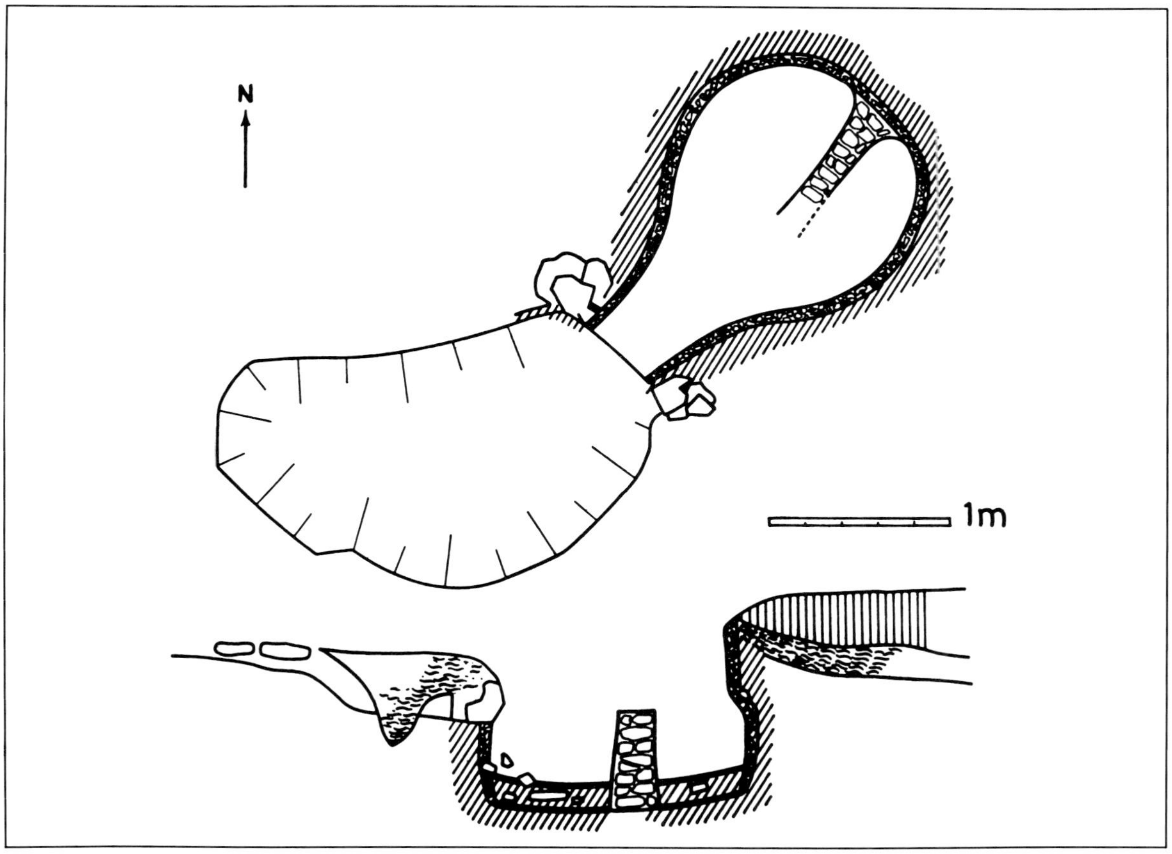

1. Geseke, Kr. Lippstadt. Fränkischer Töpferofen. Grundriß und Profil A.

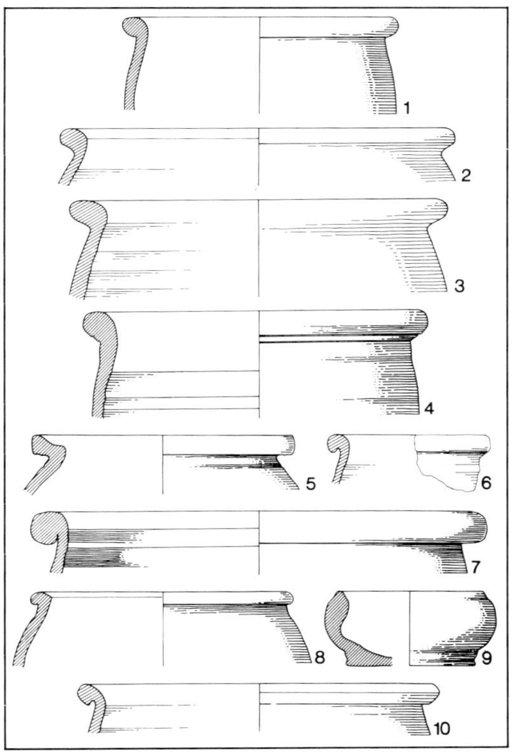

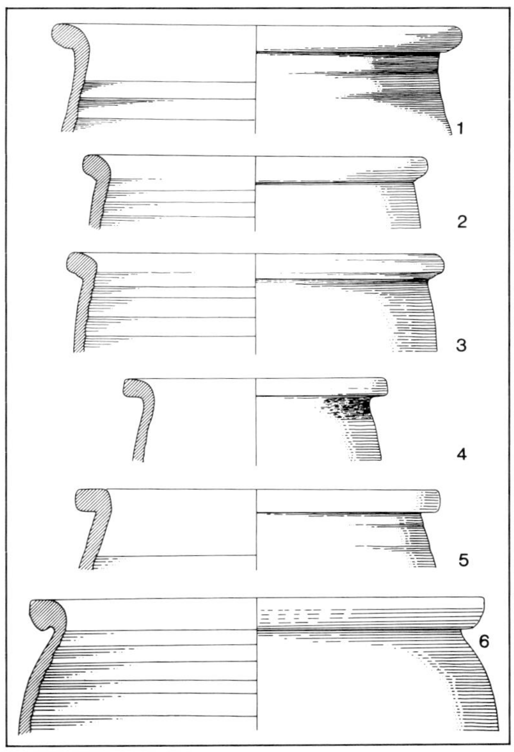

2. Geseke, Kr. Lippstadt. Fränkischer Töpferofen. Randscherben. M. 1:5.

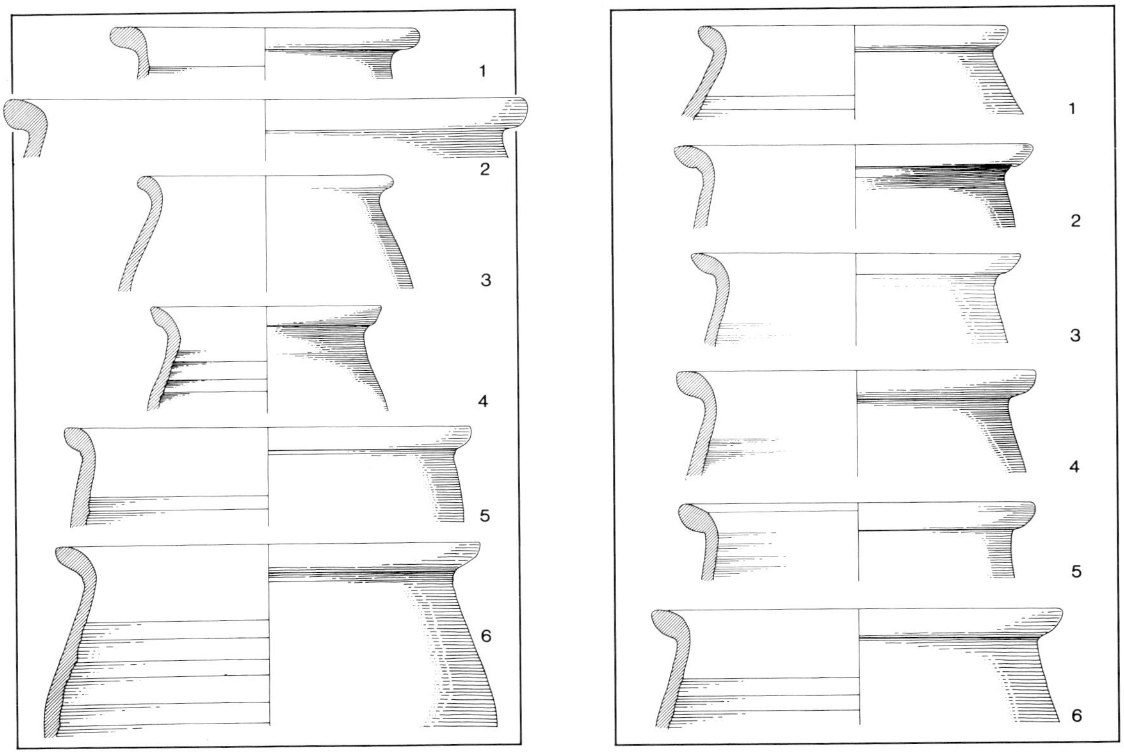

1. Geseke, Kr. Lippstadt. Fränkischer Töpferofen. Randscherben. M. 1:5.

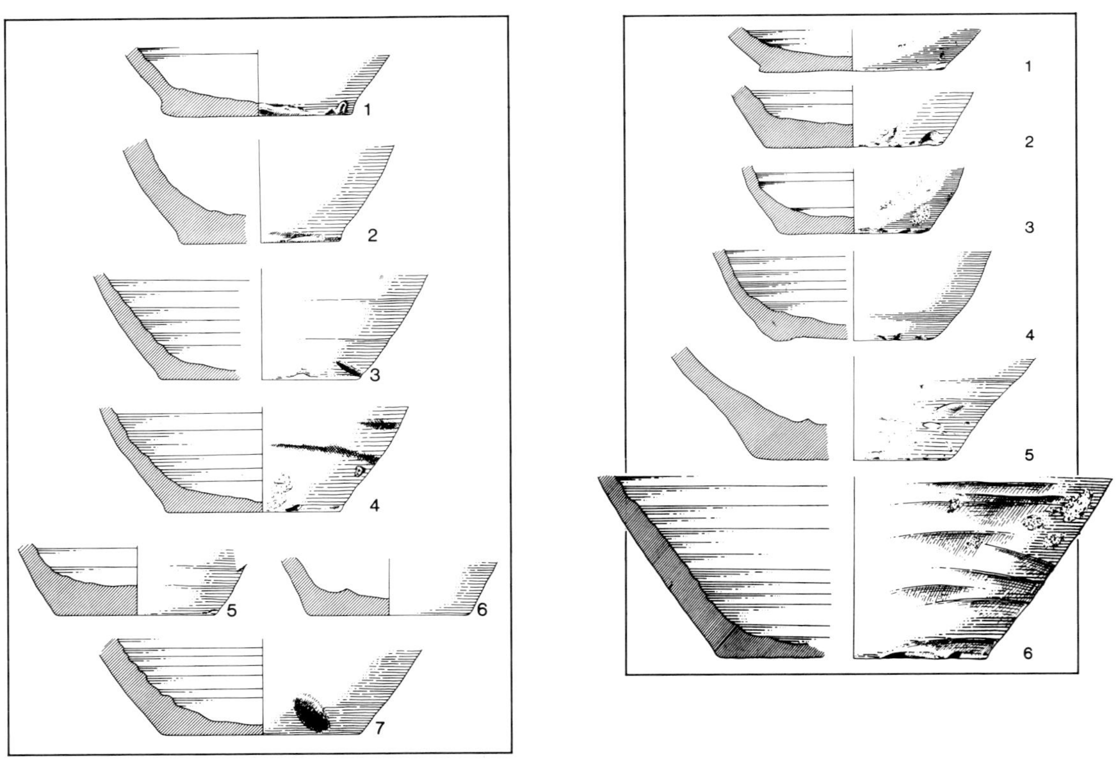

2. Geseke, Kr. Lippstadt. Fränkischer Töpferofen. Gefäßunterteile. M. 1:5.

Geseke, Kr. Lippstadt. Fränkischer Töpferofen. Verzierte Rand- und Wandscherben von Knickwandgefäßen.

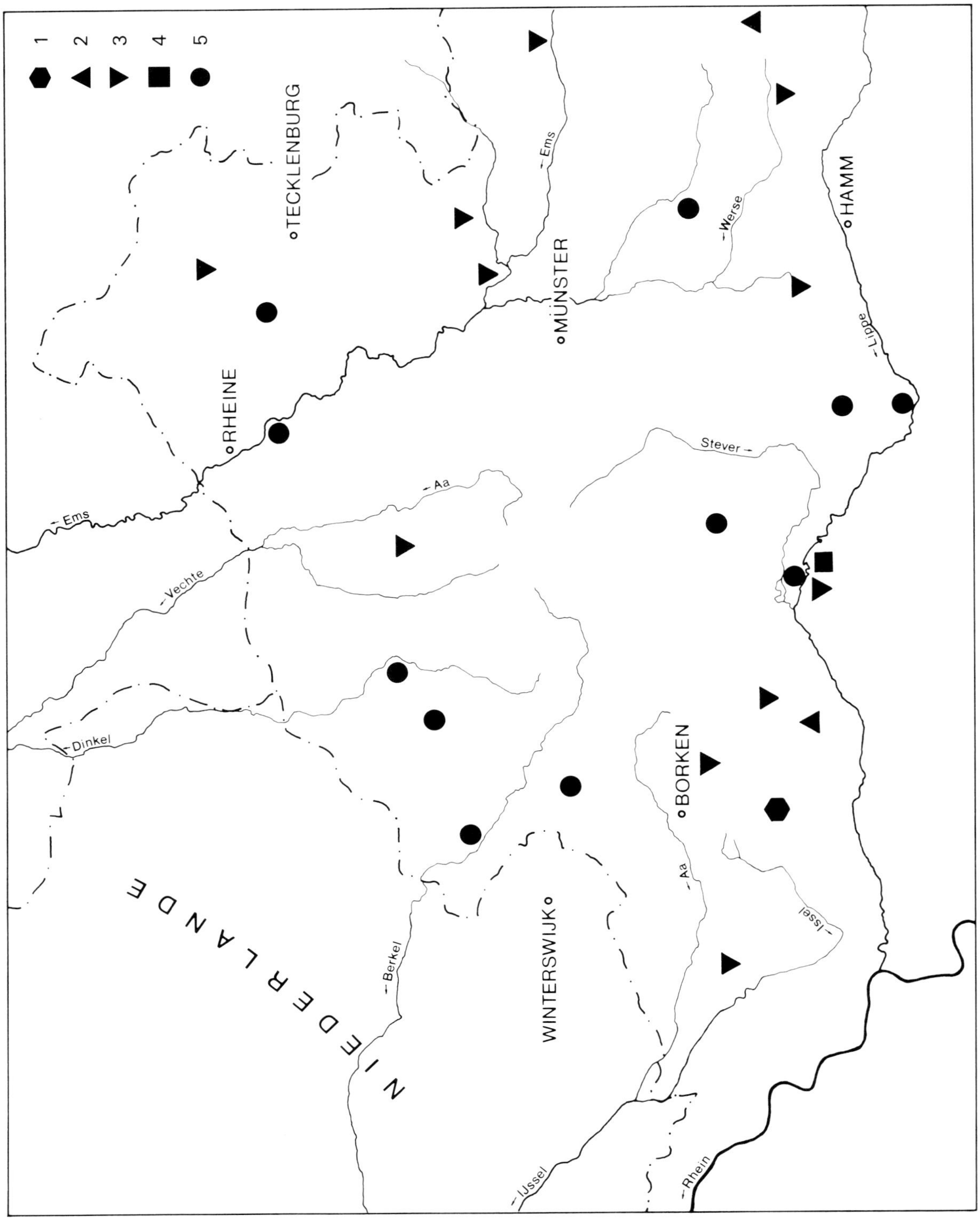

Verbreitung der frühgeschichtlichen Friedhöfe im westlichen und zentralen Münsterland. 1 ältere Ost-West-Gräber; 2 ältere Ost-West-Gräber und Nord-Süd-Gräber; 3 Nord-Süd-Gräber und jüngere Ost-West-Gräber; 4 Nord-Süd-Gräber; 5 Fundorte mit unbekannter Grabrichtung. M. 1:850 000.

1. Karolingische Kugeltöpfe aus dem Gräberfeld von Lankern, Kr. Borken. Links: Westf. Mus. f. Archäologie, Münster, rechts: Mus. f. Kunst- und Kulturgeschichte, Dortmund. M. 2:3.

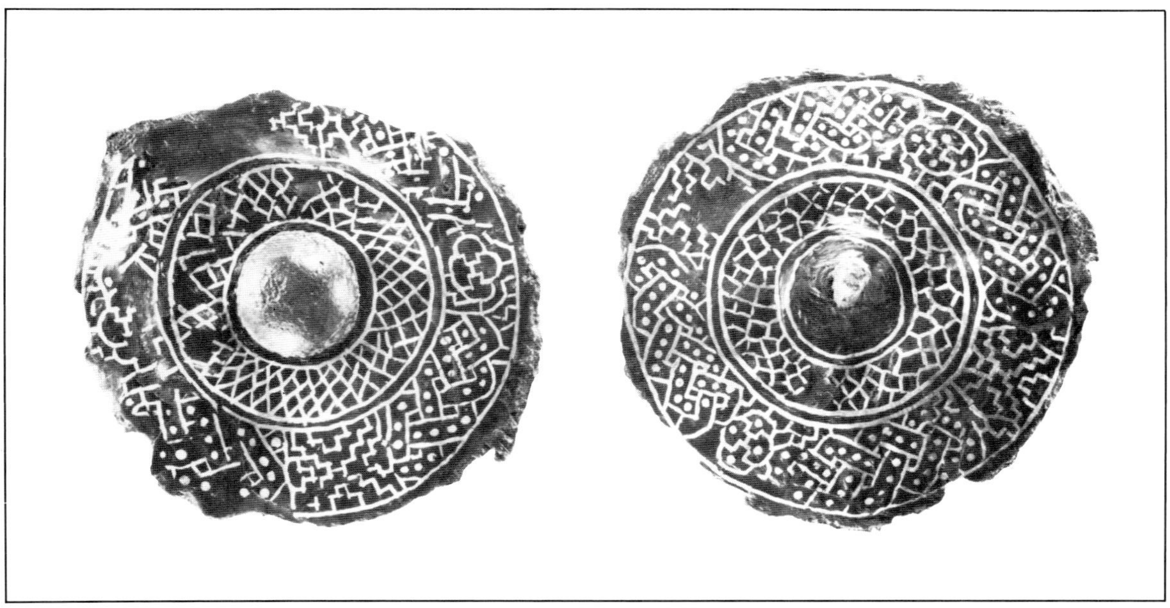

2. Silbertauschierte Riemenkreuzungen vom Pferdezaumzeug aus dem Gräberfeld Beckum I, Kr. Warendorf. Westf. Mus. f. Archäologie, Münster. M. 1:1.

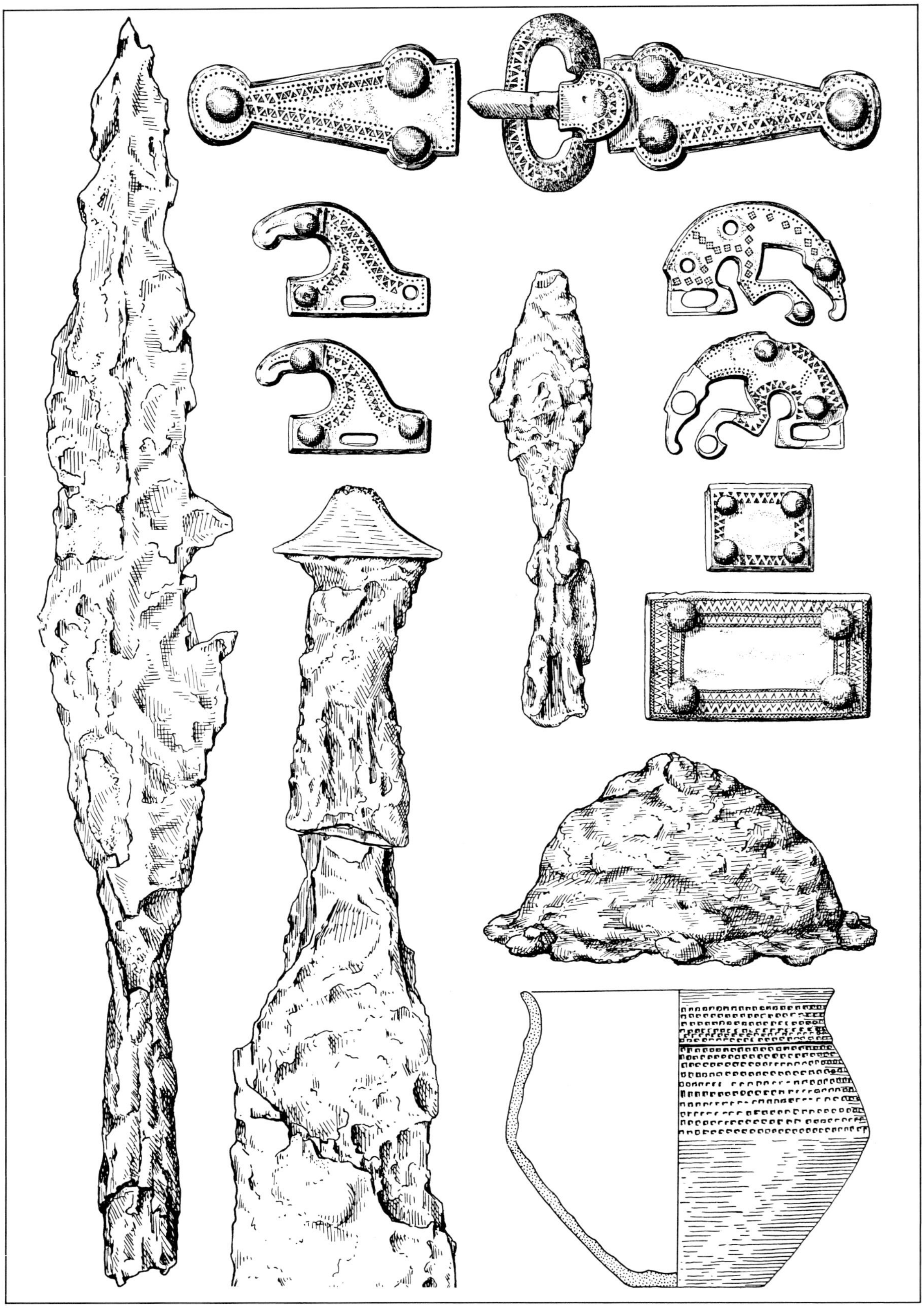

Funde aus Grab 21 des Gräberfeldes von Erle, Kr. Borken. Schulslg. Erle. Gefäß und Schildbuckel M. 1:3; sonst M. 2:3.

Erle, Kr. Borken. Oben: nordgermanische bronzene Rechteckfibel mit randbegleitendem Knotenornament aus einem Frauengrab; Westf. Museum f. Archäologie, Münster. M. 1:1. Unten: gläserner Rüsselbecher aus einem Grab, nicht erhalten. M. 1:1.

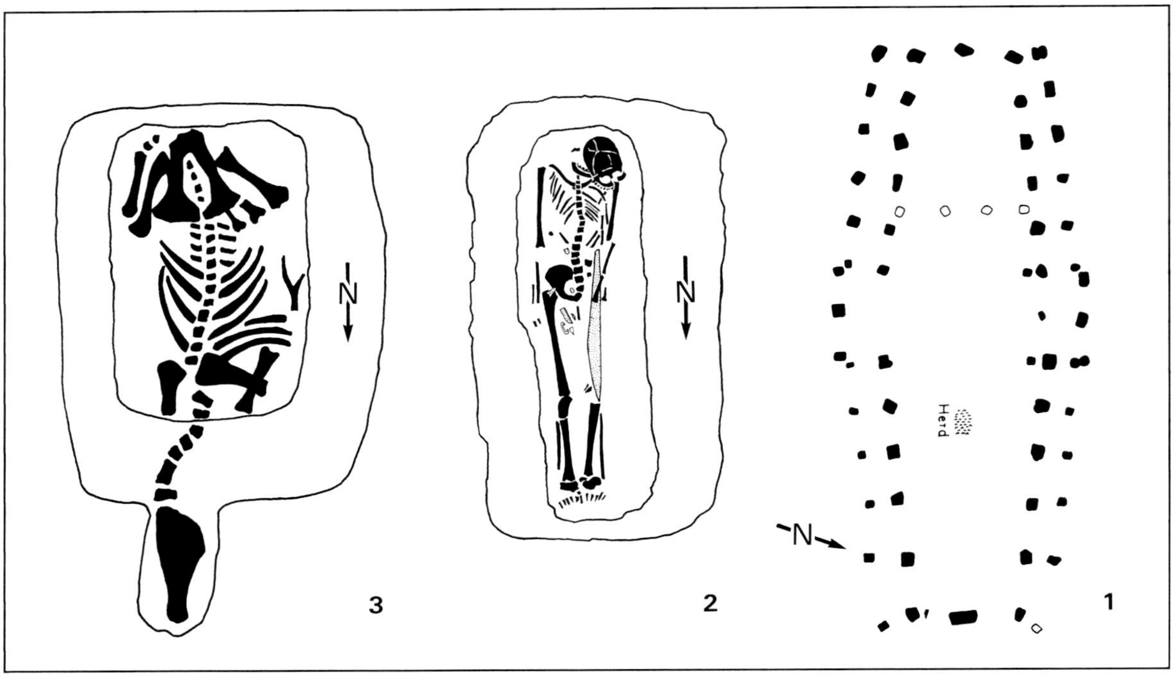

Archäologische Kennzeichen der sächsischen Südausbreitung. 1 Häuser mit außenstehenden Stützpfosten bei größeren und kleineren Gebäuden (Warendorf, Kr. Warendorf, Haus 43); 2 Süd-Nord gerichtete Körper- und Brandgräber (Idealplan); 3 Süd-Nord gerichtete Pferdegräber (junge Pferde ohne Trense; Idealplan). Hausgrundriß M. 1:300, Körper- und Pferdegrab M. ca. 1:40.

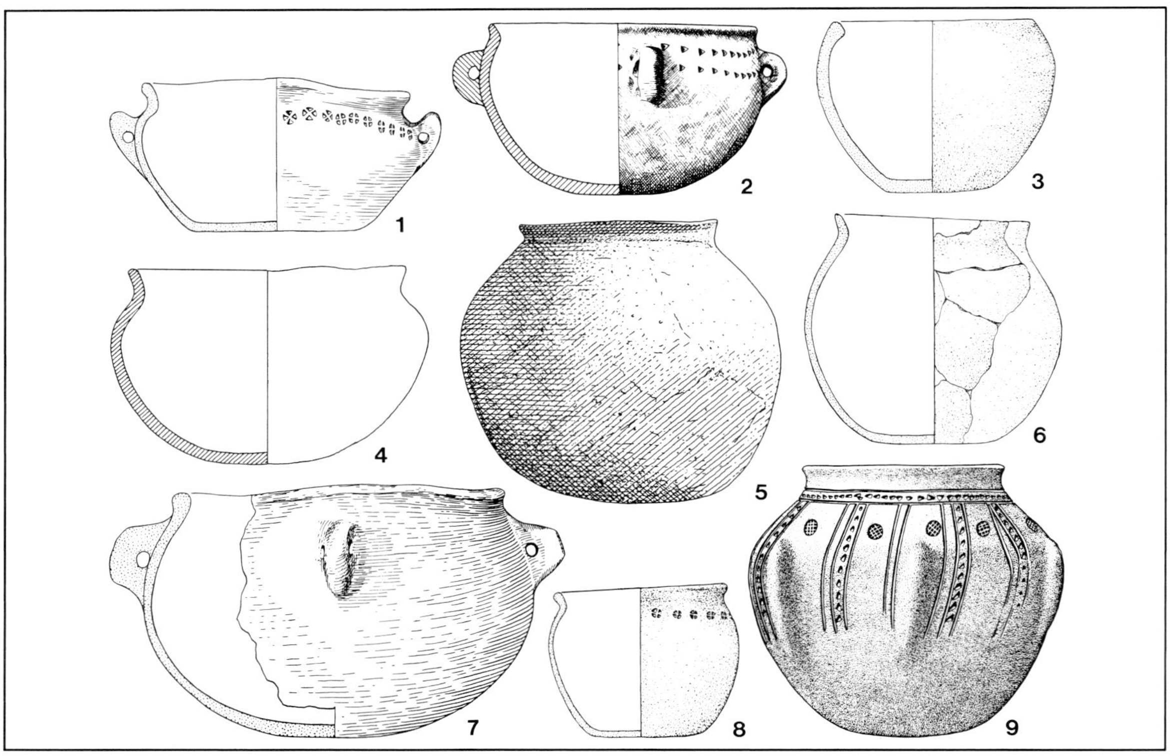

Grabkeramik des 7. und 8. Jhs. (1 Ostendorf-Leer, Kr. Steinfurt, Grabung 1914; 2 Heiden, Kr. Borken, Grab 3; 3 Soest, Grab 5; 4 Wulfen, Kr. Recklinghausen, Grab 13; 5 Heiden, Kr. Borken, Grab 4; 6 Ostendorf-Leer, Kr. Steinfurt, Grabung 1914; 7 Soest, Kr. Soest, Grab 65; 8 Ostendorf-Leer, Kr. Steinfurt, Grabung 1914; 9 Beckum, Kr. Warendorf, Grabung 1962, Grab 1). M. 1:4.

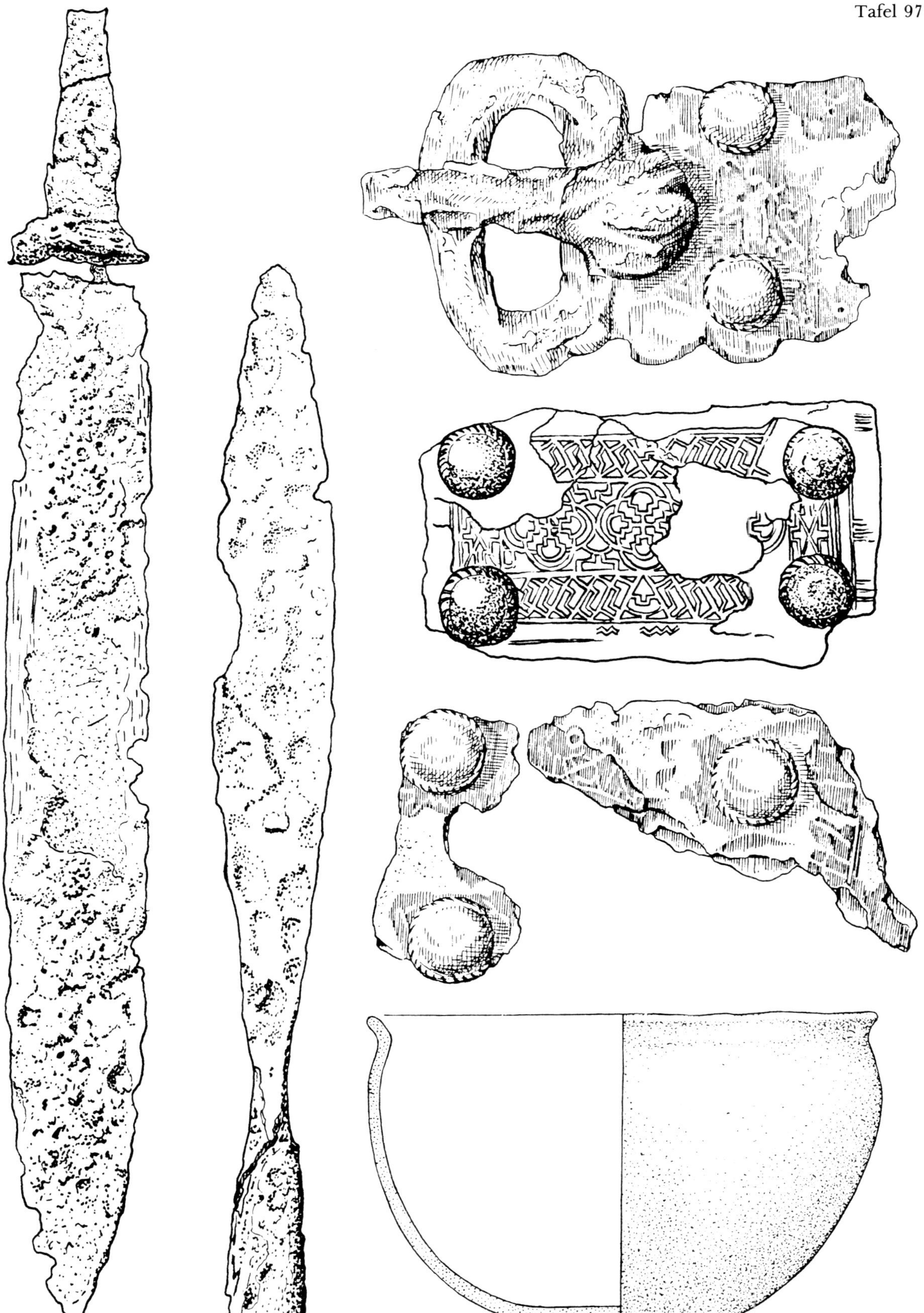

Grabfund des 7. Jhs. aus Greffen, Kr. Gütersloh. Westf. Museum für Archäologie, Münster. Waffen und Gefäß M. 1:2; Beschläge M. 1:1.

Schwertknäufe des späten 8. Jhs. aus den Gräberfeldern von Lankern, Kr. Borken (links) und Lembeck, Kr. Recklinghausen (rechts). Westf. Museum für Archäologie, Münster. M. ca. 2:3.

1 Fränkische Kanne mit Röhrenausguß des 7. Jhs. von Lankern, Kr. Borken; 2–4 Funde des späten 8. und des frühen 9. Jhs. von der Domburg in Münster. 1 M. 1:2; 2–4 M. 3:2.

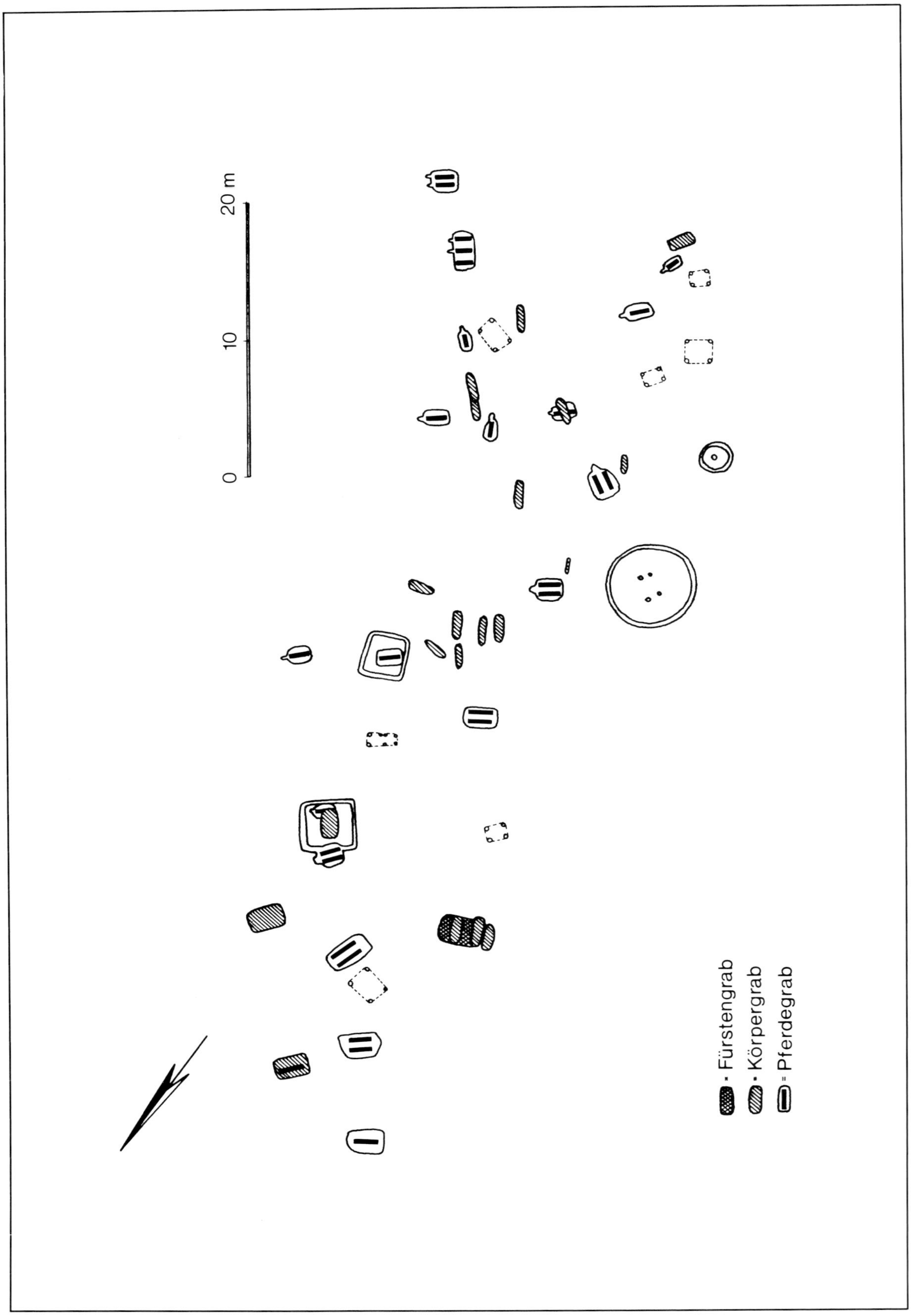

Beckum, Kr. Warendorf. Gräberplan 1959. M. 1:400.

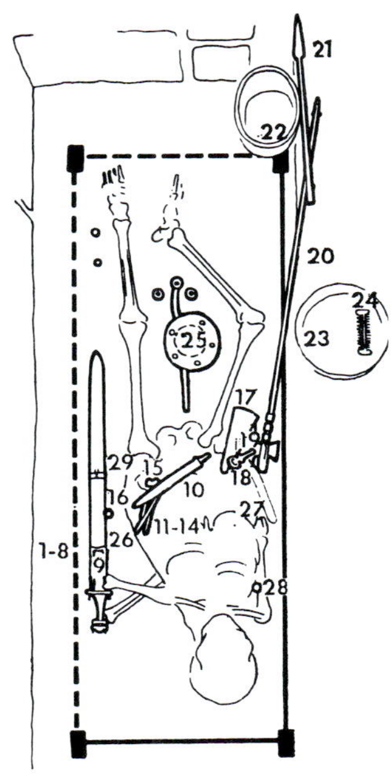

Beckum, Kr. Warendorf. Beigaben des Fürstengrabes: 1–8 goldene und silberne Beschläge des Trinkbechers; 9 Ringknaufschwert; 10 Sax; 11 bronzene Pinzette; 12 eisernes Messer; 13 eiserner Pfriem; 14 eisernes Messer; 15 drei goldene Taschenbeschläge; 16 silberner Riemenbeschlag; 17 Glasbecher; 18 bronzene Gürtelschnalle; 19 eiserne Breitaxt; 20 Ango; 21 eiserne Lanzenspitze; 22 Holzeimer; 23 Bronzeschale; 24 Knochenkamm; 25 eiserner Schildbuckel mit Schildfessel; 26 Feuerstein; 27 kleiner Bronzebeschlag; 28 Goldmünze; 29 kleine Eisenschnalle.

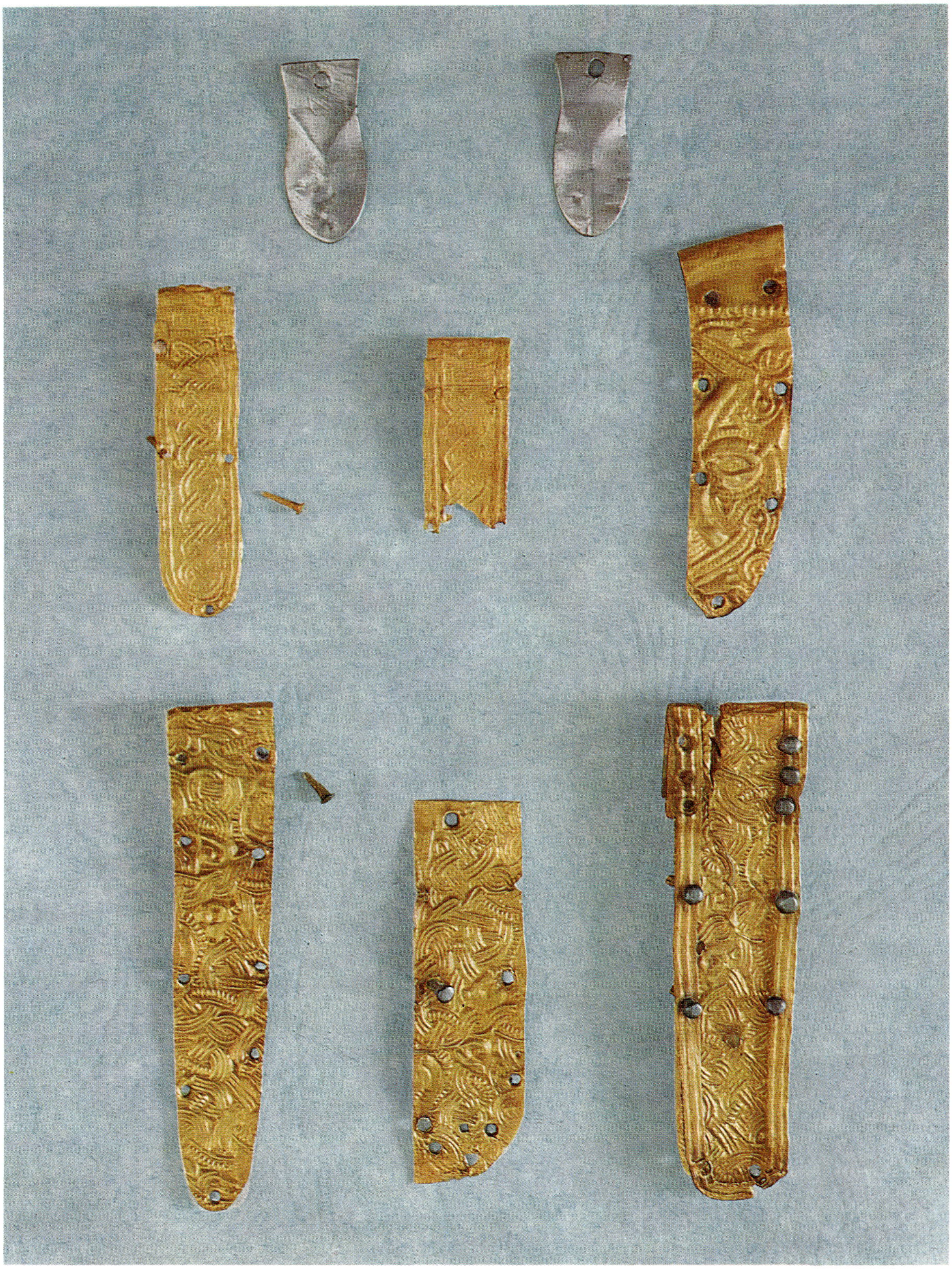

Beckum, Kr. Warendorf. Goldbeschläge und silbernes Zubehör von Tragriemen eines hölzernen Trinkbechers. M. 4:3.

Beckum, Kr. Warendorf. Ringknaufschwert. M. 1:2.

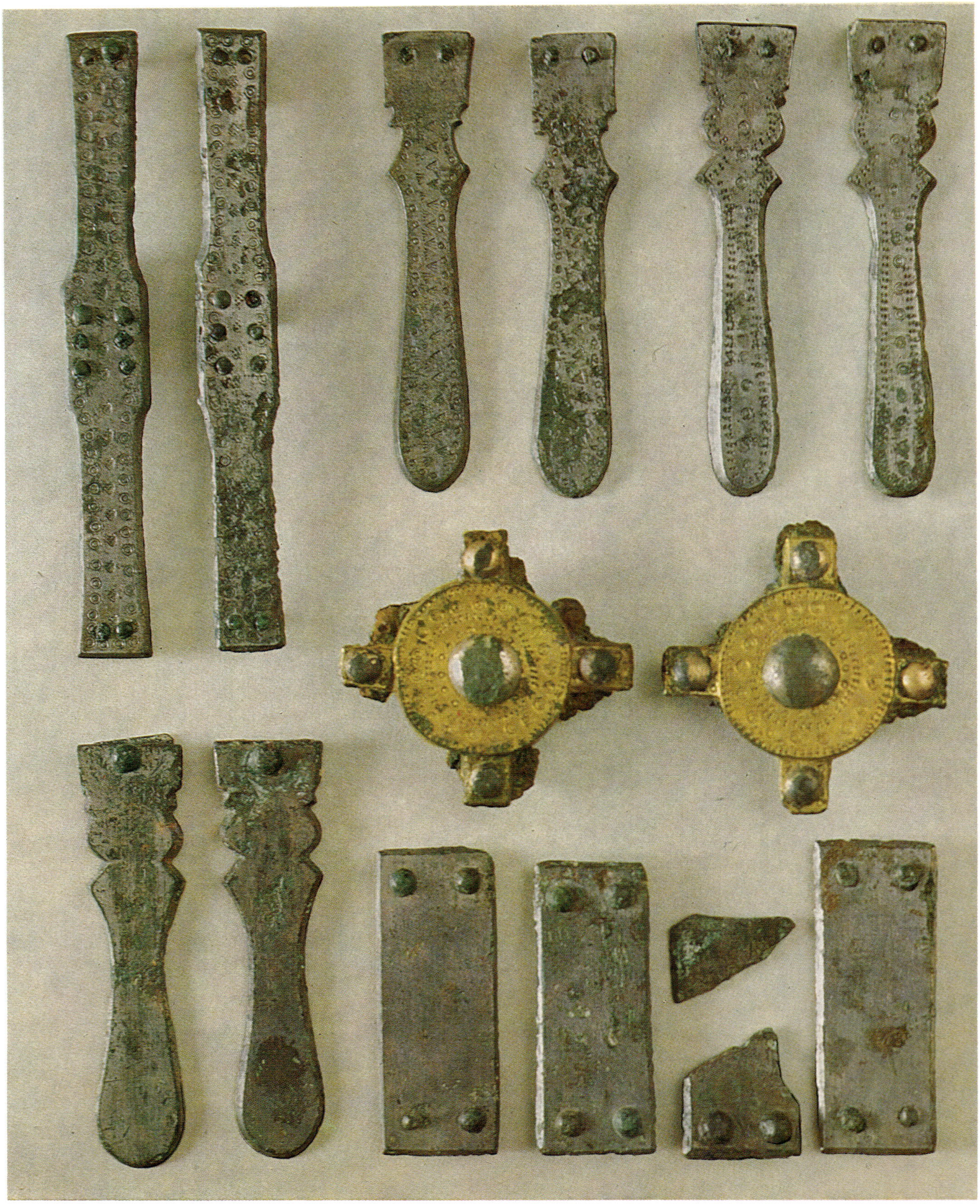

Beckum, Kr. Warendorf. Pferdezaumzeug. M. 1:1.

Beckum, Kr. Warendorf. Goldene Taschenbeschläge. M. 2:1.

Beckum, Kr. Warendorf. Gläserner Spitzbecher. M. 5:6.

Beckum, Kr. Warendorf. Bronzeschale. M. ca. 4:7.

Paderborn. Glaswürfel und Glasfluß aus der Glaswerkstatt. M 1:1.

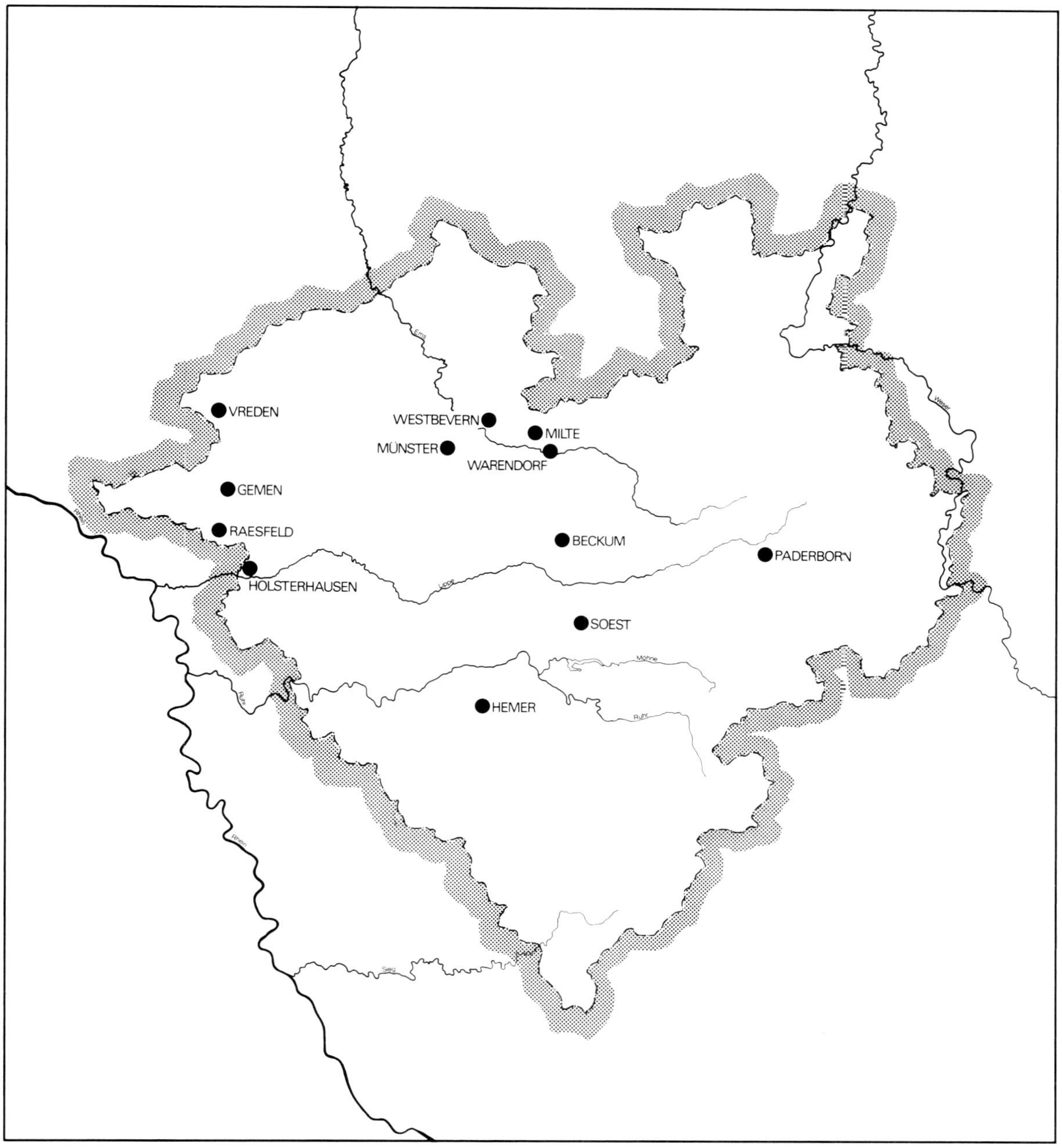

Übersichtskarte der im Text genannten Fundorte.